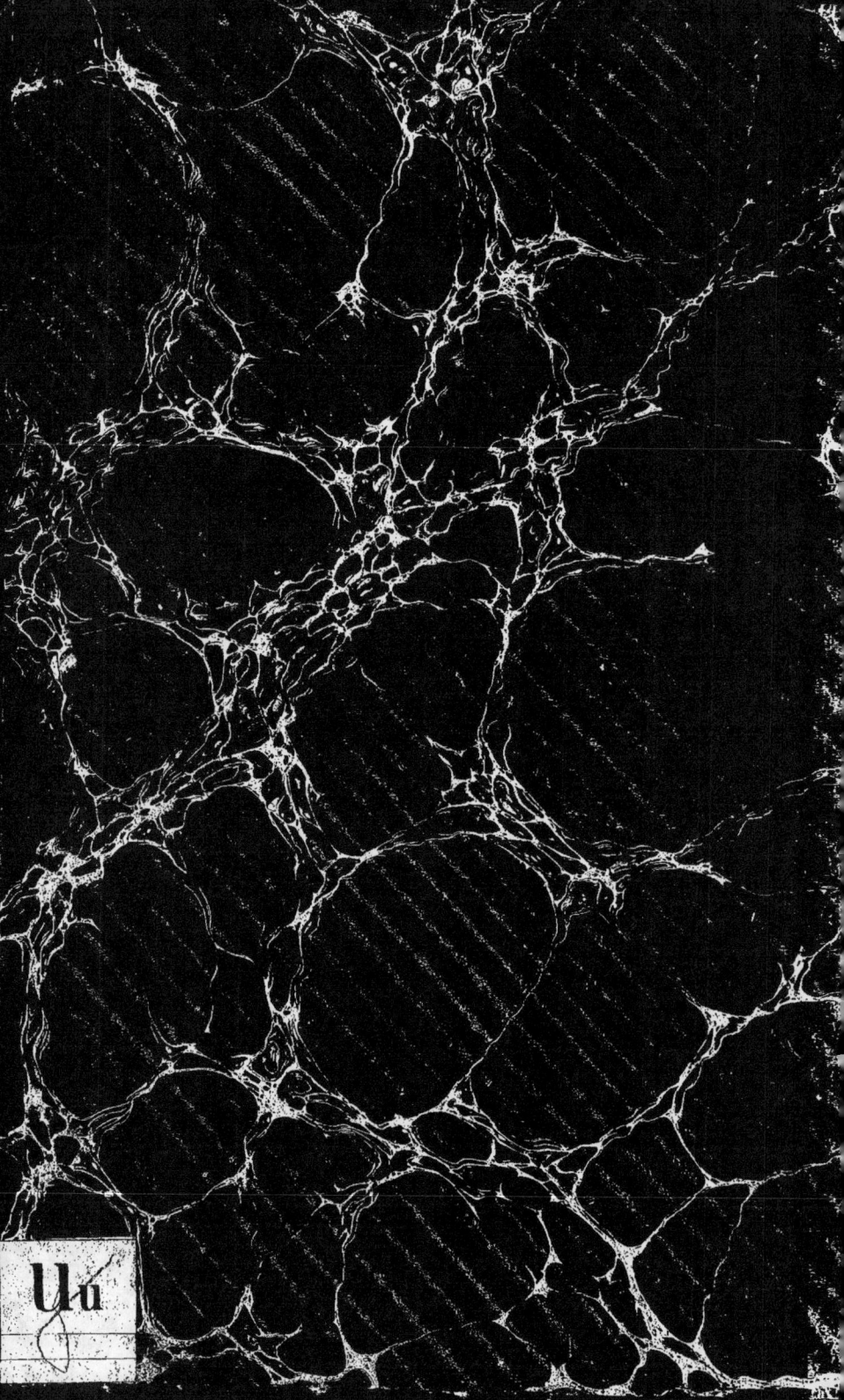

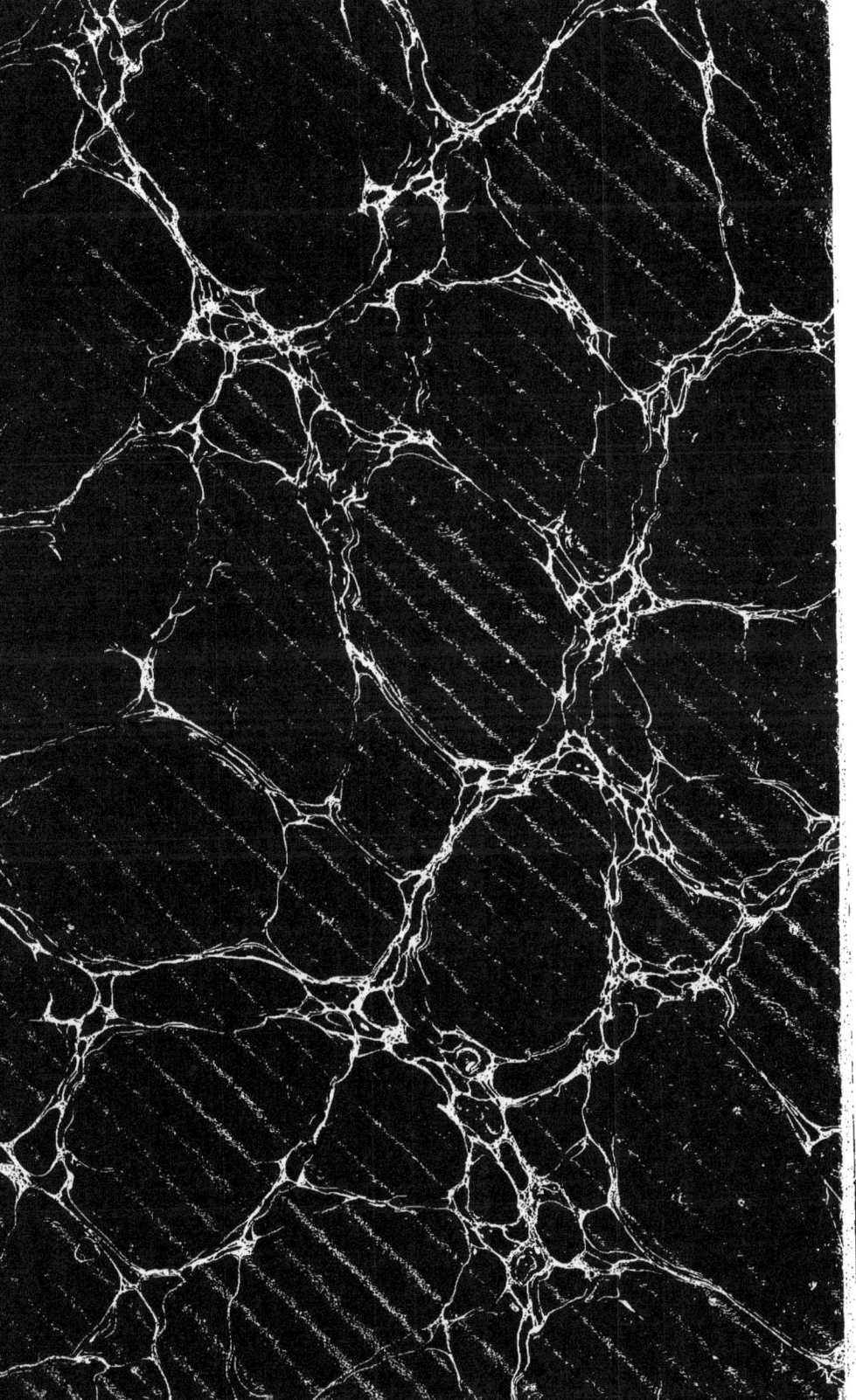

HISTOIRE

COMPLÈTE

DE BORDEAUX

———•◊•———

PREMIÈRE PARTIE. — TOME 1er

1re ÉDITION

BORDEAUX. — IMPRIMERIE DE J. DELMAS, RUE SAINTE-CATHERINE, 159.

HISTOIRE COMPLÈTE

DE

BORDEAUX

PAR

M. l'Abbé PATRICE-JOHN O'REILLY

CHANOINE HONORAIRE,

LICENCIÉ ÈS-LETTRES, CORRESPONDANT DU MINISTÈRE DE L'INSTRUCTION PUBLIQUE
POUR LES TRAVAUX HISTORIQUES,
MEMBRE CORRESPONDANT DE L'ACADÉMIE IMPÉRIALE DES SCIENCES,
BELLES-LETTRES ET ARTS DE BORDEAUX,
DE LA SOCIÉTÉ DES ANTIQUAIRES DE L'OUEST (A POITIERS),
DE LA COMMISSION DES MONUMENTS HISTORIQUES DE LA GIRONDE, ETC.

PREMIÈRE PARTIE. — TOME 1er

1re ÉDITION

> Non modo casus et eventus rerum, sed ratio
> etiam, causæque noscantur.
> — TACITE.
>
> Historia testis temporum, lux veritatis, vita
> memoriæ, magistra vitæ, nuntia vetustatis.
> — CICÉRON. (*De Oratore.*)

BORDEAUX	PARIS
CHEZ J. DELMAS, IMPRIMEUR,	CHEZ FURNE, LIBRAIRE,
Éditeur et propriétaire de l'Ouvrage,	RUE SAINT-ANDRÉ-DES-ARTS, 45,
RUE SAINTE-CATHERINE, 159,	DIDIER, quai des Augustins, 35.
Et chez les principaux Libraires de la ville.	

1857

Tout exemplaire de cet ouvrage qui ne sera pas revêtu de la signature de l'auteur, sera réputé contrefaçon, et poursuivi, ainsi que le vendeur, selon les lois.

Comme il s'agit, dans quelques chapitres de cet ouvrage, de matières religieuses, l'auteur déclare qu'il soumet respectueusement à la sainte Église catholique, apostolique et romaine, mère et maîtresse de toutes les Églises, et à ses Supérieurs ecclésiastiques, tout ce qui a émané et qui émanera de sa plume, se déclarant prêt à condamner tout ce qu'ils y trouveront de condamnable, et à corriger tout ce qui leur paraîtra inexact ou répréhensible.

ERRATA.

Page 7, ligne 26, au lieu de : *les notices;* lisez : *la notice*.
Page 102, ligne 5 de la note : *saint Orientalis;* lisez : *Orientalis*.
Page 225, ligne 22 : *cette partie à;* lisez : *cette partie de ses états à*.
Page 273, ligne 2 : *moins indulgent;* lisez : *plus indulgent*.
Page 326, ligne 8 de la note : *sed quæ;* lisez . *sed olet quæ*.
Page 432, ligne 33 : *Édouard;* lisez : *Edmond*.
Page 433, ligne 28 : *impunément;* lisez : *inopinément*.
Page 439, ligne 9 : *germaine;* lisez : *germanique*.
Page 462, ligne 7 : *Édouard;* lisez : *Edmond*.
Page 479, ligne 13 : *le roi Jean;* lisez : *le roi Édouard*.

PRÉFACE.

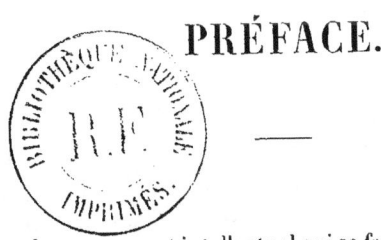

Dans le mouvement intellectuel qui se fait remarquer en France, l'étude de l'histoire occupe une grande place : animé d'une louable curiosité, on s'est mis à fouiller dans le passé, pour arracher à l'oubli les événements qui ont eu lieu sur le sol de notre patrie, et pour les transmettre à la postérité avec les noms de nos devanciers qui se sont distingués par leur épée, leur éloquence, leur plume, leurs fautes ou leurs vertus. Toutes les villes ont leurs annales, toutes les provinces leur histoire : Bordeaux attend la sienne.

Plusieurs savants ont entrepris d'écrire les grands événements de notre histoire : leurs intéressants travaux sont arrivés jusqu'à nous ; mais bien d'autres ont reculé à la vue d'une œuvre si grandiose, si longue, si laborieuse : leur modestie a imposé silence à leurs talents et nous a privé du fruit de leurs incessantes et courageuses élucubrations.

Delurbe recueillit les anciennes *Chroniques* du pays, et leur ayant donné un ensemble et une forme chronologique, a conduit sa relation jusqu'à la fin du XVIe siècle. Darnal, avocat au Parlement, vers le milieu du XVIIe siècle, reprit ce travail et le continua jusqu'à son temps ; le jurat Poutelier lui succéda, et conduisit la *Chronique bordelaise* depuis 1620 jusqu'à 1671, époque où l'avocat Tillet se chargea de la continuer jusqu'au commencement du XVIIIe siècle.

Ces *Chroniques*, qu'on peut appeler les fastes originaux de notre histoire, ont les défauts de leurs siècles respectifs et de ce genre de composition ; elles ont le mérite inappréciable de nous avoir transmis, au milieu de beaucoup d'erreurs et de plusieurs détails inutiles, fastidieux ou peu importants, un grand nombre de dates certaines, les événements de la localité, des faits importants et mille circonstances qui, en dévoilant le passé, nous mettent sur la voie de la vérité et éclairent la marche de l'historien consciencieux.

Le savant principal du collége de Bordeaux au XVe siècle, Élie Vinet, s'occupa aussi avec zèle de l'histoire locale ; c'est lui qui en posa la base, qui porta sur ces matières l'attention publique, inspira à ses contemporains le goût des études historiques ; c'est par suite de son exemple et de ses sollicitations que Delurbe entreprit la *Chronique,* et que ses successeurs l'ont continuée. Le discours de Vinet sur les antiquités de Bordeaux est un ouvrage d'une haute importance pour l'historien du pays, et qui décèle en lui le savant antiquaire, l'écrivain intéressant et l'ami de son pays adoptif (1).

Pendant que Darnal travaillait à la continuation de la *Chronique bordelaise,* Zinzerling vint séjourner quelque temps à Bordeaux ; c'était un savant antiquaire de l'Allemagne, qui voyageait en France et consignait dans ses tablettes, en latin, ses observations de touriste, sous le titre pseudonyme de *Jodoci sinceri itinerarium Galliæ, cum appendice de Burdegalâ,* in-12. On y trouve des remarques ingénieuses et exactes, et une connaissance approfondie de l'histoire et des antiquités de notre ville ; l'*Appendice* sur Bordeaux contient des observations intéressantes (2).

Vers le milieu du XVIIe siècle (1651), le jurat Fonteneil fit paraître un ouvrage de circonstance, sous le titre de *Mouvements de Bordeaux.* C'est un travail précieux, où D. Devienne a puisé plusieurs récits pleins de charmes sur les troubles de la *Fronde* à Bordeaux ; mais, de tous les ouvrages qui ont paru sur ces *mouvements,* ou les guerres de la *Fronde* dans ce pays, celui de Lenet est, sans contredit, le plus intéressant. Lenet vint de-

---

(1) Vinet était natif de Viners, près de Barbezieux, en Saintonge.

(2) Ce savant philologue, Jean Zinzerling, publia son *Itinenarium* à Lyon, en 1612, et dans une seconde édition, en 1616, il fit insérer son *Appendix de Burdegalâ,* in-12. Après Lyon, Bordeaux était le lieu du monde qui lui plaisait le plus : *Excepto eo loco in quo hæc scribo, nescio quomodo, ille terrarum mihi præter omnes angulus ridet.* En écrivant son *Appendix sur Bordeaux,* il avait sous les yeux l'ouvrage de Vinet, et recevait de précieux renseignements sur notre cité de Florimond de Raymond et du fils de Gabriel Delurbe.

meurer à Bordeaux avec les princes de Condé, de Conti et la duchesse de Longueville, et il avait été lui-même l'un des plus actifs et des plus infatigables agents de ces personnages. Il raconte les événements dont il avait été le témoin oculaire et auxquels il avait eu part; ce travail a été imprimé sous le titre de *Mémoires contenant l'histoire des guerres civiles des années 1649 et suivantes, principalement de celles de Guienne en 1729*, en deux vol. in-12.

Cet ouvrage n'est pas bien écrit; mais, dans sa naïve simplicité, on remarque une impartialité au moins apparente, et des détails curieux et intéressants, dont on retrouve l'analyse substantielle dans D. Devienne.

Parmi les écrivains qui se sont occupés de Bordeaux, Vénuti peut réclamer avec raison une place distinguée. Ce savant numismatiste, l'ami de Montesquieu, nous a laissé six *Dissertations* sur des sujets de l'histoire locale, toutes pleines de recherches et d'intérêt. On assure que le célèbre auteur de l'*Esprit des Lois* faisait grand cas des connaissances et du talent de l'abbé Vénuti, et qu'il l'avait attiré à Bordeaux dans le but de l'engager à écrire l'histoire de cette ville, à laquelle il offrait de contribuer. Quel sujet de regrets pour les Bordelais, que l'amitié de Montesquieu pour ce littérateur italien ne nous ait pas valu l'histoire de notre cité!

Nous devons aussi à la savante plume de l'abbé Xaupi, doyen de la Faculté de Théologie de Paris, deux *Dissertations* sur certaines parties de notre histoire : on les consulte avec fruit. La première est sur l'*édifice de l'église de Saint-André* (1781), in-8°; la seconde concerne le *prétendu épiscopat de Gabriel de Grammont, élu évêque de Bordeaux par le chapitre, en* 1529; elle fut publiée en 1750, in-4°. Elles méritent d'être lues.

On trouve beaucoup de recherches intéressantes sur les antiquités de notre ville, dans le *Vindiciæ pro Clemente V*, ouvrage publié en 1657, par M. de Labrousse; mais, de tous ceux qui ont laissé des documents écrits sur Bordeaux, Lopes, chanoine de Saint-André, est le seul qui ait traité de l'histoire ecclésiastique d'une manière convenable. Quoiqu'il ait avancé des choses fausses et insoutenables sur la mission de saint Martial, sur l'antiquité de l'église de Saint-André et sur quelques autres points de l'histoire locale, son ouvrage est plein de recherches curieuses et de documents d'un haut intérêt historique ; il est intitulé : l'*Église métropolitaine et primatiale de Saint-André de Bordeaux* (1668) ; un volume in-4°.

L'infatigable et laborieux abbé Baurein nous a laissé plusieurs écrits sur Bordeaux et sur le pays bordelais ; c'est un trésor précieux, où l'on trouve entassés pêle-mêle des objets sans valeur, avec des diamants bruts d'un prix énorme, mais qui auraient besoin d'être polis.

Une critique éclairée aurait retranché la moitié de ses détails : il manque chez lui ce vêtement de la pensée qu'on appelle *style* : il dit bien ; mais il aurait pu en dire moins, et il aurait dû le dire mieux. On s'instruit en le lisant ; mais sa prolixité verbeuse vous ennuie : il ne vise pas à plaire, il ignore l'art de donner un tour gracieux à sa phrase, il ne cherche qu'à vous apprendre ce que vous ignorez ; il ne vous plaît pas, mais il vous intéresse. L'historien peut ne pas aimer Baurein comme antiquaire ou archéographe ; mais il ne peut s'empêcher de le consulter, et ce sera toujours avec fruit. La critique le censure ; mais quel est l'écrivain qui, ayant écrit sur quelques parties de notre histoire, n'ait pas voulu savoir d'avance ce qu'en pensait le modeste abbé Baurein ? Il songeait souvent à écrire l'*Histoire de Bordeaux* ; mais il s'effrayait avec raison de la grandeur de la tâche : il lui manquait une qualité indispensable, un esprit d'ordre, de discernement, et une critique éclairée.

Les *Variétés bordelaises*, de Baurein, furent imprimées en 1784 et les deux années suivantes, à Bordeaux, en six volumes in-12. On y trouve beaucoup de choses précieuses ensevelies dans des tas d'inutilités. Il a laissé des *Mémoires historiques sur les rues de Bordeaux* ; ils parurent dans les *Petites-Affiches* de cette ville, en 1759, 1771 et 1778. C'est là que Bernadau a puisé presque tous les renseignements dont se compose son *Viographe*. Le pauvre Baurein ne pensait pas qu'il travaillait pour un ingrat ! Dans la république des lettres, on vit souvent d'emprunts ; mais la reconnaissance est un devoir : c'est partout et toujours un crime que de s'approprier le beau manteau d'autrui pour cacher son orgueilleuse indigence. Baurein aurait pu s'écrier avec le cygne de Mantoue : *Sic vos non vobis mellificatis apes*, etc.

Outre ces notices très-imparfaites sur Bordeaux et la topographie d'une grande partie du diocèse, ce laborieux antiquaire a laissé d'autres *Mémoires*, ou *Dissertations*, manuscrits, qu'on conserve dans les papiers de l'Académie de Bordeaux.

M. de Lacolonie commença le premier à débrouiller nos vieilles chroniques, et à revêtir d'une forme agréable et plus historique leurs parties substantielles ; c'est un mérite incontestable que la postérité ne doit pas méconnaître. Son ouvrage, *Histoire curieuse et remarquable de Bordeaux*, publié à Bruxelles en 1760, en 3 volumes in-12, fut accueilli avec reconnaissance par le public bordelais ; mais ce ne fut qu'une ébauche, un essai indigeste, incorrect et défectueux.

Dans ce temps (1753), les Bénédictins commencèrent, à la demande des jurats, à défricher ce champ presque inculte et à déblayer les décombres qui jonchaient encore le chemin de l'historien. Les efforts de D. Devienne furent couronnés d'un certain succès, et la première partie de son travail fut accueillie par les suffrages approbateurs et empressés des hommes éclairés ; mais bientôt après on se plaignit de l'imperfection de ce travail : on y découvrit de grandes, de nombreuses et de regrettables lacunes. Il promit un second manuscrit ; il le donna, et même un supplément ; mais ces écrits, sans grande valeur historique, rédigés avec précipitation, sont bien loin de satisfaire les exigences du public ou de suppléer aux défectuosités de la première publication.

Il faut avouer cependant, à l'honneur de D. Devienne, que ses erreurs sont bien rares, quoi qu'en disent ses censeurs ; il a un mérite incontestable, celui d'une grande clarté dans sa rédaction, et l'immense avantage d'un plan méthodique dans son récit. Ses recherches sont imparfaites, il est vrai, mais elles sont presque toujours irréprochables sous le rapport de la vérité. Il ignorait, sans doute, bien des sources importantes et bien des mémoires contemporains, qu'il aurait pu consulter avec fruit ; il a profité des pénibles travaux de Lacolonie sans en faire l'aveu ; c'est un tort qu'on ne lui pardonne pas. Son *Histoire* est ce que nous avons de mieux sur Bordeaux ; elle s'arrête à 1670, et les dernières lignes échappées de la plume de ce savant Bénédictin ne sont qu'un éloge courtisanesque, de l'encens jeté à pleines mains au maréchal de Richelieu, qui ne le méritait guère !

M. Jouannet, ancien conservateur de la Bibliothèque publique de notre ville, a laissé quelques écrits estimables sur Bordeaux et sur le pays bordelais, qui décèlent en lui l'écrivain positif et réfléchi, l'amour du vrai, le mérite de l'impartialité, le respect des mœurs et de la religion, une connaissance approfondie de l'histoire et de l'archéologie du pays ; le tout combiné avec un goût littéraire épuré, un style solide et qui n'est pas sans grâce. Il a laissé plusieurs notices biographiques et quelques écrits sur la géologie et l'histoire naturelle, une *Statistique de la Gironde;* il a concouru longtemps à la rédaction du *Musée d'Aquitaine,* de la *Ruche d'Aquitaine* et du *Bulletin polymathique,* qu'il a enrichis de plusieurs articles intéressants sur le pays ; il connaissait à fond les annales de Bordeaux, aurait pu et aurait dû peut-être en écrire l'histoire ; mais il ne se souciait pas de travaux de longue haleine, et aimait mieux exercer ses talents sur plusieurs sujets que de ne s'occuper que d'un seul. Très soigneux, parfois élégant dans ses écrits, il n'était pas toujours très exact dans ses recherches, et se voyait condamné souvent à modifier le lendemain les écrits de la veille.

La *Guienne monumentale* renferme des documents intéressants : c'est une charmante mosaïque, mélange de morceaux littéraires de toutes sortes, tableau diversifié de desseins, où l'artiste littérateur a répandu à pleines mains ses couleurs variées, mais où l'on regrette parfois de ne pas trouver la vérité historique et souvent l'impartialité de l'historien. L'*introduction,* à part quelques erreurs et son trop grand laconisme, est bien faite ; le reste n'est que le rajeunissement spécieux de la vieille physionomie de notre ville et de notre pays. L'auteur glisse trop rapidement sur les horribles scènes de 1793, s'arrête peu sur l'Empire et la Restauration, et, en matières religieuses et politiques, semble n'avoir de sympathies ni pour l'Église ni pour la monarchie. On consulte cependant cet ouvrage avec fruit ; et parmi les mille choses disparates dont il se compose, on rencontre bien souvent quelque chose qui fixe vos regards et attire votre attention. On peut lui appliquer ce que dit Horace quelque part : *Quamvis flueret lutulentus, erat quod tollere velles.*

Bernadau a publié beaucoup d'écrits sur Bordeaux : c'est toujours le même sujet, sous des noms différents, toujours le même objet qu'il présente à vos regards, par devant, par derrière et de profil, toujours une spéculation mercantile. Son *Histoire de Bordeaux* n'en a que le nom : c'est une caricature où les faits sont souvent travestis, la vérité outragée, la religion méconnue dans son action civilisatrice, et un méprisable ton d'impiété maladroitement voilé. Bernadau était né chroniqueur : il savait enregistrer les faits et les dates ; mais il n'a jamais su manier le burin de l'histoire. M. M........., écrivain estimable de Bordeaux, a relevé quelques-unes de ses innombrables erreurs.

En 1835, M. Guilhe publia les *Études sur l'histoire de Bordeaux* : c'est un travail incomplet, superficiel, sans portée, une ébauche incorrecte d'un monument magnifique, où le génie a manqué au crayon et l'inspiration à l'artiste.

On fit paraître à Bordeaux, en 1841, une volumineuse brochure de 184 pages, intitulée *Essai sur les Mérovingiens d'Aquitaine et la Charte d'Alaon.* Ce travail ne se rattache que très indirectement à l'histoire de Bordeaux ; mais comme il infirme et détruit la base sur laquelle, à l'exemple de nos meilleurs historiens, j'ai cru devoir faire reposer une partie de ma narration, je me crois obligé d'en parler un peu, ne fût-ce que pour justifier la confiance avec laquelle j'ai cité la *Charte d'Alaon,* dont on conteste l'authenticité. En voici le sujet :

Le monastère d'Alaon, au diocèse d'Urgel, dans la Vasconie ultra-pyrénéenne, fut fondé vers 834, pour perpétuer la mémoire d'une victoire remportée sur les Sarrasins. Vandrégisile, que Louis le Débonnaire avait établi Comte des Marches de la Vasconie, accorda à cette nouvelle maison religieuse de grands privilèges, l'enrichit de dons considérables, que Charles le Chauve confirma en partie, en 845, par sa fameuse *Charte d'Alaon.*

Ce précieux document comble un vide immense dans l'histoire du Midi, explique un grand nombre de faits importants, et dévoile bien des circonstances, qui, sans lui, seraient restées des mystères, et, enfin, constate la descendance mérovingienne des ducs d'Aquitaine. Ainsi, quoi qu'on en dise, c'est un fait acquis à la science, que les princes de Vasconie s'étaient alliés aux rois de la race mérovingienne par des unions matrimoniales avec des princesses de cette race. Pour contester avec succès ces alliances, il a fallu commencer par nier l'authenticité de la Charte et donner un démenti à tous nos meilleurs historiens; il a fallu affirmer que cette Charte n'est que la fabrication intéressée de quelque vil faussaire. Voilà ce que fait M. R......, ancien professeur à Bordeaux, auteur de la *brochure* qui nous occupe.

Mais quand, pourquoi, par qui et où cette charte a-t-elle été fabriquée? Voilà des points sur lesquels le savant professeur ne nous donne que des suppositions toutes gratuites, fondées, en général, sur une confusion de dates, la similitude de quelques noms historiques, les interpolations officieuses de quelques copistes mal habiles ou ignorants, quelques-unes des innombrables erreurs des chroniqueurs, les variantes du texte latin et les fictions des fausses légendes.

Obligé de citer quelquefois la *Charte d'Alaon*, j'ai cru devoir, pour mon instruction personnelle et pour la satisfaction de mes lecteurs, étudier cette matière et éclairer autant que possible les difficultés qu'elle présente. J'ai lu et relu avec attention cette Charte; j'ai feuilleté avec un esprit de doute, de méfiance et de critique, les savants commentaires de D. Claude de Vic et de Dom Vaissette, et je déclare, sans hésiter, avoir acquis par cet examen la conviction que l'authenticité de cette Charte ne saurait être solidement contestée; ce sentiment a été confirmé par les lumineux arguments de M. Fauriel, écrivain distingué et juge bien compétent dans cette matière, et par la pensée que les données historiques contenues dans cette Charte s'accordent avec les différentes narrations de nos meilleurs chroniqueurs, et ont été adoptées par tous nos plus savants historiens.

Histoire de Languedoc, tome I.

Hist. de la Gaule mérid., tome III.

Mais, en preuve de ce que j'avance ici, je me permettrai de citer et d'examiner quelques-unes des singulières assertions de M. R.........:

« Les Mérovingiens d'Aquitaine, dit-il, sont censés, pour tout

» le monde finir avec l'enfant Childéric, fils de Charibert. »

Le savant professeur a donc oublié qu'outre Childéric, Charibert avait laissé deux autres enfants, Boggis et Bertrand, qui vivaient à la cour d'Amandus, leur grand-père, duc des Vascons. Comment a-t-il pu dire que les Mérovingiens étaient censés finis ?

Au sujet de cet Amandus, père de Ghisela, épouse de Charibert et mère de Childéric, Boggis et Bertrand, M. R...... parle d'un *doute* qui le tourmentait ; dans la même phrase, il affirme, avec un air de conviction inébranlable, *qu'il n'a jamais existé un duc de Vasconie du nom d'Amandus.* Le seul duc des Vascons, à cette époque, fut Aighinan, nom, dit-il, qui fut changé en *Aginno*, puis en *Ainanus*, puis, enfin, en *Amandus*. Si tout cela a pu paraître vrai à l'auteur de la brochure, à coup sûr ces métamorphoses philologiques ne nous paraissent pas même vraisemblables ! Quelle autorité alléguera-t-il à l'appui de son timide doute, qu'il a si vite changé en une certitude absolue ? Celle d'Aimoin, qui dit qu'après la réduction des Vascons, Amandus alla conduire les chefs de ce peuple rebelle auprès du roi ; mais tout le monde sait que c'était le général *(dux)* Aighinan, et non Amandus, qui fut chargé de cette mission. M. R...... lui-même appelle cette assertion d'Aimoin *une leçon fautive*, et, cependant, il bâtit là-dessus ses doutes, ses négations !

Comment, d'ailleurs, se persuader qu'on a confondu Amandus avec Aighinan ? Le premier était un Vascon, ou Gallo-Romain, et le second était un Leude franc, d'origine saxonne. L'auteur de la brochure dit qu'Aighinan était le seul et unique duc des Vascons depuis 628 à 638. Je le défie de nous montrer un seul acte administratif ou militaire de ce Leude franc, en Vasconie, depuis 628 à 636. Il était si loin d'être le chef militaire ou civil des Vascons, que toute sa conduite parmi ce peuple le représente comme un commissaire royal ; il était, en 636, général de division, et commandait, comme les autres neuf généraux, sous les ordres de Chadouin, général en chef.

Appuyé sur quelques chroniqueurs peu éclairés, M. R...... prétend qu'Eudes eut deux fils, Hunald et Waiffre, et que Rémistan paraîtrait être plutôt le frère que le fils d'Eudes !

Mais l'histoire atteste qu'Eudes eut trois fils, Hunald, Hatton et Rémistan, enfant naturel, qui n'eut pas d'apanage; la *Chronique* d'Adhémar de Chabannes dit en termes formels que Rémistan était le fils d'Eudes. Le savant professeur s'efforce de répandre la même obscurité sur la généalogie de Waiffre, malgré l'unanimité des historiens sur ce sujet.

L'auteur de la brochure qui nous occupe confond Boggis, fils de Charibert, avec Buotgisus, fils d'Ansbert et de Blithilde, et, plus loin, affirme que Boggis s'appelait aussi Arnoaldus; et à force d'épaissir les ténèbres qu'il n'avait que trop amoncelées sur ce sujet, il déclare qu'on finit par croire que Boggis n'a jamais existé! Un peu plus loin, il affirme qu'il n'a jamais existé qu'un seul Boggisus, et accuse de mauvaise foi les savants Bénédictins qui ont écrit l'*Histoire de Languedoc*, parce qu'ils ont soutenu le contraire; et, chose étrange, quelques lignes plus bas, il dit encore que l'*existence* de cet individu est *problématique!*

A quelle époque croit-on que cette Charte a été fabriquée? Au XIIe siècle, dit celui-ci; au XIIIe, dit celui-là; erreur, dit un troisième, c'était au XVe, ou peut-être au XVIe; vous vous trompez tous, dit M. R......, c'était au XVIIe.

Mais une copie de cette Charte fut présentée, en 1040, au roi D. Ramire par Héribald, évêque d'Urgel, et une autre envoyée, en 1101, au pape Paschal II, par Othon, évêque d'Urgel, avec une protestation contre le démembrement de son diocèse.

De Marca découvrit dans les archives de Barcelonne un vieux diplôme de Bernard, marquis de Toulouse, en faveur des religieux d'Alaon, sous la date de 871 ; on y remarque une allusion assez frappante à Charles le Chauve et à sa Charte de 845.

Cette Charte a été imprimée aux frais du cardinal d'Aguirre, en 1687, et, depuis lors, est citée de confiance par presque tous nos historiens.

Dans quel but et pour quel intérêt aurait-on fabriqué cette Charte? Impossible de le savoir. Où trouver, en Espagne, ou même en France, au XIIIe, XVe, XVIe, et même au XVIIe siècle, un homme capable de forger un document si précieux, où toutes les parties historiquement substantielles se lient, se correspondent et se coordonnent si admirablement? où les noms des lieux et des personnes coïncident si bien avec les faits et la narration de l'historien? où toutes les circonstances du temps, les noms des évêques qui assistèrent à la dédicace de l'église d'Alaon, sont racontés avec toute la précision d'un témoin contemporain et même oculaire? Non, non; une telle fabrication eût été quelque chose de merveilleux et complètement impossible à concevoir au XVI° comme au XIII° siècle.

Quel est donc l'adroit et intelligent faussaire qui a fabriqué la *Charte d'Alaon?* Personne ne l'a connu ni deviné jusqu'à la publication de l'*Essai sur les Mérovingiens d'Aquitaine et sur la Charte d'Alaon!* Les soupçons de l'auteur se portaient d'abord sur deux savants espagnols, Dormer et Compte; mais n'ayant pas assez de prise sur ces deux suspects, il accuse D. Juan Tamayo de Salazar, sans preuve, sans autre forme de procès, d'avoir fabriqué la *Charte!* Et pourquoi, s'il vous plaît? Parce que Tamayo a publié des erreurs et donné pour des faits des traditions populaires! Parce qu'on lit dans cet auteur, à l'an 829, quelques mots qui constatent la construction du monastère d'Alaon par le comte Vandrégisile, comme il est dit dans la *Charte* dont notre savant professeur voudrait contester l'authenticité! Voici les paroles de notre prétendu faussaire : *Sisebutus hujus nomine primus episcopus Urgellensis, qui cum Bartholomeo, metropolitano Narbonnensi, facultatem concessit Wandregisilo et Mariæ ejus conjugi Comitibus Vasconiæ, trans Garumnam construendi monasterium Alaonensis ejus memoria, ad annum DCCCXXXII.*
(*Martyrol. hispan.,* t. 5, p. 392.)

Ces mots constatent un fait : qu'y voit-on de si compromettant pour l'honneur de Tamayo, que M. R...... seul attaque? Rien. Le savant professeur dit qu'il ne met pas hors de cause le pauvre Dormer, et déclare que la responsabilité des fictions accumulées dans la Charte ne doit pas retomber exclusivement sur lui. Sur qui donc? Sur Tamayo, sans doute. Cet auteur avait publié des documents faux; il a parlé de Vandrégisile dans son *Martyrologinus Hispanum*. Tout cela, dit M. R......, nous autorise à regarder Tamayo, si non l'auteur, au moins le complice de la fabrication de la *Charte d'Alaon!* Je ne sais pas si cette induction paraîtra assez logique à nos lecteurs; quant à moi, je la rejette. Mais allons plus loin : Dormer et Tamayo sont donc les seuls coupables, ou au moins les seuls inculpés; ont-ils fait ce faux en commun? Dans cette incertitude, notre professeur n'hésite pas à déclarer qu'ils ne se sont pas concertés, et qu'il est *plus aisé* (le mot est joli) *de dire que Tamayo a tout forgé à lui seul.*

Grand Dieu! est-ce là la fameuse démonstration de la fabrication de la Charte? Voilà donc le vil faussaire découvert, celui-là, au moins, qu'il *est plus aisé* d'accuser que tout autre de ce faux! Cependant, notre honorable professeur n'en est pas sûr encore; car en parlant plus loin du malheureux incriminé, Tamayo, qu'il croit avoir convaincu *à son aise* d'avoir tout forgé, il laisse échapper de sa plume ces mots : *Si c'est lui que nous devons regarder comme l'inventeur de la Charte!* Écrire ces lignes, c'est passer l'éponge sur les 175 pages de sa sophistique brochure! Non, Tamayo n'a jamais *inventé* cette Charte et n'aurait jamais pu la forger! Non, Tamayo, Dormer, Compte, Martinez et tous les moines d'Alaon ensemble, n'auraient jamais pu, par la raison qu'ils n'avaient pas alors les chroniques ni les matériaux nécessaires, rédiger un document si précis, si détaillé, si circonstancié dans son récit; les deux savants Thierry n'auraient pas été à la hauteur de la tâche au XVIIe siècle.

Je crois donc à l'authenticité de ce précieux diplôme; je l'ai cité avec confiance, comme il est cité par Sismondi, les Bénédictins D. Vaissette et D. de Vic, Fauriel, Michelet, Desmichels, le comte de Peyronnet dans son *Histoire des Francs*, Henry Martin et tous nos meilleurs historiens modernes. J'ai du respect pour la science du savant professeur de Bordeaux; mais j'en ai bien davantage pour celle de ces célèbres écrivains qui, comme maîtres, sont bien faits pour nous montrer la bonne route, et comme guides, ne sauraient nous tromper.

Il a paru, à Bordeaux, plusieurs autres ouvrages sur certaines parties de notre histoire; plusieurs écrits d'un haut intérêt qui figurent avec distinction dans les *Actes de l'Académie des sciences et belles-lettres de Bordeaux*. Nous les avons lus avec intérêt et consultés avec fruit; mais comme les auteurs en sont en vie, leur modestie nous impose une certaine réserve, et nous force d'en laisser l'éloge à la postérité, qui, comme nous, et mieux que nous, les appréciera et les louera avec une entière liberté.

Après avoir dit un mot de nos devanciers dans la noble carrière que nous voulons parcourir, il convient de parler un peu de notre plan et des efforts que nous avons faits pour remplir le cadre que nous nous sommes tracé.

Nous divisons notre travail en trois parties : la partie civile et politique, la partie ecclésiastique, et la partie littéraire.

La première partie est subdivisée en deux, dont l'une s'étend jusqu'à 1789, et l'autre depuis cette époque jusqu'à 1830. Nous coordonnons avec méthode et par ordre chronologique nos matériaux ; nous avons compulsé avec soin les archives publiques et privées du pays ; nous avons interrogé les siècles passés dans les Mémoires anciens et modernes, et demandé aux monuments, comme à l'histoire écrite, l'origine de notre cité, les révolutions qui en ont bouleversé le sol, qui ont étendu ou diminué sa population, agrandi son influence, développé son commerce, poli ses mœurs et donné à l'ancien Burdigala une civilisation précoce avec tous les éléments d'une étonnante prospérité.

Nous avons essayé de découvrir quels ont été les premiers habitants de Burdigala, quels ont été les maîtres qui, dans la suite des siècles, ont présidé aux destinées de cette ville, et lui ont donné des lois. Quels ont été les usages, les habitudes sociales, les lois des premiers Burdigaliens, les motifs et les époques des modifications que ces lois et habitudes ont subies ; quels furent le caractère, les mœurs, la religion, le système gouvernemental, le progrès des sciences, des lettres, des arts, dans cette ancienne capitale des Bituriges-Vivisques. Nous ne perdons pas de vue les traditions locales, civiles ou religieuses, qui peuvent, envisagées au flambeau d'une critique impartiale, nous paraître assez respectables pour mériter un certain degré de confiance ou intéresser notre curiosité. Quant aux anecdotes et croyances populaires, aux opinions et aux faits peu certains que l'ignorance présente souvent à la crédulité du peuple, nous ne nous y arrêterons guère ; nous en laissons à d'autres et la défense et la réfutation ; nous ne serons, comme le dit Tite-Live, que l'écho de

l'opinion publique ; nous les donnerons pour ce qu'ils valent (1).
« Les bons historiens, dit Montaigne sur cette matière, tiennent
» registre des événements d'importance. Parmi les accidents pu-
» blics, sont aussi les bruits et les opinions populaires : c'est leur
» rôle de réciter les communes créances, non pas de les régler. »
(*Essais*, liv. V, ch. 8.)

Nous aurons à dérouler l'intéressant tableau des événements, des guerres et des révolutions qui ont eu lieu à Bordeaux et dans cette partie de la Guienne, depuis le temps des Romains jusqu'à nos jours, depuis le règne d'Auguste jusqu'à celui de Louis-Philippe, en 1830. Peu d'histoires, à l'exception de celles des capitales des empires, présentent une aussi grande variété de faits, une si étonnante diversité d'événements remarquables, que celle de Bordeaux ; il ne leur manque qu'une plume habile pour les dépeindre sous de plus belles couleurs et leur donner leurs proportions grandioses.

Pour faire de notre mieux, nous avons lutté avec une persévérante volonté contre de nombreux obstacles ; nous avons compulsé nous-même, ou fait compulser par des hommes habiles, les archives de Bordeaux et des chefs-lieux des départements circonvoisins, ainsi que les vieux cartons relatifs à la Guienne, qui se trouvent entassés sur les rayons poudreux des salles de la Tour de Londres ; nous n'avons rien épargné, ni peine, ni temps, ni dépense, pour justifier la confiance du public ; et ne pouvant pas espérer d'être parfait, nous nous sommes efforcé d'être complet.

Quelques écrivains de nos jours regardent, sans doute, la clarté dans le récit comme un défaut, et affectent d'être obscurs pour paraître plus savants. Vous ne trouverez plus dans leurs écrits les vieux noms de Charlemagne, Frédégaire, Clovis, saint Léger, Brunehaut, Lombards, etc., etc., noms vraiment français, que notre langue apprit à balbutier dans notre enfance. A leur place, il faut lire le grand Karle, Fredegher, Chlodowig, Leodegher, Brunehilde, Langobards, et le nom de Louis, si bien aimé en France, qui rappelle aux Français tant de bons et de glorieux

---

(1) Hæc neque affirmare neque repellere operæ prætium est... famæ rerum standum est. (Tite-Live.)

souvenirs, a été remplacé par Ludowig, Lodhuivig, Chlodowig, etc., tous noms germaniques, accentuations barbares, qu'une science affectée cherche à introduire dans la belle langue de Racine, de Bossuet et de Fénelon ; produits exotiques que de prétendus savants ne pourront jamais acclimater en France. L'histoire, dans leurs mains, est si peu reconnaissable, qu'ils semblent parler des héros des bords de la Baltique ou des régions transcaucasiennes. Nous continuerons à écrire ces noms, et beaucoup d'autres, comme l'ont fait Bossuet et les immortels écrivains du siècle de Louis XIV; nous paraîtrons moins savant, peut-être ; mais en étant moins allemand, nous serons plus français ; et si l'on admire moins notre savoir, on aura l'avantage de nous mieux comprendre. Notre intelligible simplicité vaut leur savante et presque incompréhensible obscurité.

Notre plan est entièrement chronologique : nous descendons, avec le fleuve du temps, à travers mille incidents intéressants ; notre travail est une course au milieu des régions agréablement accidentées, et qui viennent à la suite les unes des autres se présenter à nos regards. Chaque siècle a sa physionomie particulière, ses révolutions, ses progrès, ses grands hommes : l'invasion de l'Aquitaine par Crassus est notre point de départ ; avant cette époque, l'histoire de Bordeaux n'est qu'un roman, et ne nous offre que l'incertitude des conjectures.

Les Barbares succèdent aux Romains, et se disputent les lambeaux de ce vaste empire, qui avait englouti tant de nationalités, absorbé tant de peuples, et couvert le monde de son ombre tutélaire.

Les Barbares disparaissent, et une nouvelle ère s'ouvre à notre patrie : l'Aquitaine devient le séjour des sciences, des lettres et des arts ; Burdigala doit une grande partie de sa célébrité naissante à la brillante réputation de ses littérateurs, dont Ausone a conservé les noms et célébré les talents. Nous en parlerons dans la partie littéraire de notre travail. Dans notre *Histoire ecclésiastique de Bordeaux*, nous remonterons jusqu'à la mission de saint Martial et à l'établissement du christianisme dans nos contrées nous raconterons les triomphes de la Croix, ce signe de la liberté des peuples et d'un nouveau genre de civilisation ; nous verrons la même foi, les mêmes espérances, réunir au siége de Rome, alors occupé par saint Fabien, les Burdigaliens et tous les Aquitains, assis *à l'ombre de la mort.*

Après les Barbares, les Francs, aussi peu civilisés qu'eux, arrivent sur les bords de la Garonne, et Clovis se repose à Burdigala après ses victoires de Poitiers et de Camparrian.

Ici, les événements se multiplient et se compliquent : des querelles dynastiques s'enveniment, le pouvoir dégénère, l'anarchie règne dans les faits comme dans les esprits; les ravages des Gascons, l'invasion des Sarrasins, les guerres de Waiffre, l'usurpation de Pepin et mille autres circonstances graves, semblent annoncer la dissolution de la société. Mais Charlemagne paraît, et l'ordre se rétablit : cet homme de génie commande, et tout lui obéit ; il est la personnification du pouvoir ; il éclaire les peuples, protége la religion, et la pratique, encourage les lettres, assourdit le monde du bruit de ses triomphes ; et après avoir promené partout avec ses armées victorieuses le flambeau de la civilisation, laisse à Bordeaux, par son testament, des preuves de sa munificence.

Il meurt ; on eût dit que la civilisation s'était éteinte avec lui. Les Normands arrivent, Bordeaux est dévasté et incendié : la féodalité s'étend, la littérature se modifie et s'élève ; mais la liberté disparait, et les Bordelais ne la connaissent plus que par les Conciles, ces *Chambres représentatives* de l'Église, et par quelques rares vestiges du pouvoir municipal, restes précieux des antiques libertés du peuple franc, entées sur le droit romain, et dont nous suivrons les développements successifs jusqu'à l'extinction de l'ancien régime, en 1789.

Enfin, l'Aquitaine devient l'apanage d'une jeune fille, assez puissante pour s'asseoir sur le trône de France ; elle apporte sa couronne ducale à Louis le Jeune ; mais de douloureuses circonstances brisent ces liens mal assortis, malgré les conseils de l'archevêque de Bordeaux ; et la couronne rejetée imprudemment par le roi de France, est offerte par Éléonore, avec sa main, au jeune héritier du trône d'Angleterre.

Jour malheureux ! jour néfaste dans nos annales, qui nous a légué trois cents ans de guerres, de désastres, de calamités de toutes sortes, auxquelles la bataille de Castillon mit enfin un terme! époque désastreuse, qui commence avec Éléonore et finit avec Talbot! Alors seulement, la Guienne, ce beau fleuron qu'une princesse légère et capricieuse avait attaché à la couronne d'Henry de Plantagenet, devient enfin, malgré les intrigues des Duras, des Montferrand, une province du royaume de Charles VII; la France est enfin maîtresse chez elle.

Depuis lors, la Guienne (tel était le nom que les Anglais, dans leur jargon, donnaient à l'Aquitaine) ne joue plus qu'un rôle secondaire dans l'histoire. Des guerres civiles, des émeutes comprimées, des efforts stériles et avortés des Gascons, qui secouent de temps en temps leurs chaînes pour reconquérir leur indépendance désormais irréalisable, ou, au moins, pour se ressouvenir de leur vieille et bien-aimée liberté, la naissance du protestantisme, cette insurrection contre l'autorité spirituelle, les courses homicides de Montluc, la Saint-Barthélemy, avec toutes les horreurs qu'une mauvaise politique commande, mais que la religion condamne, les scènes émouvantes de la *Ligue,* de la *Fronde,* de l'*Ormée,* le séjour de Louis XIV dans nos murs, l'administration de Tourny, les scandales du maréchal de Richelieu, ce roi de la Guienne, l'exil du Parlement, les mille bruits qui annoncent au loin notre grande révolution, voilà quelques-uns de ces intéressants épisodes historiques qui composent le prologue du grand drame qui commença en 1789.

Ce cadre est vaste, comme on le voit; c'est une tâche immense, une œuvre de patience, de labeur et de longues recherches; pour le remplir d'une manière convenable, il faudrait une longue vie d'homme, la persévérante patience, l'intelligente activité et la profonde érudition des Bénédictins. Mille fois nous avons reculé à la vue de ce travail gigantesque : c'était peut-être, de notre part, un acte de sagesse. Mille fois nous nous sommes remis au travail, cet *improbus labor* du poète, qui, dans son imperturbable obstination, peut surmonter tous les obstacles. Était-ce témérité de notre part? C'est au public éclairé qu'il appartient de le dire.

Quelle que soit, à cet égard, l'opinion des hommes instruits, nos études sur Bordeaux nous ont dédommagé de nos peines, et nous ont fourni des moments agréables : le temps, qui pèse comme du plomb sur ceux qui ne savent pas l'utiliser, s'est écoulé doucement, presque imperceptiblement, au milieu des agréables distractions des lettres et des charmes de la solitude. « Si vous » donnez votre temps à l'étude, dit Sénèque, vous éviterez tous » les dégoûts de la vie ; vous ne soupirerez pas après l'arrivée de » la nuit pour mettre fin aux ennuis du jour ; vous ne serez pas » à charge à vous-même ni inutile aux autres. (1) »

« L'étude, dit Cicéron, nourrit l'adolescence et fait les délices » de nos vieux jours ; elle orne la prospérité, sert de refuge et de » consolation dans l'adversité ; elle est l'agrément du *chez soi*, » ne vous embarrasse pas au dehors ; elle charme vos nuits, vous » suit à la campagne, et ne vous abandonne pas même dans » l'exil. (2) »

Nous recevrons avec reconnaissance la critique comme les observations les plus amicales ; notre travail, sans doute, n'est pas sans reproche, et l'amour paternel pour ce nouveau-né, que nous présentons au monde, ne nous aveuglera pas sur ses défauts. Nous pouvons dire avec Pline, l'historien : « Nous ne doutons pas » qu'il ne se soit glissé des fautes dans ce travail de longue haleine, car, comme hommes, nous sommes sujets à erreur et » sommes chargés d'affaires. » (3) Nous appelons donc sur ce travail, non pas la critique qui, par une misérable jalousie ou une malveillance imméritée, grossit les fautes et mésinterprète la pensée, mais la critique raisonnée, éclairée, impartiale et sincère ; celle-là est toujours utile et même nécessaire. Qu'on relève nos inexactitudes, qu'on nous signale nos erreurs ; il peut, il doit y en avoir ; on nous trouvera toujours reconnaissants et heureux de pouvoir profiter des lumières des hommes instruits,

---

(1) Si tempus in studia conferas, omne vitæ fastidium effugeris, nec noctem fieri optabis, tædio lucis nec tibi gravis eris, nec aliis supervacuus. (SENECA, *De tranquil.*, cap. 3.)

(2) Studia adolescentiam alunt, senectutem delectant, secundas res ornant, adversis perfugium ac solatium præbent, delectant domi, non impediunt foris, pernoctant nobiscum, peregrinantur, rusticantur. (CICER., *Pro Archiâ*.)

(3) Nec dubitamus multa esse quæ et nos prætericrint, homines enim sumus et occupati officiis. (PLINE, *lib.* 1.)

car, comme dit un auteur, plus notre tâche est difficile d'exécution, plus nous avons besoin du secours et du concours d'autrui (1). En entreprenant ce travail, nous n'avons jamais eu pour but un vil intérêt, ni jamais sacrifié à une misérable vanité, qui avilit l'écrivain au lieu de l'agrandir; le fruit de nos veilles, nous l'offrons aux Bordelais comme hommage de l'affection que nous portons à notre patrie adoptive. Nous pouvons dire avec Ausone, aux générations qui viennent remplacer celle qui s'en va : « C'est » pour que vous n'ignoriez pas le passé de Bordeaux, sous vos » rois et sous vos pères, que nous avons écrit cette histoire, où » se trouvent des noms dont le souvenir ne se perdra jamais. » Mettez à profit le résultat de nos recherches, et que le fruit de » nos veilles réponde à l'empressement que vous montrez pour » l'étude des annales de votre patrie. » (2)

---

(1) Magna negotia magnis adjutoribus egent. (VELLEIUS PATERCUL.)

(2) Ignota....... ne sint tempora tibi
    Regibus et patrum ducta sub imperiis
Digessi fastos et nomina perpetis ævi,
    Sparsa jacent nostram si qua per historiam.
Sit tuus hic fructus, vigilatas accipe noctes
    Obsequitur studio nostra lucerna tuo.
                              (AUSONE, *Epigr.*, CXLI.)

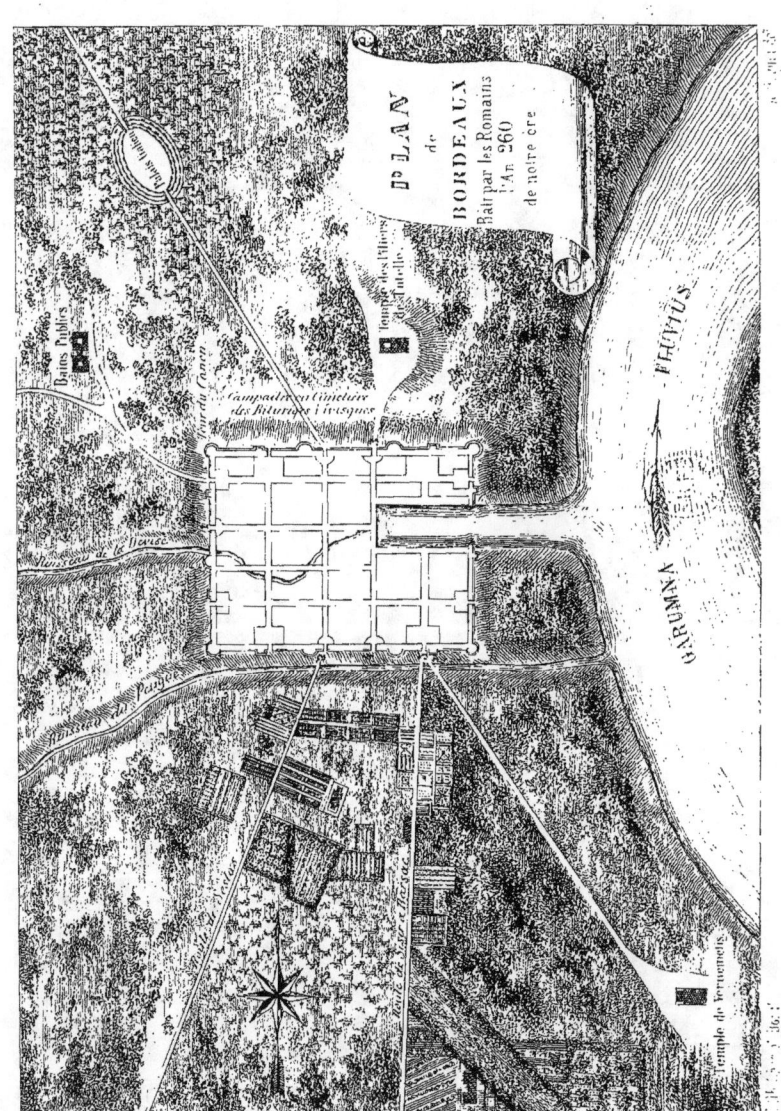

HISTOIRE COMPLÈTE DE BORDEAUX

PREMIÈRE PARTIE.

LIVRE IER.

CHAPITRE PREMIER.

Introduction. — Signification du mot *Gaëls* ou *Celtes*. — L'ancienne capitale d'Aquitaine.— Les *Tarbelli*. — L'étymologie d'Aquitaine.— Les mots *Gascon*, *Vascon*, *Vaccéen*, *Auscks*, *Ausci*, *Auxitani*, *Aquitani*, dérivent de la même source et désignaient le même peuple. — Les premiers habitants de l'Aquitaine. — Leur origine.—Leur caractère différent de celui des Gaulois ou Gaëls.—Les Celtibères.

Les fastes de Bordeaux commencent dans les ténèbres : la fable a servi longtemps de préambule à son histoire ; pour s'en convaincre, on n'a qu'à lire ce qu'on trouve dans le *Livre des Bouillons*, aux archives de l'Hôtel-de-Ville, sur le compte de Cenebrun, de Lesparre, et la belle princesse de Babylone. NOTE 1.

En remontant le cours du temps, en fouillant dans les siècles les plus reculés de notre histoire pour découvrir l'origine de notre cité, on rencontre de nombreuses et graves difficultés : mille opinions divergentes se heurtent ; mille lacunes se présentent, et, chez nos chroniqueurs, l'amour du merveilleux l'emporte en général sur la vérité. Quelques écrivains font remonter la fondation de Bordeaux au temps de Jules César; c'était trop modeste pour l'orgueil de quelques autres, dont les uns la retracent jusqu'au temps de Tarquin l'Ancien, et les autres, plus hardis encore, jusqu'au XVe siècle avant l'ère chrétienne. Honteux, pour ainsi dire, de la jeunesse de leur patrie, ou d'une origine moderne, ces écrivains flattent leur ridicule vanité aux dépens de la vérité; ils cachent leur berceau dans les obscures profondeurs de la plus haute antiquité, et croient se donner du relief et une grande importance en cherchant leurs pères dans la nuit des temps. Au lieu de choses probables, ils nous donnent des récits plausibles ou douteux; à la place de la certitude, ils ne nous offrent que des conjectures, et suppléent à l'absence ou à l'insuffisance de documents importants et authentiques par les ressources incertaines et trompeuses des plus vagues hypothèses. L'histoire est plus exigeante; elle veut le positif et la vérité : témoin des temps passés, elle instruit et dirige le présent, et éclaire de son flambeau le cours des siècles à venir; elle limite le champ de l'induction; et tout en fouillant avec une entière liberté dans les institutions, les mœurs et les traditions des périodes éloignées de nous, elle doute avec discernement, se méfie des conjectures d'une inquiète et ignorante curiosité, et s'avance à travers les siècles avec une discrète et louable circonspection; elle interroge les langues, dévoile les mythes populaires et fait parler les monuments; elle étudie les ruines qui jonchent le sol de la patrie, pour exhumer de sa vieille tombe son antique et véritable origine, enveloppée de siècles et de ténèbres, comme une momie des bords du Nil.

Voilà la tâche de l'historien; voilà celle que nous nous sommes imposée, le but que nous voulons atteindre. Nous appuyons nos recherches sur les autorités les plus imposantes; nous suivons les diverses révolutions qui ont passé sur notre sol, et conservons à chaque race qui y a séjourné sa physionomie particulière. Notre travail sera un vaste tableau synoptique, où l'Ibère, le Vask, le Biturige ou Celte, le Celtibère, le Romain ou Burdigalien, l'Anglo-Aquitain et le Français apparaîtront successivement sur les bords de la Garonne, avec les faits et événements qui ont marqué leurs existences historiques. Dans notre examen des opinions émises au sujet de l'antiquité, de l'origine et des fondateurs de Bordeaux, ainsi que sur toutes les matières incertaines, nous tâcherons d'y démêler le vrai d'avec le faux, ce qui, dit Lucrèce, n'est pas un petit travail (1); nous choisirons, parmi les choses probables, celles qui le sont le plus; parmi les choses conjecturales, celles qui le sont le moins et qui se rapprochent le plus de nos données historiques. Nous les donnerons toutes pour ce qu'elles valent aux yeux de la critique la plus sévère; mais, tout en déblayant ainsi la route que nous allons parcourir, nous constaterons et ferons ressortir la vérité partout où elle se montrera avec ses caractères incontestables.

<small>Livre I. Chap. 1.</small>

La Gaule primitive (*Galtéach*, pays des Gaëls), se divisait, du temps des Romains, en quatre parties : la Belgique, la Celtique, la Province-Romaine et l'Aquitaine (2).

Les Belges habitaient le nord, les Celtes occupaient le milieu; la Province-Romaine, située entre la Méditerranée et les Vosges, était bornée, à l'est, par les Alpes; au nord, par le Rhône, et s'arrêtait, à l'ouest, au bassin de l'Ariége. Au midi se trouvait l'Aquitaine, bornée par l'Océan, la Garonne

<small>César, De Bello gallico, lib. 1.</small>

---

(1) Est nihil egregius quam res secernere apertas
A dubiis. . . . . (LUCRET.)

(2) César retranche de l'ancienne Gaule, le Dauphiné, ou pays des Allobroges, et la Provence, ou Narbonnaise, qui appartenaient depuis longtemps aux Romains, sous le nom de *Province-Romaine*.

Le mot *Celte* vient de *coilte*, forêts; *ceiltach*, celui qui vit dans les forêts; sa racine est *ceil*, cacher.

Livre I.
Chap. 1.

et les Pyrénées (1), triangle immense qui renfermait vingt cités ou peuples différents, et qui, dans la géographie moderne, se subdivise en huit départements, et dont Bordeaux était autrefois la capitale.

Auguste, parvenu à l'empire, étendit les limites de l'Aquitaine jusqu'à la Loire, de l'Océan aux Cévennes, et aux montagnes de l'Auvergne. Les Bituriges-Vivisques sont dénommés parmi les peuples de cette grande province. En étendant ainsi les limites de ce pays, Auguste n'avait pour motif qu'une pensée politique, celle de briser l'unité, d'affaiblir les liens sociaux entre les diverses peuplades de l'Aquitaine, en leur adjoignant et en leur incorporant d'autres éléments hétérogènes. Plus tard, Adrien, ou, selon d'autres écrivains, Constantin, craignant les conséquences d'une trop grande extension de territoire, sous la direction d'un seul gouverneur, et voulant peut-être récompenser un plus grand nombre de créatures ou de courtisans, subdivisa les provinces de l'empire. L'Aquitaine le fut en trois provinces : la première Aquitaine, la seconde et la troisième. Selon l'*Itinéraire d'Antonin* et la *Notice de l'Empire*, la première Aquitaine comprenait huit cités ou peuples différents : Bourges en était la métropole; la seconde Aquitaine, dont Bordeaux était la capitale, comprenait le Bordelais, la Saintonge et l'Aunis, le Poitou,

---

(1) Selon Silius Italicus, le mot *Pyrénées* vient de Pyrene, dont la fable célèbre les amours avec Hercule. *(Punic. Bell., lib. III.)* Pline rejette cette étymologie, et lui en substitue une autre également inadmissible. Il dit que ce mot vient du grec ; HYP, feu, incendie, parce que, dans une certaine circonstance, les bergers de Jupiter mirent le feu aux forêts qui tapissaient les flancs de ces montagnes. *(Hist. natur., lib. III.)* Bochart le fait venir du phénicien *purami*, branches, forêts. Favyn et quelques autres le trouvent dans les mots gaulois *puch* ou *puy*, hauteur, et *ar*, haut, très-élevé. *(Hist. de la Navarre, liv. Ier.)* Cette étymologie nous paraît très-naturelle et vraisemblable. Strabon et quelques géologues modernes, qui admettent l'existence d'un feu central, croient que ce nom a effectivement une origine grecque, et se rapporte aux éruptions volcaniques des Pyrénées. On trouve, sur les cimes de plusieurs montagnes, des cratères éteints. Ils font dériver ce nom de HYP, feu, comme si l'on disait : Les monts des feux souterrains, HYP EN EPA.

le Périgord et l'Agenais; la troisième Aquitaine, mieux connue sous le nom de Novempopulanie, parce qu'elle était composée de neuf peuplades, sous Constantin, comprenait toute la Gascogne, depuis Langon jusqu'aux Pyrénées, et depuis l'Océan jusqu'à la Garonne. Eause en fut d'abord la métropole; mais après l'incendie et la destruction de cette ville, Auch en devint le chef-lieu.

<small>Livre I. Chap. 1.</small>

Antérieurement à cette subdivision, il se trouvait, non loin des bords de l'Océan, une puissante peuplade, les Tarbelli; son territoire s'étendait tout le long du golfe Tarbellique, ou de Gascogne, comme on l'appelait au moyen-âge, depuis les Provinces basques, ou Cantabres, jusqu'à l'embouchure de la Gironde (1).

<small>César, De Bello gallico, lib. III.</small>

A l'arrivée des Romains, ce peuple perdit sa puissance et sa liberté : sa capitale échangea son nom primitif contre celui d'*Aquæ Augustæ* (Dax); mais quel était le nom primitif de cette ville? *Tarbella*, disent les uns; *Aquita*, disent les autres. La question ne nous paraît pas facile à résoudre, et l'antiquité ne nous a rien laissé qui puisse nous aider à en donner la solution. Les observations suivantes serviront peut-être à éclaircir cette difficulté :

En parlant de Dax *(Aquæ Augustæ)*, Tibulle fait mention de *Tarbella Pyrene*, Ausone appelle la mer de Gascogne, l'*Océan Tarbellique, Oceanus Tarbellicus*, parce qu'elle baigne toute la longue côte du pays des Tarbelli. Lucain la désigne par une expression équivalente : *Æquor Tarbellicum*, et César met les *Tarbelli* en première ligne et à la tête de toutes les peuplades aquitaniques.

<small>Lib. I, Eleg. VII.</small>

Quelques auteurs modernes croient que les *Tarbelli* étaient la principale et la plus puissante peuplade de toute l'Aquitaine. Pline les désigne sous le nom de *Quatuor Signani*,

<small>César, Ibid., cap. 27.</small>

---

(1) Selon Diodore de Sicile, contemporain d'Auguste, le territoire des Cantabres s'étendait entre le *promontorium Artabrum* (cap Finistère, en Gallice), aux Pyrénées, et de ces monts jusqu'à 3,000 stades vers le nord, c'est-à-dire à la Garonne.

<small>Livre I.
Chap. 1.</small>

<small>De Bello gallico,
lib. III, 27.</small>

parce qu'il fallait quatre cohortes romaines pour les contenir dans le devoir et dans l'obéissance après la conquête (1). Cette antique cité, dont le nom primitif était probablement *Tarbella*, reçut des Romains le nom d'*Aquita* ou d'*Aquæ Tarbellicæ*, à cause des sources chaudes qu'ils y trouvaient; mais comme le mot *Tarbellicæ* réveillait chez les vaincus des idées de nationalité, des souvenirs d'une puissance éteinte, Auguste, dont la politique astucieuse dorait le joug qu'il imposait aux peuples asservis, voulut, en s'efforçant de dénationaliser les Gaules, qu'on donnât son nom à cette ancienne capitale, qui, depuis lors, s'appelait pendant longtemps *Aquæ Augustæ* (2). Ptolémée est le premier qui ait employé le nom d'*Aquæ*, dont on fit *Daques* au moyen-âge, et *Dax* à une époque plus rapprochée de nous. Quelques écrivains croient que, puisque le nom *Aquita* ou *Daques (Aquæ)* fut donné par les Romains à la ville primitive Tarbella, le mot *Aquitains* fut alors substitué à celui de *Tarbelli*, et *Aquitania* a toujours désigné, depuis lors, le pays habité par les *Aquenses* ou Aquitains, les descendants et successeurs des anciens *Tarbelli*, qui étaient des Ibères.

Pline, dont l'autorité n'est pas à dédaigner, croit que le nom d'*Aquitania* vient de *Aquenses*, habitants de Dax du temps des Romains. En parlant de la puissante peuplade de ces *Aquenses* ou *Aquitains*, il s'exprime ainsi : « Les peuples » aquitains sont les Poitevins, les Santons et les Aquitains, » qui ont donné leur nom à la province (3). »

<small>(1) Le tribun de la cohorte novempopulanienne demeurait plus tard à Lapurdum (Bayonne), comme il est dit dans la *Notice de l'Empire*.

(2) Auguste agissait de même partout. Le nom primitif d'Auch était *Illi-Berris*, ce qui vient des mots ibères ou basques, *ilia* ou *iria*, ville, et *berria*, nouvelle. Auguste, pour effacer d'anciens souvenirs, la fit appeler *Augusta-Auscorum*. Londinum (Londres) fut appelée, dans le même but, *Augusta-Londinorum*, et Bibracte prit, d'après la même politique, le nom d'*Augustodunum* (Autun). *Aturis* (Aire), capitale des Tarusates, fut appelée *Vicus Julii*.

(3) *Aquitani unde nomen provinciæ*. (Lib. IV. *de Gall*.)</small>

Vinet adopte l'opinion de Pline (1).

Fontencil penche en faveur de cette étymologie, et croit que le nom primitif de la capitale des Tarbelli était *Aquita*, d'où viennent les mots *Aquitains* et *Aquitania*.

Nous ne partageons pas le sentiment de cet auteur. Rien, dans l'histoire du pays, ne nous autorise à croire que le chef-lieu des Tarbelli s'appelait *Aquita*, ni que ce nom désignait primitivement le bourg qui, plus tard, devait s'appeler *Burdigala*, comme le croit l'auteur d'un article inséré dans les *Actes de l'Académie des sciences et belles-lettres de Bordeaux* (28 août 1834). Le mot *Aquita* a une forme latine qui en décèle l'origine; c'est une création romaine, un nom appellatif que les conquérants des Gaules ont peut-être donné à ce bourg des *Tarbelli*, qui existait avant l'invasion.

Le mot *Tarbella* a une origine cantabre : il vient de l'*Escuara*, *Tarbea*, enceinte fortifiée, où les Tarbelliens tenaient leurs assemblées. C'était la seule ville forte sur les côtes du golfe Tarbellien ou de Gascogne. On fortifia plus tard Lapurdum, et Tarbella fut abandonnée et détruite. Les Bi-gerrones Bigourdans, ou habitants des Hautes-Pyrénées, de Bigorre, ainsi appelés de *bi*, *bia* (bis) et *gorre*, hauteur, se firent construire sur leur territoire une autre enceinte fortifiée pour leurs assemblées, *Tarbes*. L'antique et haute importance de Dax est attestée par ses thermes, ses aqueducs, ses remparts, et encore mieux par la place distinguée que cette ville occupait dans les *Notices de l'Empire et des Provinces*.

La philologie prétend en trouver la source véritable dans la langue des premiers habitants de ce pays, qui, antérieurement à l'invasion romaine, s'appelait *Achi-Tania*, deux mots de l'ancienne langue ibère ou cantabre, qui signifient un pays de monts, de rochers, sol brisé, et qui caractérisent assez exactement les montagnes de granit et de

Livre I.
Chap. 1.

D'Asfeld,
Chronique du Béarn,
page 82.

---

(1) *Ab hac civitate eos (Aquenses) Aquitanos fuisse dictos arbitror.* In-24. *Carmen Parental-Auson.*

marbre, ainsi que les innombrables accidents du sol aquitanique. César, dans ses *Commentaires*, a conservé ces mots significatifs de la nature du sol, et en a fait *Aquitania*, qui, depuis la conquête, désigne tout le pays alors occupé par les Ibères, dont les mœurs, la langue, les usages civils et religieux, étaient les mêmes que ceux des Ibères transpyrénéens.

Il est donc probable qu'à l'arrivée des Romains, le nom ibère de la province ait été changé en *Aquitania*, et que le mot *Aquitani*, qui servait à désigner les divers peuples du pays, ait remplacé, sous la plume de César, celui des *Tarbelli*, qui habitaient les côtes de l'Océan Tarbellique (golfe de Gascogne).

Quelques écrivains prétendent que la province fut appelée *Aquitania*, à cause de ses nombreuses sources minérales, des fleuves et rivières qui la sillonnent; ils font dériver ce nom d'*aqua*, eau, et de *tania*, contrée, mot grec que les Romains employaient souvent dans leurs dénominations géographiques (1). Cette étymologie paraît très-naturelle, et se justifie par les accidents du terrain et les circonstances topographiques auxquelles elle fait allusion; elle a été généralement adoptée.

Mais il en est une autre qui, soutenue par des hommes de mérite, s'appuie, aux yeux de plusieurs savants de l'école moderne, sur des données historiques incontestables. D'après ces écrivains, le mot *Aquitani* n'est que la corruption du mot primitif *Auxitani*, qu'ils font venir de *ausk* ou *eausk*, racine d'*eausculdunac*, basque; mais qui, orthographié et prononcé à la façon de Rome, a pris une autre forme plus douce et plus harmonieuse (2). Ils disent que les Aquitains primitifs appartenaient à la race ibérienne (3) ou *Auskcual-*

---

(1) *Britannia*, pays des Bretons; *Mauritania*, pays des Maures; *Aquitania*, *Lusitania*, etc., etc.

(2) Les mots *Vasques*, *Basques*, *Gasques*, d'où dérivent *Vascon*, *Gascon*, ne sont que les différentes formes plus ou moins aspirées de la racine, *ausk*, *eausk*, etc.

(3) Le mot *Ibère* vient des mots basques *ibaya*, fleuve, et *aroa*, écumeux; Ibérie signifie donc pays arrosé de fleuves écumeux.

dunac, peuples qui habitaient le nord de la Péninsule hispanique, et qui, en venant s'établir sur le versant septentrional des Pyrénées et dans nos plaines, y apportèrent avec eux le nom générique, la langue et les mœurs des *Ausculdunac* transpyrénéens (1). Ces émigrants ibères pénétrèrent au centre de la province et y fondèrent une ville que, dans leur langage, ils appelèrent *Climberris* ou ville claire (Auch). Détruite et rebâtie plus tard, elle prit le nom de *Illiberris*, ville neuve; mais les habitants de la ville et du pays conservèrent toujours leur nom primitif, *Ausks* ou *Ausci*, dont les Romains ont fait plus tard *Ausetani*, *Auxitani*, et qui, par une transformation facile dans la langue harmonieuse de Rome, a fini par garder la forme moderne *Aquitani*, que César lui donna le premier.

Livre I.
Chap. 1.

Chaho,
Histoire
des Basques,
page 55.

Lorsque Auguste ordonna, à Narbonne, une nouvelle division territoriale des Gaules, il fit appeler *Illiberris*, *Augusta Auscorum*. En donnant son nom à leur ville, il crut flatter la vanité des habitants et effacer les souvenirs de leur nationalité. Il se trompait dans ses calculs politiques : le nom d'*Augusta* disparut avec l'empereur, et celui du peuple, *Ausci*, fut maintenu et subsiste encore (Auch).

Ainsi, les mots *Ausci*, *Auscenses*, *Auxitani*, *Aquitani*, ne sont que les transformations successives et adoucies du mot *Ausks*, et servaient à distinguer les Ibères de l'Aquitaine de leurs ancêtres transpyrénéens, les Navarrais, les Vascons ou Basques, et les autres peuples du nord de l'Espagne, que les

Chaho,
Histoire
des Basques,
tom. Ier.

(1) Les *Auxitani*, *Auscitani* ou *Auscetani*, furent le peuple le plus distingué de la province, dit Pomponius Mela : *Ausci Aquitanorum clarissimi sunt*. Les *Ausci* ou *Auscitani* et les Bazadais occupent la première place parmi les peuples de la Novempopulanie, dit Ammien Marcellin *(lib. XV)* : *Novempopulos Ausci commendant et Vasates*. Pline parle des *Auxitains* ou *Auscetains*, et de plusieurs autres peuples qui demeuraient au pied des Pyrénées ou aux environs ; mais qui, quoique désignés par des noms différents, étaient tous compris sous la dénomination générale d'*Aquitani* : *Intus recedentes in radice Pyrenei sunt Auscetani, Itani, Jacetani, perque Pyreneum Cerretani, deinde Vascones seu Vaccones*. (Hist. natur., lib. III, cap. 5.)

Romains appelaient Cantabres (1), et dont les mœurs et les usages sociaux étaient absolument les mêmes (2).

Quelle que soit la valeur que les philologues accordent à ces étymologies, cette dernière nous paraît la seule vraie, la seule qui s'appuie sur l'histoire et sur des autorités respectables. Les premiers habitants de l'Aquitaine eurent une origine ibérienne; leur langage, qu'on parle encore dans le Pays-Basque, en deçà de la Bidassoa, malgré l'action d'assimilation des siècles et l'influence de la civilisation française, leurs mœurs, leurs habitudes domestiques, leurs usages sociaux et leur caractère guerrier, ressemblent plutôt à ceux des Cantabres ou Basques, qu'à ceux des Gaëls ou Gaulois, dont ils n'étaient cependant séparés que par la Garonne. « Les Aquitains, dit Strabon, diffèrent des autres Gaulois, et ressemblent plus aux Espagnols qu'aux Celtes, non seulement par leur langage, mais par leur constitution physique (3). »

Parmi les différents peuples d'Aquitaine dont parle César, on voit figurer les *Vaccei*, qu'Audoin, dans sa *Vie de saint Amand*, vers 644, confond avec les Vascons. Fredegaire, qui écrivait au VIIe siècle, assure que les Gascons étaient les *Vaccei*. L'auteur des *Gestes toulousains* va plus loin, et affirme que, sous le nom de *Vaccea*, était compris tout le Béarn, ou la partie supérieure du pays des Ibères, où se

---

(1) Le mot *Cantabria* signifie le pays des *chanteurs ibères*, par syncope, *Cant-Iberia*, cantabria. Chaho prétend (*page* 2) que les Romains donnèrent aux provinces de Guiposca, d'Alava et de Biscaye, le nom de *Cantabria*, des mots *Kantua*, ville ancienne du pays, et *Ebre*, le fleuve de l'Ibérie. La Cantabria s'appelait *Escualdunac*, ce qui, dans la langue des Ibères, veut dire *peuple qui agit avec adresse, esprit, habileté*. « La Cantabria se composait, disent les *Chroniques* du Béarn, de » tous les peuples habitant les deux côtés des Pyrénées, entre l'Èbre et la Garonne, » depuis la Méditerranée jusqu'à l'Océan, et se prolongeait, dans sa partie occiden- » tale, à l'embouchure du Minho, en Galice. »

(2) Talis ergo est vita montanorum corum, qui septentrionale Hispaniæ latus terminant, Gallaïcorum, Asturum, Cantabrorum usque ad Vascones et Pyrenæam, omnes etenim eodem vivunt more. (STRABON, *Géogr.*, lib. III.)

(3) Aquitani à cæterorum plane differentes, non linguâ modo, sed et corporibus Hispanis quam Gallis similiores. (STRAB., *lib. IV.*)

trouvaient de grands et riches pâturages et une immense quantité de vaches (1). Ceci s'accorde assez avec ce que dit le chroniqueur Dupuy : « La ville, *Vacca*, était située près des » Pyrénées, et c'est d'elle que vient le nom de *Vaccei*, qu'on » donnait à ceux qui habitaient les vastes solitudes des monts » pyrénéens ; ils ont été aussi appelés Vascones (2). »

Ces données historiques se confirment d'ailleurs par les armoiries du Béarn et de Comminges, qui sont, dit Favyn, « l'escu de gueules à deux vaches accornées et clarinées d'or, » soit que les Béarnais l'aient tiré de celles des comtes de Foix, » qui portent d'or à deux vaches accornées et clarinées de » gueules, ou que ce soit à cause de leur principale richesse, » qui consiste en la nourriture de ce bétail à cornes. »

Les Aquitains étaient graves, sérieux, très-réservés dans leur langage ; les Gaulois, légers, bavards, infatigables, curieux, faisaient peu de cas de leur parole, de leur serment, et même de leur foi : ceux-ci étaient formidables dans l'agression ; ceux-là inébranlables dans la défense. Les Aquitains, comme les Ibères transpyrénéens, étaient d'une taille moyenne, d'un caractère réfléchi, d'un tempérament inflammable, quoique froid en apparence ; ils recherchaient peu les dangers et les combats ; mais, quand l'occasion s'en présentait, ils y paraissaient indomptables et ne cédaient jamais. Les Gaulois étaient prompts, audacieux, intrépides, et même téméraires ; ils s'élançaient avec impétuosité contre l'ennemi, s'enflammaient du succès, mais se décourageaient dans leurs revers.

Outre les relations sociales ou commerciales qui existaient entre les deux fractions du même peuple, en deçà et au delà des Pyrénées, les Aquitains et les Vascons, il y avait une confraternité d'armes pour la défense commune. Ainsi, quand les Romains envahirent la Gaule celtique, les Vascons ou les

Livre I.
Chap. 1.

Histoire de Navarre, lib. II.

Chaho,
Histoire des Basques,
pages 2 et 55.

(1) Hoc nomen antiquum (Vaccea) mutatum est in Benearnio, ubi vero Vasconiæ appellatione continetur à vaccarum abundantiâ.
(2) Oppidum Vaccea fuit juxta Pyreneos, à quo cognominati Vaccei hi qui Pyrenei jugis per amplas montis habitant solitudines : iidem cognominati sunt Vascones.

Livre I. Chap. 1.

César, lib. III.

Aquitains, et leurs frères d'armes du Pays-Basque ou Cantabre ne s'en émurent guère; ils n'avaient aucun intérêt à défendre les Gaulois; c'étaient deux peuples distincts et différents; mais quand ils virent Crassus, après la réduction de Sos, s'avancer pour subjuguer les Aquitains, alors, tous les Vascons transpyrénéens, se regardant solidaires de leurs frères d'armes, traversèrent les monts et volèrent à leur défense. Cette circonstance constate une sorte de solidarité entre les deux ramifications du même peuple, séparées seulement par les montagnes, et nous semble, par une induction naturelle, démontrer une identité d'origine : la religion, les mœurs, le langage, les usages civils, domestiques et publics, la ressemblance physique, étant les mêmes, confirment cette identité. L'histoire nous en fournit une autre preuve également convaincante. On sait qu'outre les grands accidents du sol et le cours des fleuves, la communauté ou identité d'origine, de langue, de mœurs et de culte, déterminait, sous les Romains, la délimitation des provinces; ce qui servait plus tard à fixer les limites séparatives des juridictions épiscopales. Or, il y eut, sous Charles le Simple, un évêque du nom de Léon, à Lapurdum (Bayonne) (1).

(1) Le pays de Labourd (*Lapurdum*, Bayonne) était un vicomté du Pays-Basque; un tribun de la cohorte novempopulanienne y faisait sa résidence. Scaliger a confondu *Lapurdum* avec Lourdes ; il a reconnu plus tard son erreur. D'autres, et Vinet en particulier, l'ont confondu avec *Boios ;* c'est encore une erreur; nous le prouverons plus bas. Lourdes appartenait au pays des *Bigerrones* (Bigorre), et Boios, quoi qu'en disent certains écrivains, n'a jamais eu un évêque ; il appartenait au diocèse de Bordeaux. En Basque, Lapurdum, qui vient de *lapurra*, voleur, veut dire *raurien, de peu de valeur, pays de voleurs ;* c'était d'abord un appellatif offensant. M. Mazuré (*Hist. du Béarn*) dit que ce mot est moitié basque, moitié celtique, et signifie *vaste désert*. Nous n'en croyons rien. Ces hymens philologiques sont contre nature, et notre raison les rejette : le peuple ne parlait pas celtique, et dut fournir un nom à ce pays, sans aller l'emprunter à ses voisins. Lapurdum fut détruit par les Normands en 845, suivant la Charte de Lescar, citée par De Marca (*Hist. du Béarn*). Bayonne, mot qui signifie *bonne baie*, fut bâtie sur ses ruines, et ne figure dans l'histoire que sur la fin du XIe siècle (1177). Le *Gallia Christiana* dit (tome Ier), qu'on ne connaît pas d'évêque de Lapurdum avant 980.

Il résulte d'un acte passé en 980, que ce diocèse s'étendait alors jusqu'à Hernani, près de Saint-Sébastien, en Espagne. Plus tard, les rois de ce pays voyaient avec peine qu'un évêque français avait juridiction sur une partie de leurs sujets. Philippe II obtint du pape le démembrement du diocèse de *Lapurdum* (Bayonne), sous le prétexte que l'hérésie ravageait l'Aquitaine. C'est alors seulement que la partie au delà de la Bidassoa fut réunie au diocèse de Pampelune.

<small>Livre I. Chap. 1.</small>

<small>Oihenard, page 172.</small>

Ainsi, les limites des diocèses étant en général celles des juridictions proconsulaires, nous sommes amenés naturellement à croire que les Aquitains primitifs, et les habitants des provinces Vascongades au delà des monts, ont eu une même origine, comme ils ne formaient qu'une seule et même province, un seul et même diocèse, soumis aux mêmes ducs, avec les mêmes autorités civiles et religieuses, les mêmes mœurs, culte, langue et usages.

Cette opinion, qui est aujourd'hui adoptée par l'école moderne, fut d'abord soutenue par le savant Freret, dans le dernier siècle. Am. Thierry, H. Martin et presque tous les écrivains modernes, l'adoptent ou ne la contestent pas.

M. Humbold jette dans la même balance l'immense poids de sa vaste érudition, et démontre, par ses recherches philologiques, que la langue ibère ou basque *(Euscuara)* a fourni des noms à presque toutes les rivières, villes anciennes et districts territoriaux de notre province (1); et en comparant les débris de l'ancienne langue des Ibères avec la langue basque

---

(1) Ainsi, Garonne vient de *garw* ou *garaph-ona*, bonne et rapide rivière. Bayonne, de *baia*, baie, et *ona*, bonne; la bonne baie. *Aturris*, l'Adour, vient, selon les uns, de *ator*, fleuve tournant, sinueux, ou, selon d'autres, de *athea*, porter, et *urra* ou *urrea*, or. L'Adour, d'après Strabon et Pline, charriait dans ses eaux des paillettes d'or. Bigorre vient de *bia* (bis), deux fois, et *gora*, hauteur; ce qui se rapporte à l'excessive élévation des Hautes-Pyrénées. *Climberris*, nom primitif d'Auch, signifie *ville claire*; détruite et rebâtie, elle prit le nom de *Illi-Berris*, qui signifie en basque *ville nouvelle*. Bazas vient de *basoa*, bois, ville dans un pays boisé. (Humbold, *sur la langue basque, Berlin*, 1821).

moderne, il démontre la parfaite identité de ces deux peuples.

M. Garrigou, écrivain distingué, s'exprime ainsi sur le même sujet. « Les dénominations des fleuves, des montagnes, des villes, des tribus de l'ancienne Ibérie, bien antérieurement à la domination romaine, sont nées de la langue ibère (basque), qui a même imprimé son cachet, quoique d'une manière moins saillante, aux noms de toutes les localités du versant septentrional des Pyrénées (l'Aquitaine)........ De ce fait, basé sur l'étude des langues, je suis amené naturellement à conclure que le Basque était parlé par toute la famille ibérienne dans le midi des Gaules; mais que cette langue pouvait être soumise à divers dialectes, portant tous plus ou moins directement le cachet de l'idiome primitif; que, si des mots appartenant à une autre langue, le gaëlique, c'est-à-dire, le celtique, se sont mêlés dans ces deux tribus (en Espagne et en Aquitaine) au langage des Ibères, c'est par suite du rapprochement de ces derniers dans la race des Gaëls. » Il résulte du mélange de ces deux langues, l'Escuara et le Celtique, un idiome particulier, la langue des Celtibères.

Ici se présente une autre difficulté; il convient d'en dire un mot, ne fût-ce que pour faciliter l'intelligence du fait historique que nous avons essayé d'éclaircir. On demande d'où sont venus ces Ibères, qui différaient tant des peuples voisins par leurs mœurs et leur langage, et quand et comment sont-ils venus s'établir sur les côtes de la Biscaye et de la mer Tarbellique? Cette question n'est pas sans intérêt; sa solution jettera une nouvelle lumière sur la matière qui nous occupe.

D'après les traditions des Druides, si nous en croyons Ammien Marcellin, une partie de la population était aborigène; l'autre étrangère, venue des îles lointaines, fuyait devant les désastres de la guerre ou les flots de la mer (1). On en a

---

(1) Druidæ memorant reverá fuisse populi partem indigenam, sed alios quoque, ab insulis extremis confluxisse. (*Ammien Marcel.*, *lib. III, XV, cap. IX.*)

conclu que celle-ci était d'origine phénicienne, parce qu'on trouvait des Phéniciens sur toutes les mers et dans toutes les parties du monde connu, par suite de leurs relations commerciales avec les peuples étrangers. Cette opinion semblait emprunter un certain degré de crédibilité à l'analogie qui existe, dit Bochart, entre le Celtique et le Phénicien (1). On affirme, en outre, à l'appui de cette opinion, que les Dieux des Phéniciens étaient adorés, dans la Gaule celtique et en Aquitaine, par les Bituriges-Vivisques. Le Dieu *Belus* (le soleil) des Assyriens était le dieu *Elga-Bal* des Phéniciens, le *Malak-Belus* des Palmyriens, l'*Apollon* des Romains, le *Belen* ou *Abellio* des Aquitains, à qui les Boïens et les émigrants bituriges érigèrent un temple sur les frontières de leurs territoires respectifs, dans un endroit qui garde encore le nom de ce Dieu tutélaire, et dont les habitants sont cités dans les écrivains de Rome, sous le nom de *Belendi*, habitants de Belin, adorateurs du dieu Bel.

Bien que nous reproduisions cette opinion sur l'établissement des Phéniciens sur nos côtes, nous sommes peu disposés à l'admettre comme vraie ou vraisemblable. On attribue aux Phéniciens le mérite d'avoir appris aux Gaulois et aux Aquitains l'art de labourer la terre, de semer le froment et le seigle, et d'exploiter les mines des Pyrénées; mais le froment et le seigle étaient les principales céréales des Gaulois; ils n'étaient guère cultivés en Phénicie et il n'y avait pas de mines à exploiter dans ce pays. Comment pouvaient-ils apprendre l'art d'exploiter les mines aux Aquitains, gens intelligents et ingénieux, et mieux exercés qu'eux à l'exploitation des gisements de substances minérales? Quant à l'analogie

---

(1) Gallicum sermonem Phenicio in multis fuisse similem. *(Bochart, Phaleg., 600).*
Cette opinion a été soutenue à la Convention, le 4 juin 1794, par Grégoire, dans un rapport sur la nécessité et les moyens d'anéantir les divers patois en France : « Les Carthaginois, dit-il, franchirent les Pyrénées, et Polybe nous apprend que » beaucoup de Gaulois apprirent le Punique. »

qu'on suppose entre les deux langues, elle n'est pas aussi frappante qu'on le pense. Bochart a recueilli des mots phéniciens; mais cette langue ayant presque complètement disparu, le peu de mots qui en restent ne suffisent pas pour nous faire croire à son analogie avec l'idiome des Gaulois, encore moins avec celui des Ibères ou des Celtibères. L'action des Phéniciens sur les Gaulois a été exagérée; leur influence a été tout extérieure et commerciale. Leur théologie, par suite de leurs relations avec les habitants des côtes de la mer Noire et de la mer Caspienne, a pu être connue des tribus caucasiennes et importée par elles dans leurs émigrations dans la Gaule celtique et en Ibérie; nous ne croyons pas qu'ils aient fondé Burdigala.

Quelques auteurs parlent d'une colonie grecque qui serait venue s'établir près des Pyrénées océaniques, sous la conduite d'Hercule l'Ancien, et qui s'était mêlée aux indigènes (1). Cette tradition druidique a été attestée, comme nous l'avons vu plus haut, par Ammien Marcellin. Justin aussi parle de cette émigration des Grecs; et saint Jérôme, qui a habité longtemps sa chère *Novempopulanie,* nous apprend quelque part, dans ses *Commentaires sur les Saintes Écritures,* que de son temps les habitants se vantaient d'avoir une origine grecque.

Tout cela nous paraît probable; ce qu'il y a de certain, c'est qu'on a trouvé, dans les parties méridionales de l'Aquitaine, et surtout en Périgord, beaucoup de médailles grecques. D'où vient-il qu'on trouve dans le Béarn plusieurs villages qui portent les noms de villes grecques, tels que *Athos, Scyros, Abydos,* et, dans la langue du pays, beaucoup de mots étrangers qui accusent une origine hellénique? Mais on ne trouve

---

(1) *Sed postquam in Hispaniâ, Hercules,* dit Saluste, *sicut Afri putant, interiit, etc. (Jugurtha,* 12). Timagène en parle aussi, et Ammien Marcellin ajoute, en le citant, que les habitants des Pyrénées océaniques étaient, les uns, Aborigènes, et les autres, des Grecs venus dans ce pays à la suite du plus ancien des Hercule. *Alii Dorienses antiquiorem secutos Herculem.*

pas dans les pays basques la moindre trace des Grecs, ni la plus légère analogie entre la langue d'Homère et l'*Escuara* des Euscualdanac (le Basque). Il faut donc chercher ailleurs l'origine de cet ancien peuple.

Livre I.
Chap. 1.

Quelques savants annalistes ont avancé une autre opinion, que de graves historiens ont reproduite sans la réfuter ; elle se fonde sur l'autorité de Josèphe, que saint Jérôme appelle le *Tite-Live de la Grèce.* Selon ce célèbre écrivain, les descendants de Thubal ou Thobel, fils de Japhet, étant devenus très-nombreux, une colonie s'en détacha et vint des environs du Caucase (dans l'Arménie) s'établir dans la partie occidentale de l'Europe ; ils appelèrent cette nouvelle patrie *Setubalia* (1), ce qui, dans la langue ibérienne ou basque *(Euscuara),* veut dire le pays des enfants de Thubal. « Thobel, fils de Japhet, » dit Josèphe, donna son nom aux Thobelliens, que l'on nomme » maintenant Ibériens. Ce sont des Espagnols, dit le traduc- » teur Arnauld d'Andilly, dans une note marginale. »

Antiquités judaïques, page 11.

In Pausan., *trad. française* tome IV.

Quant au mot Ibère ou Ibéric (2), on le trouve employé pour la première fois dans le *Périple,* de Scylax de Cariande, écrit cinq cents ans avant Jésus-Christ. Scylax aborda, dans ses courses, à l'embouchure d'un fleuve ; il en demanda le nom aux habitants, qui lui dirent que c'était l'*Ibérus* ou le fleuve écumeux. Il donna alors le nom d'Ibéric à ce pays.

Ptolémée appelle les Ibères *Thobelliens,* nom que César rend par *Tarbelli* (Tarbelliens), et qu'il applique à l'une des plus puissantes peuplades de l'Aquitaine. Tout nous porte donc à croire que les Ibères sont venus des pays orientaux plusieurs siècles avant Jésus-Christ, et que les Thobelliens

---

(1) *Setubalia.* Ce mot, décomposé en *sem, thubal, lia* ou *ria,* signifie, en langue ibérienne, le pays des descendants de Thubal. Ils fondèrent dans cette partie de l'ancienne Ibérie, où ils s'établirent d'abord, une ville qu'ils ont appelée *Setuval* et qui subsiste encore.

(2) Le mot *Ibère* ou *Èbre,* comme nous l'avons vu plus haut, vient des mots basques *ibaya,* fleuve, et *aroa,* écumeux.

1ʳᵉ Part. A. 2

d'Espagne ne diffèrent pas des Tarbelliens de la côte de la mer Tarbellique, et enfin, que le nom générique de *Vascons* ou *Gascons* comprenait autrefois les deux branches de la même famille, dont le territoire s'étendait tout le long du golfe de Biscaye et de Gascogne, soit en Espagne, soit en Aquitaine.

Mais à quelle époque ces Ibères sont-ils venus de l'Arménie en Espagne? L'histoire n'en dit pas assez pour fixer le jugement de l'historien. Ce qui est très-remarquable, c'est que l'Espagne a, comme l'Arménie, si nous en croyons les historiens des Basques, son *Èbre*, son *Araxe*, son *Ararat*. Sont-ce là des souvenirs de la mère-patrie, consacrés par le patriotisme des émigrants arméniens? C'est probable, car il serait absurde de croire que le hasard seul ait pu faire trouver aux Espagnols ces mots employés dans une autre partie du monde. Il est, d'ailleurs, digne de remarque que la langue basque a beaucoup de rapport avec les dialectes arméniens, ce qui accuse une identité de famille, une communauté d'origine. En venant s'établir sur le versant septentrional des Pyrénées, les Ibères ou Vascons ont donné des noms basques aux villes qu'ils y ont fondées, aux monts et aux fleuves; c'étaient des noms de leur nouvelle patrie adoptive. Ainsi, *Aturus* (l'Adour) correspond à *Aturis*, rivière de Gallice; *Bigorre* et *Tarbes*, à *Bigorra* et *Tarbula*, dans la Tarragonaise et sur le *Turias; Calagurris*, maintenant Cazères, correspond à *Calahorre; Climberris*, premier nom d'Auch, à *Coimbre*, et *Tolosa* se retrouve dans la *Guipuscoa*, etc.

A ces nouveaux peuples, les Ibères, établis en Aquitaine, pays des *Ausks* ou *Auxitani*, les Gaëls ou Celtes, devaient nécessairement se mêler un jour (1); ils n'étaient séparés que par la Garonne. Leur commerce, quoique restreint, le déve-

(1) Le mot Gaëls, nom propre et primitif des *Celtes*, habitants des bois, dérive du mot celtique *galac'h*, brave, et, par extension, galant, bon; le *Gaëlich* était leur langage.

loppement des principes civilisateurs, les relations quotidiennes et indispensables entre les habitants des deux rives, tendaient incessamment à les rapprocher. De la fusion de ces deux peuples s'est formée la nation celtibérienne, dans laquelle l'élément ibère, ou espagnol, dominait et tempérait, par sa gravité, la légèreté du caractère des Gaëls.

Dans le discours que Jean d'Armagnac adressa, au XIVe siècle, au roi de France, sur la conduite du prince de Galles, il reconnaît que les Gascons, ses ancêtres, étaient descendus des Ibères transpyrénéens, comme nous le verrons plus bas (*anno* 1369).

Romey, dans son *Histoire d'Espagne*, dit que les Phéniciens avaient établi des colonies en Ibérie; nous ne le nions pas; nous savons que les Carthaginois y trouvèrent des ressources immenses pour repousser les Romains; mais sur quelle autorité se fonde-t-on pour dire que les Phéniciens s'établirent aussi sur les côtes de la mer Tarbellique? Romey ne nie pas l'émigration des premiers Ibères, appelés plus tard *Cantabres* par les Romains, et, reconnaissant que leur arrivée en Espagne dut avoir lieu longtemps avant l'ère chrétienne, il croit pouvoir avouer que ces émigrés orientaux donnèrent, dans l'Ibérie occidentale, des noms à un grand nombre de localités, comme nous l'avons vu plus haut, et que ces *Euscualdun-ac* forment une des couches primitives et plus anciennes du peuple espagnol. Il confirme donc la thèse que nous venons de soutenir, appuyé sur l'autorité des premiers historiens modernes. Il s'ensuit donc que, puisque ces premiers *Euscualdun-ac* se répandirent en deçà des Pyrénées, leur langue, conservée plus ou moins dans sa pureté, et parlée dans les pays basques et dans l'Aquitaine, avait été primitivement la langue de toute l'Ibérie et de l'Aquitaine, langue dont les rapports analogiques avec les dialectes de l'Arménie, d'où sont venus les Ibères, ne sauraient être contestés.

Livre I.
Chap. 1.

On en peut conclure aussi que les Ibères furent refoulés vers les montagnes et le golfe Tarbellien par les Phéniciens, lorsqu'ils vinrent, sous la conduite d'Amilcar Barca, général des Carthaginois, y fonder la ville de *Barcino* (Barcelonne), et celle de *Carthagene*, fondée sous Asdrubal. Strabon dit que les premiers Aquitains, c'est-à-dire les premiers Ibères, étaient pauvres, obscurs et acculés à l'Océan (1). Les *Eausks* ou *Euscualdunacs*, au delà ou en deçà des monts, étaient donc le même peuple.

Quant à leur langage, il n'avait aucun rapport avec la langue de Tyr ou de Carthage. Le cardinal Mezzophante, le polyglotte par excellence, qui savait et parlait avec une certaine facilité plus de soixante langues différentes, avoua un jour à lord Brougham que la langue basque, langue primitive des *Eauscualdun-ac*, ou anciens Ibères, était celle qui l'embarrassait le plus; qu'elle ne participait ni de l'arabe, ni du celtique, ni du grec, ni du latin, et que ses racines, loin de ressembler à celles du grec, avaient, au contraire, beaucoup d'analogie avec les dialectes de l'Arménie, d'où étaient venus les premiers habitants de la Péninsule ibérienne, que les Phéniciens refoulèrent plus tard vers l'Océan et au delà des monts, en Aquitaine. En arrivant en Ibérie, les Phéniciens appelèrent ce nouveau pays *Spania*, de *span*, lapin, à cause de l'immense quantité de lapins qui s'y trouvait, ou de *span*, caché, inconnu, peu fréquenté (2).

(1) *Gentes Aquitanorum........ exiguæ tamen et obscuræ et in magnam partem ad Oceanum accolentes.* (Strabon, liv. IV.)
(2) Les Italiens disent *Spagna*, et les Anglais *Spain*.

CHAPITRE II.

Les colonies celtes ou bituriges. — Le nom primitif de Bordeaux. — Signification du mot *Biturige*. — Les premiers habitants de Bordeaux étaient-ils Bituriges? — Auguste favorise le commerce du bourg des Gaëls ou des Celtes. — Un autel en son honneur. — L'inscription sur cet autel. — Les Bituriges de Bordeaux étaient originaires de Bourges. — Sont venus dans nos contrées avec les Boii, les Lingones. — Les villes de Boios et de Noviomagus. — A quelle époque ces colonies des Bituriges sont-elles venues dans ce pays? — L'étymologie de Burdigala. — Sa situation sur la rive gauche de la Garonne. — L'île de Marthogas, formée par un bras de la rivière qui coulait au pied des collines du Cypressat et de Lormont, etc., etc.

Livre I.

Après avoir consacré le premier chapitre à l'Aquitaine et à ses premiers habitants, nous allons maintenant nous occuper du bourg de Burdigala (Bordeaux), qui devait en devenir un jour la capitale.

Parmi les Gallo-Aquitains ou Celtibères dont nous venons de parler, nous voyons figurer des tribus qui n'ont pas eu une origine ibérienne. C'étaient les Bituriges-Vivisques, les Boii, les Lingones et les Cubi, colonies celtes établies du temps de César sur les bords de l'Océan et de la Garonne. Les historiens, en général, reconnaissent que les Bituriges celtes s'étaient établis sur la rive aquitanique de la Garonne; mais ils ne s'accordent pas sur l'époque de leur émigration. Saint Isidore, dans ses *Étymologies*, les dit sortis du pays de Bourges (le Berry). Alteserre l'affirme comme une vérité incontestable (1). D. Devienne n'en doute pas, et Ausone nous apprend que les Bordelais étaient descendus des Bituriges-Vivisques, et que ses parents appartenaient à cet ancien peuple (2).

(1) Scimus Bituriges-Viviscos à Biturigibus, Gallica gente profectos. *(Alteserre, Rer. antiq., lib. I, cap. XI).*
(2) Hæc ego Viviscâ ducens ab origine gente. (Auson., *Mosel, versus* 45).

Un jeune écrivain de Bordeaux le nie cependant, « par la
» raison, dit-il, qu'à cette époque, les émigrations ne s'effec-
» tuaient pas facilement : chaque peuple était classé, et fai-
» sait respecter autant que possible les limites sacrées de son
» territoire. Il eût fallu que les Bituriges passassent sur le
» corps à un grand nombre de tribus, et qu'ils entreprissent
» une guerre d'extermination contre les Aquitains, maîtres
» des Bordelais avant eux... Le nom de Biturige est un nom
» générique qui s'appliquait vraisemblablement à différentes
» peuplades, soit en Celtique, soit en Aquitaine. »

Cette assertion, toute gratuite, ne se prête pas aux inductions qu'on en veut tirer ; elle n'est pas même assez spécieuse
pour faire naître un doute, encore moins pour contre-balancer l'autorité de nos historiens anciens et modernes. Tacite,
Tite-Live et Justin parlent de l'émigration des Marcomans,
entreprise pour se soustraire à la cruelle domination des Romains. L'histoire atteste les aventureuses expéditions de Bellovèse et de Sigovèse, six siècles avant Jésus-Christ, et presque tous nos historiens parlent des émigrations et des courses
des Boïens de la Celtique à travers l'Europe, et de leurs établissements dans de nouvelles patries, auxquelles ils ont laissé
leur nom, la *Boïemia* et *Boiaria*, la Bohême et la Bavière
de nos jours.

On sait qu'Orgétorix, avec ses Helvétiens, quitta les étroites limites de son pays pour s'établir dans la Gaule. César
parle de cette émigration et de l'expédition du roi des Germains, Arioviste, dans le même pays. Les limites étaient, il
est vrai, sacrées en temps de paix ; mais comme toujours, et
surtout en temps de guerre, la nécessité ne connaissait pas de
loi : le dieu Terme n'avait plus de culte, et les Gaëls eux-
mêmes ont souvent prouvé que, dans la détresse, les limites
des états étaient loin d'être sacrées. La ressemblance physique et morale qui existait, du temps des Romains, entre les
Bituriges d'Avaricum et les Bituriges-Vivisci de Burdigala, ne

saurait être l'effet du hasard. Les épithètes *vivisci*, *cubi*, ne sont que les qualifications distinctives des deux fractions du même peuple celte, et qui ont leur raison d'être, ou dans le caractère particulier de ces peuples, ou dans leur position purement géographique ou politique.

<small>Livre 1. Chap. 2.</small>

Quant à l'étymologie du mot *Biturige*, nous croyons que le même auteur se trompe encore. « Ce mot, dit-il, s'appli- » quait vraisemblablement à différentes peuplades, soit en » Celtique, soit en Aquitaine, qui habitaient les bords des » cours d'eau et le voisinage des embouchures des fleuves. »

<small>Guienne monumentale, introduction.</small>

Le mot *vraisemblablement*, que cet écrivain emploie, affaiblit son sentiment; c'est le résultat d'un manque de conviction de sa part; il crée chez le lecteur le doute et l'incertitude, et fait repousser, comme simplement conjecturale, cette opinion philologique, que sa nouveauté rendait justement suspecte. A-t-on jamais employé ce mot, *Biturige*, pour désigner les peuples qui habitent aux embouchures ou sur les bords du Rhin, du Rhône, de la Seine ou de la Moselle? C'est cependant ce qu'il aurait dû prouver, s'il tenait à faire admettre son opinion comme certaine, ou au moins plausible.

Quelques auteurs croient que le mot *Biturige* est d'une origine purement celtique, et se fondent sur ce que dit le savant M. Humbold : « Les terminaisons celtiques sont *dunum*, » *magus*, *vices*, *briga*; on ne les trouve pas chez les vrais » Aquitains. La terminaison en *riges* paraît commune aux » Celtes et aux Ibères (1). » Aussi, à part les Nitiobriges (les Agenais) colonie celtibérienne, et les Bituriges de Burdigala, on ne trouve pas, parmi les Ibères en deçà des Pyrénées, encore moins au-delà, de noms qui se terminent en *riges;* tandis qu'on en trouve un grand nombre chez les Celtes, comme *Altobriga*, Ratisbonne; *Latobriges*, les Allobroges, etc., etc.

---

(1) Prüfung der untersuchungen uber die urbewoher Hispaniens, etc., etc. (Berlin, 1821, page 95.)

Cependant, on ne peut pas en disconvenir, le mot *Biturige* semble avoir une origine romaine ou latine, et Zingerling, homme savant et judicieux observateur, nous assure que la ville d'Avaricum, nom primitif de Bourges, fut appelée *Biturix*, à cause de ses deux grosses et grandes tours qui en défendaient l'entrée et qui figuraient dans les anciennes armoiries de cette cité (1).

Les mots *bi* et *turris* sont latins, et ne sont pas des mots celtiques. Les Romains ne distinguaient les habitants d'Avaricum des peuplades voisines que par la qualification des hommes de *la ville aux deux tours : Bituriges*. Ce nom fut conservé par les *Virisci* dans leur nouvelle patrie, et adopté par les Ibères avec d'autant plus de facilité que, dans leur langue, les trois éléments dont il se compose, *bi-atur-riges*, signifient les maîtres des deux rivières, la Garonne et la Dordogne : *bi*, bis; *atura*, eau, et *riges*, possesseur des rivages de ces deux rivières.

Toutes les peuplades voisines, les Boïens, les Lingones, etc., etc., formaient des républiques fédératives et se prêtèrent secours contre César. Gergovia était le chef-lieu des Boïens, peuple guerrier; mais la capitale de la Confédération celtique était *Avaricum* (Bourges), que César appelle la *plus belle cité de presque toute la Gaule* (2). De cette Confédération est venue la dénomination distinctive de *Coibhi*, que les écrivains de Rome ont rendue par *Cubi* en latin, et qui, en celtique, signifie *druides* associés, confédérés. César ne parle ni des *Cubi*, ni des *Virisci*; ces expressions latines ne furent employées qu'après la guerre : la première, pour désigner les peuples confédérés; la seconde, *Virisci*, pour caractériser la jeune colonie pleine de vie et d'avenir qui vint s'établir sur les rives de la Garonne; elle dérive probablement du mot *vivisco*, prendre vie, se fortifier.

(1) Turribus à binis unde vocor Biturris. (*Itiner.*, page 54).
(2) Pulcherrimam prope totius Galliæ urbem. (*Comment.*, *lib.* VII).

Loin donc d'admettre comme vraie, ou même comme vraisemblable, l'opinion exprimée par l'auteur de la *Guienne monumentale*, nous persistons à croire que le mot *Bituriges* ne désignait que les habitants de Bourges, et que la colonie qui en est sortie, et qui est venue s'établir sur les rives aquitaniques de la Garonne, a conservé son nom primitif dans sa nouvelle patrie ; ce nom était Biturige, comme on le voit dans César. Nous croyons aussi qu'à l'arrivée des Bituriges dans nos parages, il existait un bourg ibérien dans nos marais, qu'ils occupèrent et embellirent, et auquel les Romains, du temps d'Auguste, donnèrent le nom de *Bourg des Gaëls (Burgdigala)*. Strabon confirme notre croyance à cet égard ; car il nous apprend que ces colons ou émigrants bituriges vivaient sur le sol aquitain, comme étrangers, et sans payer de tribut ; ce qui était une exception à la coutume générale. « La » Garonne, dit-il, après avoir reçu trois autres rivières, coule » entre les *Bituriges-Josques* et les Santons (les Bordelais et » les Saintongeais), qui sont deux peuples gaulois ; mais » de ces deux peuples, les Bituriges sont les seuls qui vi- » vent sur le sol aquitain, comme étrangers et sans payer » de tribut. Ils ont un port, nommé *Burdigala*, situé dans » des marais formés par la Garonne. »

À ce peuple, que Strabon appelle *Josques*, Ptolomée donne le nom de *Vibisques*, et Pline le désigne par le mot *Oubisques* ; mais ces variantes ne sont provenues que de la négligence ou de l'ignorance des copistes ; leur véritable nom était *Vivisques*. Tout doute à cet égard a été levé par la découverte d'un autel quadrilatère en marbre gris, d'un style pur, qu'on exhuma, en 1413, des ruines des Piliers-de-Tutelle. Il fut alors transporté au Château-Trompette et déposé plus tard au Musée des Antiques de la ville. Cet autel votif fut érigé par les Bituriges-Vivisques en l'honneur d'Auguste, dans le temple de Tutelle ; leur reconnaissance associait son culte à celui de la divinité tutélaire de la cité. Sur

Livre I.
Chap. 2.

Strabon,
Géographie,
lib. IV, V.

Venuti,
page 9.

Livre I. Chap. 2. le devant de ce monument, on voit encore l'inscription suivante :

AVGVSTO SACRVM
ET GENIO CIVITATIS.
BIT. VIV. (1).

Cet autel fut retiré des décombres du beau monument connu à Bordeaux sous le nom de *Piliers-de-Tutelle*, que Perrault, par des inductions tirées des principes de l'art et du fini du travail, déclara appartenir aux premières époques de l'Empire (2). Venuti, dans une lumineuse dissertation, a démontré que cet autel fut érigé en l'honneur d'Auguste, par la reconnaissance publique, du vivant même de cet empereur ; *(Venuti, Dissert.)* il avait protégé le port et le commerce naissant du nouveau bourg ; il avait exempté la colonie biturige de tout impôt, et l'autel érigé en son honneur, comme à une divinité tutélaire, était la flatteuse expression de leur gratitude. L'inscription réduit à leur juste valeur les variantes des auteurs que nous avons cités.

Par qui Burdigala fut-elle fondée ? A quelle époque les Bituriges sont-ils venus s'établir dans nos contrées ? Il est difficile d'éclaircir ces questions ; impossible peut-être de les résoudre. Essayons, cependant, et examinons d'abord les différentes opinions émises sur ce sujet.

Quelques auteurs (ils sont rares) prétendent que Burdigala fut fondée par les Phéniciens, qui, étendant leurs spéculations commerciales en Espagne et sur les côtes de la mer Tarbellienne (golfe de Gascogne), vinrent apprendre aux indi-

---

(1) Consacré à Auguste et au génie de la cité des Bituriges-Vivisques. On dressa à ce même empereur des autels à Lyon, à Aisnay, à Narbonne, à Saintes et à Arles. (*Michelet, Hist. de France, tom. Ier, page 68*).

(2) Voyez la traduction de Vitruve, par Perrault, qui dessina les magnifiques restes du temple. Vinet les dessina aussi en 1572 ; depuis lors, ils ont eu de nombreux copistes. En 1617, il y avait encore debout dix-huit colonnes. Nous en parlerons plus bas.

gènes les secrets de leur industrie, et leur apporter, avec leur commerce, les bienfaits d'une civilisation avancée. « La Ga-
» ronne, dit un écrivain de nos jours, se courbait en arc au
» pied du *Burg*, qui reçut des Phéniciens, à cause de son
» admirable situation, le nom de *Burg di Kal*, la ville du
» port. »

Livre I.
Chap. 2.
—
*Guienne
monumentale,*
tome III.

Qu'on nous donne cela comme une plausible conjecture, rien de mieux; mais qu'on l'affirme comme une vérité historique, rien de moins excusable. Que les Phéniciens, qui trafiquaient avec les Phocéens de Marseille et les habitants des bords de la Méditerranée, aient eu des relations avec les Ibères et les habitants de nos côtes, cela nous paraît vrai. On croit qu'ils vinrent en Espagne l'an du monde 2555, ou mille cinq cents ans avant Jésus-Christ. Mais sont-ils venus en Aquitaine, dans les pays basques? Nous demandons des preuves; on ne nous en donne pas de bonnes; le doute est donc permis.

Quelques auteurs respectables parlent de huit siècles seulement avant notre ère. Cette opinion est moins prétentieuse et plus près de la vérité. Mais ont-ils bâti un bourg dans nos marais? Lui ont-ils donné un nom phénicien et d'une étymologie presque moderne, toute française? Nous avouons que nous ne saurions l'admettre. C'est avancer des choses qu'on n'a jamais pu prouver; c'est aller chercher au loin, dans une langue étrangère, le nom d'un bourg qu'on trouve naturellement dans la langue du peuple qui l'habitait; c'est demander aux étrangers ce qu'on trouve chez soi.

Isidore
et Rosseuw.

Une autre opinion rapporte l'arrivée des Celtes sur la rive aquitanique de la Garonne, à l'époque où Brennus, à la tête de ses bandes de Gaulois, crut devoir chercher ailleurs une autre patrie et de nouvelles ressources, plus de trois siècles avant Jésus-Christ.

Cette opinon présente une très-grande difficulté; elle est démentie par l'histoire. L'émigration eut lieu, mais dans une autre direction que celle de nos contrées : c'était vers Rome

<small>Livre I. Chap. 2.</small>

et les riantes plaines de l'Italie. Les soldats de Brennus ne sont jamais venus en Aquitaine.

Henri Martin croit que les Bituriges sont venus s'établir en Aquitaine du temps de l'émigration organisée par Ambigat, sous la conduite de Sigovèse et de Bellovèse, 587 ans avant Jésus-Christ. « Les Bituriges, dit-il, avaient été brisés comme » les Aulerkes, et une fraction de ce peuple avait été refou- » lée sur la Gironde. »

<small>Histoire de France, t. 1er, pag. 16.</small>

Mais c'est toujours la même difficulté que nous rencontrons; on ne fait que la déplacer; on ne la résout pas. Bellovèse et ses compagnons se dirigèrent vers le Tyrol et l'Italie; Sigovèse et ses troupes allèrent s'établir sur les bords du Danube et dans les pays circonvoisins, et aucun écrivain, que nous sachions, n'a dit, avant M. H. Martin, que ces émigrants vinrent alors fonder Bordeaux.

Les Bituriges, les Boïens et les Lingones furent, en effet, expulsés de leur patrie, ou plutôt ils s'expulsèrent eux-mêmes, et vinrent s'établir dans nos contrées, à une époque beaucoup plus récente du temps de l'invasion de la Gaule celtique par César et Crassus, cinquante et quelques années avant Jésus-Christ; ils fondèrent alors des colonies sur les rives de la Garonne, et, du temps d'Auguste et de Tibère, ils étaient encore regardés comme étrangers. Strabon, qui vivait sous Auguste, dit que les Bituriges résidaient dans nos contrées comme *étrangers*; mais comment y seraient-ils regardés comme tels, si l'on croyait qu'ils y étaient établis depuis le temps d'Ambigat, près de six siècles avant Jésus-Christ, ou même depuis le temps de Brennus, trois siècles avant Auguste? Ne doit-on pas, dans ce cas, les considérer comme natifs du pays, de vrais Aquitains? Comment pourrait-on dire qu'ils y étaient étrangers ou nouvellement établis? C'était là leur patrie; ils devaient l'aimer et la défendre. Cependant, dans la guerre contre Crassus, ils ne figurent pas dans la ligue aquitanique, qui se forma après la chute de Sos.

<small>César, Commentaires, lib. III.</small>

César parle des nombreux peuples aquitaniques qui s'étaient soulevés contre lui; mais, nulle part, il ne fait mention des Bituriges–Vivisques ou des Burdigaliens. Que faut-il en conclure? Que Burdigala n'existait pas? Non; car quelques années plus tard, c'était, selon Strabon, une *place de commerce célèbre,* et la célébrité d'une ville, sous le rapport commercial, n'est pas le résultat de l'industrie naissante d'un peuple enfant.

Livre I.
Chap. 2.

Peut-on en conclure qu'avant le temps de César, il existait un bourg sur la Garonne, sous un autre nom aquitanique ou ibère, et que les Romains le désignaient plus tard sous le nom de *Burg des Gaëls (Burgus Gallicus),* à cause des pauvres émigrants, les Gaëls ou Gaulois, qui s'y étaient établis? Nous le croyons. A l'arrivée des Romains, sous les ordres de Crassus, après la conquête de l'Armorique, les Ibères se retirèrent probablement vers les montagnes; les émigrants bituriges trouvèrent plus tard la place vide, et, s'y étant établis, ils acquirent des droits à la protection des Romains, par la stricte et prudente neutralité qu'ils gardèrent dans la guerre que les Ibères-Aquitains soutinrent contre les cohortes romaines.

D. Devienne adopte cette opinion, et croit que l'émigration des Bituriges eut lieu après la chute d'Alesia et la défaite des Gaëls, sous Vercingétorix; ils brûlèrent leur ville et allèrent chercher fortune parmi les Ibères de l'Aquitaine.

Discours préliminaire.

On objecta que Strabon, qui vivait soixante et quelques années après l'incendie des villes gauloises, ne parle pas de cette émigration vers l'Aquitaine; non, mais il dit que ces *étrangers* (les Bituriges) avaient sur la Garonne un port célèbre, une place importante de commerce, *celebre emporium,* qu'il appelle *Burdigala.* « La Garonne, dit-il, après
» avoir reçu trois autres rivières, coule entre les Bituri-
» ges-Josques et les Santons (les Saintongeais), qui sont
» deux peuples gaulois; mais les Bituriges sont les seuls de

Strabon,
Géographie,
lib. IV.

» ces peuples qui vivent sur le sol des Aquitains comme » *étrangers* et sans payer de tribut; ils ont un port nommé » *Burdigala*, situé dans un marais formé par la Garonne. »

Après une indication si formelle, une notice si explicite, il semble qu'on aurait tort d'alléguer le silence de Strabon. Il faut songer, d'ailleurs, que cet auteur n'écrivit pas en historien; il n'était que géographe, et, comme tel, il constate la présence des Bituriges comme *étrangers* sur les rives de la Garonne. Ils n'y étaient donc pas depuis des siècles, puisque, du temps d'Auguste, on les regardait comme *étrangers*.

En arrivant dans nos contrées, y trouvèrent-ils un bourg ou quelques huttes de pêcheurs? Nous avons déjà dit que nous le croyons. L'industrie et l'intelligente activité de ces étrangers, stimulées par leurs nombreux besoins, agrandirent et embellirent le port, qui, par sa position si favorable aux relations commerciales avec les peuplades voisines, devint, dans le cours de soixante et quelques années, c'est-à-dire dans le laps de temps qui se trouve depuis l'incendie des villes gauloises jusqu'au temps d'Auguste, une place de commerce assez remarquable pour mériter une courte notice dans l'ouvrage de Strabon, et pour figurer dans la *Carte géographique de l'Empire*. César ne parle pas du bourg de ces étrangers ni de ses habitants; ils portent peut-être dans les *Commentaires* un autre nom; car cet auteur parle de plusieurs peuples dont l'emplacement topographique ne peut être clairement déterminé.

Après avoir subjugué plusieurs peuples du nord-ouest de la Gaule, César fit préparer une quatrième campagne contre les fiers Aquitains, qui avaient déjà repoussé avec de brillants succès les troupes de Rome; il mit Crassus à la tête de cette expédition, et lui ordonna de réduire ce peuple, qui avait si opiniâtrément résisté aux vainqueurs du monde. Crassus se mit en marche, et pénétra, dit-on, dans notre pays, en se dirigeant vers Sos, dans l'Agenais, ou, selon d'autres, dans Lectoure. Les Ibères qui habitaient la rive gauche de la Garonne, effrayés de l'approche des Romains, s'éloignèrent de nos côtes et allèrent rejoindre leurs frères d'armes, qui, avec les Bazadais et les peuples d'Aire, s'étaient réunis pour attaquer les Romains, déjà maîtres de Sos.

<small>Livre I. Chap. 2.

César, Commentaires, lib. III, 23.</small>

Quelque temps s'écoule après la conquête de l'Aquitaine, et la Gaule entière se soulève à la voix de Vercingétorix. César pénètre dans le pays, où il rencontre un peuple de héros, qui, ne pouvant pas vaincre et ne voulant pas se soumettre, brûlent leurs villes, dévastent leur pays natal, livrent leurs derniers combats sous les murs de Gergovie et d'Alesia, et ayant abandonné ces malheureuses contrées, vinrent chercher une nouvelle patrie sur les bords de la Garonne et occuper le bourg et les rivages d'où les Ibères avaient été refoulés, par la crainte de Crassus, vers les montagnes. Par une soumission feinte ou réelle à l'empire de Rome, ils acquirent des droits à la protection d'Auguste, qui les combla de bienfaits et les exempta de tout impôt. Le consul Corvinus était auprès d'eux l'interprète de la bienveillance de Rome; ils conservèrent ainsi, dans ce pays, leur nom, leurs mœurs, leur religion et leur liberté. S'ils y avaient été établis depuis quelques siècles, ils auraient été de vrais Aquitains, et, comme tels, ils auraient secondé les mouvements insurrectionnels que leurs compatriotes essayaient de faire réussir alors en Aquitaine contre les Romains. Ils n'en firent rien; c'était sage, et, d'ailleurs, quel intérêt auraient-ils à le faire? Ils étaient alors *étrangers* et toujours gaulois : une parfaite neutralité était le seul et le meilleur parti à prendre. A tout bien considérer, le joug de Rome ne pouvait pas et ne devait pas leur paraître plus odieux ni plus pesant que celui de ces fiers Ibères, qui méprisaient tout ce qui n'était pas avec eux et pour eux, et qui aimaient mieux mourir avec gloire que de vivre avec honte sous le joug des Romains. L'étranger leur était odieux; les Bituriges devaient l'être, par conséquent, mais beaucoup moins, à cause de leurs malheurs, qui leur avaient acquis les sympathies des ennemis de Rome. C'est à ce titre que les Ibères leur avaient accordé une tolérance hospitalière, sur un sol malsain, dont personne n'était alors tenté de leur contester la possession. De quoi, d'ailleurs, seraient-ils jaloux ? Le bourg n'était qu'une réunion de misérables cabanes de pêcheurs, entourées de marais, dont les exhalaisons meurtrières moissonnaient périodiquement la population malheureuse.

Ainsi, le nom primitif du bourg celte, loin d'être phénicien, était purement celtique : le nom *Berg* est souvent employé dans les noms des villes celtes, comme dans *Berg-op-Zoom, Bergues, Bergame, Bergui, Bergedorf,* etc., etc. De ce mot gaélique, *Berg,* les Romains ont fait *Bourg de Gala.* Tous les Aquitains devinrent les sujets provinciaux de Rome; les Gaëls de notre *bourg,* ou les Burdigaliens, seuls conservèrent les institutions de leur pays natal, et furent exemptés de tout impôt. Nous avons déjà parlé de l'autel que leur reconnaissance fit ériger en l'honneur de leur bienfaiteur impérial.

Comme rien n'arrêtait la prospérité toujours croissante du paisible *bourg des Gaëls,* cette place devint, en quelques années, sous le rapport stratégique, une position militaire de haute importance. Messala conçut le projet de mettre cette ville naissante à l'abri d'un coup de main, et établit tout autour trois postes militaires : l'un dans le lieu même où il avait son camp, à Castres; l'autre à Condate, près de Libourne; et le troisième sur la voie militaire, sous le nom de *Castrum Belli Viæ,* dont on a fait plus tard *Blavia.*

D. Devienne prétend que les Boïens étaient les premiers habitants de notre ancienne Burdigala, et que l'émigration ordonnée par Ambigat, roi des Celtes, cinq cent quatre-vingt-sept ans avant Jésus-Christ, avait tellement épuisé cette puissante nation aquitanique, que les Bituriges ne rencontrèrent pas la moindre difficulté à s'y établir. Tout cela est faux :

aucun écrivain de Rome ne parle des Boïens d'Aquitaine ; plusieurs d'entre eux parlent des Boïens de la Gaule celtique, qui habitaient les pays voisins des Bituriges (dans le Berry), et dont la capitale, d'après César, était *Gergovia Boiorum*. L'émigration ordonnée par Ambigat, roi des Celtes, se bornait à la Celtique ; elle se dirigea, partie vers le Danube et partie vers l'Italie : c'était son peuple qui obéissait à ses ordres ; mais il n'avait aucun droit sur les Ibères de l'Aquitaine, qui n'étaient pas ses sujets ; il n'y avait pas, d'ailleurs, des Boïens en Aquitaine à cette époque.

Livre I. Chap. 2.
—
César, *Commentaires*, lib. VII, cap. 9.
H. Martin, *Histoire de France*, tom. 1ᵉʳ, p. 16.

Ainsi, l'arrivée des Boïens sur les côtes du golfe Tarbellique (de Gascogne) est toujours un mystère, comme celle des Bituriges sur les rives de la Garonne. Ces deux événements datent probablement de la même époque et s'expliquent par la même cause. La crainte et l'impuissance de ces deux peuples, vis-à-vis d'un ennemi vainqueur, produisirent les mêmes effets sur les habitants d'*Avaricum* (Bourges), et sur ceux des pays circonvoisins, les *Boïens*, les *Lingones* et les *Cubi*.

Carte de Barbier de Bocage, Édition de Lemaire.

Les Gaëls, appelés Bituriges, s'établirent sur la rive gauche de la Garonne ; les Boïens, dont parle César, pénétrèrent plus en avant et fondèrent une ville, Boïos, sur les bords de la mer Tarbellique (golfe de Gascogne) ; les *Medulchi*, portion du peuple vivisque (les *Médocains*), s'emparèrent du pays situé entre la mer et la Gironde, contrée étendue, qu'ils appelèrent *Media olca*, terre entre les deux mers, à cause de sa position topographique.

NOTE 2.

Ils y trouvèrent une ville, que les premiers habitants de ce pays, les Ibères, appelaient *Soulac*, du mot ibère, *soloa-ac*, terres fertiles et cultivables ; mais il paraît certain que cette ville fut engloutie en même temps que Boïos (1), capitale des

---

(1) La Teste-de-Buch, qui est aujourd'hui le chef-lieu du pays dont Boïos avait été la capitale, fut détruite par les Normands et les Sarrasins. Le nom *Boïos* est celtique et accuse l'origine du peuple ; il dérive de *burg* ou *bugs*, terrible, parce que

Boïens, dans les sables et les eaux de l'Océan. Les Gaëls, ou émigrants gaulois, la firent reconstruire un peu plus en avant dans les terres, sous le nom celtique de *Noviomay*, ou Ville-Neuve; mais l'ancien nom a prévalu, et la paroisse s'appelait encore au XVI° siècle Notre-Dame de Souloac, *in finibus terræ*. — *Voir note 2*.

Les Lingones s'établirent à quelques lieues plus haut que les Bituriges-Vivisques; l'endroit conserve encore leur nom. » Langon, dit la vieille *Chronique de Bazas*, est une colonie » des anciens Lingones : *Lingonum veterum Lingonum colo-» nia*. » Les *Cubi*, selon l'opinion de plusieurs écrivains, occupèrent les hauteurs qui dominent la Dordogne; ils y firent construire un fort (arx) et laissèrent leur nom à cette partie du pays, *Cubzac* (*Cuborum arx*) (1). L'endroit où était construit le fort ou citadelle des *Cubi*, fut appelé dans le moyen-âge St-Laurent-d'Arce, et conserve encore ce nom commémoratif.

c'étaient d'excellents soldats. On a dit qu'il y a eu un évêque à Boïos; c'est une erreur. On trouvera d'autres détails sur ce sujet à la *page* 12.

M. Jouannet prétend que Boïos était situé entre Argentières et Lamothe. Cette assertion est bien arbitraire et sans preuves; son véritable emplacement est inconnu. Les Boïens faisaient le commerce de la résine, comme saint Paulin nous l'apprend dans une lettre à Ausone, où il lui dit : « *Quâ regione habites, liceat reticere ni-» tentem Burdigalam, et piceos malis describere Boïos.* » Le premier, le plus ancien document qui fasse mention des Boïens d'Aquitaine, c'est l'*Itinéraire d'Antonin*, qui, d'après nos meilleures critiques, ne date que du IV° siècle. Les mots *Boïos* et *Boïens* ont subi d'étranges transformations depuis lors, telles que *Boïes*, ou, selon d'Anville, *Buies*, *Boiates*, *Boates*, *Bouges*, *Bu-ys*, *Buch*. Dans cet endroit, la terre se projetait en avant dans la mer comme un cap ou promontoire; les anciens l'appelaient *caput Boiorum*, cap des Boïens ou des Bughs, mots que les Anglais, pendant leur domination en Guienne, ont rendu par un mot équivalent : *Teste de Buch*, ou *cap des Buchs*.

(1) Nous ne donnons cette opinion que comme très-probable. « Qui nous empê-» che, dit un écrivain moderne, d'admettre que les peuples de la rive droite de la » Garonne, près de l'embouchure de ce fleuve, portaient aussi le nom de *Bituriges-» Cubi*? Les surnoms de *Vivisci* et *Cubi* avaient, sans doute, une signification pu-» rement géographique. Le mot *Cubi* est resté dans les dénominations : Cubzac, » Cubzagnais, etc., etc. » (*Guienne monumentale, introduction*, 15). Voyez *Note 2* » pour d'autres détails sur ce sujet et sur les mots *Vivisci, Cubi*, etc., etc.

— 35 —

D'après tout ce que nous venons de dire sur ces différents sujets, nous persistons à croire que ces Gaëls, ou Gaulois-Bituriges, et autres, n'émigrèrent qu'après l'incendie des villes gauloises; qu'ils trouvèrent sur la rive gauche de la Garonne un bourg où ils s'établirent, et que les Romains ont appelé plus tard Burdigala. Nous admettons aussi comme très-probable que les Bituriges-Vivisques ont eu des relations avec les colonies grecques de la côte napolitaine (1), et que les Phocéens, des bords de la Méditerranée, ont étendu leurs relations commerciales jusque dans l'Aquitaine ; mais quelle que soit l'analogie qui existe entre le phénicien et le celtique, nous ne souscrivons pas à l'opinion qui veut que notre ville ait été bâtie et appelée Burdigala par les Phéniciens; car rien ne l'autorise : aucune raison spécieuse ne peut être invoquée en sa faveur.

Livre 1.
Chap. 2.

Le nom de Burdigala a exercé si longtemps le savoir et les conjectures des philologues, que nous croyons devoir en parler et éclaircir davantage cette question. Nous avons déjà rejeté l'origine phénicienne qu'on lui donnait; personne ne croit plus que la langue de Tyr ait été parlée sur nos côtes. Cette langue n'existe plus que dans quelques mots glanés péniblement par Bochart, et n'a aucun rapport avec la langue des Ibères-Aquitains; tandis que celle-ci a une analogie frappante avec les dialectes de l'Arménie, d'où sont sortis les premiers habitants de nos Provinces-Basques et de l'Aquitaine. Cependant, l'abbé Leboeuf va chercher l'étymologie de *Burdigala* dans la langue des Tyriens. *Burg,* dans le punique, dit-il, signifie *jonc*, plante vivace, qui croît abondamment sur les bords de la Garonne.

Histoire
des Inscript.
et
Belles-Lettres,
tom. 15.

---

(1) On a trouvé dans plusieurs endroits (en Guienne), des médailles grecques en or et en argent, et surtout en bronze : dans le Périgord, MM. Taillefer et Moursin; dans le Bordelais, M. Jouannet; dans l'Agenais, MM. Debeaux et Razan, en ont fait de belles collections. Le Périgord a fourni plus de monnaies et de médailles grecques que tout le reste de la Guienne. Le plus beau médaillier que nous connaissons dans le Midi, c'est celui du savant et estimable M. Péry, de Bordeaux.

Livre I.
Chap. 2.

Chaho,
Histoire
des Basques,
page 95.

Il assure qu'on retrouve en Aquitaine plusieurs expressions phéniciennes, dont l'adoption par les Ibères, ou Basques, ne saurait s'expliquer que par leur contact et leur commerce avec les Phéniciens, qui venaient trafiquer en Espagne. Quant aux mots *gala* ou *cala,* ce ne sont, dit-il, que des terminaisons gauloises. Plusieurs villages en France portent le même nom que notre cité, parce qu'ils se trouvent dans des localités où l'on voit beaucoup de joncs.

Cette étymologie nous paraît inadmissible; elle suppose que pour donner un nom au bourg biturige, sur la Garonne, la langue maternelle des Burdigaliens ou des Ibères ne suffisait pas; qu'il fallait aller emprunter à la Phénicie un mot qu'on pût marier avec une terminaison gauloise, et Burdigala serait le fruit de ce singulier hymen!

Peu satisfait de cette étymologie, le même auteur en propose une autre, qui ne reflète pas beaucoup d'honneur sur les premiers Burdigaliens; il les considère comme autant de lépreux, ou *cagots!* *Borde,* dit-il, signifiait autrefois maisonnette, la demeure des *Gahets* ou des lépreux. De cet ancien terme, vient le mot patois, *Bordelays,* qui servait à désigner celui qui habitait la borde; c'est le nom qu'on donne encore, dans les pays Bordelais et Bazadais, à celui qui exerce l'état de métayer. A l'appui de cette opinion, le savant académicien donne plusieurs preuves importantes; ainsi Jean de Bracques, évêque de Troyes, défendit aux lépreux de sortir de leurs *bordes,* et s'appuie, en outre, sur l'autorité d'un ancien document émané d'Aicard, évêque d'Arles, de huit ou neuf cents ans de date, et imprimé parmi les preuves du nouveau *Gallia Christiana.* Il se trouve dans le *Glossaire,* aux mots *Burdigala* et *Burdiculum,* deux autres preuves qui semblent confirmer cette même opinion; mais toute cette érudition n'est qu'une vaine pâture qu'on jette aux esprits curieux et avides de nouveautés. L'étymologie la plus naturelle est celle qui explique l'origine de ce bourg occupé et agrandi par les Gaëls, ou Celtes, sur la rive aquitanique ; celle qui avait un rapport avec l'importance et les fondateurs de cette ville naissante, *Burgus Gallorum*, le *bourg des Gaëls*, dont les Romains ont fait *Burg di Gala* (1).

Saint Isidore de Séville dit que le nom de *Burdigala* (2) vient de ce que ses premiers habitants étaient des *Burgos Gallos* (3). M. de Masca cite cette opinion, et ajoute : « Si je » me plaisais aux étymologies, j'aimerais mieux celle de *Bur-* » *digala*, de *Burgo Galatico*, bourg gaulois ou ville gauloise, » le nom de *Bourg* étant alors ancien et dérivé de la langue » grecque, et partout propre à l'usage des Gaulois, comme » on peut le voir dans Orose, Végèce et le glossaire de Phi- » loxène. »

Livre I.
Chap. 2.
—
Itinéraire,
lib. XV, cap. 1.
Histoire du Béarn,
ch. 2.

Avant l'arrivée des Romains, ce bourg eut très-probablement un nom ibère ; mais les vainqueurs des Gaules ne l'ont désigné que par le nom de Bourg des Gaëls *(Burdigala).* Le mot *berg*, ou *perg*, signifie en celtique hauteur et montagne, et se rapporte à la position élevée de certaines localités, telles que *Nuremberg*, en Allemagne ; *Berg-op-Zoom*, en Hollande ; *Bergerac*, colline au bord de l'eau ; *Berg*, ou *Bourg des Gaëls*, bourg bâti sur une élévation et occupé par les Gaëls (Celtes). Ce bourg était bâti sur une hauteur *(berg)* qui a pris depuis le nom de *Puy-Paulin*, *Podium Paulini*, parce que la famille patricienne des Paulin y demeurait.

Adrien de Valois prétend que Burdigala était située sur la rive droite de la Garonne, et Denis de Ste-Marthe a adopté cette assertion irréfléchie. Il ne vaut guère la peine de s'arrêter à réfuter cette erreur : Strabon est l'auteur le plus an-

---

(1) *Burgus*, selon Végèce, signifie un certain nombre de maisons sans remparts, sans murs. (DUCANGE, au mot *Burgus*.)

(2) On écrivait indifféremment *Burdigala* ou *Burdegala* ; cette dernière forme était la plus usitée.

(3) *Burdegalam appellatam ferunt quod Burgos Gallos primum colonos habuerit.*
(ISIDOR, *Hist., lib. XV, cap. I*).

<small>Livre I.
Chap. 2.</small>

cien qui parle de Burdigala ; il nous apprend que les *Vivisques* vivaient comme étrangers parmi les Aquitains ; ils étaient donc sur la rive gauche. Ausone nous apprend que la ville était partagée en deux par la Devèze, qui formait, sur la rive gauche, un port spacieux, dont saint Paulin parle aussi (1).

<small>Lib.
de Gloriâ con-
fessor.</small>

Saint Grégoire de Tours fait mention des églises de Saint-Seurin et de Saint-Pierre, qui sont sur la rive gauche. On a trouvé, dit D. Devienne, au pied du Cypressat, de gros anneaux de fer auxquels on attachait les vaisseaux. On en a conclu que les Queyries formaient autrefois une île, et qu'un bras de la Garonne coulait au pied des collines complantées de cyprès et de lauriers, qu'on appelle de nos jours le Cypressat (Cenon) et Lormont. Cette île portait le nom de *Marthogue*, comme il paraît par une lième du chapitre de Saint-André, où on lit : *Insula Marthogua quæ est inter Burdegalam et Laureum montem.*

---

(1) Per mediumque urbis fontani fluminis alveum,
    Quem pater Oceanus refluo cum impleverit æstu,
    Adlabi totum spectabis classibus æquor.
                                                    AUSONE.

Tandem autem exacto longarum fine viarum
Majorum in patriam, tectisque advectus avitis
Burdigalam veni, cujus spaciosa Garumna,
Mœnibus oceani refluas maris invehit undas
Navigeram per portam, quæ portum spaciosum,
Nunc etiam muris speciosâ includit in urbe.
                                                    PAULIN.

CHAPITRE III.

Les mœurs des Burdigaliens. — Leur commerce avec les Boïens. — Noviomag. — Ils fondent un bourg. — Ils restent neutres entre les Romains et les Aquitains. — Les Druides. — Les Bardes. — Les Eubates. — L'écriture des Gaulois. — Ils n'avaient pas de livres. — Les Druidesses. — Les armes des Gaulois. — Occupation des Burdigaliens. — Le Puy. — Le port de Burdigala. — Le commerce. — La sage neutralité des habitants. — État politique sous Auguste. — L'idolâtrie romaine à Burdigala. — Celle des dieux étrangers. — La divinité des eaux, etc.

Tranquilles et heureux au milieu de leurs marais, que l'industrie devait plus tard changer en plaines fertiles et délicieuses, les Bituriges multiplièrent leurs relations commerciales avec plusieurs peuples voisins, les Boïens ou Bouges, habitants du pays de Buch, et avec *Noviomag*, ville nouvelle, que les *Medulchi*, habitants du Médoc, avaient bâtie sur la côte de l'Océan (1). Actifs et intelligents, ils se créèrent une nouvelle patrie; et développant avec adresse et succès les nombreuses ressources de bien-être et de prospérité que le sol et leur position maritime leur fournissaient, ils agrandirent et embellirent ce bourg, dont leurs descendants devaient un

Livre I.

NOTE 3.

---

(1) Dans le chapitre précédent, nous avons parlé de Soulac ainsi que de *Noviomag*. (Voir *Notes 2 et 3*). Sur la fin du XIV⁰ siècle, la population de Soulac se composait de plus de cent chefs de famille, et dépendait de Sainte-Croix de Bordeaux. Dans un article attribué à M. Rabanis, et inséré dans le *Compte-rendu de la Commission des Monuments historiques de la Gironde*, années 1846-47, il est dit que le mot Soulac dérive de *soloa c*, mot basque, dit-il, qui signifie *ville dans la plaine*. Cette étymologie nous paraît fausse. Le mot basque *soloa-ac* signifie, non pas ville dans la plaine, mais *tertres ou monticules fertiles et cultivables*. Le mot *soloa*, en basque, a pour pluriel *solo-ac*, *tertres labourables*; il y en avait autour du vieux Soulac, comme le fait observer Baurein. (*Variét. bordel.*, tom. 1, p. 44, voir *Note 3*).

jour faire l'une des plus belles villes de France. Leurs occupations habituelles étaient la pêche, la chasse, l'agriculture, le soin des troupeaux et un commerce assez restreint avec les peuplades voisines. La guerre était contraire à leurs goûts; elle avait été nuisible à leurs intérêts; elle leur avait enlevé leur patrie, et ne convenait ni à la faiblesse d'une colonie naissante, ni aux paisibles travaux de ces étrangers inoffensifs, qui, n'épousant point les querelles des partis, finirent par gagner l'estime de tous et l'amitié des maîtres du monde.

Leurs mœurs, leurs usages et leur religion, étaient les mêmes que ceux des Gaulois, leurs ancêtres. Frugal et simple dans ses désirs, le Biturige n'avait d'abord d'autre nourriture que des glands, du millet, les produits de la pêche et les fruits de ses vergers. Ses plaisirs se bornaient le plus souvent à la chasse, et les vastes forêts du Bouscat, d'Ornon, et les collines boisées du Cypressat et de Lormont, fournissaient des aliments inépuisables à cette occupation inoffensive.

La culture du blé, que les Ibères avaient apprise des Grecs de la côte méditerranéenne, fut bientôt introduite en Aquitaine; le vin y était rare, et on ne s'en servait que dans les occasions solennelles, dans les fêtes populaires et domestiques. Comme à Arvaricum (Bourges), leur mère-patrie, les Druides étaient à la fois leurs prêtres, leurs médecins, leurs poètes et leurs magistrats; ils composaient trois classes d'individus : les *Bardes,* les *Eubates* et les *Druides,* tous liés entre eux par une communauté d'idées, de devoirs sacrés et d'intérêts de caste; tous concourant au même but, la conduite civile et religieuse, l'instruction et la moralisation des peuples. Les *Bardes* chantaient les exploits des héros, charmaient les loisirs des généraux, animaient au combat les soldats sur le champ de bataille, solemnisaient les victoires de l'armée et les fêtes de la patrie; ils étaient revêtus d'un caractère sacré, et excellaient, dit Lucain, dans les poésies lyriques qu'ils composaient pour les fêtes nationales. Les *Eubates, Ovates,* les *Ovydds des Gaëls* étaient physiciens, médecins et devins : c'étaient les *Vates* de Rome ; ils étaient chargés du matériel du culte, dirigeaient les cérémonies religieuses, servaient d'intermédiaire entre le peuple et les Druides. Au-dessus d'eux, dans une hiérarchie régulière, se trouvaient les Druides, solitaires obligés, vénérables et tout-puissants sur la foule ; ils sacrifiaient des taureaux, des passereaux, du pain et du vin au pied d'un antique chêne, dispensaient la justice comme juges souverains, interprétaient les lois divines et humaines, intervenaient dans les litiges des particuliers et dans les querelles internationales, calmaient les peuples ou les précipitaient dans la guerre. A toutes ces fonctions importantes, ils joignaient celle de l'enseignement ; c'était à eux que les familles riches confiaient l'éducation de leurs enfants ; ils les instruisaient dans les principes de leur croyance, dans la philosophie, l'astronomie, la politique, la poésie, la médecine, les autres branches des connaissances humaines, si peu développées dans ces siècles. Leur doctrine tendait à rendre l'homme juste, vaillant et patriote ; ils enseignaient la spiritualité de l'âme, son immortalité, des récompenses ou des peines futures ; leurs sages étaient toujours vénérés et reconnus supérieurs aux philosophes des autres peuples. Pythagore étudia chez les Druides, et c'est chez eux et non chez Phérecyde, à Scyros, qu'il puisa la meilleure partie de sa morale. Leurs doctrines sur Dieu, ses attributs, les principes moraux et les devoirs des hommes envers la Divinité, et sur la société, étaient plus pures que celles de tout autre peuple du monde, à l'exception des Juifs, dépositaires de la révélation primitive ; mais elles s'altérèrent plus tard au contact des doctrines de Rome païenne, et la superstition s'y glissa avec toutes les absurdités des cultes idolâtres.

Quant à l'écriture des Gaulois, nous n'avons sur ce sujet que des conjectures plus ou moins probables. « Avant que » les Romains se fussent emparés des Gaules, disent les Bénédictins, les habitants du pays ne mettaient rien par écrit

Livre I. Chap. 3.

Dom Martin, Histoire des Gaules.

Alex. Poly, Histoire.

Nouveau traité de diplomatie, t. 1er, p. 704.

Livre I.
Chap. 3.

» de ce qui intéressait leur religion ; seulement, ils faisaient
» usage de l'écriture dans leurs affaires publiques et privées ;
» mais quelle était cette écriture, quels en étaient les carac-
» tères et quels monuments en reste-t-il ? Les plus anciens
» dont on ait connaissance sont en écriture romaine ; tous
» sont postérieurs à la conquête des Gaules par J. César.
» L'écriture dont on usait dans la plupart de ces contrées,
» avant les Romains, était néanmoins aussi différente de la
» leur qu'approchante de celle des Grecs. »

Puisque, d'après l'aveu des Bénédictins eux-mêmes, il n'existe aucun monument écrit antérieurement à la conquête, nous persistons à croire que les Gaulois d'alors n'avaient pas de livres écrits : les Druides cultivaient avec soin la mémoire ; et la jeunesse, qui fréquentait leurs écoles, apprenait tout par cœur et n'écrivait rien.

Les Druides s'étaient constitués les gardiens nécessaires et intéressés du dépôt des sciences religieuses et profanes ; ils étaient le lien qui maintenait la vieille société décrépite, à même de se dissoudre comme un cadavre et qui ne devait ressusciter qu'au souffle vivifiant de la foi chrétienne. L'ignorance était devenue le partage du peuple et servait de base et d'appui à la puissance de la caste druidique. Point de livre, point de monument écrit, comme nous l'avons déjà fait observer (1). Des pierres posées çà et là verticalement, pour célébrer quelque événement ; les traditions orales transmises du père au fils ; la mémoire des Druides, souvent complaisants par circonstance, modifiée par intérêt, ou faussée par les passions ou par le temps qui détruit tout, voilà les monu-

---

(1) Nunc omnia in tenebris latent injuriâ temporum, patriâque suâ Galli peregrinare videntur, soli prope omnium rerum suarum ignari. Itaque instrumentum regni nullum ne publicum quidem habemus quod quidem certe magnopere memorandum sit. Sed his est perpetuus hujus regni genius rerum gestarum monumenta ut nihil ad rempublicam pertinere videantur. (BUDÉE, *in Pandect.*, p. 89. PASQUIER, *Recherch.*, liv. II, chap. Ier).

ments qu'on trouvait parmi les peuples gaulois avant le temps de César. Les *Sénas,* ou Druidesses, prétendaient lire dans l'avenir le sort des hommes et des nations ; on assure qu'elles prédirent à Alexandre Sévère sa défaite et sa mort, et à Dioclétien son élévation à l'empire. Elles se ceignaient la tête de laurier et de verveine, et portaient un costume bizarre, mais respecté du peuple. En un mot, on reconnaît, en général, que la caste sacerdotale des Druides formait la corporation la plus puissante, la plus vénérée, la plus fortement unie qui ait jamais existé. Voilà les maîtres, les savants et les prêtres des Bituriges–Vivisques.

Livre 1.
Chap. 3.

Lamprid,
*Histor. aug.
script.*

Parmi les Bituriges des bords de la Garonne, on ne rencontrait que des armes gauloises, des haches, des couteaux de pierre, des flèches avec des pointes garnies de silex, d'acier ou de coquillages, et qu'on retrouve encore dans les landes et dans les terres que la bêche ou la charrue ont rarement remuées. On les ensevelissait avec le maître, dans la même tombe : compagnes de tous les jours, ces armes ne devaient pas le quitter même à la mort !

Au lever du soleil, dit un écrivain moderne, le Biturige (Bordelais) allait poursuivre à travers les bouleaux les alcés (*urus*), ou il semait le maïs, ou il pêchait le colac (alose) dans les flots de la Garaph (Garonne). Le produit de la pêche ou de la chasse, cuit au retour dans un feu allumé près du banc de chêne à trois pieds, composait tous les mets de ses repas, avec le *pouls* ou la bouillie nationale. La cervoise lui servait ordinairement de boisson ; mais, les jours de fête, il amoncelait sur sa table des tas de viande, le saumon rôti au vinaigre, les alouettes et de larges rayons de miel sur des corbeilles de bois ; des flots de *zist* versé dans les cornes d'urus ou le crâne de l'ennemi, arrosaient le festin. C'était à la suite de ces orgies solennelles qu'étaient célébrés les mariages ; lorsque la bande avait fini de chanter *Teuth* (Dieu, le théos des Grecs) et la guerre, la porte de la cabane s'entr'ouvrait tout à coup ;

on voyait cesser le tumulte, et une jeune fille, vêtue de sa plus blanche linna, ses cheveux retombant de chaque côté du front en longues tresses, venait, toute rouge, apporter la coupe d'eau à celui qu'elle choisissait pour époux. Voilà, selon Mary Lafon, les occupations, la vie et les mœurs patriarchales des premiers habitants celtes de Bordeaux.

Ce fut sur le Puy (1), colline qui dominait la Garonne, que furent construites les cabanes des Gaëls exilés : des murs d'argile couverts des roseaux de leurs marais ou de chaume, formaient leurs modestes demeures; la porte, large et haute, tenait lieu de fenêtres; à côté, était creusée la caverne où se gardaient les provisions d'hiver, et les fidèles chiens du maître défendaient le seuil de cette habitation des premiers âges. Du temps de César, les constructions s'étaient perfectionnées : le climat (2), la fortune, les nouveaux besoins des premiers Bordelais, ont pu influer sur la forme, la grandeur ou les accessoires de leurs demeures; mais nous avons tout lieu de croire qu'elles ne différaient guère de celles dont César nous donne la description. Josèphe, qui écrivait sous Titus, nous assure que les villes du midi de la France étaient célèbres sous le rapport de leurs édifices, et imitaient en élégance et en richesse celles de la Grèce et de Rome.

Au pied de cette ville naissante, la Garonne se courbait en arc, et dessinait par sa sinuosité la forme si gracieuse de son magnifique havre, qui, dans le moyen-âge, était appelé le *Port de la Lune*, et qui, par son étendue, sa beauté et sa riante position, peut entrer en concurrence avec Goa et Constantinople.

---

(1) Cette colline fut appelée plus tard *Podium Paulini*, parce que la famille Paulin, originaire de Rome, y fit bâtir un palais. *Puch* ou *puy*, en celtique, signifie *mont*; les Romains en ont fait *Podium*.

(2) Selon M. Arago, les températures extrêmes des Gaules ont subi des modifications considérables : les étés sont moins chauds, les hivers moins froids, sans, néanmoins, que la température moyenne ait varié sensiblement.

En passant à Bordeaux, en 1724, Méhémed-Effendi, ambassadeur de la Porte-Ottomane en France, admirait la ressemblance de notre port avec celui de Constantinople ; et Montesquieu, après avoir lu les *Mémoires* de cet étranger, disait à ses amis : « Je suis fier de mon vieux port de la Lune, » depuis que Méhémed-Effendi l'a comparé à celui de la ville » de Constantin. »

Au levant de la ville, se voyaient les riches coteaux, des monts de lauriers et de cyprès (Lormont et le Cypressat, aujourd'hui Cenon); au nord-ouest, une immense forêt (Bouscat); au sud-est, se trouvait, selon nos traditions locales, un sanctuaire ou temple gaulois, le *Vernometis;* et partout des marais, que l'industrie a convertis en riches vignobles et en magnifiques prairies. La position du *bourg des Gaëls* était admirablement appropriée aux besoins des habitants et à leurs relations commerciales avec les Celtes, auxquels ils tenaient par une communauté d'origine, d'intérêts et de mœurs, et avec les Aquitains, dont ils étaient devenus les compatriotes.

La Garonne, qui, dit un auteur (1), reste peu profonde pendant une grande partie de son cours, devient navigable, et, vers son embouchure, ressemble à une mer immense. Par la Garonne, les Santons, les Bretons et les Celtes envoyaient aux Vivisques leur blé et leur bétail; les Nitiobriges (Agenais), leur froment et leur maïs; les Cossiots, ou Vasates, leur poterie et leur cire; les Ausks et les Bigerrones (peuples d'Auch et de Bigorre), les paillettes d'or qu'ils ramassaient dans les sables aurifères de leurs fleuves et de leurs gaves (2). En échange, ils rapportaient chez eux du miel, de la laine, de la résine, fournis par les Boïens, et les autres produits du

---

(1) Diu vadosus et vix navigabilis fertur.... ad postremum magni freti similis. (Pompon. Mela, *lib. III, cap.* 2).
(2) La Garonne, l'Adour, l'Ariège *(Aurigera)*, étaient des fleuves aurifères. Les habitants, dit Raynal, ramassaient avec soin les paillettes d'or, que leurs eaux charriaient avec leurs sables. (*Hist. philosoph.*, II.)

sol burdigalien. Après la conquête des Gaules, les marchés se tenaient le jour de Mercure (mercredi); la Dordogne, l'Ile, le Lot, le Tarn, l'Isère, l'Aveyron et leurs nombreux affluents, versaient dans Burdigala le trop plein des produits du sol qu'ils traversent dans leurs cours. Mille artères se présentaient à l'industrie des premiers Bordelais; mille moyens de développement et d'agrandissement; mille ressources que l'art et la nature concouraient à utiliser pour la prospérité de notre cité. On établit des rapports avec les côtes de l'Espagne, où ils trouvaient un peuple ami ; avec Marseille, Narbonne et la Méditerranée, où, grâce aux Grecs et aux Phéniciens, le commerce avait pris de bonne heure une étonnante extension : de hardis navigateurs exploraient les côtes de la Bretagne et de la Saintonge ; Burdigala même, sous Auguste, devint, dit Strabon, une place de commerce importante.

L'organisation politique était conçue également en vue de l'ordre et de la liberté; la société se composait de trois classes : les *rics*, ou notables; les *druides*, dont nous avons déjà parlé; et le peuple, ou ce qu'on appelle de nos jours le *tiers-état*. On élisait les *rics* tous les printemps; ils portaient tous la barbe et se distinguaient par les paillettes d'or dont ils ornaient leurs *bracs* (1). Le premier magistrat exerçait le pou-

(1) Le *brac*, selon Tacite et Diodore, était un sayon ; selon saint Jérôme, saint Isidore et Alcuin, c'étaient les braies (*braccæ*), d'où est venu le mot *breeches*, dans les langues du Nord, *bragues* et *braguette* en français. (Voir le *Dictionnaire de Napol. Landais*). Les Romains parlent avec mépris de cette partie du costume gaulois. Cicéron et Juvénal désignent les anciens Gaulois sous le nom injurieux et offensant de *Braccati*. Pline appelle le pays de Narbonne, *Gallia braccata*. Cependant, les riches, sous Trajan, commencèrent à porter cette partie du costume gaulois; et après que Tétricus, de Bordeaux, eut paru au triomphe d'Aurélien avec ce vêtement étranger, le peuple le trouva si commode, qu'il l'adopta. (CASAUBON, *Ad suet. in aug., cap.* 82).

Le *brac* était primitivement un vêtement chaldéen ; il en est parlé dans DANIEL, ch. III, v. 21. Ovide, dans ses *Tristes*, dit que les habitants du Pont, où il était exilé, portaient les *bragues*, ainsi que les Perses.

« Hos quoque qui geniti graiâ creduntur ex urbe,
» Pro patrio cultu, Persica bracca tenet.... »

voir exécutif ; les notables décidaient les affaires peu importantes ; le peuple était consulté sur toutes les affaires majeures, et toutes les entreprises nationales étaient subordonnées aux décisions des druides, interprètes des volontés du ciel.

Nous voudrions bien pouvoir donner quelques détails authentiques sur les lois des anciens Gaëls ; mais, malheureusement pour l'histoire, on ne les connaît plus. C'est une lacune qu'on ne peut combler, même imparfaitement, qu'en consultant la langue, les mœurs et les usages des Bretons, des Irlandais et des peuplades du pays de Galles.

De nouveaux événements se présentent : l'ambition de Rome convoite les Gaules, et Crassus, obéissant à la volonté de César, va, en subjuguant ces peuples guerriers, se frayer une route à l'immortalité. Son triomphe sur les Armoricains (1), la réduction de Sos, la défaite des Bazadais et du peuple d'Aire, l'audace toujours heureuse, toujours croissante du jeune général et de son armée, répandent partout la terreur et paralysent les dispositions guerrières des Aquitains. Enrichis par le commerce, qu'encourageait la tranquillité de leurs rivages, affaiblis par le luxe et la mollesse qu'engendre l'opulence, ils se soumirent facilement, dit Ammien Marcellin, aux exigences de Rome, et devinrent leurs amis et leurs alliés (2). Les premiers Bordelais, comme nous l'avons déjà fait observer, ne figurent pas dans la vaniteuse nomenclature que César donne des peuples subjugués. Est-ce parce qu'ils gardaient une prudente neutralité, ou parce qu'ils étaient très-éloignés du théâtre de la guerre ? Est-ce que la mauvaise saison, le manque de routes stratégiques, le peu de ressources

---

(1) Armoricains, les habitants des côtes de la Bretagne, pays qu'on appelait alors *Armorica*, de *ar*, haut, sur, et *muir* ou *môr*, mer, en cambro-breton.

Lacolonie dit que Crassus vint s'emparer du Cubzaguais, du Fronsadais et de Créon ; nous ne savons sur quelle autorité il se fonde pour avancer cette opinion : Créon n'existait pas alors.

(2) Aquitani ad quorum littora ut proxima, placidaque merces adventitiæ conveluntur, moribus ad mollitiem lapsis, in ditionem venere Romanorum. (Am. Marc.).

Livre I.
Chap. 3.

alimentaires qu'offrait aux Romains un pays boisé, humide et marécageux, les mirent à l'abri des attaques de Crassus? Est-ce parce que jusqu'alors ils portaient un nom biturige, et que leur bourg ne reçut le nom de Burdigala que des Romains victorieux? Toutes ces hypothèses sont également plausibles; la vérité est difficile à découvrir. César meurt sacrifié à la haine des républicains; l'Empire chancelle sur sa base. Les Gaulois s'efforcent de briser leurs chaînes; mais Agrippa arrive et les force de rentrer dans le devoir; ils se soulèvent encore, et s'agitent sous le lourd fardeau de leur servitude comme une victime qui se débat sous le couteau du sacrificateur; enfin le consul Messala, député par Auguste, vient river encore les fers que leur amour de la liberté avait essayé de briser. Tibulle et Lucain, compagnons d'armes de Messala, chantent servilement les triomphes du despotisme sur un peuple fier de son antique indépendance (1).

Le soleil de la foi se lève à l'horizon; la bonne nouvelle se propage comme un rayon de lumière que le ciel envoie aux hommes assis dans les ténèbres, et réclame pour le vrai Dieu la gloire qu'une orgueilleuse ignorance rendait aux créatures. Le polythéisme chancelle, les idoles tombent, et malgré la cruauté des agents de Rome et la toute-puissance de ses armes, le vrai Dieu commence à être adoré en esprit et en vérité. Pendant la paix générale que le Sauveur, en naissant, apporte au monde, Auguste, habile politique, réorganise l'Empire et prépose aux gouvernements des Gaules des lieutenants-

---

(1) Qui tenet et ripas Atyri, quâ littore curvo,
Molliter admissum claudit Tarbellicus æquor,
Signa movet, gaudetque amoto Santones hoste.   LUCAIN.

Non sine me est tibi partus honor, Tarbella Pyrene
Testis et Oceani littora Santonici
Testis Arar (l'Adour) Rhodanusque celer magnusque Garumna.
                                        TIBULL., *lib I, eleg. 8.*

Gentis Aquitanæ celeber Messala triumphis.
                                        TIBULL., *lib. II, eleg. 1.*

gouverneurs *(legati præsides)*, avec un régime martial. Il visite lui-même l'Aquitaine, et quoiqu'il ne soit pas certain qu'il ait poussé ses excursions jusqu'à Bordeaux, toujours est-il vrai qu'il favorisa d'une manière particulière le développement de sa prospérité.

Désireux d'effacer les dénominations géographiques qui distinguaient les peuples des Gaules les uns des autres, et d'anéantir ainsi tout esprit de nationalité, il ordonna, à Narbonne, qu'on étendît les limites de l'Aquitaine jusqu'à la Loire. C'était confondre plusieurs peuples distincts et les affaiblir en réunissant ainsi des éléments disparates et antipathiques. Il substitua des noms nouveaux aux anciens noms de nos villes et de nos provinces : celui de *Burdigala* est trop romain pour ne pas nous faire soupçonner son origine ; il fut donné très-probablement, alors, à la petite ville naissante de ces Gaulois que l'exil avait incorporés aux Aquitains, à la place d'un autre qu'on ne nous a pas conservé ; c'était, pour les Romains, le *Burg des Gaëls, Burdigala*. Auguste y établit le siége du gouverneur et le chef-lieu de la nouvelle circonscription administrative ; il mit partout, dans les lieux populeux, des colonnes militaires, restreignit l'influence et l'action sociale des druides, déclara leurs fonctions incompatibles avec la dignité de citoyen romain, qu'il s'efforça de faire ambitionner aux Gaulois comme la plus noble récompense de la fidélité à leurs nouveaux maîtres et de leurs mérites civiques. Il donna à Burdigala, Agen et Vésone (Périgueux), le droit de se gouverner et d'administrer leurs revenus, et se concilia ainsi l'affection des habitants ; il ordonna un recensement général, comme base des impôts futurs, établit une taxe annuelle, payable tous les mois, et exigea, en nature, le cinquième du produit des arbres et la dîme de la récolte ; il désarma le peuple, confia la police aux mercenaires prêts à tout faire pour contenter quiconque les paie, et portés, par une servile obséquiosité aux volontés du maître, à affaiblir et même à anéantir l'esprit

Livre I.
Chap. 3.

Dion,
liv. 55.
Haute-Serre,
liv. III.

de nationalité et de liberté qui offusquait son ambitieux despotisme. Il ne se borna pas là : son astucieuse et prévoyante politique s'empara des écoles, pour asservir la jeunesse et s'attacher les générations naissantes; il y fit enseigner le droit romain, la langue et les sciences de Rome; Bordeaux, comme Toulouse et Arles, devint un foyer de lumière et rivalisa, sous les rapports scientifiques et littéraires, avec les premières villes d'Italie. Étouffée dans les étreintes du plus dégradant despotisme, la liberté n'eut plus d'air; elle expira parmi les peuples jusqu'alors les plus libres du monde; c'est tout ce que voulait la politique d'Auguste : la religion du pays s'effaça peu à peu, comme la liberté ; les dieux de Rome s'emparèrent des retraites silencieuses et des mystérieuses forêts des druides; l'humanité se divinisa ; l'homme se fit Dieu ! le vice supplanta la vertu ; et la terre usurpa les droits du ciel, en attendant que la lumière vivifiante de la foi y portât la bonne nouvelle, la réforme universelle des mœurs et des croyances. A côté des autels des Gaulois et des Germains, on éleva des temples aux divinités de Rome et d'Athènes : le culte romain était celui du pouvoir; le culte gaulois n'était plus que toléré; on attendait le moment le plus opportun pour le proscrire. Ainsi, on voyait dans le même pays, dans la même ville de Burdigala, des temples en l'honneur de Jupiter et de Teutates, de Junon et de Bélisama, de Bélen, le *Baal* des Ammonites, l'Apollon des Romains, et le même que le *Bel* des Assyriens, que nous n'avons pu connaître que par nos rapports avec les Phéniciens. On y voyait aussi le temple de la divinité tutélaire, les *Piliers de Tutelle,* et un autel votif en l'honneur d'Auguste, que la flagornerie des Romains et la reconnaissance des Burdigaliens avaient placé parmi leurs dieux.

Au côté sud-est de la ville, les Gaulois avaient leur enceinte sacrée, le célèbre *fanum de Vernemetis,* que remplace aujourd'hui Sainte-Croix, d'après les anciennes traditions du pays. Le Panthéon burdigalien renfermait aussi *Syrona*, la déesse des forêts; *Divona*, celle qui présidait aux sources bienfaisantes de la ville, et à qui on avait consacré la belle fontaine qui porte son nom dans les poésies d'Ausone. Parmi les autres divinités qu'on adorait en Aquitaine, se trouvait *Mythra*, avec ses sacrifices expiatoires; *Hercule* et *Esus*, le *Zeus* des Grecs, le *Deus* des Latins, le *Jehovah* des Juifs, conception bizarre et fausse du vrai Dieu. Ainsi, comme nous venons de le voir, le polythéisme était le culte des premiers Burdigaliens.

<small>Livre I. Chap. 3.</small>

Quant au respect religieux que les premiers habitants du bourg des Gaëls avaient pour leur divine fontaine, il n'a rien de bien étonnant; le culte rendu à l'eau, aux fontaines et aux fleuves, est une des plus anciennes formes de l'idolâtrie; il tirait son origine, peut-être, d'un souvenir confus des désastres du déluge. La superstition cherchait, dans des actes religieux, un moyen d'en empêcher le retour. Les Égyptiens offraient un culte à l'eau, comme élément déifié sous les noms d'Osiris, d'Isis ou du Nil : les Phéniciens la vénéraient sous le nom de *Dagon*, moitié homme, moitié poisson. Les Aquitains-Ibères, imbus de ces idées orientales, avaient une grande vénération pour l'eau, qu'ils croyaient, avec quelques philosophes grecs, le principe de toutes choses. C'est de là qu'est venue l'ancienne coutume de jeter, comme offrandes, aux lacs, aux rivières et aux fontaines, de la cire, du pain et une partie des dépouilles enlevées aux ennemis. En Syrie, la divinité des eaux s'appelait *Derceto*, *Atergatis;* en Babylonie, *Ouannes;* en Scythie, *Thamisades;* en Grèce, *Poseidon;* à Rome, *Neptunus*, *Oceanus*, qui, selon Virgile, était l'auteur de toutes choses : *Oceanum patrem rerum;* à Bordeaux, *Divona*, la divine fontaine, dont les Burdigaliens se firent une divinité, à cause de ses excellentes eaux; *fons addite Divis*, dit Ausone.

<small>Georg., lib. IV.</small>

Saint Athanase nous apprend que, de son temps, les païens honoraient d'un culte religieux les fleuves et les fontaines.

<small>Lib. de Error. profess. relig.</small>

Livre I.
Chap. 3.

—

Æneid,
lib. VIII.

NOTE 5.

De Divinat.,
lib. II.

Cela s'explique par la grande utilité des sources dans les pays chauds, par la beauté des fleuves et par leur rapport avec le dieu Terme des Romains, comme limites entre les provinces et les nations. Dans Virgile, le dieu du Tibre apparaît avec majesté à Enée, et, par la même raison, on trouve établi partout le culte des Naïades, et même, dans notre Aquitaine, les divinités qui présidaient aux sources minérales des Pyrénées et à la limpide fontaine de la Divona burdigalienne, dont nous parlerons dans la *Note* 5. On sait tout le respect que les Grecs avaient pour leurs fontaines sacrées, Castalie et Hippocrène, et le culte des Romains pour la célèbre fontaine d'Égérie, consacrée aux Muses, où Numa avait des conférences avec sa nymphe, et qui fut, comme le dit Cicéron, placée au nombre des divinités romaines : *Camœnarum fons in Deos relatus*. Le nom primitif de Cahors était *Divona*, la ville de la fontaine sacrée.

CHAPITRE IV.

Auguste, bienfaiteur de Bordeaux. — État de cette ville sous ses successeurs. — Son état politique et administratif. — Son sénat. — Mœurs. — Le christianisme. — Saint Martial à Bordeaux. — Ses succès. — Gallien à Bordeaux. — Fait bâtir l'amphithéâtre qu'on appelle le *Palais-Gallien*. — Bordeaux devient la résidence du gouverneur de la province. — Description de Bordeaux par Ausone. — L'étendue et le plan de la ville. — Les portes de la première enceinte. — Le Peugue. — La Devèze. — La fontaine *Divona*. — Le Puy *(Puy-Paulin)*. — Les cimetières de *Terre-Nègre* et du *Campaure*.

Auguste prévoyait la future grandeur de Burdigala : la position de cette ville, sur les rives de l'un des plus beaux fleuves des Gaules, dans un pays fertile, habité par une population active et intelligente, le confirmait dans ses prévisions, qu'il désirait réaliser. Il y ordonna de nouvelles constructions, fit réparer le port, et érigea des temples en l'honneur des dieux de Rome. De cette époque, date la fondation de Blaye, *Blavia militaris*, dit Ausone, ainsi appelée de sa position comme station militaire, sur une route stratégique, *Castrum (Belli-Viæ)*, dont on a fait *Blavia* au IVe siècle, et, du temps de la féodalité, *Blaye* (1). C'est par une semblable raison que l'ancien *Argentoratum* a été appelé Strasbourg *(Strata-burg)*, le bourg du grand chemin de la Gaule en Germanie. C'est alors, ou du temps de Messala, que furent aussi

Livre I.

(1) En 1356, la route de Poitiers à Bordeaux s'appelait encore la *Voie militaire* (*Via militaris, Belli-Viæ*); elle passait par Saintes ; et le château fort de cette voie militaire *(Castrum belli viæ* ou *Blavia)*, ainsi appelée, par abréviation, dans le IVe siècle, et plus tard *Blaie*. Après la bataille de Maupertuis, le 19 septembre 1356, le prince de Galles la suivit pour se rendre à Bordeaux, et même, en 1615, Louis XIII, venant de célébrer son mariage à Bordeaux, suivit cette route pour aller à Poitiers. M. Dufour en conclut que la route actuelle, par Angoulême, n'existait pas. (*De l'Ancien Poitou*, p. 227).

Livre I.
Chap. 4.

fondés *Castres* (*Castrum*, ou camp romain), et *Condate*, fort important, bâti près du confluent de l'île de la Dordogne (1). Pour hâter le développement de la prospérité de Burdigala, Auguste la déclara exempte de tributs; c'était la récompense de la fidélité des habitants et de leur neutralité dans la guerre d'invasion; c'était aussi un moyen politique de concilier aux Romains l'amour et la reconnaissance du peuple. Mais les besoins de l'empire s'accroissaient : Tibère arriva au pouvoir, et avec lui de nouvelles charges fiscales, outre les anciennes taxes.

Opprimée et surchargée d'impôts sous Tibère, Burdigala respira un peu sous Adrien. La visite de ce prince, escorté d'une nuée de littérateurs, d'architectes, d'artistes, fit oublier un instant aux Burdigaliens leur misère et leur esclavage. Son voyage n'était qu'une parade de luxe, un étalage de pompes impériales et une augmentation de charges et d'impôts. Les arts semblaient renaître, et le paisible règne de Marc-Aurèle ne contribua pas peu à la prospérité de la ville biturige. Il y établit les registres de l'état-civil, emprunt utile fait aux règlements administratifs de Servius Tullius à Rome; mais il adoucit considérablement l'état des serfs, encouragea les améliorations du sol, tous les travaux utiles, et affranchit la cité qui se disait l'alliée de Rome du paiement de l'impôt. Caracalla ayant accordé, vers l'an 212, le droit de cité à tous les alliés, les Burdigaliens furent encore forcés de contribuer à toutes les charges de l'État; ayant perdu leurs priviléges,

(1) Quelques écrivains font remonter la fondation de ces forts jusqu'au IIIe siècle. L'ancien *Condate*, bâti au confluent de l'île de la Dordogne, s'appelait, à cause de sa position sur le confluent de ces rivières, *Confluhac* (*Confluxus-aquæ*), et, par une erreur de copiste, *Compuhac* dans les vieux documents, et en particulier dans un édit d'Édouard d'Angleterre, publié à *Condate*, 28 octobre 1369. Le château du vieux Condate, où résidaient souvent les rois d'Angleterre, fut détruit par les Normands, rebâti par Charlemagne, qui y fonda l'église de Saint-Thomas, et y laissa une précieuse relique, une épine de la sainte Couronne. Condate fut achevé et agrandi par Guillaume, duc d'Aquitaine.

ils se mirent à murmurer et à s'insurger, mais sans succès.

Marc-Aurèle s'éleva contre les abus : il voulait le bien; ce bien était difficile à faire; cependant, le peuple se courbait sous l'œil du pouvoir, et la démoralisation débordait comme un océan impur ; les institutions, sans moyens d'existence, sans défenseur, s'affaissaient sous le poids du despotisme, et tout, hommes et choses, s'enfonçait dans un sensualisme effréné. Burdigala, honteuse de sa décadence morale et financière, commença à murmurer; elle réclama, l'édit d'Auguste à la main, l'exemption de l'impôt. Le pouvoir consentit à faire droit à sa demande, afin d'écarter les dangers d'une révolte et étouffer tout germe d'insurrection. Caracalla trouva le trésor épuisé, mais ne s'en montra pas moins prodigue. Il fallait pourvoir à ses excessives dépenses pour y réussir; il rendit vénale la dignité de citoyen, accorda les droits de cité à tous les alliés des Romains, moyennant une rétribution, et par cette voie indirecte, fit participer tout le monde à toutes les charges de l'État, à toutes les faveurs du prince. Burdigala perdit ses priviléges et ses exemptions ; le droit commun s'y abaissa au niveau des autres villes de l'empire, mais la forme de son administration resta entièrement romaine. Le sénat, ou conseil administratif *(curia)*, se composait de citoyens ayant chacun au moins vingt-cinq arpents de terre (1); le titre de *curial* était héréditaire et appartenait de droit aux fils de sénateurs. Pour valider les délibérations de l'assemblée, il fallait au moins les deux tiers de la curie, sous la présidence du préfet, qui, en vertu de la loi, pouvait conseiller, mais pas prescrire ni diriger le choix des éligibles. Les élections avaient lieu aux calendes du mois de mars, et tout se faisait à l'exemple de Rome et d'après les lois romaines. Chaque curie élisait pour un an deux duumvirs, ou magistrats de

Livre I.
Chap. 4.

---

(1) *Ultra viginti quinque jugera privato dominio possidens.* La *curia* gallo-romaine s'appelait Mál ou Malleus parmi les hommes de la race germanique. (*Cod. Théodos.*)

<small>Livre I.
Chap. 4.</small>

<small>Mémoire
de
l'Académie des
Inscriptions,
etc., etc.,
tom. 32, p. 35.</small>

paix et de police ; après quinze ans d'exercice dans leurs fonctions municipales, les duumvirs passaient de droit dans le sénat ; en un mot, l'élément de la liberté se faisait sentir partout et contribuait puissamment à simplifier les rouages de l'administration. « D'après plusieurs monuments du haut
» et bas Empire, nous voyons, dit un savant, qu'il y avait un
» sénat à Autun, à Bayeux, à Reims, à Trèves, à Bordeaux, à
» Bazas, à Lectoure, à Limoges. Depuis la ruine de l'Empire,
» les sénats ont subsisté sous les premiers rois de France. »

L'Aquitaine était enfin devenue une province de l'Empire ; les traditions locales avaient disparu : religion, lois, mœurs, tout était changé, tout était à Rome, et Rome semblait, pour quelque temps, être partout ; les Aquitains dégénérés, oublieux du passé, croyaient voiler à leurs yeux dégradés leur esclavage en imitant leurs maîtres. Alexandre Sévère ceignit le diadème ; sous lui, l'ordre se rétablit péniblement ; quelques jours de prospérité vinrent luire sur nos contrées.

Le sénat, qui avait cessé d'être respecté, reprit son influence sur les masses, et la paix fut maintenue ; le peuple, vexé si longtemps par les exigences du pouvoir et les intrigues des mécontents, ne demanda pas mieux que de respirer enfin à l'ombre de cette autorité tutélaire, qui comprenait ses devoirs et voulait les exécuter ; mais on ne songeait qu'à la surface : le mal était intérieur ; on s'assit, sans s'en douter, sur un volcan. Le peuple se remua comme pour secouer ses chaînes ; le pouvoir se vit forcé de multiplier les lois en proportion des nouvelles lumières et de la décadence progressive des mœurs (1). Les taxes furent réduites, et quelques adoucissements, plutôt apparents que réels, furent accordés aux cris du peuple partis de tous les coins ; la plaie sociale fut voilée, mais non guérie. Un bien-être matériel, factice et passager fit oublier le malaise moral du monde ; mais toute l'ha-

---

(1) *Corruptissimâ republicâ, plurimæ leges.*　　　　Tacite.

bileté du peuple-roi, toute la puissance de Rome, ne pouvaient retarder, tout au plus que pour quelques moments, la chute de l'édifice social, qui craquait de toutes parts ; le polythéisme disparaissait avec plusieurs institutions qu'il devait appuyer : la scène, les livres en minaient la base ; Lucien, Cicéron, tous les philosophes en hâtaient la chute, par la raison et le ridicule ; le Panthéon romain, qui renfermait tous les dieux des peuples vaincus, était devenu le symbole de la discorde des esprits, de la corruption des hommes et du honteux aveuglement de la raison. Les stoïciens, les épicuriens, toutes les écoles, plus ridicules les unes que les autres, se présentaient pour remplacer par des utopies et des rêves les incompréhensibles folies des polythéistes de Rome ; le peuple asservi, qui ne voyait autour de lui rien de libre que les éléments, choses que le despotisme ne saurait enchaîner, ne pouvait que gémir et dégénérer ; il se bornait à demander, comme à Rome, du pain et des spectacles *(panem et circenses)*. L'esclavage était un système, une nécessité gouvernementale ; la religion n'était plus qu'un nom ; la prostitution légale remplaçait le mariage, et la dépravation des mœurs s'infiltrait comme la gangrène dans les veines du corps social ; la famille se dissolvait, et avec elle la société. Quel monde que celui où Adrien pleurait Antinoüs et érigeait impunément des autels à cet objet de ses infâmes amours ! Quelle horreur ne sentons-nous pas de nos jours pour Tibère, Néron et autres monstres couronnés de Rome ! La malédiction ne vient-elle pas involontairement se poser sur nos lèvres contre ces consuls et proconsuls qui rassasiaient leurs regards des supplices de jeunes vierges et de nobles héros de la foi ! Oh ! que l'histoire a raison de flétrir ces vils maîtres du monde, qui, esclaves de toutes les passions, se vautraient dans une orgie universelle, où l'antique colosse qu'on appelait l'*Empire*, dévoré par l'inguérissable lèpre de l'immoralité, était renversé comme un squelette qui tombe en poussière ! Voilà Rome.

voilà l'Empire; nous pouvons deviner ce qu'était Burdigala sous de tels maîtres! Il était temps que le sang du Christ et de ses martyrs vînt laver cet égout de la société gallo-romaine.

Le soleil de la foi s'était en effet levé sur le monde, et tout allait se renouveler : le courage des martyrs, le zèle des nouveaux apôtres, l'héroïsme des vierges, l'abnégation des pieux anachorètes, tout, dans la nouvelle religion, concourait à ranimer les peuples énervés, mais étonnés d'une doctrine si pure, si sublime, si étrange, si peu en rapport avec les choses et le monde païen, qui venait si évidemment de Dieu et allait si naturellement à l'adresse de l'homme. Le règne de la vérité était arrivé, et des anges, sous une forme humaine, annonçaient partout la paix aux hommes de bonne volonté. La rénovation sociale commencée sur le Calvaire, le pardon demandé par l'innocente Victime pour ses bourreaux, pour tous les hommes, les sacrements avec leur mystérieuse puissance, échelles de Jacob qui élèvent l'homme à Dieu ou abaissent le ciel jusqu'à l'homme, et tout l'Évangile, en un mot, répandait partout, dans cette société mourante, un parfum divin, et produisait des fruits de vie. Le Colysée de Rome répondit avec foi et constance aux échos de Jérusalem et d'Antioche; le sang des martyrs était la semence des chrétiens. La société, comme nous l'avons déjà observé, mourait lentement; la galvaniser aurait été seulement prolonger son agonie; il était temps de tout créer, de renouveler la face de la terre, d'ennoblir l'humanité en rappelant l'homme aux lois de la morale, en lui offrant en perspective l'heureuse et nouvelle ère de la liberté des peuples et les charmes de l'espérance.

L'un des plus généreux réformateurs de cette société décrépite était, sans contredit, saint Martial, apôtre de l'Aquitaine; ses efforts furent couronnés d'un prodigieux succès à Limoges : les pauvres deshérités de la fortune, les esclaves, les femmes, les malheureux, furent les premiers appelés au banquet évangélique. Bordeaux était alors une ville importante; c'était assez pour tenter le zèle de l'homme de Dieu. Une antique tradition dit qu'il y est venu et qu'il y a converti Sigebert (1); nous avons de grandes raisons pour le croire, et aucune pour le nier. Sa doctrine y a été prêchée; et sans s'arrêter aux limites des peuples, elle y apparut comme un soleil bienfaisant pour éclairer et réchauffer les Burdigaliens, assis, comme le disent nos saintes Écritures, *à l'ombre de la mort*. La haine des peuples, assoupis sous le poids léthifère du despotisme, les supplices inventés par la cruauté des proconsuls, les lois draconiennes des ennemis de Dieu et de l'homme, la mort avec toutes ses horreurs, sous toutes les formes, rien ne suffisait pour arrêter ces étranges héros de la foi, qui vont plus loin qu'Alexandre et ne s'arrêtent qu'aux confins du monde. *Hic tandem stetimus, nobis ubi defuit orbis*. Les idoles tombèrent à la voix de l'homme évangélique, à Bordeaux; il y fonda un oratoire, d'après les traditions du pays, en l'honneur de la sainte Trinité, y établit un cimetière tout autour de cette première église, que remplace aujourd'hui Saint-Seurin, et Dieu lui-même daigna confirmer par d'éclatants miracles la mission régénératrice de son apôtre saint Martial.

Bordeaux devait beaucoup à Auguste, mais rien ou bien peu aux autres empereurs, comme on a pu le voir par les détails qui précèdent. Gallien, qui n'avait que trop respiré l'atmosphère enivrante de Rome, respecta cependant les austères vertus des chrétiens; il leur accorda le bienfait de la tolérance et une liberté complète. Amolli dans la volupté, assoupi au sein des plaisirs, il regardait d'un œil tranquille la chute de son empire; il ne fit rien pour arrêter les affreuses

<small>Livre I. Chap. 4.</small>

<small>Cirot, *Notice sur l'église de Saint-Seurin*.</small>

<small>Orderic Vital, *Histoire des Normands*, liv. II.</small>

---

(1) Delurbe, *Chroniq.*, et, d'après lui, Oihenart, *Notit. Vasconiæ*. p. 455, l'appellent saint Gilbert; c'est une erreur: son nom était Sigebert.

Livre I.
Chap. 4.

Bouchet,
Annales
d'Aquitaine.

calamités qui affligeaient son peuple, rien pour en diminuer les charges, ni pour s'en concilier l'affection, ni pour s'assurer de la fidélité de ses généraux. Il se mit à parcourir l'Empire comme pour se distraire du bruit de sa chute; il vint à Bordeaux, et croyait, comme à Rome, que le peuple était moins soucieux de ses droits qu'amoureux de plaisirs; il y fit jeter les fondements des arènes qui, depuis le XIIIe siècle, portent encore le nom de *Palais-Gallien;* il fit construire un autre édifice semblable à Poitiers, qui porte encore le même nom de *Palais-Gallien.*

Pendant le séjour que fit Gallien dans nos contrées, vers l'an 258, la paix de l'Aquitaine fut troublée par une désastreuse incursion des Franks, sous la conduite d'un chef redoutable, Chrok, fils d'une fée druidique. Comment faire, dit-il à sa mère, en partant, pour assurer mon immortalité? « Partez, dit-elle, pour le pays de Burdigala, tuez tous les » Romains, démolissez leurs monuments, brûlez toutes leurs » villes. » Il se conforma au conseil de la vieille *fada;* et après avoir dévasté tout, jusque sous les murs de Burdigala, il fut repoussé avec succès et poursuivi avec acharnement par les troupes de Gallien, qui était alors dans nos murs. C'est le plus grand, le seul service, peut-être, que cet empereur efféminé ait rendu aux Burdigaliens. Ses arènes n'ont jamais servi aux amusements du peuple; sans elles, son nom y serait oublié.

Bordeaux était alors une ville opulente; on avait rasé les vieilles chaumières des Bituriges; et grâces aux arts et aux lumières de Rome, une majestueuse cité s'élevait sur leurs ruines. C'était là que devait résider le gouverneur militaire, ou président *(præses)* d'Aquitaine (1); là se traitaient les

---

(1) Les gouverneurs romains militaires *(præsides)* de la province, dont quelques-uns ont demeuré à Burdigala, sont: Galba, sous Tibère; Vivius Avitus, sous Néron; Julius Cordus, sous Othon; Agricola, sous Vespasien; Salvius, sous Adrien; Julius Julianus, sous Antonin; et enfin, sous Gallien, Tétricus, qui se fit proclamer empereur. Constantin fit gouverner la Gaule par un magistrat civil, ou préfet.

grandes affaires de la province ; là on voyait une image de Rome, un reflet de sa grandeur dans la pompe de la représentation et dans l'activité des affaires.

Ausone nous a laissé une description de sa ville natale ; elle a été traduite en vers français par M. le comte de Peyronnet, l'une des grandes illustrations de notre cité. Nous croyons devoir conserver ces deux pièces de belle poésie dans une note.

La ville de Bordeaux fut détruite par les Normands ; mais rebâtie sur les mêmes fondements, on peut, sans crainte de se tromper, dit D. Devienne, en donner un plan exact, et la faire connaître telle qu'elle était sortie des mains des Romains, vers l'an 260 de notre ère.

Cette assertion de D. Devienne nous paraît bien hasardée ; cependant, il nous semble assez difficile de la rejeter comme fausse ; en voici la raison : les Normands, les Sarrasins, ont ravagé Bordeaux ; ils voulaient le butin et s'en prenaient aux maisons riches ; ils n'étaient guère tentés de s'amuser à renverser les murs de la ville, « dont les fondements, dit Vinet,
» étaient de pierres de taille la plupart ; il s'en trouve de si
» longs et si gros quartiers, qu'on s'étonne comment on les a
» pu amener de si loin. Le reste est de petites pierres dures,
» fort justement esquarries et assemblées, entre plusieurs
» couches de telles pierres, aucuns rancs de briques moult
» belles, de deux ou trois doigts d'épaisseur, et fort longues
» et larges, le tout si justement compassé et nivelé, que n'i
» sauriez que reprendre. »

Ainsi, Vinet remarqua dans les murs de Bordeaux deux parties bien différentes : l'une composée d'immenses blocs de pierre, c'était le vieux fondement, que la rage des démolisseurs normands se vit forcée de respecter ; l'autre faite de petites pierres, dont les assises étaient séparées et liées par des couches de briques. C'étaient là les monuments de la reconstruction ; cette dernière partie, faite après le passage des

Livre I.
Chap. 4.

NOTE 6.

Livre I.
Chap. 4.

Normands, ne fut que la réparation de leurs dégâts; mais les grandes lignes dont parle Ausone (1), les portes répondant en ligne droite aux carrefours, et, en un mot, la distribution intérieure de la ville, était la même; c'est aussi ce qui porta D. Devienne à dire qu'on pourrait dépeindre Burdigala telle qu'elle était sortie des mains des Romains.

On objecte qu'on trouva dans les fondements de ces vieux murs, des tronçons de colonnes, des images, des inscriptions en latin, etc., etc., ce qui fait croire que ces fondements ont été faits avec les ruines des murs détruits. M. Jouannet semble croire, et nous partageons son opinion, que la première enceinte de Bordeaux date du IIIe siècle, et que ces précieux débris, d'un temps plus reculé, furent employés alors dans les fondements. La date assignée nous paraît incontestable; mais nous croyons aussi, avec Beaurein et D. Devienne, que la reconstruction de la partie supérieure des murs n'eut pas lieu avant le Xe siècle (2). Nous adoptons et nous suivons les indications descriptives du dernier de ces écrivains.

Ausone parle des rues de Bordeaux, qui se croisaient, de l'alignement des maisons, de la grandeur des places publiques, ayant des noms particuliers, et du fleuve au milieu de

---

(1) Distinctas internè vias mirere, domorum
Dispositum, et latas nomen servare plateas,
Tum respondentes directa in compita portas
Per mediumque urbis fontani fluminis alveum;
Quem pater Oceanus refluo cum impleverit æstu
Adlabi totum spectabis classibus æquor.

AUSONIUS.

(2) Depuis le temps d'Auguste jusqu'au IIIe siècle, il y eut des sculpteurs, des architectes à Bordeaux; leurs talents ont pu être employés pour les constructions dont parle Vinet. Mais il est tout à fait inutile d'épuiser nos conjectures à cet égard, puisqu'il paraît certain que les murs furent renversés, au moins en certains endroits, par les Visigoths, les Sarrasins et les Normands; les brèches qu'ils firent aux murs ont pu être réparées avec les débris dont on a conservé le souvenir. La construction des murs, selon D. Devienne, remonte à l'an 260 de notre ère; la reconstruction des brèches faites par l'ennemi eut lieu à différentes époques.

la ville, alimenté par une fontaine qui, quand l'Océan y faisait refluer la marée, ressemblait à une mer couverte de bâtiments.

Livre I. Chap. 4.

On avait donné à Bordeaux la forme d'un carré-long. Au midi, un mur, commençant au lieu où, plus tard, ont été bâtis les cloîtres de Saint-André, allait, en ligne directe, aboutir derrière le Palais de l'Ombrière, au mur du levant, qui s'étendait de ce point jusqu'au fond de l'impasse Douhet, près de la Bourse. De là, un autre mur, borné à l'extérieur par les fossés du Chapeau-Rouge et de l'Intendance, allait finir à la Tour du Canon, où commençait le mur du couchant, qui, aboutissant derrière l'église de Saint-André, au mur du midi, complétait la forme quadrilatère de la nouvelle ville gallo-romaine ; c'était un parallélogramme-rectangle, de sept cent vingt mètres à peu près, sur quatre cent cinquante. Les rues, bien percées, correspondaient exactement les unes aux autres, et se coupaient aux angles droits. On avait ménagé des places au devant des portes, qui étaient au nombre de quatorze, savoir : quatre sur le mur du midi et autant sur celui du nord ; trois sur celui du levant et trois sur celui du couchant.

Bulletin polymathique, 1817, page 290.

La première porte du mur méridional était dans la petite place de Saint-André, près d'une fontaine ou réservoir ; elle correspondait avec une autre porte sur la ligne du nord, qui donnait sur le Campaure, ou cimetière gallo-romain (1). La seconde, dite la *Porte-Basse*, a été entièrement détruite en 1803 ; elle était en ligne directe avec une autre porte par laquelle on allait, en traversant une partie du Campaure, jus-

---

(1) Cette porte, près de Saint-André, donnait sur un chemin qui conduisait à un moulin bâti sur le *Peugue*, ruisseau qui longeait le mur méridional à l'extérieur jusqu'à la rivière. Il est parlé de ce chemin et de ce moulin dans un ancien statut de Saint-André, en date de 1366. *Juxta exitum portæ per quam itur ab ecclesiâ versus molendinum Sancti-Andreæ*. Nous parlerons plus bas du *Campaure*. Quant au moulin, Beaurein dit qu'il était situé au bout de la rue des Palanques, ainsi appelée des planches (*palanques* en patois) par lesquelles on passait le Peugue dans cet endroit.

Livre 1.
Chap. 4.

qu'au Palais-Gallien (1). La troisième porte du mur du midi, la porte des *Trois-Maries*, correspondait en ligne directe avec la *Porte-Médoc*, par où l'on allait chez les Médules (Médoc), en passant près du temple du dieu tutélaire de la ville, les *Piliers de Tutelle* (2). La quatrième porte, dite *Porte-Vigerie, Vegeire*, et plus tard *Begueyre*, à laquelle aboutissait la route de Barsac et de Langon, se trouvait dans la rue du Mû, près de la rue des Épiciers (3). De cette porte, une route conduisait au temple de *Vernemetis*, sur les ruines duquel on présume que le monastère de Sainte-Croix fut bâti plus tard.

Sur le côté oriental de la première enceinte, il y avait trois portes. Vinet prétend, à tort et sans aucune preuve, qu'il y en avait cinq. La première de ces portes était près de la *Tour de Gassies*, dit un auteur; on y voyait encore, dans le dernier siècle, un arceau solitaire. Cette tour, avant le XIVe siècle, s'appelait la Tour de Saint-Aubin; d'après une ancienne liève de 1356, elle appartenait à Jean et Pierre Garcies frères; de là vient son nom de *Tour de Gassies*. La seconde était

(1) Il existe encore une *Porte-Basse* qui, autrefois, s'appelait *Porte-Toscanam*. Elle fut bâtie vers l'an 982, à peu près vers le même temps que le palais de l'*Ombrière*, par les ducs de Guienne. (Voir *Bulletin polymath.*, t. 18, p. 225). Nous parlerons plus bas du *Palais-Gallien*, ainsi que des *Piliers de Tutelle*.

(2) Cette porte était dans la rue qui conduisait du *Poisson-Salé* à la rue du Loup; elle fut démolie en 1728, et s'appelait, du temps de Vinet, la *Porte de la Cadène*, parce qu'on la fermait la nuit avec une chaîne *(catena)*. A l'entrée de cette rue, on voyait, dans des niches pratiquées sur la façade de trois maisons, trois statuettes de la sainte Vierge. De là vient le nom de *Trois-Maries*, donné à cette porte de la ville. En 1844, on a découvert, sur une de ces maisons, l'inscription suivante : *Ici estoit la Porte des Trois-Maries*.

(3) La *Porte-Begueyre* était dans l'espace qui se trouve entre les entrées des rues *Poitevine*, du *Cerf-Volant*, du *Loup*, et dessous le *Mû*; elle existait en 1550. Beaurein dit quelque part que cette porte prit le nom de *Vigeria*, *Begueyre*, du mot patois *beguey*, qui, en patois, signifie *coq*, et parce qu'on y vendait de la volaille. Dans un autre endroit, il dit que ce nom vient de *Biguerie*, marché; mais il nous paraît plus probable que ce nom a été donné à cette porte, parce que l'hôtel de la famille *Beguer*, ou *Vigier*, se trouvait là. Les *Vigier*, ou *Beguer*, ont fourni plusieurs maires à la ville de Bordeaux, notamment en 1221, 1232, 1242. Nous en parlerons plus bas.

entre la rue Saint-Pierre et celle des Argentiers, à l'embouchure de la *Devèze*, ruisseau qui traversait la ville et tombait dans la rue Sainte-Catherine, dans un canal qui servait de port et qui avait pour largeur les rues de la Devise, du Parlement et du Cancera. Cette entrée s'appelait *Navigera*, parce que c'est par elle que les galères romaines et gauloises arrivaient au centre de la ville (1). L'arsenal se trouvait à l'embouchure de la Devèze, au bout de la rue Saint-Remi. On y a trouvé naguère un mur construit comme ceux du Palais-Gallien, et qui, très-probablement, formait un des côtés de l'arsenal, probablement à l'endroit où l'on fit bâtir plus tard l'église de Saint-Maixent. Ces deux portes correspondaient en ligne directe aux deux autres, auxquelles venaient aboutir les routes des marais, où se trouvent aujourd'hui la Chartreuse et le Cimetière.

La troisième porte du mur du levant était vers le milieu de la place Royale, dit D. Devienne, un peu plus au midi que la *Porte-Despaux*, ainsi appelée au moyen-âge parce qu'on y vendait des pieux (*paux* en patois) pour la vigne. Cette porte correspondait en ligne directe avec la Porte-Dijeaux (2).

(1) Les vaisseaux entraient en ville par la *Porte-Navigère*. Le port spacieux dont parle Ausone, embrassait la largeur des rues de la Devise, du Parlement et du Cancera, et s'étendait en longueur jusqu'à la rue Sainte-Catherine, où elle recevait les eaux de la Devèze, et les différentes branches ou canaux de la fontaine *Divona*. Paulin, neveu d'Ausone, parle de ce port et de la porte :

> Burdigalam veni, cujus speciosa Garumna
> Mœnibus Oceani refluas maris invehit undas,
> Navigeram per portam, quæ portum spatiosum
> Nunc etiam muris speciosa includit in urbe.
>
> EUCHARIST.

(2) On dit que les Romains y avaient construit un temple en l'honneur de Jupiter, et que de là vient le nom de *rue de Jeaux (rua Joris)*. Cette assertion est sans preuve. Ce qu'il y a de certain, c'est que, dans un ancien titre de 1077, cette colline est appelée *Mont-Judaic*, parce que c'était alors la résidence des juifs. Ils y avaient même un cimetière en dehors de cette porte. Dans un titre de 1406, cette porte est appelée *Porta-Judaica*. Le mot *joris* signifie *juifs*; les Anglais disaient donc la *rue des Jews*, dont on a fait *rue de Jeaux*.

Livre I.
Chap. 4.

Recherches sur la première enceinte, etc.

Il n'est pas facile, dit l'abbé Beaurein, d'établir quelles étaient les portes du mur septentrional; il n'en existe pas de vestige, ni même de titre qui puisse nous faire connaître les endroits où elles étaient. Puisque Ausone nous assure que les portes étaient situées vis-à-vis les unes des autres, la porte correspondante à celle des *Trois-Maries* a dû être à l'extrémité septentrionale de la rue Sainte-Catherine; elle a été détruite et remplacée par la Porte-Médoc, qu'on fit, un peu plus loin et plus tard, dans le mur d'un petit accroissement, ou nouvelle enceinte de la ville. Une porte, dans la place Saint-Remi, répond assez à la rue *Pas-Saint-Georges,* où était située la *Porte-Begueyre.* La Porte-Basse dut avoir, en ligne directe, une porte correspondante, près de l'Intendance; elle était à côté de la chapelle de l'hôtel de l'Intendant, au nord. N'ayant rien de bien positif sur les lieux où étaient les autres portes, nous nous bornerons aux indications générales données par Ausone. Beaurein entre, à cet égard, dans beaucoup de détails; mais ce ne sont que des conjectures.

Sur le mur du midi, il y avait cinq grosses tours, et autant sur celui du nord; il n'y en avait que quatre sur le mur du levant, et autant sur celui du couchant. Ausone, par une licence que son patriotisme fait pardonner, dit que leur hauteur était telle, qu'elles perçaient les nues : *intrent fastigia nubes.* Les fondements de ces tours avaient, selon Vinet et quelques autres, près de cinq mètres de largeur; elles étaient construites de pierres de taille d'une épaisseur et d'une longueur prodigieuses. Dans la partie supérieure, la façade était faite de petites pierres carrées, et entrecoupée, d'espace en espace, par des couches de briques qui s'étendaient sur toute la longueur des murailles; c'était une construction purement romaine.

De cette enceinte romaine, il ne reste plus rien qu'une partie de la Tour du Canon, *rue de la Vieille-Tour,* et quelques vestiges dans la rue des Mottes et dans celle des Trois-Canards.

En 1848, par suite des fouilles faites sur l'emplacement du Temple *(rue du Temple)*, on mit à découvert les fondements de l'une des tours qui flanquaient la porte donnant sur le Campaure, et correspondant en ligne directe avec la Porte-Basse. De la construction de cette tour, on a cru pouvoir conclure que toutes les tours du périmètre romain n'étaient formées, comme elle, que d'un demi-cylindre adossé à la ligne murale. Le revêtement en était composé d'énormes blocs de calcaire de la Charente, d'un mètre à trois de longueur, sur cinquante à quatre-vingt-dix centimètres d'épaisseur.

Livre I.
Chap. 4.

En dehors du mur méridional, coulait le *Peugue,* ruisseau qui, en temps de pluie, franchissait ses rives et couvrait de ses eaux cette vaste plaine, derrière la ville, dans le voisinage de la Chartreuse. Le cardinal de Sourdis exhaussa ce sol humide en y transportant des terres et en faisant écouler, par des canaux profonds, les eaux stagnantes qui y croupissaient au détriment de la salubrité de l'air; il convertit ces immenses marais en belles prairies et en riches vignobles. Le Peugue ressemblait parfois à une vaste mer, quand ses eaux se répandaient sur les bas-fonds circonvoisins; de là vient le nom de Peugue, de *pelagus,* mer. Un autre ruisseau venait aussi du couchant, et, coupant la ville en deux portions presque égales, versait dans le canal *navigère* ses eaux, auxquelles allaient se mêler celles de la belle fontaine *Divona* : ce ruisseau s'appelait Devèze, ou, du temps de Vinet, Devise (1).

---

(1) On a dit que le mot *Devise* venait de *divitiæ*, richesses, ou de *divisus*, divisé; c'est une erreur. Le nom primitif de ce ruisseau fangeux était *Derèze*, corruption du mot celtique *douvez*, fossé sale, rempli d'eau. C'est dans ce fossé que se déchargeait la *Divona*, chantée par Ausone. Par suite d'une contestation qui eut lieu entre les chapitres de Saint-Seurin et de Saint-André, sur leurs juridictions respectives, l'affaire fut soumise, par le pape, aux évêques de Tarbes et de Comminges. Par leur sentence arbitrale, rendue au mois de mai 1222, le fossé Douvez (Devèze) fut assigné comme limite entre les juridictions des deux chapitres. Depuis lors, le nom *Derèze* a été changé en *Divise*, ou *Devise*, qui signifiait, dans la basse latinité, *limite, séparation.* (Voir Ducange, au mot divise, dans le *Glossaire.*)

Livre I.
Chap. 4.

La fontaine *Divona* était l'un des plus beaux monuments dont le génie romain eût enrichi l'antique Burdigala ; elle était construite en marbre d'une blancheur éclatante, et versait le trop plein de ses limpides eaux, par douze canaux, dans les différents quartiers de la ville ; mais elle doit sa célébrité moins à sa magnificence qu'à la poésie d'Ausone. Où était-elle, cette belle fontaine de Divona ? On dispute encore sur ce sujet. Mais sur quoi ne dispute-t-on pas ? Il est difficile d'établir aujourd'hui sa position ; tant de siècles y ont passé dessus, que non seulement les vestiges, mais même tout souvenir précis en ont été effacés ; la poésie d'Ausone a résisté mieux que le marbre, mais elle n'en désigne pas l'emplacement. Ne pouvant satisfaire notre curiosité sur ce sujet, les historiens l'alimentent par leurs conjectures, qui, mises en avant pour éclaircir les difficultés et dissiper nos doutes, ne font que nous en créer de nouveaux. Nous avons essayé de jeter quelque lumière sur cette question embrouillée. (Voir *Note* 5).

Il paraît certain que les Romains sentirent la nécessité d'introduire dans Burdigala de l'eau potable d'une bonne qualité. Les canaux souterrains qu'on a découverts à différentes époques, en ville et en dehors des murs, ne sont que les restes de leurs travaux hydrauliques et de leur système d'aqueducs. Vinet parle d'un canal qui venait de Léognan par le Sablonat ; on en a trouvé d'autres dans plusieurs quartiers de la ville et des environs, mais un surtout qui suivait la direction de la rue Fondaudège et servait à conduire en ville les eaux de cette mystérieuse fontaine *(fons ignote ortu)* dont parle Ausone. Divona, dans la langue celtique, signifie la divine fontaine, *Diu hona*, font au Dieu, dont on a fait, au moyen-âge, *fons d'Odeia*, et, plus tard, *font d'Audège*. Le nom seul démontre l'identité de cette divine fontaine avec la *Divona* des Celtes et des Romains, que les païens avaient placée parmi les divinités de leur Olympe, *fons addite Divis*, dit Ausone.

D'après une inscription lapidaire, recueillie dans les ruines de l'hôtel de l'Intendance, il paraît qu'un certain Préteur, C.-J. Secundus, avait fait don à Bordeaux d'une fontaine, ou aqueduc, et d'une somme de 387,500 liv. Il est impossible de déterminer le lieu où était cette fontaine; était-ce la *font d'Odeia (font d'Audège)*? C'est probable.

Livre I. Chap. 4.

C'est sur le point le plus élevé du sol burdigalien que les Bituriges-Vivisques avaient bâti leurs premières demeures; ils l'appelaient le *Puy*, ou *Puch*, ce qui, dans la langue celtique, signifie hauteur, et dont les Romains ont fait *Podium*; c'était là, du temps des Romains, la demeure du gouverneur, c'était là aussi que se trouvait le palais de la famille consulaire Paulin, qui figure avec tant de distinction dans l'histoire de l'Aquitaine, qui a fourni à l'Église un saint évêque (saint Paulin), et au monde lettré un poète délicieux ; c'est là aussi que résidait l'Intendant de la province.

Variétés bordelaises, tome III.

Vers le milieu du IIIe siècle, saint Martial vint à Bordeaux et y fonda un oratoire dédié à la sainte Trinité, avec une chapelle particulière en l'honneur de saint Étienne : autour de ce modeste oratoire, il traça un lieu pour la sépulture des chrétiens, qui fut agrandi plus tard selon les besoins de la population, et qui devint si célèbre du temps de Charlemagne, que ce prince y fit enterrer les preux morts à Roncevaux. Outre ce cimetière, il y en avait hors des murs deux autres, celui de *Terre-Nègre* et le *Campaure* (1). Le premier était près du Palais-Gallien ; c'était le cimetière des pauvres ; on n'y voyait point de mausolées, seulement quelques rares tombeaux ou pierres tumulaires. Le *Campaure* était le cime-

NOTE 7.

---

(1) Le cimetière de *Terre-Nègre* reçut son nom de la couleur foncée de la terre. Le *Campaure* fut ainsi appelé *(Campus aureus)* à cause des trésors qu'on y cachait pendant les guerres : les tombeaux étaient de tout temps inviolables; ce louable sentiment disparaît peu à peu dans nos jours de froid égoïsme et de cupidité effrénée. Ce nom proviendrait, peut-être, plutôt des superbes monuments que la vanité des riches y construisait, ou des objets en or ou dorés qu'on y trouvait ensevelis.

Livre I.
Chap. 4.

tière des Gallo-Romains qui vivaient dans l'opulence et qui voulaient flatter leur vanité par la somptuosité des tombeaux qu'ils se faisaient construire avant de mourir : la dernière chose qui meurt chez nous, c'est l'orgueil; le christianisme même ne nous en a pas guéris : la vanité, à même de s'anéantir, veut encore avoir ses palais !

CHAPITRE V.

Les thermes de Bordeaux. — Fréquentés par une nombreuse société. — Les constructions gallo-romaines. — Le temple de *Tutelle*. — Le Palais-Gallien. — Sa destination. — Ses dimensions. — N'a pas été achevé. — Son état au XVIIe, au XVIIIe et au commencement du XIXe siècle. — Le palais des Paulins. — Divers monuments. — Autels votifs. — Le culte mytriaque. — Amabiles, un artiste gallo-romain. — Ses œuvres. — L'utilité historique et littéraire des monuments. — Les environs de Bordeaux. — Le Cypressat. — Lormont, etc.

Nous venons de voir le plan et l'étendue de la vieille *Burdigala*; nous allons maintenant passer en revue ses principaux édifices et ses monuments. Nous sommes toujours dans la ville gallo-romaine ; toujours au milieu des Romains. Les Barbares n'ont pas encore souillé le sol burdigalien ; nous voulons achever notre tableau avant l'arrivée des Visigoths.

L'usage des bains était très-fréquent dans les contrées méridionales de l'Europe; les Romains l'introduisirent à Bordeaux : leurs bains étaient chauffés avec du bois ; on y épuisait toutes les ressources du luxe et de la volupté ; mais, au fond, c'était la santé qu'on désirait conserver ou rétablir. *Se baigner*, dit Montaigne, *est salubre chez tous les peuples;* dans certains pays, dans les climats chauds, l'usage des bains était prescrit par les lois civiles et religieuses. Sous le règne de Caracalla, on construisit des thermes magnifiques à Bordeaux, dans le lieu où se trouve aujourd'hui la rue du Manége, au faubourg Saint-Seurin, aux environs du prieuré de Saint-Martin ; c'était un édifice très-vaste, divisé en cellules, dit Delurbe; on y trouva des statues superbes en 1594. C'était le rendez-vous du beau monde, qui allait, en sortant de leurs bains parfumés, respirer l'air embaumé par des fleurs, sous des portiques élégants ou dans des promenades délicieuses, ombragées de plusieurs sortes d'arbres. Là, comme à Rome, des poètes et des rhéteurs allaient déclamer leurs compositions poétiques ou oratoires ; là, des philosophes réunissaient autour de leurs siéges les gens qui n'avaient rien à faire et ceux qui voulaient apprendre ; là, des professeurs bénévoles initiaient toutes les classes de la société aux secrets de la science et de la nature ; c'est là, très-probablement, que naquit la célèbre école qu'illustrèrent plus tard Ausone, saint Paulin, Minervius et plusieurs autres également célèbres ; c'était, en un mot, le portique et le jardin d'Académus transportés sur les bords de la Garonne ; on y a trouvé quelques monuments antiques. (*Note* 8.)

Les constructions gauloises étaient extrêmement simples ; César en parle assez longuement dans ses *Commentaires* : leurs fortifications n'étaient que des palissades renforcées de pierres et soutenues par de grosses poutres ; leurs maisons étaient construites de la même manière ; quelques-unes avec de la terre détrempée, mais liée par des pièces de bois posées transversalement. C'étaient, le plus souvent, des cabanes couvertes de chaume et se terminant en pointe. Quant aux temples, le seul qui paraisse avoir eu une origine gauloise, c'est celui qu'on connaissait sous le nom de *Vernemetis*, et qui occupait, dit-on, le terrain où se trouve Sainte-Croix (1). Le mot Vernemetis est gaulois ; il est tombé en désuétude depuis que l'objet qu'il représentait a cessé d'exister ; il signifiait, dit Camden, un vaste sanctuaire, ou terrain sacré (2).

---

(1) Nous parlerons de ce temple et de Sainte-Croix dans notre *Histoire de l'Église de Bordeaux*.

(2) Vernometum antiquâ Gallorum linguâ sonat fanum ingens, ut planè docet de Vernometo Galliæ Venantius Fortunatus :

« Nomine Vernometis voluit vocitare vetustas
» Quod quasi fanum ingens Gallica lingua sonat. »

C'est là que les premiers Gaëls de Burdigala portaient le butin enlevé à l'ennemi.

Quelques écrivains, amis du merveilleux et du roman, prétendent que le temple de *Diana Sirona* fut converti en une église, sous le nom de Sainte-Colombe; celui de *Janus* devint l'église de Saint-Pierre; toutes ces conjectures ne méritent pas qu'on s'y arrête : l'histoire veut des preuves; ces suppositions n'en ont pas.

Les seuls, les plus étonnants édifices que le génie romain nous ait laissés à Bordeaux, ce sont, sans contredit, le temple de *Tutelle* et le Palais-Gallien. Le premier a totalement disparu; nous ne le connaissons que par la gravure; il ne reste, des belles et imposantes ruines du second, que quelques pans de mur, qui excitent encore l'admiration des artistes et des archéologues, et attestent la supériorité du génie romain.

Le temple érigé en l'honneur de la divinité tutélaire de la ville est mieux connu dans l'histoire sous le nom de *Piliers-de-Tutelle;* il occupait une grande partie du terrain où l'on a bâti le Grand-Théâtre, et était toujours regardé, si nous en croyons Perrault, comme un des plus magnifiques monuments que le génie romain ait élevés dans les Gaules. Bâti de pierres dures et blanches, il avait une forme rectangulaire, à peu près 30 mètres de long sur 22 de large. Sur un soubassement auquel on montait par un perron de vingt-deux marches, s'élevaient vingt-quatre colonnes cannelées d'ordre corinthien ayant chacune 1 mètre 50 centimètres de diamètre, distantes l'une de l'autre de 2 mètres 5 centimètres environ, huit aux deux grandes façades et six sur les deux autres. Ces colonnes supportaient une architrave qui formait saillie au droit de leur axe, et qui recevait, soit en dedans de l'édifice, soit en dehors, quarante-quatre cariatides, ayant chacune 3 mètres 32 centimètres de hauteur. L'extérieur était revêtu de grosses pierres de taille; l'intérieur était tout en maçonnerie composée

Livre I. Chap. 5.

Commentaires sur Vitruve.

Livre I.
Chap. 5.

de pierres jetées dans du mortier, ne laissant vide qu'une espèce de salle de 3 mètres quelques centimètres de hauteur. Le plancher, dit D. Devienne, était plat comme le ciel d'une carrière; il n'était pas soutenu par des pierres taillées pour une voûte, mais par l'épaisseur du massif, qui avait, dit-on, plus de 4 mètres. Les murs furent d'abord bâtis comme pour un édifice hypètre; puis, sur la terre qui s'élevait à la hauteur de ces murs, dans l'intérieur, on jeta des couches de mortier et de ciment, avec des moellons semblables à ceux dont on avait construit les murs à l'intérieur. Lorsque ce massif, qui avait 4 mètres et plus, était sec, on ôta la terre de dessous; ce vide formait la salle intérieure que les uns ont prise pour un grenier public, mais qui, probablement, ne servait qu'aux cérémonies du culte de la divinité tutélaire de Burdigala (1).

Au milieu de cette salle était placé un autel votif de marbre gris, en un seul bloc, de 1 mètre et 30 centimètres à peu près, sur 65 et sur 55; on y avait sculpté des symboles du culte païen, un vase pour les sacrifices et une couronne de chêne ornée de bandelettes, un bassin avec un génie ailé au centre, et sur le devant l'inscription de la dédicace à Auguste par les Bituriges-Vivisques, dont nous avons déjà parlé pages 25 et 26.

Cet autel, déposé d'abord, en 1453, au Château-Trompette, fut transporté, en 1590, à l'Hôtel de la Mairie, et confié, en 1781, aux soins de l'Académie des Sciences (2).

---

(1) Au XVIe siècle, on regardait cet édifice comme un temple dédié à Mars et à Diane.

(2) La translation de cet autel à la Mairie, en 1590, était constatée par l'inscription suivante, sur le socle qui devait le supporter :

« Hoc annosum marmor, in arce Tropeytà pulvere et sordibus obsitum impetràrunt à Jacobo Matignono, Franciæ marescallo et civitatis majore, G. Mullet, F. Bonalgues, P. Desaygues, J. Thalet, J. Guichener, J. Labat, jurati Burdig. præfectique urbis, J. Delurbe, proc.-syndicus, et R. Pichon, scriba; et hic in memoriam antiquitatis et vivisci nominis locandum curarùnt, an. 1590. »

Le socle n'existe plus; nous avons cru devoir conserver l'inscription.

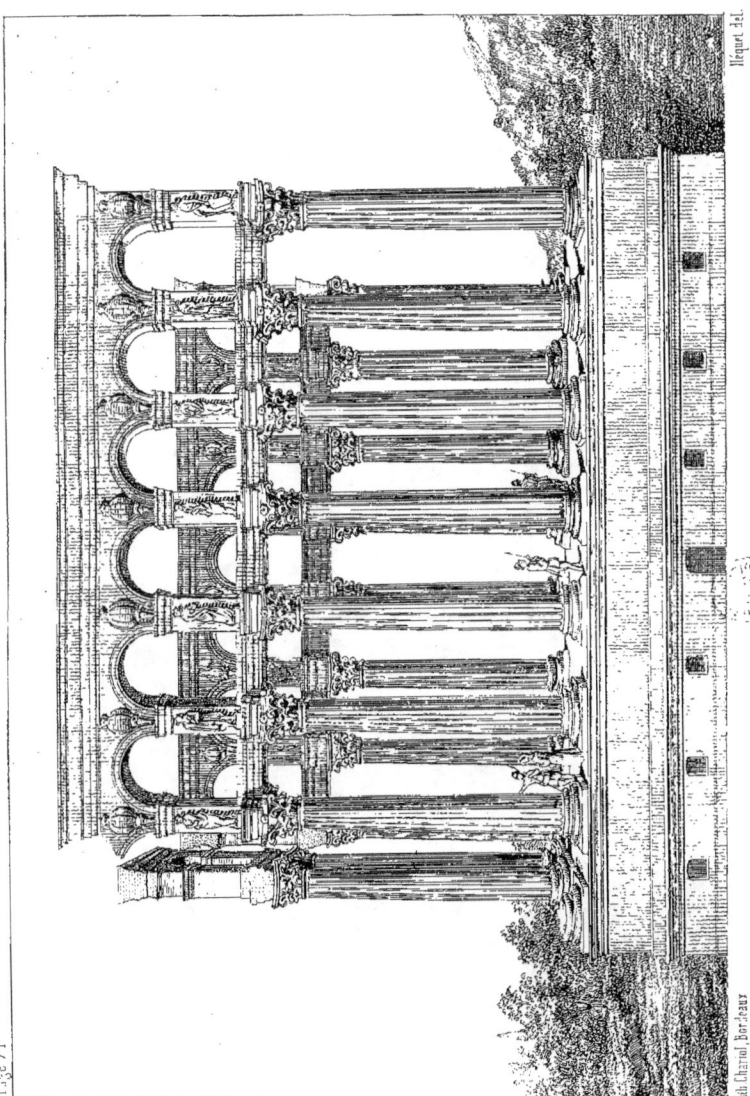

PILLIERS DE TUTELLE.

Non loin de cet autel, dans la même salle, se voyait un autre, dont l'inscription constate qu'à cette époque Burdigala était une ville municipe, qui avait ses *décurions*, ou magistrats populaires. Voir la *note* 9. Ces deux autels se voient maintenant dans le Musée d'Antiquités de la ville.

Livre I.
Chap. 5.

NOTE 9.

Les magnifiques restes de cet ancien temple ont été dessinés par Perrault et par Vinet en 1572 ; leur travail a été reproduit de plusieurs manières, depuis la brillante gravure jusqu'à la modeste lithographie. En 1647, il y avait dix-huit colonnes debout encore. Au mois de février 1617, un ouragan renversa l'un de ces superbes piliers. Le duc d'Épernon le réclama comme sa propriété, comme étant seigneur du lieu. La ville s'opposa à ses prétentions ; le procès fut plaidé en 1618, au Parlement, en présence du duc de Mayenne, et les matériaux furent adjugés à la ville.

En 1649, ces belles ruines servirent de redoute : on établit sur leur plancher, qui était très-épais, des pièces de canon, afin de battre en brèche le Château-Trompette et d'en faire taire les batteries. Louis XIV ordonna qu'on abattît cette colonnade ; on commença à exécuter ses ordres le 1er février 1677, et les débris de ce magnique temple furent employés à la construction du parapet du Château-Trompette. Le grand roi abattit ce que l'empereur Auguste avait fondé. Beaurein dit que cet édifice fut fondé par les commerçants burdigaliens.

L'amphithéâtre de Bordeaux, au moyen-âge, s'appelait indifféremment les *Arènes*, ou le *Palais-Gallien* (1), comme ayant été fondé par Gallien ; c'était l'un des plus grandioses

(1) Le baron de La Batsie dit : « Que la fable du palais de la princesse Galiène, et
» le nom même de *Palais*, ne sont guère plus anciens que Roderic de Tolède, et que
» l'amphithéâtre de Bordeaux n'a commencé d'être appelé le *Palais-Gallien* que
» dans le XIIe siècle pour le plus tôt. » (*Hist. de l'Académ. des Inscript.*, t. 12,
p. 242.) Quant au nom de *Palais*, donné aux arènes de Bordeaux, nous croyons que
M. de La Bastie a raison ; mais il paraît certain qu'au XIIIe siècle, l'historiette ou

Livre I.
Chap. 5.

Actes
de
l'Académie de
Bordeaux,
année 1842.

Grandeur
et Décadence,
etc., etc.
ch. 17.

monuments de l'antique Burdigala. Les Romains aimaient les belles choses, les splendides édifices, et déployaient partout un luxe excessif dans la décoration de leurs établissements publics. Rien de plus grandiose que le Colysée de Rome, les amphithéâtres de Vérone, de Capoue, de Fréjus, de Bordeaux, de Saintes, etc. Ausone ne parle pas du Palais-Gallien ; son motif nous est inconnu. Cet amphithéâtre fut commencé par les ordres de Gallien, et ne fut peut-être jamais achevé ; il est aussi probable que cet édifice fut négligé du temps d'Ausone. Burdigala était chrétienne sous Gratien ; les nouveaux chrétiens ne se servaient plus des arènes pour des amusements que leur religion condamnait. L'édifice ne servait à rien. Ausone ne se crut pas obligé d'en parler ; il n'a chanté que sa ville natale, et les arènes n'en faisaient pas alors partie.

Les combats des gladiateurs et des animaux n'étaient guère faits pour les austères chrétiens des premiers siècles de l'Église : leurs plaisirs étaient plus purs, leurs pensées ailleurs qu'au cirque. « Depuis l'établissement du christianisme, dit » Montesquieu, les combats des gladiateurs devinrent plus » rares ; Constantin défendit d'en donner. » Son fils adopta ses idées à cet égard ; néanmoins, on les toléra pour plaire au peuple. L'anachorète Télémaque vint d'Orient à Rome pour les abolir entièrement ; le peuple furieux le tua à coups de pierre. Justement irrité de ce meurtre, Honorius acheva ce que Constantin avait si bien commencé : les combats du cirque furent supprimés. L'établissement de Bordeaux, commencé sur la fin du règne de Gallien, n'a jamais été entièrement achevé ; il fut même délaissé après l'arrivée

---

roman de l'enlèvement de Galiene par Charlemagne était très-répandue dans le midi de la France. (Voy. *Histoire de la croisade contre les Albigeois*, en vers provençaux, par un poète contemporain, traduite et publiée par C. Fauriel, Paris, 1837, in-4°, p. 148. Voyez aussi le *Roman de Fier-à-Bras*, *Manuscrits de la Bibliothèque Royale*, supplém. français, n. 180, fol. 218 verso, etc., etc.)

PALAIS GALLIEN

de saint Martial, comme monument inutile et corrupteur des mœurs.

Ausone, comme nous venons de le faire observer, ne daigna pas même en parler, et le nom de l'auteur ou architecte est toujours ignoré. Les romanciers ont tourmenté leur imagination pour plaire à la curiosité publique, et la fable suivante a longtemps régné avec la puissance et les prestiges de la vérité :

Charlemagne, si nous en croyons Roderic, archevêque de Tolède au XIIIe siècle, fut chassé par Pepin ; il alla se réfugier chez Galafre, roi de Tolède, et après avoir servi avec gloire dans les guerres contre Marsile, roi de Saragosse, rentra en France, à la mort de Pepin, emmenant avec lui la belle Galiène, fille de son bienfaiteur royal de Tolède, et lui bâtit un beau palais à Bordeaux (1).

Ainsi, la fable a pu donner le nom de *Palais* à ces arènes, ou c'est le nom de Gallien, leur fondateur, qui a servi de base à la fable et à la croyance populaire, comme le dit M. de La Bastie.

Vinet et tous les écrivains modernes rejettent la fable ; au lieu d'être la résidence d'une princesse, c'était tout simplement un amphithéâtre qui, dans les titres du XIe siècle, s'appelait, d'après Delurbe, *las Arenas ;* le nom de *Palais* ne lui fut donné qu'au XIIe siècle.

Comme presque tous les amphithéâtres romains, celui de Bordeaux avait une forme elliptique ; il était composé de six enceintes, en y comprenant celle de la spacieuse arène où se donnaient les combats. Sa longueur et sa largeur ont été diversement mesurées par les antiquaires. Vinet lui donne, d'une porte à l'autre, 370 pieds de long sur 230 de large M. de La Bastie, que nous venons de citer, y a trouvé, d'a-

Livre I. Chap. 5.

Roderic, *De Reb. Hispan.,* lib. IV, cap. 2.

Histoire de l'Académie des Inscriptions, etc., tome VI, page 375 ; tome XII, page 242.

---

(1) Fama est apud Burdigalam ei palatia construxisse.

(Roderic, Tol., *lib. IV.*)

Livre I.
Chap. 5.

près le dessin qu'il en donne et l'échelle mise au plan, 65 toises 2/3, ou 394 pieds de longueur sur 52 toises 1/3, ou environ 314 pieds de largeur. D. Devienne dit que l'arène avait 238 pieds dans son grand diamètre, et 168 dans son petit. De nos jours, M. Jouannet lui donne pour véritables les dimensions suivantes : 135 mètres et 113 pour les deux diamètres de l'ellipse hors œuvre. Le premier pourtour avait 5 pieds d'épaisseur et 62 d'élévation, ainsi que le second ; les pourtours des autres enceintes allaient en diminuant de hauteur et d'épaisseur ; la plus grande enceinte avait 21 pieds 1/2 de largeur, et les autres 11.

Ce gigantesque monument, qui pouvait contenir 15,000 individus, se composait de murs en blocage, revêtus extérieurement de petites pierres dures et taillées, dont les dimensions en hauteur sont constantes, mais varient pour la largeur ; c'était 10 centimètres d'épaisseur sur 34 de longueur. Ce parement était entrecoupé tout autour, à la hauteur de 80 centimètres, de cordons de briques, dont le rouge foncé contrastait singulièrement avec la teinte grisâtre de la pierre. Les cintres des arcades étaient formés de pierres cunéiformes, alternant avec des briques posées de champ. Le ciment est encore aujourd'hui dur comme la pierre, et résistera longtemps à l'action dissolvante des éléments et du temps; l'homme seul a profané et dégradé ce beau monument du génie romain.

Aux deux extrémités du grand diamètre de cette construction ovoïde, s'ouvraient deux portes principales, par lesquelles on arrivait à l'arène. Ces portes avaient 28 pieds de hauteur sur 18 de largeur. Outre ces grandes entrées, il y avait trente-quatre portiques dans le pourtour extérieur, qui pénétraient à travers les autres pourtours, à de certaines distances les uns des autres, jusque dans l'intérieur; c'est par ces passages qu'on arrivait aux escaliers, et par eux dans toutes les parties supérieures.

Au rez-de-chaussée, d'après M. de La Bastie, que nous suivons préférablement à tout autre, à cause de son immense savoir, et parce qu'ayant vu une grande partie de ces arènes debout, il était plus à même de les décrire et les juger que nos écrivains modernes. au rez-de-chaussée, dit-il, régnaient deux galeries, l'une entre la sixième et la cinquième enceinte (1), et l'autre entre la cinquième et la quatrième; elles étaient au niveau de tous les arcs de la première enceinte, par lesquels on y entrait; il y avait deux autres galeries à peu près égales à l'étage supérieur; mais elles étaient plus basses, à cause des siéges qu'elles aidaient à supporter, et qui allaient en diminuant; celles-ci faisaient le tour de l'amphithéâtre; celles du premier étage étaient coupées par les murs, qui, partant des grandes portes aux extrémités de l'ovale, aboutissaient à l'enceinte de l'arène.

Livre I. Chap. 5.

Histoire de l'Académie des Inscriptions, etc., tome VI, page 383. Édit d'Amsterdam.

Ces galeries, comme nous l'avons fait observer, étaient traversées par trente-quatre portiques ou ouvertures, qui perçaient les pourtours depuis la première arcade de l'enceinte extérieure jusqu'à la galerie la plus basse, qui était entre la quatrième et la troisième enceinte, à laquelle ils aboutissaient tous; mais de ces portiques, il y en avait dix, ou, selon d'autres, douze (cinq ou six de chaque côté), qui, passant au delà de la troisième et même de la deuxième enceinte, pénétraient jusqu'à la muraille qui entourait l'arène; c'était, comme nous l'avons dit plus haut, au moyen de ces portiques qu'on arrivait, par des escaliers, aux siéges des spectateurs.

Au dedans, on voyait des trous tout le long des enceintes et au-dessus des arceaux des portes; M. de La Bastie en a conclu que les galeries des étages supérieurs et les siéges des

(1) D. Devienne conteste quelques détails donnés par La Bastie. Les raisons qu'il allègue sont plausibles; mais nous ne connaissons pas assez la disposition des escaliers et le mode d'éclairage pour lui donner raison contre le judicieux observateur que nous suivons, et qui en avait vu les restes, encore assez considérables de son temps.

Livre I.
Chap. 5.

Antiquités monumentales.

spectateurs étaient posés, non sur des voûtes, mais sur des planchers supportés par de grosses poutres qui allaient d'une enceinte à l'autre. M. de Caumont n'adopte pas cette opinion, mais n'avance rien d'assez concluant pour l'infirmer; car à quoi auraient servi ces trous? A l'échafaudage des maçons; mais, dans ce cas, pourquoi n'en voyait-on pas à l'extérieur de la première enceinte? Ils seraient d'ailleurs beaucoup plus rapprochés. Il paraît en outre évident qu'ils étaient de bois, car les murs et les planchers n'auraient pas pu les supporter s'ils avaient été en maçonnerie.

Vu à l'extérieur, le monument avait un aspect imposant; il présentait aux regards deux étages surmontés d'un attique d'une élévation de 24 mètres. Des deux principales entrées de ce beau cirque, il n'en existe plus qu'une. Sur les deux côtés sont des pilastres, qui sortent hors-d'œuvre d'environ trois pouces, et dont les chapiteaux supportent une espèce d'architrave.

Au second étage, il y avait, au-dessus de chaque grande porte, une arcade, ou grande fenêtre, avec deux niches, une de chaque côté, d'une égale grandeur, et ayant 18 pieds de haut sur 4 de large; elles étaient décorées de pilastres latéraux qui soutenaient une architrave maçonnée de briques. Au-dessus, il régnait une corniche ornée de modillons, avec des consoles que le temps a défigurées; un attique couronnait tout l'édifice.

Il est difficile, aujourd'hui, de déterminer l'ordre d'architecture suivi dans cette grandiose construction. On a cru que la partie inférieure était du style toscan, et les pilastres de l'étage supérieur, du dorique. On s'est servi de briques pour figurer les moulures et les saillies des entablements, ainsi que les chapiteaux des pilastres. Ce cirque, aussi remarquable que ceux qu'on voyait ailleurs en France, fut commencé vers le milieu du IIIe siècle, sous Gallien, dont il a gardé le nom; mais il paraît certain, comme nous l'avons déjà remarqué, qu'il n'a jamais servi aux amusements populaires. Le sixième mur, qui devait clore l'arène, n'a jamais été achevé ; on en a trouvé seulement les fondements. Quelle peut être la cause de son interruption ? Très-probablement, l'horreur que le christianisme inspirait à ses néophites pour les combats des gladiateurs et des animaux. Les conciles ont toujours défendu les dangereuses et immorales exhibitions des arènes; le concile d'Arles est explicite à cet égard ; tel était aussi le sentiment des Pères sur ces spectacles des païens. D. Devienne en attribue l'interruption à l'invasion des Barbares, qui s'emparèrent de nos contrées.

Selon la croyance populaire, il y a des trésors enfouis dans ces vieilles arènes. Ces idées étaient si généralement répandues, qu'en 1626, le 13 mai, un cabaretier de Bordeaux, nommé Jarisse, présenta une requête aux jurats conçue en ces termes :

« Prennent la liberté de vous représenter, MM. Louis Ja-
» risse, cabaretier, rue des Capérans, et quelques consors
» qu'il a, qu'ayant appris, par le bruit public, que les masu-
» res du Palais renferment différentes choses depuis un temps
» immémorial, inutiles à la société humaine, comme or, ar-
» gent monnayé et autres vaisselles d'orfévrerie, ils souhaite-
» raient d'y travailler pour tâcher d'en faire la découverte ;
» ce qu'ils n'ont cependant pas voulu faire, qu'au préalable,
» ils n'en aient obtenu la permission des supérieurs. C'est pour
» cet effet qu'ils viennent vous prier gracieusement de leur
» accorder la permission de faire les creusements et fouille-
» ments nécessaires pour cela, à l'exclusion de toutes autres
» personnes qui, peut-être, dans la suite, pourraient s'em-
» parer de leurs découvertes, faisant en même temps défense
» et inhibition à qui que ce soit de s'immiscer ni les molester
» dans leurs travaux, sous la soumission qu'ils font de ne
» porter préjudice ni aux murs, ni aux bâtiments... et, en

Livre I. Chap. 5.

Con. 4 et 5. Tertul., De Spectac., cap. 22. Saint Cyprien, De Spectac., page 340.

» cas de réussite, de payer un certain *quantum*, soit à la
» ville, soit aux pauvres.

» Bordeaux, 13 mai 1626. »

On ignore quelle a été la réponse des jurats à ce singulier chercheur de *choses inutiles à la société humaine, comme argent monnayé*, et qui pourraient bien être très-utiles au cabaretier Jarisse de la rue des Capérans.

Dans le XVII° et au commencement du XVIII° siècle, on voyait, dans l'intérieur de ce monument, des huttes où se réfugiaient les personnes de mauvaise vie. Quand Zinzerling vint visiter ces ruines, on le regarda comme un homme qui cherchait des mauvais lieux (1). Le Parlement même, jusqu'en 1786, reléguait les filles de mauvaise vie dans le voisinage de ce vieux monument. Jusqu'alors, la rue Saint-Fort s'appelait, par la même raison, *rue Putoye*.

On fit plus tard des fouilles dans ces vieux murs : un rapport des intendants de maçonnerie, en date du 6 mai 1631, « parle d'une excavation de 60 pieds de longueur et de 10
» de profondeur joignant les grands murs. Il fait mention de
» la démolition de piliers et d'arcs-boutants qui servaient de
» soutien et défense au grand corps de murailles. Et de plus,
» ajoute le rapport, avons vu qu'un sieur Mathieu Boudancy
» a fait démolir, entre les arceaux, les murailles qui servaient
» d'empâtement pour les fortifications des arceaux, ce qui
» sera cause que les murailles en recevront, à l'avenir, chute
» et ruine. » Ce Boudancy était-il l'associé de Jarisse le cabaretier ? Nous n'en savons rien.

---

(1) *Hodie luparum et prostibulorum istic est consistorium; sic etiam ut cum in hospitio quæreremus ubi palatium Galieni esset, risu exsonuerunt omnes et pulpamentum nos quærere putarint. (Itiner. Galliæ.)*

Suivant le démonographe De Lancre, le diable est venu tenir ses assises au carrefour du Palais-Gallien, comme naguère au supplice. Isaac de Queyrac, sorcier notable, qui fut exécuté à mort en 1609, l'avoua.

Ce trait mérite de figurer dans un tableau des mœurs du XVI° siècle !

En 1690, les jurats, par acte du 1er septembre, concédèrent une partie de ces arènes, à titre de fief nouveau, à deux bouchers, Arnaud Larrieux et Martin Roux, pour y établir des parcs, abattre des bœufs, etc., etc.

En 1745, M. de Tourny proposa d'y établir une maison de force; mais ce projet n'eut pas de suite.

En 1772, on n'y distinguait plus que les deux grandes entrées à l'est et à l'ouest; cette dernière existe encore.

En 1774, le terrain et les ruines furent donnés à M. Deshaultois, pendant vingt années, pour y remiser des fiacres dont il dirigeait l'entreprise générale.

Il paraît que Deshaultois ne fut pas heureux dans son entreprise; car, en 1777, un sieur Thivent, négociant de Bordeaux, demanda l'autorisation de transporter dans ces intéressantes arènes le spectacle d'un combat d'animaux. Il paraîtrait, d'après un plan du lieu, que ce nouveau spéculateur aurait démoli quelques parties de l'édifice pour construire un amphithéâtre et des loges.

Le chapitre de Saint-Seurin prétendit avoir certains droits sur ces ruines; mais en 1779, Necker en réclama la propriété au nom du gouvernement, pour y établir un dépôt de poudres et de salpêtres.

De nos jours, l'administration fait tout ce qu'elle peut pour maintenir ces vieux murs dans un état convenable de conservation.

Pendant la guerre civile de notre grande révolution, le Palais-Gallien a subi plusieurs métamorphoses; il devint le refuge des troupes des divers partis. En 1792, on crut devoir le démolir; l'ordre en fut donné, et la démolition poursuivie avec un acharnement incroyable. Les terroristes n'avaient pas besoin de souvenirs; l'histoire leur pesait; mais l'argent était rare, et il en fallait à ces singuliers patriotes; on renonça donc à cette œuvre de vandalisme, qui coûtait beaucoup sans rien rendre.

En 1795, on vendit le terrain pour y construire des maisons, et, grâces à la rage révolutionnaire des sans-culottes de 1793 et à la cupidité des acquéreurs de 1795, les arènes allaient totalement disparaître sans la généreuse intervention de M. Thibaudeau, préfet de la Gironde ; par un arrêté du 17 août 1800, ce magistrat fit suspendre les travaux de démolition, dans l'intérêt des arts et pour l'honneur de la ville ; il chargea la municipalité de veiller à la conservation de ce monument, que les étrangers éclairés qui passaient à Bordeaux allaient visiter avec empressement.

NOTE 9. Le palais des Paulins était magnifique ; il est permis de le croire, d'après les fouilles qu'on y a pratiquées ; on y a relevé des fragments de colonnes, des chapiteaux, des statues, des cippes funéraires, des autels votifs d'un beau marbre, et une foule d'inscriptions, entre autres la suivante :

AVG
DEAE
DIVIRTOS GEMELLI
FI PATER
V. S L M.

On prétend que le château de Puy-Paulin a été bâti au IIIe siècle, par Ponce Paulin, aïeul de saint Paulin, de Bordeaux, évêque de Nole. C'était la résidence de Pey de Bordeaux, des captaux de Buch, des ducs de Foix, des Candale, des sires de Lesparre et de Castelnau, et, en dernier lieu, du duc d'Épernon. En 1707, Louis XIV acheta ce vieux château au dernier comte de Foix, pour servir d'hôtel à l'Intendant de la province. Pendant que M. de Tourny y demeurait, il devint la proie des flammes ; mais il fut reconstruit à la moderne, ainsi que l'église de *Notre-Dame-de-Puy-Paulin*, qui en faisait partie, et fut aliéné dans la grande révolution française. M. de Tourny nous en donne la description ; il nous

le peint tel qu'il était en 1756, à l'époque qu'il devint la proie des flammes : « La maison, dit-il, où loge l'Intendant ap-
» partient au roi, qui l'a acquise des héritiers du duc d'Éper-
» non ; elle se nomme le Château de Puy-Paulin, et consiste
» en plusieurs bâtiments dont le principal est très-ancien,
» long de 102 pieds, entre deux tours, donnant, d'un côté,
» moitié sur la cour, moitié sur le jardin, qu'une grille de
» fer sépare l'un de l'autre, et sur lesquels ces deux tours
» sont saillantes. Sa largeur à l'intérieur, de dedans en de-
» dans, est de 22 à 23 pieds, et sa hauteur de 45, jusqu'à
» des machicoulis dont les parapets, en se terminant, ca-
» chent son toit de tuiles creuses.

» Sa façade, dudit côté, est percée, au rez-de-chaussée, de
» neuf portes, croisées ou demi-croisées ; au second, de sept
» croisées ou demi-croisées ; au troisième, de six petites ou-
» vertures qui, en se perdant sous les machicoulis, éclairent
» le dessous du toit servant de grenier et le haut des deux
» escaliers de pierre qui sont aux deux bouts, et s'appuyant
» contre les deux tours. »

Voilà ce qu'était le château Puy-Paulin il y a cent ans (1756) ; mais nous ignorons complètement son état primitif.

On voyait dans la cour, dit Zinzerling, un beau relief re- présentant un homme à la barbe et aux cheveux crépus, te- nant un rouleau à la main avec l'inscription suivante :

Livre I.
Chap. 5.

Itiner. Gall.

D M
SEDATVS.

Ce Sédatus était l'un des savants dont Ausone vante les ta- lents ; il alla professer les belles-lettres à Toulouse ; il y mourut ; mais les Bordelais firent rapporter ses cendres : c'é- tait un illustre hommage à sa mémoire et à ses vastes con- naissances. On y trouva d'autres monuments sculptés, qui rappelaient plusieurs noms consulaires, plusieurs célébrités romaines, gauloises ou aquitaniques, et qui nous disent assez de quels éléments disparates se composait alors la population de Bordeaux.

Nous avons déjà parlé de l'autel votif en marbre gris érigé à Auguste; Venuti dit que c'était un acte de reconnaissance de la part des premiers Bordelais pour les faveurs qu'il avait accordées à leur ville. Cet autel fut érigé dans le temple de Tutelle. En creusant les fondements d'une maison située sur l'emplacement du château des Paulin, on a découvert, en 1828, un stylobate de 1 mètre 43 centimètres de hauteur et de 56 centimètres de largeur, portant, sur l'une des faces, une couronne civique ornée de lemnisques, et sur la face opposée, une inscription en beaux caractères. (*Voyez Note* 9).

Il existe encore un autel du même marbre et du même style, dédié à la Divinité tutélaire par un certain Lascivus Cantilius. Tout nous porte à croire qu'il date de la même époque que celui d'Auguste, dont nous avons parlé page 26. Dans les fouilles pratiquées dans le cloître de Saint-André, on a découvert plusieurs figures antiques, des fragments de bas-reliefs, de frises et de gros blocs de marbre; c'étaient probablement les restes du temple de Jupiter, sur les ruines duquel on a bâti plus tard l'église de Saint-André. Des blocs de marbre sans sculpture furent aussi trouvés, au commencement de ce siècle, en fouillant le sol de la place Rohan. Parmi ces intéressantes ruines, se trouvait une statue de Jupiter, la foudre à la main gauche, un aigle mutilé à côté du souverain des dieux, et en dessous cette inscription :

DEO INVICT O.M.

Les fouilles furent continuées, et, à la grande satisfaction des archéologues, on découvrit un petit autel quadrilatère en calcaire de Charente, avec une inscription que nous donnons à la *Note* 11.

On a trouvé, à Bordeaux, des autels érigés à *Divirtos* et à *Sirona*, divinités gauloises maintenant inconnues. La rudesse de leurs formes nous fait croire que ce n'était que de grossières imitations des autels romains, des essais de quelque sculpteur biturige sur la pierre brute. En 1594, on trouva, aux environs du prieuré de Saint-Martin, et en 1756, sur l'emplacement du château de saint Paulin, qu'on allait reconstruire, plusieurs statues d'un très-grand intérêt; il n'en existe maintenant à Bordeaux que trois; l'une se voit en montant l'escalier de la bibliothèque publique ; la tête est d'emprunt, mais le reste trahit le *faire* romain et porte le cachet de l'élégance romaine et du bon goût; la seconde est sous le portique qui conduit à l'École de Dessin ; la troisième se voit dans la salle des antiques. Ces trois statues, quoique mutilées, conservent encore des traits qui en décèlent l'origine ; les antiquaires les croient du temps de Claude ou de Néron. Mais la plus belle de toutes était, sans contredit, celle de Messaline. Louis XIV la demanda pour son beau jardin de Versailles; les Bordelais la lui accordèrent par crainte plutôt que par amour ; mais le vaisseau qui la portait périt devant Blaye ; la Gironde garde dans ses fanges ce chef-d'œuvre qu'une complaisance servile avait cédé à la vanité du monarque.

Au commencement de ce siècle, on a pratiqué des fouilles considérables dans les cloîtres de Saint-André ; on y a trouvé, à une grande profondeur, un bloc de pierre dure quadrilatère que les archéologues regardent comme un autel votif. La face principale représente Jupiter assis sur son trône, soutenant de la main gauche sa haste, et la main droite reposant doucement sur l'épaule de Ganymède presque nu, mais facile à reconnaître à son bonnet phrygien et à sa houlette. L'aigle qui l'avait porté à l'Olympe y figure aussi, les ailes encore étendues entre le jeune favori et le puissant roi des cieux. Sur une des faces latérales est représentée Léda,

Livre I.
Chap. 5.

Musée
d'Aquitaine.

se refusant, avec une apparente pudeur, aux caresses du cygne; sur l'autre se voit Junon, vêtue de la tunique et du *peuplum*, dont une partie, soulevée par les zéphirs, s'arrondit en forme de nimbe autour de sa tête. La composition de ces bas-reliefs offre beaucoup d'intérêt; quoique maltraitée par le temps, l'exécution n'en est pas sans mérite.

Je passe sous silence plusieurs figurines charmantes, des fragments de bas-reliefs, des frises, des socles, etc., etc., qu'on a trouvés enfouis dans ces cloîtres; mais la présence de ces autels, de ces reliefs, de cette représentation de Jupiter dans ce lieu, il faut l'avouer, n'autorise que trop certains écrivains à penser qu'il y eut sur ce terrain un temple érigé en l'honneur de ce dieu, et l'inscription que nous avons donnée à la *Note* 11 semble confirmer cette opinion, et dire que saint Martial consacra ce temple au Dieu des chrétiens.

Il paraît certain que le culte *mitriaque* ou de Cybèle était aussi suivi à Bordeaux. Dans les fouilles faites en 1844, au Fort-du-Hà, on découvrit un autel taurobolique dont la face antérieure portait, en relief très-saillant, une tête de taureau ornée de bandelettes, comme les victimes des païens; sur la face latérale, à droite, on voit une tête de bélier sans bandelettes, et sur la face opposée un casque grec, ou le bonnet phrygien, avec une épée grecque à crochet, de forme remarquable, et entre les cornes du taureau cette inscription en d'assez bons caractères :

ATALICIVIR
VALER IVLINA
ET IVL-SANCA

Outre ces caractères, il y en eut d'autres entre le dé et le bassin; ils sont effacés; c'était la consécration ordinaire :

MAGNÆ MATRI DEVM.

Il paraît aussi, d'après Gruter et Venuti, que le culte de Junon régnait à Bordeaux. On sait que Junon était la divinité protectrice des femmes; ces deux auteurs nous ont transmis l'inscription suivante en l'honneur de cette déesse :

IVNONIBVS
IVLIÆ ET SEXTILIÆ.

Livre I. Chap. 5.

Jouannet, Notice sur quelques antiquités, etc.

Tous ces monuments, et quelques autres que nous passons sous silence, remontent à une époque très-reculée de l'Empire; leurs dates ne peuvent se déterminer avec précision; mais ils sont presque tous antérieurs au temps de Néron. Galba, Othon et Vitellius n'ont pas laissé à Bordeaux de traces de leur domination; on ne les a connus que par leurs faiblesses, leurs lâchetés et leurs crimes. Depuis lors, jusqu'aux Antonins, on ne fit faire aucun monument à Bordeaux portant le nom d'un empereur; cette époque ne nous a laissé que des tombeaux, des cippes, des inscriptions et une grande quantité de médailles des sept successeurs de Vitellius; mais aucun monument du pays bordelais n'a marqué leur passage sur le trône de César. Tous les vases, cippes, urnes, qui datent de cette époque, on les attribue au ciseau d'un célèbre artiste gallo-romain du nom d'*Amabilis*. Quant aux édifices publics, ils étaient splendides et somptueusement décorés; mais les maisons des particuliers riches étaient en moellons, en briques ou en bois. Ceci résulte évidemment des observations faites par des écrivains judicieux sur les fouilles qu'on a pratiquées à différentes époques et dans plusieurs quartiers de la ville, et tout récemment encore (1834), quand on jeta les fondements de la Galerie-Bordelaise.

Actes de l'Académie, etc., etc., 2e année, 1er trimestre.

Jouannet, Statistique, tome II.

Nous nous sommes arrêté longtemps sur ce sujet; nous avons voulu que le lecteur, qui nous suit, connût bien le pays que nous allons parcourir. Faire connaître les monuments d'un peuple, c'est écrire son histoire, car une fois sculptée par la main de l'artiste, la pierre devient une source d'instructions et de révélations importantes; elle nous dit l'époque, le lieu des événements, le nom de l'artiste qui l'avait sculptée. L'élégance des formes, la régularité des lignes, la beauté des traits, la symétrie des parties, sont autant de signes révélateurs, qui, comme les chefs-d'œuvre de Michel-Ange, Raphaël, David et Bosio, nous racontent des choses qui nous intéressent et ravivent pour nous le passé. En fait d'ouvrages d'art, les Visigoths n'ont rien laissé à Bordeaux; nos recherches se bornent donc aux monuments romains. Il en reste assez pour nous convaincre de la magnificence de Burdigala dans les trois premiers siècles de notre ère. C'était sans doute à cause de la beauté et de la multitude des monuments publics qu'Ammien Marcellin parle si avantageusement de notre cité; parmi toutes les villes des Gaules, dit-il, Bordeaux se fait remarquer par son étendue et sa magnificence (1). A une époque plus rapprochée de nous, le continuateur d'Aimoin l'appelle aussi une très-belle ville *(egregiam urbem)*.

Bordeaux était alors le chef-lieu de l'Aquitaine, le centre où se réglaient les grands intérêts de la société gallo-romaine, et où aboutissaient les grandes routes. César traça le premier les voies stratégiques, mais c'est à Auguste, Agrippa et Messala que les Burdigaliens durent les grandes voies de communication dont on retrouve aujourd'hui les traces. Ces routes étaient encaissées avec soin, et le pavé consolidé avec un ciment aussi dur que la pierre, et dont la science n'a pas encore trouvé le secret. Partout où les matériaux étaient bons et le sol propice, ces routes existent encore, après un laps de dix-huit siècles; mais en certains endroits, faute de ces conditions, elles sont dégradées et même incorporées aux champs cultivés. Les distances étaient marquées en lieues *(leucæ)* sur

---

(1) Amplitudine civitatum admodum culta Burdigalam excellere.

des colonnes militaires, surtout sur les principales chaussées, qui se dirigeaient de la capitale de l'Aquitaine sur la métropole romaine des Gaules, Lyon *(Lugdunum)* (1). Cette route s'embranchait en d'autres routes secondaires, qui, sillonnant le pays en tous sens, créaient des relations plus immédiates et faciles avec l'intérieur du pays, et rendaient moins pénibles les courses des armées impériales par des stations militaires ou étapes convenablement espacées. On trouvait, à de certaines distances, sur des hauteurs d'un accès difficile, des enceintes fortifiées *(oppida)*, qui ressemblaient un peu à nos vieux châteaux forts (2). Ces *oppida* étaient entourés de palissades, ou de murs composés de poutres liées entre elles par une argile détrempée en guise de ciment. Des villes *(urbes)*, dans le sens qu'on donne de nos jours à ce mot, on n'en voyait nulle part ; le pays était divisé en *pagi*, districts territoriaux qui comprenaient, sous une autorité centrale, plusieurs habitations, hameaux et bourgades *(vici)*, séparés entre eux

Livre I.
Chap. 5.

(1) En comparant entre eux les anciens *Itinéraires*, les récits des géographes et les différentes cartes que l'antiquité nous a laissées, on trouve des différences notables qui étonnent et paraissent inexplicables ; mais on peut s'en rendre compte, si l'on réfléchit que les Romains mesuraient leurs chemins, non par *lieues (leucæ)*, mais bien par *milles* (1,000 pas), ce qui équivaut à 756 toises ou 750 toises de Paris. La lieue gauloise était formée de 1,500 pas (environ 1,104 toises). Ammien Marcellin dit formellement, *lib. XV*, qu'à partir de la Saône, on ne comptait plus par *milles*, mais par *lieues. Exinde non millenis passibus, sed leucis itinera metiuntur.* La carte de Peutinger confirme cette assertion, car on y voit, près de Lyon, une note qui porte que, de ce point à l'extrémité nord et ouest de la Gaule, les distances sont indiquées en lieues gauloises. Mais l'erreur de plusieurs écrivains vient de ce que le mot *millia* était souvent employé pour désigner une lieue gauloise. (Voyez M. de Caumont, *Cours d'Antiquit. monum.*, 2ᵉ partie, p. 27).

(2) *Oppida* vient d'*opus*, dit Varron. *De Linguâ Latinâ, lib. IV.* Le plus célèbre de ces *oppida*, dans l'Aquitaine, était celui de *Sos*, dans l'Agenais. Cesar, *De Bello gallico, lib. III. Urbs*, c'était une réunion de villas, ou de maisons. *Urbs est conjunctio villarum seu ædium; pagus autem societas villarum, ditio, ager qui multis vicis constat. Festus dicit ἀπὸ τῆς πηγῆς quod ejusdem fontis aqua uterentur. Civitates indicant aggregationem inter incolas arctiorem, statum reipublicæ cultiorem, cum magistratibus, primoribus, comitiis, urbibus, etc., etc. Pagi conveniunt magis populo agresti et sine certâ lege viventi ut erant societates Helvetiorum et Suevorum.* (Cæsar, *Comment.*, lib. I, cap. 12, 57. Isidor, *Orig. XV*, cap. 2).

par des jardins, des prés et des terres cultivées (1). Quant au mot *civitas*, cité, il s'appliquait, d'après César, à une forte population réunie sous une forme plus développée de civilisation, où l'on trouvait des magistrats, des assemblées de notables et des règlements de police.

On retrouva partout des traces de ces anciennes voies romaines; l'une d'elles se dirigeait de Burdigala à Toulouse; on l'appelle le *camin Gallien*, parce qu'on a cru que ce fut Gallien qui le fit faire. Dans la Gascogne, il est connu sous le nom de *Tenarèse*, qui vient de *iter, itineris*, route; cette voie passait par Cérons *(Sirione)* (2), *Vasatas* (Bazas), *Elusa* (Eause), *Civitas Auscorum* (Auch), et jusqu'à la vallée de Campan. Un embranchement de cette route passait à *Ussubium*, qu'on croit être Hure, *Mansio Aginnensium* (Agen), *Lactora* (3) (Lectoure), *Ellimberris*, ou *Civitas Auscorum* (Auch).

Il y avait une autre voie romaine de Bordeaux à Périgueux; elle portait le nom de *camin de Karlemagne*, parce que cet empereur la fit faire, ou la suivit quand il vint dans ce pays. Elle passait par Vayres *(Varatedum)*, Fronsac *(Francorum arx)* (4), Guîtres, Coutras *(Cortate)*, St-Vincent de Conozat *(Cunnaco)*, Périgueux *(Vésone*, ou, du temps des Romains,

(1) Aillas, dans le Bazadais, *pagus Aillardensis* était un *pagus* très-vaste et s'étendait sur les deux rives de la Garonne; le village de *Squirs* (La Réole) en faisait partie. Burdigala, Vésone (Périgueux), Bazas, étaient des cités *(civitates)*. Condate était un *vicus*. Lesparre était un *oppidum* fortifié par des pieux *(Las Sparres)*. (Voir Variét. Bord., t. II, p. 9.)

(2) Il y eut, dans les forêts qu'ombrageait alors la rive gauche de la Garonne, un temple érigé en l'honneur de *Siriona*, déesse des forêts et des eaux. De là vient le nom de Cérons, et celui du Ciron, qui coule tout près.

(3) Lectoure est très-élevée. Ce nom vient de *Goora*, qui, en langue cantabre, signifie hauteur.

(4) L'historien de Libourne n'admet pas que *Fronsac* dérive de *Franciacum*, *Castellum Franciacum* ou *Francorum arx*; il en donne une autre moins bonne; d'ailleurs où a-t-il trouvé que *fronchat*, en celtique, signifie une montagne située dans une presqu'île? Quant à l'étymologie *frons sarracenorum*, elle est presque ridicule. Nous aimons mieux suivre, en fait de philologie, Daniel, Mézerai et Dupleix. Vayres est désignée par d'Anville, d'après la *Table théodosienne*, sous le nom de *Varedo* ou *Varatedum*.

Vesumna). De Périgueux, une autre grande route se prolongeait, par Lalinde *(Diolindum),* Eysses, Villeneuve-d'Agen *(Excisum)* jusqu'à Aiguillon, où elle joignit celle de Bordeaux à Tolosa. On l'appelle encore la *voie Julienne,* parce que Jules César en fit faire une partie pour le passage de ses troupes, sous les ordres de Crassus, à l'époque de la réduction de Sos et de l'Aquitaine.

De Bordeaux, une autre grande voie romaine se dirigeait à Saintes ; c'est la même dont un savant du dernier siècle a constaté l'existence, et qui figure dans la *Table théodosienne* (1); elle passait à travers les marais de Montferrand, sous le nom de chemin de la *Vie (via romana),* et se prolongeait vers Bourg, Blaye, Royan *(Novioregum),* Saujon, Saintes, Poitiers, etc.; c'était la voie stratégique, *Via belli,* sur laquelle on bâtit *Blaye,* ou *Castrum Belli viæ* (2).

Les contrées méridionales du pays bordelais étaient sillonnées par des chemins de grande communication; l'une d'elles se dirigeait sur Dax, depuis la *Porte-Basse,* par Cestas, Salles (l'ancien *Sallomacum*), Coquosa (3), Dax *(Aquæ Tarbellicæ).*

---

(1) Voy. *Mém. de l'Académie des inscript. et belles-lettres,* t. 32, p. 386.

(2) Cette voie est tracée sur la *Table théodosienne,* qui est aussi connue sous le nom de *Carte* ou *Table de Peutinger,* mort à Augsbourg, en 1547; elle passe généralement pour avoir été faite sous le règne de Théodose. Elle est maintenant à la bibliothèque impériale de Vienne, en Autriche. La même voie est aussi tracée par l'itinéraire d'Antonin.

(3) Les Cocossates figurent parmi les peuples vaincus par Crassus. Le chef-lieu, qui s'écrit indifféremment *Cocosa,* ou *Cæquosa,* se trouvait à sept ou huit lieues de Dax, en venant à Bordeaux. Voici ce que nous trouvons dans l'itinéraire d'Antonin : *Aquæ Tarbellicæ, Cæquosa,* ou *Cocosa,* XVI, — *Tellonum,* lieu inconnu, XVIII, — *Sallomacum* (Salles) XII, — *Burdigala* XVIII. En tout, soixante-quatre lieues gauloises depuis Dax jusqu'à Bordeaux. Cependant, il n'y en a que soixante ; mais cette légère différence peut s'expliquer par la modification des anciennes mesures, et par le contour ou courbe que cette route faisait depuis Salles à Belin. Ainsi, en ligne droite, il y a soixante lieues; par les courbes, il y en a soixante-quatre, ce qui coïncide avec les distances de l'*Itinéraire d'Antonin.* On croit donc que *Cocosa* était à Marensin ou tout près, à seize lieues gauloises (huit lieues françaises) de Dax. Les habitants de ce pays-là s'appellent *Coussiots,* corruption du mot *cocossates* de César.

Livre 1.
Chap. 5.

A cette voie s'en embranchait une autre depuis Salles à Belin, et, y passant par un pont qui garde encore le nom de *Pont-Romain*, allait aboutir à une autre route de Bordeaux à Boïos, capitale détruite du pays de *Buch*, d'où elle se dirigeait sur *Lapurdum* (Bayonne), en longeant l'étang de Biscarosse, où l'on en voit encore des traces.

Une autre voie romaine, sous le nom de *Levade*, chaussée élevée, conduisait de Bordeaux à *Noviomagus* (le vieux Soulac), en passant par Parempuyre, Le Pian, etc., etc. A tous ces gigantesques travaux d'utilité publique, que nous devons au génie et à la puissance industrieuse des Romains, venaient se lier, pour les compléter, les ponts, les canaux, les aqueducs dans Bordeaux, et les moulins établis sur les rivières pour les besoins des Bordelais (1).

De nos jours, en parcourant les environs de Bordeaux, on ne se douterait pas qu'il y eût, du temps des Romains, des marais étendus au nord et au couchant de la ville biturige (2). Au midi, tout le long de la Garonne, s'étendait un autre marais; on y a construit des maisons; des rues pénètrent partout dans ce quartier autrefois malsain, et quoique incorporé aujourd'hui dans la ville, il lui est resté le nom de *Paludate (paludes)*, qui rappelle son état primitif. Au delà de la Garonne, était une vaste forêt de cyprès, qui couvrait comme un voile les délicieuses hauteurs de Cenon La Bastide; c'était le *Cypressat* du moyen-âge, si admiré par les étrangers, si respecté par les indigènes; ses retraites silencieuses étaient fréquentées, aux premiers siècles de l'ère chrétienne,

---

(1) Ausone n'oublie pas les moulins de son pays :

Præcipiti torquens cerealia saxa rotatu
Stridentesque trahens per levia marmora siccas.

AUSONE, V.

(2) On croit généralement que, vers la fin du second siècle, vers l'an 190, la population de Bordeaux n'excédait pas dix ou douze mille âmes ; c'était un mélange de Gaulois, d'Ibères ou Cantabres, et de Romains.

dans nos contrées, par nos pieux cénobites, qui retrouvaient là la paix que le monde leur refusait. Les magnifiques cyprès qui tapissaient les flancs du *Cypressat* étaient alors si rares dans le nord, que tous les capitaines qui quittaient le port de Bordeaux pour les régions septentrionales, emportaient des branches de cyprès, dont ils pavoisaient leurs mâts; c'était pour eux et leur patrie, non seulement une curiosité, mais aussi un souvenir du beau pays bordelais. Au nord du Cypressat, se trouvent de charmantes collines couvertes alors de nombreux lauriers, qui leur ont fait donner le nom de Lormont (*Laureus mons*), qu'elles gardent encore. Le Cypressat a perdu ses beaux arbres d'origine orientale; son nom s'éteint peu à peu, et ne se retrouvera plus bientôt que dans l'histoire. La Garonne baigne les murs du côté du levant; elle sépare la ville de ces scènes agrestes et pittoresques qui l'encadrent d'une part, et, se courbant en arc-en-ciel, forme ce magnifique port, que, dans tout le moyen-âge, on appelait le *Port de la Lune*, à cause du croissant qu'il représente. Aucun autre port au monde ne saurait l'emporter sur Bordeaux, par la beauté de sa forme et sa situation enchanteresse; Goa et Constantinople peuvent seules élever des prétentions rivales. Sur la rive droite s'élève aujourd'hui une ville nouvelle, La Bastide; il y a cinquante ans, on n'y voyait que quelques masures. Aujourd'hui, c'est une petite ville de près de six mille habitants, qui s'étend tous les jours de plus en plus; on y voit la gare du Chemin de fer de Paris à Bordeaux, construite en 1852; c'est une des plus belles qu'il y ait en France.

Livre I.
Chap. 5.

CHAPITRE VI.

Etat de la société à Bordeaux au IIIe siècle. — Tétricus proclamé empereur à Bordeaux. — Sa chute. — Organisation politique. — Le Code théodosien. — La coutume. — La religion chrétienne enfin établie et reconnue. — Ses progrès. — Ses bienfaits. — Système de taxation à Bordeaux. — Nouvelle division de l'Aquitaine. — Administration locale. — Hérésie de Priscillien. — Sa condamnation au concile de Bordeaux. — Delphin, évêque. — Mort d'Urbica, disciple de Priscillien. — Euchrotie et Procula. — Le peuple toujours misérable par suite des institutions païennes. — Il espère un meilleur avenir, mais les Goths arrivent, et la barbarie avec eux.

Livre I.

Nous venons de voir le bourg biturige devenir une ville gallo-romaine, toute fière de son port, de ses édifices et de ses monuments, et développant avec bonheur sa gloire et sa prospérité sous Auguste. Son état moral n'est pas moins intéressant, car nous touchons à la chute de la puissance romaine et à la transformation de la société civile et religieuse. Chaque année emporte un lambeau de ce vieil empire, qui écrasait de son poids tous les peuples asservis, et qui ne connaissait d'autres limites que celles du monde connu. Mais, enfin, honteuses de leur joug, des provinces se lèvent en masse; elles secouent leurs chaînes comme pour les briser dans leur désespoir. Des mouvements fébriles et convulsifs agitent le corps social; c'était la fumée qui trahissait un feu caché sous de froides cendres et auquel les peuples à leur réveil allaient allumer le flambeau de la liberté. Les citoyens, courbés sous le colosse romain, qui chancelait de vétusté, étaient devenus esclaves; privés du sentiment de leur propre dignité, la patrie n'était pour eux qu'un vain mot, sans ces charmes qui pouvaient réveiller leur native énergie, ou les appeler à leur indépendance. Le système municipal de Rome avait jeté de profondes racines dans les mœurs; il se greffa sur la liberté des Gaëls; et malgré le despotisme des princes et les insurrections avortées des peuples, il avait laissé dans les classes populaires des souvenirs précieux; elles le regardaient comme un élément de bien-être, la sauvegarde de leurs intérêts et le germe de leur liberté future. Des monstres montent, par intrigue, sur le trône impérial, et en descendent la plupart par le poison et le poignard; les plus heureux finissent leur vie dans un calme apparent; mais au lieu de larmes ou de regrets, ils n'emportent dans la tombe que les malédictions des opprimés. Des usurpateurs se lèvent partout : ils en avaient le droit; car rien n'était à sa place. Pendant que Gallien languit dans la débauche, à Rome, ou parcourt nonchalamment l'Empire, qui s'en va en lambeaux, que les Barbares se disputent, Caius Piessuvius, surnommé Tétricus, vivait paisiblement à Bordeaux en qualité de président ou gouverneur d'Aquitaine. Issu d'une famille consulaire, il aurait pu élever des prétentions et aspirer, comme d'autres moins dignes, à la pourpre impériale; mais non; son ambition n'allait pas si loin; une vie paisible avait pour lui plus de charmes et moins de dangers que le trône vermoulu de Rome. Une émeute militaire venait d'arracher la couronne à l'infortuné Victorin; la place était vide. La célèbre Victoria, la *Zénobie des Gaules*, qui se donnait le titre d'*Auguste, mère des camps et des armées*, voulait venger la mort de son mari; elle employa son argent et son influence à réaliser ses projets, et supplia Tétricus, son parent, de renoncer à ses paisibles habitudes et de consentir à son élévation sur le trône des Césars; elle voulait un complice et un instrument de ses vengeances. Tétricus résista longtemps à ses sollicitations intéressées; mais gagnés par les largesses de l'intrigante Victoria, les soldats le proclamèrent empereur et le forcèrent de revêtir à Bordeaux la pourpre impériale(1). Le faible Tétricus songea

---

(1) Legionibus grandi pecunia comprobantibus. S. AUREL. VICTOR.

Livre I.
Chap. 6.

Venuti,
page 56.

An. Christi,
268.

Livre I. Chap. 6.

aux moyens de se maintenir dans sa nouvelle dignité; il s'appuya sur des amis dévoués, et s'efforçant d'imprimer une nouvelle direction à l'opinion si mobile du peuple, il marcha contre les Barbares, qui ravageaient l'Empire, et remporta sur eux plusieurs victoires. Le peuple, distrait par le bruit des armes, ne songeait plus aux affaires politiques de l'intérieur, et enivré des triomphes de l'armée, se courba sous le nouveau joug, non moins pesant que l'ancien. Tétricus jouit paisiblement, et avec quelque gloire, de sa puissance usurpée, pendant les règnes de Claude et de Quintilius; il étendit son pouvoir sur les Gaules, l'Espagne et l'Angleterre, et se crut assez affermi pour défier toutes les forces réunies de Rome. Craignant cependant, avec raison, le sort de ses devanciers, il ne se fiait pas trop à son armée, dont l'indiscipline ne connaissait pas trop de frein, et semblait rechercher un nouveau prétendant dont les largesses satisferaient sa cupidité. Inquiet sur son avenir, Tétricus songea à abdiquer un pouvoir acquis par la corruption et les intrigues d'une femme vindicative ; il voulait remettre aux Romains un pays qu'un peu d'ambition, des flatteries intéressées et une folle condescendance pour les projets de Victoria avaient soustrait à leur obéissance. Il communiqua confidentiellement ses pensées à Aurélien, par ces paroles du poète romain : *Eripe me his, invicte, malis* (délivre-moi de ces maux, invincible guerrier). Aurélien, profitant de cet avis, marcha sur les Gaules, comme pour attaquer Tétricus. Celui-ci, intéressé à agir avec prudence, se prépara au combat avec un empressement affecté, et marcha avec ses troupes à la rencontre des Romains, près de Châlons-sur-Marne. Le choc était terrible; mais au fort de la mêlée, Tétricus passa avec son fils dans les rangs ennemis; sa défection leur assura la victoire. Les Gaulois, indignés d'une si lâche trahison, résistèrent encore en héros, et plutôt que de se voir réduits en esclavage par la fuite d'un misérable dont ils s'étaient fait un maître, ils se défendirent avec le cou-

Marginal notes: Anno 272. — Æneid., lib. VI.

rage du désespoir, et se firent tailler en pièces. Malgré cette révoltante lâcheté, Tétricus fut obligé d'aller avec son fils, et en compagnie avec Zénobie, reine de Palmyre, orner le triomphe du vainqueur à Rome.

Pendant tout ce temps, il y eut une longue lutte entre la barbarie et la civilisation ; l'aspect de Bordeaux et du pays en général changea avec les nouveaux maîtres et les nouvelles idées. Le sénat municipal, ou conseil administratif, avait concentré entre les mains des riches tout le pouvoir, à l'exclusion des petits propriétaires. Les Curiales, ou Décurions, avaient des priviléges ; ils étaient exempts de la torture et des peines infâmantes ; mais ils répondaient solidairement de la perception des impôts.

Du temps de Dioclétien, une armée de collecteurs des taxes publiques parcourait la province de Burdigala et fit naître une haine vivace, une opposition formidable aux exigences de ces étrangers ; les colons et les serfs se révoltèrent sous le nom de *Bagaudes,* et renouvelèrent plusieurs fois leur entreprise contre la conquête du pays.

On voyait çà et là plusieurs familles respectables dont les membres avaient siégé au sénat ou occupé les grands offices de l'Empire ; elles ne formaient point une aristocratie proprement dite, mais une espèce de noblesse héréditaire, gratifiée de priviléges purement honorifiques et affranchis des soins de la curie, en considération des services passés. Telles étaient les familles des Paulin, des Ausone, des Léonce, etc., etc. ; elles s'étaient élevées sans cesser d'être respectées ; elles formaient une classe distincte des classes moyennes, et continuaient à être populaires par leurs hautes vertus, leurs qualités personnelles et leur bienfaisance.

Les Romains imposaient partout leurs lois aux peuples vaincus ; Bordeaux conserva cependant longtemps ses lois municipales et ses usages. Peu à peu on y introduisit le Code théodosien ; le peuple l'invoquait avec confiance, malgré les

Livre I.
Chap. 6.

efforts des Visigoths pour y établir le code de Théodoric. Charlemagne arriva ensuite et mélangea ses capitulaires avec les lois romaines; la Guienne a toujours suivi le droit romain, et, dans certaines localités, la *coutume*. Quant aux usages sociaux et aux habitudes civiles des Bordelais, ils furent généralement semblables à ceux des Romains au IIIe siècle : on n'en saurait disconvenir, quand on soumet à une inspection attentive et raisonnée les vieilles statues découvertes à Bordeaux; elles portent le scrinium et la toge. Il en est de même des urnes, vases et ustensiles qu'on a découverts dans nos murs; ils ont tous une forme romaine.

La religion toute sombre et mystérieuse des Bituriges avait cédé sa place aux brillantes et séduisantes fictions du polythéisme. Les druides n'ayant rien à faire dans nos contrées, se retirèrent dans leurs vieilles forêts des îles Britanniques, et l'on n'entendait plus d'oracle sur les rives de la Garonne. Les temples étaient tous dédiés aux divinités romaines; les peuples esclaves priaient comme le peuple-roi, et les dieux de Rome étaient les divinités de l'univers. Mais les voies du ciel sont impénétrables ! Le mensonge servait à préparer la voie à la vérité; les armées de Rome précédaient les missionnaires du christianisme, et la foi vint réclamer pour le vrai Dieu les hommages qu'on rendait partout à la créature. Le sol romain, souillé par les débauches des princes et des peuples, avait besoin d'être purifié; des hommes de sacrifice étaient nécessaires. L'Aquitaine les trouva dans les missionnaires chrétiens, qui savaient vivre et souffrir pour l'humanité, et mourir pour Dieu.

Le christianisme, c'était une révolution sociale et politique universelle, c'était une doctrine divine qui domptait les passions en subjuguant le cœur humain et en dirigeant la raison, qui éclairait les intelligences, purifiait le cœur, ennoblissait l'individu, élevait la femme à sa vraie place, et allait faire sortir de la fange la société, dégradée par la perte de la liberté et par son ignorance de Dieu. Le monde ancien s'en allait avec la puissance romaine ; un monde nouveau arrivait avec une nouvelle physionomie et avec d'autres éléments de durée. Au commencement du IVe siècle, Dioclétien crut pouvoir arrêter l'esprit rénovateur du temps, et opposer son sabre à la marche du siècle, au progrès des idées ; il ordonna la destruction des églises et la confiscation des biens des chrétiens ; il défendit les pieuses réunions des fidèles, se montra un vrai tyran et un mauvais politique, et employa toute la puissance de son épée, toute la raison de la force, toute la logique de la passion contre la main de Dieu et le règne de la vérité. Sa cruauté ne servit qu'à manifester sa faiblesse et les impénétrables desseins du ciel ; malgré les cohortes romaines, la foi se propagea avec la vitesse de l'éclair ; la folie de la croix devint la sagesse des nations, et les intrépides et héroïques prédicateurs de la *bonne nouvelle* mouraient, généreuses et volontaires victimes, pour le salut du monde. Limoges, Agen, Périgueux, furent étonnés du courage des apôtres de la foi ; l'histoire garde le silence sur les martyrs de Bordeaux, mais on croit que le massacre y était impitoyable et général. Dioclétien signa l'édit du 24 février 303, qui ordonnait la destruction des églises, la confiscation des biens ecclésiastiques, et qui défendait les assemblées des chrétiens ; il se vautrait dans le sang ; c'était son élément. Aucun prince n'en a jamais plus répandu que lui ; mais l'épée n'arrêtait pas les idées. L'heure était sonnée : l'esclave allait être libre. Le monde, asservi aux pieds des idoles et des monstres couronnés, entendit, en tressaillant, l'écho du Calvaire ; la religion sortit des catacombes à la voix de Constantin, et la croix remplaça sur les palais des Césars les aigles romaines. La liberté des cultes fut proclamée ; toute la vieille organisation croula, et, chose étrange, un César conspira enfin, avec un monde opprimé pour la ruine de la société païenne. Les chrétiens furent respectés et remis en possession de leurs droits

Livre I.
Chap. 6.

Anno 304.

312.

et de leurs biens : des églises s'élevèrent comme par enchantement ; les prédications de saint Fort furent le signal, dans le pays, d'une régénération complète, si nous en croyons les anciennes traditions de l'église de Bordeaux. Sa mort le rendit cher aux Burdigaliens, qui l'ont toujours regardé comme l'un des plus illustres patrons de la ville. Son corps fut enterré à Saint-Étienne (aujourd'hui Saint-Seurin), et avant d'entrer dans l'exercice de leurs fonctions, les magistrats étaient tenus de prêter serment sur son bras, qui, détaché du corps, était renfermé dans une châsse d'argent (*fierte*, corruption de *feretrum*), qu'on posait, dans les circonstances graves, sur l'autel de Saint-Seurin (1). A sa voix, les oracles cessaient de répondre et les dieux de punir. Saint Fort, évêque de Bordeaux, selon les anciennes et respectables traditions du pays, a souffert le martyre dans notre ville, très-probablement sous Dioclétien. Son nom y est en vénération ; ses reliques y sont conservées à St-Seurin ; mais la châsse d'argent qui les contenait fut emportée par les terroristes de 1793 ! Orientalis lui succéda, et l'église de Bordeaux se constitua enfin sous des évêques qui ont vécu dans la communion de saint Martial et de Rome. Le schisme des Donatistes déchirait alors le sein de l'église naissante. Un concile s'assembla à Arles, le 1er août

---

(1) Pendant tout le moyen-âge, on a cru, avec raison, que saint Martial, apôtre de l'Aquitaine, était évêque de Bordeaux, capitale d'Aquitaine ; qu'il y convertit Sigibert, et lui confia le soin de son troupeau, qui fut plus tard remis au zèle de saint Fort, disciple de saint Martial. Saint Fort a souffert le martyre sous Dioclétien, et eut pour successeur saint Orientalis. Selon cette tradition locale, qui fait passer saint Martial pour évêque de Bordeaux, avant d'aller finir ses jours à Limoges, et qui lui donne pour successeurs Sigibert, saint Fort, Orientalis, nous comprenons facilement pourquoi Fortunat appelle Léonce le treizième évêque de Bordeaux dans la succession épiscopale de cette ville métropolitaine.

Tertius à decimo tu verbi antistes haberis.

Lib. 1, carm. 15.

Nous reviendrons sur cet article, en ce qui regarde saint Fort, évêque de Bordeaux, et ses reliques à Saint-Seurin, dans notre *Histoire ecclésiastique de Bordeaux*.

314, pour décider, en dernier ressort, les points en contestation ; Orientalis s'y rendit et prit part aux travaux de cette assemblée, l'une des plus illustres que l'église eût vues jusqu'alors.

Bordeaux avait alors acquis un grand degré d'importance ; les Aquitains formaient un peuple puissant, qu'il était politique d'affaiblir en établissant de nouvelles divisions territoriales dans cette partie des Gaules, avec de nouvelles capitales, dont l'influence locale ne serait plus subordonnée à celle déjà trop grande de Bordeaux. Cette pensée se présenta à l'esprit de Dioclétien ; mais elle ne se réalisa que plus tard, sous Constantin. L'Aquitaine fut alors organisée de nouveau en trois provinces : la première Aquitaine avait Bourges pour capitale ; Bordeaux restait capitale de la seconde, et Eause devait être celle de la *Novempopulanie* (1), nouvelle division de la Haute-Aquitaine, qui comprenait les cités de Eause, de Dax, de Lectoure, Lugdunum des Convènes (Saint-Bertrand de Comminges), Béneharnum (Lescar), Aire, Bazas, Tarbes, Lapurdum, Oléron, Auch et Conserans (Saint-Lizier). Cette dernière fut séparée plus tard de Convènes pour former un district particulier.

Ces trois provinces étaient soumises à l'autorité du préfet

(1) Il y a des figures qui représentent les provinces gallo-romaines ; elles ont un carcan de perles au cou. La Novempopulanie en a deux : l'un fixé au cou, l'autre pendant des épaules sur le sein. Cette circonstance nous donne à comprendre la considération particulière qu'avaient les Romains pour la troisième Aquitaine. Dans le projet primitif, que les uns font remonter à Adrien, qui aurait formé cette division en faveur de Salvius Julianus, les autres à Dioclétien, ou plus probablement à Constantin Ier, la Novempopulanie ne comprenait que neuf peuples *(Novem-populi)*; mais à une époque postérieure, quelques autres cités furent jointes à celles de ces neufs districts, et élevées à la même dignité par la munificence impériale. Ces cités sont Auch, qui ne devint métropole qu'après la destruction d'Eause par les Barbares, Conserans, devenu cité épiscopale au Ve siècle, et Lapurdum ou Bayonne, évêché au Xe siècle.

Eause eut un évêque, saint Paternus, au IIIe siècle. Cette ville fut ravagée par les Barbares au Ve siècle. Saint Taurin, son cinquième évêque, transféra le siège métropolitain à Auch. Eause fut entièrement rasée par les Sarrasins en 732.

du prétoire des Gaules, qui résidait à Trèves, mais qui était représenté par des délégués dans les deux Aquitaines et dans la Novempulanie. Les provinces des Gaules étaient consulaires ou non consulaires ; les premières étaient gouvernées par des proconsuls ; les secondes, par des présidents ou des juges. La Novempopulanie était une de ces dernières; son président résidait à Eause, où se tenaient les assemblées générales. L'autorité militaire était confiée au commandant de la cavalerie (*dux*); l'autorité administrative était entre les mains du préfet ou de son délégué. La milice était composée de corps mobiles et de corps sédentaires ou de garnisons, et chaque cohorte ou compagnie de garnison était sous les ordres d'un tribun militaire; celui de la Novempopulanie résidait à Lapurdum, aujourd'hui Bayonne. Les corps mobiles s'appelaient *presentales;* c'était la milice de camp qui se rendait avec vitesse aux ordres du général, partout où sa présence était nécessaire ; les corps sédentaires s'intitulaient *ripuaires*, ou limitairiens; c'étaient nos gardes-côtes; ils surveillaient les limites des nations, les bords des rivières. Leur subsistance était assurée par un impôt spécial, l'*annone* militaire. Outre cet impôt, les Aquitains en payaient un autre fixe et périodique, qui se divisait en deux branches, la taille agraire et l'impôt personnel. L'impôt agraire consistait dans le dixième des terres en friche et dans une modique redevance pour les terres cultivées avant leur concession aux cultivateurs. L'impôt foncier, qu'on appelait *jugeratio*, se payait tant par arpent ; les commerçants, artisans et fabricants payaient aussi un impôt sur leurs bénéfices. Les terres décumanes, ou celles appartenant à l'État par droit de conquête, étaient affermées moyennant le dixième du revenu; quant aux terres cultivées dont nous venons de parler, ce n'était que le vingtième du revenu. L'impôt personnel ne portait que sur les hommes libres, depuis leur quatorzième année, et sur les femmes, depuis leur douzième année jusqu'à la soixante-cinquième.

Cet impôt a toujours été vigoureusement repoussé et péniblement maintenu ; les Aquitains le regardaient comme une odieuse dégradation de la dignité humaine, un signe de servitude dont leur amour de la liberté ne pouvait s'accommoder (1). On tenait un rôle spécial des troupeaux du gros et du menu bétail, et chaque espèce payait un impôt appelé *scriptura*. Ainsi, les hommes, la terre, et les animaux même, étaient taxés, et quelque odieux que les impôts aient été à toutes les classes, les Romains en exigeaient pour la protection souvent purement nominale que les *presides* accordaient aux propriétaires, à leurs biens et à leurs droits. Outre ces taxes civiles, il y en avait encore de militaires, appelées *subsides* locaux, et une autre branche de revenu public qui provenait des confiscations et des amendes, dont les employés ne se montraient pas avares. Pendant les deux et même les trois premiers siècles de l'ère chrétienne, le fisc, par ces deux dernières voies, a fait affluer à Rome des sommes immenses. Le luxe des riches contrastait trop avec l'humiliante pauvreté des classes inférieures ; les puissants du jour s'oubliaient au sein des plaisirs, pendant que des agents mercenaires et impitoyables pressuraient les indigents sans défense et sans courage même pour se plaindre. Harrassé par les exigences du fisc, brisé par une avilissante servitude, exténué par un travail quotidien sans fruit, sans gloire, ni pour lui, ni pour la patrie, et destiné seulement à produire pour des consommateurs fortunés, à les servir et à pourvoir à leurs besoins sensuels, le peuple croupissait dans la misère, ne s'occupait plus de la patrie, qui n'existait pas pour lui, et s'endormait dans une molle inertie, qui servait d'invitation aux hordes actives et audacieuses du Nord. Nous allons voir bientôt les Visigoths et les Vandales dans notre pays.

Quand on considère le malaise, l'état de misère où se

(1) Servi caput non habere scribitur. (JUSTE LIPSE, lib. 2).

trouvait réduite la société vers le milieu du IVe siècle, les nombreux dissolvants qu'elle renfermait dans son sein, et qui en hâtaient la mort, on est tenté de croire qu'une main invisible la conduisait à sa ruine; elle était bien coupable; les désordres étaient graves et nombreux : le temps de la justice divine était arrivé. Aussi, voyez venir les Barbares; ils s'annoncent comme une punition du ciel; un souffle de colère les pousse sur nos côtes, et l'un d'eux s'appelle le fléau de Dieu! Au milieu de tant d'éléments de décadence, on voyait une poignée d'hommes pleins de courage et d'espoir, animés d'un principe de force et de vitalité que rien ne saurait abattre, sobres et purs dans cette atmosphère enivrante de volupté, et forts d'une force divine contre l'atonie générale du corps social; c'étaient des hommes de foi, des chrétiens fervents, qui, méprisant les égarements du vieux monde, assistaient, spectateurs tranquilles, à sa chute, hâtant de leurs vœux et de leurs efforts la rénovation sociale, dont ils étaient, entre les mains de la Providence, les instruments actifs et intelligents. Le cœur plein de Dieu, d'amour pour les hommes et de haine pour l'erreur et le mal, sous quelque nom qu'ils parussent, les chrétiens avaient le sentiment de leur force et marchaient droit à la conquête de l'avenir. Mais pendant que tous les esprits justes et éclairés tendaient sans cesse vers un état meilleur, qu'ils entrevoyaient dans un lointain séduisant; pendant que le christianisme gagnait sur les cœurs la salutaire et vivifiante influence que le paganisme ne lui avait que trop longtemps disputée, l'hérésie, comme pour faire un contrepoids à tant de bonheur, dressa sa hideuse tête et se mit à semer la discorde parmi ces hommes nouveaux, réunis au pied de la croix dans la croyance d'un seul Dieu en trois personnes, créateur, rédempteur et sanctificateur. Priscillien, distingué par ses talents oratoires, sa naissance, un port imposant et majestueux, et une grande fortune, commença à prêcher une doctrine nouvelle, sans autre fondement que ses propres idées, sans autre justification que ses passions. Ses partisans préconisèrent avec succès ses mérites et exaltèrent l'austérité de ses mœurs ; son extérieur humble, son visage composé, sa mâle éloquence, son zèle apparent, son ambition réelle et son grand désintéressement lui avaient gagné de nombreux amis et accrédité sa doctrine, qui n'était que la maladroite reproduction des vieilles erreurs des Gnostiques et des Manichéens. L'Espagne fut le théâtre que cette hérésie se choisit, et de là elle se répandit dans l'Aquitaine comme le torrent de nos montagnes. Un concile s'assembla à Saragosse ; c'est là que nous voyons apparaître, pour la seconde fois dans l'histoire, un évêque de Bordeaux. Il se nommait Delphin, l'un des plus grands évêques du IVe siècle. Les Priscillianistes furent, en vertu d'un rescrit de Gratien, condamnés et expulsés, non seulement de l'Espagne, mais même de l'Empire. Priscillien interjeta appel du jugement du concile de Saragosse au pape Damase, et partit pour Rome avec quelques amis (1). Ayant appris qu'ils devaient passer par Bordeaux, le pieux évêque assembla un synode et prit toutes les mesures convenables pour sauver son troupeau de ces doctrines impies. Priscillien y vint en effet, et se fit quelques prosélytes ; il fut accueilli avec bonté par la famille du fameux professeur Delphidius, dont il déshonora la fille et gagna la femme à ses utopies impies. Pendant son absence, les Priscillianistes firent tout ce qu'ils purent auprès de Macédonius, maître des offices de l'empereur ; ils réussirent si bien, qu'on éluda complètement les ordonnances impériales, et qu'on continua à propager les erreurs condamnées et à affermir le crédit de l'hérésiarque.

Maxime, proclamé empereur, apprend le progrès de la

Livre I. Chap. 6.

Anno 380.

Sulpit. Sever., ib. II.

---

(1) Priscillien fut condamné partout ; son obstination lui coûta la vie. L'hérésie était alors un crime d'État, comme étant une cause de dissensions civiles ; mais l'hérésie ne mourut pas ; elle se cacha pour un temps et reparut avec les Visigoths. Clovis seul rendit la paix et la liberté à la France.

<small>Livre 1.
Chap. 6.

Anno 384.</small>

nouvelle doctrine; et pénétré d'un profond respect pour les hautes vertus de Delphin, il l'autorise à convoquer un nouveau concile à Bordeaux, où le nouvel empereur fit conduire Priscillien, Instantius et Salvien, avec quelques autres personnages moins remarquables, pour subir leur jugement. Instantius se défendit peu et mal; il fut déclaré indigne de l'épiscopat et condamné. Priscillien en appela à l'empereur; les évêques, dont la compétence ne saurait être contestée, eurent la faiblesse cependant d'admettre cet appel; il nous semble qu'ils auraient dû juger l'appelant comme contumace, ou, s'il avait des raisons valables à les récuser comme juges, en réserver le jugement à d'autres évêques, et ne pas reconnaître un appel injustifiable, que Constantin lui-même avait blâmé dans la conduite des Donatistes. Les accusés et accusateurs furent ramenés à Trèves devant Maxime; saint Martin s'y fit l'apôtre de la miséricorde et intercéda pour les coupables. Maxime se rendit à ses pieuses demandes; mais

<small>Labb.
Concil., t. 2.</small>

gagné plus tard, après le départ du saint, par les incessantes et importunes accusations d'Ithace et d'Idace, il condamna Priscillien à mort. Le peuple, dont le christianisme soulageait les peines et défendait les intérêts, prit fait et cause contre

<small>Hardouin,
tome 1er.</small>

les novateurs, et dans un moment d'exaspération, tua à coups de pierres, à l'instigation d'Ithacus, en plein jour, dans les rues de Bordeaux, une pauvre femme nommée Urbica, comme

<small>Chron. bordel.</small>

étant l'amie et le disciple de l'hérésiarque. Le peuple se fit à la fois et juge et bourreau. Euchrotie, veuve de Delphidius, célèbre professeur de Bordeaux, dont nous parlerons ailleurs, embrassa la nouvelle doctrine avec une obstination que rien ne pouvait ni vaincre ni justifier; elle y persista avec sa fille Procula, et fut condamnée avec elle à la peine capitale.

Nous apprenons de saint Ambroise que notre évêque saint Delphin était lié d'une sainte amitié avec saint Phœbade, d'Agen, qui l'accompagna au concile de Saragosse, et surtout avec saint Paulin, de Bordeaux, qui s'appelle son fils, et prétend que ce saint évêque était pour lui, non seulement un père, mais *Pierre*, qui l'avait pêché dans les profondes et amères eaux du siècle, pour que, de mort qu'il était, il pût revenir à la véritable vie. Nous reviendrons plus loin sur ce sujet.

L'hérésie ne fit qu'effleurer le sol de Bordeaux ; le paganisme disparaissait peu à peu devant les lumières de la foi ; une puissance invisible était venue renouveler les hommes, les usages, les mœurs et le monde ; l'erreur et le crime se retiraient devant les triomphes renouvelés et progressifs de l'Évangile, qui était le complément inspiré, le développement définitif et divin de la loi de Sinaï. L'unité était le symbole de la foi, et l'union des cœurs et des intelligences repoussa du sein de l'église naissante les auteurs et fauteurs des nouvelles doctrines, quelque spécieuses qu'elles fussent. Les arts et les sciences se développèrent d'une manière admirable à l'ombre d'un trône où siégeait un prince chrétien ; le pouvoir devint moins absolu à Rome, et les principes civilisateurs de la foi, tout en servant d'appui aux institutions, les adoucirent peu à peu et introduisirent dans la législation des éléments d'égalité et de mansuétude ignorés jusqu'alors. Bordeaux n'eut que le reflet de ces nouvelles mœurs de Rome ; mais ce reflet était grand et éblouissant. Fière de son collége, cette ville voyait accourir dans ses murs toute la jeunesse de l'Aquitaine ; ses professeurs étaient célèbres et connus de réputation dans toutes les parties de l'Empire. Quelques-uns d'entre eux furent appelés à Constantinople ; d'autres ont figuré avec gloire parmi les hautes notabilités de la capitale du monde, et Bordeaux peut se vanter d'avoir eu des illustrations que Rome même lui eût enviées (1). Le commerce aussi se développa alors sur une plus grande échelle, et étendit aux pays

Livre I.
Chap. 6.

---

(1) Nous parlerons, dans la partie littéraire de ce travail, du collége de cette ville et de ses professeurs. Vers la fin du IVe siècle, il y avait près de cent quinze cités dans la Gaule et autant d'évêques.

lointains ses courses aventureuses et ses relations maritimes; une population intelligente commença à goûter les douceurs de la paix et à s'occuper des travaux agricoles. Le luxe se glissa à la suite de tant de bonheur; on se reposait avec confiance sur l'active et intelligente sollicitude de leur pasteur Delphin, qui était pour eux un père et un magistrat (1). L'état du peuple s'améliorait peu à peu, et malgré les désordres de la société, encore un peu païenne, tout le monde se livrait aux plus douces espérances d'un meilleur avenir. Hélas ! tout cela n'était qu'un songe ! Voici venir les Barbares ! (2).

(1) Les temples païens furent fermés sous Théodose; Constantin en dépouilla un grand nombre de leurs biens, et peu à peu les chrétiens s'emparèrent des autres. L'influence et la puissance des évêques leur venaient du peuple même dont ils étaient les pères, les protecteurs et les amis.

(2) Les Goths, comme les Alains, étaient de race scandinave; ils étaient divisés en deux peuples : les Ostrogoths ou Goths orientaux, les Visigoths ou Goths occidentaux. Ils s'étaient rendus redoutables aux Romains sous Caracalla; ils vinrent dans le midi de l'Europe à la suite des Vandales. Ils se répandirent partout, dit Montesquieu, quand la force qui les avait refoulés au nord se fut affaiblie. *(Grandeur et Décad.,* chap. 16).

CHAPITRE VII.

État de la société à l'arrivée des Vandales et des Goths. — Bataille de Saint-Sever. — Ils ravagent et incendient Bordeaux. — Honorius leur abandonne l'Aquitaine. — Astaulph épouse Placidie. — Les Romains attaquent les Visigoths. — Ils leur donnent des terres en Espagne. — Ils y vont rejoindre Astaulph. — Ils pillent Bordeaux avant de partir. — Ils assiègent Bazas. — La Constitution d'Honorius. — L'église romaine ennemie du despotisme. — Les Visigoths maîtres de la Novempopulanie. — Euric ou Evarix, leur prince, à Bordeaux. — Tableau de sa cour à Bordeaux par Sidoine Apollinaire. — Il persécute les catholiques. — État des églises en Aquitaine. — Alaric lui succède. — Concile d'Agde.— Les évêques favorisent les projets de Clovis. — Les Francs. — Leur origine. — Bataille de Vouillé. — Clovis vient à Bordeaux. — Il bat le reste des Visigoths à Camparian, près de Bordeaux. — Il passe l'hiver à Bordeaux. — Un mot sur son baptême et sur les fleurs de lys. — Leur origine. — Leur signification.— Organisation politique et administrative des Visigoths.—Assemblée générale à Aire, sur l'Adour. — Le Code théodosien.—La législation des Visigoths sur les mœurs, sur le cens, sur les chevaux, sur l'état militaire, sur les juifs.— Le partage des terres dans le Bordelais. — Le langage des habitants. — Ausone et saint Paulin.— Tableau des mœurs des Aquitains au Ve siècle.

DE 400 A 509.

L'état social de Bordeaux et de l'Aquitaine s'était amélioré; mais les espérances qu'on avait conçues à la fin du IVe siècle ne se réalisaient que lentement. Le mal était grand et général; la société, nous l'avons vu, s'en allait en lambeaux : Lois sans sanction, magistrats énervés et impuissants, administration languissante, mœurs dépravées, autorité méconnue et même méprisée, confusion dans les différents degrés d'une hiérarchie sans lien, indigence réelle et déplorable à côté d'un luxe effréné et d'une apparente prospérité; des finances obérées, alimentées par une taxation vexatoire et onéreuse; le vice coudoyant la vertu et triomphant au nom de dieux

Livre I.

plus corrompus que leurs plus infâmes adorateurs; un culte s'affaissant sous les attaques de la raison éclairée des adorateurs du vrai Dieu et sous le poids de son absurdité; le flambeau de la foi qui brille sur ce cahos, comme si, par une seconde création, Dieu venait encore dire au monde : *fiat lux*, voilà l'Empire romain, voilà l'état de l'Aquitaine au moment de l'arrivée des Vandales, des Alains et des Suèves.

<small>Livre I. Chap. 7.</small>

<small>407-408. Saint Jérôme, *Epist. II. ad Ageruciam*.</small>

La marche de ces barbares était un triomphe continu; ils s'emparèrent de Narbonne et de Toulouse, ravagèrent et incendièrent Bordeaux, et retardèrent pour longtemps la marche ascensionnelle de sa prospérité et de sa gloire. Ils ne s'arrêtèrent pas à ces premières conquêtes; ils tentèrent de pénétrer en Espagne; mais repoussés par les lieutenants d'Honorius, ils rentrèrent dans la Novempopulanie, remportèrent une victoire sur les habitants, qui leur opposaient une armée de vingt mille hommes à Saint-Sever, et vinrent, dans l'automne de 413, se fixer à Bordeaux et dans cette partie de l'Aquitaine où un peuple, amolli et épuisé par les exactions despotiques des officiers de Rome, préférait l'étranger avec un changement dans le régime politique, aux charges de la tyrannie romaine, dont il voulait s'affranchir. Astaulph conduisait ces hordes barbares; il était beau-frère du fameux Alaric, qui avait pris et dévasté Rome en 410. Pendant quelques années, leur domination semblait si solide, si inébranlable, que le faible Honorius, n'osant plus s'opposer à leurs empiétements, et dans la vue de garantir l'Italie d'une invasion semblable, leur abandonna l'Aquitaine, dont ils firent Toulouse la capitale. Bordeaux, jusqu'alors résidence des gouverneurs, perdit, avec son titre de capitale, sa prospérité, sa gloire, et vit avec douleur s'arrêter les beaux développements de son commerce. L'étude des arts et des belles-lettres fut proscrite par ces ennemis de la civilisation, et les ténèbres allaient de nouveau se répandre, comme un épais nuage, sur la patrie d'Ausone et de saint Paulin. Quoique barbares, ces

<small>413.</small>

<small>414.</small>

<small>418.</small>

étrangers n'étaient pas insensibles à la puissance de la beauté. Astaulph, épris des charmes de Placidie, sœur d'Honorius, qui était tombée au pouvoir d'Alaric, se décida à l'épouser, et accomplit ce projet à Narbonne en 414. Les Barbares avaient enlevé au Capitole toutes les pierreries, tous les bijoux, toutes les choses précieuses que Rome étalait aux yeux des étrangers : l'heureux mari les donna comme cadeau de noces à sa jeune femme, aussi distinguée par sa vertu, son courage et sa prudence, que par sa haute naissance et sa beauté. Le présent égalait en magnificence les splendides fictions des *Mille et une Nuits*. Astaulph avait un grand cœur, de l'esprit naturel et beaucoup d'excellentes dispositions et d'heureuses qualités; il ne lui manquait que la foi et plus de flexibilité dans le caractère. Il avait besoin de Placidie pour être homme civilisé; ils se comprirent : elle devait en faire un chrétien. Ambitieux, il eut un grand tort, c'était de devancer son temps et de ne pas croire à la puissance des circonstances. Sa volonté était pour lui un fait réalisable; il ne prévoyait ni les difficultés, ni l'inconstance des hommes et des choses humaines. Il lui semblait que vouloir c'était faire, et que la Providence, qui l'avait toujours favorisé, devait toujours lui continuer le même bonheur, les mêmes succès. « J'ai eu la » passion, disait-il, d'effacer le nom romain de la terre et de » substituer à l'empire des Césars l'empire des Goths, sous le » nom de *Gothie*. L'expérience m'ayant démontré l'impossi- » bilité où sont mes compatriotes de supporter le joug des » lois, j'ai changé de résolution; alors j'ai voulu devenir le » restaurateur de l'Empire romain au lieu d'en être le des- » tructeur. »

Livre I.
Chap. 7.

Orose,
lib. VIII.

Les succès et la jactance de ces hordes victorieuses réveillèrent enfin l'énergie martiale des Romains; ils envoyèrent une armée contre les Visigoths, qui ne firent que peu de résistance. Placidie intervint entre les parties belligérantes, et un traité eut enfin lieu entre Astaulph et les généraux de

<small>Livre I. Chap. 7.</small>

<small>Le Beau, *Histoire du Bas-Empire*, lib. XXIX.</small>

<small>Voir notre *Histoire de Bazas*, page 59.</small>

Constance et d'Honorius, qui consentirent à ce que les Visigoths eussent un établissement fixe au-delà des Pyrénées. Astaulph ordonna à ses compatriotes de quitter les fertiles plaines de l'Aquitaine et d'aller le rejoindre sur les bords de l'Èbre ; ils obéirent à regret, et au jour fixé pour leur départ, voyant leurs intérêts compromis, leurs espérances déçues et leurs désirs contrariés, ils pillèrent Bordeaux, et chargés d'un butin immense, allèrent assiéger Bazas. Le peuple résista avec une noble énergie ; mais Paulin, homme influent du pays, se rendit la nuit, *incognito*, auprès de Goar, général des Alains, et le décida à abandonner ces hordes nomades, pour se fixer à Bazas, où il trouverait d'anciennes connaissances, des amis et une patrie, qu'il n'était pas bien sûr de rencontrer sur les bords lointains et inexplorés de l'Èbre. Goar accepta les offres de Paulin ; sa défection fit lever le siége et épargna à Bazas toutes les horreurs du pillage que convoitait la cupidité de ces Barbares ; ils partirent en hâte pour aller rejoindre Astaulph.

Les Visigoths ayant abandonné le pays, il fallait réorganiser tous les services publics. Honorius publia une nouvelle Constitution, qui commença pour les Gaules une époque mémorable, celle de la liberté représentative, qu'à l'exemple de l'Angleterre et de la France, on s'efforce même de nos jours de réaliser dans presque tous les États de l'Europe. C'est un des nombreux bienfaits du christianisme : ingrats, nous méconnaissons le bienfaiteur, tout en profitant de ses faveurs. L'Église seule mit des bornes au pouvoir absolu de Constantin ; partout elle prit la défense des pauvres et des opprimés, et, dans ses conciles, elle donna le premier exemple de ces assemblées où le peuple, par ses représentants, participe à la confection des lois qui le régissent (1). Honorius rétablit ces

---

<small>(1) « L'Église romaine, dit Châteaubriand, n'a jamais admis le pouvoir absolu des » rois. » *Étud. hist.* Michaud, dans son *Histoire des Croisades*, t. 3, dit : « L'An- » gleterre doit aux Papes la liberté dont elle jouit aujourd'hui. La grande Charte,</small>

assemblées, dans les Gaules, avec une périodicité annuelle; il écrivit à son délégué, le préfet du prétoire, une lettre où nous remarquons les passages suivants : « Ta magnificence » aura donc à exécuter perpétuellement notre volonté, qui » est que tous les ans, au ides d'août (15), les honorés, les » propriétaires, les curiales ou juges, se réunissent dans la » cité d'Arles (1). Toutefois, quant à la Novempopulanie et » aux deux Aquitaines, qui sont un peu plus éloignées, si les » juges y étaient retenus par leurs occupations, nous leur » faisons savoir qu'elles aient à envoyer des députés selon la » coutume......... Le juge qui ne sera pas arrivé à l'époque » fixée, doit être frappé d'une amende de cinq livres d'or ; » l'honoré, ou le curial, de trois livres. » L'empereur ordonna que toutes les affaires importantes, publiques et particulières, fussent soumises à cette assemblée, et qu'aucune décision ne fût prise qu'après une discussion approfondie de la matière, afin, est-il encore dit dans la lettre de convocation, « *que les peuples puissent juger de la justice et de la* » *sagesse des députés, par celle de leurs ordonnances et de* » *leurs lois, lesquelles seront publiées plus tard dans les pro-* » *vinces.* » Que diraient les rois de l'Europe du *libéralisme* de cet empereur de Rome au Ve siècle? N'est-ce pas le cas de dire, avec Mme de Staël, que la liberté est ancienne et le despotisme nouveau!

Livre I.
Chap. 7.

» premier monument des libertés britanniques, fut l'heureux fruit des menaces des
» foudres de Rome, et jamais cette Charte n'eût été accordée par le roi Jean sans
» l'influence redoutable et les conseils impérieux du Souverain Pontife. » Oui, c'est
à un évêque catholique, le célèbre Langton, que les Anglais doivent leurs libertés;
mais leur *magna charta*, comme on le voit par la Constitution d'Honorius, n'est
pas, comme ils le disent, la première Charte constitutionnelle du monde. L'Église
eut ses conciles avant qu'il y eût des Chambres en France, ou de *house of commons*
en Angleterre, ou même d'assemblée délibérante à Vienne. « Les conciles, dit Sal-
» vandy, ces Chambres de l'univers chrétien, apportent avec eux la science, que les
» Romains n'ont pas eue, d'accorder la liberté avec la grandeur. » *Discours de ré-*
» *cept. à l'Acad.*

(1) *Saluberrima magnificentiæ luæ, etc., etc.*

Livre I.
Chap. 7.

Comme celles de nos jours, cette Constitution ne vécut guère; une révolution la renversa. Waillas arriva au pouvoir; il s'empara du sceptre qu'un assassin ambitieux avait arraché à Astaulph; il fit un traité avec Constance, et en récompense des services rendus contre les Alains et les Vandales, ces éternels ennemis de Rome, Honorius et Constance cédèrent à ces nouveaux alliés, les Visigoths, la Novempopulanie et le Bordelais, c'est-à-dire presque tout l'espace qui se trouve borné par la Garonne, l'Océan et les Pyrénées. Les habitants de ces vastes contrées se courbèrent sous le nouveau joug! Oppresseurs pour oppresseurs, tant valaient les Barbares que les impitoyables agents de la démoralisante civilisation de Rome; ils cédèrent à ces nouveaux usurpateurs les deux tiers de leurs terres et le tiers de leurs esclaves. Le traité est une ineffaçable tache sur la mémoire d'Honorius; c'est la honte de sa politique et l'opprobre de Rome.

418.

Tout fier d'avoir, par des voies pacifiques, mutilé le colosse romain, le prince visigoth se mit à s'occuper du sort de ses esclaves; il faut ainsi les appeler : le mot *sujet* est trop doux. Bordeaux avait pour lui plus de charmes que Toulouse, et Euric *(Évarix)* y faisait sa résidence habituelle. Ce prince, grand capitaine, habile politique, porta à son apogée la grandeur des Visigoths et aspira à se rendre maître de toutes les Gaules. La cession de la Novempopulanie lui avait révélé la faiblesse de Rome; il n'y avait plus d'obstacle de ce côté. La terreur précédait ses armées, la victoire les suivait; les domaines conquis furent partout souillés de sang chrétien; ils s'étendaient depuis les Alpes jusqu'à l'Océan, depuis la Loire jusqu'au Tage. Ayant trempé ses mains dans le sang de son frère, le pouvoir souverain en fut le fruit et la récompense : la cruauté fut son meilleur moyen de régner; il s'en servit bien. Il ne négligea rien pour consolider sa puissance, et vit, avec toutes les secrètes jouissances de l'orgueil, se prosterner avec servilité devant son trône les ambassa-

465.

deurs de toutes les puissances et même de Rome. Sa cour, à Bordeaux, était le centre où aboutissaient toutes les affaires, un lieu de plaisirs, l'école de la politique et l'*emporium* de l'Occident : elle éclipsait les autres cours de l'Europe ; elle égalait, quant aux formes extérieures de la civilisation, celle de Constantinople, et la surpassait en puissance. Sidoine Apollinaire en fait un portrait ; nous le mettrons sous les yeux de nos lecteurs. Arraché à son troupeau, il se rendit à Bordeaux pour solliciter d'Evarix, le prince visigoth, le terme de son exil et la liberté d'aller mourir au milieu de son peuple, dont il avait emporté l'amour et les regrets, et qui le rappelait avec un empressement filial. Personne ne saurait mieux peindre la situation des choses, la magnificence de la cour, l'éclat des parures, le servilisme des courtisans, en un mot, la physionomie de notre ville sous un despote, en 476.

« J'ai vu, écrit-il à un ami, j'ai presque vu la lune achever
» deux fois son paisible cours, et je n'ai cependant obtenu
» qu'une seule audience. Le maître de ce lieu ne trouve pas
» de temps pour moi ; car le monde entier attend ici avec
» soumission une réponse à ses demandes. Ici nous voyons le
» Saxon, aux yeux bleus, trembler, lui, qui ne craint que
» les vagues agitées de la mer en furie ; ici le vieux Sicam-
» bre, tondu après sa défaite, laisse croître de nouveau ses
» cheveux ; ici se promène l'Érule, aux yeux verdâtres, ayant
» presque la même teinte que l'immense Océan, dont il habite
» les golfes éloignés ; ici le Burgonde, haut de 7 pieds, flé-
» chit le genou et implore la paix ; ici l'Ostrogoth réclame le
» patronage qui fait sa force, et à l'aide duquel il fait trem-
» bler le Hun, qui, tout fier qu'il est, sait cependant s'humi-
» lier ; ici toi-même, ô Romain, tu viens prier pour ta vie ; et
» quand le Nord te menace de quelque trouble, tu sollicites
» le bras d'Évarix contre les hordes de la Scythie : tu de-
» mandes à la puissante Garonne de protéger le Tibre affai-
» bli. »

Livre I. Chap. 7.

476. Sidoine Apollinaire, lib. VIII, ep. X.

Jornandes, De reb. Geticis, cap. XLVI.

On est fier de l'antique grandeur de sa patrie; mais on rougit de la voir sous la main d'un despote. Évarix était l'ennemi acharné du catholicisme; il aurait voulu l'anéantir. Son orgueil, appuyé sur sa puissance, lui persuada qu'il pouvait renverser l'Église comme les trônes des princes : la violence ne servit pas bien sa cause. Le sang des martyrs ne fit que cimenter l'édifice qu'il voulait détruire. N'importe, sa rage anti-chrétienne ne connut pas de bornes; c'était Dioclétien ou Julien ressuscité au Ve siècle. « Le nom de catholique,
» dit Sidoine Apollinaire, porte la rougeur à son front et
» tant de violence à son cœur, que vous le diriez moins le
» roi de son peuple que le chef de sa secte. Jeune d'années,
» bouillant d'ardeur, puissant par les armes, il ne souffre dans
» ses États que l'arianisme, parce qu'il lui attribue ses succès
» militaires et sa réussite dans ses entreprises...............
» Bordeaux, Périgueux, Rhodez, Limoges, Mende, Eause,
» Bazas, Conserans, Auch et un grand nombre d'autres villes,
» pleurent leurs pasteurs égorgés, et nul ne peut prendre
» leur place ni perpétuer les ordres inférieurs. Tant d'into-
» lérance, entraînant la ruine de l'Église, met Évarix au-
» dessus de tous les hérétiques de nos jours, et lui donne une
» supériorité déplorable, même sur tous les hérésiarques des
» temps anciens. Aussi le désespoir s'empare des populations,
» qui, voyant disparaître leurs pontifes, croient voir dispa-
» raître la foi. Dans les diocèses ou dans les paroisses, on n'a
» nul souci des choses saintes: vous verriez le faîte sacré des
» temples s'ouvrir tristement ou tomber en pourriture; vous
» verriez à l'entrée des basiliques, veuves de leurs pasteurs,
» les portes enlevées ou obstruées par les ronces et les épi-
» nes; vous verriez même, ô douleur ! les troupeaux s'y cou-
» cher librement dans les vestibules ouverts, ou brouter
» l'herbe qui croît autour des autels. Ce n'est plus dans les
» paroisses de la campagne qu'habite la solitude; on peut à
» peine, de loin en loin, former quelques réunions dans les

Livre I. Chap. 7.

Sidoine Apollinaire, Lettre à Basile, liv. VII.

Grég. de Tours, lib. II, ch. XXV.

» églises de la ville. Quelle consolation peut-il rester aux
» fidèles, quand ils voient périr, non seulement la discipline
» ecclésiastique, mais même son souvenir; car lorsqu'un clerc
» est enlevé, une nouvelle bénédiction (ordination) ne lui
» donne pas un successeur; ce n'est plus le prêtre qui meurt,
» c'est le sacerdoce. Enfin, dites-nous quelle espérance peut
» encore vivre dans nos cœurs, quand nous songeons que le
» terme de la vie d'un homme est aussi la fin de la religion. »
D'après ce tableau, on peut se faire une idée de l'état de
l'Église et des catholiques du temps d'Évarix, en Aquitaine,
et surtout à Bordeaux.

Évarix mourut en 484, regretté des siens, abhorré par les catholiques, craint et respecté de tous. Habile politique, il connaissait son monde; cruel et impie comme Pharaon et comme Assur, dit Sidoine Apollinaire, il faisait trembler le peuple par le prestige de ses armes et l'énergie de son âme. Il lui donna des lois en rapport avec ses besoins, ses lumières et les exigences des hommes et du temps; c'était le Code gothique en germe, qui fut perfectionné par son successeur, Alaric; mais toutes ses qualités, toute son habileté politique, tous ses efforts à civiliser son peuple, ne sauraient effacer le souvenir du meurtre de son frère, et ses incroyables cruautés contre les vrais catholiques. Le jeune Alaric était plus humain; il avait moins de talents, mais plus de cœur; et voulant, soit par politique, soit par mansuétude de caractère, cicatriser les plaies faites par son père au catholicisme, il rappela les évêques exilés, accorda une entière liberté de conscience, et fit tout ce qui était en son pouvoir pour se concilier l'amour et l'attachement des catholiques. Ses efforts furent vains; le souvenir de son père était encore trop vivace et trop frais. Les fautes sont personnelles; mais la crainte vit dans la mémoire, et fait trembler même au nom d'un monstre que la postérité exècre dans la tombe. Telle était la position d'Alaric, fils d'Évarix; on craignait qu'il n'eût hérité de la

Livre I.
Chap. 7.

Le président Hénault.

cruauté du père : fils d'un homme sans reproche, il eût été respecté et aimé. Les évêques furent autorisés enfin à se réunir en concile, à Agde, pour le rétablissement de la discipline. On a cru que cette assemblée fournit aux prélats réunis des facilités pour se concerter entre eux, même en matières politiques, et pour favoriser le triomphe de Clovis, qui semblait, par sa conduite, devoir réaliser leurs espérances par le progrès de la foi. « Nous croyons, dit un auteur, que les évê-
» ques et la religion ont beaucoup contribué aux succès de
» Clovis. Les Gaulois n'avaient ni lois ni gouvernement; les
» empereurs d'Orient, qui en étaient les seuls maîtres, lais-
» saient ce peuple se gouverner par les factions. Tout était
» dans l'anarchie lorsque Clovis parut avec son armée. Le
» clergé favorisa ses conquêtes, lui fit abandonner ses faux
» dieux, négocia son mariage avec Clotilde, princesse aussi
» distinguée par l'élévation de son esprit que par sa prudence
» et sa piété. Alors le gouvernement féodal rendait les grands
» vassaux oppresseurs, multipliait les serfs et outrageait la
» dignité de l'homme. Le clergé s'occupa à détruire l'autorité
» de ces tyrans, et se servit de la religion pour donner au
» peuple quelques lumières et quelques vertus. Voilà des
» bienfaits qui méritent la justice du prince et la reconnais-
» sance de la nation. »

Tout cela n'est que trop vrai. Les Visigoths inspiraient trop de crainte aux vrais chrétiens; ils étaient ariens et barbares; c'était trop à la fois. Le souvenir d'Évarix était d'ailleurs toujours présent à tous les esprits : le passé ne s'efface pas si vite. Les Romains, réduits à implorer miséricorde, n'avaient plus ce prestige qui fait naître la confiance : leur impuissance à protéger leurs alliés n'était que trop évidente. Le clergé et le peuple tournèrent les yeux vers le jeune libérateur que le ciel leur envoyait ; Clovis devina leur pensée et y correspondit. Il devint tout à la fois l'homme de Dieu et l'homme du peuple, l'instrument de la Providence pour la propagation de la foi et la civilisation de la France. « Il était nécessaire, dit un écrivain moderne, il était nécessaire à Clovis d'être chrétien pour garder les Gaules, et aux chrétiens des Gaules que Clovis le devînt pour les préserver. » Il est naturel de croire que ces sentiments ont trouvé de fidèles échos au concile d'Agde, où présidait saint Césaire d'Arles, qui était antipathique aux Visigoths ariens (1). Avitus, de Vienne, lui exprima la joie et les espérances du clergé, par ces mots : *O roi, ta foi est notre victoire!* En un mot, quelles que fussent les avances d'Alaric, les catholiques ne montrèrent jamais la moindre sympathie pour ces Goths, et dans toutes les occasions favorables, ils ne cachaient pas leur volonté de secouer leur joug. Clovis avait cédé aux douces instances de Clotilde et à ses propres convictions ; il était nouvellement converti à la foi, et peut-être voulait-il en même temps satisfaire ses vues ambitieuses en manifestant son zèle en faveur du catholicisme. Sans autre motif de mécontentement, il appela autour de lui ses Francs (2), et après avoir représenté la honte qu'ils devaient ressentir de voir les plus belles provinces des Gaules entre les mains de ces Barbares,

Livre I.
Chap. 7.
—
Le comte
De Peyronnet,
*Histoire
des Francs*,
tome 1er.
506.

---

(1) Cyprien, évêque de Bordeaux, assistait à ce concile et en souscrivit les décisions avant les évêques de Bourges et d'Auch. Sextilius, évêque de Bazas, s'y fit représenter par son vicaire, Polémius. (Labbe, *Collect. des conciles*, t. 4).

(2) Quelle est l'origine des Francs ? Il est difficile de l'établir ; les écrivains ne s'accordent guère sur ce sujet. Ce qu'il y a de vrai dans tout ce qu'on en dit, c'est qu'ils étaient Germains. Le nom de Francs commença à être connu au commencement de la seconde moitié du IIIe siècle ; il servait à distinguer plusieurs tribus de la Germanie, toutes ennemies de Rome ; c'étaient les Saliens, les Celtes, les Sicambres et d'autres encore au nord du Mein. Ce nom, selon Philippe Cluvier, vient du mot allemand *Frank*, libre. (Greffet, *Observat. sur l'origine de la nation franç.*) Ces peuples prirent ce nom à l'époque où leurs entreprises contre Rome, pour leur liberté étaient couronnées de succès. C'est ce qui fait fait dire à Fréret : « Le nom » qu'une nation se donne à elle-même est assez ordinairement une épithète honorable » prise de la langue qu'elle parle. Tels étaient les noms des Cimmériens ou des Cim» bres, des Sicambres, des Celtes ou Galates, des Francs, des Goths, des Slaves, » qui tous désignent la bravoure, l'intrépidité, la célébrité, etc., etc. » (Fréret, *Vues générales sur l'origine des anciennes nations*).

ennemis de leur foi, il s'écria avec enthousiasme : « *Marchons* » *avec l'aide de Dieu; et après avoir vaincu les Ariens, que* » *leurs terres restent en notre pouvoir.* » On applaudit; il déclara la guerre à Alaric, roi des Visigoths. Les Goths se replièrent sur Poitiers et s'y retranchèrent. Clovis avança à la tête de ses troupes : les deux armées se rencontrèrent à Vouglié (*Volleiacum*) (1). Considérons un instant l'importance immense que dut avoir aux yeux du monde d'alors l'issue de cette bataille; il s'agissait du sort de la civilisation et de la foi, de l'avenir de la France et de l'Europe. Il s'agissait de l'arianisme greffé sur la barbarie, ou du catholicisme suivi de la liberté qu'il a donnée au monde, et de la société actuelle avec ses innombrables bienfaits, auxquels ses ennemis mêmes n'opposent que des abus inséparables de la faiblesse, de l'ignorance ou des passions des hommes. Les deux armées se rencontrent; il s'agit pour elles d'être ou de ne pas être; c'était vaincre ou mourir : le choc est terrible; des deux côtés des prodiges de valeur et les avantages longtemps incertains; on combat à armes blanches, bras à bras, se pous-

Livre 1. Chap. 7.

Grégoire de Tours, liv. 2, ch. 37.

Frédeg., épit., ch. 55, édition Ruin.

507

---

(1) L'abbé Lebœuf, de Bouquet, le comte de Peyronnet, dans son excellente *Histoire des Francs*, prétendent, contre l'opinion générale, que cette bataille eut lieu à Vivonne, sur les bords du Clain. Nous ne partageons pas ce sentiment. Grégoire de Tours, qui était presque contemporain de l'événement, et de Frédegaire, décident cette question sans réplique, et indiquent le *Campus Vogladensis*, la plaine de Vouglié ou Vouillé, comme le champ de bataille, et fixent à dix milles sa distance de Poitiers, c'est-à-dire 7,560 toises, ou trois lieues trois quarts de poste. Il y a, à vol d'oiseau, quatre lieues de Poitiers à Vouillé, et le mot *campus* comprend toute la plaine circonvoisine. On ne peut en dire autant de Vivonne. La tradition locale a d'ailleurs conservé le souvenir de la bataille livrée en cet endroit, dans le nom d'un chemin qu'on désigne encore sous le nom de *Chemin des Goths*. Vivonne est d'ailleurs une localité moderne: aucun monument historique ne constate son existence avant le milieu du IXe siècle. Dans les plus anciens titres que M. Dufour a consultés, les différents noms de cette localité sont *Vicus-Vendonium*, *Vicodonium*, *Vivonia*, *Vico-Viona*. (Dufour, *de l'ancien Poitou*, etc., p. 190). On consulte avec fruit, sur ce sujet, un *Mémoire* de Mgr de Beauregard, évêque d'Orléans, que M. Mesnard a analysé dans les *Mémoires de la Société des Antiquaires de l'Ouest*, 1837, p. 109.

sant, se heurtant, s'entremêlant en désordre au milieu des scènes d'un carnage affreux. Enfin, Clovis aperçoit Alaric, et lui court dessus à bride abattue, la lance à la main : un coup lui est porté avec adresse ; Clovis le pare et en assène à son adversaire un autre avec force, le jette par terre et lui perce la poitrine. A cette nouvelle, les Visigoths s'enfuient en désordre ; Clovis les poursuit et les atteint dans un endroit où ils venaient d'établir leur camp, et qui en conserve encore le nom, *Camparrian* (*Campus Arianus*), près de Bordeaux, où, selon Lacolonie, il fit bâtir une église (1). Clovis marche en avant par Saintes et le château fort de la route militaire (*castrum belli viœ*), et arrive à Bordeaux, qui lui ouvre ses portes et le salue, non seulement comme vainqueur, mais comme sauveur et comme roi. Ses troupes y passent l'hiver, dit Grégoire de Tours ; Clovis y laisse une garnison et se prépare à de nouvelles conquêtes. Clovis est reconnu roi ; les Barbares s'enfuient, et de ce moment, on peut, à proprement parler, dater la naissance de la France ou du pays des Francs. Le baptême de Clovis, le jour de Noël 496, marque la naissance de la monarchie (2). Le monarque, dit-on, mit sur sa couronne une fleur de lys, symbole de la pureté recouvrée dans les fonts baptismaux et emblême de la Trinité, dogme

Livre I. Chap. 7.

De Vaissette, *Histoire du Languedoc*, tome 1er.

Aimoin, *De Gest. Franc.*, lib. 1, cap. 22.

---

(1) Jean Vascœus, écrivain espagnol, dit que ce lieu s'appelle encore *Campus Arianus*. « *Tanta cœde victi sunt, ut is locus Campus Arianus etiam nunc vocitetur.* » (Vascœus, *Rerum Hispanicarum Scriptores aliquos*, p. 546, imprimé à Francfort en 1579.) Quelques écrivains disent que c'étaient les fuyards de Poitiers qui furent atteints près de Bordeaux. D'autres disent que c'était une autre armée de Visigoths. Nous adoptons la première opinion, qui est celle de Delurbe.

(2) Avec le baptême, Clovis reçut l'onction des rois. On ne peut pas contester ce fait ; c'est saint Remi lui-même qui le dit dans son testament. *Quem* (Clovis) *baptisavi........ et per ejusdem sancti spiritus sacri chrismatis unctionem ordinavi in regem.* (Frodoard, *Hist. ecclés. Rhem*, lib. 1). Quant à la sainte ampoule portée du ciel par une colombe blanche, cette tradition populaire n'est attestée que par Hincmar et Aimoin, au IXe siècle ; Frodoard en parle au Xe siècle, d'après eux ; mais saint Grégoire de Tours n'en fait pas mention, quoiqu'il parle du baptême et du sacre. (Liv. II).

Livre I.
Chap. 7.

de sa foi, que les Ariens attaquaient (1). Soissons cessa d'être la capitale ; cet honneur fut cédé à Paris, reconnu depuis lors le centre des États de Clovis, qui s'étendaient de Toulouse jusqu'aux bords du Weser (2).

La voilà donc tombée, la puissance des Visigoths : le sol leur avait manqué sous les pieds ; les sympathies du clergé et du peuple avaient préparé les voies au prince vainqueur et chrétien, dans un pays auquel ils avaient la prétention de laisser leur nom (3). La société gallo-romaine subit l'influence des mœurs et des usages des Visigoths ; mais les grandes institutions sociales furent maintenues à cause de leur utilité ; et quoique ces étrangers se fussent conformés aux habitudes locales, aux règlements préexistants, les fonctionnaires publics s'efforcèrent peu à peu d'introduire leurs propres idées d'or-

---

(1) « Les fleurs de lys, dit le P. Mabillon, ont été employées de tout temps, et
» même dès la première race de nos rois, pour ornement à leur sceptre et à leur cou-
» ronne ; mais ils ne s'en sont servi pour leurs armes que depuis Philippe-Auguste,
» qui en mettait une seule à son contre-scel, comme ont fait Louis VIII et saint
» Louis. On a ensuite employé dans leur écu des fleurs de lys sans nombre, qui,
» enfin, ont été réduites à trois du temps de Charles VI, vers l'an 1380. » *Discours sur les anciennes sépultures de nos rois.*

Nous lisons dans le préambule des lettres de fondation du monastère de la Trinité, de Mantes, ces lignes : « *Lilia quidem signum regni Franciæ in quo florent*
» *flores quasi lilium, imò flores lilii, non tantum duo, sed tres, ut in se typum*
» *gererent Trinitatis, ut sicut Pater, verbum et spiritus hi tres unum sunt, sic*
» *tres flores, unum signum mysterialiter præfigurant....... In quibus tribus reg-*
» *num Franciæ à longis retro temporibus præ regnis cæteris floruisse et hactenus*
» *florere dignoscitur. Ac per hoc in se tenuisse vestigia Trinitatis.*

» Et sy portez, dit Raoul de Presle, les armes de trois fleurs de lys, en signe de
» la benoiste Trinité, qui, de Dieu par son angle, furent envoyées au roy Chlovis,
» premier roi chrétien. » *Prologue de la traduction de la Cité de Dieu.* Raoul de Presle était maître des requêtes sous Charles V. C'est ce qui fait dire à Lancelot :
« Ces expressions sont précises pour prouver que du temps de Charles V l'écu de
» France était de trois fleurs de lys seulement. On en trouve même des exemples
» antérieurs à ce règne, du moins dans les sceaux. » *Mémoire sur Raoul de Presle.*

(2) Sans la preuve que nous en avons, croirait-on que Chlotovecus, Hludovicus, Chlodoveus, Ludicus, Ludovicus, Chlovis, sont les noms d'un seul et même roi... ? Freret, *Observat. sur le nom de Mérovingiens.*

(3) Astaulph, prince des Goths, voulait donner le nom de *Gothie* à l'Aquitaine.

ganisation politique. La guerre était l'élément de leur existence, et ce peuple belliqueux, qui, ne voulant d'autre chef qu'un guerrier, ne connaissait pas la haute influence du commerce, de l'industrie et des arts, sur le développement de leur civilisation naissante, qu'ils croyaient réaliser beaucoup mieux par l'épée. Leur organisation politique comprenait plusieurs divisions hiérarchiques, la *dixenie*, ou fédération de dix chefs; la *centenie*, ou celle de cent chefs; la *quinquenie*, ou réunion de cinq cents chefs, avec leurs dépendants. Au-dessus de tout cela, comme couronnement de l'édifice social, on voyait l'assemblée nationale et le prince. Quand il s'agissait de la justice, les formes étaient presque les mêmes: les lois et les tribunaux n'étaient pas changés; on eût dit qu'on reconnaissait à Bordeaux la puissance de Rome, en présence de la liberté de ces fiers habitants du Nord et des formes démocratiques des peuplades teutoniques: toutes les grandes affaires se traitaient en commun; celles moins importantes étaient subordonnées à la volonté du prince (1). Les ducs commandaient toujours les troupes, tout en se faisant représenter pour l'administration de la province par des substituts, ou vicaires (*vicarii*). Les comtes exerçaient bien souvent la puissance judiciaire, et, comme du temps des Romains, ils accompagnaient le prince dans ses excursions pacifiques ou militaires. Sous les Visigoths, le préfet du prétoire s'appelait le comte des spathaires ou gardes du palais; le chancelier palatin prenait le titre de comte des notaires, et le maître des domestiques, celui de comte des chambellans. Ainsi, dans l'administration visigothe, à Bordeaux, presque tout était romain: le mécanisme politique était bon, le Code portait l'empreinte d'un esprit de liberté, qui n'était que le souvenir de

---

(1) De minoribus principes consultant; de majoribus omnes. (TACITE, *De Morib. Germ.*, cap. 11).

Lex fit consensu populi et constitutione regis. (*Capitul.* de Charles-le-Chauve, an 864.

leur pays natal ; on y remarquait des dispositions louables, un grand respect pour la religion, l'observation du dimanche fortement prescrite, la cessation des travaux aux jours de fêtes religieuses, des amendes contre ceux qui refusaient d'obéir à la justice, des pénalités contre des juges prévaricateurs, contre les calomniateurs, la puissance reconnue aux évêques de réprimer les juges pervers qui opprimaient le peuple, et de réformer leurs décisions ; il n'était permis qu'à eux de châtier, de lier, de frapper ; ils étaient les juges naturels des pauvres ; mais leurs décisions contre des juges prévaricateurs avaient besoin de la sanction du roi.

<small>Livre I. Chap. 7.

Montesquieu, *Esprit des Lois*, liv. XVIII, ch. 31.

D. Devienne, Son troisième manuscrit.</small>

En 506, Alaric convoqua une assemblée générale à Aire, où on a vu longtemps les vestiges de son château magnifique ; on y délibéra l'extrait du Code théodosien, qui fut rédigé par Anian, dit M. de Marca, ou peut-être par Goïaric, chancelier d'Alaric, dit le président Hénault, et quelques autres. Cette réforme du Code théodosien, connue sous le nom de *Breviarium Aniani,* fut faite selon les besoins du temps et de la population, et a été pendant longtemps le droit public de nos contrées, comme il paraît par les *Coutumes de Bordeaux* au moyen-âge, où l'on en retrouve de nombreux vestiges. Ce nouveau Code théodosien défendait le mariage des filles sans le consentement des parents : la fille qui abandonnait son fiancé devait lui être remise avec celui qui l'aurait reçue ; le ravisseur était puni, s'il n'avait pas abusé de sa prisonnière, par la perte de la moitié de ses biens au profit de celle-ci ; et s'il en avait abusé, par deux cents coups de fouet, puis livré comme esclave, avec tout ce qu'il possédait, à la femme outragée.

<small>Fauriel, *Lois visigothes.*</small>

Une femme ne pouvait jamais épouser son ravisseur ; si elle le faisait, elle était punie de mort, ainsi que le ravisseur ; le meurtrier d'un ravisseur n'encourait aucun châtiment ; le frère qui consentait à l'enlèvement de sa sœur était puni aussi sévèrement que celui qui l'avait enlevée.

Le mari devait être plus âgé que la femme ; si elle lui survivait, elle devait faire une année de deuil avant de convoler en secondes noces. Dans le cas qu'elle ne se conformât pas à ces dispositions, la moitié de son bien devait être à la disposition de ses enfants, ou, à défaut d'enfants, aux héritiers de son mari. Un mariage conclu par écrit ou en présence de témoins, après remise et acceptation de l'anneau et des arrhes, ne pouvait pas être rompu ; l'union était indissoluble. Une fille qui se mariait sans le consentement de ses père et mère, était privée de leur succession. Après la mort du père, les enfants demeuraient sous la puissance de la mère, mais seulement pendant sa viduité.

Livre I.
Chap. 7.

D. Devienne,
3e manuscrit
inédit.

La condition de la femme était trop intimement liée à la civilisation pour être oubliée ; on fit tout ce qu'on put pour la protéger contre les désordres de la vie païenne. Le souvenir de la corruption de Rome était encore assez frais et bien vivace ; il fallait songer à en prévenir le retour.

Aucun médecin ne pouvait saigner une femme sans que les père, mère, fils, oncle ou quelque parent fût présent. La mort était la peine de l'adultère ; ceux qui faisaient violence aux filles libres, à moins qu'ils ne fussent nobles et ne donnassent en réparation la moitié de leurs biens, étaient décapités.

Montesquieu,
*Esprit
des Lois,*
liv. XIV, ch. 14

La femme libre qui s'abandonnait à un esclave était brûlée vive ; l'esclave qui faisait violence à une femme libre perdait la tête. Ceux qu'un penchant corrompu entraînait à un commerce contre nature, étaient marqués d'un fer rouge, et portaient partout et toujours les preuves de leur dégradation ; ils cessaient d'être hommes. Les esclaves étaient obligés de lier l'homme et la femme qu'ils surprenaient en adultère, et de les présenter ainsi au mari. La même loi protégeait les enfants délaissés et veillait sur le sort des esclaves. L'Église, par son action lente, constante et civilisatrice, repoussait la servitude personnelle ; et en prêchant toujours le dogme de la frater-

Lois visigothes,
titre V,
liv. III, § IV.

Livre I. Chap. 7.

nité, humanisa les Barbares, adoucit la condition des esclaves et des serfs, et disposa les puissants du jour, soit Gaulois, soit Gallo-Romains, soit Barbares, à de plus nombreux affranchissements. L'Église était la mère et la nourrice de la liberté en France : grâce à elle, l'esclave cessait, dès lors, d'être une chose mobilière ; il devint serf, et resta attaché à la terre. Le sol se défriche ; les esclaves de la ville deviennent des serfs à la campagne, dans une condition moins avilissante ; les petits propriétaires s'affaiblissent et tombent plus tard dans un état de vasselage et de dépendance des grands ; et les chefs de l'État donnent, en récompense des bienfaits reçus, à l'Église et à leurs amis, des portions des terres et forêts défrichées. « L'Église, dit un savant écrivain, eut l'ini-
» tiative dans cette reprise de mouvement de vie et de pro-
» grès : dépositaire des plus nobles débris de l'ancienne civi-
» lisation, elle ne dédaigna point de recueillir, avec la science
» et les arts de l'esprit, la tradition des procédés mécaniques
» et agricoles. Une abbaye n'était pas seulement un lieu de
» prière et de méditation, c'était encore un asile ouvert con-
» tre l'envahissement de la barbarie sous toutes les formes.
» Ce refuge des livres et du savoir abritait des ateliers, et ses
» dépendances formaient ce que nous appelons aujourd'hui
» une ferme-modèle. »

Aug. Thierry, *Essai sur l'histoire du Tiers-État*, t. 1er, ch. 1er.

Les hameaux se forment, le village s'ennoblit de son clocher et de son église, et devient paroisse ; le pasteur est considéré comme l'âme de la communauté et le protecteur de ses intérêts et de sa liberté ; les enfants s'élèvent à l'ombre du presbytère, et le registre paroissial reçoit tous les actes de l'état-civil d'alors.

Après la conquête Franke, les Bordelais conservaient leurs droits et leurs libertés ; mais on ne fit rien pour améliorer le sort des esclaves et des serfs, qu'on regardait comme des meubles, que les hommes *libres* pouvaient vendre ; ils ne pouvaient obtenir leur liberté qu'en dénonçant les faux monnayeurs, et, dans ce cas, l'État les rachetait et en faisait des bourgeois. Si un serf était convaincu de rapt, on le condamnait à être brûlé vif; s'il enlevait des enfants, on l'exposait aux bêtes. Si le serf d'un citoyen avait commis un crime dans une église, il était puni de mort; mais s'il était serf de l'Église, il était reçu à composition, et n'était condamné qu'en cas de récidive. Les hommes de l'Église étaient, en quelque sorte, des affranchis qui n'obéissaient qu'au clergé; les affranchis jouissaient de leur liberté, mais ils n'exerçaient pas de fonctions publiques. Les *fiscalins* étaient les esclaves du fisc; les *lides* étaient distingués des hommes libres et des esclaves; ils étaient tenus à des corvées et des redevances. Il y avait à Bordeaux trois ordres d'hommes libres : le clergé, les nobles et les *ingenus*. Pendant les VIe et VIIe siècles, le clergé jouait un grand rôle; il était exempté d'impôts et du service militaire; les nobles fournissaient les chefs militaires; les hommes libres de Bordeaux étaient tenus de prêter serment de fidélité au comte de Bordeaux, de le suivre à la guerre, de défrayer les *missi dominici*, ou envoyés royaux, et de se présenter trois fois l'an aux *plaids* généraux.

Quant aux *ingenus*, ils étaient moins heureux. Cependant, Clovis et ses successeurs ordonnèrent aux guerriers francs de respecter la liberté des *ingenus* et de ne pas réduire en servitude les faibles et les plus pauvres de cette catégorie. C'est cette classe de citoyens qui fournissait à l'État les *centeniers*, les *vidames*, les avoués et autres fonctionnaires subalternes.

L'homicide était puni par la peine du talion; les violences, par des peines afflictives, graduées selon la gravité de la faute et des circonstances. La propriété était respectée, le vol sévèrement poursuivi, et mille mesures sages et préventives ordonnées pour jeter dans les esprits des idées d'ordre et de probité, qui ont servi de base à une civilisation plus avancée.

Nous croyons devoir reproduire ici un article de la loi salique, dont on retrouve des vestiges dans la législation du

Livre I.
Chap. 7.

moyen-âge ; c'est le titre 62, qui réglait chez les Francs la succession aux biens patrimoniaux, les *alleux* (*all od*, toute propriété), titre qui a acquis depuis lors une grande importance dans le monde politique.

Par le premier article, le père ou la mère succédait à celui qui mourait sans enfants ; à défaut de père ou de mère, la succession appartenait au frère ou à la sœur ; à défaut de ceux-ci, à la sœur de la mère ou à la sœur du père, ou enfin, à défaut de tous ceux-là, aux plus proches parents du côté paternel.

Mais par le sixième article, aucune portion de la terre salique ne passe aux femmes ; le sexe viril la possède tout entière ; les filles étaient toujours exclues.

La loi ripuaire, titre 56, expliqua plus tard ce fameux passage, en disant que « tant qu'il existe des mâles, les » femmes ne succèdent point à l'héritage des aïeux. »

Cependant, il paraît, par les formules de Marculphe, au VIIe siècle, que les pères pouvaient appeler leurs filles, par testament, à partager l'héritage avec les fils. La féodalité a rétabli la préférence en faveur des fils ; mais, quoi qu'on en ait dit, la loi salique ne dit rien sur la transmission du pouvoir suprême, et n'établit point de disposition pour exclure les femmes de la royauté. Une telle disposition n'eût été qu'une superfluité législative : les principaux devoirs du roi consistaient à commander les armées, à les conduire aux combats, à juger les hommes et à affronter les dangers. Les femmes ne portaient pas si haut leurs prétentions ; elles n'étaient que trop rares, les Marie-Thérèse, les Anne d'Autriche, les Marie de Médicis, etc. Le règne des femmes se borne à leurs salons.

La loi qui exclut du trône les princes étrangers est la sauvegarde de la nationalité, mais elle n'est pas la loi salique ; elle ne dérive qu'indirectement des coutumes frankes.

La loi des Ripuaires ne diffère que très-peu de la loi salique; elle fut rédigée sous Théodoric, à Châlons, par des hommes sages et instruits, dit le préambule de la loi salique. L'amende pour le meurtre d'un Franc, Ripuaire ou Salien, était, comme dans la loi salique, de deux cents sous d'or; le sou d'or, au commencement du VIe siècle, valait 15 fr. de notre monnaie; pour le meurtre d'un Barbare étranger, Burgonde, Allemand, Frison, Boiare (Bavarois) ou Saxon, l'amende n'était que de cent soixante sous. Le clergé inférieur n'avait pas de priviléges; le clergé supérieur était estimé très-haut. Le meurtrier d'un diacre payait quatre cents sous; d'un prêtre, six cents sous; d'un évêque, neuf cents sous.

Livre I.
Chap. 7.

D'après ces lois, nous savons qu'un bœuf était évalué à deux sous d'or (30 fr.); une vache, à un sou, et un cheval, que ces peuples appréciaient si fort, était évalué à six sous; une grande épée (*spatha*), à sept sous; une bonne cuirasse, à douze sous; un heaume (*helm*), ou casque, avec son cimier pointu, à six sous; une paire de jambières en métal, à six sous; une lame et un bouclier, à deux sous.

La cherté des armes défensives, dit un écrivain, atteste que les principaux guerriers en pouvaient seuls faire usage, et probablement aussi la cherté des matières premières et l'ignorance du peuple en ce qui regardait leur fabrication, y étaient pour beaucoup.

H. Martin,
tome 2.

Dans les procès, les parties intéressées, même les femmes, avaient le droit de plaider leur propre cause. Le système de l'octroi ressemblait à celui de nos jours. Il y avait aussi des droits de péage, *teloneus pontaticus;* des droits d'entrée, *teloneus portaticus;* des droits de grandes routes, *teloneus rotaticus;* des droits sur les boissons, *teloneus foraticus,* etc. Les fermiers, ou les régisseurs de ce droit, tenaient leurs bureaux à l'entrée de la ville. Le conducteur d'une voiture était tenu de faire sa déclaration, et, dans le cas où il y avait fraude, la marchandise était confisquée.

Bonamy,
*Mémoire
de
l'Académie des
inscriptions
et des
belles-lettres,*
t. 54, p. 45.

L'amour des Goths pour les chevaux perce même dans leur

<small>Livre I.
Chap. 7.</small>

Code. Le cheval était l'ami de l'homme et le compagnon de ses plaisirs et de ses dangers ; la loi le protégeait contre les caprices et les mauvais traitements de son maître. Quelque respectable que fût la propriété aux yeux des Visigoths, la loi cependant lui imposait certaines charges en faveur des voyageurs indigents. Il leur était permis de camper dans les champs non clos et d'y faire paître leurs bêtes.

<small>D. Devienne,
Manuscrit iné-
dit.</small>

Quand les rois des Visigoths convoquaient les troupes, tous ceux qui étaient en état de porter les armes étaient obligés de se trouver au rendez-vous. Les personnes libres, les affranchis et les serfs fiscalins, devaient se faire accompagner de la dixième partie de leurs esclaves, dont la moitié devait être armée de frondes, et toutes d'épées, de cuirasses, de javelots, etc. En certains cas, les évêques et les prêtres étaient obligés d'aller à la guerre.

Après la destruction du royaume des Visigoths, les Bordelais continuèrent de suivre la loi romaine : les impôts n'étaient payés que par le peuple ; les nobles et les ecclésiastiques en étaient exempts. Il était défendu d'entrer dans les ordres sacrés sans la permission du prince.

La loi militaire était sévère et en rapport avec les mœurs ; les impôts légers et en proportion des revenus des particuliers ; les principaux revenus de l'État consistaient dans le fermage des domaines nationaux, dans la capitation, à laquelle était assujétie même la population juive, et, enfin, dans les profits de la monnaie.

<small>*Barbarorum
leges
antiquæ, etc.*,
tom. IV, lib. 12.
titul. II,
Venetiis,
1789.</small>

La législation visigothe était sévère contre les juifs ; c'était le résultat inévitable d'un sentiment religieux très-exalté et d'un principe d'intolérance que le temps seul devait faire disparaître. Il leur était défendu de blasphémer la sainte Trinité, de célébrer le sabbat, de travailler le dimanche, de pratiquer la circoncision, de s'allier entre eux avant la sixième génération, de refuser de manger de la viande de porc qu'on servait aux chrétiens, sous peine de cent coups de fouet, et de parler en public ou en particulier contre le christianisme. Tout esclave d'un juif n'avait qu'à s'enfuir pour devenir libre.

Livre I.
Chap. 7.

Comme la loi romaine réglait le partage des terres conquises entre les soldats de l'Empire et les citoyens, les Visigoths faisaient de même. Lorsque Astaulph établit le siége de l'administration à Toulouse, au commencement du Ve siècle, il distribua à ses vétérans les deux tiers des propriétés situées dans les circonscriptions de Bordeaux, de Toulouse, Agen, Saintes, Périgueux, Angoulême et Poitiers. Cet arrangement ne blessa pas les propriétaires indigènes, ni n'excita de murmures, car la plus grande partie du territoire aquitanique était inculte : les deux tiers pouvaient s'aliéner sans qu'ils éprouvassent une grande perte; l'autre tiers suffisait à leurs besoins.

Am. Thierry,
*Résumé
de l'Histoire de
la Guienne.*

Le Code Visigoth, comme nous venons de le voir, portait l'empreinte de la législation romaine; on l'avait mis en rapport avec les mœurs, les usages sociaux et les sentiments de ces peuples du Nord, nouvellement convertis à la foi chrétienne. Ce mélange des deux législations se retrouve même dans le moyen-âge, à Bordeaux. Mais les éléments primitifs se sont modifiés : une nouvelle législation, fille des temps et de la sagesse des hommes, est enfin venue s'asseoir sur ces respectables ruines.

Fauriel,
Lois visigothes.

Quand Clovis devint maître des Gaules, on y parlait déjà trois langues : le celtique, le latin et une langue vulgaire, germe de la romane, qui devint plus tard la langue de nos troubadours, et qui n'était qu'un mélange corrompu des deux autres. Le celtique était la langue primitive des Gaulois; le latin était la langue des Romains, vainqueurs des Gaulois. Caracalla avait fondé pour l'enseigner des colléges à Lyon et à Besançon. Les Francs arrivèrent, et avec eux la langue tudesque, mais qui n'a jamais pu se naturaliser dans nos climats. La grammaire et la rhétorique étaient les deux branches de savoir les mieux cultivées ; elles conduisaient aux honneurs et à la gloire : Ausone, professeur de grammaire, leur dut son élévation au consulat.

Nous avons déjà vu l'immense progrès que l'architecture et la sculpture avaient fait en Aquitaine, sous les inspirations du génie romain, pendant les cinq premiers siècles; le IVe et le Ve siècle furent aussi la grande époque de notre littérature. Le mouvement intellectuel se développa d'une manière étonnante sous Valentinien et sous Gratien; et pour un Amabilis, artiste gallo-romain, nous rencontrons un grand nombre de littérateurs distingués.

Pendant ces deux siècles, comme nous venons de le dire, les sciences, et les belles-lettres surtout, ont fait un progrès immense en Aquitaine; c'était alors l'âge d'or de la littérature dans les Gaules, et surtout à Bordeaux et dans le Midi, où la tyrannie des Visigoths ne laissa aux peuples presque d'autre liberté que celle de penser, d'étudier et d'écrire. Parmi les littérateurs de cette époque, l'école de Bordeaux comptait un grand nombre d'hommes distingués, dont les noms, plus heureux que les œuvres, grâces à la poésie d'Ausone, sont parvenus jusqu'à nous. En première ligne, on voit briller Ausone et saint Paulin, deux hommes, deux amis, qui reflètent sur Bordeaux une gloire que les siècles n'éteindront jamais. Le consulat et la poésie ont valu à Ausone son immortalité. Saint Paulin s'appuyait sur les mêmes titres; mais il en avait d'autres plus grands encore, la foi avec ses sacrifices, une illustre naissance, une immense fortune avec des plaisirs que son cœur chrétien transforma en une indigence absolue, avec toutes les jouissances de l'enfant de la croix, de l'amant de la perfection évangélique.

La longue vie d'Ausone remplit presque tout le IVe siècle. Ses dignités l'ont mis en évidence, comme homme d'affaires et grand politique : ses poésies, faciles et gracieuses, mais moins riches, moins élégantes que celles de Virgile et d'Horace, ont toujours passé pour de nobles inspirations, eu égard à son siècle, et ont conquis l'admiration de ses contemporains et le respect de la postérité. Leurs défauts sont ceux de son époque ; leurs beautés sont le fruit de son génie.

Ausone naquit à Bordeaux en 309, de Jules Ausone, fameux médecin de Bazas, et d'Émilie-Éonie, fille d'un noble Éduen qui demeurait à Dax. Le jeune Ausone fréquenta longtemps la chaire du professeur Arborius, et étudia l'éloquence et la poésie sous le célèbre Minervius. Il abandonna, à l'âge de trente ans, le barreau, et ouvrit pour ses concitoyens un cours public ; c'était alors la seule carrière qui pût conduire aux honneurs et à l'immortalité. C'est aussi pendant son professorat qu'il connut les heureuses qualités de son élève, Paulin, et qu'il se forma entre eux cette longue et tendre amitié qu'on voit empreinte dans leur correspondance, monument délicieux auquel leurs cœurs avaient pris autant de part que leurs esprits.

C'est aussi pendant son professorat qu'il épousa Atusia-Lucana-Sabina, fille de Lucanus Thaleysius, sénateur de Bordeaux, qui avait de grandes propriétés à Bazas ; il la perdit bien jeune et la pleura pendant neuf olympiades (trente-six ans).

Ausone était alors l'une des plus nobles intelligences de son pays ; sa réputation s'étendait tous les jours de plus en plus. Il avait conquis tout à la fois l'estime de ses concitoyens et l'admiration de ses collègues à l'école de Bordeaux. Il était chrétien ; mais il était peu pénétré des principes de sa foi. Ses écrits sont très-licencieux et contrastent trop avec la ferveur des disciples du Sauveur. Valentinien le fit aller à Trèves et lui confia l'éducation de son fils, Gratien. Le voilà donc courtisan par circonstance, mais toujours poète par goût ; les honneurs ne lui firent point oublier les liens de l'amitié, ni les belles années passées à Bordeaux. Il eut l'honneur d'accompagner l'empereur dans ses excursions militaires ; il fut nommé comte du palais, puis questeur, et devint

Livre I.
Chap. 7.

NOTE 11.

Livre I.
Chap. 7.

successivement préfet de l'Italie et, plus tard, préfet du prétoire des Gaules. En 379, Gratien, son élève, lui apprit sa nomination au consulat, par une lettre autographe qui finit par ces mots également honorables pour le prince et le précepteur : « Je voudrais payer ma dette envers vous; mais je » sens que je serai toujours insolvable. » Le consulat était un très-grand honneur pour Ausone; la lettre le flattait et l'honorait davantage. Ausone confondait sa reconnaissance avec son amour; ces deux sentiments, sans parler de son génie,

NOTE 12.

l'élevèrent au niveau des faveurs impériales.

A la mort d'Adrien, en 383, il revint à Bordeaux, sa ville natale, qui lui était chère; il chante amoureusement sa beauté, son doux climat, son fleuve, ses grands hommes. Il avait plusieurs maisons de campagne, à Bazas, à Saint-Émilion ou

NOTE 13.

Lucaniac, dans la Saintonge, et partageait ses plus tendres souvenirs entre Bordeaux, où était son berceau, et Rome, où il avait joui de tous les honneurs du consulat. Il mourut dans sa patrie, âgé de plus de quatre-vingts ans.

Saint Paulin, son élève, son compatriote, son ami, fut élevé aux premières dignités de l'Empire; à l'éclat de sa naissance et de ses titres, il joignait les plus nobles qualités de l'esprit et du cœur. Ausone, par ses écrits, a laissé planer des soupçons sur la réalité ou au moins sur la sincérité de sa foi; nous croyons qu'il était chrétien, peu fervent, il est vrai, car ses écrits contrastent trop avec les austères principes du christianisme; mais des poésies légères et voluptueuses ne suffisent pas pour enlever à l'Église cette haute intelligence, la gloire de Bordeaux et l'un des plus beaux ornements de notre Aquitaine. (Voir Note 14).

Paulin a su maintenir sa plume, comme ses mœurs, toujours chaste et irréprochable. Ces deux Bordelais s'aimaient, non pas seulement comme amis, mais comme frères : l'amitié, chez l'un, était celle d'un homme du monde; l'attachement affectueux de l'autre était sanctifié par l'austère élément de la foi chrétienne. La poésie de l'un, quoique parfois licencieuse, a survécu à l'auteur et aux ravages du temps; les beaux vers de l'autre font encore le charme des amis des belles-lettres. La sainteté de sa vie lui a valu les honneurs d'un culte religieux (1), et la gloire de son nom se reflète encore sur Bordeaux, sa patrie, entourée de la double auréole du génie et de la sainteté.

Paulin naquit à Bordeaux sur la fin de 353, d'une famille illustre, qui, après avoir donné à Rome des sénateurs et des consuls, vint s'établir en Aquitaine (2). La première demeure de Paulin, à Bordeaux, était sur une hauteur qui domine la Garonne; c'était le *Podium-Paulini*, le Puy-Paulin des temps modernes. Le jeune Paulin, à peine sorti de l'école, se sentit un attrait particulier pour le barreau; sa piété était connue, et le monde reconnaissait en lui les sentiments religieux de sa parente, la célèbre sainte Mélanie l'ancienne. Grâces à la rectitude de son jugement, à ses connaissances variées et étendues, il conquit bientôt une brillante réputation, et se montra, non seulement un homme d'une grande capacité, mais une de ces intelligences d'élite à qui les princes peuvent confier les plus grands emplois de l'État. Il perdit sa mère bien jeune encore; sa jeunesse rencontra dans le monde des séductions de toute sorte, que sa grande fortune multipliait sous ses pas, mais qui le trouvèrent invincible partout. Doux par caractère, modeste, humble et se défiant de lui-même, plein de l'amour de Dieu, et dominé d'ailleurs, dès son bas âge, par l'ascendant des vertus morales qui brillaient en lui comme prélude de sa future sainteté, il se maintint toujours

---

(1) On a bâti, d'après le désir et sous l'inspiration de Son Éminence le cardinal Donnet, archevêque de Bordeaux, en 1849, au Carbon-Blanc, une église en l'honneur de saint Paulin.

(2) Il y eut un autre Paulin à Bordeaux. Attale, ayant repris la pourpre dans les Gaules, en 414, lui donna le titre de comte. (Baurein, *Essai hist. sur l'ancien état de Bordeaux*).

Livre I.
Chap. 7.

irréprochable et à la hauteur de l'opinion que le public s'était formée sur son compte. Ses relations avec Ausone furent toujours aussi étroites que sincères, aussi honorables qu'amicales. Ausone le comblait de bontés, et Paulin lui garda toujours un sentiment profond d'affectueuse reconnaissance, et n'hésitait pas à dire que c'était à son maître, qu'il appelle son père, qu'il devait son éducation, ses mœurs, ses dignités, sa réputation, et, ce qui est encore plus estimable, les principes de la religion chrétienne (1).

A l'âge de dix-neuf ans, il épousa une jeune espagnole, nommée Thérasia, dont les brillantes vertus avaient pour lui plus d'attraits que sa remarquable beauté. Il fut substitué bientôt après à Valens, qui mourut en 378 (2). Préteur à dix-neuf ans, nommé consul à vingt-quatre, et préfet de Rome à vingt-six, il monta vite et haut dans l'échelle des grandeurs romaines; mais il descendit avec plus de gloire encore à l'édification du monde. Ses liaisons avec saint Delphin, évêque de Bordeaux, développèrent, sous l'influence de la grâce, les heureuses dispositions de sa belle âme; ses entretiens avec saint Ambroise de Milan, avec saint Martin de Tours, les fortifièrent et le gagnèrent à Dieu. Il tenait cependant à la terre;

---

(1) Tibi disciplinas, dignitatem, litteras,
Linguæ, togæ, famæ decus,
Provectus, altus, institutus debeo,
Patrone, præceptor, pater.

CARMEN, 10.

Gratia prima tibi, tibi gloria debita cedet,
Cujus præceptis partum est quod Christus amaret.

(2) Le nom de Paulin ne paraît pas dans les *Fastes*; on n'y inscrivait que les noms des consuls qui prenaient le pouvoir au commencement de l'année. Paulin fut substitué à Valens, mort en 378. Ausone nous apprend que Paulin avait été consul avant lui :

Et fastorum titulo et tua Romæ
Præcessit nostrum sella curulis ebur.

EPIST. XX.

Dieu l'en détacha tout à fait. Il ne fallait pour cela que quelques revers, quelques dérangements de fortune, suite inévitable des révolutions politiques. La perte de quelques membres de sa famille, des maladies, des déceptions que son cœur croyait impossibles, les amertumes qui suivent la fortune et s'attachent aux honneurs, tout cela, et mille autres moyens providentiels, déterminèrent enfin le grand sacrifice que la pieuse Thérasia acheva par ses tendres et pressantes sollicitations.

Livre 1.
Chap. 7.

Comprendra-t-on de nos jours le singulier spectacle que présentent ces époux encore jeunes, renonçant volontairement aux sourires de la fortune, aux plaisirs du monde et à leurs immenses propriétés, qu'Ausone appelle des royaumes *(regna Paulini)* ? Croira-t-on que pour se donner à Dieu, ils aient abandonné leurs honneurs, leurs amis et leur patrie, et qu'ils soient allés s'ensevelir tout vivants dans un obscur coin de l'Espagne ? C'est ce qui arriva cependant ; ils se retirèrent, en 390, dans leurs terres, au-delà des Pyrénées ; c'était le premier pas vers une complète renonciation aux choses de ce monde, le noviciat de leur sainteté future. Une seule chose les attachait encore au monde ; c'était leur fils unique. Mais, afin que leur affection ne fût pas partagée, et que leurs cœurs fussent à lui seul, Dieu appela à lui cet enfant ; il cueillit cette jeune fleur de bonne heure, avant que le souffle du monde n'en pût flétrir l'éclat. Alors, tous les liens étant brisés, Dieu seul devint l'objet sur lequel se concentrèrent les plus tendres affections de ces deux époux. Ils se donnèrent avec joie au Seigneur, et d'un consentement mutuel s'engagèrent à vivre dans une continence perpétuelle. Paulin n'eut plus d'épouse ; Thérasia était devenue pour lui une sœur.

Saint Paulin était très-riche : ses propriétés étaient étendues et nombreuses ; il en avait à Narbonne et partout en Aquitaine ; il avait une villa à Ebromag, que nous croyons être Bourg-sur-Gironde. Le pays de Buch lui appartenait, ainsi

NOTE 11.

<small>Livre I.
Chap. 7.</small>

que Langon et Pauillac ; mais sa résidence principale était sur le mont Puy-Paulin, à Bordeaux (1).

Avant de partir pour l'Espagne, Paulin se fit baptiser par saint Delphin ; il approuva le projet que ce saint évêque avait conçu, de bâtir une église à Langon ; et dans sa lettre à ce pontife, lui rapporte l'honneur de la fondation de ce temple chrétien, qu'il appelle *sa fille* (2).

En 393, le peuple de Barcelonne, ébloui par ses vertus, le voulait pour pasteur ; saint Paulin s'y refusait ; mais un jour, on s'empara de lui dans l'église et on demanda à grands cris qu'il fût élevé au sacerdoce. Il fut donc admis aux saints ordres et sacré évêque en 409 (3). Il mourut en 431 ; Thérasia l'avait précédé sur la route de l'éternité, en 409.

Nous reviendrons sur ce même sujet dans la partie littéraire de cet ouvrage, qui sera le tableau de notre littérature, la galerie de nos grands hommes. Nous y verrons, avec une appréciation impartiale de leurs ouvrages, Ausone, saint Paulin, Minervius, Delphidius, tous les professeurs contemporains d'Ausone, tous les hommes de lettres depuis le IVe siècle jusqu'à nos jours. Nous terminerons ce chapitre par le tableau des mœurs de l'Aquitaine, tracé par une main habile et énergique ; il s'applique au pays bordelais aussi bien qu'à cette partie de la province qu'on appelait Novempopulanie. Le peintre moraliste était bien en état de traiter ce sujet ; il connaissait le pays, et le talent ne lui manquait pas ; c'est Salvien, le Jérémie des Gaules au Ve siècle, saint prêtre, grand homme. Il pleura les désordres de son temps et de son pays : ses cou-

<small>Salvien,
De Gubernat.,
lib. VII.</small>

<small>(1) Le château de Puy-Paulin passa de cette famille dans celle de Pey de Bordeaux, puis dans celle des Grailly, des Grailly-Foix, des d'Épernon. (Voir notre *Histoire de Verdelais*, ch. XII).

(2) Fatemur venerandæ pietati tuæ, legentibus nobis illam epistolæ partem quâ Alingonensis ecclesiæ novam filiam te auctore progenitam..... usque ad dedicationis diem crevisse signabas. (*Epist. ad Delphin.*)

(3) Voir *Études historiques sur la vie et les écrits de saint Paulin*, par M. l'abbé Souiry, ouvrage consciencieux, qu'on consulte avec fruit.</small>

leurs sont fortes, son récit exagéré peut-être ; mais au fond ce sont de tristes réalités qu'il fait fidèlement ressortir. Faisons la part de sa sainte colère, et reconnaissons qu'il y a de la vérité dans tout ce qu'il avance sur les mœurs de son temps, en Aquitaine.

« Personne, dit-il, ne doute que la contrée occupée par
» les Aquitains et les Novempopulaniens ne soit comme la
» moelle de la Gaule entière, comme une mamelle d'une
» inépuisable fécondité ; mais même de ce qu'on préfère à la
» fécondité, de beauté, d'agréments et de délices. Toute cette
» contrée est, en effet, tellement entrecoupée de vignobles,
» fleurie de prés, parsemée de champs cultivés, plantée d'ar-
» bres fruitiers, délicieusement ombragée de bosquets, arro-
» sée de fontaines, sillonnée de rivières, chevelue de mois-
» sons, que ses possesseurs semblent avoir obtenu en partage
» une image du paradis plutôt qu'une portion de la Gaule.
» Que devait-il arriver de là ? Certes, des hommes si parti-
» culièrement comblés de bienfaits du ciel devaient en être
» d'autant plus dévoués à Dieu. Mais qu'est-il arrivé ? Quoi ?
» si non tout le contraire. Les Aquitains sont parmi les Gau-
» lois les premiers en vices comme en richesses. La recherche
» des voluptés n'est nulle part si effrénée, la vie si impure,
» la conduite si relâchée.

» Nobles ou autres, les Aquitains sont tous à peu près les
» mêmes. Le ventre de tous ne forme, pour ainsi dire, qu'un
» seul et même gouffre ; la vie de tous qu'une seule et même
» prostitution, ou quelque chose de pire encore. Oui, ce qui
» se passe dans des lieux de prostitution me paraît moins
» coupable.

» Les courtisanes qui habitent ces lieux ne sont point ma-
» riées ; elles ne profanent pas un lieu qu'elles ignorent ; elles
» outragent la pudeur, mais elles sont exemptes d'adultère.
» D'ailleurs les lieux de prostitution sont rares, et les créatures
» condamnées à y passer leur misérable vie ne sont pas nom-

Livre I.
Chap. 7.

Livre I.
Chap. 7.

» breuses. Mais chez les Aquitains, quelle est la ville dont la
» portion la plus opulente ne soit pas un lieu de prostitution?
» Quel est parmi eux l'homme puissant qui ne se soit pas
» vautré dans la débauche? Qui d'entre eux a gardé la foi
» conjugale? Qui n'a pas ravalé son épouse à la condition de
» ses servantes, en s'en faisant, comme de celles-ci, un in-
» strument de débauche? Qui n'a pas outragé la sainteté du
» mariage au point que celle-là ne fût dans sa propre maison
» la plus vile aux yeux de son mari, celle, dis-je, qui, à
» raison de sa dignité d'épouse, y devrait être reine?

» Et quelqu'un penserait-il que les choses ne sont point
» chez les Aquitains comme je dis, parce qu'on a vu parmi
» eux des mères de famille jouir de leurs droits et en pos-
» session du pouvoir et des honneurs des matrones? Il est
» vrai que plusieurs femmes ont joui pleinement de leurs
» priviléges de maîtresses, mais presque aucune n'a maintenu
» intact son droit d'épouse; et il s'agit en ce moment pour
» nous, non pas de constater quelle est la puissance des fem-
» mes, mais combien les mœurs des hommes sont corrom-
» pues. »

LIVRE II.

CHAPITRE PREMIER.

Le royaume des Francs s'affermit. — Mort de Clovis. — Funestes suites du partage du royaume. — Bordeaux fait partie des domaines de Charibert. — Chilpéric. — Frédégonde. — Mort de Galsuinthe. — La guerre. — Brunehaut. — Son portrait et celui de Frédégonde. — Les églises ravagées par les troupes de Chilpéric. — Sigebert assassiné. — Saint Grégoire de Tours accusé par Leudaste. — Il est reconnu innocent.

DE 509 A 580.

La chute du règne des Visigoths clôt le V⁰ siècle. Nous commençons le VI⁰ avec le triomphe des Francs, époque glorieuse : l'avenir s'ouvrait à tous les regards sous les meilleurs auspices ; l'Aquitaine était chrétienne ; Bordeaux réparait ses ruines ; le commerce s'étendait sur une plus grande échelle, et rien ne semblait devoir arrêter l'essor ascensionnel de la prospérité nationale. Mais la mort de Clovis fit avorter bien des projets et modifia beaucoup l'état politique de notre pays. L'usage de partager le royaume entre les enfants mâles du roi eut des suites funestes ; il diminuait en même temps la puissance du prince et l'affection des sujets ; il fallait une longue expérience pour en apprendre aux rois et aux peuples les nombreux et graves abus. Le temps, qu'on appelle le ministre de

Anno Christi 509.

*Livre II.
Chap. 1.*

la Providence, y a apporté des modifications, que la sagesse des nations s'est empressée d'adopter. Dans un de ces partages du royaume, Bordeaux échut à Charibert (1); sa mort rendit un second partage nécessaire : Chilpéric, roi de Soissons, devint maître du Bordelais. Notre nouveau roi, inconstant dans ses affections, emporté et voluptueux, ne fit que se traîner dans la plus dégoûtante immoralité : trop dégradé, trop corrompu pour rougir de ses folles amours, il s'y abandonna sans honte comme sans frein, et ses intrigues avec la trop fameuse Frédégonde ne furent que le premier anneau de cette longue chaîne de folies, d'erreurs et de crimes qu'on appelle sa vie. Au milieu de cette honteuse carrière, un sentiment d'orgueil fit taire un instant ses passions; il prit la résolution de demander au roi des Visigoths, à Tolède, la main de sa fille Galsuinthe; mais la princesse, instruite de la vie licencieuse de celui qui la voulait pour épouse, et retenue par un secret pressentiment de ses malheurs futurs, rejeta la demande de Chilpéric. Celui-ci ne se rebuta pas; il promit de réformer ses mœurs, et jura même sur les Évangiles qu'il serait fidèle à sa nouvelle épouse. Le père le crut, et consentit : Galsuinthe obéit avec peine à la volonté paternelle; mais elle garda ses craintes et ses affligeantes prévisions. On célébra les noces avec beaucoup de pompe; le lendemain, le complaisant époux donna à sa femme, comme apanage, à titre de *don matutinal* (2), les villes de Bordeaux, de Limoges, de Cahors, de

*Greg. Tur.,
lib. IX, cap. 20,
Conventus
apud
Andelawm.*

*Aimoin,
De
Gest. franç.,
lib. III,
tome 3, p. 66.*

(1) Ce prince fut enterré à Blaye, dans l'église de Saint-Romain. D. Devienne le nie; mais l'auteur des *Gestes des Francs* et Aimoin l'affirment; nous croyons qu'ils ont raison. M. de Peyronnet semble aussi le croire; il dit que *Charibert s'était arrêté à Blaye en danger de mort.* (*Hist. des Francs*, t. Ier, p. 237).

(2) Cette libéralité du mari, que saint Grégoire de Tours appelle *don matutinal*, et en langue tudesque *morganegiba*, ou *morgengab*, ne pouvait excéder le quart des biens du mari, d'après la loi des Lombards. (*Lib. 2, cap. 1, 8*). Elle se faisait le lendemain du jour des noces. De là vient le nom de *morganegab*, de *morghen*, matin, et *geben*, donner, don du matin.

Bigorre et de Lescar (*Benearnum*) (1). La princesse parut contente; mais ses beaux jours ne furent pas longs. L'astucieuse Frédégonde recouvra son influence sur l'esprit du prince, qui avait oublié son serment; le désordre se mit de nouveau dans les mœurs et dans la maison de Chilpéric. La princesse Galsuinthe s'aperçoit enfin de ses illusions : elle prie, on ne l'écoute pas; elle menace, on rit; elle demande à rentrer sous le toit paternel et renonce à tous ses droits, pour jouir dans la solitude du bonheur qu'une concubine lui avait ravi. Le prince hésite et ne sait que faire : la renvoyer, c'était s'attirer la guerre et ajouter un nouveau scandale à ceux de sa vie passée; sacrifier Frédégonde, c'était perdre sa liberté et se courber servilement sous l'autorité d'une femme, c'était mettre fin à ses plaisirs et renoncer à ses plus chères jouissances. Frédégonde le tire de ses embarras. Mourir! voilà le sort de Galsuinthe décidé ; c'est ce qu'il fallait, pourvu qu'on ignorât par quelle main. On fit étouffer dans son lit l'infortunée princesse, et la concubine alla s'asseoir sur un trône ensanglanté, à côté d'un époux infidèle, parjure et complice de son forfait!

Ce crime eut un fatal retentissement dans le monde, et indigna la France et l'Espagne contre les deux meurtriers. Athanagild, roi des Visigoths, se prépara à venger la mort de sa fille; Sigebert, roi d'Austrasie, qui avait épousé Brunehaut, sœur de Galsuinthe, déclara la guerre à Chilpéric, et marcha contre ses États. Ici, arrêtons-nous à contempler le

---

(1) De *Benearnum*, qui a été rasé plusieurs fois, on a fait *Béarn*, nom donné au pays en général. Ce mot vient de la langue basque, ou *Escualdunac*, de *behia*, vache, et *arno*, vin, pays de bétail et de vin. Après la destruction de *Benearnum*, le siége du gouvernement fut transféré à Morlaas, près Pau. Cependant, on releva les ruines de *Benearnum;* la nouvelle ville prit le nom de *Lascurris*, le cours des eaux. Jean de Sallettes, évêque sous Louis XIII, changea ce nom béarnais en le latinisant en *Lascarriensis*, dont on a fait Lescar. (Voy. M. DE MARCA, *Réfutation du discours historique du R. P. François de La Vie, etc.*, liv. Ier, chap. Ier, page 11, note 1 de ce travail).

Livre II.
Chap. 1.

singulier tableau que l'histoire nous présente : Deux femmes égales en beauté, en talents et en fortune ; toutes deux rivales, ennemies implacables, les fléaux de leur race, la honte de leurs cours, des monstres couronnés, Frédégonde et Brunehaut (1). L'une a fait étrangler sa rivale, l'autre désirait commettre un crime semblable et tremper sa main dans le sang de la meurtrière ; toutes deux abhorrées du peuple, exécrées par la postérité, mais diversement jugées cependant par les historiens. Nous allons les voir agir pour mieux les juger nous-mêmes.

Brunehaut, qui avait poussé sa sœur à épouser Chilpéric, n'en fut que plus animée à venger sa mort ; elle réussit à inspirer ses sentiments à son beau-frère, Gontran, roi de Bour-

---

(1) Portrait de Frédégonde par Aimoin. (*Lib.* 3, *cap.* 57). Erat Fredegunda, forma egregia, consilio callida, dolis, excepta Brunehilde, parem non agnoscens.

Portrait de Brunehaut par Fortunat de Poitiers. (*Lib.* 6, *carm.* 6). Il est un peu flatté !

    Pulchra, modesta, decens, solers, grata atque benigna
    Ingenio, vultu, nobilitate potens.

Fortunatus se fit un ridicule flatteur ; il dépeint la princesse comme une nouvelle Vénus, et le prince comme un autre Achille !

Velly et quelques auteurs modernes ont tenté de justifier Brunehaut. Nous la croyons innocente de plusieurs crimes à lui imputés ; mais il en existe assez d'autres bien prouvés pour que l'histoire soit inexorable à son égard. Saint Grégoire de Tours (liv. 4), parle ainsi de Brunehaut :

« Erat enim puella elegans opere, venusta aspectu, honesta moribus atque decora, » prudens consilio et blanda colloquio. »

Henry Martin nous semble trop sévère à l'égard de Frédégonde, et peut-être pas assez vis-à-vis de Brunehaut. Il dépeint la première comme « une de ces natures » sauvages chez lesquelles nulle conscience, nul idéal ne se sont encore éveillés ; » elle joignait, dit-il, à l'absence de tout sentiment moral, des instincts malfaisants » d'une effroyable énergie.... Une espèce de sorcière du Nord, une Médée franke, » belle et atroce, entourée de maléfices, de poisons, de superstitions sanglantes et » de jeunes sicaires fanatisés par ses philtres et par sa funeste beauté. »

« Brunehaut, dit-il, avait, avec d'ardentes passions, tous les goûts et toutes les » opinions de la civilisation, et ce fut là ce qui fit sa gloire, ses malheurs et ses cri- » mes. » Il aurait pu, ce me semble, jeter quelques ombres sur ce tableau trop flatteur. (MARTIN, *Hist. de France*, t. 2.)

gogne, et les deux frères s'emparèrent bientôt après des domaines de Chilpéric. La colère de Brunehaut était implacable ; celle de Gontran ne l'était pas. Il écouta les pacifiques propositions dictées par l'adroite Frédégonde ; et Sigebert consentit à faire cesser les hostilités, pourvu qu'on lui donnât, non la suzeraineté, mais la jouissance viagère du *don matutinal* de l'infortunée Galsuinthe. Chilpéric y consentit pour avoir la paix ; Frédegonde se tut en présence de la force, mais elle n'en continua pas moins à méditer des vengeances contre sa rivale, qui se réjouissait de voir sa haine récompensée par les riches dépouilles de sa sœur. Bordeaux changea de maître, mais ne gagna rien à ces vicissitudes de la fortune.

Quelque temps s'écoula avant que Chilpéric pût songer à recouvrer ses États. Une mésintelligence éclata enfin entre Sigebert et Gontran : l'occasion parut favorable à ses desseins; il réunit ses troupes et en donna le commandement à Clovis, le plus jeune de tous les enfants que lui avait donnés la pieuse et vertueuse Audovère. La Touraine et le Poitou furent soumis; tout allait bien pour Chilpéric, mais la bonne intelligence se rétablit entre ses frères ; leurs armées se réunirent de nouveau contre le violateur des traités. Mummole commandait leurs troupes; il conquit les provinces soulevées et força Clovis, abandonné de ses soldats, de se retirer à Bordeaux. On ne l'y laissa pas en paix; car Sigulphe, l'un des généraux de Sigebert, vint l'attaquer et le força de fuir de nouveau comme un cerf devant les chasseurs, selon l'expression de saint Grégoire de Tours.

Les espérances de Chilpéric semblaient évanouies pour toujours ! Mais une nouvelle mésintelligence entre les deux frères lui mit encore les armes à la main. Théodebert, qui commandait ses troupes, réduisit Limoges, dévasta et renversa les monastères, laissa outrager les saintes filles qui en ornaient les sanctuaires, et brûla les temples. L'Église, dit saint Grégoire de Tours, eut plus à gémir de ces déplorables

Livre II.
Chap. 1.

Greg. Turon,
lib. IV, cap. 42.

Anno 572.

excès que de la persécution de Dioclétien. L'Aquitaine était le champ de bataille où les peuples, comme les gladiateurs des tyrans de Rome, se sacrifiaient pour plaire à trois frères altérés de leur sang ! Gontran, par ses incertitudes, ou plutôt par ses infidélités à l'un et à l'autre, prolongea la lutte : l'implacable haine des deux femmes ne cessa de l'animer. Mais la fortune semble enfin sourire à Sigebert : Frédégonde ne voit devant elle qu'un triste avenir et des tempêtes qu'il faut conjurer à tout prix. Un crime suffirait ; elle n'était pas femme à reculer à l'idée d'un meurtre ! Elle appelle deux de ses serviteurs dévoués, et leur dit, en leur donnant deux poignards : « Prenez, leur lame est empoisonnée ! c'est pour tuer Sige» bert ! Il n'y a plus d'autre salut pour le roi, pour moi, pour » vous-mêmes ! Allez, le jour est venu : si vous survivez, je » vous ferai puissants, vous et votre race ; si vous périssez, » je répandrai pour vos âmes des aumônes dans les lieux » consacrés aux saints. » Ils partent, et ne réussissent que trop bien, mais aux dépens de leur vie. Sigebert tomba percé du poignard aiguisé par Frédégonde ; son fils Childebert lui succéda et devint maître de Bordeaux (1).

Chilpéric crut avoir trouvé, par un fratricide, le chemin du bonheur ! Il voulait aller vite, mais il ne faisait que glisser dans le sang : une chute ou quelque malheur était à craindre. Sa joie ne fut pas longue. Mille ruses furent employées pour s'emparer de Brunehaut, et de Mérovée, qui partageait sa fortune ; mille artifices mis en jeu pour échapper aux pièges qu'une main ensanglantée leur tendait tous les jours. Enfin, Brunehaut, tombée en captivité, n'attendait pas de ménagements de la part de Frédégonde ; la tristesse ridait

---

(1) On dit que cela fut fait à l'instigation de Frédégonde. Est-ce vrai ? Pasquier le suppose dans ses *Recherches*. (Liv. 5, chap. 8 ; liv. 10, chap. 7). Gaillard le trouve vraisemblable. (*Mém. sur Frédégonde, etc.*) Lévesque de La Ravalière l'affirme. (*Vie de Grég. de Tours*). Daniel et Velly pensent le contraire. M. de Peyronnet en doute. (*Hist. des Francs*. t. 1er). Nous ne le croyons pas.

son front et planait sur son avenir, mais Gontran se prononça enfin en faveur du jeune roi d'Austrasie; un traité eut lieu, et Brunehaut, rendue à la liberté, fut reçue avec enthousiasme par le peuple de Metz.

Livre II. Chap. 1.

Dans ce temps-là, tout fléchissait devant l'impérieuse volonté de Frédégonde. Grégoire de Tours avait résisté longtemps et hardiment aux injonctions de Chilpéric. La reine jure sa perte et ne désire que l'occasion de l'effectuer. Leudaste, homme d'une naissance obscure, mais élevé par ses intrigues à la dignité de comte de Tours, veut se venger de Grégoire, dont il se croyait en droit de se plaindre; il en cherche l'occasion, croyant pouvoir, à la fois, plaire au prince, se défaire de Grégoire et gagner les bonnes grâces de la reine, tout en l'enveloppant dans l'abominable charge qu'il allait alléguer contre le pieux évêque. Pour mieux réussir, un complot est formé avec deux ecclésiastiques de la ville, du nom de Riculphe, tous deux ennemis de Grégoire, tous deux amis de Leudaste, et cherchant avec lui, depuis un an, les moyens de perdre le saint évêque et de mettre à sa place l'un de ces Riculphe, qui était prêtre, l'autre n'étant que sous-diacre. D'accord avec ces deux ecclésiastiques, Leudaste désignait, comme complices du prétendu crime de Grégoire, Gallien, l'ami intime de ce pieux pontife, et Platon, son archidiacre; ils accusent Grégoire de vouloir livrer la ville à Childebert. Le roi accueille avec mépris ces accusations invraisemblables; Leudaste insiste, et ajoute :

577.

« Ce n'est pas le seul crime de cet évêque; ses téméraires
» discours attaquent la reine et toi-même. Ne sais-tu pas ce
» qu'il ose dire? Quoi? interrompit Chilpéric. Que Frédé-
» gonde, réplique Leudaste, vit dans l'adultère avec Bertrand,
» évêque de Bordeaux. » Le roi, indigné, le frappe, le foule aux pieds et le fait charger de chaînes. Leudaste persiste dans sa déclaration et nomme des témoins. Le roi paraît affecté vivement. Cependant, malgré ce concours de témoignages, il

Livre II. Chap. 1.

n'a encore qu'un sentiment de défiance. Désireux, enfin, d'éclaircir cette affaire pour l'honneur de sa famille et de l'épiscopat, et pour le triomphe de la justice, il convoque un concile à Bergné, selon d'autres à Braine *(apud Brennacum)*, s'y rend avec une nombreuse suite, laissant à Bertrand, de Bordeaux, le soin de poursuivre devant les pères du concile la réparation de son honneur et de celui de la reine. Grégoire nie d'avoir tenu les propos qu'on lui impute, avouant toutefois qu'il les avait ouï dire à d'autres (1). Le roi demande le

Fleury, Histoire, liv. XXXIV.

(1) Negavi ego in veritate me hæc locutum; et audisse quidem hæc alios, me non excogitasse. (SAINT GRÉG. DE TOURS, lib. 5, cap. 50).

Ces paroles sont obscures, surtout les dernières de cette phrase. Je crois que Fleury a saisi le vrai sens de l'auteur. Voici sa version : « Grégoire nia qu'il eût » ainsi parlé de la reine et de lui (Bertrand), avouant, toutefois, qu'il l'avait ouï dire » par d'autres. »

M. le comte de Peyronnet, dans son *Histoire des Francs*, t. 1, liv. IV, croit cette version inexacte, et allègue à l'appui de son opinion les raisons suivantes :

1° Si Grégoire eût ainsi parlé, il eût préparé la perte de Platon, l'archidiacre de Tours, et de Gallien, l'ami de Grégoire, accusés tous deux d'avoir tenu les mêmes propos;

2° Il se serait de plus condamné lui-même, puisque informé d'un crime de lèse-majesté, il n'eût pu, sans crime, omettre de le révéler;

3° M. de Peyronnet soupçonne que l'abbé Fleury s'était laissé entraîner, à son insu, par ses trop justes préventions contre Frédégonde; il la croyait adultère et ne doutait pas que le peuple ne l'en accusât;

4° Outre ces raisons, M. de Peyronnet croit en trouver une autre dans le contexte même, et n'admet pas, en conséquence, que le passage soit obscur. *Negavi*, dit-il, se rapporte également à *audisse* et à *locutum* : *Negavi audisse, negavi locutum*. Mais si *negavi* se rapporte à *audisse*, il faut qu'il se rapporte aussi à *me non excogitasse*, et la difficulté reste toujours la même, ou pour mieux dire plus embarrassante.

Quant aux autres raisons alléguées par le comte de Peyronnet, on peut répondre :

1° Grégoire de Tours, honnête homme, saint évêque, ne nommait ni Platon ni Gallien; il était tenu de dire la vérité, sans se préoccuper de ses conséquences;

2° Le crime de lèse-majesté était-il si formellement défini et si sévèrement puni que de nos jours ? Pourquoi, d'ailleurs, serait-il considéré comme coupable de la non révélation d'un crime, puisqu'il devait être supposé incrédule, relativement à ces bruits, que sa charité devait regarder comme calomnieux ?

3° Fleury parle en historien de Frédégonde; mais rien, dans ses écrits, ne nous autorise à dire que ses préventions personnelles avaient influencé le jugement qu'il a porté sur cette princesse. Nous croyons donc cette phrase très-obscure et même

jugement des pères, et déclare vouloir s'y conformer. Les pères déclarent unanimement que le témoignage d'un ecclésiastique ne pourrait servir contre son évêque (1). On exigea cependant que Grégoire se soumît à une épreuve ; c'était de dire la messe à trois autels différents, et, après chaque messe, de répéter son serment de n'avoir jamais tenu ces propos diffamatoires. Cette épreuve était contraire aux saints canons, mais elle était dans l'esprit du siècle. Cependant, dans l'intérêt de la famille royale, et pour son propre honneur, Grégoire s'y soumit et fut reconnu innocent.

<small>Livre II. Chap. 1.</small>

Après les trois messes, les évêques rentrèrent en séance ; le roi y vint aussi reprendre sa place ; alors le président de l'assemblée se leva, et, d'un ton grave et majestueux, s'exprima ainsi : « O roi, l'évêque a accompli toutes les choses qui lui avaient été prescrites : son innocence est prouvée, et maintenant qu'avons-nous à faire ? Il nous reste à te priver de la communion chrétienne, toi et Bertrand, l'accusateur d'un de ses frères. »

<small>Grég. Turon, Histoire, lib. V, Apud Scriptor. rer. Gallici, tome 2.</small>

Le roi, frappé de ces paroles, changea de visage, et d'un air confus, rejetant tout le tort sur des complices, répondit : « Je n'ai dit que ce que j'avais entendu dire. —

---

défectueuse ; pour en ôter toute difficulté, il faudrait en compléter la construction de cette manière : *Negavi ego in veritate me hæc locutum (dicens) me audisse alios hæc me non excogitasse*. J'ai nié d'avoir dit ces choses, tout en disant que je les avais entendu dire à d'autres ; mais que, pour moi, je ne les avais jamais pensées.

Nous adoptons, en conséquence, la version de Fleury, d'autant plus facilement, qu'elle s'accorde avec celle donnée par Aug. Thierry, qui rend en ces termes la phrase en question : « En vérité, je n'ai rien dit de cela ; d'autres l'on dit ; j'ai pu
» l'entendre, mais je ne l'ai jamais pensé. » Voyez sur le sens de ce passage l'opinion du savant éditeur Dom Ruinart, *præf.* 114.

<small>Récits des temps mérovingiens, tome 2.</small>

(1) Ce droit ecclésiastique de l'Église, au VIe siècle, se trouve résumé dans les Capitulaires de Charlemagne. Aussi nous lisons : « *Ut clerici insidias contra pasto-*
» *rem suum non faciant.... Ut nullus presbyter contra suum episcopum superbire*
» *audeat*. » Cap. Karol. Magn., *Incerti anni primum*, cap. 14, 16.

Si quis clericus exprobator, vel calumniator episcopo suo extiterit, ut homicida habeatur. (Cap. Karol. Magn. et Lud. Pii, lib. VII, cap. 20).

Qui te l'a dit donc le premier, répliqua le président avec un ton d'autorité plus absolu? — C'est Leudaste, dit le prince, tout ému de l'annonce d'une excommunication. » On le fit rechercher; mais on ne put le trouver. On le déclara excommunié. Le président, debout, prononça la sentence en ces termes : « Par le jugement du Père, du Fils et du Saint-Es-
» prit, en vertu de la puissance accordée aux apôtres et aux
» successeurs des apôtres, de lier et de délier dans le ciel et
» sur la terre, tous ensemble nous décrétons que Leudaste,
» semeur de scandale, accusateur de la reine, faux dénon-
» ciateur d'un évêque; attendu qu'il s'est soustrait à l'au-
» dience pour échapper à son jugement, sera désormais sé-
» paré du giron de la sainte mère, l'Église, et exclu de toute
» communion chrétienne dans la vie présente et dans la vie
» à venir. Que nul chrétien ne lui dise : salut, et ne lui donne
» le baiser. Que nul prêtre ne célèbre pour lui la messe et
» ne lui administre la sainte communion du corps et du sang
» de Jésus-Christ. Que personne ne lui fasse compagnie, ne
» le reçoive dans sa maison, ne traite avec lui d'aucune af-
» faire, ne boive, ne mange, ne converse avec lui, à moins
» que ce ne soit pour l'engager à se repentir. Qu'il soit mau-
» dit de Dieu le père, qui a créé l'homme ; qu'il soit maudit
» de Dieu le fils, qui a souffert pour l'homme ; qu'il soit mau-
» dit de l'Esprit-Saint, qui se répand sur nous au baptême ;
» qu'il soit maudit de tous les saints, qui, depuis le commen-
» cement du monde, ont trouvé grâce devant Dieu; qu'il soit
» maudit partout où il se trouvera, à la maison ou aux champs,
» sur la grande route ou dans le sentier; qu'il soit maudit
» vivant et mourant, dans la veille et dans le sommeil, dans
» le travail et dans le repos; qu'il soit maudit dans toutes ses
» forces et tous les organes de son corps; qu'il soit maudit
» dans toute la charpente de ses membres, et que, du som-
» met de sa tête à la plante des pieds, il n'y ait pas sur lui
» la moindre place qui reste saine; qu'il soit livré aux sup-

» plices éternels avec Dathan et Abiron, et avec ceux qui ont
» dit au Seigneur : Retire-toi de nous. Et de même que le
» feu s'éteint dans l'eau, qu'ainsi sa lumière s'éteigne pour
» jamais, à moins qu'il ne se repente et qu'il ne vienne don-
» ner satisfaction. » A ces mots, tous les pères, jusque-là
pieusement recueillis, se mirent à crier à plusieurs reprises :
« *Amen, amen, fiat, fiat, anathema sit;* que cela soit, qu'il
» soit anathème, *amen.* »

Livre II.
Chap. 1.

Ces effrayantes menaces équivalaient alors à la mise hors
de la loi du royaume; c'était ravir à l'homme excommunié,
non repentant, toutes les consolations de la terre, tout espoir
d'arriver au ciel; c'était l'exclure de la société des hommes,
flétrir son existence et le plonger dans le désespoir. Le repentir seul et sa soumission à l'Église pouvaient tranquilliser
son âme, dissiper ses craintes et le rendre à la vie.

Leudaste prit la fuite; Réculphe fut condamné à mort, mais
Grégoire intercéda généreusement pour lui, et lui sauva la vie.
Il fut dégradé et enfermé dans un monastère. Leudaste erra
longtemps de ville en ville; mais la haine de Frédégonde le
poursuivait partout. Rien ne saurait la satisfaire que le sang
de celui qui avait cru lui être agréable, même en la souillant
d'un crime qui eût pu servir ses intérêts; qu'il fût ou qu'il ne
fût pas l'instrument de sa vengeance; qu'il eût réussi ou qu'il
n'eût pas réussi, sa mort était pour elle une nécessité. Dès
que le crime est commis, l'instrument devient un accusateur;
il faut s'en défaire. Les grands coupables le brisent du moment qu'il ne peut plus leur être utile.

Longueval,
*Histoire
de l'Église,
etc.,*
tome 4.

CHAPITRE II.

Gontran nomme Childebert son héritier. — Politique de Chilpéric. — Mort de ce prince. — Son portrait. — État du pays. — Gondovald usurpe le pouvoir. — Il vient à Bordeaux. — Gontran le fait poursuivre. — Il est assiégé à Comminges. — Il est massacré. — Concile à Mâcon. — Conduite de Bertrand, évêque de Bordeaux. — Euphron et sa relique de saint Serge. — Traité d'Andelaw.

DE 580 A 600.

Livre II.

La puissance de Chilpéric s'étendait de plus en plus ; ses envahissements lents, mais progressifs, inspiraient un sentiment de défiance, et le caractère de sa femme faisait naître et justifiait à la fois la crainte et l'aversion la plus profonde. Gontran ayant perdu ses deux fils, ne voyait dans l'avenir que des malheurs ; pour en détourner le cours, il nomma Childebert, d'Austrasie (1), son héritier et son fils adoptif ; mais cette alliance se refroidit peu à peu, et Gontran se vit réduit à regretter ce qu'il avait fait. Chilpéric se montra moins exigeant envers Childebert, et réussit, par sa conduite politique, à le détacher de Gontran. Mais rien n'était stable dans les conseils de ces princes ; ils faisaient des alliances aujourd'hui pour les rompre demain, s'aimaient, se détestaient, s'unis-

---

(1) Sur la fin du VIe siècle, Childebert rendit une ordonnance qui ne fut pas malheureusement mise généralement en pratique. Le premier article de cette loi portait :
« Quiconque aura tué un autre méchamment, et sans raison, sera puni de mort, » sans qu'il puisse se racheter par aucune composition. »
Malgré cette sage ordonnance, les meurtriers eurent, longtemps après la mort de Childebert, en Austrasie comme en Guienne, la faculté de racheter leur vie et de payer le sang répandu au prix de l'argent, qu'ils donnaient, selon la loi des Francs, aux parents de la victime.

saient, se séparaient pour se réunir encore, et le tout au détriment des peuples, victimes de leurs caprices et de leurs démêlés domestiques. Au milieu de ces incertitudes éternellement renaissantes, de cette mobilité de la politique d'alors, Chilpéric mourut d'un coup de couteau ; le nom de l'assassin et de l'instigateur sont enveloppés de mystère. La Providence appliqua à ce malheureux prince la loi du talion ; il mourut de la mort de ses nombreuses victimes ! Ce prince était un monstrueux assemblage de tous les vices, sans qu'il s'y mêlât une seule vertu ; c'était l'homme le plus détesté et peut-être le plus détestable de son siècle. Pétri de penchants les plus vils, cruel, ambitieux, plein de mépris pour la justice et la religion, il se vautrait dans tous les excès de la luxure et de la gourmandise. Sa cruauté lui fit donner par ses contemporains les flétrissants surnoms de Néron et d'Hérode, que la postérité lui maintiendra. Le couteau de l'assassin avait été aiguisé, selon les uns, par Frédégonde, selon d'autres, par Brunehaut, ou peut-être, selon des écrivains judicieux, par des nobles mécontents, spoliés et indignement opprimés. Un illustre écrivain de nos jours se livre à des recherches très-intéressantes sur ce sujet ; et après un examen critique et approfondi de toutes les charges, disculpe les deux reines de l'inculpation du meurtre.

Livre II. Chap. 2.

Greg. Tur. lib. VI, cap. 46.

Pasquier, *Recherches*, liv. X.

Le comte de Peyronnet, *Histoire des Francs*, tome 1.

Quelque peu regrettable que fût la mort de ce prince, elle fut une source de malheurs, comme sa vie avait été un tissu de crimes : les trois royaumes en furent ébranlés. Frédégonde s'enfuit à Paris avec son fils Clotaire, et se mit sous la protection de Gontran, qui promit de la défendre contre Childebert. Ce prince demanda qu'on lui livrât Frédégonde, afin de venger sur elle les meurtres de Galsuinthe, de Sigebert, de Théodebert, de Mérovée, de Clovis, et même de Chilpéric ! Gontran refusa tout. Une mésintelligence éclata entre ces princes, et avec elle la guerre entre les peuples incertains dans leurs affections. Cet état de choses n'était guère favorable à la

Livre II.
Chap. 2.

prospérité publique : Bordeaux s'en ressentit un peu; mais le contre-coup de ces vicissitudes ne fut sensible que dans le voisinage des cours.

Le temps était alors mauvais, et voilà qu'un nouvel événement très-grave vient compliquer les circonstances pénibles de l'époque et la politique des princes. Un prétendant se présente, rappelé par les grands d'Austrasie, de Constantinople, où les mauvais traitements de ses parents l'avaient forcé de se réfugier ; c'est Gondovald, ou Gondebaud, fils adultérin de Clotaire Ier. La tache d'une naissance illégitime n'était rien dans ce temps-là; aux yeux du peuple, il suffisait qu'il y eût dans ses veines un peu de sang de Clovis. Séduit par les belles promesses des hommes influents du pays, Gondovald vient débarquer à Marseille; et en compagnie de Mummole, Didier, le duc Bladaste et Garachaire (selon d'autres Galactoire), comte de Bordeaux, et suivi d'une puissante armée, marche vers la partie septentrionale de l'Aquitaine et arrive dans nos murs en février 585 (1).

Greg. Tur.,
lib. VII.
585.

Élevé sur le bouclier, à Brives, Gondovald se crut roi. La fortune se chargea plus tard de le désillusionner. Les Leudes cependant se soumirent; et Bertrand, évêque de Bordeaux, l'accueillit comme son prince légitime. Bertrand était de race franque et parent, du côté maternel, de Gontran; il aimait les belles-lettres, et en particulier la poésie latine. Il avait

---

(1) En 580, dit Grégoire de Tours, par un violent tremblement de terre, les murs de Bordeaux se fendirent : les maisons furent renversées; le peuple prit la fuite et se cacha dans les campagnes; un incendie, allumé par la main de Dieu, dit le même auteur, embrasa les champs et les maisons des environs de Bordeaux. (Liv. V, *Daniel*, vol. 1). La *Chronique* de Sigebert, qu'a copiée Delurbe, qui, à son tour, a été copiée par la *Chronographie* de Pontac, évêque de Bazas, dit que les loups entrèrent en ville en plein jour et y dévorèrent des chiens; que cet endroit s'appelle *rue du Loup*. Tout ceci est faux. Au XIVe siècle, cette rue s'appelait *Grand'Rue*, et dans quelques titres *rue des Pinhadors*, parce que des peintres y demeuraient. Plus tard, en 1518, elle s'appelait *rue de Gemme*, d'une chapelle de ce nom. Un marchand pelletier y mit plus tard pour enseigne un loup empaillé; de là vient le nom de *rue du Loup*.

fait des épigrammes que Fortunat admirait, mais où brillait, aux dépens du jugement, une fougueuse imagination. On y remarquait aussi des plagiats mal voilés, des fautes de quantité, assez graves pour faire rougir tout autre muse que la sienne. Inconstant dans ses affections, il se rangea sans peine du côté du prétendant, avec le comte de la Ville et le duc Bladaste, qui commandait les forces militaires de la province, et ils firent tous trois, à Gondovald, un accueil empressé et amical. Gontran, fort embarrassé de ces circonstances, désirait que Gondovald s'enfermât dans Bordeaux, où il ne serait pas difficile de l'envelopper. Ce prince pressentit le piége, et se mit à parcourir le pays en vainqueur, et se retira enfin à Comminges, où l'armée de Bourgogne le poursuivit avec un acharnement incroyable. Le siège de la ville fut poussé avec activité; mais Mummole, qui défendait la place, se laissa gagner par les perfides promesses du général des Bourguignons; il se concerta avec ses amis, et finit par trahir et massacrer l'infortuné Gondovald. Les soldats traînèrent son cadavre autour du camp, et l'abandonnèrent enfin aux animaux sur le lieu même où il était tombé. Les traîtres ne furent pas heureux: la clémence de Gontran leur avait été promise; ils y comptèrent: un nouveau crime leur semblait un bon titre à sa bonté. Gontran fut juste; il ordonna leur mort. Gondovald, en expirant, avait demandé justice, et le ciel exauça la prière du moribond. Mummole, le premier, tomba blessé de la lance d'un soldat. Peu satisfait de cette première vengeance, Gontran fit convoquer un concile à Mâcon pour le 13 octobre; il s'agissait de juger les évêques qui avaient épousé la cause de l'usurpateur, et, en particulier, les évêques de Bordeaux, de Bazas et de Saintes. Ils avaient non seulement accueilli le prétendant, mais ils s'étaient prêtés servilement à un acte qui était une reconnaissance de sa puissance et une dérogation aux droits du prince légitime, un complet oubli des principes éternels de la morale. Voici de quoi il s'agissait

Livre II. Chap. 2.

Greg. Tur., lib. III, Chronique de France, tome 1.

585.

Livre II. Chap. 2.

Richard, *Annales des Conciles.*

Fauriel, *Gaule méridionale.*

Greg. Turon, *Hist. Franc.*, lib. VIII. *Apud Scriptor. rer. Franc*, tome 2.

Chilpéric avait désigné pour succéder à l'évêque de Dax le comte Nicet, frère de l'évêque d'Aire. Gondovald arrive à Bordeaux; et ayant annulé cette nomination, mit à la place de Nicet, Faustien, prêtre de cette ville. La consécration du nouvel évêque devait se faire naturellement par le métropolitain de Bordeaux; mais Bertrand, fin, prévoyant, craignant avec raison les vicissitudes de la politique et l'instabilité de l'usurpation *(cavens futura)*, feignit d'être malade, et chargea Palladius, de Saintes, d'officier à cette pieuse cérémonie. Il était assisté de l'évêque de Bazas. Le concile de Mâcon, d'après les ordres de Gontran, instruisit le procès des évêques. Le prélat consécrateur, Palladius, répondit aux pères : « Que son métropolitain (Bertrand) avait les yeux presque » fermés par des douleurs, et que lui, dépouillé, insulté, avait » été entraîné de force à exécuter les ordres de Gondovald, » qui disait son autorité reconnue de toutes les Gaules. » Peu satisfaits des raisons que les évêques inculpés alléguaient pour leur défense, les pères les condamnèrent à nourrir tour à tour le nouvel évêque, Faustien, et à lui payer chaque année cent pièces d'or. Le siége de Dax fut rendu à Nicet; mais le concile reconnut comme valide la consécration de Faustien; et quoique déposé, il lui fut permis de souscrire, après les autres évêques, les décisions du concile.

Quelque temps après, les deux prélats se présentèrent devant Gontran. En les voyant entrer, quel est celui-ci, dit le roi à l'un des assistants? — C'est Bertrand, évêque de Bordeaux. « Nous te remercions, reprit Gontran, d'avoir gardé » la foi que tu devais à ta race. Tu aurais du savoir, mon » très-cher père, que tu es notre parent du côté de ma mère, » et ne pas attirer cette peste sur la famille. » Puis se retournant vers Palladius, évêque de Saintes, il lui dit : « Pour » toi, Palladius, je n'ai pas de grands remercîments à te faire; » trois fois tu as été parjure envers moi, ce qui est déplorable » pour un évêque, en me trompant par des rapports menson-

» gers. Pendant que d'un côté j'admettais tes excuses, de » l'autre, tu appelais mon ennemi. » Il admit cependant les deux prélats à sa table. Le dimanche suivant, le roi devait assister à la grand'messe, où Palladius devait officier et prêcher. Voyant le prélat à l'autel, le roi s'écria : « Quoi, cet » homme infidèle et perfide prêchera devant moi la parole » de Dieu ! J'aime mieux sortir ; » et il se disposait en effet à se retirer, mais les évêques le prient de ne pas le faire. Il consentit que Palladius continuât et achevât l'office.

Livre II.
Chap. 2.

La mort violente de Gondovald fut regardée comme une punition divine. La foi était alors vive, mais peu éclairée, et la crédulité populaire cherchait dans la vie du prince des raisons qui lui expliquassent la mystérieuse action de la justice divine dans une fin si prématurée et si tragique ; on en trouva dans sa conduite à Bordeaux.

Pendant son séjour à Bordeaux, Gondovald se voyait poursuivi par les forces imposantes de Gontran ; il s'efforçait de se procurer des secours, de calmer ses craintes et celles de ses amis, et, pour cela, prêtait avec trop de simplicité l'oreille aux contes les plus ridicules. On lui dit qu'un certain roi d'Orient avait remporté de nombreux triomphes par le moyen d'une relique de saint Serge, qu'il avait enlevée et attachée à son bras droit ; le prince n'avait qu'à lever le bras pour repousser l'ennemi. Ce moyen de faciles victoires servait à merveille les intérêts d'un poltron ; la relique devint l'objet de l'ambitieux, mais trop crédule Gondovald ; et comme on croit facilement ce qu'on désire, il demanda où, comment et quand il pourrait en avoir. Il y avait alors à Bordeaux un négociant syrien, nommé Euphron, homme pieux, que Bertrand, évêque, avait tonsuré malgré lui pour le faire clerc, et afin que ses richesses passassent un jour aux églises et aux établissements religieux de la ville. Euphron ne se sentant pas une véritable vocation pour le service des autels, s'enfuit à l'étranger et ne revint que lorsque ses cheveux eurent repoussé. L'évêque Bertrand affirma au prince que dans la maison d'Euphron, dont on avait fait une église, il se trouvait une relique de saint Serge. Il ajouta que, par cette relique, le pieux Syrien avait vu opérer bien des miracles, et que, grâces à elle, dans un violent incendie qui avait ravagé la ville de Bordeaux, cette maison, quoique enveloppée de flammes, fut miraculeusement préservée. Mummole Patrice, général, court avec Bertrand chez Euphron, et demande la relique. Le pieux négociant, croyant qu'on demandait indirectement de l'argent, va chercher un sac, et leur dit : « Ne » tourmentez pas un vieillard et ne faites pas d'outrages à un » saint ; prenez ces cent pièces d'or et retirez-vous. » Mummole insiste ; Euphron lui offre une somme plus ronde encore ; mais en vain. Il se retire ; Mummole monte sur une échelle et fait descendre la châsse placée dans une niche au-dessus de l'autel. Mummole l'examine avec soin, y voit l'os du doigt de saint Serge ; mais ayant brisé l'enveloppe avec un marteau, l'os, en présence de l'air atmosphérique, perdit son apparente consistance et disparut en poussière. On cria au miracle, et la crédulité populaire fit remonter la mort tragique du prince et de ses partisans à l'action sacrilège de Mummole, comme à la cause de tous les malheurs dont le ciel irrité avait accablé l'usurpateur et ses imprudents conseillers.

La chute si rapide du parti gondovaldien avait été déterminée bien évidemment pour deux causes :

1° La défection de Didier et des principaux conspirateurs ;

2° La certitude que Gontran avait fait un traité avec Childebert II.

L'armée étant démoralisée, chacun songeait à ses propres intérêts, et ceux de Gondovald furent abandonnés au hasard. La trahison en fut la suite, et la mort de l'infortuné prince couronna cette déplorable révolte de quelques Leudes factieux et perfides. Le traité fait entre Gontran et Childebert fut confirmé en 587, par le fameux traité d'Andelot (1). Brunehaut intervint, et, dans les arrangements stipulés, il fut arrêté que les cinq villes qui formaient l'apanage de Galsuinthe, Bordeaux, Cahors, Limoges, Lescar et Bigorre, lui seraient rendues après la mort de Gontran.

Livre II.
Chap. 2.

29 Novembre.

(1) Vertot dit que ce traité eut lieu en 591 ; c'est une erreur. Le traité fut signé : *Die quarto calendas decembris anno XXVI domini Guntheramni regis, regni Childeberti verò duo decimo anno.* Or, Childebert régnait depuis 575, et Gontran depuis 562. L'année 591, dit M. de Peyronnet (*Hist. des Francs*), eût été la dix-septième du règne de l'un, et la trentième du règne de l'autre, au lieu de la vingt-sixième et de la douzième.
Par une autre erreur, Frédegaire date ce traité de la vingt-huitième année du règne de Gontran. Ce lieu d'Andelawin est, selon les uns, Andlaw, du département du Rhin ; selon Dom Bouquet, c'est Andelot (Andelaus), au diocèse de Langres. Henry Martin adopte cette dernière opinion, qui nous semble la seule vraie.

CHAPITRE III.

Invasion des Vascons. — Maîtres de la Novempopulanie. — Bladaste, duc de Bordeaux, s'y oppose. — Il est repoussé, ainsi qu'Austrovald, de Toulouse.— Ils sont maîtres de Bordeaux. — Ils repoussent les Francs. — Enfin vaincus. — Palladius et son fils.—Le nom de Gascogne s'établit. — Dagobert.—Charibert meurt. — Les Vascons se révoltent. — Ils sont domptés. — Amandus. — Loup Ier. — Concile à Bordeaux. — Eudes, duc des Gascons. — Chilpéric implore son secours contre Charles, surnommé Martel. — Signification de ce mot. — Origine d'Eudes et de Charles.

DE 600 A 718.

Livre II.

581.

586.

Vers la fin du VIe siècle, à la mort de Chilpéric, l'état politique du pays n'était guère rassurant : le désordre était dans les esprits et dans les affaires; une invasion du territoire par une puissance voisine eût été très-facile. Les Vascons, en Espagne, s'en aperçurent ; ils étaient en relation avec les peuplades de la Novempopulanie ; ils étaient tous descendus des mêmes ancêtres, sortis de la même souche, et leur communauté d'origine, de mœurs, de langage et de religion, leur faisait désirer de devenir maîtres des contrées en deçà des Pyrénées. Leurs montagnes avaient pour eux des charmes ; mais la fertilité des plaines novempopulaniennes, la douceur du climat, le besoin tout naturel d'améliorer leur bien-être matériel, le désir de venger les exactions des Francs sur les Vascons du Béarn, tout cela leur inspira la pensée d'une invasion, et l'envie de s'établir en deçà des monts. Ils se lèvent tous en masse ; et descendant de leurs repaires inaccessibles, ils s'emparent de tout le pays jusqu'à la Garonne ; ils y ren-

Gerg. Turon, lib. IX.

contrent de vives sympathies et s'y établissent en maîtres (1). Cependant, quelques villes furent dévastées, les Francs expulsés et maltraités : une réaction s'ensuivit dans certaines parties du pays; une armée bordelaise fut envoyée vers le même temps pour châtier les Goths de la Septimanie; elle suivit la vallée de l'Aude, dans le but d'arriver à Narbonne; mais surprise par les forces réunies des Goths et des Gascons, elle fut entièrement détruite, ainsi qu'une escadre partie de Bordeaux, qui fut forcée de relâcher sur les côtes de l'Espagne.

<small>Livre II. Chap. 3.</small>

Les succès des Vascons s'étendent et se multiplient; leurs faciles triomphes réveillent enfin les craintes et l'énergie des gouverneurs. Bladaste, duc de Bordeaux, alla s'opposer à leur marche envahissante; mais il fut repoussé par ce peuple actif, fier et intelligent, dont le caractère belliqueux était si bien apprécié par les Romains, du temps même de Galba. Le duc Austrovald, de Toulouse, voulut aussi combattre ces intrépides montagnards; mais ses efforts n'eurent que quelques rares succès, et les Vascons restèrent maîtres de la Novempopulanie. De ce moment commence le nom de Gascons, et leur nouvelle patrie s'appellera désormais la Gascogne. Oleron, Lapurdum (Bayonne), Aire, Dax et Bénéarnum (Lescar), reconnaissent ces nouveaux maîtres, dont l'ambition n'est pas encore satisfaite; ils convoitaient Bordeaux. Quinze ans s'étaient écoulés avant qu'on pût s'opposer à leurs desseins et à leurs envahissements; la paix qui régnait à la mort de Gontran et de Childebert permit à leurs successeurs, Théodebert, d'Austrasie, et Théodoric, ou Thierry, de Bourgogne, de songer sérieusement à les expulser ou à les soumettre. Enfin, ils

<small>Tacite, Historia, lib. IV, cap. 33.</small>

---

(1) Daniel nie que les Vascons se soient établis à cette époque en France, par la raison qu'on ne voyait point qu'ils eussent pris de villes dans cette première invasion. Mais Grégoire de Tours dit qu'ils en prirent et en dévastèrent. Foncemagne, aussi, établit l'opinion contraire, qui nous paraît la mieux fondée. (*Mémoire sur l'étendue du royaume des Francs*).

s'entendent, se concertent, en présence de l'ennemi commun : leurs armées se réunissent et marchent contre les Vascons ; mais la valeur, la prudence et l'agilité de ces montagnards, finirent par neutraliser les rares succès des Francs, et par mettre ceux-ci dans l'impossibilité de les déloger d'un territoire qui était devenu pour eux une seconde patrie. Ne pouvant pas les vaincre, encore moins les expulser, on crut pouvoir, par des procédés délicats, conquérir leur affection et leur estime, en leur accordant la libre possession du pays sous le duc franc, Génialis, et moyennant un tribut annuel. On se trompa ; cette condescendance fut interprétée comme un signe et même comme un acte de faiblesse : les Novempopulaniens, mus par leurs sympathies pour les Vascons, et par leur haine héréditaire contre les Francs, dont leur ancêtres n'avaient, il s'en faut, aucune raison d'être contents, se lèvent tous comme un seul homme à la voix de Palladius et de son fils, Senoc, évêque d'Eause : les noms de ces deux patriotes sont encore en vénération parmi les Gascons et chers à la patrie, à la liberté et à la foi. Le mouvement insurrectionnel se propagea comme un éclair, et l'Aquitaine fut sur le point d'échapper à l'autorité des Francs. Clotaire II se hâta de comprimer ces élans de la liberté aquitanienne et envoya Aighinan, d'origine saxonne, pour lui rendre compte de l'état des choses et des esprits dans cette province. Le rapport de ce commissaire royal ne fut pas très-rassurant pour la paix. Clotaire décréta la peine de bannissement contre Palladius et son fils ; mais n'ayant pas assez de forces militaires dans la province pour faire respecter et exécuter ses ordres, le jugement resta sans exécution et ne servit qu'à aigrir davantage l'esprit public des Aquitains-Vascons.

Cet état de choses n'engendrait que des inquiétudes pour l'avenir : les Vascons, cependant, affermis dans leurs possessions aquitaniques, se confondaient avec les indigènes ; l'autorité de la dynastie mérovingienne disparaissait peu à peu, depuis la Garonne jusqu'aux Pyrénées. Depuis lors, un duc règne sur la Vasco-Novempopulanie, et la province prend, dans les actes officiels, le nom de Vasconie, ou Gascogne.

C'est un nouveau peuple, tout fier et libre, qui vient demander une place pour sa nationalité, et qui ne demande pas mieux que de se soustraire ou s'arracher même au despotisme des Francs et de leur nouveau roi. On avait compris les immenses désavantages et les criants abus qui résultaient du partage du royaume à la mort de chaque roi ; il fallut y pourvoir. Dagobert voulait l'unité du royaume ; et pour étouffer tout esprit de révolte, toute idée de mécontentement, il consentit, par un traité, à céder à son frère, Charibert, Bordeaux, Périgueux, Angoulême, Saintes, Agen, Bazas, Auch, Cahors et Toulouse, en un mot, tout le pays qui s'étend depuis les rives de la Loire jusqu'aux Pyrénées, sous la condition expresse que lui (Charibert) renoncerait à toute prétention sur l'héritage du feu roi. Charibert accepta ces offres et s'établit à Toulouse, et fit de cette ville la capitale de ses États; son autorité, douce et paternelle, lui concilia l'amour de son peuple et le respect des États voisins. Cependant, l'ancien esprit n'était pas encore éteint : quelques peuplades gasconnes, dans les environs des Pyrénées, refusaient encore de sacrifier leur antique liberté et de transiger avec la royauté. Le nouveau roi en fut mécontent; cet esprit d'indépendance lui semblait le germe de nouvelles révoltes. Il partit avec des troupes pour soumettre ces tribus réfractaires ; mais ayant épousé Gizèle, fille du duc Amand, qui était à leur tête, il est probable que cette expédition se soit terminée à l'amiable, et que, sans effusion de sang, il eut le bonheur de voir son autorité reconnue partout dans ses États, en deçà et au delà des frontières des monts. Charibert mourut cette année même, et bientôt après son fils aîné, Chilpéric, ou Childéric selon d'autres, le suivit au tombeau. Si nous en croyons Frédégaire, Dagobert ne fut pas étranger à cette mort ; son empressement à supprimer le royaume d'Aquitaine donnait de la consistance à ces soupçons d'un public malveillant.

La mort du roi d'Aquitaine combla l'ambition de Dagobert; il supprima le royaume créé par un traité en faveur de son frère, et rétablit l'unité monarchique, objet de ses vœux politiques. Le Bordelais fut érigé en duché héréditaire en faveur de Boggis, neveu du roi franc, et eut Bordeaux pour capitale. Mais le trône de Toulouse faisait trop de plaisir aux Vasco-Novempopulaniens pour souscrire en silence à sa chute. Ils refusent de se soumettre de nouveau au joug des Francs; et excités par Amandus, qui voulait venger la mort de son petit-fils et rétablir le trône au profit de sa race, ils proclament leur liberté depuis les Pyrénées jusqu'à la Loire.

Le bruit de ce soulèvement parvient enfin aux oreilles de Dagobert; il se réveille de sa léthargie de volupté et s'apprête à marcher contre les Vasco-Aquitains. Il donne le commandement de ses forces à Chadoinde, homme d'expérience et de courage, qui partage son armée en onze divisions, commandées par onze ducs, et plusieurs comtes sous leurs ordres. Les Gascons combattent avec courage; mais vaincus par des forces numériquement supérieures, ils s'enfuient dans leurs montagnes, où ils font éprouver de grandes pertes aux corps francs qui osent les poursuivre dans leurs inaccessibles retraites. Soumis par la plus dure nécessité et non par l'épée, les Gascons se retirent et espèrent. Une occasion se présenta pour rentrer dans leurs foyers et revoir leurs champs; ils se soumettent aux humiliantes conditions imposées par les vainqueurs, dont l'une était que les chefs iraient se remettre au pouvoir du roi et attendre ses ordres. Ils partent; mais craignant avec raison la colère du prince, au lieu d'aller le trouver, ils se réfugient dans la basilique de Saint-Denis, que Dagobert regardait comme un asile inviolable. Il leur pardonne leurs torts et leur permet de retourner dans leur pays, après avoir reçu leurs serments de fidélité. Les Gascons ne furent fidèles qu'au sentiment de leur nationalité, à leur haine des Francs et à l'amour de la liberté.

Délivrés de l'armée franque, les Gascons s'occupèrent à réparer leurs pertes et les dommages causés par la dernière guerre. La paix dura plusieurs années, et Bordeaux, qui était devenu la capitale du pays érigé par Dagobert en duché héréditaire en faveur de Boggis, son neveu, vit s'étendre ses relations commerciales, son industrie intérieure et avec elle sa prospérité. Amandus mourut; les Gascons élurent Loup, ou Lope Ier. Cette circonstance seule nous révèle assez la parfaite indépendance des Gascons : ils élisaient leurs chefs; la sanction royale n'était qu'une formalité, qui constatait, il est vrai, l'autorité du prince franc, mais qui n'ôtait rien à la liberté du peuple. Le nouveau duc désirait maintenir la paix; il savait qu'un esprit de révolte fermentait en secret. Il crut devoir intéresser à ses projets le clergé et s'appuyer sur lui, pour inspirer au peuple l'horreur de toute insurrection et la nécessité de respecter les droits des princes et d'obéir à leurs ordres; c'était faire de la religion un instrument de règne. Un concile fut convoqué à Bordeaux en 673, et plusieurs mesures y furent prises pour le rétablissement de la paix et la réformation des mœurs et de la discipline.

Jusqu'ici nous voyons s'étendre sur l'Aquitaine et la Gascogne l'autorité réelle ou nominale des rois francs; la convocation du Synode de Bordeaux fut faite en leur nom, et de sages mesures, en conformité avec leurs vœux, furent adoptées pour maintenir la tranquillité si souvent troublée sur la rive gauche de la Garonne. Loup ne se sentit pas assez fort pour se passer du roi, et le roi se reconnut trop faible pour ne pas s'appuyer sur Loup et sur le clergé. Faiblesse réelle ou peut-être manque de courage, impuissance ambitieuse, faute de vouloir, voilà les caractères des deux partis. Mais une révolution arriva à la cour et bouleversa tout : des Leudes mécontents d'Ébroïn le firent jeter en prison; il s'évada, res-

---

Livre II. Chap. 5.

673.
De Vaissette, tome 1er.
(Mais l'*Art de vérifier les dates*, p. 187, donne la date de 670, ce qui est plus probable).

Livre II.
Chap. 3.

Frédégaire,
cap. 96.

saisit le pouvoir; et les Leudes, dont il avait à se plaindre, pour se soustraire à la vengence de ce haineux et orgueilleux maire du palais, se réfugièrent dans la Gascogne, où Loup leur accorda une généreuse hospitalité. Ils en abusèrent au point, qu'ils poussèrent le duc à faire des excursions sur la rive droite de la Garonne, dans l'intérêt d'une cause qui n'était pas celle de la justice; mais les succès éphémères des troupes gasconnes n'eurent pas de grands résultats; tout rentra dans l'ordre.

714.

Quelque temps s'écoula sans troubles : les Gascons commencèrent à goûter les bienfaits de la paix, et élurent pour duc Eudes, fils de Boggis, dont le père, Charibert, avait épousé Gizèle, fille d'Amandus; c'était un homme adroit, courageux et habile. Soumis et dissimulé sous Pepin, il profita avec adresse des circonstances fâcheuses où se trouvait le gouvernement. Un beau jour, il leva le masque, s'empara de Bordeaux et des pays circonvoisins, traversa la Dordogne, précédé de cris de joie et suivi de la victoire, et eut l'air de ne vouloir s'arrêter que sur les bords de la Loire, dernière limite que son ambition proposait à ses succès et à sa domination : on eût dit qu'il voulait imiter Alaric.

Chilpéric II était alors tout absorbé par les affaires d'Austrasie, et étourdi, en même temps, par les bruyants succès d'Eudes. Le jeune Charles Martel (1), fils de Pepin et de la belle Alpaïde, marchait toujours en avant contre Eudes; rien

---

(1) Le nom de *Martel*, selon M. Thierry, équivalait, dans l'ancienne langue germanique, à celui de foudre de guerre. D'autres le font dériver de Mars, quelques-uns disent que ce mot signifie marteau, et fut donné à Charles parce qu'il frappait ses ennemis comme le marteau qui, dans la main de l'ouvrier, brise la pierre. On dit enfin que *Martel* est synonyme de Martin, nom qui appartint longtemps à la famille de Charles, chose prouvée par le cousin de Pepin d'Héristal, qu'Ébroïn défit à Loizy et tua à Laon; nous en parlerons plus bas.

Alpaïde, mère de Charles, était la seconde femme de Pepin, dit le second continuateur de Frédégaire. Frodoard en fait une concubine et même une esclave. (*Histoire de l'église de Rheims*, liv. II). M. de Peyronnet la croit femme légitime. Nous adoptons son sentiment. (*Histoire des Francs*, t. II, p. 322, note).

ne semblait pouvoir l'arrêter que la puissance souveraine. Il osa porter ses regards sur la couronne de France, que des rois dégénérés trouvaient trop pesante pour leurs faibles têtes. Placé entre Eudes et Charles, Chilpéric s'adressa au premier : tous les peuples applaudissaient à ses prouesses militaires, toutes les difficultés semblaient s'aplanir devant lui. Courageux et habile, lui seul paraissait devoir contre-balancer le pouvoir de Charles; Chilpéric lui envoya des ambassadeurs, lui offrit la souveraineté de l'Aquitaine, et demanda en retour le secours de sa vaillante armée contre les envahissements audacieux de Charles (1). Eudes se hâta de répondre à l'appel du faible monarque, passa la Loire et alla le rejoindre près de Rheims. Charles les atteignit plutôt qu'il ne croyait; ils furent étonnés, découragés, battus avant même de combattre : ils ne savaient pas vouloir ; ils étaient vaincus avant de tirer

Livre II.
Chap. 3.
—

717.

(1) On prétend, d'après la Charte d'Aulon, qu'Eudes était fils de Boggis, fils de Charibert et de Gizèle, fille d'Amandus, duc de Vasconie, qui le sauva des embûches de Dagobert; mais plusieurs respectables savants ont douté de l'authenticité de cette Charte, donnée par Charles-le-Chauve en 845 pour confirmer les dons qu'avait faits Vandrégisile, descendant d'Eudes, institué comte des marches de la Vasconie, par Louis-le-Débonnaire, en faveur du monastère d'Alaon, fondé vers 854.

D'après les chroniques espagnoles, Eudes était fils d'Audeca, duc des Cantabres, tué à la bataille de Guadalète, en 702. (Voir Garibay, *Compendio historic.*, Francisco de Sota, etc.).

Il paraît certain que Chilpéric promit la souveraineté de l'Aquitaine à Eudes ; les termes du continuateur de Frédégaire, quoi qu'on en dise, sont formels : « Chilpé-
» ricus itaque et Raganfredus legationem ad Eudonem ducem dirigunt, auxilium
» postulantes rogant, regnum et munera tradunt. » Le mot *regnum* ne signifie ici que pouvoir suprême, ou souveraineté; il ne signifie, dit-on, que couronne ; mais quel prix Eudes attacherait-il à une ridicule couronne, s'il n'était pas souverain pour la porter ? Pouvait-il, dit M. de Peyronnet, *Histoire des Francs*, la lui dénier, » quand il (Chilpéric) avait un si pressant besoin de son appui ? Ce consentement » n'était-il pas la plus naturelle et la plus inévitable condition d'une alliance solli- » citée dans des conjonctures si défavorables ? »

Voyez, au reste, les tomes 4 et 5 de l'*Histoire de l'Académie des inscriptions et des belles-lettres*, édit. in-12.

Quant à la Charte d'Alaon, quoi qu'on en ait dit, nous la citons avec confiance, comme l'ont fait presque tous les respectables écrivains du dernier siècle et de celui-ci.

Livre II.
Chap. 3.

l'épée. La trompette sonna, non la charge, mais la fuite, et on eût dit que les princes, en fuyant, rivalisaient de peur, de honte et de lâcheté ! Charles les poursuivit et ne s'arrêta qu'à la Loire : il était puissant ; il avait les prestiges de la victoire et surtout savait attendre. L'hiver passé, il écrivit à Eudes de lui rendre Chilpéric, qui s'était réfugié avec ses trésors sur son territoire ; qu'à cette condition seule, il pourrait garder l'Aquitaine. Eudes hésita longtemps : l'intérêt le poussait à une trahison, l'honneur le retenait. Son esprit était pour une faiblesse, mais son cœur s'y refusait ; enfin, la crainte en fit un lâche ; il livra l'infortuné Chilpéric à leur ennemi commun !

Charles, que ses nombreuses victoires sur les Frisons, les Saxons et les Gascons, avaient fait surnommer *Martel*, ne voyait pas avec plaisir s'agrandir et s'affermir la puissance d'Eudes, qui, de son côté, conservait des sentiments semblables vis-à-vis de Charles, et ne donnait que trop de sujets de mécontentement à son rival, par ses violations des traités. Charles attendit le moment favorable ; la fortune ne lui manquait jamais. Eudes, avec toute son habileté et son courage, succomba et fut forcé de racheter, par des trésors, une paix douteuse, qui ne garantit que pour un moment la trop malheureuse Gascogne contre ses maux éternellement renaissants.

CHAPITRE IV.

L'invasion des Sarrasins. — Eudes délivre Toulouse et remporte une victoire sur eux.— Charles lui inspire des craintes.— Eudes fait une alliance avec le Sarrasin Munuza.— Il lui donne sa fille. — Abdérame arrive. — Il détruit Bazas.— Il pille et brûle Bordeaux.— Bataille à Poitiers.—Abdérame tué.— Massacre des Sarrasins. — Murs des Sarrasins à Bordeaux. — Tour de Cordouan. — Eudes meurt. —Ses enfants se reconnaissent vassaux de Charles Martel, qui agit en roi.—Charles meurt. — Hunold se révolte contre les enfants de son suzerain. — Pepin et Carleman ravagent ses États. — Hunold abdique en faveur de son fils, Waiffre.

DE 718 A 750.

Une triste fatalité pesait sur l'Aquitaine ; elle ne devait pas être heureuse. La trompette des guerres intérieures ne se tait que pour un moment et que pour sonner un peu plus tard l'invasion de l'étranger. Les Sarrasins, vainqueurs en Espagne, débordent sur le pays comme le torrent de nos montagnes, et arrivent, sous la conduite de l'émir Zama, jusqu'au centre de la Gascogne et même aux portes de Toulouse. Eudes accourt, délivre la ville et remporte la victoire sur l'émir, qui y perd la vie. La joie du vainqueur ne fut pas longue ; il avait humilié les Sarrasins, mais il avait réveillé la jalousie de Charles, qui craignait sa puissance et qui n'aspirait, malgré les traités, qu'à l'humilier à son tour, et même à lui ravir ses États. Eudes devinait bien la pensée de son rival; et prévoyant l'orage, il fit un traité avec les Sarrasins, qui lui inspiraient moins de craintes que l'ambitieux duc de Neustrie. Un jeune émir de Mauritanie, Munuza, accepta les propositions d'Eudes: un traité offensif et défensif eut lieu, sous l'étrange condition qu'Eudes donnerait à cet enfant de l'Afrique sa jeune fille, la belle Lampagie. L'ambition et la peur étouffèrent la

Livre II.

719.

Hist. générale du Languedoc, tome 1er.

voix de la nature et de la foi : le père chrétien donna son enfant au disciple de Mahomet !

Munuza avait, dans ce traité, des vues personnelles ; il voulait se rendre indépendant et s'asseoir sur le trône des Visigoths, en Espagne. Ses desseins furent dévoilés ; Abd-er-Rahman, mieux connu sous le nom d'Abdérame, nommé chef des Sarrasins, réunit ses troupes, poursuivit Munuza comme traître et allié des chrétiens, et l'assiégea dans Puycerda. L'infortuné gendre d'Eudes se vit sans ressource, sans espoir ; il se précipita du haut d'un rocher, et aima mieux finir ainsi sa vie que se livrer à ses implacables et fanatiques compatriotes. Sa femme, Lampagie, fut envoyée à Damas et prostituée au harem du calife.

Abdérame était tout fier de ses succès et croyait avoir détruit les espérances d'Eudes ; sachant d'ailleurs que celui-ci était aux prises avec Charles, il crut le moment favorable pour une invasion dans la Gascogne. Il rassembla des forces imposantes et se mit à leur tête comme général de l'armée et missionnaire de sa foi ; la gloire et le fanatisme l'animaient dans son entreprise. La décadence de la monarchie française servait d'appât à son ambition, et le triomphe du mahométisme sur les divines doctrines du Christ était l'objet de ses fanatiques vœux. Les villes, les villages, tombèrent à son approche : les populations abandonnèrent leurs foyers et leur patrie ; on ne voyait nulle part que la désolation et l'effroi, car ces hordes sauvages étaient précédées de la terreur et escortées de la mort ! Aire, Bazas, furent entièrement détruites ; les autres villes eurent un sort également malheureux ; et, enfin, à travers des scènes de carnage et d'horreurs de toute sorte, il arriva à Bordeaux, peu soucieux des troupes d'Eudes, qui, démoralisées par la terreur, se concentrèrent dans l'Entre-deux-Mers, et ne firent que surveiller sur la rive droite de la Garonne la marche triomphante de ces hordes musulmanes ; enfin, Eudes sortit de la ville et présenta la bataille à l'ennemi ; elle fut sanglante. L'armée bordelaise fut écrasée. Bordeaux fut livré au pillage, le feu consuma les églises et les autres monuments de notre cité; le riche monastère de Sainte-Croix fut dévasté et brûlé, les habitants massacrés par milliers, et le comte, ou gouverneur de la ville, immolé impitoyablement à la rage de ces forceués. Rien ne fut respecté par ces ennemis de la civilisation et de la foi chrétienne. « Dieu » seul, dit Isidore de Béja, sait le nombre de ceux qui mou- » rurent dans cette journée. » Eudes y perdit les prestiges de plusieurs années de gloire ! (1). Livre II. Chap. 4. — H. Martin, *Histoire*, tome 2.

Après avoir pillé Bordeaux, brûlé ses temples et renversé quelques pans de murs de la ville et quelques monuments, Abdérame alla ravager l'Entre-deux-Mers, et, enfin, traversa la Dordogne, toujours guidé par la fortune. Eudes défendit bien la rive droite; mais accablé par des forces numériquement supérieures, il rétrograda encore vers Angoulême et Poitiers, en essuyant toujours des pertes considérables. La mort de Zama était bien vengée; c'est ce que voulait Abdérame. Eudes, désespéré, recula vers Tours et finit enfin par joindre ses forces à celles de Charles : un danger commun effaça, pour un moment, de pénibles souvenirs, et cimenta par la crainte une amitié plus apparente que réelle. Charles lui-même craignait pour ses États; sur lui seul semblait rouler le sort de la France et celui du christianisme. Il appela sous sa bannière tous les amis de la patrie et de la foi, et marcha à la tête d'une formidable armée, contre l'ennemi trop fier de ses triomphes, et chargé d'un immense butin, où brillaient l'or, l'argent et les précieuses pierreries des Bordelais vaincus. Déjà Saintes était devenue la proie des flammes ; Limoges se voyait menacée du même sort; Poitiers pleurait ses faubourgs et sa riche basilique de Saint-Hilaire. La terreur régnait partout, et les plus riches provinces de la France étaient silen- Reinaud, *Invasion des Sarrasins*, page 41.

(1) Quelques écrivains confondent à tort cette bataille avec celle de Poitiers. (Voir H. Martin, *Histoire de France*, t. 2).

cieuses comme un désert et parsemées de tombes comme un vaste cimetière.

Enfin, le moment arrive où va se décider le sort de la France et de l'Europe. Les deux armées se rencontrent dans une plaine entre Tours et Poitiers, non loin du lieu où le Dieu de Clotilde avait permis à Clovis de triompher des Visigoths. Le choc est terrible: les Sarrasins, supérieurs en nombre, se croient sûrs de la victoire; les Francs, aiguillonnés par le désir de la vengeance, par leur amour de leurs femmes, de leur pays et de leur foi, se ruent comme des désespérés sur leurs adversaires. Revêtus de fer, ils résistent, fermes et inébranlables, aux attaques vingt fois renouvelées des musulmans, et finissent par rompre leurs rangs. Eudes survient dans le moment et attaque les derrières, où étaient les femmes, les enfants et les trésors des Arabes; la confusion est à son comble, mais la victoire est encore incertaine. La bataille se prolonge jusqu'aux derniers rayons du jour; Abdérame voyant la fortune indécise s'avança généreusement au milieu des combattants; mais au lieu de la victoire, il ne rencontra qu'une illustre mort, la seule gloire qu'il n'eût pas encore obtenue. Les Sarrasins, consternés, se retirent en désordre et ne trouvent dans leur camp qu'un sol jonché de cadavres; ils s'enfuient avec précipitation dans les ténèbres, n'emportant rien que leurs armes (1). Leur fuite à travers des populations acharnées à

---

(1) Si nous en croyons Paul, diacre, Abdérame avait 400,000 personnes à sa suite; il assure que les Sarrasins perdirent 375,000 combattants. Dans ce nombre, trop exagéré, sans doute, se trouvaient les femmes et les enfants.

Plus de vingt ans après cette célèbre victoire, le même écrivain (Isidore de Béja) la chanta en vers rimés ou plutôt en assonances, tels que ces vers qu'on chantait plus tard au moyen-âge :

« Abderaman multitudine repletam
» Sui exercitus prospiciens terram,
» Montana Vaccorum dissecans
» Et fretosa et plana percalcans,
» Trans Francorum intus expeditat, etc., etc. »

leur perte ne fut qu'un massacre général; les prisonniers furent traités comme esclaves et partagés entre les chefs victorieux des Francs et des Gascons. Ils servirent longtemps à labourer les terres de leurs maîtres, à reconstruire les villes et villages qu'ils avaient renversés; et les endroits où il leur fut enfin permis de demeurer, conservent encore dans notre langue des noms qui en perpétuent le souvenir (1). Le lieu même de cette bataille reçut de ces infidèles le nom de *Catalens*, du mot arabe *catèle*, qui veut dire tuer, tuerie.

Livre II.
Chap. 4.
—
Jouannet,
Statistique,
tome 1er.

Eudes mourut bientôt après (735); Hunold lui succéda, conjointement avec son frère Hatton, au duché d'Aquitaine.

« Les ducs d'Aquitaine refusèrent longtemps de se sou-
» mettre à Pepin, pour des raisons de famille. Ils descendaient,
» dit Châteaubriand, d'Haribert, par Bogghis, famille illustre,
» qui s'est perpétuée jusqu'à Louis d'Armagnac, duc de Ne-
» mours, tué à la bataille de Cérignoles, en 1503. Ainsi les
» ducs d'Aquitaine venaient en ligne directe de Clovis; la
» force seule les put réduire à n'être que des vassaux d'une
» couronne dont leurs pères avaient été les maîtres..........
» C'était tout simplement une lutte entre la première et la
» seconde race. »

Études historiques, tome 3, p. 245.

Les enfants héritèrent de la haine de leur père pour la dynastie mérovingienne, et auraient mieux aimé renouveler l'ancienne alliance avec les Sarrasins d'Espagne, que de re-

---

(1) Partout, dans le Bordelais et dans le Midi, on trouve des traces du passage des Sarrasins ou Maures. Du temps de l'abbé Baurein, on voyait à Bordeaux des murs qu'ils furent obligés de construire pendant leur captivité à la place de ceux qu'ils avaient renversés, et qu'on appelait *Murs Sarrasins*. N'est-ce pas ce peuple qui a laissé son nom au village de Sarcignan, près de Villeneuve, à ceux de Mauriac, de Maurian, Castelmoron, et à l'enclos qu'on a longtemps appelé à Bordeaux le clos Moron, où l'on bâtit plus tard l'hôpital de Saint-Jâmes? On croit aussi que ces Barbares ont séjourné à Hosten, ainsi appelé de *hostem*, ennemi. Selon une ancienne tradition, ce sont les troupes du calife de Cordoue qui, tombées au pouvoir des Francs, furent employées à construire, à l'embouchure de la Gironde, cette antique tour qu'on appelle encore, d'après eux, la Tour des Cordouans, dont nous parlerons plus bas. (Voyez *Variétés bordelaises*, t. 4, p. 155).

> Livre II.
> Chap. 4.

connaître la domination de Charles. Ils étaient à même de réaliser cette pensée; mais leurs dispositions furent connues et leur projet dévoilé. Charles les prévint, passa la Loire, se rendant maître du pays, avança en triomphe jusqu'à Bordeaux, qui lui ouvrit ses portes. Il réduisit Blaye et força Hunold de se reconnaître, par un traité, sujet, non d'un fantôme de roi, qu'on appelait Théodoric, ou Thierry IV, mais bien de lui, Charles Martel, et de ses enfants, Carloman et Pepin (1).

De tous les actes de Charles, celui-ci a la plus grande portée. Thierry n'avait de roi que le nom : obscur, sans gloire, sans génie ni talents, son nom seul et sa nullité figurent dans l'histoire. Le pouvoir était ailleurs; la couronne était posée sur une ombre. L'épée servait de sceptre à Charles; il était souverain sans qu'on s'en doutât; c'était un roi sans couronne : le génie était son titre, ses exploits et sa sage administration étaient ses droits, et la gloire son diadème. Tout-puissant, il se fit reconnaître, lui et ses enfants, par le plus puissant de tous les vassaux ; le duc d'Aquitaine s'étant soumis, qui oserait lui résister? « Il ne donna point le titre de roi, dit un
» écrivain; mais aussi il ne le prit point. Régnant, en effet, le
» trône lui importait peu pourvu qu'il ne fût pas occupé; il
» se faisait roi d'une façon étrange et nouvelle, en évitant

> Le comte
> De Peyronnet,
> tome 2, p. 570.

---

(1) Depuis la défaite des Sarrasins, on a donné à Charles le nom de Martel, nom qu'on donnait communément à tous les grands guerriers. On disait un marteau d'armes, comme nous disons un foudre de guerre. Adheinar est le plus ancien écrivain qui ait employé le mot *martel*. « Dès-lors, dit-il, tous commencèrent à le surnommer » Martel, parce que comme le *martel* (marteau) brise toute espèce de fer, ainsi Carle, » avec l'aide du Seigneur, broyait ses ennemis dans toutes ses batailles. » Adheinar, *Chronique*, dans les *Histoires des Gaules*, t. 2. (Voir aussi la *Chronique de saint Gall.*, cap. 22). Michelet, écrivain peu religieux, croit trouver dans ce surnom de Martel un caractère païen, t. 1, p. 278 « Ce surnom, dit-il, me fait douter » s'il était chrétien; car le marteau est l'attribut du dieu *Thor*, le signe de l'asso- » ciation païenne. » Ici, comme ailleurs, Michelet se montre singulièrement épris d'amour pour la nouveauté ; à force de viser au neuf et à l'originalité, on finit par tomber dans le ridicule !

» d'en avoir. Il usurpait négativement, par négligence et par
» omission; s'il eût vécu, ce qu'il pouvait légitimement se
» promettre, la seconde race commençait à lui. »

S'étant reconnu vassal du vrai roi des Francs, Hunold fut remis en possession de son duché d'Aquitaine; mais ses humiliations avaient laissé dans son esprit un germe de haine, dont son impatience de secouer le joug hâtait le développement. Dans cet intervalle, Charles, dont la santé déclinait depuis longtemps, mourut après avoir, d'après les déplorables idées des Mérovingiens, partagé le pays en trois mairies; c'eût été plus exact de dire en trois royaumes, en faveur de ses trois enfants, Carloman et Pepin, nés de sa première femme, et Griffon, né de sa seconde. Cette mort laissa un vide immense. Hunold, se sentant plus à l'aise, se crut dégagé d'un serment dont la mort venait de briser les liens, et jeta en prison un espion, que Charles avait établi auprès de lui en qualité d'ambassadeur. Cet acte réveilla les vieilles haines héréditaires dans la famille de Charles; Pepin et Carloman pénétrèrent dans l'Aquitaine, dévastèrent, pillèrent et brûlèrent les villes et villages qui osèrent leur résister, et ne laissèrent presque rien debout sur leur passage. Bordeaux eut beaucoup à souffrir, ainsi que la Gascogne supérieure, dans ces malheureuses circonstances. Les enfants de Charles étaient puissants et ambitieux; ils conçurent le projet de franchir le degré qui séparait leur père de la couronne; et voulant sonder l'opinion publique à cet égard, ils prirent le titre de *princes,* qui devait avoir et avait de tout temps une prestigieuse influence sur l'esprit public. Sentant le besoin de s'appuyer sur le clergé, les futurs maîtres de la couronne s'efforcèrent de calmer les craintes de l'Église et de comprimer ses murmures; ils promirent la restitution des biens qu'on lui avait enlevés et des impôts vexatoires qu'elle avait consenti, à regret, à lui payer (1);

---

(1) Les princes ont été de tout temps trop enclins à s'emparer des revenus de

ils convoquèrent des conciles, protégèrent le culte, se montrèrent religieux et amis du clergé ; mais malgré ces trompeuses espérances, dont leur habileté politique berçait les évêques, ils maintinrent dans leurs droits, bien ou mal acquis, les possesseurs des biens ecclésiastiques. Carloman alla plus loin; car tout en leurrant les évêques de promesses et d'assurances, il se réserva le droit de disposer, en cas de guerre ou d'embarras financiers, de leurs biens et de leurs revenus.

Pendant cet intervalle, le duc d'Aquitaine fit une alliance avec les Bavarois, alors en guerre avec les Francs: Pepin revint du Nord, marcha sur l'Aquitaine, poursuivit sur l'autre rive de la Loire le malavisé duc, qui fut enfin réduit à demander la paix, à faire de nouveaux serments d'obéissance et de fidélité à Pepin, et à mettre en liberté l'ambassadeur prisonnier. Fatigué d'une vie orageuse, écoulée parmi les mille vicissitudes de la fortune, désespérant, en outre, de secouer le joug des Francs et de rendre l'indépendance à sa patrie, Hunold abdique en faveur de son fils, Waiffre, jeune homme de grands talents, d'une taille majestueuse, des plus belles espérances et ennemi-né des Francs. Le jeune duc était fier, puissant et présomptueux; c'était peu de chose aux yeux de Pepin : il avait un autre vice de famille, que Pepin ne pardonnait pas; il descendait de Charibert, frère de Dagobert Ier et fils de Clotaire II (1). Il était du sang de Clovis, et le dernier de cette ancienne race, dont les droits étaient incontestables. Pepin voulait les détruire.

Hunold, en pensant à son abdication, n'eut qu'une crainte,

l'Église ; cet usage, que l'Église, par défaut d'action, par nonchalance, peut-être par amour pour la paix, laissa trop facilement s'introduire, s'établit sous les premiers successeurs de Clovis. « Le roi Clotaire Ier avait ordonné que toutes les églises » de son royaume paieraient au fisc le tiers de leurs revenus. Tous les évêques, » quoique contre leur gré, avaient consenti et souscrit ce décret.» (*Grég. de Tours*, lib. 4).

(1) Voyez Don Vaissette, *Histoire du Languedoc*, où l'on trouve la Charte d'Alaon, donnée par Charles-le-Chauve en 845. Voyez aussi chap. III, p. 116.

celle de voir l'avenir de son fils compromis par les machinations de son frère, Hatton ; il appela Hatton à sa cour, à Bordeaux, lui fit crever les yeux et l'enferma dans une prison, qui lui servit de tombeau ! On chercha à excuser cet acte de barbarie, par des complots ourdis, dit-on, par Hatton et par les nécessités impérieuses de la politique; c'est absurde. Pourquoi attribuer à Hatton des crimes imaginaires ou douteux, pour pallier ou justifier le crime réel de son frère barbare ? Ce dernier forfait est certain, les autres ne le sont pas. C'est très-probablement sous le poids de ses remords, et sous la douloureuse pression de sa conscience, qu'Hunold voulut cacher dans le cloître la honte et l'expiation de son crime. Quoi qu'il en soit, il se retira dans un monastère que son père avait fondé dans l'île de Ré, et laissa sa couronne, avec ses embarras, à son fils, Waiffre, vers l'an 750.

CHAPITRE V.

Waiffre. — Ses qualités. — Pepin jaloux de sa gloire. — Il aspire à la couronne. — Il se fait proclamer roi.—Waiffre refuse de le reconnaître.—La guerre.—Waiffre battu. — Rémistan déserte. — Il se repent. — Il est pendu. — Waiffre chassé.— Il est tué par les ordres de Pepin. — Son tombeau à Limoges, etc.

DE 750 A 768.

<small>Liv. II.</small>

Après l'abdication de Hunold, Waiffre entra en scène ; il devait lutter en vain contre sa malheureuse destinée. Il avait tout ce qu'il fallait pour être un grand général : ses facultés intellectuelles n'étaient pas au-dessous de ses avantages physiques. Ses premiers pas dans la vie publique avaient été

<small>750.</small>

marqués par d'éclatants succès dans la Septimanie, contre les sectateurs du Koran. Il était, en outre, aimé du peuple et l'idole du soldat : tout semblait lui promettre un brillant avenir de gloire et de bonheur. Il n'y avait qu'un seul obstacle : Pepin était là ; il lui barrait le passage et frustrait ses espérances. Il était le premier ; il ne voulait point d'égal. Il était roi de fait ; il ne lui manquait que le nom ; il avait mis dans ses intérêts Boniface, et, par lui, le pape. Le consentement du chef de l'Église devait être pour lui, et aux yeux du peuple, la sanction de son pouvoir : le ciel en serait alors l'origine. C'é-

<small>Montesquieu, Esprit des Lois, liv. XXXI, ch. 16.</small>

tait le *droit divin* en germe, sacrilége justification des plus injustifiables prétentions. Pepin y visait ; il envoya à Rome des ambassadeurs pour calmer les prétendus scrupules de sa conscience, et proposa au pape cette question : « Dans un » État où le roi était réduit à son titre et où la royauté était » au pouvoir d'un autre que lui, convenait-il de perpétuer » cette inutile séparation, et n'était-il pas sage de réunir le » titre à la royauté ? » L'astucieux Pepin prévoyait la réponse du pape, qui dit : « Qu'il était, en effet, plus utile que le titre de roi fût à celui qui exerçait la puissance royale. » Pepin convoqua les grands à Soissons; tous les Leudes et le peuple le saluèrent du nom de roi, et Boniface, l'apôtre du Nord, si aimé, si vénéré par les fidèles, lui donna, au pied de l'autel, l'onction sacrée, comme Remi avait fait à Clovis.

Pepin se fit proclamer roi : la comédie était bien jouée. Était-ce une nécessité sociale? Était-il un vrai usurpateur? L'Église eut-elle tort d'y prendre part? Questions assez délicates, et qui ont été diversement envisagées. Maître de la couronne, n'importe à quel titre, il fit raser la tête au faible monarque, et le condamna, lui et son fils, à végéter obscurs, délaissés, méprisés, au fond d'un cloître; il s'assit enfin sur leur trône, et consomma les longues et patientes prétentions de son père. Le jeune et fier Waiffre refusa de reconnaître la royauté usurpée de Pepin; de plus, il accueillit à Bordeaux Grippo, ou Griffon, troisième fils de Charles Martel, qui s'était réfugié auprès de lui. Pepin demanda qu'on lui livrât Griffon; Waiffre avait l'âme trop grande pour violer les devoirs de l'hospitalité ou pour trahir la confiance du prince persécuté; il refusa avec une noble fierté, et s'attira une longue série de malheurs et une fin déplorable.

L'astucieux usurpateur de la couronne de Childéric l'*Imbécile*, maintenant enfermé dans l'abbaye de Saint-Omer, dissimula pour quelque temps et retarda l'explosion de sa haine contre le magnanime Waiffre. S'étant enfin dégagé de ses embarras, il tourna les yeux vers l'Aquitaine; et dans un plaid, tenu au printemps de l'année 760 (1), il proposa une

Livre II.
Chap. 5.

NOTE 15.

NOTE 16.

Eginh.,
Annal.

760.

---

(1) *Placitum*, plaid. C'est l'assemblée générale des notables, où se discutaient les grandes affaires; c'était le germe de nos parlements : *Sic conventus regios, in quibus de summâ regni tractabatur placita dixerunt, quæ post Parlementa dicta.* (Jérôme Bignon, not.; lib. 1, cap. 57).

Ces *mals* ou assemblées se tenaient au mois de mars, jusqu'en 755; depuis lors, elles ont lieu en mai; de là sont venus les mots Champ-de-Mars, Champ-de-Mai. (Petau, *Annales franques*).

expédition contre le jeune duc, dont la valeur lui inspirait des craintes, et les succès un ardent désir de se défaire d'un redoutable rival. Il était facile, il l'est toujours, de trouver des raisons ou des prétextes pour justifier nos passions ou légitimer nos écarts. Pepin n'en manqua pas : les Leudes et le peuple applaudirent aux belliqueuses dispositions de leur prince ; la guerre fut résolue et déclarée.

Nous voici arrivés à l'époque où commença cette funeste guerre, qui coûta tant de malheurs et entraîna à sa suite de si déplorables conséquences à Bordeaux et dans l'Aquitaine : elle dura jusqu'en 768, et signala sa marche par d'effroyables ravages. Waiffre voulait ressusciter la nationalité aquitanique; il lança trois armées sur les terres des Francs, les éternels ennemis de la race d'Eudes. Pepin, tout furieux, franchit la Loire, pénètre dans l'Aquitaine, marche sur le Limousin, avance dans le pays situé entre la Dordogne et la Garonne, réduit Bordeaux, Agen, Périgueux, ravage les territoires qu'il parcourt, et porte partout le fer, le feu et la terreur dans ses courses dévastatrices. Pris à l'improviste, Waiffre ne sait que faire ; ses besoins l'avaient mis dans la nécessité de s'emparer des biens ecclésiastiques et des revenus du clergé. Pepin feint de vouloir, non seulement venger sa propre cause, mais aussi celle du clergé ; il agissait en politique plutôt qu'en homme dévot; il visait, dans ses démarches, à la popularité et à l'appui de l'Église. Waiffre promet de restituer ces biens ; et par de longues négociations, cherche des délais, afin de mieux se préparer à la résistance. Pepin accorde la paix à des conditions onéreuses; Waiffre y souscrit, mais avec la volonté de ne pas les observer. Il réunit des forces imposantes ; et après avoir ravagé la Bourgogne et les terres franques, il retourna à Bordeaux, chargé d'un butin immense. Pepin, indigné, se mit en campagne avec une armée formidable, ravagea le Poitou et le Limousin, et marcha contre Bordeaux.

Waiffre, désireux de protéger cette ville, va au devant de son ennemi. Les deux armées se rencontrent aux portes d'Issoudun : le choc est terrible, le carnage épouvantable; mais les Gascons, dit le chroniqueur, *ayant tourné le dos, selon leur coutume,* les troupes aquitaniques furent taillées en pièces, et le courageux Waiffre obligé de s'enfuir avec les rares compagnies qui lui restèrent fidèles. Désolé, désespéré presque, il fit des propositions de paix. Pepin, qui avait juré sa perte, les repoussa avec mépris. Dans ces terribles conjonctures, Waiffre fit démanteler Poitiers, Limoges, Saintes, Angoulême et Périgueux, qu'il lui était impossible de garder ; c'était un acte impolitique dont Pepin profita plus tard : c'était anéantir les obstacles qui auraient pu retarder la marche de son victorieux ennemi. Bordeaux était menacé ; pour lui épargner les horreurs de la guerre, Waiffre remonte le long de la Dordogne, dans l'espoir d'attirer à sa suite ses ennemis et de sauver notre cité. Il désirait aussi engager les Francs dans un pays boisé et avantageux aux indigènes et aux rares troupes qui le suivaient dans sa retraite. Il se trompait dans ses prévisions; l'événement ne répondit pas à son attente. Dans cet état de choses, Rémistan, son oncle et son meilleur capitaine, l'abandonna ; on n'en sait pas bien les motifs. Pepin l'accueillit avec bonheur, le combla de bontés et lui confia des postes importants, pendant qu'il parcourait lui-même l'Agenais, où les grands et les peuples s'empressèrent de lui prêter serment d'obéissance et de fidélité. Au printemps de l'année suivante, il réduisit Toulouse, et ne laissa à l'infortuné Waiffre d'autre refuge que les froides montagnes de l'Auvergne. Rémistan ne fut pas insensible à ces déplorables vicissitudes de la fortune : pressé par ses remords, et prévoyant la destruction complète de sa famille, que sa malheureuse désertion n'avait peut-être que trop hâtée, il s'éloigna du service de Pepin, accourut au secours des Aquitains, harcela longtemps, avec succès, les Francs ; mais trop confiant

Livre II. Chap. 5.

Frédegaire, *Continuation,* chap. 130.

763.

765.

766.

dans son bouillant courage, et voulant peut-être laver par sa bravoure les taches de sa conduite précédente, il courut en avant au milieu du danger, et tomba dans une embuscade. Sa double désertion méritait une punition exemplaire; elle la reçut. L'inexorable Pepin le fit pendre; c'était flétrir la famille en le condamnant à la mort des esclaves! Mais la mère, la sœur et la nièce de Waiffre furent conduites à Saintes et traitées avec respect. Waiffre lui-même, abandonné de tout le monde, sans secours, sans amis, sans soldats, sans espérance, fuyait devant son implacable ennemi : les bois et les cavernes étaient les lieux ordinaires de ses retraites. On le pourchassait comme une bête fauve; et cet homme, qui personnifiait si noblement la liberté de sa patrie, qui avait soutenu si vaillamment l'héroïque résistance des Aquitains contre un pouvoir oppresseur et usurpateur, cet homme tomba sous le poignard d'un traître dont il avait été l'ami! L'assassin, corrompu par l'argent de Pepin, n'osa pas l'attaquer en face; il le surprit dans le sommeil, la nuit du 2 juin 768, dans la forêt de Ver, sur le territoire de Périgueux. Ce que le sort des armes n'avait pu faire, ce que le courage ne put exécuter, Pepin le réalisa par une lâche trahison et la puissance de l'or. Il entra victorieux et triomphant dans la ville de Bordeaux.

Ainsi périt le dernier des ducs héréditaires de la dynastie d'Eudes; son courage et la légitimité de ses droits offusquaient les regards de l'usurpateur de la couronne mérovingienne. Un crime de plus était peu de chose pour un homme qui en avait commis bien d'autres, et dont la puissance garantissait l'impunité de ses forfaits. Débarrassé, dans le temps, de son frère Carloman, qui, pour des raisons réellement inconnues, se fit moine en Italie, il resta longtemps maître et sans rivaux; il réunit à la couronne la belle province d'Aquitaine, et devint le chef d'une nouvelle dynastie. Tout glorieux de ses succès, et heureux d'apprendre la mort de son redoutable rival, il entra à Bordeaux en vainqueur; mais se sentant atteint d'une fièvre ardente, il se fit porter à Poitiers et de là à St-Denis, où il offrit à Dieu, et suspendit dans le temple du patron de Paris, comme un trophée de ses victoires, les bracelets d'or que le meurtrier avait arrachés au corps ensanglanté de l'infortuné Waiffre.

Delurbe prétend que le corps de Waiffre fut enterré dans une prairie, près du lieu où est la Chartreuse à Bordeaux; il se trompe, c'était le tombeau d'un certain juif, nommé *Caiphe*, nom qu'on a pris pour une corruption de *Waiffre*. Delurbe a copié cette singulière opinion de Thevet, *écrivain fort ignorant du XVI*[e] *siècle et insigne menteur,* dit le P. Lelong dans sa *Bibliothèque.* Mézeray et Scipion Dupleix, écrivains peu sûrs et sans critique, adoptent la même erreur; elle est encore reproduite de nos jours par la *Guienne Monumentale,* t. 2, p. 39, et par Thibaud, *Histoire du Poitou,* t. 1er.

On raconte diversement la mort de l'infortuné Waiffre; mais le récit le plus vraisemblable et le plus généralement adopté est celui du troisième continuateur de Frédegaire, qui dit : « Le prince Waiffre fut tué par les siens, à l'instigation » du roi, d'après ce qu'on rapporte. » L'assassin, Waraston, était attaché à la maison du malheureux prince. L'auteur dont nous citons le témoignage écrivait d'après les ordres de Nibellung, fils de Childebrand, oncle de Pepin; il était à même de savoir la vérité et mérite pleine créance dans les choses qui se rattachent à ce prince.

Le corps du duc fut enterré, non à Bordeaux, comme on l'a prétendu, mais dans l'église de Saint-Sauveur, aujourd'hui Saint-Martial, à Limoges. Waiffre avait fondé cette église et Louis-le-Débonnaire l'acheva. On voyait avant la Révolution, à l'extérieur de la chapelle, du côté méridional, où il était enterré, un bas-relief d'un style lourd et peu correct, en granit, d'environ 1 mètre de large sur 1 mètre 20 centimètres de hauteur. D'après les registres consulaires de Limoges, ce monument avait été érigé en 832 ; il était vulgairement appelé dans le pays la *chiche*, ou grande chienne, représentant une lionne couchée et tenant entre ses pattes deux lionceaux qu'elle allaitait. Sur la lionne était représenté un homme, en attitude de la presser sur ses petits. Au bas de ce bas-relief on voyait encore, en 1575, une plaque de cuivre sur laquelle on lisait ces vers allégoriques en guise d'épitaphe :

> Alma læna duces parit atque coronat,
> Opprimit hanc, natus Waifer, malesanus alumnam,
> Sed pressus gravitate luit sub pondere pœnas.

Ce monument n'était que l'expression d'une injuste haine contre Waiffre, prince légitime d'Aquitaine. Il fit du mal à sa patrie ; mais c'était par nécessité et pour défendre ses droits contre l'usurpation : La lionne représentait l'Aquitaine ; les lionceaux, c'étaient les généraux aquitains ; l'homme assis sur la lionne, c'était Waiffre, qui oppressait sa patrie et ses enfants, et qui gisait là en expiation de ses forfaits. L'abbé Baurein a donné sur ce sujet une assez intéressante dissertation. (*Variétés bordelaises*, t. 3, p. 305).

CHAPITRE VI.

Mort de Pepin. — Partage du royaume. — Hunold sort du monastère. — La guerre. — Charlemagne bâtit Fronsac. — Hunold prisonnier. — Squirs, ou La Réole. — Expédition en Espagne. — Charlemagne à Casseneuil. — Roncevaux. — Rolland tué. — Il est enterré à Blaye. — Son cor d'ivoire à Saint-Seurin. — Charlemagne fait pendre le duc des Vascons. — Organisation administrative et politique de l'Aquitaine. — Sages règlements à Bordeaux du temps de Charlemagne et de Louis-le-Débonnaire.

DE 768 A 789.

La mort de Waiffre éclaircit l'horizon politique : l'Aquitaine respire, le vainqueur fait éclater sa joie ; mais cette joie fut passagère. Il mourut la même année, après avoir partagé ses États entre Charles, qui devait occuper une si grande place dans l'histoire, et Carloman, qui devait à peine régner. Pepin voulait l'unité du royaume ; mais il n'eut pas le temps de la réaliser. Il se conforma, en mourant, au vieux et impolitique usage des Germains ; il partagea son royaume. La Vasconie, ou la plus importante partie de l'Aquitaine, échut à Charles, qui, désireux d'avoir dans cette portion de ses États un représentant qui fût l'ennemi de Hunold et des amis de Waiffre, fit choix de Loup, fils du malheureux Hatton, à qui Hunold avait fait crever les yeux, et le nomma duc des Gascons ; mais duc amovible et relevant de la couronne. Il nomma en même temps Seguin, ou Segwin, comte ou gouverneur de l'importante place de Bordeaux.

L'assassinat de Waiffre parvint aux oreilles du vieux Hunold ; il sort du monastère où il avait séjourné depuis vingt-trois ans dans la pénitence. Animé d'un vif sentiment de ven-

Livre II.

768,
24 Septembre.

Charte d'Alaon.

Daniel,
Histoire de France.

geance, il échange le froc contre la cuirasse, reprend sa femme et son épée, rappelle autour de sa bannière ses anciens amis, tous les mécontents, et se prépare à venger la mort de son fils et la liberté de sa patrie. On accourt à la voix du moine-soldat; et les Gascons, endormis, comprimés sous le pesant sceptre de Pepin, semblent enfin ressusciter à la gloire. Cette subtile, imprévue et singulière révolution, alarma les rois francs ; ils préparent une formidable armée, que Charles conduit à Angoulême et de là sur les bords de la Dordogne, où se trouvait le vieux Hunold. Il campe sur une hauteur qui domine les pays d'alentour, s'y fortifie, et ce lieu conserve encore le nom de Fronsac *(Francorum arx)*, qui rappelle l'expédition de Charlemagne (1).

Le vieux moine se sentant trop faible pour résister aux formidables forces des Francs, recula jusques dans le Bordelais, et mit la Garonne entre lui et ses ennemis. Charles, sachant que Hunold s'était retiré en Gascogne, à *Benearnum* (Lescar), fait sommer le duc Loup de lui livrer l'auteur de l'insurrection, si non, qu'il allait marcher sur la Gascogne pour le déposséder de son duché. Loup tenait à son duché : il voulait être hospitalier ; mais il cessa de l'être par bassesse, et livra aux exigences de Charles le moine-soldat avec sa femme. Ils furent emprisonnés, par le victorieux Charles, à Fronsac.

Deux ans plus tard, Hunold recouvra sa liberté et se sauva auprès du roi des Lombards. Les Gascons, attachés à leurs anciens maîtres et indignés de la lâcheté de Loup et de sa trahison de Hunold, se levèrent en masse, se révoltèrent contre l'autorité d'un traître, esclave de l'étranger, et contre le joug des Francs, qui leur paraissait insupportable; ils élu-

(1) Guinodie, dans son *Histoire de Libourne*, t. 3, p. 160, en donne d'autres étymologies inadmissibles. La *Guienne Monumentale*, t. 1, dit que Hunold finit ses jours dans le château de Fronsac ; c'est une erreur : il s'échappa et se retira en Lombardie.

rent pour duc un autre Loup (1), fils de Waiffre, qui avait échappé par miracle au fer homicide de Pepin et de Charlemagne; il avait pris part au soulèvement de Hunold, et se voyait maintenant accueilli avec des transports de joie par les vieux Gascons, toujours patriotes, toujours amis de la vieille race de leurs maîtres et de la liberté de leur pays.

Livre II. Chap. 6.

Charlemagne, engagé dans la guerre des Lombards, dissimule sa colère contre les Gascons, qui avaient noblement relevé le drapeau national; et pour ne pas se créer de nouveaux embarras, il confirme le nouveau duc et reçoit de lui le serment accoutumé, que sa fierté aurait refusé s'il n'eût pas craint les vastes préparatifs que Charlemagne faisait contre l'Espagne.

773.

La gloire du roi franc était immense; la renommée portait partout son nom, son courage et ses victoires. Le calife de Bagdad implora son secours contre celui de Cordoue, qui lui disputait le vicariat de Mahomet. Charlemagne lui promit assistance contre son rival, dans l'espoir, peut-être, de les abattre tous deux. Il rassembla ses forces, arriva dans nos contrées, fonda le monastère de *Squirs* (La Réole), et s'arrêta, au printemps de l'année 778, au château royal de Cassencuil (Sainte-Livrade), dans l'Agenais, pour y faire ses Pâques (2). Bientôt après, il se mit en marche pour l'Espagne: son oncle, Bernhard, y pénétra par la Catalogne; Rolland commandait

778.

---

(1) Charibert, roi d'Aquitaine et frère de Dagobert Ier, avait de sa femme, Gisèle, fille d'Amandus, duc des Vascons, trois fils: Chilpéric, Boggis et Bertrand. Boggis fut duc d'Aquitaine, Eudes était son fils. Eudes eut trois fils: Hunold, Hatton et Rémistan. Hatton devint comte de Poitiers; il fut père de Lupus, ou Loup, duc de Gascogne; Loup eut une fille nommée Adèle; Hunold devint duc d'Aquitaine à la mort d'Eudes; Waiffre était son fils. Waiffre épousa Adèle, et de cette union sortit Loup, duc de Gascogne, celui dont nous parlons.

(2) Quelques écrivains disent que ce fut à Casseuil, près de Caudrot, que Charlemagne passa ses Pâques, et que la reine Hildegarde voulut y demeurer pour faire ses couches. Ceci touche de près à l'histoire locale; nous croyons devoir y consacrer une note.

NOTE 17.

Livre II.
Chap. 6.

l'avant-garde, Oger l'arrière-garde, et lui-même marchait au centre; il fit abattre les murailles de Pampelune; et après avoir étendu la domination des Francs sur tous les pays qui se trouvent depuis les Pyrénées jusqu'à l'Èbre, reprit le chemin de la Gascogne avec des ôtages et un riche butin. Mais un cri s'élève dans les montagnes des Escualdunacs (Basques) : la Navarre, les Asturies, tous les peuples du versant méridional des Pyrénées, se lèvent en masse; et indignés de l'invasion des Francs, accourent pour venger la honte et l'humiliation de leur patrie commune (1). Le combat s'engage vers quatre heures de l'après-midi, dans une riante plaine qui s'étend jusqu'à la vallée d'Erro, entre les villages de Roncevaux et de Burguette. Le corps principal était entré dans le défilé; l'arrière-garde se déployait dans la vallée, sans soupçon, sans crainte; les Vascons tombent à l'improviste sur ces troupes étonnées et en désordre; ils les dispersent, pillent les bagages et massacrent tous les hommes, jusqu'au dernier, dit Eginhard. Ceux qui purent fuir portèrent le désordre dans l'avant-garde; des embûches avaient été dressées sur les crêtes des montagnes et dans les bois qui en tapissaient les flancs. Les pierres, les rochers, les flèches, les projectiles de toute sorte, tombaient comme la grêle sur les soldats francs, fatigués, se pressant en désordre les uns sur les autres et poursuivis avec acharnement par les agiles habitants des montagnes, nullement embarrassés de leurs armes légères, rendus plus ardents par l'appât du pillage et le désir de la vengeance, et plus confiants par les

---

(1) On a publié naguère le chant patriotique basque d'Altobiscar (montagne basque). Le prieur d'un couvent de Saint-Sébastien le donna au fameux La Tour d'Auvergne, premier grenadier de France, après la capitulation de cette place, le 5 août 1794. Il passa des mains du grenadier dans celles de Garat, membre de l'Institut, qui le donna à M. Eugène Garay de Montglave, à qui nous en devons la publication. M. Aug. Chaho, dans son *Histoire des Basques*, t. 1, p. 57, en a donné une élégante traduction, qui fait honneur au beau talent de cet illustre Basque. L'espace nous manque pour l'insertion de cette pièce, qui appartient plutôt à l'histoire générale des Francs.

succès qui se renouvelaient à chaque instant de cette nuit fatale. L'empereur, qui marchait à la tête de ces troupes, fut averti du combat par le bruyant son de l'oliphant (cor) de Rolland ; il s'arrêta et voulut revenir sur ses pas ; mais la nuit avait déjà jeté son voile sur la nature. Il y avait des dangers réels à s'arrêter en route; le salut était dans la retraite. Il continua sa marche. Le lendemain, on chercha les Vascons ; ils avaient disparu. Grâces à leur admirable agilité et à leur connaissance des montagnes, ils échappèrent à de sanglantes représailles. Le sol était jonché de cadavres; Charlemagne fit chercher le corps de Rolland, comte maritime de Bretagne (1). Rolland s'était mis à la tête de ses braves ; il y rencontra la mort, que sa vaillante épée avait souvent cherchée sur le champ de bataille. Sa gloire lui a survécu ; et grâces aux romanciers et à la brillante plume d'un immortel poète, son nom est parvenu, à travers les siècles, jusqu'à nous, entouré d'une auréole de gloire et des prestiges d'une impérissable renommée. En lisant Arioste, on se rappelle Alexandre attendri sur la tombe d'Achille, et s'écriant : « Repose en paix, » jeune homme ; plus heureux que d'autres, tu as trouvé un » poète. Il y a plus de héros que d'Homères.» Triste et abattu, Charlemagne ne retrouve plus la moitié de son armée, ni ses magnanimes généraux, ni l'immense butin qu'on avait enlevé aux Espagnols : ses chariots ne portaient plus ses richesses, mais les cadavres de ses fidèles amis; ses tentes étaient en-

---

(1) Rolland, selon M. de Peyronnet, *Histoire des Francs*, t. 3, p. 501, et plusieurs autres écrivains, et surtout les romanciers, était fils de Berthe et neveu de Charlemagne. D'autres prétendent qu'il n'était pas le neveu de l'empereur ; car les frères de ce prince ne laissèrent pas d'enfant, excepté Carloman, dont les deux fils moururent sans postérité, et sa sœur unique, Gisla, prit le voile, dès l'âge de quinze ans, dans l'abbaye d'Argenteuil.

« *Erat ei soror unica nomine Gisla, a puellaribus annis religiosæ conversationi » mancipata quam ut matrem magna coluit pietate; quæ etiam paucis ante obitum » illius annis in eo quo conversata est monasterio discessit.* »

ÉGINH.

Livre II.
Chap. 6.

levées; ses chevaux paissaient l'herbe ensanglantée de la plaine; le désespoir planait sur toute cette vallée de Roncevaux, dont le nom rappelle tant de tristes souvenirs. Charlemagne fait enterrer les soldats morts, et l'église de Sainte-Marie reçoit les dépouilles mortelles du grand maître Eghard et du connétable Ancelot. Profondément affligé, ce prince reprend le chemin de la France, et fait inhumer à Arles un grand nombre de ses compagnons d'armes. Arrivé à Belin (l'ancienne *Belindi* de Pline), près Bordeaux, il y fait enterrer, selon l'archevêque Turpin, Oger le Danois, Guérin de Lorraine et Araston ou Arastagni, duc de Bretagne (1). Il fait porter les autres corps et ceux d'entre les blessés qui moururent en route, à Bordeaux, dans l'un des plus anciens et des plus célèbres cimetières de France, celui de Saint-Seurin. Quant au corps de Rolland, il fut enseveli dans l'église de Saint-Romain, à Blaye, où Charibert avait déjà sa tombe. On dit qu'on mit sa fameuse Durandal à sa tête, et son oliphan, ou trompette d'ivoire, à ses pieds; c'est une erreur: son épée (la Durandal) et son cor d'ivoire furent déposés à Saint-Seurin. La Durandal fut envoyée plus tard, par les chanoines de Saint-Seurin, à l'empereur; mais le corps fut confié à la respectueuse vénération et garde des Blayais (2). Charlemagne,

(1) Il y avait autrefois à *Belindi* un temple de *Bel* (le soleil); c'est de là que vient le nom *Belin*. Cette ville était célèbre dans le moyen-âge par son hospice pour les pèlerins, et un château où naquit, dit-on, Éléonore de Guienne, et où les rois anglais percevaient certains droits. (Voir p. 15.)

(2) Les Basques disent que le corps de Rolland fut enterré à Roncevaux. Voici ce que dit Mousques de l'épée:

Grande Chronique de France.
t. 2, page 275.

Mais por tant qu'elle estait si bonne
L'en ostèrent puis li kanonne
Si l'envoyèrent Carlemagne,
Qui grant joie et grant dol en maine.

Vers. 9021.

D'après un manuscrit d'Oxford, Rolland, avant d'expirer sur le sol ennemi, essaya

touché de l'accueil fait à Blaye aux vénérables restes de son regrettable ami, Rolland, affranchit les habitants de cette ville, et les chargea, eux et leurs successeurs, de nourrir et d'habiller trente pauvres, et de chanter tous les ans, le jour de l'anniversaire de la bataille de Roncevaux, une messe pour l'âme de Rolland et de ses infortunés compagnons d'armes. Voulant pourvoir au maintien et à l'exécution de ces pieuses dispositions, l'empereur accorda à l'église de Saint-Romain le droit de lever un certain impôt sur la ville et sur toutes les terres des environs, dans un rayon de six lieues (1).

Livre II.
Chap. 6.

Grandes Chroniques, tome 2, p. 297.

de briser son épée, Durandal; mais ne le pouvant pas, il l'a posa, avec son oliphan, sur sa poitrine, et rendit ainsi son âme à Dieu :

> Sur l'erbe verte si es culchet adenz
> Desus lui met l'espée e l'olifan.
> (*Histoire littéraire de la France*, t. 22, p. 751).

Mousques parle aussi des héros enterrés à Arles et à Bordeaux :

> A ciels tous estoient conté
> Doi cimentiere in dignité,
> L'uns iert à Arles en Aliscans
> Et li otres si fu moult grans
> A Bordeaux que Dieux benei, etc., etc.

Quand Delurbe dit que le corps de Rolland fut porté à Saint-Seurin, c'est de son cor d'ivoire qu'il voulut parler. Le chant de Rolland n'a pas d'importance historique. Cependant, il eut la puissance d'exciter d'une manière étonnante, d'encourager et d'enflammer l'ardeur des Normands, quand ils débarquèrent en Angleterre. Le poète saxon qui mit en vers la vie de Charlemagne, nous apprend que le peuple aimait ce chant :

> Est quoque jam notum vulgaria carmina magnis
> Laudibus ejus avos et proavos celebrant
> Pipinos, Carolos, Hludovicos et Theodicos
> Et Carlomanos, Hlotariosque canunt.

La colonne élevée à Roncevaux, en mémoire de cette bataille, fut renversée en 1794 par les troupes de la république française.

(1) C'est en revenant de Roncevaux que Charlemagne fonda le Mont-de-Marsan, au *Cap de Mars*. Le pays entre la Douze et le Midou portait alors le nom de *Cap de Mars*. Il y avait un temple de Mars, où l'on représentait les amours de ce dieu avec Vénus, et le courroux de Vulcain appelant tous les dieux pour être témoins du crime de sa femme; ils riaient de sa honte!

Charlemagne séjourna quelque temps à Casseneuil, auprès de sa femme, et fit des préparatifs pour accabler du poids de sa vengeance les Vascons, vainqueurs à Roncevaux. Mais craignant de s'engager dans les défilés des Pyrénées, il envoya quelques fidèles serviteurs, qui, par divers artifices, réussirent à enlever le duc Loup et à le conduire, pieds et poings liés, devant leur prince courroucé. Le pauvre Loup fut sacrifié à la vengeance, comme traître et complice de l'insurrection vasconne : sans égard pour son caractère souverain, sans formes judiciaires, sans respect pour le patriotisme de cet ami de la liberté de sa patrie, et pour sa propre dignité, foulant aux pieds le droit des gens, oubliant qu'il était tout à la fois un prince, un patriote et un guerrier, Charlemagne, on rougit de le dire, lui fit éprouver le même sort que Pepin fit subir à son oncle ; il le fit pendre à un gibet comme un infâme ! (1).

Livre II. Chap. 6.

Gaillard, Histoire de Charlemagne.

Charlemagne organisa l'administration d'une manière nouvelle ; il partagea la Vasconie en deux duchés, avec des subdivisions territoriales, gouvernées par des comtes sous les ordres des ducs (2), et rétablit le royaume d'Aquitaine en

---

(1) Jam dictus Lupus captus miserè vitam in laqueo finivit. (La Charte d'Alaon).

(2) D'après la première Charte de Mont-de-Marsan, il divisa l'Aquitaine en *consulies* et *proconsulies*. L'institution des comtés, ou *consulies*, date d'Auguste, et fut maintenue par les Visigoths dans nos contrées ; tombée en désuétude pendant les guerres, Charlemagne la rétablit. Il y mit deux ducs, celui de Toulouse, dont la juridiction s'étendait sur les anciennes circonscriptions métropolitaines de Bourges, Bordeaux, Narbonne et la marche d'Espagne. Le duché de Vasconie était borné à la seule province ecclésiastique d'Eause, ou l'ancienne Novempopulanie ; et dans chaque diocèse ou ville principale, il y avait un comte ; chaque comte avait le commandement des troupes, l'intendance des finances et l'administration de la justice, qu'il pouvait exercer par des subordonnés. Dans ses audiences, il avait pour assesseurs des juges inférieurs, appelés *juniores*, pour les distinguer de juges plus élevés en dignités, qu'on appelait *seniores*, d'où est venu le terme seigneur, et plus tard celui de *senescal*. Ces assesseurs étaient les vicaires, les *centeniers*, les *échevins* plus tard. Les vicaires, *vicarii*, d'où vint plus tard le nom de *viguier, ou beguer, ou beguey* en patois, étaient les lieutenants du comte, dont le gouvernement était divisé en *vigueries*, qui, à leur tour, furent aussi subdivisées en *centuries*, gouvernées par un *centenier*. Le principal *viguier* s'appelait parfois *vidame, vice-dominus*.

Charte de Mont-de-Marsan, traduction de Ratoulet.

Marca, lib. I, ch. 26. 781.

Astronome, Vitâ Ludov.

faveur de son fils, à peine âgé de trois ans. Cette mesure flatta beaucoup la vanité nationale des Aquitains; ils avaient un roi né au milieu d'eux, un Aquitain de plus, un ami de sa patrie. On lui donna un conseil composé d'Aquitains; et Chorson, duc de Toulouse, fut nommé le chef de cette régence, le directeur supérieur de cette royauté enfantine.

Jusqu'ici Charlemagne n'apparaît aux yeux de l'historien que l'instrument de la Providence; il est sévèrement jugé par les uns, admiré, préconisé par les autres: cruel, impudique, dit celui-ci; grand politique et homme de la civilisation de son siècle, dit celui-là; tous conviennent cependant qu'il a été grand homme, et que ses ordonnances et ses actes portent l'empreinte d'une profonde sagesse, et nous le montrent comme un grand prince, grand législateur et grand guerrier. Voici quelques règlements en vigueur à Bordeaux en 789; on peut juger de leur heureuse influence sur le développement intellectuel et moral des esprits :

« On ne doit prêter serment qu'à jeun; les parjures ne
» peuvent plus être admis au serment.

» L'évêque est exhorté à établir de petites écoles pour ap-
» prendre à lire aux enfants, et d'autres écoles supérieures,
» dans l'église cathédrale et les monastères, où l'on enseignera
» les psaumes, les notes, le chant, l'arithmétique et la gram-
» maire.

» Les moines et les clercs n'iront point aux plaids laïques.

---

vice-comes, etc., etc. L'hôtel des *begneys*, ou des *viguiers*, se trouvait, au XIIIe siècle, au coin de la rue du Cerf-Volant et de la rue d'Enfer. Il appartenait plus tard aux d'Alban, et après eux, par mariage, aux Lansac. Dans un titre de 1454, Ramon Andron, seigneur de Lansac et de Taste, se qualifiait de seigneur de la *Taula de Beguey*. Le mot *taula*, dans les *anciennes Coutumes de Bordeaux*, signifiait une maison noble non titrée.

Nous trouvons aussi dans ce temps l'institution du *Missi dominici*, commissaires du prince, clercs ou laïques, qui surveillaient les comtes, les officiers royaux et même les prélats. Cette institution servit admirablement les vues et les projets administratifs de Charlemagne.

Livre II.
Chap. 6.

» Que les officiers de la justice jugent premièrement les
» causes des mineurs et des orphelins; qu'ils ne fassent ni
» parties de chasse, ni banquets les jours des plaids.

» Que les nonnains ne vivent pas sans règles; que les ab-
» besses et les nonnains ne sortent pas de leur monastère sans
» l'ordre de l'évêque; qu'elles n'écrivent ni fassent écrire des
» lettres d'amour.

» Que tous viennent à l'église les dimanches et fêtes, et
» qu'on n'engage pas les prêtres à célébrer la messe dans les
» maisons particulières. » Cette restriction était pour les riches, qui s'affranchissaient de leur évêque par le moyen d'un chapelain.

« Le péché d'ivrognerie est expressément défendu à tous.

» Que l'évêque, abbé ou abbesses n'aient ni couples de
» chiens, ni faucons, ni éperviers, ni jongleurs.

» Les pauvres ne doivent point gîter aux places ni carre-
» fours, mais se faire inscrire aux églises.

» Les lépreux doivent être sequestrés du reste du peu-
» ple (1).

» Diverses superstitions sont défendues, entre autres le
» baptême des cloches. »

Ainsi on voit qu'on bénissait les cloches, et que l'on appelait alors ces bénédictions des baptêmes, terme qui s'emploie encore, mais que le peuple plus éclairé ne regarde pas comme semblables au baptême des enfants. On apprend aussi que les *léproseries*, ou *ladreries*, qu'on retrouve partout dans le XIVe, XVe et XVIe siècle, existaient du temps de Charlemagne. Ces sages règlements furent confirmés par Louis le Débonnaire et exécutés à Bordeaux, avec une rigueur étonnante, par l'évê-

Hérodote,
liv. II.

(1) Hérodote dit que les lois des juifs sur la lèpre ont été tirées de la pratique des Egyptiens; elles étaient nécessaires au climat. Les croisades nous ont apporté la lèpre; cependant, il résulte de la loi des Lombards, que cette maladie était répandue en Italie avant les croisades; elle y avait été apportée, selon Montesquieu, par les conquêtes des empereurs grecs, dans les armées desquels il y avait sans doute des milices de la Palestine et de l'Egypte.

que de cette ville, Sichaire, favori du jeune empereur; ils sont en substance dans les *Capitulaires* de ce grand prince et de son fils.

En voici encore un petit extrait :

« Si un comte ne rend pas justice dans son comté, les *missi*, ou commissaires des princes, s'installeront dans ses logis jusqu'à ce que justice ait été rendue.

» Pour un premier vol, on perdra un œil; pour un second, le nez; pour un troisième, la vie.

» Le droit d'asile ne doit pas profiter aux homicides et autres coupables, qui doivent mourir selon les lois; s'ils se réfugient dans une église, on ne leur donnera pas à manger, pour les obliger à sortir.

» Le parjure est condamné à perdre la vie, si son crime est prouvé par l'*épreuve de la croix*.

» Les esclaves doivent être vendus en présence de l'évêque ou du comte, de l'archidiacre ou du centenier, du vicaire de l'évêque ou du vicaire du comte, ou, au moins, de personnes notables. Nul ne vendra d'esclaves hors des marchés du royaume, à peine de payer l'amende ou de devenir esclave lui-même, s'il ne peut pas payer. »

Tous les Capitulaires et ordonnances de Charlemagne méritent, à tous égards, l'attention des politiques et des historiens. On y voit les mœurs de l'époque, la haute sagesse de ses vues pour l'administration politico-religieuse de ses États, et l'infatigable activité de cet homme étonnant, le conquérant de l'Occident, le dominateur de l'Europe, l'effroi des méchants, le politique profond, qui savait faire trêve à ses grandes et innombrables affaires pour descendre jusqu'aux plus petits détails de l'administration de ses palais, de ses jardins, de ses étables. Dans tout ce qu'il a fait, on admire sa vaste intelligence et la haute portée de ses ordonnances.

« On ne doit pas, dit-il, prendre des maires des villas
» royales parmi les hommes puissants, mais parmi les gens

Livre II.
Chap. 6.

» de médiocre état, parce qu'ils sont plus fidèles. » C'était une mesure sage, parce que les intendants puissants faisaient tourner à leur profit les travaux des esclaves et s'appropriaient souvent les revenus qu'on leur confiait.

On remarquera que depuis Pepin, le sou d'argent remplace habituellement le sou d'or, et qu'on ne connaît pas de monnaie d'or carlovingienne. On a dit que Pepin supprima le sou d'or; c'est une erreur : les chroniqueurs parlent souvent de sous d'or depuis le règne de ce prince. Sous Pepin, le sou d'argent valait 4 fr. 46 c. ; sous Charlemagne, 4 fr. 35 c.

Les Capitulaires de 805-806 contiennent d'autres articles intéressants. Les officiers royaux devaient empêcher que les gens puissants n'accablent et oppriment les pauvres. Il ne faut point honorer les saints nouveaux sans l'approbation de l'évêque. Toute monnaie autre que celle du palais, est supprimée à cause des faux-monnoyeurs. Les dîmes devaient être divisées en quatre parties : une pour l'évêque, une pour les clercs, la troisième pour les pauvres, la quatrième pour les fabriques de l'Église. On ne doit pas mettre à mort les enchanteurs, devins, magiciens, etc., etc., mais les garder en prison. On ne doit rien acheter d'un inconnu. L'évêque doit siéger avec le comte pour les affaires mixtes.

D'autres articles interdisent l'usure, les accaparements, et établissent un maximum sur les denrées. Le Capitulaire de 803 veut que le peuple soit consulté sur les modifications de la loi (1). Celui de 821, art. 5, statue que les additions faites à la loi salique, *du consentement de tout le monde*, soient regardés comme de véritables lois (2). Le Capitulaire de 864 dit que la loi se faisait du consentement du peuple et par la

---

(1) Populus interrogetur de capitulis quæ in lege noviter addita sunt, et postquam omnes consenserint, subscrisptiones faciant.

(2) Generaliter omnes admonemus, ut ea quæ legi salicæ per omnium consensum addenda esse censuimus... pro lege teneantur.

constitution ou sanction du roi (1). On voit par ces citations jusqu'où on poussait le respect pour le peuple, et qu'il était appelé à la confection des lois. Les serfs commencèrent alors à avoir comme un héritage leur cabane, leur jardin ou un lopin de terre qu'ils cultivaient ; des tribus agricoles s'organisèrent à l'ombre du manoir féodal ; des villages nouveaux se formèrent, et les invasions des Normands les forcèrent à fortifier les châteaux et les bourgs.

(1) Lex consensu populi fit et constitutione regis.

CHAPITRE VII.

Le duc Loup. — Chorson, de Toulouse. — Charlemagne empereur. — Ses démêlés avec les Vascons. — Son testament. — Ses dons à l'Église de Bordeaux. — Les Normands. — Bordeaux pillé, brûlé. — Le pays ravagé. — Frothaire, archevêque, transféré à Bourges. — Puissance des Normands dans nos contrées. — Ils quittent Bordeaux. — Nouvelle organisation. — La féodalité. — Les seigneurs. — Concession des fiefs et des formalités. — Des noms tirés des fiefs.

DE 787 A 880.

Livre II.

Plusieurs événements peu importants signalèrent la fin du VIIIe siècle. Les sanguinaires exécutions des Saxons et la mort infâme de leur duc, indignèrent tous les Vascons. La vengeance était dans tous les esprits, la haine dans tous les cœurs, et des cris de guerre contre Charlemagne et Louis, leur roi, dans toutes les bouches. Un soulèvement général eut lieu, et on élut Adalric pour succéder à son père, Loup, que l'empereur avait fait mourir. Les Bazadais, tous ceux qui habitaient les pays qui forment aujourd'hui les départements du Gers, des Landes, des Basses et Hautes-Pyrénées, se réunirent sous son sceptre. Le jeune duc entra en campagne contre Chorson, autrement dit Torsin, ou Horse par quelques-uns, duc de Toulouse; et s'étant rendu maître de sa personne, lui fit promettre qu'il ne porterait jamais les armes contre les Vascons. Mais Charlemagne ayant fait arrêter Adalric, le fit jeter en prison, et remplaça Chorson, à Toulouse, par Guillaume, que quelques écrivains regardent comme un saint, et dont les romanciers ont fait un chevalier errant. Ce nouvel attentat souleva tous les Vascons; l'empereur se vit forcé de relâcher son prisonnier, qui retourna dans sa patrie.

Pendant ces divers événements de la Haute-Gascogne, le Bordelais jouissait des bienfaits de la paix; Seguin (ou Siegwin) y administrait avec prudence. Charlemagne voulut se faire sacrer empereur par le pape; il aurait désiré gagner ce glorieux titre sur le champ de bataille; mais la gloire lui avait été infidèle à Roncevaux, et sa conduite dans la Saxe était comme une tache de sang et de boue sur sa bannière. Il se rendit cependant à Rome pour ses Pâques, et le pape Adrien lui donna, le jour de Noël, la couronne impériale, objet de ses vœux les plus ardents. Son fils Louis, à peine sorti du berceau, fut nommé roi d'Aquitaine; il se plaisait à Bourges et y résidait. L'empereur, pour illustrer cette ville, ordonna que toutes les affaires, tant ecclésiastiques que civiles, y fussent jugées en dernier ressort. De là vient le titre de primat d'Aquitaine que prend l'archevêque de Bourges, et qui, jusqu'au temps de Clément V, causa tant de discussions, tant de querelles, entre les métropolitains de Bourges et de Bordeaux.

Les grands développements que prit l'ambition de Charlemagne semblèrent aux Aquitains une annonce de leur future et prochaine dépendance; ils s'en alarmèrent au point qu'il y eut des insurrections partielles dans différents endroits, mais qui furent bientôt comprimées. Burgundio, Vascon de naissance, comte de Fézensac, mourut en 802; Charlemagne donna ce comté à Lieutard, Franc d'origine. Les Gascons se révoltèrent, et firent périr, *sous le fer et le feu,* les gens de Lieutard; mais tous ces soulèvements n'étaient que les accès passagers d'une fièvre de nationalité. L'énergie du caractère gascon était brisée par les convulsions intestines, le dépit d'une valeur impuissante et les attaques du dehors, particulièrement celles des Normands et Danois, qui, se confiant à leurs légères barques d'osier, recouvertes de cuir, venaient ravager

Livre II.
Chap. 7.

nos côtes et s'en retournaient chargés de butin (1). Cependant un esprit de révolte fermentait toujours dans ces belliqueuses peuplades ; leur amour de la liberté reprit une nouvelle et plus active énergie lorsqu'ils virent que le vieux empereur, brisé par ses guerres contre les Saxons et les Arabes, accablé sous le poids de ses affaires, se déchargea enfin, à l'approche de la mort, du lourd fardeau de l'administration.

811.

Eginh.,
Vitâ Carol.

En effet, Charlemagne voyait arriver rapidement ce dernier moment ; il fit son testament, et partagea tous ses meubles, son argenterie et ses pierreries entre toutes les villes métropolitaines de ses États, à l'exception d'Eause, d'Aix et de Narbonne. De là vient probablement l'opinion de quelques auteurs, et en particulier de celui qui écrivit la *Chronique des gestes des Normands,* qu'Eause était soumise à Bordeaux, comme Narbonne l'était à Bourges, Aix à Arles, et que notre cité était la métropole de la Novempopulanie. Le silence de Charlemagne, relativement à ces trois métropoles, ne peut s'expliquer, selon nous, que par le triste état où les guerres des Vascons, et surtout des Sarrasins, en 732, les avaient réduites. Bordeaux figurait dans le testament de l'empereur.

Charlemagne associa à l'empire son fils, Louis, et s'efforça de se concilier l'amour et la reconnaissance du clergé, en le comblant de priviléges et de dons. Il fit bâtir plusieurs églises et les dota avec une générosité sans exemple ; il fonda la chapelle de saint Clair, dans l'église de Sainte-Eulalie, et y fit

---

(1) Sous le nom de Normands étaient compris les Danois, les Norwégiens, tous les riverains de la Baltique. Saint Grégoire de Tours, t. 2 ; D. Bouquet, p. 187. « *Nortmannorum,* dit un auteur, *exercitus fuit collectus de fortissimis Danorum,* » *Suedorum, Norwegorum, qui tunc forte sub uno principatu constituti.* » (Helmold, *Chroniq. Slav.*). Le mot *Normand* signifie homme du Nord, comme le dit Robert Wace dans son *Roman de Rose* :

« Man en Engleis et en Norreis
» Home signifie en Franceis ;
» Justy ensemble North et Man
» Ensemble dites Northman. »

porter de Lectoure les reliques de sept martyrs du IIIᵉ siècle : saint Clair, saint Justin, saint Géronce, saint Sévère, saint Polycarpe, saint Jean et saint Babyle (1). Ces mesures auraient infailliblement plu au peuple, si elles eussent été inspirées par un sentiment purement religieux ; mais la politique y était pour beaucoup, et leur sagesse et la prévoyance du vieil empereur étaient précisément la cause de la méfiance des peuples. Sa conduite en Saxe, et à l'égard de Chorson et d'Adalric, était moins loyale que généreuse : on soupçonnait des artifices là où il n'y avait que de la prudence; et quoiqu'il n'eût dans ses expéditions en Espagne que le but ostensible de gagner les Sarrasins à la foi chrétienne, les populations de la Vasconie montagnarde ne voyaient, sous ces apparences louables, mais suspectes, que l'ambition du prince et l'asservissement de leur patrie. Les chefs même partageaient la sollicitude populaire et fomentaient le mécontentement général. Ces difficultés effrayèrent la cour : Louis convoqua l'assemblée nationale à Dax, fit part à ses Leudes de ses intentions de réduire les peuples de la Haute-Vasconie ; l'assemblée applaudit à ses intentions, et le roi, à la tête de ses troupes, ravagea tout le pays que nous connaissons aujourd'hui sous le nom des Hautes et Basses-Pyrénées. Enhardi par l'apparente soumission des Vascons, le roi traversa les monts et arriva à Pampelune, *comptant,* dit l'Astronome, *avoir pacifié les Vascons;* il se trompait, parce qu'il comptait sans les Vascons.

---

(1) Il y eut, au VIᵉ siècle, un monastère de filles à Sainte-Eulalie. Charlemagne y fit bâtir une chapelle, dite de saint Clair, parce qu'on y transporta, par ses ordres, de Lectoure, les reliques de ce saint et de quelques autres. Cette chapelle ne fut achevée qu'en 1173; elle fut alors consacrée par Guillaume le Templier. On y voyait cette inscription : « *Karol. Magn. hanc capellam funduvit et retro altare septem* » *corpora sanctorum reposuit, qui pro fide Christi martyrio coronati sunt, quorum* » *nomina sunt Clarus et Justinus et Geroncius, et Severus et Polycarpus, Joannes* » *et Babilius.* »

*Livre II.
Chap. 7.*

Louis, après avoir réglé l'administration et divers intérêts à Pampelune, reprit la route de l'Aquitaine par la vallée d'Aspe : le souvenir de Roncevaux était encore vivace ; il craignait le sort du regrettable Rolland, *à la gorge du massacre.* L'occasion paraissait bonne aux Vascons ; ils voulaient venger d'anciens torts et regagner leur gloire perdue. Ils accourent tous avec leur duc, et Centulle, son fils, en tête, et fondent comme une avalanche sur les Francs consternés, mais prévenus et préparés ; le carnage était horrible des deux côtés. Adalric et Centulle tombèrent sous le fer ennemi ; la victoire demeura aux Franco-Aquitains, mais bien chèrement achetée.

*Astronome.
Vitâ Ludov.*

812.

Cet échec ne fit que refroidir momentanément l'effervescence générale ; le principe de l'insurrection avait été proclamé comme un devoir contre l'usurpation. L'amour de la liberté agissait, s'étendait partout comme une contagion.

814.

Charlemagne meurt : il laisse un vide immense en mourant ; il donne par testament les deux tiers de ses trésors aux vingt-une métropoles ecclésiastiques de ses États. Celle de Bordeaux en était une ; mais Narbonne, Aix et Eause, n'étaient pas comprises dans ce nombre. Elles avaient été subordonnées par les rois francs à Bourges, Arles et à Bordeaux. De la quote-part de chaque province, chaque métropolitain devait garder le tiers, et distribuer le reste à ses suffragants.

*Histoire
des Francs,
t. 2, page 552.*

Quant au portrait et aux habitudes de ce grand empereur, il faut lire Eginhard, qui donne sur ce sujet des détails curieux, dont M. H. Martin a fait un résumé intéressant.

Alexandre et César avaient étonné l'univers ; quand on réfléchit bien au temps, aux mœurs, aux progrès de la raison, on ne peut s'empêcher de dire que Charlemagne les éclipsa. Il a fallu dix siècles pour former un homme digne de lui, digne d'eux : Napoléon maniait l'épée comme Alexandre et César ; il savait manier la plume mieux que le vainqueur des Gaules ; il était grand législateur, grand politique comme Charlemagne ; il était plus qu'eux tous par les difficultés qu'il eut à vaincre. Il tomba de bien haut et alla mourir comme Alexandre, loin de sa patrie, qu'il avait honorée, sur un rocher aride, au milieu de l'Océan, mille ans après la mort de Charlemagne !

La mort de l'empereur enhardit les Vascons ; les circonstances leur paraissaient propres à favoriser leur liberté d'action. Pendant sa vie, il était pour eux la source de leurs embarras ; par sa mort, la Providence semblait ôter le grand obstacle et venir à leur secours. Les Bordelais sympathisaient avec les montagnards ; Seguin, leur comte, adopta leurs idées, et Bordeaux devint un puissant auxiliaire des Vascons et le rendez-vous de tous les mécontents. Louis apprit bien vite ces nouvelles ; Seguin fut rappelé de Bordeaux et mis à mort, on ne sait comment. Les Bordelais refusèrent de recevoir son successeur ; mais en présence de forces majeures, il cédèrent enfin à la nécessité et courbèrent de nouveau leurs têtes sous le joug détesté des Francs. Pepin second, fils de Louis, fut nommé roi d'Aquitaine.

Après la défaite des Gascons, Louis crut pouvoir suivre, à l'égard de l'Aquitaine, le système gouvernemental de son père. Il y nomma Totilon, premier duc amovible ; mais ne pouvant pas se faire reconnaître dans la Haute-Vasconie, ce duc se fit autoriser par Louis à résider alternativement à Bordeaux ou au château de Fézensac. A Bordeaux, il aurait une grande facilité pour réprimer les audacieuses tentatives des Normands, qui remontaient la rivière et ravageaient les côtes. A Fézensac, il lui serait facile de surveiller les mouvements insurrectionnels des Gascons, neutraliser leurs complots et maintenir partout les institutions impériales qu'il croyait nécessaires au bonheur de ses peuples. Mais les Vascons ultra-Pyrénéens, et même ceux en deçà des monts, ne voulurent pas se soumettre aux Francs ; le moment était peu favorable pour les courber sous le joug. Ils étaient exaltés par l'exemple de leurs voisins, qui, dirigés par Inigo Arista, jetaient alors

Livre II.
Chap. 7.

818.

les fondements du royaume de Navarre (1). Les Franco-Aquitains marchèrent contre les montagnards ; mais surpris dans les défilés des montagnes, ils furent dispersés ou tués. Leurs généraux, Aznar et Ébles, furent faits prisonniers ; cependant Aznar, fils de Loup-Sanche, ancien duc de Vasconie, fut respecté par les Vascons, qui le gardèrent sous le titre de comte de Jacca. Il se maintint dans sa place malgré Pepin, roi d'Aquitaine.

Louis, près de mourir, priva Pepin du trône d'Aquitaine ; il le donna à Charles-le-Chauve ; mais les capricieux Aquitains ne voulurent pas le recevoir, et reconnurent pour roi Pepin II, dont le père venait de mourir. Ces singulières prétentions dynastiques, et cette opposition du peuple, qui, ne pouvant pas se rendre souverain, voulait se faire craindre, ajoutèrent alors de nouvelles complications à celles déjà existantes ; et au milieu de tous ces embarras intérieurs et extérieurs, en présence des Sarrasins, qui convoitaient les dépouilles de la couronne carlovingienne, les Normands ravagèrent nos rivages sur leurs barques d'osier recouvertes de peaux, et contenant chacune quinze ou vingt hommes. Ces légers esquifs leur offraient la plus grande facilité pour débarquer sur les côtes inaccessibles aux gros bâtiments, pour pénétrer dans les rivières, passer d'une rive à l'autre, et explorer à leur aise les bassins des fleuves. Ils prenaient leur station à l'embouchure des grands cours d'eau, se répandaient dans l'intérieur du pays ; et en cas de résistance, ils se retiraient sur leur flottille, qu'ils remettaient facilement à flot. Les riants bords de la Garonne et de la Dordogne avaient fixé leurs regards et excité leur convoitise ; ils les avaient déjà visités en 844 ; et enhardis par la fertilité du sol, la beauté du pays, la salubrité du climat, et surtout par l'impunité de leur précédentes déprédations, ils se présentèrent de nouveau, à plu-

---

(1) Le nom de Navarre n'est connu dans l'histoire que depuis 806 à peu près. (Eginhard, *Annales*).

sieurs reprises, en 844 et 848, à l'embouchure de la Gironde, remontèrent le fleuve en ravageant les deux rives, attaquèrent Bordeaux, pillèrent et brûlèrent les faubourgs; mais repoussés par les milices de la ville, ils se retirèrent sur leur flottille. Au moment de remettre en mer, une violente tempête les repoussa avec la marée; et s'abandonnant aux flots et au vent, ils remontèrent plus haut; et, de là, se répandant dans les campagnes environnantes, ils brûlèrent Bazas, à peine sortie de ses cendres après les ravages d'Abdérame, dévastèrent le pays, renversèrent les églises, les monuments et les maisons des riches comme les chaumières des pauvres, et firent de tout le pays un vaste théâtre de carnage et de désolation (1). La Réole, Condom, Lectoure et plusieurs autres villes, éprouvèrent le même sort. Ils osèrent même pénétrer dans les terres, égorgeant les habitants, incendiant les bourgs, pillant les maisons et les églises, et arrivèrent enfin, à travers un fleuve de sang et des scènes d'horreur, à Dax, où Totilon avait préparé une inutile résistance. Les habitants furent massacrés, la ville livrée aux flammes, et les magnifiques Thermes que les Romains y avaient construits, renversés de fond en comble. Bayonne, Oloron, Benearnum et beaucoup d'autres villes et villages, furent entièrement détruits. « Pourquoi rappeler, dit le moine de Fleury, la grande affliction » de l'Aquitaine ! Elle, naguère la nourrice de la guerre, ne » peut plus maintenant soulever sa main glacée! Ses yeux » sont privés de lumière, et la malheureuse aveugle appelle » un guide à grands cris, et l'appelle en vain ! La voilà abandonnée à son infortune et jetée comme une proie à des

Livre II.
Chap. 7.

Am. Thierry,
*Histoire
de
l'Aquitaine,*
page 93.

---

(1) On a trouvé naguère un ancien document, à Mont-de-Marsan, d'après lequel il paraîtrait que les Normands dévastèrent, en 840, Bordeaux, Dax, Tartas, Aire, Bazas, le château d'Albret, etc., etc.

Nous croyons que c'est une erreur : on doute de l'authenticité de ce document, et très-probablement avec raison. Il est possible que ce soit une erreur du copiste; et qu'au lieu de 840, il faille lire 845 ou 848.

> races étrangères..... Depuis les rivages de l'Océan jusqu'à
> l'illustre cité des Arvernes, il n'y a plus de trace de liberté,
> plus de châteaux, plus de bourgs, plus de villes qui ne
> portent les marques de la rage funèbre des Barbares!! »

L'aversion des Vascons pour l'autorité carlovingienne fut un grand obstacle à l'union si désirable des peuples, et un sujet de triomphe pour les étrangers, qui en profitèrent au détriment du pays. Poussées par un sentiment de vengeance et de fanatisme, ces barbares hordes du Nord voulaient rendre au Christ les outrages que Charlemagne avait faits à leur dieu Thor, et convertir à leur culte idolâtre, par la force, les chrétiens du Midi. On prétend que dans sa lutte avec Charles le Chauve, Pepin II avait appelé les Normands à son secours, et promis, dit-on, en cas de triomphe, d'embrasser leur religion : la charge était grave, même incroyable; heureusement elle est restée sans preuve. Charles le Chauve entra en Aquitaine avec une forte armée, s'empara de neuf bâtiments normands, dans la Dordogne, fit passer au fil de l'épée les équipages, chassa les pirates et se fit livrer Pepin, par Sanche, marquis de Gascogne, qui lui avait donné un asile. Pepin fut enfermé dans un monastère vers l'an 854.

Totilon mourut, et Sigwin, comte de Saintes, le remplaça comme duc des Vascons. Sigwin demeurait presque toujours à Bordeaux; il opposa une vive résistance aux invasions incessantes des pirates du Nord, succomba enfin dans sa généreuse lutte, et fut tué par les Barbares, sans pouvoir les empêcher de piller et de brûler Saintes.

Guillaume fut alors élu duc de la Vasconie; il fit preuve de vigilance et d'héroïsme; mais les Normands revinrent; et à la faveur des ténèbres et d'une marée propice, ils remontèrent jusqu'à Bordeaux. Le peuple, éveillé par le tocsin et les cris d'alarme, courut sur les places publiques, et commandé par leur duc en personne, leur opposa une vigoureuse résistance; mais trahi par les juifs, qui connaissaient les parties faibles des murs, et que ces étrangers avaient gagnés, Bordeaux tomba au pouvoir de ces implacables ennemis de l'ordre et du christianisme. La ville devint la proie des flammes; un amas de décombres en marquait seul la place. Les environs, et surtout le Médoc, furent entièrement dévastés (1) : rien n'égalait la froide atrocité des actes dont se souillèrent ces pirates ; rien ne saurait assouvir leur vengeance contre les braves Bordelais, qui les avaient constamment repoussés. Tout ce qu'ils voulaient, c'était la destruction de la ville, l'extermination des habitants. Rien ne fut laissé debout, que quelques masures pour abriter ces Barbares, qui régnaient sur un désert ! Les églises renversées, les fidèles dispersés, la barbarie y établit son domaine, et les florissants environs

Livre II. Chap. 7.

Annales De Bertin, anno 848.

(1) Ils ravagèrent le pays jusqu'à l'Océan, et incendièrent la capitale des contrées médocaines. *Metullium vicum depopulantes incendio tradunt*, dit la chronique *De Gestis Normannorum*. D'Anville croit que le *vicus Metullius*, dont il s'agit ici, se trouvait au lieu où l'on bâtit plus tard Castelnau, ou l'ancien *Noviomagus*. Cette opinion ne nous paraît pas fondée. *Noviomagus*, ou la capitale des *Metulli*, avait disparu avant l'arrivée des Normands sur nos côtes. Castelnau ne date que du XIIe siècle. D'après plusieurs titres des années 1240 et 1254, Pey de Bordeou était seigneur de *Castro-Novo (Castel nou)*. Baurein prétend que l'ancien *Metullium* était situé dans la paroisse de Saint-Germain-d'Esteuil ; il n'en donne pas de preuves. (*Variét. bordel.*, t. 2, p. 195). Hauteserre dit que *Metullium* était la capitale du Médoc, et qu'il y avait une fabrique royale de monnaie : *Medulorum caput Medullum vicus ubi olim fuit officina monetæ regiæ*. (*Reg. Aquit., lib. 1, cap. XI*). D'après un Capitulaire de Charles le Chauve, quelques écrivains ont dit qu'on battait monnaie à *Metullum* : *Constituimus ut in nullo alio loco in omni regno nostro moneta fiat nisi in palatio nostro, et in Metullo et in Narbonâ*. Mais est-ce là l'ancien *Metullum* du Médoc ? Sirmond, dans ses savantes notes sur les Capitulaires, et Adrien de Valois, croient, avec raison, que c'est Melle en Poitou. M. Le Blanc, dans son *Traité des Monnaies de France*, le pense ; mais il convient qu'on battait monnaie en Médoc sous la seconde race de nos rois. Nous n'en croyons rien, et il nous paraît impossible de constater, d'une manière satisfaisante, l'emplacement de cet ancien château ou bourg (*vicus Metullius*). Un *vicus* n'est qu'un château ou bourg sans fortification : *vicus castrum sine munitione murorum*. (Ducange, *Verbo vicus*, etc.)

Nous ne croyons pas à l'existence d'une ville en Médoc, du nom de *Metullium* ; ce mot, joint à *vicum*, est un adjectif ; c'est comme si l'on disait le bourg médocain. Ce bourg ne peut être que Soulac, l'ancienne capitale du Médoc.

Le nom primitif était *Medullum*, *Medulchi* ; mais, dans tout le moyen-âge, on écrivait *Metullum*, *Metulli*.

de Bordeaux n'offraient aux regards qu'un affreux tableau de misère et de désolation. Pendant de longues années, ces impitoyables pirates revenaient de temps en temps renouveler les mêmes désolantes scènes de barbarie; ils se répandaient dans les campagnes, toutes désertes et couvertes de bruyères et de ronces; l'agriculture frappée de stérilité, l'industrie rendue impossible, le commerce anéanti, la population cherchant dans la fuite son salut, dans la mendicité en pays moins malheureux sa subsistance, les Barbares errants au milieu des ruines, où ils entassaient le butin qu'ils enlevaient aux peuplades voisines; ces maux finissant pour recommencer bientôt après, voilà l'état des Bordelais vers le milieu du IXe siècle! Le pays n'offrant plus rien à leur cupidité, ils se partagèrent en deux corps: l'un d'eux se porta sur le Périgord, et, en longeant l'Ile, alla camper sur une hauteur qui domine cette rivière et qui conserve encore leur nom *(Puy-Normand)*; l'autre, remontant la Garonne, alla ruiner la ville et le monastère de La Réole. La côte qui domine la rivière leur offrit un lieu de campement sûr, et conserve encore dans son nom le souvenir de ces Barbares, *Puy-Barban*. Ils se dirigèrent ensuite vers le Haut-Pays, suivant toujours le cours de la Garonne, et allèrent piller et incendier le Mas, Cassencuil, Agen et Lectoure; toute la Basse-Vasconie devint la proie de ces hordes dévastatrices. Les églises offraient à leur cupidité des appâts immenses dans leurs ornements et leurs vases sacrés; les prêtres étaient leurs premières victimes. La province de Bordeaux étant entièrement déserte, et tout le troupeau ayant été dispersé, comme il est dit dans une lettre du pape Jean VIII, Frothaire, archevêque de Bordeaux, fut transféré sur le siége de Bourges, vacant. Ces sortes de translations étaient alors presque sans exemple. « Je rougis, dit le moine Adrewald, de rapporter les dévas-
» tations des couvents d'hommes et de femmes les plus fer-
» vents, le massacre des personnes les plus élevées, la cap-

« tivité des dames les plus distinguées, les outrages faits à la
» vertu, et tous les genres de supplices inventés contre les
» malheureux vaincus (1). » Cette partie de l'Aquitaine était
devenue pour eux une seconde patrie ; leur puissance y était
tellement consolidée, qu'en 851, ils firent partir du port de
Bordeaux une flotte pour ravager la Bretagne et toutes les
côtes que baigne cette partie de l'Océan. Leurs premières invasions avaient été couronnées d'un succès complet; les maux
présents n'étaient que la conséquence de l'impunité de leurs
premières attaques, et cette impunité n'était que l'inévitable
résultat de la mésintelligence qui régnait entre les princes et
même entre les peuples; ils étaient, sans s'en douter, les
instruments de leur propre châtiment. Comme les campagnes
étaient désertes et l'agriculture négligée et même abandonnée, les champs incultes faute de bras, les Normands n'ayant
aucune raison de s'y fixer définitivement, préféraient la vie
nomade des maraudeurs aux douces et paisibles jouissances
de la vie sociale ; ils vivaient de pillage. Cette vie aventureuse et vagabonde avait pour eux des profits et des charmes ; elle était en rapport avec leurs goûts et convenait à leurs
mœurs; mais quelque lointaines que fussent leurs excursions,
ils revenaient toujours dans nos contrées, et éteignaient, par
ces retours inespérés et imprévus, tout espoir de rétablir l'ancienne splendeur de Bordeaux, ou de raviver l'activité de son
commerce et la prospérité de son port.

Livre II.
Chap. 7.

(1) Dans tout le pays baigné par l'Océan et la Garonne, dit un poète presque contemporain, les villes, les bourgades et les châteaux étaient dévorés par les flammes, et les habitants massacrés :

« En Peitou ne remist chastel
» Vile ne burc, riche ne bel :
» De tant cum la mer l'avironne,
» Deci quen live de Garone
» Qui ne fust à flambe abrasez
» E li proeplez à mort livrez. »

(Benoist de Saint-Maur, *Chron. Mss de Normandie*).

Livre II.
Chap. 7.

872.

Nous venons de voir l'affligeant tableau que présentait Bordeaux depuis 843 jusqu'en 872 ; alors les Normands, n'y voyant rien qui pût exciter leur convoitise, abandonnèrent nos contrées, désolées et désertes. La population, qui fuyait toujours devant ces hordes impies et insatiables de pillage, rentra dans ses terres; et se remettant à défricher le sol inculte depuis tant d'années, demanda de nouveau à l'antique fertilité de leurs champs leurs produits d'autrefois. Tout était désordre : l'autorité était anéantie, les vieux droits méconnus, la justice impuissante, la religion timide et s'enveloppant de ténèbres, comme d'un voile; le vaste empire de Charlemagne s'en allait en lambeaux; son sceptre, qui eût été léger pour un homme de génie, pesait trop aux faibles bras de ses inhabiles successeurs. Tout l'édifice social était par terre ; il fallait le reconstruire : l'instruction était nulle, les vieilles institutions de la patrie étaient abolies, la misère extrême ; à des maux innombrables on n'avait à opposer qu'une faible lueur d'espérance : il fallait tout réorganiser. Avec un homme capable, assez grand pour dominer les caractères inquiets et les désastreuses circonstances où se trouvait le pays, une nouvelle ère aurait pu s'ouvrir aux Aquitains; mais cet homme n'existait pas. Les propriétaires, en rentrant dans leurs foyers, reprirent leurs anciens errements, et s'occupèrent avant tout de leur condition politique. Dans le louable dessein de s'attacher les classes inférieures, ils accordèrent à ceux qui les demandaient des bénéfices territoriaux (le *feodum*), sous la condition d'une fidélité à toute épreuve et pour des services rendus. Les grands fiefs se divisèrent en fiefs moindres ou moins étendus. Chaque fief était, pour ainsi dire, une principauté; chaque propriétaire un souverain, qui eut ces champs pour royaume, son château-fort pour résidence, et ses laboureurs, ses petits vassaux, pour défense. Tout ce qui ne possédait pas n'avait aucune importance politique ou sociale : les artisans, les laboureurs, tout ce qui dépendait d'autrui pour son existence, n'avait pas de place fixe ou déterminée dans la nouvelle organisation féodale. On aurait pu dire qu'ils n'étaient pas membres de la nouvelle société, tant cette organisation nous paraît étrange et incompréhensible. Le peuple, cependant, qui croit tout bonnement que changer c'est améliorer, et qui court toujours après un fantôme de bien-être politique et social, salua avec bonheur l'annonce de ces nouvelles institutions ; elles lui apparaissaient comme un lien social, un moyen de réaliser une désirable union entre les riches et les pauvres, une bonne sauvegarde de leurs petits intérêts, qui progressaient ou diminuaient avec ceux de leurs patrons. En dernier lieu, elles paraissaient valoir plus que les incessantes tracasseries des princes, qui finissaient par attirer dans leurs États, au détriment des riches et des pauvres, des armées étrangères.

La puissance d'un roi effrayait le peuple, trop souvent inquiété dans ses travaux et ses jouissances; mais au lieu d'un roi, les classes inférieures s'en donnaient par milliers. Les châteaux de ces grands propriétaires devinrent, en cas de guerre, un lieu de refuge ; les pauvres qui en dépendaient abritaient leurs demeures sous leurs créneaux protecteurs, et se serraient avec amour et reconnaissance autour de leur seigneur, comme étant le seul qui pût garantir leurs subsistances, leurs jouissances, leur liberté, quoique bornée, et leur vie. De petits forts défendaient les abords de ces châteaux, où résidaient les seigneurs et où se rendait la justice en son nom. C'est là l'origine de l'organisation féodale de la France; elle avait ses abus. Où est-ce qu'il n'y en a pas? mais elle avait de grands avantages pour le peuple, relativement au temps, aux hommes et aux circonstances d'alors. Ces grandes maisons aristocratiques se fortifièrent par la soumission du peuple et la craintive politique des princes; les fiefs furent confirmés par l'autorité royale. Charles le Chauve ratifia, par l'édit de Quercy, en 877, la succession héréditaire dans les

Livre II.
Chap. 7.

Montesquieu,
Esprit des Lois,
chap. 20,
1 et 2.

NOTE 18.

fiefs. Les droits s'étant ainsi immobilisés, il fallait faire de nouvelles et nécessaires distinctions dans les noms. Jusque-là on employait, sous l'influence du clergé, les noms des saints du pays ou de l'étranger, usage salutaire pour la moralisation du peuple, en offrant à chacun des exemples à suivre, des vertus à pratiquer, de grands traits de désintéressement, de sacrifice, d'abnégation, à imiter, dans la personne du patron canonisé dont on portait le nom ; mais comme ces noms se multipliaient trop, il fallait une distinction pour se mettre à l'abri de la confusion et suivre la marche progressive de la population. On adopta pour les familles aristocratiques les noms de leurs terres, les noms de ces grands fiefs, qui relevaient de la couronne ; et quant aux feudataires, moindres ou moins distingués, on leur donnait quelque nom relatif à des accidents physiques, topographiques, réels ou fictifs, tels que *Roux*, *Blanc*, *Du Prat*, *De La Vigne*, *De La Salle*, *De La Roche*, *La Campagne*, *La Ville*, etc., etc. Enfin, on commença à distinguer les nobles des ingénus.

Nous parlerons ailleurs de l'état des lettres à Bordeaux pendant cette longue période que nous venons de parcourir.

CHAPITRE VIII.

Bordeaux détruit.— Frothaire, archevêque, s'établit à Bourges. — Discussions à ce sujet.—Titre de primat d'Aquitaine.—Contestations concernant ce titre.—Pépin s'échappe du monastère. — Il excite ses amis à la guerre. — Licence des mœurs. —Nouvelle organisation politique.— Elle satisfait en général tous les esprits. — —Hostilités des seigneurs entre eux. — Le peuple dégradé, mais soupire cependant après la liberté.—Il ne la connaît que par les conciles et quelques vestiges du pouvoir municipal, reste des franchises du peuple franc.—Les Normands reviennent en 880 et en 982.— Fondation de l'abbaye de Saint-Sever.— Gombaud, évêque de Gascogne, etc., etc.

DE 878 A 1000.

Nous avons vu les Normands maîtres du pays, les habitants dispersés, les églises renversées, et Bordeaux presque tout comme un monceau de ruines, où ces hordes dévastatrices entassaient les butins et les dépouilles des peuples voisins. Les révolutions dynastiques des faibles successeurs de Charlemagne amenèrent les irruptions des Barbares, et toutes ces convulsions annonçaient aux moins clairvoyants la chute de l'Empire et présageaient aux peuples occidentaux une ère nouvelle. L'Église de Bordeaux eut aussi sa part des douleurs publiques : le troupeau était dispersé, le pasteur n'y voyait plus que les ennemis de la foi. Frothaire, archevêque, avait fui la persécution. Son sang eût été inutile ; il s'était réfugié à Poitiers, dont le siége était vacant, et où les Normands n'avaient guère pénétré.

Charles le Chauve le protégeait ; et comme le siége archiépiscopal de Bourges venait de perdre son pontife, ce prince lui obtint du pape Jean VIII la permission de s'établir dans cette dernière ville. Le pape consulta les évêques de la pro-

Livre II.

Gallia Christ., tome 2, colonne 197.

Lopes, Histoire de l'Église métropolitaine.

vince; et en ayant reçu des avis approbateurs, consentit à cette translation, sans précédent dans l'histoire des Gaules; mais le but que s'était proposé le pape était très-louable. Ce n'était pas seulement pour plaire à un prince chrétien, mais pour fournir à un évêque si zélé, si estimable que Frothaire, les moyens de faire le bien (1). Comme une discipline contraire sur ce point avait été jusque-là suivie partout, le souverain pontife déclara, dans sa lettre, qu'il n'entendait nullement déroger aux anciens canons, qui défendaient de passer d'un évêché à un autre. Le bas clergé et le peuple se mirent à murmurer tout haut ; et le mécontentement devint si grand et si général, qu'on ferma les portes de la ville et refusa de recevoir l'archevêque désigné. Le pape en écrivit au comte Bernard de Bourges, et le blâma sévèrement de ce qu'il avait souffert que ses hommes se comportassent ainsi à l'égard de Frothaire. L'affaire fut débattue au concile de Pontigoin, en Bourgogne; Frothaire y assista, et en souscrivit les décisions comme archevêque, mais sans parler de son siége. Cette translation avait alors une grande importance; c'était un précédent dont les clercs et les évêques ambitieux pourraient plus tard abuser. Elle fut soumise de nouveau à un concile, tenu à Troyes en 878; les Pères y lurent les canons, qui défendaient aux évêques de passer d'une église à une autre. Frothaire assista aussi à ce concile, où il avait été invité par Jean VIII; cependant, il paraît qu'il resta toujours à Bourges, car en 882 le souverain pontife écrivit à l'abbé Hugues pour qu'il eût à se séparer de la communion de quelques évêques dont il était mécontent, et en particulier de Frothaire, de Bourges. Le pape ne dit pas le motif de cette mesure; mais les liaisons de ces prélats avec Formose, son adversaire, et pape plus tard, était probablement la seule cause d'un avis si sévère. Frothaire était encore archevêque à Bourges en

---

(1) Ne talis tantusque vir otio quo prodesse aliis valeat, minime vacet, etc., etc.

889; il se signa tel dans un titre de cette date, en faveur de l'abbaye de Beaulieu.

La conduite de Frothaire ne dut pas cependant paraître bien coupable : passer d'une moindre église à une plus considérable, eût été une faute ; ce n'était pas celle de Frothaire. Bordeaux était alors la capitale du pays ; mais par suite des ravages des Normands, ce n'était plus qu'une véritable solitude, et le pays tout autour un immense désert. Plus de catholique, plus d'église, pas la moindre trace des institutions ecclésiastiques; Frothaire n'y voyant que des Normands, des païens, des ennemis du nom chrétien, était censé n'avoir plus de siége. Son élection fut faite régulièrement à Bourges : la pensée qui influençait le clergé et le peuple était qu'il n'avait pas de siége ; que ses premiers liens étant brisés, il était libre, et que les canons n'y avaient rien à condamner. C'est ce que donne à comprendre Foulques de Rheims, dans sa lettre au pape Adrien. Le pape Jean avait approuvé la translation : qu'est-ce qui lui manquait donc? Rien; et voilà pourquoi il resta toujours à Bourges. Il est vrai que le pape Adrien III, plus ferme, plus zélé et plus attaché à l'ancienne discipline, désapprouva plus tard cette translation, et ordonna au clergé de France de sommer Frothaire de retourner à son premier siége. Bordeaux était alors sorti de ses ruines : les motifs de son abandon n'existant plus, le retour de Frothaire était un devoir et une nécessité; l'excommunication était en pareil cas la peine de la désobéissance. Mais Foulques intervint; le clergé de la province temporisa avec sagesse. Frothaire resta à Bourges, et depuis lors, Bourges était censée la capitale de l'Aquitaine et même de la Gascogne ; car, pas plus que Bordeaux, Eause n'existait que dans ses vénérables ruines. Jean VIII transféra la métropole de la Novempopulanie à Auch, qui avait été moins maltraité par les Normands ; le clergé et le peuple murmurèrent bien haut contre cette innovation. Ils tenaient encore à Eause, et, à leurs yeux, le temps aurait réparé les désastres des Barbares ; mais la chose était faite, et bien des années s'écoulèrent avant qu'on pût s'accoutumer à la nouvelle autorité métropolitaine d'Auch.

Depuis le pontificat de Jean VIII, le nom de primat commença à être connu dans les Gaules. Primitivement, il ne signifiait que l'ancienneté de l'ordination ; plus tard, on comprenait par ce titre une supériorité de juridiction sur plusieurs archevêchés ou évêchés. Chaque archevêque aurait voulu le prendre ; celui de Bourges se crut autant de droits que ceux de Lyon ou de Sens. Sa ville avait été désignée par Charlemagne comme la résidence de son fils, roi d'Aquitaine, et capitale de son royaume, le point central où devaient se traiter toutes les affaires civiles et ecclésiastiques. Ce titre était incontestable ; pourquoi, comme métropolitain de cette capitale, ne s'intitulerait-il pas le primat d'Aquitaine ? Il le fit ; personne ne lui en contesta le droit. Mais Bordeaux avait été déclaré capitale de la seconde Aquitaine longtemps avant que Charlemagne eût songé à établir son fils à Bourges. L'archevêque de cette ville prit aussi le titre de primat de la seconde Aquitaine ; et dans les conciles même, sa prééminence sur celui de Bourges ne fut pas mise en question, et, cependant, nulle part les préséances n'étaient si rigoureusement observées que dans ces vénérables assemblées. Au concile de Troyes, en 867, Frothaire, archevêque de Bordeaux, fut invité à signer avant Vulfrade, archevêque de Bourges. En 1047, à la dédicace de l'abbaye de Notre-Dame de Saintes, le même ordre fut observé, et Archambaud, de Bordeaux, signa avant les archevêques de Bourges et de Besançon. Cependant le titulaire de Bourges aurait voulu s'arroger une supériorité qu'on lui refusait ; et au commencement du XIII° siècle, il se permit d'exercer dans la seconde Aquitaine, dans la province de Bordeaux, un droit primatial ; mais l'archevêque de Bordeaux et son clergé repoussèrent ces injustifiables prétentions. Le pape Grégoire IX intervint dans cette querelle suscitée par un sot orgueil; et voulant contenter tout le monde, crut pouvoir balancer les prétentions et les sacrifices. Il établit donc que l'archevêque de Bordeaux serait indépendant de celui de Bourges; mais qu'il irait une fois seulement dans sa vie au concile de Bourges, et qu'il y serait reçu avec tous les honneurs possibles; qu'il aurait seul le droit de consacrer l'archevêque de Bourges, qui, en retour, aurait le droit de visite dans la province de Bordeaux, une fois tous les sept ans, et pendant cinquante jours seulement; mais qu'il n'y pourrait rien ordonner; et quant à la correction des abus, qu'il devait se borner à s'adresser, à ce sujet, aux suffragants, au métropolitain lui-même ou au pape. Le clergé de Bordeaux refusa de souscrire à ces humiliantes conditions, et l'affaire en resta là jusqu'à Clément V, qui trancha la difficulté.

Comme ses confrères, l'archevêque de Bordeaux crut devoir enfler ses prétentions, et s'intituler primat de la Novempopulanie; mais l'archevêque d'Auch refusa de reconnaître ce titre, qu'il réclamait avec raison pour lui-même comme ayant exercé la primatie sur la Novempopulanie depuis la destruction d'Eause, en 732. Quoi qu'il en soit de ces prétentions de part et d'autre, toujours est-il certain que les métropolitains d'Auch n'ont jamais reconnu d'autre supérieur que le pape; qu'ils ont maintenu leurs priviléges avec ardeur et persévérance, et, enfin, que c'est Clément V, qui, en définitive, a affranchi les Bordelais du joug incommode de Bourges, en continuant à leurs archevêques le titre de primat de la seconde Aquitaine, titre qui, tombé en désuétude par suite de la nouvelle circonscription des diocèses, en vertu du Concordat avec Napoléon, a été ressuscité de nos jours par Monseigneur le cardinal Donnet.

Mais revenons à l'état politique et administratif de Bordeaux. Pepin, qui avait perdu l'affection du peuple, s'évada du monastère de Saint-Médard, à Soissons, où Charles le

<small>Livre II. Chap. 8.</small>

Chauve l'avait enfermé, après l'avoir fait tonsurer comme un clerc destiné à mener une vie monastique. Il appela autour de sa vieille bannière ses anciens, mais rares amis; il enrôla tous les mécontents, et leur promit des faveurs, des richesses et de la gloire. De là surgirent ces misérables guerres dynastiques entre des princes que le peuple, dit le chroniqueur, *méprisait*, et qui ne furent pas moins fatales à la prospérité de Bordeaux que l'invasion des Sarrasins ou des Normands ! La licence des mœurs était affreuse : un dévergondage abominable régnait dans toutes les classes, avec d'autant plus d'intensité, qu'aucun frein religieux ne s'opposait aux déplorables écarts des princes et des sujets. Les parents s'alliaient sans scrupule : la sœur s'est vue mariée avec son frère, l'adultère était une faiblesse qu'on se pardonnait réciproquement, l'immoralité était à son comble ! Louis le Bègue, devenu roi d'Aquitaine, voulait se faire des amis et des partisans; il donna aux solliciteurs des abbayes, des comtés, des terres; mais la féodalité avait déjà jeté ses racines dans le sol et créé de formidables prétentions. Les grands seigneurs se plaignirent de ces injustifiables concessions; le temps n'était plus, disaient-ils, où les rois pouvaient être despotes, et c'étaient les pires des despotes qui tenaient ce langage ! Enfin, ils se réunirent contre les princes et annulèrent ces concessions, parce que la couronne n'avait pas demandé d'avance leur consentement ! C'était dur pour le roi; mais, enfin, il s'y soumit; et à cette condition, ils daignèrent, ces fiers seigneurs, le couronner roi des Français et des Aquitains *par la miséricorde de Dieu et l'élection du peuple.*

<small>Bertin, Annal.</small>

<small>Capit. de Baluze, tome 2.</small>

Les descendants de Sanche Mitarra étaient devenus ducs héréditaires de la Gascogne; l'indépendance du peuple vis-à-vis des rois qu'ils *élisaient librement,* au moins selon les apparences, disparut devant la nouvelle puissance héréditaire. La sanction populaire n'était plus nécessaire; l'usurpation était consommée. Le duc était le maître du sol; il le partageait entre ses enfants; et bientôt tout le pays situé entre la Garonne, les Pyrénées et l'Océan, sera morcelé en comtés, vicomtés, baronies, sireries, châtellenies, et hérissé de châteaux-forts, autour desquels, et à l'abri de leurs créneaux, viendront se grouper les pauvres dépossédés de leurs droits, les jouets de ces tyranneaux, qui, fortifiés dans leurs manoirs, faisaient la guerre les uns aux autres, et foulaient, sans qu'on osât se plaindre, le peuple réduit à n'être que le serf de la glèbe, et même l'Église, dont ils usurpaient sans scrupule les biens et tyrannisaient les ministres. Le duc de Gascogne demeurait à Bordeaux, et ses possessions, en dehors de la Gascogne, comprenaient tout le territoire qui se trouve entre la Garonne et la Dordogne, que nous appelons de nos jours l'Entre-deux-Mers. Mais la ville de Bordeaux, en vertu de ses anciens priviléges, avait en même temps un comte particulier.

Cette nouvelle organisation sociale, quelque défectueuse qu'elle fût, semblait alors aux esprits peu exigeants réunir tous les éléments d'ordre et de stabilité. Les pauvres étaient les sujets non d'un roi, mais d'un seigneur; ils s'estimaient heureux, dans ces temps désastreux, de pouvoir s'abriter, eux et leurs familles, sous les murs protecteurs du maître dont ils cultivaient les champs, dont ils fabriquaient les vêtements et les armes, défendaient le château et épousaient les querelles. En échange de ces bons offices, le seigneur leur assurait sa protection et une existence moins précaire que du temps des invasions étrangères. Les services étaient réciproques : le peuple n'avait pas le sentiment de sa dignité. Son bien-être matériel était le seul objet de ses préoccupations journalières : l'amitié du maître répondait au dévoûment du serviteur, et sa bienveillance, au moins au commencement, adoucissait la dépendance et rendait léger le pénible joug du serf. Les jalousies, les haines, les querelles entre les seigneurs, naissaient, s'éteignaient, pour se reproduire toujours : se com-

_{Livre II. Chap. 8.}

_{Loubens, Histoire de la Gascogne, page 220.}

Livre II.
Chap. 8.

battre, c'était l'état normal ; se voir, se fréquenter en amis, c'était l'exception ; s'aimer, presque un prodige. Cet état d'hostilité permanent enlevait aux arts, à l'agriculture, les bras des serfs ; mais il ressuscita les vertus guerrières d'autrefois. La féodalité, comme la royauté, dont elle était l'émanation et l'image, s'appuyait sur l'épée et les châteaux-forts ; la société agonisait. La guerre lui rendait la vie, ou la galvanisait du moins, et, dans ce temps de décadence, fit sentir au peuple que les grands n'étaient rien que par lui ; et aux grands, que le peuple livré à lui-même et sans religion était un monstre qui se suiciderait après avoir dévoré ses maîtres ; que la force, qui n'est qu'éphémère, supplée mal au droit, qui est éternel ; que le hasard de la naissance, le jeu de la fortune, des circonstances indépendantes de nous, peuvent créer des distinctions ; mais que la nature n'en fait pas ; que l'anarchie est l'ennemie de la vraie liberté ; que l'ordre suppose et nécessite la dépendance et une hiérarchie ; que l'homme, quelque bas qu'il soit dans l'échelle sociale, peut et doit sentir le prix d'une noble liberté, la honte d'une dégradante servitude et le bonheur d'un état politique, où l'égalité devant la loi, la charité chrétienne en action, inclinent tous les esprits à l'accomplissement de tous leurs devoirs. En un mot, la guerre servait à faire apprécier les avantages religieux et politiques de la paix ; elle était le prélude des plus beaux jours. La civilisation peut renaître dans les camps comme du temps de Charlemagne. On était alors mal ; on voyait le bien, mais au loin.

Toutes ces réflexions se faisaient ; elles n'ont mûri qu'avec les siècles, mais leur réalisation dans les faits était encore bien loin ; on entrevoyait bien l'aurore de ces beaux jours, mais dans un lointain obscur. La patrie, il n'y en avait pas ; si on en avait quelque idée vague, elle se bornait au district où l'on vivait, où se trouvaient la famille et les souvenirs domestiques, le pauvre coin de terre où régnait le maître dont ils se reconnaissaient les serfs. Pour le seigneur, la patrie, c'était son château et ses terres; pour le curé, c'était sa paroisse; pour le moine, son couvent solitaire; et pour le peuple, ses pauvres cabanes avec la glèbe qu'il cultivait. La législation était locale et s'adaptait, dans son étroite sphère, aux besoins du serf, et souvent, trop souvent, aux caprices et aux exigences du maître : plus de Code national, plus de règle générale; quelques rares souvenirs du Code romain ou visigoth; des privilèges, des coutumes locales, voilà les seules lois de ces temps malheureux. La propriété se confondait avec la souveraineté; la volonté du maître était la mesure de la liberté du serf. Toute idée de nationalité était proscrite; tout sentiment d'unité, d'homogénéité politique était inconnu aux habitants de nos contrées; et ce qui était encore pire, c'est qu'ils avaient même perdu de vue leur dignité d'hommes et toute notion d'égalité politique et civile. Les Aquitains, *légers et inconstants* dans leurs affections politiques, disent les chroniqueurs du moyen-âge, aimaient les changements : les principes n'étaient rien pour eux. La nouveauté seule avait des charmes, parce qu'elle apportait aux uns un soulagement de leurs maux, à d'autres un bien-être complet, et à tous des espérances. Tout était par terre; les assemblées provinciales seules étaient encore debout, avec quelques rares vestiges des libertés municipales. Le clergé avait aussi ses conciles; c'était là le germe des franchises futures, le feu sacré auquel les peuples devaient allumer plus tard le flambeau de la liberté. On avait beau faire, beau dire; même dans ces siècles d'ignorance, on voyait poindre à l'horizon, mais bien loin devant soi, l'aurore du beau jour de l'émancipation des peuples. Les conciles seuls étaient l'école de la liberté; le clergé en était alors son gardien, et l'opinion publique se faisait jour à travers le réseau féodal de la pire des tyrannies, celle des parvenus, qui oubliaient trop vite leur passé, et des aventuriers heureux qui ne cherchaient que les chances de l'avenir. Tous les habitants, sans distinction de caste, de couleur politique ou d'origine, les Romains, les Goths, les Francs et les Aquitains, assistaient aux assemblées publiques; c'étaient les municipalités à l'état d'enfance, le berceau de la liberté. Voilà l'état de la Gascogne et de l'Aquitaine au IXe et Xe siècles.

Les Normands, bercés par les souvenirs du passé et alléchés par l'espérance de réussir comme autrefois, revinrent, en 880, visiter nos côtes; mais trouvant encore le pays dévasté, sans habitants, sans culture, et Bordeaux à peine sorti de ses ruines, ils se partagèrent en deux bandes, dont l'une remonta la Dordogne, et l'autre pénétra dans la Gascogne, sous la conduite du farouche roi de la mer, Régnauld, qui alla assister, joyeux spectateur, aux ravages des belles plaines de la Gascogne, et se reposa à Cassencuil, dans la même chambre où Charlemagne, assis entre le savant Alcuin et la belle Gisla, dictait ses volontés à Éginhard, ou des ordres au monde; il n'y laissa debout qu'une tour et les murs de deux églises en briques.

Moins satisfaits cependant de leurs excursions cette fois-ci que les autres, les Normands se retirèrent pour ne plus revenir; ils s'étaient faits chrétiens à l'exemple de leur chef, Rollon, et avaient reconnu la souveraineté de la couronne de France moyennant la cession de la Neustrie, que Charles le Chauve leur accorda en 911. Leurs habitudes s'adoucirent au contact des peuples chrétiens; leurs mœurs devinrent moins sauvages. Cependant, quelques hordes préféraient toujours la vie nomade de leurs ancêtres, et les aventures de la piraterie, aux douces habitudes d'une vie fixe et policée. Alléchés par l'espérance, elles revinrent sur les côtes de la Gascogne en 982; et pénétrant dans l'Adour, jusqu'à la plaine de Taléras, chez les Tarusates (Aire), elles rencontrèrent le duc Guillaume, qui en fit *un si affreux carnage, que bien des années après on trouvait dans ce lieu solitaire plus d'ossements de morts que de plantes végétatives. Ainsi défaits, dit l'historien de l'abbaye de Condom, les Barbares ne pénétrèrent plus au-delà des frontières, et la Gascogne en fut délivrée pour toujours.* En mémoire de cette victoire, le duc Guillaume fonda le magnifique monastère de Saint-Sever, sur le lieu même où l'on assurait que gisaient les ossements de ce saint, à qui il en rapportait le mérite et la gloire. Il invita à la solennité de la fondation les comtes de Bordeaux, d'Agen, tous les grands du pays, les archevêques de Bordeaux et d'Auch avec leurs suffragants. Comme l'autorité des rois francs, ou français, car on commençait alors à les qualifier ainsi, était peu sensible dans nos contrées, le duc Guillaume, tout fier de ses succès militaires, se déclara prince absolu, et prétendit ne relever que de Dieu seul, et tenir son duché par droit d'hérédité (1). Le système féodal généralisait ces idées, aussi contraires au principe électif qu'à l'autorité monarchique. Les Aquitains mêmes, peuple intermédiaire entre les Gascons et les Francs, ne reconnaissaient, ni à Bordeaux, ni presque nulle part, l'autorité du roi, et dataient leurs actes *de l'an de Jésus-Christ, en attendant un roi.* Le champ était libre pour l'ambition de Guillaume; il en profita de son mieux; et comme l'empereur ne voulait élever cette partie à la dignité de vicomté que pour en être lui-même le chef, Guillaume, pour couper court à toutes les prétentions, joignit à son titre de duc celui de comte. L'ambition ne s'arrête pas facilement: celle des princes est insatiable; elle veut tout ou rien. L'autorité civile et politique ne lui suffisait pas; il voulut s'emparer de la puissance spirituelle, ou, du moins, la diriger comme un auxiliaire utile à ses desseins, et pour cela se servit avec adresse de son frère, Gombaud, qui, après la mort de sa femme, s'était fait prêtre, et devint évêque de Bazas, avec la charge d'administrer le diocèse d'Agen, alors vacant.

Livre II. Chap. 8.

Hist. abbat. Condomiensis. Achery, *Spicilig.*, tome 13.

Marca, *Histoire du Béarn*, 1re partie, page 225.

---

(1) Terras quas mihi Deus jure hæreditario tradere dignatus est.

Geoffroi 1er, archevêque de Bordeaux, étant mort, Gombaud vint résider auprès de son frère, pour l'aider de ses lumières et le décharger en partie du poids des affaires. Comme son frère prenait le titre de duc de Gascogne, lui seul, évêque chargé d'un pouvoir quasi-primatial, s'intitulait évêque de la Gascogne. « L'évêque métropolitain de Bordeaux, dit un au-
» teur, fut chargé de l'administration ecclésiastique de la Vas-
» conie, comme le proche voisin de la province. » D'ailleurs la Charte de Fontenelle désigne Bordeaux sous la dénomination de capitale ou métropole de la Novempopulanie *(Caput regionis Novempopulaniæ).* La possession de ces trois siéges était une flagrante violation des canons; mais la discipline s'était affaiblie : des licences autorisées ou tolérées. La voix de Rome ne pouvait pas se faire entendre encore; le despotisme du duc de Gascogne couvrait tous les abus et imposait silence à tous les murmures. Évêque universel du duché, Gombaud exerçait partout, et sans contrôle, le pouvoir suprême. Dans ses visites, il prenait le titre du lieu où il officiait; mais dans des actes administratifs, où il figurait conjointement avec son frère, il prenait toujours le titre d'évêque de Gascogne. De là vient que nous trouvons son nom inscrit sur presque tous les registres de Bordeaux, Bazas, Agen, Lescar, Oleron, Tarbes ou Bigorre. Il est à remarquer que Gombaud ne prenait jamais le titre d'*archevêque* de Bordeaux, quoiqu'il y demeurât, parce que son premier titre canonique était celui de simple évêque de Bazas, et parce que sa translation sur un siége archiépiscopal était simplement le fait du pouvoir despotique, en contravention aux canons et sans l'autorisation du pape.

Ce monopole comblait tous les vœux du fier duc : jamais pouvoir ne fut plus absolu ni plus complet; il s'exerçait à la fois sur le corps et sur l'âme : la volonté du duc était la suprême loi; elle ne devait pas, elle ne pouvait pas rencontrer d'obstacle. Hugo fils, qu'eut Gombaud avant son ordination, fut nommé bien jeune premier abbé de Condom, et plus tard évêque de Bazas. Soit que Gombaud n'eût plus la même activité, ou, peut-être, pour se conformer aux cris de sa conscience, aux prescriptions des canons, et surtout aux injonctions du pape, il se contenta de l'administration diocésaine de Bordeaux, et laissa à son fils le titre d'évêque de Gascogne, qu'il avait usurpé ; mais à la demande de Benoît VIII, Hugo ne garda que le titre d'évêque d'Agen. Les successeurs de Gombaud, à Bazas, gardèrent longtemps ce vain titre *d'évêque de Gascogne*, qui flattait leur orgueil ; mais en 1057, à la prière d'Austinde, archevêque d'Auch, le pape Léon IX fit rentrer tout dans l'ordre, rattacha Bazas à la métropole d'Auch, et la juridiction de l'archevêque de Bordeaux rentra dans les limites de la seconde Aquitaine. Nous reviendrons sur cet article, quand nous aurons occasion de parler de Gombaud, dans notre *Histoire de l'Église de Bordeaux*.

Le peuple était très-misérable sur la fin du Xe siècle : une épidémie épouvantable décimait alors (994) les peuples d'Aquitaine. « C'était, dit Rodolphe Glaber, un feu secret qui » desséchait et séparait du corps les membres auxquels il » s'attachait. Une nuit suffisait à ce mal effrayant pour dé— » vorer ses victimes. » On l'appelait *le feu de saint Antoine* ou *le mal des ardents*. Les princes et seigneurs en furent si épouvantés, qu'ils firent un pacte entre eux pour mener une vie plus morale, « afin de détourner la colère du ciel. »

Livre II.
Chap. 8.

CHAPITRE IX.

Bordeaux est rebâti. — La Porte-Basse relevée. — Le château de l'Ombrière fondé. — A quoi il a servi. — Serment à Saint-Seurin. — Investiture des ducs. — Désordre à La Réole. — Saint Abbon. — Blaye, ville neutre. — Seguin y est élu archevêque. — Eudes, comte de Bordeaux. — Duc de Gascogne. — Son investiture à Saint-Seurin. — Eudes, duc d'Aquitaine. — La maison de Poitiers triomphe. — Liste chronologique des ducs de Gascogne.

DE 1000 A 1079.

Livre II.

Après le départ des Normands, les émigrés bordelais rentrèrent dans leur patrie et se mirent à reconstruire leurs anciennes demeures, à cultiver leurs terres, à reprendre leur commerce et leur industrie. Bordeaux ressuscita; et vers l'an 942, on fit d'incroyables efforts pour lui rendre son ancienne splendeur. La ville romaine avait disparu: les Visigoths, les Sarrasins et les Normands y avaient amoncelé ruines sur ruines. Une nouvelle ville était nécessaire; le duc de Guienne l'entreprit, et Bordeaux sortit des décombres des Barbares. On n'épargna rien pour l'orner d'une manière convenable et pour la rendre digne d'être la capitale du duché et la résidence du prince. On voyait encore le plan primitif, tel que les Romains l'avaient tracé; il était commode et bien conçu. On crut devoir le suivre, du moins quelques écrivains le croient. On releva les anciennes portes, et en particulier la *Porte-Basse* (1), et une autre qui se trouvait derrière le Pey-Berland. Presque toute l'enceinte a disparu, ainsi que ses tours; il n'en reste plus que quelques rares vestiges. Dans les fouilles pratiquées à diverses époques sur toute la ligne murale, on a

NOTE 19.

---

(1) La Porte-Basse fut détruite en 1805; l'ancienne *Porte-Toscanam* est aujourd'hui improprement appelée Porte-Basse.

trouvé des fragments de colonnes, des morceaux de frises, de chapiteaux et des pierres artistement sculptées ; c'est de là que proviennent la plupart des inscriptions qu'on voit au Musée de Bordeaux.

Livre II.
Chap. 9.

Le duc n'avait pas de résidence convenable ; il existait bien un ancien édifice près du Peugue, dont on attribuait la fondation au redoutable Euric, mais qui menaçait ruines. En 918, il jeta les fondements d'un palais qui, dans les anciens titres, s'appelle *Castellum Umbrariæ*, château de l'Ombrière ; il servait de demeure aux ducs, aux rois d'Angleterre, et plus tard aux sénéchaux. Ce vieux château était environné de fossés et flanqué de deux tours : l'une au midi, qui s'appelait plus tard la *Tour du Roi*, parce que les appartements du roi s'y trouvaient ; l'autre au nord, dite *Tour d'Arbalesteyre*, parce qu'il s'y trouvait une caserne pour les soldats, qu'on armait alors d'arbalètes.

Mazas, *La Guienne*, page 22.

La place du Palais occupe une partie du local où était situé le palais ducal ; depuis le château jusqu'à la porte qui existe encore, s'étendait le jardin des souverains de la Guienne. Six rangées d'ormes fournissaient de belles allées ombragées depuis la façade jusqu'à la rivière ; ces énormes ormes, plantés en lignes parallèles, formaient de délicieuses promenades à l'ombre, et de là vient le nom de l'Ombrière. L'édifice était une construction massive et lourde, de forme carrée. Au bas du château était une prairie, au bout de laquelle se trouvaient une espèce de rotonde en marbre rose des Pyrénées, entourée de lauriers, une pelouse nue et le rempart qui ne servait qu'à clore les dépendances du château. Le Peugue arrosait ces beaux jardins, et non loin de là se trouvait l'antique fontaine de la rue Poitevine, qu'on a longtemps considérée comme la *Divona* des Romains.

Bertrand de Born., 1, 50 et 51.

Ce vieux palais fut réparé vers l'an 1180 ; mais il fut reconstruit en grande partie sous le règne d'Édouard III, sur la fin du XIIIe siècle, et n'a jamais, que nous sachions, porté

<small>Livre II. Chap. 9.</small>

d'autre nom que celui de *Castrum Ombrariæ*, château de l'Ombrière.

En 1462, ce château appartenait à M. de Grammont, qui jouissait, au port de l'Ombrière, de droits considérables, tels que la grande coutume, jaugeage, tonnage, etc., qui montaient à près de 400 liv.; mais en 1466, le roi fit acheter le château pour y installer le Parlement. Un incendie très-violent consuma une partie de l'édifice, le 11 janvier 1597; on augmenta alors la bâtisse pour les divers besoins du Parlement, sur un plan comparativement moderne. On y établit la *Table de Marbre*, chambre spéciale, instituée pour juger, en souverain, les délits commis sur les rivières et dans les forêts du même ressort; on y voyait la *Cour sénéchale*, l'*Amirauté de Guienne*, et, en 1792, on y installa, le 15 février, le tribunal civil de la Gironde. Ce vaste bâtiment renfermait encore l'hôtel de la bourse, le bureau des finances, les chambres de commerce, la juridiction consulaire et l'hôtel de la monnaie. Au-dessus des arcades cintrées, on voit deux plaques de marbre incrustées dans le mur. Sur celle à droite, on lit en caractères romains :

<small>Voir la Commission des Monuments, 1851, 2, page 16.</small>

> Au magistrat rends humble obéissance;
> Il a de Dieu cet honneur et puissance.

Sur celle à gauche, on lit :

> Ton Dieu surtout aime d'un amour extrême,
> Et ton prochain aussi comme toi-même.

L'entablement était orné de rinceaux, de rosaces, de haches, de carquois, de cordons et d'ornements de divers genres. De chaque côté de la porte centrale, on lisait ces inscriptions; d'un côté :

> PIETATI
> ET IUSTITIÆ.

de l'autre :

> FIDEI IUSTITIÆ
> QUE SACRUM.

En 1800, en démolissant cet antique monument pour former la rue du Palais, on y découvrit deux cippes antiques, remarquables par leur forme et par leurs inscriptions (1), ainsi que des médailles et des pièces de monnaie. L'arsenal, du temps des Romains, se trouvait à l'entrée de la Devise, ou bassin navigère, dont parle saint Paulin, entre les rues du Parlement et de Saint-Remi, et celles de Pédagen et de Sainte-Catherine ; cette partie était assez bien fortifiée, mais l'embouchure du Peugue, alors navigable près de la ville, ne l'était pas. On y construisit deux tours pour défendre l'entrée de cette rivière contre les Normands, dont on craignait le retour. La première ville était riche et belle ; elle se ressentait de l'opulence, de la grandeur et des connaissances architecturales des Romains. La ville du Xe siècle, réédifiée par les Bordelais appauvris, victimes de la rapacité et de la cruauté des Sarrasins et des Normands, n'avait pas les formes grandioses ni les belles apparences de la première ; elle accusait tout à la fois la décadence des arts, la misère du peuple et l'impuissance des ducs, avec leur meilleure volonté de lui rendre sa prospérité primitive et son antique splendeur.

A cette époque, la puissance carlovingienne n'était qu'un souvenir ; les ducs avaient recueilli ses derniers soupirs et s'étaient consolidés au milieu des populations dégradées par l'ignorance, le despotisme et la misère, en s'arrachant les lambeaux de la royauté agonisante. Les nouveaux venus imitaient cependant les anciens ; leurs errements étaient presque les mêmes. Au commencement des guerres, les anciens

Livre II. Chap. 9.

Bordes, Histoire des Monuments.

Bullet. polym., tome 2, 222.

(1) Inscriptions des cippes :

D. M.	D. M
VAL. FELICIS	ET. M.
C. A. DEF. ANN.	VAL. VICTORI
XXX. VICTORI.	NAE. CIV. AQV.
NA. CONIVNX.	DEF. ANN. LX.
P. C. ET. SVB. ASC.	FIL. EIVS. P. C. ET.
DEDICAVIT.	SVBASCIA. DED.

princes allaient chercher l'oriflamme à Saint-Denis. Les ducs d'Aquitaine essayaient de s'entourer des mêmes prestiges, et se rendaient, à leur avènement, à Saint-Seurin, comme pour recevoir, en quelque sorte, du ciel même la sanction de leur pouvoir. Après y avoir prêté le serment d'usage sur les reliques de saint Fort, premier martyr de Bordeaux, et sur le bâton pastoral de saint Martial, premier apôtre d'Aquitaine, ils recevaient, le jour de leur investiture, des mains de l'archevêque, l'étendard national, qui devait servir dans les combats de signe de ralliement au peuple et le conduire à la victoire. Ces reliques du premier apôtre d'Aquitaine et du premier martyr de Bordeaux étaient déposées, dans ces occasions, sur l'autel de Saint-Seurin; saint Amand l'avait ainsi réglé en l'honneur de ces deux saints, si vénérés dans nos contrées, et en mémoire de son ami et coévêque saint Seurin. Nous en parlerons dans notre *Histoire de l'Église de Bordeaux*.

Dans ce temps là, arriva dans nos contrées un événement déplorable, qui eut un fâcheux retentissement dans l'Église, et à Bordeaux. Le désordre s'était introduit dans le monastère de Squirs (La Réole); les moines menaient une vie peu édifiante et sortaient sans permission pour manger, converser et vivre avec les gens du monde. Saint Abbon, revenant de Rome, ou de Compostelle selon d'autres, s'arrêta à Bordeaux; le duc Bertrand, frappé de son air de sainteté et prévenu par sa réputation de vertu, le chargea de travailler à la réforme de ces religieux. Français d'origine, ainsi que ses compagnons, sa présence ne pouvait pas être agréable aux Gascons de La Réole; mais on ne soupçonnait pas que ces haines séculaires entre les deux peuples pussent encore vivre dans les cœurs de ces solitaires. Abbon y alla et défendit ces sorties, ces fréquentations des gens du dehors, toutes ces violations de la règle. Les moines n'en firent pas grand cas; les choses allaient du même train. On punit Anexan, l'un des moins dociles et l'instigateur du désordre; les Gascons se révoltèrent et tombèrent sur les gens qui composaient la suite de l'abbé. L'affaire était devenue si sérieuse, qu'Abbon vint pour apaiser les esprits et faire cesser le scandale; mais les têtes étaient montées. La présence de l'abbé les enflamma davantage, et, enfin, un Gascon, emporté par la colère, lui perça d'un coup de pieu le côté gauche. *Ah! celui-là va tout de bon,* dit le malheureux abbé roulant par terre; il se releva tout baigné dans son sang et se traîna à sa cellule, où il mourut le même jour, demandant miséricorde pour son âme, son bourreau et sa congrégation. Sans l'intervention d'Amaubin, vicomte du district d'Aillas, demeurant à La Réole, le peuple aurait massacré les moines; mais le bruit en étant bientôt arrivé à Bordeaux, le duc Bernard-Guillaume III fit arrêter les coupables. Les uns furent pendus, les autres brûlés! Le lieu du meurtre conserve encore le nom de *place de Marturet*.

Livre II.
Chap. 9.

La nonchalance des successeurs de Charlemagne succéda bientôt à l'ambitieuse activité du premier duc héréditaire de Gascogne; ses héritiers ne sont guère connus dans l'histoire que par des actes de piété, par des donations aux églises et aux monastères, et par une vie paisible et inoccupée. Le duc Bernard n'eut pas d'enfants; sa conduite envers les moines meurtriers de La Réole avait rencontré d'abord partout un cri approbateur; mais les passions se réveillèrent. La haine des Francs était encore vivace dans les cœurs des Gascons; on l'accusa de partialité pour les Francs. Il fut empoisonné la nuit de Noël 1010; et pour cacher son crime, on fit croire au peuple qu'il avait été ensorcelé par des femmes. Le vrai assassin, d'après les Cartulaires d'Auch, était Raymond, seigneur de Lamothe, près Bazas, qui se sauva chez le comte de Fézensac, et plus tard expia son crime par un pélerinage à Jérusalem.

1010.
*Vita sancti
Abbon,*
Adhemar,
Chronique

A cette époque, Blaye était une ville neutre; elle appartenait aux comtes d'Angoulême; mais elle était toujours restée sous la juridiction des archevêques de Bordeaux. Les comtes d'Angoulême s'en étaient emparés dans les désordres généraux du pays, et les oisifs et tranquilles possesseurs de la couronne ducale ne lui en disputaient pas la possession. L'archevêché de Bordeaux était vacant; comme Blaye était ville neutre et le lieu où se tenaient les congrès des ducs de Gascogne et d'Aquitaine, on y convoqua le clergé et le peuple pour l'élection du nouvel archevêque. Le duc présida l'assemblée, qui élut Seguin comme successeur de Gombaud.

A Bernard succéda Sanche Guillaume IV. Ses habitudes étaient simples et pacifiques, ses mœurs douces, sa piété le portait à faire du bien aux églises et aux maisons religieuses. Il présida l'assemblée, tenue à Blaye en 1027, pour l'élection de Geoffroi II, archevêque de Bordeaux. Il mourut sans enfants mâles en 1032, et en lui finit la race masculine de Sanche Mitarra, qui a donné à la Gascogne huit ducs; ils ont presque tous habité Bordeaux.

Après Sanche, le comte Bérenger, selon d'autres Guillaume V le Gros, son neveu, dit-on, fils d'Aldouin II et d'Alausie, fille de Sanche Guillaume, recueillit l'héritage du chef de sa mère; il porta la couronne ducale quelque temps et mourut sans enfants en 1036. Alors le duché de Gascogne échut de droit à Eudes, comte de Poitiers, fils de Guillaume le Grand, duc d'Aquitaine, et de Brisca, sœur de Sanche, dernier rejeton des Mitarra.

Eudes, ou Odon, par suite de son mariage avec Brisca, héritière du comté de Bordeaux, se fit investir du titre de comte de Bordeaux et du duché de Gascogne; comme consécration de ses droits, il voulut recevoir des mains de l'archevêque, à Saint-Seurin, en présence des reliques du premier apôtre d'Aquitaine et du premier martyr de Bordeaux (le bâton de saint Martial et le bras de saint Fort), son étendard militaire et les insignes de son pouvoir. Au jour indiqué, toute la noblesse s'assembla dans nos murs; on y voyait Raymond le Vieux, évêque de Bazas, qui s'intitulait encore évêque de Gascogne, vestige ridicule de l'usurpation de Guillaume et de Gombaud. A sa suite se trouvaient Centulle III, vicomte de Béarn, Arnaud, vicomte de Dax, et toute la noblesse de la Gascogne. Arrivé dans la vieille basilique de Saint-Seurin, devant l'autel de ce saint patron de la ville, sur lequel étaient posés la crosse laissée par saint Martial à ses successeurs à Bordeaux, et le bras de saint Fort, évêque martyr, l'un des patrons de la cité, Eudes déposa sur l'autel sa bannière et son épée ; l'archevêque les bénit et les lui rendit, comme marque d'investiture du comté de Bordeaux. C'était l'usage des rois de France ; ils allaient recevoir à Saint-Denis, des mains de l'archevêque, l'oriflamme et les armes. Les ducs les imitaient, et leur exemple était suivi par les petits seigneurs dans leurs localités respectives ; ils empruntaient aux églises les bannières de leurs patrons et les faisaient servir de fanons dans les combats. Ces dispositions imitatives se trouvent dans le cœur humain : les grands sont le modèle que nous suivons toujours, dans le bien comme dans le mal. « Le prince, dit » Montesquieu, imprime le caractère de son esprit à la cour, » la cour à la ville, la ville aux provinces ; l'âme du souve- » rain est un moule qui donne la forme à toutes les au- » tres. »

Le duc d'Aquitaine, Guillaume, étant mort, Eudes, son frère, duc de Gascogne, hérita de son duché et le réunit à celui de Gascogne. Dans une guerre avec le comte d'Anjou, qui réclamait la Saintonge comme lui appartenant du chef de son aïeule, il se laissa surprendre par son ennemi ; et après trois ans de captivité, n'obtint sa liberté qu'en lui cédant Saintes et le comté de Bordeaux ; il mourut trois jours après sa délivrance. Eudes voulut recouvrer les pays perdus ; il fut tué devant le château de Mauzé, dans l'Aunis, le 10 mars 1039, et ne laissa pas d'enfants.

Guillaume VI, son frère, lui succéda ; mais ses prétentions

<small>Livre II.
Chap. 9.</small>

au duché de Gascogne furent repoussées par Bernard II Tumapaler, comte d'Armagnac, et Centulle Gaston de Béarn. Gui-Geoffroy, fils de Guillaume, duc d'Aquitaine, voyant ces deux rivaux aux prises, en profita pour se faire investir du comté de Bordeaux. Ce troisième prétendant fit taire les rivalités des deux autres : ils se concertèrent contre lui ; et à la suite d'une alliance matrimoniale, tournèrent leurs armes contre le jeune Aquitain. Bernard se fit reconnaître duc à Bordeaux et dans tout le pays sur la rive gauche de la Garonne. Le jeune prince aquitain profitant plus tard d'une querelle que le vicomte de Dax suscita à Centulle de Béarn, remonta le cours de la Garonne, pénétra jusque dans l'Armagnac, où Bernard fut battu et privé de ses droits. On lui permit de garder le titre de comte de Gascogne ; mais il ne devait pas passer à ses descendants.

<small>Marca,
Béarn,
liv. IV. ch. 7.
Cothar,
De
Sancto-Monte,
fol. 6, M^s.
Bibliothèque
royale,
N° 2460.</small>

La maison de Poitiers triomphait : les Gascons et les Bordelais se virent enfin sous le joug de l'étranger. Depuis Eudes, Bordeaux avait cessé d'être la capitale ; Poitiers était la résidence habituelle du prince. Son pouvoir en Gascogne n'était que celui d'un suzerain ; la province était divisée et subdivisée en comtés, vicomtés, baronnies. Ces petites principautés avaient tout l'orgueil des grandes ; elles ne supportaient qu'en murmurant le fardeau d'un joug étranger, et lui préféraient une autorité indigène. Enfin, tous ces seigneurs se concertèrent, et, au jour indiqué, secouèrent le joug des princes aquitains, pour se courber comme vassaux sous celui de la maison de Toulouse. La gloire même de Bordeaux était si éclipsée, son importance si amoindrie, que les noms même de ses comtes ne nous sont pas parvenus. Cependant on trouva à cette époque, dit un historien, le nom d'une dame Anna, comtesse de Bordeaux et de Périgueux, qui fit une donation au monastère de Soulac, *in finibus terræ ;* elle était troisième femme de Guillaume Geoffroi. Son nom paraît dans les actes publics à l'occasion d'une donation qu'elle fit, en 1043, de ses

<small>1052.</small>

<small>D. Devienne,
page 21.</small>

terres de Médrins au monastère de Soulac, dépendance de Sainte-Croix de Bordeaux. Le duc d'Aquitaine, comte de Poitiers, déclara la guerre à Guillaume de Toulouse; une rencontre eut lieu entre les deux armées, près de Bordeaux; mais le comte de Poitiers y perdit cent de ses chevaliers les plus distingués. On assure qu'il se vengea plus tard de son ennemi.

Livre II.
Chap. 9.

1079.

Hist. générale du Languedoc, tome 2.

GÉNÉALOGIE CHRONOLOGIQUE DES DUCS DE GASCOGNE.

DUCS ÉLECTIFS.

602 Genialis.
615 Aighinan, commissaire royal.
626 Amandus. Souche féminine des rois d'Aquitaine; Gisèle, fille d'Amandus, avait épousé Charibert.
657 Loup Ier.
708 Loup II. Race des ducs et rois d'Aquitaine.
774 Loup III.
778 Adalric.
842 Loup Centulle et Scimin.

DUCS AMOVIBLES.

819 Totilon.
845 Seguin.
846 Guillaume.
848 Sanche Sanchez.
864 Arnaud.

DUCS HÉRÉDITAIRES.

872 Sanche Mitarra.
872 Sanche II.
904 Garcie Sanche.
Sanche Garcie.
Sanche Sanches.
977 Guillaume Sanche.
984 Bernard Guillaume.
1010 Sanche Guillaume.
1032 Bérenger.
1036 Brisca, femme d'Eudes, comte de Poitiers.

ROIS ET DUCS D'AQUITAINE.

630 Charibert, roi.
631 Childéric, roi.
637 Boggis et Bertrand, ducs.
688 Eudes, duc.
735 Hunold, duc.
745 Waiffre, duc.
814 Pepin Ier, roi.
839 Pepin II, roi.
865 Charles, fils de Charles le Chauve, roi.
867 Louis le Bègue, roi.

CHAPITRE X.

L'état des choses et des esprits à Bordeaux au Xe siècle.—Le pays dévasté et affligé. —Le clergé peu régulier. — Efforts du clergé pour la paix. — Règlements pour la paix. — Conduite du clergé. — La trêve de Dieu. — Les tournois. — L'état social s'améliore. — Les libertés municipales. — Le clergé relève la tête. — Hildebrand leur prête la main. — Sa lettre aux Bordelais. — La Grande-Sauve. — Bérenger condamné à Bordeaux. — Quelques mots sur la féodalité.

Livre II.

A l'époque où nous sommes arrivés, le pays, jusqu'aux Pyrénées, se trouva sous l'autorité de la maison de Poitiers ; et malgré la réunion des deux duchés, l'ancien esprit d'hostilité existait toujours entre les Gascons et les Aquitains. Le nouveau joug paraissait pesant aux uns, très-léger et doux à ceux qui le leur imposaient. La jalousie des seigneurs allait en croissant ; la confiance s'éteignait ; et comme chaque seigneur agissait en roi, ses terres étaient sa patrie, ses serfs étaient ses sujets ; la nationalité n'existait plus ; le patriotisme était pour eux un sentiment vague, indéfini, sans valeur. Les passions les plus fortes des seigneurs, c'était de bâtir des églises, de fonder des monastères, d'accroître la puissance du clergé, qui, par nécessité autant que par reconnaissance, appuyait et consacrait la leur. On prêchait la paix et l'union ; mais un esprit de haine contre les Aquitains animait les masses, et les Bordelais regrettaient leurs anciens ducs et comtes. Bordeaux n'était plus une capitale ; la présence du prince n'amenait plus dans ses murs les riches, les courtisans et les curieux, avec leurs écus. La jalousie des seigneurs s'exerçait par voie d'armes et provoquait des représailles ;

les campagnes étaient incultes ou dévastées; les villages pillés ou brûlés, et abandonnés; la famine et la peste venaient souvent surajouter leurs sombres horreurs à ce tableau, et le pays ne présentait plus que le hideux aspect des misères humaines (1). L'anarchie des esprits se traduisait dans les faits sociaux : ses progrès étaient affreux et menaçaient de dévorer la société; mais ses ravages étaient plus sensibles parmi les habitants des campagnes. Éloignés des grands centres de population, et sans autre loi que la capricieuse volonté de leurs seigneurs, ils commettaient toutes sortes de forfaits : l'impunité en fit des scélérats, et le crime devint l'élément vital de cette singulière société. Les petits seigneurs, profitant hardiment du silence, de la modération du clergé et de l'impuissance où il était de se venger, s'emparèrent des biens des églises et des monastères. On réclamait toujours; mais c'était auprès des gens intéressés à se montrer sourds et insensibles aux excommunications, arme terrible entre les mains du clergé en temps ordinaires, mais émoussée dans un État en proie à l'anarchie. L'Église elle-même, toujours en rapport avec les hommes du monde, finit par se laisser atteindre de la contagion générale : le désordre s'y glissa ; mais comme la mer, qui rejette tout ce qui est impur, l'Église, en vertu de sa constitution divine et de sa puissance native, guérit ses plaies en retranchant vigoureusement les membres gangrénés. Le souvenir de Hildebrand était à la fois l'épouvantail des mauvais et le stimulant des bons. Sel de la terre, la doctrine de l'Église devait seule la sauver et redresser la société qui croulait de toutes parts. On convoqua des conciles pour remédier à cet état des choses; quelques seigneurs s'associèrent à cette

Livre II.
Chap. 10.

---

(1) Le muid de blé était à 75 sols d'or, dit Raoul Glaber, lib. IV. En 1001, grande famine; en 1005 jusqu'en 1008, famine, grande mortalité; 1010 à 1014, famine, mal des ardents, mortalité; de 1027 à 1029, on mangeait la chair humaine pendant la famine; 1031 à 1033, la même famine, les mêmes scènes; 1035, famine, épidémie; 1045-46, famine; 1058, famine, grande mortalité pendant cinq ans.

Livre II.
Chap. 10.

Liv. V.

pensée de salut. « Les évêques d'Aquitaine, dit Raoul Gla-
» ber, avec les personnes de tous les rangs, qui, dans cette
» contrée, étaient dévouées à la religion, formèrent des assem-
» blées pour le rétablissement de la paix....... Il fut bientôt
» ordonné aux hommes de toute condition de sortir sans ar-
» mes, en toute sécurité. Le ravisseur des biens d'autrui de-
» vait être dépouillé de ses richesses ou puni corporellement;
» des honneurs et des priviléges étaient attribués aux saints
» lieux ; et quand un coupable s'y réfugiait, il en pouvait
» sortir sans crainte, excepté celui qui avait violé les lois re-
» latives au maintien de la paix; car celui-là, fût-il aux pieds
» de l'autel, ne pouvait échapper à la punition de son crime.
» On régla encore que ceux qui voyageaient dans la compa-
» gnie d'un clerc ou d'un moine seraient à l'abri de toute
» violence. Tous les habitants conçurent un tel enthousiasme
» de ces institutions, que les évêques, levant leurs têtes vers
» le ciel et les mains étendues, s'écriaient : *la paix! la paix!*
» en signe de l'éternelle alliance qu'ils venaient de contracter

NOTE 20.
» avec Dieu. » Pour les *sauvetés* ou droit d'asile, voir *note* 20.

Vœux louables ! rêves des hommes de bien, efforts subli-
mes d'un clergé animé de l'esprit chrétien, mais impuissant
en présence des mœurs féroces du siècle. Cette police ecclé-
siastico-civile fit du bien, mais ne produisit pas tous les fruits
qu'on en attendait : il fallait aller plus loin et employer des
remèdes plus héroïques; il fallait restreindre le droit de
guerre, dont les feudataires se servaient trop souvent au préjudice des pauvres serfs, toujours victimes des caprices de
leurs impitoyables maîtres. On osa tout cela, et non sans fruit.
On convint que les hostilités seraient plus rares; que toute
attaque serait sévèrement défendue depuis le mercredi jusqu'au lundi matin de chaque semaine, sous peine de mort ou
de bannissement. La même défense fut étendue à tous les jours
de fête, et pendant l'Avent et le Carême. Il fut aussi défendu
d'attaquer les églises qui n'étaient pas protégées par des châ-

teaux, de violer les cimetières et les lieux saints, de vexer les agriculteurs, de s'emparer des bestiaux. Cette nouvelle législation, complément de l'autre, fut appelée la *Trève de Dieu;* c'était une institution salutaire parmi les mille autres que l'on devait au clergé. « Elle contribua, dit Sismondi, » à adoucir les mœurs, à développer les sentiments de com- » misération entre les hommes, sans nuire à ceux de bra- » voure, à donner une base raisonnable au point d'honneur, » à faire jouir les peuples d'autant de paix et de bonheur que » pouvait admettre l'état de la société, à multiplier enfin la » population, de manière à pouvoir fournir bientôt aux pro- » digieuses émigrations des Croisades. »

Comme le clergé prit une part active dans ces réformes sociales, la religion en retira de grands fruits et leur imprima un cachet de sainteté; elle ne se borna pas à ces actes extérieurs, elle créa, par ses institutions et ses lois, des sentiments généreux qui aident si puissamment au progrès de la civilisation. Le clergé désirait mettre la foi en action, et réduire en faits les nobles sentiments qui naissent sous son empire; c'eût été le meilleur moyen de créer des relations sociales fondées sur la charité, le plus puissant lien des âmes, et de hâter efficacement l'amélioration des hommes et la suppression des abus. Les pauvres étaient sans défense, dans le voisinage d'un seigneur puissant, ambitieux et vindicatif; il fallait les protéger contre les caprices ou la rapacité du plus fort; l'Église le fit. Les temples, les monastères, étaient riches des dons des fidèles; mais les prêtres n'avaient pas de soldats. Ils étaient faibles par devoir, par charité, par leur position sociale; leur puissance consistait dans leur impuissance de faire mal; leur force était dans leur faiblesse même. La femme avait, comme de raison, une grande influence domestique; mais hors de ses foyers, elle ne rencontrait que honte, tyrannie et brutalité. Ces trois catégories d'individus semblaient n'avoir qu'un intérêt et y travaillaient de grand cœur:

Livre II.
Chap. 10.

le pauvre regardait la religion comme un don du ciel, une égide pour la faiblesse; le prêtre désirait par devoir, et par des considérations sociales, le triomphe des doctrines évangéliques, et la femme, en travaillant au progrès de la religion, à la diffusion de ses lumières, savait qu'elle contribuait au règne des nobles principes, à l'affermissement d'un ordre social où elle aurait une immense influence. Grâces à leurs efforts combinés, la charité s'unit à l'esprit martial des hommes, et engendra une nouvelle institution, inconnue aux anciens, la *chevalerie*. De jeunes gens, animés de nobles sentiments, firent bénir leurs épées et organisèrent une nouvelle milice volontaire, qui se constitua garante de la *Trève de Dieu*, et jura de combattre pour Dieu, la foi, le bien de la patrie, et pour leurs dames!

Tout commence à changer, à s'améliorer: les châteaux des seigneurs devinrent le rendez-vous des jeunes fils de leurs vassaux; c'étaient des écoles de bonnes mœurs, de manières polies, d'idées chevaleresques. Des pages, des écuyers, de jeunes officiers pour les différents échelons de la hiérarchie nouvelle, rivalisaient, dans ces brillantes réunions, de noblesse de sentiments, de grandeur d'âme, de politesse, et s'efforçaient de s'y faire distinguer par l'élévation de leurs idées, que la châtelaine, entourée de ses demoiselles, de celles de ses vassaux, encourageait et exaltait par l'influence de leurs charmes, la fascination de leurs regards et leurs éloges approbateurs et adroitement ménagés. On créa des amusements militaires, sous le nom de *tournois*; la chevalerie y déploya tout son luxe, sa valeur et sa galanterie. La bravoure s'exaltait en présence des dames, qui admiraient et applaudissaient; on apprenait à être courageux; et l'amour, tout en faisant des braves, épura les cœurs et civilisa la société, demi-sauvage et moribonde. Ces tournois donnèrent lieu à des réunions nombreuses, où les pauvres, mis en contact avec les riches, le serf avec le noble, apprenaient les bons usages de la haute société et s'accoutumaient peu à peu à des mœurs plus polies et plus douces. Le luxe s'installa dans ces brillantes assemblées ; les beaux vêtements étaient plus recherchés, les parures plus riches, les armes plus élégantes, les maisons plus commodes, les routes moins mauvaises, les communications plus fréquentes et plus faciles. Les arts et métiers suivaient naturellement le mouvement des esprits; le commerce s'étendit et se développa sur une plus grande échelle; l'aisance se répandit dans toutes les classes; et une nouvelle société se forma sous l'influence multiple et créatrice de la foi, du concours des grands et des attraits de la gloire. L'idiome roman prit une forme plus gracieuse et pleine d'harmonie ; la poésie devint plus douce, plus gaie, plus attrayante; et les troubadours consacrèrent leurs vers aux trois sentiments qui gouvernaient alors le monde : la foi, l'amour et la gloire ; ils chantaient Dieu et ses mystères, la femme et ses grâces, la guerre et ses aventures.

<small>Livre II. Chap. 10.</small>

Le progrès était immense : la société sortait de ses ruines et prenait une autre allure; mais tout en s'épurant, elle ne perdit pas de vue les anciennes institutions, et la liberté était toujours, sinon dans les faits, au moins dans les souvenirs et les vœux de tout le monde. Les Barbares du Nord et du Midi n'avaient pas tout détruit : on peut renverser les monuments; mais on n'entrave pas les idées. Le clergé seul était le dépositaire de la science et le gardien de nos droits; la Croix fut le berceau de la liberté et l'ennemie de l'esclavage. Le Sauveur lui-même n'est venu que pour réhabiliter et sauver l'homme, pour effacer toutes les distinctions, et confondre tous les hommes dans le lien de la plus douce fraternité. L'ignorance était immense; « il n'y a pas de science en Aquitaine, » dit Aymar de Chabannais à l'évêque de Limoges. Tous sont » grossiers; et si quelqu'un d'entre eux a appris un peu de » grammaire, il se croit bientôt un second Virgile. » Le clergé conservait toujours son caractère de magistrature romaine,

<small>Épist. Adhemar, ad Jordan, etc.</small>

et favorisait les progrès et les développements d'une sage liberté : ses menaces étaient le seul frein qu'eût à redouter l'orgueil oppressif des grands; sa parole encourageait les faibles, retenait les forts, et son intervention était souvent considérée comme nécessaire par tous les partis. Dans les villes et les gros bourgs, il se trouvait entre les nobles et les serfs une classe nombreuse et respectable, les artisans, les commerçants, qui tenait toujours à conserver ses antiques droits politiques : elle avait des lumières et de la fortune ; elle avait l'estime et l'amour du clergé ; et sa considération était si grande, qu'elle marchait presque au même rang que les nobles, et était admise parfois dans les assemblées des chevaliers et des gentilshommes.

Par son esprit de charité, par ses principes civilisateurs et son admirable constitution, le clergé était la seule providence des serfs, j'allais dire de tout le monde; car les désordres du temps avaient anéanti tout ce qu'il y avait d'hommes libres, d'hommes attachés à la patrie par le sentiment qui naît de la possession du sol, de la jouissance d'un petit manoir ou des libertés locales. Plus de garanties sociales, plus rien que servitude, misère et dégradation. Après le noble, on ne trouve que le serf, le manant *(manens)*, ou demeurant, le vilain *(villanus)*, qui travaillait pour la *villa* d'un homme puissant. Le sacerdoce était la source ou le créateur du peuple, c'est-à-dire du Tiers-État : augmenter le nombre des pasteurs, c'était multiplier les garanties du faible et des opprimés.

Quant aux libertés municipales, le germe en existait au fond de cette société aquitanique et gasconne, longtemps avant qu'il n'y eût un maire à Bordeaux. Charlemagne, dans ses Capitulaires, parle des maires des villes royales : chaque ville devenait une petite république, à proportion des progrès de ses mœurs et de ses usages administratifs. La ville de Bordeaux avait de tout temps une prépondérance immense : elle faisait la guerre ou la paix par sa propre autorité. Les seigneurs recevaient les honneurs; le comte commandait les milices de la ville; le duc réglait les grandes affaires de la province; mais les consuls de Bordeaux, de Périgueux et d'Agen, exerçaient dans ces localités un pouvoir civil, politique et même législatif très-étendu.

 Peu à peu la force se retirait devant le droit; la justice reprit enfin son empire. Le clergé, humilié, spolié, mais épuré par les événements, était devenu plus régulier et se pénétrait davantage de ses saints devoirs envers l'Église, la patrie et sa propre conscience. Hildebrand occupait le trône de saint Pierre : son empire sur les esprits était immense et civilisateur, et sa volonté la loi du monde. Heureuse destinée que celle de ce grand saint! Haï par les méchants, vénéré des bons, faisant du bien malgré eux aux riches et au peuple, défenseur de l'indissolubilité des mariages, ce grand lien social, craint pendant sa vie agitée, qu'il échange tranquillement et sans trouble contre une sainte mort, et dictant, quand il n'est plus, des lois aux princes qu'il a humiliés, aux peuples qu'il a élevés et défendus, et à l'Église qu'il a purgée de ses abus multipliés! Le duc d'Aquitaine secondait, par une coopération empressée, les pieux efforts du pontife, et encourageait dans ses États l'ébranlement qui était parti de Rome. Grégoire écrivit en termes pressants aux Bordelais, pour les engager à relever leur vieux monastère de Sainte-Croix; il exhortait Gosselin, leur archevêque, à s'occuper sérieusement des affaires de l'Église, et à rétablir la discipline méconnue et oubliée. On ne comptait, au diocèse de Bordeaux, que trois monastères : ceux de Sainte-Croix, de Saint-Seurin et Saint-Romain de Blaye. C'est alors que saint Gérard, d'après les desseins de la Providence, aborda à nos rivages comme pour seconder le mouvement religieux, et fonda le beau monastère de la Sauve-Majeure, dans un pays boisé, un vrai désert, que le zèle et l'industrie de ses pieux cénobites ont défriché et changé en un lieu de délices.

Livre II
Chap. 10.

1079.
Cirot,
*Hist. de la
Grande-Sauve,*
tome 1

<small>Livre II.
Chap. 10.</small>

Mais au milieu de ces élans de zèle, l'hérésie apparut avec ses embarras et ses obstacles. Bérenger avait trouvé des partisans dans nos contrées; et après ses nombreuses rétractations et ses chutes déplorables, il vint à Bordeaux et y fut condamné, en 1079, par le concile, où se trouvèrent Aimé, évêque d'Oléron, Hugon de Die, tous deux légats du pape, les archevêques de Bordeaux, de Tours, d'Auch, avec tous les évêques et abbés de la province. Guillaume, duc d'Aquitaine, y assista, avec le seigneur de Rions, Arnaud de Bordes, Guillaume de La Mothe et plusieurs autres. On y convainquit d'hérésie Bérenger, qui y rendit compte de sa foi. Le duc accorda de grands priviléges au nouveau monastère de La Sauve. Nous parlerons plus tard et plus au long de ce concile, dans notre *Histoire de l'Église de Bordeaux*.

Nous venons d'esquisser quelques traits de la nouvelle organisation sociale, la féodalité, dont il est difficile de bien préciser l'origine, mais dont on retrouve le germe même parmi les Celtes, dans leur droit de patronage, et qui fut renouvelé plus tard, sur le déclin de l'Empire romain. « C'est un » beau spectacle, dit Montesquieu, que ces lois féodales! Un » chêne antique s'élève: l'œil en voit de loin les feuillages; il » approche, et en voit la tige; mais il n'en aperçoit point les » racines; il faut percer la terre pour les trouver. » Comme ces antiques et vénérables institutions ont jeté de profondes racines dans nos contrées, nous croyons devoir en donner un succinct aperçu, avec une appréciation de leur nature, de leurs effets et de leur portée.

<small>*Esp. des Lois*,
liv. III.</small>

<small>NOTE 18.</small>

Les institutions féodales reposaient sur la concession de terres qu'on appelait *fiefs* et qui imposait des devoirs réciproques au *suzerain* et au *vassal* (1). Il y avait deux sortes

---

<small>(1) Le mot *feodum*, fief, selon les uns, vient de *fides*, foi, à cause des obligations que le feudataire s'imposait sous la foi du serment, ou bien de *feh*, mot teutonique qui signifie récompense, et *od*, propriété, terre ou propriété donnée au vassal comme récompense des services rendus au suzerain. Vassal vient du mot celtique *wasel*,</small>

d'hommages, ou deux formes dans leur expression : la première s'appelait l'hommage-lige (qui lie); la seconde, l'hommage simple. Dans le premier cas, le vassal, ou feudataire, prêtait serment à genoux, sans épée, sans éperons, et ses mains dans les mains de son suzerain, qui recevait son serment. Il jurait fidélité à son supérieur, s'engageait au service militaire (à l'*ost*) à le suivre dans ses expéditions ou à défendre son château-fort; et en cas qu'il vînt à manquer à ses devoirs envers son suzerain, ou s'il levait la main contre lui ou quelqu'un des siens, il perdait ses droits, et son fief était confisqué. En un mot, il était tenu de fournir à son suzerain *fiance*, *justice* et *service*, c'est-à-dire de l'aider de ses conseils, de s'asseoir sur son tribunal, et de monter à cheval pour le suivre à la guerre.

Le suzerain était tenu de défendre le fief, de protéger le vassal contre toute attaque; et à tout bien considérer, la défense de la personne et de la propriété était réciproquement obligatoire. Le seigneur perdait ses droits sur son vassal, s'il levait sur lui le bâton ou lui déniait la justice ; il les perdait encore, s'il attentait à l'honneur de sa dame ou de sa fille. Le vassal ne pouvait être jugé que par ses pairs, réunis sous la présidence du suzerain, et il avait, en outre, le droit d'appel au roi, qui était le suzerain des suzerains.

Dans le second cas (le simple hommage), le vassal, ou feudataire, faisait son serment debout, l'épée au côté et les mains libres ; il pouvait se faire remplacer à la guerre et renoncer à l'obéissance du suzerain en lui rendant le fief.

Si l'on cherche à se rendre compte de cette organisation sociale et à en dévoiler l'origine, il faut considérer les dissensions, éternellement renaissantes au sein de la France, sous

Livre II.
Chap. 10.

noble, ou, peut-être, de *gwas*, *was*, jeune homme, jeune guerrier à la suite de son chef. Ces mots, celtiques ou teutons, nous donnent à comprendre qu'il existait parmi les Celtes des institutions semblables à celles de la féodalité des IXe et Xe siècles.

Suzerain, terme barbare qui vient de *sursum*, veut dire le supérieur de tous.

les faibles successeurs de Charlemagne. Le sceptre et l'épée de ce géant couronné pesaient trop à leurs mains débiles ; ils laissèrent s'en aller en lambeaux le magnifique empire qu'il avait créé. Les vassaux se rendirent héréditaires dans leurs fonctions ; les seigneurs se firent indépendants de l'autorité royale ; et chaque grande propriété devint un petit royaume. La royauté avait été le principe de cohésion ; elle disparut pour ainsi dire, et entraîna dans sa chute le morcellement de la terre, l'indépendance des petits usurpateurs, des guerres intestines et la nécessité de s'unir avec des inférieurs pour se défendre mutuellement. Voilà la féodalité, le patronage celte ressuscité sous une autre forme et avec un autre nom. Les grands fiefs se démembrèrent en fiefs de second et de troisième ordre; mais partout on remarque une exacte réciprocité de devoirs et de droits, partout des moyens de défense pour la propriété et les personnes, et une tendance vers l'ordre, si difficile à réaliser.

Nous ne dissimulerons pas les abus de ce régime social ; nous ne les défendrons pas ; mais bien qu'ils aient été exagérés par la mauvaise foi ou par l'ignorance, les esprits éclairés de nos jours reconnaissent que ce régime ne fut pas en tout et partout exclusivement oppressif. N'est-ce pas à cette organisation sociale que nous devons l'esprit et les institutions de la chevalerie, l'éternel honneur du moyen-âge ? Et le servage, cette heureuse modification de l'esclavage romain, n'est-ce pas par les institutions féodales qu'il a pris la forme adoucie du vasselage? Qu'était au fond l'ordre social féodal? Une hiérarchie de terres possédées par de puissants seigneurs, relevant les uns des autres, se protégeant, se défendant les uns les autres; et maintenant, dans des temps à demi barbares, par la réciprocité des droits et des devoirs, la paix et les bienfaits de l'ordre. Les grands comprirent la nécessité de se défendre; les artisans, les colons, les laboureurs, tous ceux qui subsistaient du travail, comprirent à leur tour la nécessité de s'unir et de se fortifier. N'est-ce pas à ces idées essentiellement féodales que nous devons la *Commune*, ce grand nom qui devait plus tard occuper une si grande place dans les fastes de la France et de l'Angleterre.

« Loin donc d'enclaver l'homme dans l'homme, dit un au-
» teur moderne, comme on l'a tant répété (1), loin d'avilir la
» dignité humaine, le régime féodal fut donc une institution
» libérale et civilisatrice, en anoblissant l'homme par le sen-
» timent conservateur de la propriété, en renouant les liens
» sociaux, rompus par l'anarchie, et en plaçant le faible sous
» la sauvegarde du fort. »

Massion, *Histoire de la Saintonge*, tome 1er, 380.
H. Martin, *Histoire de France*, t. 2, page 378.

On crie contre les abus et les imperfections des lois féodales ; mais avons-nous bien le droit de le faire après nos mille et une Chartes et Constitutions qui n'ont vécu qu'un jour, à compter de 1789 jusqu'en 1848 ? La terre et la force, disent nos censeurs, étaient alors la base de l'organisation sociale ; oui, mais dans un temps de dissolution générale, de crasse ignorance, quel autre principe pourrait-on mieux invoquer que l'indépendance et la puissance, l'épée et la propriété ? C'était alors la seule source de la noblesse, et cette source était éminemment respectable.

Jusque-là les citoyens portaient des noms gallo-germaniques ou celtibères, qui, comme les noms grecs ou romains, étaient des noms de races, de tribus, de familles ; mais dans les temps féodaux, on prit de nouveaux noms caractéristiques de l'épée ou de la propriété, des noms des terres, des rivières, des montagnes, etc., etc.

Les duchés, les comtés souverains, se subdivisaient en vicomtés, vigueries *(vicarii)*, prévôtés, châtellenies et autres dignités subalternes, mais relevant toujours en ordre régulier les unes des autres. Quelques grands seigneurs maintenaient

---

(1) Voir Montesquieu, *Esprit des Lois*, liv. XXX, où sont développées des doctrines erronées sur la féodalité et la vassalité.

l'indépendance de leurs *alleux* (*all-od*, toute propriété), ou terres franches de droits seigneuriaux; et dans le cours de ce travail, nous verrons nos compatriotes, les propriétaires bordelais, proclamant tout haut que leurs terres ont été de tout temps des *francs alleux* (1).

Jean de Lalande, de Bordeaux, interrogé par les commissaires du roi, s'il avait des *alleux*, répondit : *Comme les citoyens de Bordeaux.*

La clé de voûte de cette organisation sociale, c'était le roi, le grand seigneur du duché de France, dont les ducs d'Aquitaine essayèrent parfois de se rendre indépendants. Le droit de conférer les bénéfices et les abbayes avait été usurpé par quelques grands seigneurs; le roi ne conservait que le droit de collation pour les bénéfices ecclésiastiques qui relevaient immédiatement de la couronne. Les papes ont toujours repoussé ces prétentions usurpatrices.

Le clergé, premier corps de l'État, avait aussi le premier rang dans la société politique; les évêques, les abbés, avaient des droits suzerains et exerçaient des devoirs que les princes avaient fait remplir jusqu'alors par des commissaires délégués. La dignité du clergé était encore un élément de progrès; les évêques appartenaient par leurs familles, en général, à l'aristocratie. Par leurs devoirs de pasteurs, par leurs principes chrétiens, et la nature et le but de leur mission, ils étaient, comme le clergé inférieur, attachés à la cause du peuple et les défenseurs nés de ses droits. « Ce corps, dit
» Châteaubriand, était constitué de manière à favoriser le
» mouvement progressif. La loi romaine qu'il opposait aux
» coutumes absurdes et arbitraires, les affranchissements qu'il
» ne cessait de commander, les immunités dont ses vassaux
» jouissaient, les excommunications locales dont il frappait

---

(1) Les alleux étaient des terres partagées entre les chefs francs. Il y avait d'autres alleux, ou terres allodiales, qui, données d'abord à temps, puis à vie, devinrent à la longue héréditaires.

» certains usages et certains tyrans, étaient en harmonie avec
» les besoins de la foule. Les libertés que les prêtres récla-
» maient au nom du peuple ne leur étaient pas incessamment
» données; mais elles répandaient dans la société des idées qui
» devaient s'y développer et tourner au profit de l'espèce hu-
» maine. Le clergé régulier était encore plus démocratique
» que le clergé séculier. Les ordres mendiants avaient des re-
» lations de sympathie avec les classes inférieures. En chaire,
» ils exaltaient les petits devant les grands, et rabaissaient
» les grands devant les petits. Il était impossible que ces vé-
» rités de la nature, déposées dans l'Évangile, ne descendissent
» pas de l'ordre religieux dans l'ordre politique. » Il ne faut
pas oublier ce que dit ailleurs le même auteur, que la vocation religieuse donnait l'affranchissement; le capuchon et la soutane affranchissaient plus vite que le heaume, et la liberté rentrait dans la société par des voies inattendues.

On a beaucoup crié contre les richesses de l'Église dans les temps féodaux ; mais on ne saurait en disconvenir, la partie plébéienne du clergé en possédait les deux tiers. L'épiscopat se recrutait dans l'aristocratie; il était riche de son propre fonds; et c'est à lui en grande partie, et aux ordres religieux, que nous devons les superbes monuments qu'avec le gros budget de l'État, on a tant de peine à conserver. N'est-ce pas au clergé qu'on doit ces deux grands faits sociaux : l'affranchissement des *mancipia* et l'extinction de l'esclavage domestique ? Ne sait-on pas que les fondateurs des ordres religieux en général, et saint Benoît d'Aniane en particulier, émancipaient tous les serfs des terres que les riches donnaient à leurs abbayes? Dans notre *Histoire de l'Église de Bordeaux*, nous parlerons des droits des chapitres de Saint-Seurin, de Saint-André et des religieux de Sainte-Croix.

Qui est-ce qui a maintenu l'esprit d'égalité et de liberté dans ces temps féodaux ? C'était l'Église, la république chrétienne. Le pape, qui marchait alors à la tête de la civilisation, c'était sa place, n'avait qu'un pouvoir électif auquel le fils du

Livre II.
Chap. 10.

dernier paysan pouvait aspirer, et auquel sont arrivés des hommes sortis de la dernière classe de la société, mais vénérés par leurs vertus et distingués par leur savoir. Pourquoi les papes furent-ils tout-puissants ! C'est parce qu'ils s'appuyaient sur la souveraineté populaire; parce qu'ils étaient l'expression du choix de la majorité. Ils étaient tout-puissants, dit Châteaubriand; ils étaient maîtres de tout, tant qu'ils sont demeurés guelphes ou démocrates; mais leur puissance a décliné et s'est affaiblie du moment que, par suite des intrigues ambitieuses des Médicis, ils ont renié leur nature, abandonné leur principe de vie, pour devenir gibelins et aristocrates. Depuis le pape, clé de voûte de l'édifice religieux, la hiérarchie descend par les évêques, les curés, les vicaires, jusqu'au dernier clerc de paroisse; il y avait des prêtres et des religieux pour toutes les misères de l'humanité. Le prêtre célibataire, les moines, les religieuses, défrichaient nos landes, cultivaient les lettres et les sciences, et affrontaient, dans l'intérêt de l'humanité et pour le ciel, les dangers de la guerre, l'inclémence des climats, les ravages de la peste, comme l'ont fait, de nos jours, nos prêtres, nos religieux et nos religieuses, particulièrement les saintes filles de Saint-Vincent-de-Paule, dans la guerre de la Crimée et pendant les invasions du choléra. Grâces au clergé, les populations des villes, transformées successivement de serfs en vassaux, et, enfin, en bourgeois, avec des droits acquis comme ceux de nos bourgeois de Bordeaux, éclairées par le zèle et les instructions des prêtres sortis de leur sein et étrangers à la noblesse féodale, réclamèrent la protection de leurs personnes, de leur repos et de leur prospérité, et parvinrent, par le concours des prêtres, à la formation des sociétés ou des communes; elles trouvèrent le pouvoir monarchique disposé à seconder leurs efforts et à réaliser leurs vœux. La Commune était un pacte d'union, d'amitié, de concorde et de défense mutuelle; c'était l'entente des bourgeois pour la défense de leurs droits et de leurs intérêts.

Nous ne prétendons pas que le système féodal fut exempt

de défauts ; il y en eut beaucoup ; mais où est-ce qu'il n'y en a pas ? Les grands fiefs se subdivisèrent en petits fiefs ; et parmi les seigneurs, les plus petits ont toujours été les pires. Ces petits *sires* érigèrent en lois leurs volontés, leurs fantaisies et leurs caprices ; c'étaient des *droits* ridicules et immondes, des outrages à la morale évangélique et à la dignité humaine, tels que l'infâme droit de *marquette*, de *prélibation*, qui n'a jamais été un droit général ; il n'était qu'une exception ; et ce sont les passions de quelques misérables tyranneaux qui firent introduire dans quelques rares endroits ce hideux *rachat*, qui a été inconnu parmi les seigneurs du pays bordelais.

Dans le régime féodal, les filles étaient exclues de la possession de la terre, et l'inaliénabilité du fief substitué d'aîné en aîné ; cependant, sous Hugues Capet, on voit les filles égalées aux fils et préférées aux collatéraux, quand il n'y a point de fils (1). Mais en général le bien patrimonial, le manoir seigneurial, appartenait à l'aîné, et c'était de lui que les puînés tenaient leurs terres comme arrière-fiefs. Tout cela tendait à conserver les grandes terres territoriales ; on comprit que le morcellement des terres par un partage successif allait un jour amener le règne de la démocratie. Les lois écrites avaient disparu avec les Capitulaires, les rois essayèrent de renouveler le pouvoir législatif, mais sans succès. Dans certains pays, on réduisit en coutumes locales quelques traditions celtiques, quelques dispositions des lois visigothes et des lois romaines ; dans d'autres endroits, on suivait le droit écrit. Dans l'Aquitaine, en général, on voit un mélange du droit coutumier et du droit romain. Tel était en général l'état des choses

Livre II. Chap. 10.

H. Martin, *Histoire de France*, tome 3.
Duchesne, *Script. rer., etc.*, tome 4, 132.

---

(1) Hugues se fit donner le titre de *majesté* ; mais il fut abandonné, et il ne reparaît que sous Louis XI. Il a été donné au petit-fils de Hugues, à Henry Ier. (Fleury, *Hist. ecclésiast.*, t. 12, p. 577). Le titre *dominus* ou *domnus*, seigneur, était donné aux évêques du temps de Charlemagne. (Aug. Thierry, *Essai sur l'Hist. du Tiers-État*, p. 15).

pendant les Xe et XIe siècles: un mélange de bien et de mal; des avantages sociaux immenses à côté des abus injustifiables et criants.

Le plus grand suzerain de cette époque, dans le Bordelais, était, sans contredit, *Pey de Bordeaux*, successeur des Paulins, et dont la demeure était au Puy-Paulin, dans cette ville. Il avait de nombreux fiefs dans le pays, comme on peut voir par des documents achetés tout récemment à Bruxelles, d'après les ordres de M. Gautier aîné, maire de Bordeaux. L'archevêque et les deux chapitres avaient aussi plusieurs fiefs, dont nous aurons occasion de parler dans notre *Histoire de l'Église de Bordeaux*.

CHAPITRE XI.

Désordres dans toutes les administrations, dans le clergé. — Puissance de la foi. — Le pape Urbain II. — La Croisade. — Les seigneurs aquitains prennent la Croix. — Le pape consacre l'église de Saint-André à Bordeaux.—Le retour des Croisés. — Concile de Poitiers. — Philippe excommunié. — Nouvelle expédition pour Jérusalem. — Guillaume IX. — Le comte d'Armagnac attaque Bordeaux. — La Lande. — Son combat. — Le couvent des Carmes.— Ses ancêtres.— Le vicomte de Benauge établit un droit de péage à La Réole. — Le comte de Toulouse part pour la Palestine. — Il meurt à Tripoli. — Guillaume IX s'empare de Toulouse. — Ses mœurs. — Son abbaye de courtisanes à Niort. — Il est excommunié. — Il va combattre les Maures en Espagne. — Il meurt en 1126.

DE 1079 A 1126.

Dans ce mouvement de rénovation politique et religieuse qu'on remarquait partout, on voyait çà et là plusieurs éléments de discorde en dehors du cercle général des affaires : Dans l'ordre civil, c'était la jalousie des seigneurs inférieurs contre des seigneurs plus puissants, l'insurrection du droit contre la tyrannie de la force, l'enfantement toujours laborieux d'une nouvelle société. Dans l'ordre religieux, c'était l'apparition de l'hérésie, la prédication de la doctrine insolite et dangereuse de Bérenger, que l'Église et l'autorité séculière s'empressèrent de condamner à sa naissance; c'était l'esprit d'insubordination du dehors se glissant même dans la solitude des cloîtres. L'orgueil inspirait des actes que l'humilité et des vœux solennels condamnent. A Auch, où la population s'était beaucoup accrue depuis que ce siége était devenu métropolitain, l'archevêque crut devoir ouvrir et bénir un nouveau cimetière en rapport avec les besoins de la ville ; les moines s'y opposèrent, par la raison que, de temps immémorial, ils avaient, eux seuls, le privilége d'inhumer les morts dans le cimetière de leur monastère. L'archevêque passa outre; Léon IX fit droit à la réclamation des moines, qui, fiers de leurs succès, accusèrent le prélat de simonie, et le firent déposer en 1049.

Austinde, natif de Bordeaux, fut élu à sa place; il alla à Rome et releva la prélature de la déconsidération où l'avait jetée une misérable intrigue monastique.

Des scènes semblables se renouvelèrent à Bordeaux. Le cimetière de Saint-Seurin était le plus ancien du pays; on le croyait établi et consacré par saint Martial; et les chrétiens des environs l'avaient tellement en vénération, qu'ils s'y faisaient tous enterrer. L'habitude devint, aux yeux des religieux de Saint-Seurin, un droit; mais le chapitre de Saint-André refusa de le reconnaître. L'archevêque se prononça en faveur de Saint-Seurin; mais le chapitre renouvela plus tard ses prétentions; et appuyé par les besoins d'une population toujours croissante, triompha enfin de l'opiniâtreté intéressée des religieux, et rendit à tous, quant au choix du cimetière, la liberté d'inhumation.

1096. Nous voici arrivés à la fin du XIe siècle : une nouvelle ère commence, une autre société se forme. La foi était alors le grand mobile de la politique; puissant levier, il avait son point d'appui dans le cœur de l'homme. C'est sur elle que les princes s'appuyaient; par elle ils réussissaient dans leurs entreprises. Elle était l'âme de toutes les grandes affaires du temps. Pierre l'Hermite parcourait les pays chrétiens et faisait partout un triste tableau de Jérusalem et de l'état d'abjection et de misère où les Turcs tenaient les pèlerins de l'Europe, les chrétiens qui allaient de tous les coins de l'univers visiter le Saint-Sépulcre. On s'apitoyait sur le sort de ces infortunées victimes du fanatisme musulman; on excitait le zèle du clergé et des princes; on exaltait le courage des uns; on électrisait les autres, au point qu'une seule pensée germait dans tous les esprits, un seul vœu animait et réchauffait tous les cœurs. Les pauvres prennent part à cet enthousiasme général ; les riches se laissent aller au courant des idées, et tous ne demandent qu'à marcher à la conquête de la Terre-Sainte. Il fallait un chef : Raymond de Saint-Gilles, comte de Toulouse, se présente pour les conduire ; Urbain II bénit leurs armes et applaudit à leur entreprise. Raymond était l'un des plus grands guerriers du temps : ses États étaient étendus, son influence égalait sa renommée, et sa puissance surpassait celle du roi de France. Fier de ses exploits et de ses triomphes sur les infidèles, qu'il avait combattus avec le Cid, il brûlait du désir de moissonner de nouveaux lauriers, et se voua au service de la Croix. Tous les yeux étaient tournés vers l'Orient ; c'est là que la foi et le courage se donnaient un *rendez-vous* général. Raymond se mit à la tête du troisième corps d'armée, composé de Gascons, de Bordelais, de tous les peuples qui se trouvaient sur son passage jusqu'aux Alpes, et passa les Apennins au mois d'octobre 1096, aux cris mille fois répétés de : *Dios lou volt*. Pendant son absence, Guillaume IX, qui avait épousé Philippa, fille de Guillaume, comte de Toulouse, s'empara de ses États : conquête facile ; personne ne les défendait.

Urbain II était digne du rôle que la Providence lui réservait ; c'était l'homme de son temps, le promoteur principal, l'agent de la civilisation chrétienne, qui cherchait de nouvelles conquêtes. Sa voix retentit au Concile de Clermont, en 1095, en faveur de la Terre-Sainte : entouré de treize archevêques, de deux cent vingt évêques, d'abbés et de puissants seigneurs, il appela autour de la Croix tous les amis de la religion et de l'humanité ; il proclama même que la croisade remplacerait au besoin toutes sortes de pénitences pour les Croisés qui iraient conquérir sur les mahométans la terre sanctifiée par la naissance du Sauveur et arrosée de son sang. La Guienne se réveilla, comme d'une longue léthargie, à la

Livre II.
Chap. 11.

Hist. générale du Languedoc, tome 11.

voix du pontife ; un mélange de foi, d'esprit militaire et d'une inquiète curiosité religieuse, souleva une grande partie de l'Europe, et précipita les peuples sur la route de Jérusalem.

Toutes les passions se taisaient devant une seule ; mais celle-là était grande et noble ; elle entraînait tous les cœurs. Tout le monde s'empressa de prendre la croix : les prêtres, mus par un saint zèle et pour donner l'exemple ; les nobles, excités par la gloire, et peut-être par la crainte de paraître lâches et impies ; les serfs, par obéissance et attachement pour leurs maîtres ; les chevaliers, par devoir ; les cadets des familles nobles, dans l'espoir de faire fortune et d'acquérir des richesses à la place du patrimoine de leur père, que la législation leur enlevait au profit d'un droit d'aînesse ; les uns, pour se sanctifier davantage ; les autres, pour faire pénitence de leurs péchés ; le grand nombre, pour avoir part aux grâces promises par le successeur de saint Pierre ; tous, en un mot, pour gagner le ciel, la gloire ou la fortune, d'une manière ou d'une autre. On abandonna ses champs, sa maison, sa famille : les seigneurs vendirent leurs châteaux et leurs terres aux églises et aux monastères, afin de s'acheter des armes, et s'en allèrent comme pour une partie de plaisir, escortés de leurs pages, de leurs familles et même de leurs faucons et chiens de chasse. Jeunes et vieux, pauvres et riches, les infirmes et les gens en bonne santé, tous partirent à pied ou en charrette, vers une terre lointaine, où l'imagination et l'ignorance fanatique croyaient entrevoir une terre promise, avec ses richesses inépuisables et des délices éternelles. « *Les chemins étaient* » *trop étroits,* dit Guillaume de Malmesbury ; *l'espace man-* » *quait aux voyageurs.* »

Les seigneurs d'Aquitaine se lèvent comme un seul homme et se mettent en route avec Raymond en tête ; la Gascogne fournit un noble contingent : Gaston de Béarn, les d'Albret, les seigneurs de l'Ile et autres barons et chevaliers bordelais s'enrôlent sous sa bannière. Des amis s'adoptent réciproquement et mettent en commun leurs fortunes et leurs espérances : les jeunes chevaliers de Bezolles et de Beaumont font un contrat semblable; et ayant pris la croix, partent pour la Palestine (1). Le premier revint et hérita de son frère adoptif; c'est alors que les chefs prirent des armoiries, qui étaient reproduites sur les armures et les caparaçons des chevaux ; c'était par ce moyen qu'ils se reconnaissaient pendant que la visière de leur casque était baissée.

Le Pape distribua des croix aux braves et assista pour ainsi dire à leur départ ; il vint ensuite à Bordeaux, accompagné d'Amat, archevêque de cette ville, et consacra la nouvelle église de Saint-André, le 1er mai 1096.

La nouvelle de la prise de Jérusalem et du retour des Croisés enflamma extraordinairement l'ardeur et l'enthousiasme religieux des Aquitains : chaque Croisé était un héros, et chaque héros était le pèlerin de sa foi. A leur retour, on les entourait, on les écoutait avec bonheur et respect ; les récits merveilleux de ces pays lointains, de Jérusalem, de Nazareth, de Bethléhem, la description de ces lieux si souvent foulés des pieds sacrés du Sauveur, les charmes des paysages, la description de ces endroits qui occupent une si grande place dans l'histoire de l'humanité ; tout cela exaltait les imaginations et excitait partout un enthousiasme religieux et militaire à la fois. La perte de quelques centaines de mille hommes n'était rien; la gloire d'avoir délivré Jérusalem n'était pas achetée trop cher. Aucun sacrifice ne paraissait trop grand à côté de la glorieuse conquête de la Terre-Sainte et de la

Livre II.
Chap. 11.

Bajole,
Hist. sacrée
d'Aquitaine,
liv. II.

---

(1) Dans les expéditions pour la Terre-Sainte, on portait la croix sur l'épaule droite : elle était de couleurs différentes, suivant les nations. La croix était rouge pour les Français et les peuples de la Gaule, blanche pour les Anglais, verte pour les Flamands, noire pour les Allemands, jaune pour les Italiens.

Dans les croisades contre les Albigeois, on portait la croix sur la poitrine. (Touret, Encyclopédie moderne, Croisades.)

délivrance du Sépulcre du Sauveur. On bénissait les Croisés, on insultait les lâches qui n'avaient pas voulu partir ou qui avaient tout abandonné en route : enthousiasme religieux, ardeur militaire, dévoûment, abnégation, patriotisme unis à la foi, voilà le penchant général, la tendance de tous les esprits de cette époque.

Les pertes qu'éprouva la première expédition mirent le Pape dans la nécessité de demander aux princes chrétiens de nouveaux renforts. Il fit convoquer, à cet effet, un nouveau concile à Poitiers (1). Après les débats religieux et politiques, les légats lancèrent une excommunication contre le roi Philippe, pour avoir repris sa concubine, Bertrade, malgré les engagements qu'il avait pris avec Urbain II. Le prince Guillaume, duc d'Aquitaine, voyant qu'on allait prendre une mesure si sévère contre le roi, commença à craindre pour lui-même ; et se sentant aussi coupable que le prince excommunié, il fit attaquer les pères du concile par ses affidés.

Des pierres furent lancées contre les évêques : un clerc fut tué et le concile dispersé; mais la sentence fut lancée, malgré toutes les violences du parti de Guillaume. L'Église dissimula ses griefs; elle avait besoin de lui. Mabillon croit qu'il y a de l'exagération dans ce récit de Geoffroi; mais d'autres l'affirment. Nous adoptons leur opinion, qui nous paraît plus vraisemblable que celle de Hugues de Flavigny.

Jérusalem était conquise; il fallait la conserver. Une poignée de braves était restée pour garder le Saint-Sépulcre ; mais entourés de nombreux et puissants ennemis, ils se sentirent faibles et en danger. De nouveaux renforts furent demandés à Poitiers; on s'enrôla avec empressement; et Guillaume IX, après avoir restitué le comté de Toulouse à Bertrand, fils de Raymond de Saint-Gilles, se mit à la tête de la

---

(1) Ce concile fut convoqué par Urbain II, comme le dit Améd. Thierry; mais les légats de Paschal II y présidèrent.

deuxième expédition. Guillaume était l'un des hommes les plus remarquables de son siècle : plein d'esprit, d'une vive et brillante imagination, il était épris de la poésie et passait pour un excellent troubadour : fort, beau, bien fait et valeureux, le commandement lui allait bien ; mais ses vices déshonoraient sa naissance et sa dignité. Sa jeunesse s'était passée dans des écarts, dans des crimes dont le pouvoir garantissait l'impunité. Grand trompeur de dames, dit son historien, et obstiné protecteur de l'hérésie (1), il craignait cependant les censures de l'Église : le remords même s'était glissé dans son âme ; il voulait, lui aussi, expier ses méfaits par un pèlerinage belliqueux. Tous les yeux étaient fixés sur lui ; il s'était souvent distingué dans les combats, et surtout par la réduction de Blaye, en 1096. C'était l'homme qu'il fallait à la tête de la nouvelle expédition ; il y consentit, pour se réconcilier avec le clergé, pour expier ses folles amours et ses méfaits par la pénitence et des travaux qui devaient tourner à la gloire de la religion. Ainsi ce gai, ce courtois prince, premier troubadour du pays, fit ses adieux au monde et se mit en route pour la Palestine, avec cent quarante mille soldats, sans compter un nombre prodigieux de femmes, de jeunes filles, qui suivaient en désordre cette immense armée, composée de Gascons, de Bordelais, de Poitevins, de gens rassemblés de toutes parts. La discipline y était nulle, l'insubordination y était au comble ; les sages conseils de Raymond de Saint-Gilles étaient si peu écoutés, que ce grand corps fut presque complètement détruit avant qu'il n'arrivât en Palestine (2).

Livre II. Chap. 11.

Fleury, XIV, 268.

Hist. générale du Languedoc, tome 2.

(1) Le coms de Peitieus si fa uns dels maiors trichadors de domnas... et anet lonc temps per lo mond per enganar las domnas. (Raynouard, *Choix de poésies*, t. 5).

(2) On a conservé le *Chant de Départ* de cette armée de Guillaume, en vers provençaux. « Fidèle à l'honneur et à la vaillance, je m'arme, partons !... Adieu, bril-
» lants tournois ; adieu, grandeurs et richesses ; adieu, tout ce qui enchaînait mon
» cœur, je vais aux champs où Dieu promet la rémission des péchés. » (Raynouard, *Poésies des Troubadours*).

Guillaume renonçait au péché, en paroles seulement ; il gardait encore *ce qui en-*

Livre II.
Chap. 11.

1105.

Marca,
Histoire
du Béarn,
lib. V, ch. 13.

Ces expéditions d'outre-mer, louables dans leur but, furent déplorables dans leurs résultats immédiats dans le pays, et donnèrent naissance à mille abus, à de graves désordres, à de fâcheux incidents, qui caractérisent les mœurs de l'époque, dont il serait difficile d'esquisser le tableau. Les grands étaient en Palestine; les pauvres sans guide, sans protecteur, sans frein; les hommes puissants s'arrogeaient des droits que les serfs, les pauvres et les prêtres n'osaient leur contester. La licence des mœurs s'accroissait avec l'impunité du crime. Bernard, vicomte de Benauge, dont les finances n'étaient pas médiocrement obérées, établit sur la Garonne, à La Réole, un péage qui excita les plus vives réclamations des habitants des deux rives. Les communications étaient interrompues; le peuple se récriait; mais les moines de La Réole ayant plus de raison de se plaindre que les habitants, portèrent leur plainte au duc d'Aquitaine, à son retour de Jérusalem. Guillaume IX ordonna la suppression du droit de péage. Mais Bernard de Benauge, tout en promettant de bien faire, n'en continua pas moins à percevoir l'impôt. De nouvelles plaintes furent portées; Guillaume convoqua alors à La Réole un plaid de la cour de Gascogne. Tous les feudataires s'y rendirent : Bernard, comte d'Armagnac; Loup-Aner, vicomte de Marsan; Étienne, évêque de Bazas, et plusieurs autres grands personnages du pays. Le péage fut aboli, et Bernard de Benauge obligé de fournir des cautions pour l'exécution de ce jugement. Gaston de Béarn et Pierre, vicomte de Gabarret, furent ses garants.

Le goût des croisades était toujours celui du siècle : les riches y consacraient leur fortune; les jeunes nobles s'y distinguaient par de hauts faits d'armes; la valeur et la religion

---

chaînait son cœur, des essaims de jeunes filles (*examina puellarum*), qui le suivaient, lui et ses compagnons, et, après sa défaite, allèrent orner les harems asiatiques. (H. Martin, *Hist. de France*, t. 3).

exaltaient l'enthousiasme général ; la société avait trop de sève, et versait son trop plein de vitalité sur les côtes de la Syrie. Bertrand, comte de Toulouse, avait hérité des idées chevaleresques et de la valeur de son père, le célèbre Raymond de Saint-Gilles, qui mourut à Tripoli en 1105 ; il partit lui aussi pour la Palestine, avec quatre mille chevaliers, et y trouva, comme son père, une tombe à Tripoli, en 1112. Son fils, Alphonze Jourdain, revint à Toulouse ; mais sa jeunesse, son inexpérience, ne servirent que trop bien les prétentions de Guillaume IX, qui, appuyé sur les droits de sa femme, s'empara de nouveau de Toulouse dont il s'était dessaisi avant son départ pour la Terre-Sainte. Centulle, comte de Bigorre, et Bertrand, évêque de Bazas, lui servirent d'auxiliaires dans cette odieuse usurpation ; il en resta maître jusqu'en 1120.

Jusqu'alors, Guillaume avait été excessivement licencieux dans ses mœurs ; il menait, au milieu d'une troupe de femmes de mauvaise vie, la conduite d'un prince musulman. Son voyage en Orient ne l'avait pas corrigé : sa maison était un harem, sa vie était un tissu d'immoralité, l'impudicité son penchant favori, la volupté son élément, la poésie et la guerre ses délassements. Il revint de Jérusalem plus dépravé que jamais ; il fonda à Niort un palais qu'il peupla de courtisanes soldées par le Trésor : il appelait cette maison son abbaye, et chaque femme, une religieuse, car il ravalait ainsi la dignité de cette profession et de ce nom, qui est synonyme de chasteté. Chaque courtisane avait sa cellule et prononçait des *vœux de plaisirs ;* une abbesse, crossée et mitrée, gouvernait cette horde de prostituées, et un sérail infâme s'élevait ainsi au centre même de la France chrétienne ! Cité à comparaître devant le concile de Reims, en 1119, il prétexta une maladie et ne comparut point. Son épouse s'y présenta, et accusa le duc d'avoir vécu dans la débauche, et surtout d'avoir enlevé et gardé, au détriment de la morale, au scandale du peuple, la femme du vicomte de Châtellerault. On lui donna

<small>Livre II.
Chap. 11.</small>

un délai pour rentrer dans le devoir et reprendre sa femme légitime; le concile chargea l'évêque de Poitiers de l'excommunier s'il persistait dans son adultère et dans ses débauches. L'évêque l'admonesta souvent, mais sans succès ; alors il fixa un jour pour prononcer l'excommunication; mais au moment où l'évêque allait prononcer la formule sacramentelle, le duc courut à lui dans l'église, l'épée à la main, le saisit par les cheveux, et s'écria : *Tu m'absoudras, ou tu mourras*. L'évêque feignit d'avoir peur, et hésita, comme pour réfléchir, mais en réalité pour prononcer la sentence. Alors, regardant en face le prince courroucé, et lui tendant le cou, il lui dit : *Frappe maintenant!* Cet héroïsme déconcerta le duc : plus vaincu,

<small>Guillaume
de Malmesbury</small>

plus humilié que Théodose devant saint Ambroise, il remit son épée au fourreau.... *Va, misérable*, lui dit-il, *tu mérites un enfer sur la terre. Je ne veux pas t'envoyer en paradis.* Il le chassa de son siége.

C'est ainsi que, dans les siècles de barbarie, on voit toujours les Papes, les évêques, les premiers à braver toutes sortes de périls, pour veiller sur les mœurs, sauvegarder les libertés de l'Église et du peuple.

Guillaume, excommunié, aurait voulu faire quelque chose pour l'Église, qui lui en voulait de ses violences et de ses débauches; c'était la pensée d'une réconciliation qui lui traversait la tête; il en avait un désir moins apparent que réel. Il survint, en outre, une autre circonstance qui le raffermit dans son bon propos et surexcita l'esprit public. On apprit, par des récits merveilleux, les exploits des Croisés, le courage de Godefroi de Bouillon, qui pénétra le premier dans la ville de Jérusalem, les hauts faits d'armes du vicomte de Béarn, qui avait pris Nicée et Édesse ; en un mot, la renommée proclamait aux quatre coins du monde les faits d'armes, les prodiges de valeur des Francs et des Aquitains. Guillaume, stimulé par la gloire, agité par une conscience troublée, honteux d'avoir été oisif pendant que d'autres moissonnaient d'abondants lau-

<small>Michaud,
Histoire
des
Croisades,
tome 1.</small>

riers, prit de nouveau les armes contre les musulmans d'Espagne, qui persécutaient les chrétiens. Il se rendit à la Grande-Sauve pour y faire ses Pâques, ce qui le suppose absous et réconcilié avec l'Église ; il était accompagné de l'archevêque de Bordeaux, des évêques d'Agen et de Bazas, et y prêta serment de garder les priviléges déjà accordés à cette nouvelle abbaye. Il alla ensuite en Espagne, où, de concert avec le roi d'Aragon, il défit le roi de Cordoue et ses onze émirs, à la fameuse bataille d'Arinzol. En rentrant dans sa patrie, chargé de dépouilles des infidèles, il fut étonné d'apprendre que Toulouse, dont il s'était emparé comme appartenant de droit à sa femme, Philippa, avait ouvert ses portes à Alphonze Jourdain, l'héritier légitime, et que tous les seigneurs du pays s'étaient prononcés en sa faveur. Il leur déclara la guerre, sans autre allié que le comte de Barcelonne, et les poursuivit avec acharnement jusqu'en 1126; mais la mort de Guillaume, arrivée le 10 février, mit fin aux hostilités. Guillaume X, alors âgé de vingt-huit ans, succéda à son père.

Livre II. Chap. 11.

Cirot, Histoire de la Grande-Sauve, tome 2, 41.

Marianæ, Hist. Hispan., lib. I.

Zurita, Indices rer. Aragon., lib. 1.

1126

CHAPITRE XII.

Guillaume X. — Il favorise l'antipape. — Saint Bernard le menace de la colère de Dieu. — Guillaume fonde l'hôpital de Saint-Jacques à Bordeaux. — Notice sur cet hôpital *(note)*.— Éléonore de Guienne épouse Louis le Jeune. — Mariage malheureux.—La Croisade.—Louis y prend part.—Éléonore mène une vie scandaleuse. —Louis mécontent. — Ils reviennent en France.— Divorce.— Suger s'y oppose. — L'archevêque de Bordeaux aussi. — Le divorce est accordé à Beaugency. — Éléonore épouse Henry, héritier de la couronne d'Angleterre. — L'Aquitaine passe sous les Anglais.—Le mot *Guienne*.—Les comtes de Poitiers qui ont régné sur la Gascogne.

DE 1126 A 1152.

Livre II.

Guillaume X, moins débauché que son père, n'hérita pas de ses brillantes qualités; sa vie était aussi obscure que celle de son père avait été agitée et glorieuse. A cette époque, il régnait un déplorable schisme dans l'Église, par suite des prétentions de l'antipape Anaclet II, dont le jeune duc avait épousé les intérêts, en opposition à Louis le Gros, à presque tous les évêques et presque tous les seigneurs de l'Aquitaine et de la Gascogne, qui s'étaient prononcés en faveur d'Innocent II. Saint Bernard alla le trouver, dans l'espoir de le gagner, par la raison et sa douce éloquence, à reconnaître Innocent II; Guillaume fit de belles promesses; mais elles ne passèrent jamais en faits, et il ne voulut pas consentir à rétablir les évêques légitimes qui avaient été expulsés de leurs sièges. Saint Bernard, désolé de ce coup si terrible, porté à l'unité et à la discipline de l'Église, s'imagina d'employer des armes d'une autre espèce. Un jour, ayant su que le duc, excommunié encore, se tenait dehors, à la porte de l'église, à Parthenay, pendant la messe, saint Bernard place le Saint-Sacrement sur

Fleury,
XIV, 447.

la patène ; et fendant la foule, se dirige vers le duc abasourdi, et lui parle ainsi : « Depuis longtemps, nous vous adressons » nos prières, et vous les méprisez ; tous les serviteurs de Dieu » se sont réunis pour vous représenter vos devoirs, et vous » ne les avez pas écoutés. Voici le Dieu vivant, le chef, le » seigneur de cette Église, que vous persécutez, qui vient » vous trouver lui-même. C'est ce juge terrible, en présence » de qui tout genou fléchit dans le ciel, sur la terre et dans » les enfers ; votre âme est sur le point de tomber pour ja— » mais entre ses mains redoutables. Le mépriserez-vous aussi » et le traiterez-vous ainsi que vous avez traité ses fidèles » serviteurs ? » Frappé de ces paroles foudroyantes, de la sainte audace de l'homme de Dieu, de la consternation du prince, en un mot, de la nouveauté du spectacle, le peuple fondit en pleurs. Le duc tomba sans connaissance et resta quelques moments sans pouvoir proférer un mot. Alors saint Bernard lui parla en termes plus doux, mais fortement accentués, et lui dit de se lever et d'écouter les ordres de Dieu : « L'évêque de Poitiers, que vous avez chassé de son siége, » est ici présent ; allez vous réconcilier avec lui ; donnez-lui » le baiser de paix, et rendez-le à son église. Satisfaites à » Dieu pour toutes les fautes que vous avez commises ; répa— » rez les injures que vous avez faites à son saint nom ; rap— » pelez dans les liens de l'unité ceux de vos sujets qui les ont » rompus à votre exemple. Toute l'Église obéit au pape In— » nocent II ; ne différez plus de lui rendre vos hommages. »

Le malheureux prince, tout stupéfait, tout étonné et troublé dans sa conscience, demanda à saint Bernard ce qu'il convenait qu'il fît. Le saint lui dit d'aller en pélerinage à Saint-Jacques de Compostelle par pénitence. Les pélerinages étaient alors et toujours considérés comme un excellent moyen d'expiation. Guillaume se laissa aller à cette pensée, qui lui sourit ; il avait accompagné Geoffroi Plantagenet en Normandie ; et témoin de tous les pillages que les soldats avaient commis dans

Livre II.
Chap. 12.

Vitâ Bernard,
lib. II, cap. 6.

Mabillon,
Annal. Ben.,
lib. 76.

1137.

les églises et les monastères, il en conçut un tel remords, que la pénitence de saint Bernard ne lui paraissait qu'une très-médiocre satisfaction pour tant de méfaits. Sans énergie, sans courage, il ne savait supporter les peines ni les braver; le sentiment religieux le dominait au point, qu'un de ses vassaux lui ayant enlevé sa femme, il n'y voyait que la main de Dieu qui s'appesantissait sur lui en expiation de ses péchés. Il avait eu la pensée de finir sa vie dans la pénitence; saint Bernard le décida tout à fait.

Guillaume accepta donc la pénitence de l'abbé de Clairvaux (1). Il mit de l'ordre dans ses affaires, fit son testament, institua sa fille aînée, âgée de seize ans, héritière de ses duchés d'Aquitaine et de Gascogne, à condition qu'elle épouserait Louis le Jeune, fils aîné du roi de France, que son père avait depuis deux ans associé à la couronne; la plus jeune de ses filles épousa Raoul, comte de Vermandois (2). Ayant tout réglé, il se mit en route, suivi de trois ou quatre serviteurs ou amis, pour Saint-Jacques de Compostelle, à pied et en

(1) Montaigne dit qu'il porta, les dix dernières années de sa vie, continuellement une cuirasse sous un habit religieux, par pénitence. (*Essais*, liv. 1, ch. XL).

(2) Sa fille aînée s'appelait Aliénor, qu'on prononce en anglais Éléonore et qu'on a écrit de même depuis la domination anglaise en Guienne. Larrey et quelques autres écrivains ont dit qu'Éléonore était fille de Guillaume IX; c'est une erreur: M. de Bréquigny a suffisamment prouvé qu'elle était fille de Guillaume X, petite-fille du fameux troubadour. (*Mém. de l'Acad. des inscript.*, etc., t. 43). Guillaume avait un beau château à Belin; on prétend que c'est là que naquit Éléonore.

Le nom de cette princesse s'écrit différemment dans les anciennes Chartes et histoires; le plus souvent c'est *Aliénor* qu'on rencontre, quelquefois *Aénor*. (*Preuves de Besly*, p. 494); *Elianor* dans la chronique de Sens (Besly, p. 495); et *Léonore* dans le testament de son père, Guillaume. *In nomine Sanctæ et individuæ Trinitatis, ego Willelmus... filias meas Regis domini mei protectioni relinquo, Léonoram collocandam cum Domino Ludovico Regis filio, si Baronibus meis placuerit, cui Aquitaniam et Pictaviam relinquo, Peronellæ vero meæ filiæ possessiones meas et castella quæ in Burgundiâ possideo...* (*Veter. Script.*, t. 5, col. 1153).

D'où il résulte qu'Éléonore, quoi qu'on en ait dit, n'était pas fille unique; sa sœur, Péronelle, s'appelait aussi Alayde ou Alays. C'est ainsi qu'elle est désignée par l'auteur des *Gestes de Louis VII*. (Duchesne, t. 4, et Suger, ibid., p. 115).

costume de pèlerin. Cette circonstance mérite de figurer dans un tableau de mœurs; elle prouve, non pas la culpabilité du prince, mais la tendance de l'esprit public; elle caractérise une imagination impressionnable et la puissance du sentiment religieux sur une conscience troublée à la voix d'un saint prêtre qui voulait le bien et remplissait un devoir.

Louis le Gros apprit ces dispositions avec un indicible plaisir, et accepta l'alliance; c'était doubler son royaume et procurer à son fils la femme la plus spirituelle, la plus riche et la plus belle de son époque. Le prince pèlerin, avant de se mettre en route, fonda, hors des murs de Bordeaux, dans un lieu appelé *Clos Mauron* (aujourd'hui *rue du Mirail*), un hospice plus spacieux que celui des pauvres, qui s'y trouvait; le nouvel hôpital fut supprimé en 1574 et donné aux Jésuites en 1605. Il attacha à cet établissement des ecclésiastiques pour le service des *romieux*, ou pèlerins de Saint-Jacques (1).

Louis le Jeune s'empressa d'aller rejoindre sa fiancée, qui résidait à Bordeaux. Son escorte était nombreuse; il avait avec lui cinq cents nobles ou personnages marquants, parmi lesquels étaient Thibaud, comte de Blois; Guillaume de Nevers; Rotron, comte de Perche; et Geoffroi, évêque de Chartres et légat en Aquitaine. Arrivés en vue de Bordeaux, les troupes campèrent sur les hauteurs de Lormont et du Cypressat, qui dominent la ville. Le roi leur avait recommandé, avant leur départ de Paris, d'éviter tout acte de pillage ou de désordre, de peur de s'aliéner l'affection des sujets qui se donnaient volontairement à la France. On ne leur permit pas d'entrer en ville, afin de leur ôter tout prétexte de collision. D. Devienne dit que l'on fit ainsi, parce que *la ville n'était pas assez grande pour loger une si grande multitude*; c'est une erreur : la raison en était différente; elle était toute politique. L'arrivée du prince fut saluée avec enthousiasme par une foule

---

(1) Saint-Jacques ou, en anglais, Saint-Jâmes ; c'est la seule rue à Bordeaux qui perpétue le souvenir des Anglais.

Livre II.
Chap. 12.

1137,
8 août.

D. Devienne,
page 23.

Histoire
de
l'Église Santon

Fleury,
Histoire
ecclésiastique,
liv. 68.

immense, ivre de joie et livrée à toutes sortes de plaisirs. Éléonore l'y attendait avec une nombreuse et brillante cour, composée des seigneurs de Guienne, du Poitou, de Saintonge et de Gascogne; elle était dans ses seize ans.

Le dimanche suivant, les deux fiancés se rendirent à Saint-André, où Geoffroi III, archevêque de Bordeaux, les reçut avec pompe et leur impartit la bénédiction nuptiale. L'historien qui rapporte ce fait, dit un écrivain, n'entre pas dans les détails de cette brillante cérémonie; il se contente de dire que l'éloquence de l'orateur romain, et la variété des pensées de Sénèque, auraient été insuffisantes pour en décrire toute la magnificence, ainsi que les belles et somptueuses fêtes dont elle fut suivie. Les époux furent couronnés ensemble; ils confirmèrent les priviléges de la ville et du clergé, et exemptèrent, par une Charte particulière, l'archevêque de Bordeaux, tous les évêques et abbés de la province, des droits régaliens (1). Ils accordèrent ensuite aux chapitres des cathédrales et des abbayes le droit d'élire leur abbé; ces priviléges furent confirmés par Charles VII, en 1454, le 23 juin, à Saint-Jean-d'Angély.

Après quelques brillantes fêtes, les époux partirent de Bordeaux pour Paris, et apprirent à Poitiers, le 1er août, la mort de Louis le Gros; elle avait été précédée de quelque temps de celle de Guillaume, qui fut enterré devant l'autel de Saint-Jacques, à Compostelle, le Vendredi-Saint, 9 avril 1137. Éléonore monta donc sur le trône de France, riche, jeune, gaie, spirituelle et jolie; c'était tout ce qu'il fallait pour faire des heureux; c'était trop pour le bonheur de Louis et de la

---

(1) La Charte donnée à cette occasion a été conservée par M. l'abbé Lebœuf; elle est littéralement conforme à une copie vérifiée, à la demande du chapitre de Saint-André, en 1519, et porte la date de *Bordeaux, MCXXXVII.* Elle fut faite en présence des évêques Geoffroi de Chartres, légat; Albéric de Bourges, Hugues de Tours, Geoffroi de Bordeaux, Hel d'Orléans, Raymond d'Agen, Lambert d'Angoulême, Guillaume de Saintes; Suger, abbé de Saint-Denis, etc., etc. *(Hist. de l'Académie des inscript. et belles-lettres.* t. 15, p. 524).

France. Sa dot se composait du Poitou, du Bordelais, de la Saintonge et de la Gascogne ; en un mot, de toute cette belle partie de la Gaule maritime qui s'étend de la Basse-Loire jusqu'aux Pyrénées.

Ce mariage ne fut pas heureux : la lune de miel suffit bien et au-delà pour mesurer toute l'étendue de leur bonheur conjugal. Éléonore avait été élevée à la cour la plus galante de l'Europe ; la vie tranquille, pieuse et sédentaire de son époux, convenait peu à ses goûts et à ses habitudes ; elle se lamentait, et disait tout haut, sans se gêner : « J'ai cru épouser un » roi, et l'on ne m'a donné qu'un moine. » Plusieurs circonstances contribuèrent à rendre cette antipathie réciproque : une jeune femme badine, aimable, spirituelle, jolie et toute préoccupée de ses plaisirs, ne pouvait guère plaire à un mari réservé, réfléchi et pieux, qui détestait les airs mondains que se donnait Éléonore. Dans cet intervalle, saint Bernard prêchait la seconde croisade ; il décide le roi à y prendre part. Louis consent, et ayant reçu, des mains du saint prédicateur, la croix à Vézelai, se prépare, malgré l'avis de l'abbé Suger, à partir pour la Palestine ; il croyait par ce voyage satisfaire sa piété, adoucir ses peines et faire changer d'idées à la reine. Il nomme Suger, abbé de Saint-Denis, régent du royaume, conjointement avec le comte de Vermandois, et part accompagné de la reine, d'Andron de La Tour, Guillaume de Saint-Loubès, Arnaud de Blanquefort, Claire de Vayres, Martin de Baron, Bernard de La Roque, Robert de Saint-Hilaire, Arnaud de Laubesc, Guarini, évêque de Bazas, Raymond de Cambes, archidiacre de Bordeaux, et de beaucoup d'autres seigneurs aquitains et gascons, avec une armée de quatre-vingt mille soldats. Battu par les Maures, il eut la douleur de perdre de nombreux amis. Sandebeuil de Sansai, seigneur d'un mérite très-rare, et proche parent de la reine, fut fait prisonnier. On prétend qu'Éléonore, qui s'était déjà dédommagée, disent ses ennemis, des fatigues du voyage et de la

Livre II.
Chap. 12.

Guillaume de Tyr,
liv. XVI.

Gesta Ludov.,
VII, cap. 17.

froideur de Louis, par ses liaisons criminelles avec son oncle, Raymond, prince d'Antioche, demanda la liberté de son parent, Sansai, au sultan d'Iconium, nommé Saladin, prince jeune et déjà célèbre par ses traits de galanterie. Le jeune sultan fit droit à la demande de la reine de France, et lui renvoya la rançon qu'elle avait offerte, avec une lettre très-gracieuse. Le prisonnier, mis en liberté, ne cessait, en toute occasion, de vanter la beauté et les belles qualités de Saladin, alors à la fleur de l'âge. Louis apprit la démarche de sa femme, qu'elle croyait avoir tenue secrète ; il soupçonnait même qu'elle recevait chez elle le sultan déguisé. Ces idées le tourmentaient nuit et jour ; il se sentit malheureux ; et l'insouciante reine, quoique outrée de ces soupçons, ne fit rien, ne se gêna en rien pour les détruire. Toujours petit sous le rapport moral, ombrageux et austère, Louis renouvelait ses avis, ses remontrances et même ses soupçons.

Je reproduis ces détails ; mais j'ai hâte de déclarer qu'ils ne sont pas suffisamment prouvés. Guillaume, archevêque de Tyr, est le premier qui ait ébauché un portrait désavantageux de la reine Éléonore (1) ; mais l'autorité de Guillaume sur ce sujet ne nous paraît pas très-imposante. « On l'accuse, dit » Legendre en quelques endroits, d'avoir parlé des choses et » des personnes de son temps plus par prévention qu'avec » exactitude. » Des auteurs postérieurs, par passion et par défaut de critique, ont renchéri sur ce portrait ; ils prétendent qu'étant à même de fuir et de se faire mulsumane, le roi l'arrêta et lui demanda pourquoi elle l'abandonnait : « Eh ! » mon Dieu, dit la reine, pour vostre mauvaisté, car vous » ne valez pas une prune pourrie ; ai tan oï dire de bien de » Salhedin que l'aime mieux que vous, sacies bien de voir, » que de moi tenir ne iores non ia. »

Michelet, à son tour, traite Éléonore d'une manière indigne,

---

(1) Una de fatuis mulieribus..... tori conjugalis fidem oblita. (*Hist.*, *lib.* 16).

sans autre autorité que celle de Brompton, prévenu contre elle. L'*Art de vérifier les dates* ne se montre pas moins indulgent envers elle; mais tout cela contraste trop évidemment avec ce qu'en dit Dreux de Radier (1).

L'auteur d'une *Dissertation sur les Mouvances de Bretagne* réfute avec bonheur tous les détracteurs d'Éléonore, et regarde les fautes imputées à cette princesse, trop calomniée, comme des faits mal avérés et des conjectures incertaines. « Ce qui m'engagerait, dit-il, à la croire innocente d'infidélité » envers Louis, c'est qu'elle n'eut que deux filles de lui, en » quinze ans qu'ils demeurèrent ensemble, et qu'elle eut de- » puis, en assez peu de temps, de Henry, six fils et trois filles.

Si Éléonore était réellement dominée par les mouvements tumultueux de la plus impérieuse des passions, aurait-elle passé les onze premières années de son mariage sans reproche, sans soupçon? Avant son voyage en Orient, sa vertu n'avait jamais été soupçonnée; exceptons, toutefois, les malveillantes insinuations de Brompton, écrivain peu judicieux et prévenu contre la maison d'Anjou, et qui se montre si peu judicieux dans tout ce qu'il avance, si crédule à l'endroit des penchants de cette femme malheureuse. A-t-on jamais parlé des écarts fâcheux d'Éléonore après son mariage avec Henry de Plantagenet? Pas une seule fois; et cependant les désordres de son mari auraient pu l'enhardir à de pareilles faiblesses, si elle avait eu le tempérament aussi ardent ou le caractère aussi corrompu que ses ennemis ont prétendu.

Nous avons rapporté les faits d'après Larrey et quelques autres écrivains; mais nous les croyons controuvés. Éléonore, jeune, d'un caractère gai, badin et ami des plaisirs du monde, ne se doutait pas de la méchanceté des cours ou des dangers que courait sa réputation par suite d'une insouciante légèreté

Livre II. Chap. 12.

Tome 2.

Histoire de La Rochelle, page 185.

---

(1) Nobilitatem generis vitæ decoravit honestate, morum ditavit gratiâ, virtutem floribus picturavit, et incomparabili probitatis honore fere cunctis præstitit reginis mundanis. (*Lib. C.*, *p*. 285).

> Livre II.
> Chap. 12.

dans sa conduite; elle eut les torts que de jeunes personnes de son âge et dans sa position peuvent avoir; mais rien ne saurait excuser les écrivains prévenus ou trop crédules qui ont imprimé sur la mémoire de cette infortunée princesse une tâche honteuse et imméritée, que six siècles n'ont pu encore effacer.

Se voyant toujours l'objet d'une injuste méfiance, outragée dans son honneur, entourée d'espions et de détracteurs, Éléonore conçut un profond dégoût pour Louis, se gêna moins que jamais; et fatiguée des blessantes allocutions de son mari, lui fit proposer un divorce sous prétexte de parenté. Cette démarche était compromettante pour son honneur; mais elle n'écoutait rien que sa colère et son ambition d'être libre. La proposition semblait au roi une confirmation de ses soupçons, et le désir que sa femme lui manifestait d'une séparation complète, lui paraissait un signe de sa culpabilité. Il caressa lui-même les mêmes idées; mais dans la crainte d'un plus grand

> Suger,
> Épist., 17.

scandale, il la fit partir de suite, et en écrivit au sage Suger, qui lui conseillait d'attendre son retour. Dès que leurs Majestés eurent posé les pieds sur le sol de la patrie, Suger exposa au roi les conséquences d'un divorce, le scandale qui en résulterait, la perte des belles contrées d'Aquitaine, qu'il faudrait rendre à sa femme. Ces raisons l'emportèrent sur l'esprit du roi; il se décida à fermer les yeux sur les écarts du passé, dans l'espoir d'un meilleur avenir. Mais Éléonore était lancée et ne voulait pas s'arrêter en route; elle désirait à tout prix être délivrée de son moine, et ne demandait pas mieux que de retrouver, avec un roi, sa liberté et ses plaisirs.

Elle ne les attendit pas longtemps : la fortune semblait agir de connivence avec l'amour. Dans ce temps, Henry Plantagenet, comte d'Anjou, venait souvent à la cour (1); il était

---

(1) Geoffroi, comte d'Anjou, père d'Henry, ornait son casque d'une petite branche ou plant de genêt; de là le nom de Plantagenet.

l'héritier présomptif de la couronne d'Angleterre, et n'avait que vingt-un ans. A cette époque, Éléonore, qui avait quelques années de plus que lui, était admirable de beauté et de grâce : d'une taille svelte, elle avait de beaux yeux, un regard doux, un air affable, une bouche moyenne, tout ce qui constitue une beauté achevée, sans parler de son esprit vif, orné et poli, ou de ses manières gracieuses et attrayantes. A ce beau tableau il n'y avait qu'une ombre : elle était coquette et imprudente. Henry était touché de ses charmes ; elle s'en aperçut. Il était jeune, beau, galant, plus expansif que Louis ; il plut à la reine, qui ne lui cacha pas la réciprocité de ses sentiments. Mais voulant écarter tout sujet de reproches, elle dit au jeune prince de se retirer dans l'Anjou, pour cause de bienséance, et qu'il y recevrait incessamment de ses nouvelles. Henry comprit le conseil et quitta la cour. La mort de Suger vint bientôt accroître les espérances des deux amants, et laissa Louis sans conseil, sans vrais amis. N'ayant plus d'obstacle, la reine parla tout haut de sa parenté avec son mari, des troubles de sa conscience et de la nécessité de faire un divorce (1). Le roi, faible, scrupuleux et jaloux, n'eut pas de repos, et demanda au pape la permission d'assembler un concile à Beaugency. Les archevêques de Rheims, de Bordeaux, de Sens, de Rouen, s'y rendirent le 18 mars 1152. Dans cet intervalle, Louis retira les garnisons qu'il avait mises à Bordeaux, Blaye, Limoges et autres principales villes et châteaux d'Aquitaine ; il se rendit aussi à Beaugency, et somma la reine aussi d'y comparaître. L'évêque de Langres, qui représentait

Livre II. Chap. 12.

Larrey, Histoire d'Éléonore, page 108.

1152.

---

(1) La parenté des deux époux était une chose publiquement reconnue. Besly croit qu'Aldéarde, bisaïeule d'Éléonore, était sœur de la femme d'Humbert, comte de Maurienne, et, par conséquent, tante maternelle de la reine Alix, mère de Louis VII ; tellement, « que le roi et le père d'Éléonore étaient issus de germains, et au » tiers degré de consanguinité. » (P. 145.)

Saint Bernard dit que la parenté était une chose publiquement avouée. Lettre 224ᵉ, à l'évêque de Palestine.

le roi, exposa la demande et les raisons que Sa Majesté avait de la faire, fondées sur les atteintes portées à la fidélité conjugale; et après avoir assez crûment articulé les fautes réelles ou supposées de la reine, demanda le divorce. « Le roi, dit-il, ne peut plus se fier à cette femme; il ne serait jamais assuré de la lignée qui proviendrait d'elle. »

Geoffroi, archevêque de Bordeaux, président du concile, né sujet de la maison de Guienne, se chargea de plaider la cause du bien et de défendre l'honneur de sa reine; il écarta, avec adresse et avec les ménagements que les circonstances exigeaient, toutes les questions délicates, toutes les assertions offensantes pour la réputation d'Éléonore, et allégua des raisons graves, d'une nature politico-religieuse, contre la dissolution, qu'il prévoyait devoir être une honte et une source d'incalculables malheurs. « Si le roi, dit-il, n'avait eu que ce
» moyen à alléguer pour parvenir à la séparation qu'il parais-
» sait demander, elle ne pourrait pas avoir lieu, non-seule-
» ment parce qu'on convenait de sa part qu'il n'y avait aucune
» preuve certaine de l'infidélité qu'on reprochait à la reine,
» et que tout se réduisait à des soupçons mal fondés, mais
» parce que, si ces motifs étaient ceux du divorce, les époux
» ne pouvaient ni l'un ni l'autre passer à de secondes noces;
» qu'à l'égard de la parenté, il n'en était pas de même: qu'on
» ne pourrait disconvenir qu'elle était prouvée dans le degré
» prohibé, les deux époux étant issus, l'un l'autre, par les
» femmes, de la maison de Bourgogne, et étant alliés du qua-
» trième au cinquième degré (Agnès de Bourgogne, du côté
» de la maison de Poitiers, et Gillette de Bourgogne-Comté,
» femme de Louis VI). Mais que, dans ce cas, s'il plaisait au
» roi, on pouvait se flatter d'une dispense à laquelle on don-
» nerait bien plus volontiers la main qu'à une dissolution. »
Tout cela était sage, politique et prudent; mais tout cela était sans fruit: la passion étouffa la raison chez tout le monde.

Le roi ayant fait valoir des raisons de conscience, et Éléonore ayant déclaré que, sur ce point, elle était aussi inquiète que le roi ; que les insinuations malveillantes contre son honneur ne provenaient que d'un esprit faux, comme celui du prince, et peu propre à sympathiser avec le sien. Le concile prit des informations ; et, ayant reconnu dans la filiation des conjoints un degré de parenté, cette sainte assemblée prononça le divorce. Toute joyeuse d'avoir brisé sa chaîne, Éléonore partit pour Poitiers, où elle fut accueillie avec toutes les démonstrations possibles d'enthousiasme populaire. A peine rendue à sa liberté, elle écrivit à Henry ; et tout en se faisant un honneur du divorce, lui avoue « que l'estime qu'elle avait pour lui » avait eu beaucoup de part à cette action, et qu'elle con— » sentait qu'il vînt remplir la place de Louis. » Plusieurs seigneurs vinrent demander sa main ; elle attendit Henry, qui, sitôt la lettre reçue, partit pour Poitiers, où elle l'épousa six semaines après son divorce, n'ayant alors que vingt-six ans. Dès lors, l'Aquitaine passa sous la domination anglaise : le petit-fils de Guillaume le Conquérant et ses descendants régnèrent pendant trois cents ans sur ce vaste pays, qui s'étend depuis l'embouchure de la Loire jusqu'aux Pyrénées. Cette longue période dans l'histoire de France et d'Angleterre ne fut qu'une déplorable série de malheurs de toutes sortes pour les deux peuples (1). Si Suger avait vécu, les Anglais n'auraient jamais régné sur l'Aquitaine ; si on avait voulu croire l'archevêque de Bordeaux, le roi aurait demandé une dispense et non un divorce, et le pays, comme l'Église, se serait épargné bien des désastres et des calamités de toutes sortes. C'est alors que commença l'usage d'employer le mot *Guienne* pour désigner les deux duchés d'Aquitaine. Ce nouveau mot n'est que la corruption d'Aquitaine : au lieu de dire

Livre II.
Chap. 12.

1152.

Chroniques de Rheims, page 7.

---

(1) Dans un de ses voyages de Bordeaux en Angleterre, Éléonore suivit l'ancien chemin qui traversait Grayan, en Médoc. D'après un ancien titre de 1556, on l'appelait *lou Camin de la Royne*, parce qu'on l'avait fait pour le passage de cette princesse.

Livre II.
Chap. 12.

l'Aquitaine, les Anglais disaient *La Quitaine*, qu'on changea insensiblement en Guienne (1). Nous l'emploierons à l'avenir, quoiqu'il ne figure d'une manière authentique, pour la première fois, que dans l'acte d'hommage d'Édouard III, roi d'Angleterre, rendu à Philippe de Valois, à Amiens, le 6 juin 1329.

(1) Quelques auteurs ont cru que le mot *Guienne* n'était que la corruption de *Gothie*, nom qu'Ataulph, chef des Goths, voulait donner à ce pays; c'est une erreur : le nom de *Gothie* n'a jamais été donné qu'à la Septimanie et à quelques portions du territoire circonvoisin. Le mot *Guienne* ne date que du XIIe siècle; les Anglais l'ont employé les premiers : au lieu de dire l'*Aquitaine*, ils disaient *La Guyenne*. A la fin du XIIIe siècle, cette dénomination vulgaire de notre duché s'était généralisée, au point qu'elle fut employée dans les actes notariés, et enfin dans une affaire politique, au traité d'Amiens, 6 juin 1329, et dans un autre de 1331; mais Louvet se trompe quand il dit que, depuis lors, il n'est plus parlé d'Aquitaine dans les actes publics. Dans une collection d'hommages, aveux et dénombrements de Poitou et de Saintonge, rendus à Édouard, fils aîné du roi d'Angleterre, depuis l'an 1363 jusqu'en 1637, collection conservée dans les archives de La Rochelle, et appartenant dans le temps à la bibliothèque des prêtres de l'Oratoire, on donne toujours à ce prince la qualité de duc d'Aquitaine. *Eduardus, officiariis justitiæ, et ministris nostris principatus nostri Aquitaniæ*. Mais depuis lors, que nous sachions, du moins, ce mot n'est plus employé.

Voici la liste chronologique des comtes de Poitiers, qui ont régné sur la Gascogne et qui ont demeuré longtemps à Bordeaux : En 1038, Eudes; 1059, Guillaume VII; 1058, Guillaume VIII; 1087, Guillaume IX; 1127, Guillaume X; 1152, Éléonore. Le sceau de cette célèbre Éléonore la représentait debout sur les deux faces : sur l'une elle figure la couronne sur la tête, le sceptre à la main droite, et à la gauche, un paon perché sur une croix posée en haut sur un globe, avec ces mots : *Aliénor, par la grâce de Dieu, reine des Anglais*; sur l'autre face, elle est représentée portant un lys à la main droite, et à la gauche, un paon, avec cette inscription : *Aliénor, duchesse des Normands et des Aquitains, comtesse des Angerins*. (Mss. du P. de Laura).

LIVRE III.

CHAPITRE PREMIER.

État de la société sous les Francs. — Clovis favorise le clergé, qui l'appuie. — La hiérarchie administrative. — Les ingénus. — Les serfs. — Conditions offertes aux serfs de sortir de leur état. — Conciles. — Leur influence. — Charles Martel avait spolié les églises. — Les dîmes en étaient un dédommagement. — Montesquieu loue Charles de les avoir établis. — Gibbon l'en blâme. — On usurpait les biens ecclésiastiques. — Les impôts. — Le sénat de Bordeaux. — Lois pénales. — Le temps confond les races. — La puissance du clergé. — Des usages chrétiens substitués aux cérémonies païennes. — Le clergé se dégrade. — Corruption du latin. — Charlemagne aimait les arts. — Les repas, les boissons, la table des Francs. — Sobriété de Charlemagne. — Habits magnifiques. — Le luxe des grands. — Les armes des Francs, etc.

Avant que d'entreprendre le récit de la domination anglaise en Guienne, jetons un regard sur le passé, et donnons un succinct aperçu, un tableau général de l'état politique, civil, commercial de Bordeaux et de notre province depuis Clovis jusqu'à Éléonore. Nous ne ferons que glisser rapidement sur ces sujets, et rappeler sommairement les notions accessoirement historiques qui intéressent les mœurs de nos devanciers, les progrès de l'industrie et de l'esprit humain.

La puissance romaine croulait sous son poids lorsque les Visigoths vinrent s'en arracher les lambeaux; mais leur règne éphémère fit place à celui des Francs, dont l'arrivée en Aquitaine était désirée par le clergé et le peuple. La conversion

de Clovis conquit les sympathies des chrétiens, et une nouvelle ère de prospérité semblait s'ouvrir sur ce malheureux pays. Clovis fit un bien immense aux églises de Bordeaux et d'Auch; il convertit en église chrétienne l'ancien temple de Vernemetis (1), favorisa par reconnaissance le développement de la puissance ecclésiastique, et maintint la liberté qu'eurent le clergé et le peuple de choisir pour évêques les hommes les plus recommandables par leur science et leurs vertus (2). Il dispensa les ecclésiastiques de payer des impôts et de prendre part au service militaire; il les combla de faveurs temporelles et de priviléges. Ils contribuèrent puissamment, par reconnaissance, à affermir le nouveau pouvoir. L'Église, étant la maison de Dieu, commandait et obtenait le respect de tout le monde : les faibles y trouvaient un refuge contre de puissants oppresseurs ou des spoliateurs tyranniques; le prêtre était l'intermédiaire obligé entre le pauvre, qu'il protégeait, et le riche, qui le tyrannisait; la religion, descendue dans les mœurs populaires, remplaçait les lois, désarmait le bras de l'assassin, abritait les faibles contre la force des hommes puissants, adoucissait les mœurs grossières et sauvages, tempérait l'autorité et sanctifiait l'obéissance. Les nobles prenaient une part active aux affaires publiques; ils avaient une immense influence morale sur la société française à toutes les époques de notre histoire. « La chevalerie, dit Aug. Thierry, lui ap-
» partient, avec tout ce qu'il y a de vertu militaire, de gloire
» et d'honneur autour de ce nom; elle savait mourir, elle
» s'en vantait, et c'était là son orgueil. » Les nobles possé-

---

(1) D'autres disent que c'est sous Clovis II, vers l'an 650, que cet ancien temple fut changé en église.

(2) Le *Gallia Christiana*, en parlant de Léonce II, au VIe siècle, dit : *Burdigalenses eum in episcopum elegerunt*. Ce mode d'élection avait de graves inconvénients; c'était la démocratie dans l'Église; il fut modifié plus tard. Pour neutraliser les intrigues, l'élection des évêques eut lieu, dans le XIe siècle, à Blaye. Louis le Jeune abandonna ce droit aux chapitres en 1157.

daient les terres, commandaient les armées et occupaient les emplois : leur pouvoir contrebalançait celui du clergé; c'étaient les confidents du prince, ses compagnons dans ses entreprises et à la guerre (*comites*, comtes), les gouverneurs des frontières ou des marches (marquis), ou les généraux de ses armées *(duces)*.

Les *ingénus* formaient la troisième classe des citoyens libres; c'étaient des gens nés dans le pays ou des parents affranchis. C'était parmi eux qu'on choisissait les *centeniers*, les *vidames*, ou représentants des seigneurs ecclésiastiques, les *avoués*, et en général tous les fonctionnaires subalternes. Les hommes libres prêtaient serment de fidélité au comte de Bordeaux; ils le suivaient à l'armée, défrayaient les envoyés royaux, et étaient tenus de se présenter deux fois par an aux *plaids* généraux. Le comte de Bordeaux était le chef de la *curie*; les curiales, ou membres de la *curie*, étaient chargés de lever les troupes, d'administrer la justice, de percevoir les impôts; c'étaient là les restes des vieilles institutions romaines, légèrement modifiées et mises en rapport avec les idées du siècle. La religion chrétienne, si douce, si populaire dans ses formes, influa beaucoup sur ces modifications : le nom de *curie* passa bientôt après au tribunal de l'évêque, *curia christianitatis;* mais le clergé n'absorba pas complètement la vie municipale, et des magistrats laïques ont toujours continué à appliquer le droit romain encore en vigueur.

Les Francs, après la conquête des Gaules, étaient tous libres, tous égaux en droits, comme les Gaulois de condition ingénue, avant et après les Romains; ils maintinrent cependant les institutions du pays où ils s'établirent. Les serfs étaient les plus faibles; c'étaient les vaincus. La religion les protégeait et apprenait aux fiers vainqueurs que tous les hommes sont frères, tous égaux, tous héritiers des mêmes promesses. Les institutions franques, mises en harmonie avec les mœurs, leur offraient des moyens de sortir de leur état abject et humiliant. Le serf qui dénonçait les faux monnayeurs obtenait sa liberté et le droit de bourgeoisie ; mais les affranchis ne pouvaient pas aspirer aux fonctions publiques ; c'était une restriction sur leur liberté. L'homme libre était maître absolu de ses serfs : ils étaient littéralement sa propriété ; il avait sur eux le droit de vie et de mort ; c'était un des derniers vestiges d'une barbarie agonisante. Le serf convaincu de rapt était condamné au feu ; mais s'il avait enlevé des enfants, il était exposé aux bêtes. Commettait-il un crime dans une église, il était condamné à mort, s'il était serf d'un simple citoyen lai ; mais s'il était serf de l'Église, car la loi faisait cette distinction, il était reçu à composition, et n'était envoyé au supplice qu'en cas de récidive. Cette distinction absurde, abusive au point de vue de nos mœurs actuelles, avait alors une portée politique très-grande ; c'était un hommage à la religion, qui prêchait l'égalité, un acte de déférence pour l'Église, par laquelle le pouvoir éclairé espérait adoucir les mœurs et civiliser le monde. L'homme de l'Église était une espèce d'affranchi qui ne relevait que de l'évêque ; s'il mourrait sans enfants, l'Église devenait son héritière. Le développement des idées religieuses influa beaucoup sur les affaires publiques ; les conciles, où se réunissait, en assemblées délibérantes, tout ce qu'il y avait de distingué dans le clergé, ajoutaient un éblouissant prestige à ce corps compact et si redouté à cause des excommunications.

Sous Charlemagne, la puissance cléricale s'accrut d'une manière étonnante ; elle eut ses tribunaux ecclésiastiques. Il n'y a rien là de bien étrange ; c'était le corps le plus éclairé de l'État ; c'était lui qui enregistrait les naissances, les mariages, les décès, et qui constatait dans les testaments les dernières volontés des mourants. L'épiscopat s'entendait presque toujours avec le pouvoir séculier. Charles Martel seul se rendit indépendant ; il prit à l'Église ses terres, ses revenus : en récompense des services militaires, il donna en proie à la cupidité des comtes des propriétés ecclésiastiques et même des évêchés.

« Plus audacieux que tous les rois ses prédécesseurs, il » donna non seulement l'évêché de Rheims, mais encore beau- » coup d'autres du royaume, à des laïques et à des comtes. » En sorte qu'il ôta tout pouvoir aux évêques sur les biens et » sur les affaires des églises. » Cet empiètement sur les biens de l'Église n'était pas cependant sans exemple dans les temps antérieurs. « Le roi Clotaire Ier avait ordonné que toutes les » églises de son royaume paieraient au fisc le tiers de leurs » revenus. Tous les évêques, quoique contre leur gré, avaient » consenti et souscrit ce décret, » dit Grégoire de Tours. Les besoins du service public exigeaient ces sacrifices ; et quant au succès des empiètements de Charles Martel sur les biens ecclésiastiques, Montesquieu nous en donne la raison : « Le » pape, à qui il était nécessaire, lui tendait les bras ; on sait » la célèbre ambassade que lui envoya Grégoire III.......... » Le pape avait besoin des Francs pour le soutenir contre les » Lombards et les Grecs. » Ces spoliations furent réparées plus tard ; la loi religieuse des dîmes, publiée, avec son immense portée politique, par Charlemagne, ne fut que le dédommagement tardif de ces vols légaux et l'allégement nécessaire des charges du fisc. L'établissement de la dîme a été une nécessité politique pour Charlemagne : Montesquieu l'en loue ; mais Gibbon l'en blâme. Le premier parlait en philosophe et en homme politique ; le second ne tenait que le langage du sectaire : ses raisons ne sont que ses préjugés. Montesquieu savait qu'il était politique de pourvoir aux besoins religieux des peuples et de réparer les torts que des nécessités impérieuses avaient fait commettre à Charles Martel. Par la dîme, le fisc n'avait plus rien à donner aux églises. Le peuple paie les grands qui l'administrent, le gouvernent, le jugent ; qui paiera pour qu'on l'instruise à croire, à espérer, à obéir, à prier et à bien vivre ? Dans son blâme injustifiable, Gibbon

Livre III.
Chap. 1.

Frodoard, *Histoire de l'Église de Rheims*, liv. II, c. 12.

Liv. IV.

Esprit des Lois, liv. 31, ch. 11.

oubliait que la quatrième partie de la dîme appartenait aux pauvres; les trois autres étaient données à l'Église, aux clercs et à l'évêque.

Malgré toutes les sages précautions des princes et des évêques, l'ambition et la cupidité des seigneurs ne connaissaient pas de bornes : la propriété n'était pas respectée ; les grands usurpaient les biens du fisc et des églises, même du temps de Charlemagne : la terreur qu'inspirait son nom n'arrêtait pas les abus. L'évêque Willibert et le comte Richard furent chargés, comme commissaires impériaux, de poursuivre la restitution de ces biens enlevés ou usurpés, et de faire respecter, même par la force, le droit de la propriété. L'exemple de Charles Martel trouva des imitateurs : les religieux et les ecclésiastiques se voyaient forcés, pour se défendre, de fortifier leurs églises et leurs monastères, et souvent même d'endosser la cuirasse et de se faire guerriers. Ces mœurs sauvages, fruits vivaces des siècles de barbarie, se maintinrent longtemps dans nos contrées; et même au XIIe siècle, on vit un archevêque de Bordeaux ceindre l'épée et marcher à la tête de ses troupes contre Raymond de Toulouse.

On a dit et répété que les impôts établis par les Romains tombèrent avec l'Empire ; c'est une erreur : il y eut des impôts sous la première race, des péages, des redevances. Clotaire ordonna la remise d'un nouvel impôt (1); mais il y en eut d'anciens sous les noms de *census, teloneum, tributum,* etc. Ces impôts vexatoires soulevèrent le peuple de Bordeaux dans le VIe siècle ; des collecteurs furent massacrés, et l'esprit de révolte ne s'éteignit que dans le sang du peuple.

Sous la seconde race, tout homme libre était obligé d'aller

---

(1) Ubicunque census novus impie additus est et à populo reclamatur, juxta inquisitionem misericorditer emendetur. De teloneo, ut per ea loca debeant exigi , vel de speciebus ipsis, de quibus præcedentium tempore, id est, usque ad transitum bonæ memoriæ dominorum Parentum nostrorum Guntranni, Chilperici, Sigheberti regum, est exactum. (Edictum Chlotarii regis, articl. 8 et 9).

à la guerre à ses dépens ou d'entretenir un soldat, de faire la garde, de fournir des chevaux et des chariots en proportion de sa fortune ; les serfs soignaient les grandes routes, sous l'inspection des membres du conseil des notables. Quand il s'agissait des monuments publics ou des églises, tous, nobles, clergé et serfs, étaient tenus d'y contribuer. Il y avait à Bordeaux un tribunal supérieur, un sénat composé de nobles, *nobiles viros*, selon l'expression de Justinien ; ces fonctions étaient héréditaires ou une concession du prince. Pour être membre de la *curie*, il fallait avoir vingt-cinq ans et posséder vingt-cinq acres de terre, *viginta quinque jugera* (1). Les magistratures municipales étaient conférées par la curie ; et au-dessous de tous ces fonctionnaires était le comte, représentant du peuple et nommé par lui. Les hommes libres étaient ceux de race franque ; les leudes, ou nobles seigneurs francs, devinrent les premiers personnages de l'État ; mais ils se confondirent plus tard avec les hommes libres de race franque. Les institutions romaines formaient la base de l'organisation sociale franque ; c'était une tige romaine sur laquelle on greffa un écusson germanique. Les Francs, après la conquête, étaient la classe privilégiée ; les habitants du pays se soumirent aux humiliations de toutes sortes, et se confondirent avec les vainqueurs. « Les François n'estoient pas gens agrestes, dit Pas-
» quier, comme plusieurs nations barbares, ains civilisés et
» polis selon les coutumes romaines, auxquelles ils se confor-
» moient, non seulement es nopces, festins et aultres grandes
» assemblées, mais aussi en régime de médecine pour la con-
» servation et recouvrement de leur santé. » Il faut avouer, cependant, qu'il y avait dans les conditions respectives une grande inégalité. Quelle que fût la dignité d'un Romain, ou Bor-

Livre III. Chap. 1.

Histoire du Droit municipal liv. 1er, ch. 9.

Recherches, liv. 1er, ch. 2.

---

(1) Chaque *jugerum*, selon Columelle, formait une superficie carrée, dont le grand côté avait 240 pieds romains, et le petit 120. (Fréret, *Observations sur le rapport des mesures grecques et romaines*).

delais, il ne valait jamais que la moitié d'un Franc d'une condition analogue à la sienne (1). Ainsi, celui qui tuait un Romain, un Aquitain, un Bordelais, enfin, assez haut placé pour être admis à la table du roi, ne devait payer que 300 sous d'or aux héritiers du mort; le meurtrier d'un Franc, ou chef germanique, en payait 600; le meurtrier d'un Franc libre étranger, à la truste du roi, était reçu à composition pour 200 sous d'or ; le meurtrier d'un propriétaire romain, c'est-à-dire aquitain, payait 100 sous seulement; pour la mort d'un évêque, 900 sous d'or; pour celle d'un prêtre, 600; d'un diacre, 500; et d'un sous-diacre, 400. Singulière législation !

<small>Livre III. Chap. 1.</small>

<small>Montesquieu, *Esprit des Lois* liv. VIII, ch. 2.</small>

<small>*Lois ripuaires,* chap. 36.</small>

Dans le châtiment du crime, la pénalité s'estime en sous d'or : toute idée d'égalité en est bannie, et la victoire usurpe la place de la justice! Pour des violences commises contre l'honneur d'une femme, les compositions étaient doubles, et simples pour celles commises envers une vierge. La raison en est évidente; c'est que, outre la violence, il y avait l'adultère et l'impossibilité de réparer le crime par le mariage. Le Franc qui dépouillait le Romain (Bordelais) à main-armée, n'était condamné qu'à 30 sous de compensation; le Bordelais qui dépouillait le Franc, en payait 60. Les vols commis par les serfs étaient punis du fouet et de la prison; mais, en certains cas, ils avaient la faculté de se libérer, comme les hommes libres, pour une somme d'argent. L'esclave voleur ne pouvant pas payer, le maître payait pour lui ou le livrait à la justice; le serf qui tuait un ingénu était livré au proche parent du mort. La femme esclave accusée d'un grand crime, recevait deux cent quarante coups de fouet, à moins que son maître ne payât pour elle 240 deniers.

<small>*Lois allem.,* cap. 58.</small>

Celui qui ne voulait pas être exposé à payer des compensations pour ses parents, renonçait à sa famille par une céré-

---

(1) Comme les Bordelais alors suivaient le droit romain, le mot romain est synonyme de Bordelais.

monie bizarre: il rompait sur sa tête quatre bâtons, et les jetait aux pieds du juge. Celui qu'on surprenait à travailler trois fois le dimanche devenait le serf de l'État. Entre les ingénus, la loi du talion était établie pour les coups et blessures: si un affranchi frappait ou blessait un homme libre ou un ingénu, il subissait la peine du talion et le fouet.

Livre III.
Chap. 1.

Le temps confondit à la longue les deux races, germanique et gallo-romaine, et effaça, par conséquent, ces humiliantes distinctions, pour leur substituer plus d'homogénéité dans les mœurs, plus d'unité dans les lois, plus d'uniformité dans les usages et plus d'égalité devant la justice. Les intérêts et les droits divinrent bientôt les mêmes pour tous; et grâces aux principes sociaux du christianisme, il n'y eut plus de Romains ni de Francs; il n'y eut que des Français, et sous ce nom étaient confondus les vainqueurs et les vaincus : il n'y eut que des Aquitains et des Bordelais dans nos contrées. Les Champs-de-Mars voyaient réunis sans distinction toutes les races: le fier Franc n'insultait plus le grave Romain, assis à ses côtés; le christianisme avait implanté dans le sol ses divines doctrines de liberté et de fraternité, le patriotisme avait enfin une signification, la religion avait recouvré sa puissance, les mœurs civilisées leurs charmes; et l'état social, assis sur des bases solides, semblait se promettre un long et brillant avenir. Cependant, au VIIe siècle, tout menaçait ruine: l'édifice social, assis sur la liberté, l'égalité et la fraternité, semblait vouloir se disloquer. La royauté était la clé de voûte; mais sa puissance s'était évanouie : le roi, ce n'était plus qu'un nom ; l'ordre allait disparaître avec la liberté, quand Pepin se chargea de remonter les vieux ressorts du corps social, et prépara la voie à Charlemagne. Là, une nouvelle ère commence, le monde change sous l'action tutélaire d'une autorité forte et intelligente; la transformation est complète. Les évêques marchent de pair avec les ducs et les grands officiers du roi, les ministres du prince sont considérés et respectés, les ministres de Dieu ne le doivent pas être moins, le respect pour les agents du roi devient de la vénération quand il s'agit des représentants de Dieu, le pouvoir temporel est élevé, le sacerdoce sanctifié. Les fonctions des *præsides* et des *vicarii* sont confiées aux évêques; chaque curie devient une paroisse, avec son chef de curie, le curé ou curateur, dont la maison curiale s'appellera désormais le presbytère ou le lieu de réunion des prêtres. Les temples deviennent des églises dédiées au vrai Dieu, sous le vocable de quelques héros de la foi; le *Vernemetis* de Bordeaux s'appelle Sainte-Croix, et se restaure sur un autre plan; Saint-Seurin est rebâti avec la chapelle souterraine de la Sainte-Trinité, qui garde aujourd'hui les reliques des saints du pays. Des monastères fleurissent à l'ombre des églises de Sainte-Croix, de Saint-Seurin et à Blaye; des chapelles, bâties dans plusieurs endroits de notre cité, sont changées en églises paroissiales, et une statue de la vierge remplace la belle *Nehalenia* aux coins des rues et dans le creux des chênes druidiques. Le dieu *Terme* ne garde plus les limites : la Croix s'élève à sa place; c'est la religion qui se constitue la gardienne de la propriété. Les cérémonies que les druides pratiquaient autrefois tous les printemps ont cessé; on les remplace dans le Midi, et bientôt par toute l'Aquitaine, par les *Rogations*, ces processions si populaires et si poétiques. Les païens dansaient autrefois aux fêtes des solstices d'été, en invoquant Janus; les druides imploraient à la même époque le dieu des forêts. Ces traditions existaient encore dans le souvenir du peuple; c'était un vide immense pour les joies populaires. Pour les chrétiens, saint Jean remplaçait toutes ces divinités imaginaires; c'était le précurseur du Sauveur, le défenseur de la vertu, l'ennemi du vice, le plus grand d'entre tous les enfants des femmes. Le prêtre bénissait le feu de joie qu'on allumait en son honneur, parce qu'il avait été prédit que les peuples se réjouiraient le jour de sa naissance, qui coïncidait avec le solstice d'été, temps si cher aux païens et aux druides des Gaules. Le clergé tenait ses conciles et réformait les mœurs : chaque ville s'honore d'avoir un évêque, chaque évêque se fait bâtir une basilique, dirige ses moines et ses clercs dans la voie de la perfection, obéit à son métropolitain, qui, à son tour, était soumis au pape : organisation admirable, hiérarchie compacte, indissoluble, monarchie démocratique, où le savoir et la sainteté peuvent se frayer la route de la plus grande puissance de la terre, celle de la tiare. Les conciles ont servi de modèles à nos assemblées délibérantes, et ont apporté avec eux la science qu'ignoraient les Romains, d'accorder la liberté avec la grandeur, l'ordre et le pouvoir. Les évêques imposèrent, les premiers, des limites au pouvoir absolu de Constantin : Grégoire VII, Amat, archevêque de Bordeaux, et le clergé catholique partout, répriment à leur tour l'excessive licence des têtes couronnées ; loin d'applaudir à l'insurrection des peuples ou au despotisme des princes, ils arrêtent les égarements des sujets, épurent les mœurs, maintiennent contre la puissance du sabre l'indissolubilité des liens conjugaux, protégent l'esclave, instruisent l'enfance, sauvent la femme de la dégradation du vice, conservent et font avancer la civilisation chrétienne. Pepin, Charlemagne et Louis le Pieux, secondent ce mouvement civilisateur et multiplient les maisons religieuses, qui deviennent les asiles de la science, de la piété et du repentir : le crime s'y transformait en vertu ; et le froc du moine couvrait bien des faiblesses, jusqu'à ce que la contrition les eût effacées sous l'action de la miséricorde divine. La Réole doit au grand empereur son monastère des Bénédictins. Waiffre apprend que les moines tiennent pour le pouvoir qui le repousse ; il les attaque : ils se défendent, et font de leurs églises des citadelles. Les ecclésiastiques se font leudes ; ils portent le casque, montent à cheval, excellent à la chasse, oublient le service des autels, et deviennent par leurs principes pires que les laïques. On n'a qu'à lire les Capitulaires pour se convaincre de la dégradation du

<small>Livre III. Chap. 1.</small>

clergé. Le meilleur moyen de connaître l'époque dont nous parlons, c'est de lire les *Formules,* de Marculfe, et le *Recueil des Capitulaires,* de Baluze.

<small>Capit., Karol. Magn., Anno 767.</small>

Pour obvier aux graves inconvénients qui résultaient de la corruption des mœurs cléricales, Charlemagne ordonna que le clergé et le peuple choisiraient les plus dignes pour être évêques ; il appelle de tous les coins du monde des hommes versés dans les sciences : Claude Clément vint du fond de l'Écosse, Pierre de Pise vint de l'Italie, et Alcuin sortit du cloître, en Angleterre, pour devenir son précepteur, son conseiller et son ami ; il créa des écoles pour enseigner le chant grégorien, le latin et le calcul élémentaire. C'est à lui qu'on doit le principe, le germe de ces florissantes écoles du XIIIe siècle, dont l'une prit le nom de l'Université de Paris. « La

<small>Mémoires de l'Académie des inscript., t. XLI, 287.</small>

» langue tudesque, dit un savant, fut la langue des rois de la » première race......... et tandis que le commun des Fran- » çais....... apprenait insensiblement la langue vulgaire ro- » maine, on continuait, à la cour, de parler la langue tudes- » que. Il en fut de même sous les rois de la seconde race. » Voyant que le dialecte tudesque était trop rude, trop dur pour des oreilles méridionales, Charlemagne s'efforça de populariser le latin corrompu : on avait dressé, pour lui et pour sa cour, les litanies carolines ; elles seules suffisent pour nous faire voir jusqu'à quel point la barbarie régnait encore dans la langue. On disait alors : *ora pro nos, ora per nos,* pour *ora pro nobis ; tu lo juva,* pour *tu illum juva ; dare ad aliquem,* pour *dare alicui ,* et mille autres locutions peu conformes au génie du latin et qui caractérisent les modifications qu'eut à subir le mécanisme de cette langue avant qu'elle revêtît la forme romane. Outre ces locutions vicieuses, les mots même prirent un sens différent. Ainsi, *templum* n'était guère employé pour désigner une maison de prière, un édifice sacré ; c'était *basilica, ecclesia.* Sous les mérovingiens, *casa dei* signifiait le plus souvent un monastère, et *monasterium* une église, même cathédrale, parce que les églises étaient ordinairement servies par des moines ou par des chanoines vivant en communauté, comme à Saint-André de Bordeaux. Après le VII⁰ siècle, *capella* signifiait une église paroissiale; le mot *prieuré* n'a paru que dans le XI⁰ siècle; et comme le fait remarquer M. de Wailly, c'est dans les dialogues de saint Grégoire le Grand qu'une église de village est appelée, pour la première fois, *parochia*. (Voyez plus loin la partie littéraire de notre travail).

<small>Livre III. Chap. 1.</small>

<small>Éléments de paléograp. tome 1er.</small>

Charlemagne aimait les arts; il en favorisait le développement. L'empereur Constantin avait envoyé à Pepin deux orgues : Aaron-al-Rachild envoya à Charlemagne une horloge sonnante, des étoffes précieuses rehaussées par de brillantes couleurs; c'était l'origine de l'industrie en France. Il encourage la construction des monuments religieux : des sculpteurs, des statuaires, des architectes, sortent de dessous terre à sa voix. Des basiliques s'élèvent avec une majesté inconnue, en Grèce ou à Rome; des châteaux, des palais, s'espacent comme par enchantement dans les forêts, qu'on défriche; l'industrie, les sciences, les arts, lui doivent, en quelque sorte, leur naissance et leurs perfectionnements successifs dans le moyen-âge; toute la gloire en remonte à lui.

<small>Eginhard, anno 757.</small>

Parmi les Francs, la vie était simple, mais bonne, sans luxe, sans mollesse. Dans leurs repas, la viande bouillie occupait la plus grande place : le porc figurait le plus souvent sur la table; c'était leur plat favori. Pour boisson, ils n'avaient d'ordinaire que la cervoise (1), quelquefois le poiré, le cidre, du vin dans les grandes occasions, une liqueur composée, où l'on mêlait du vin avec du miel et de l'absinthe. Quand on avait enlevé les plats, les convives gardaient leurs coupes, et selon leurs habitudes, dit saint Grégoire de Tours, buvaient

(1) Potni humor ex hordeo aut frumento, in quandam similitudinem vini corruptus. (Tacit., *Mor. Germ.*, cap. 25).

assez pour succomber quelquefois à l'excès; l'ivresse était chez eux la passion habituelle et vulgaire (1). Sur les tables des princes, on voyait parfois des volailles, et pendant le dîner, on entendait, dans des occasions solennelles, le chant simple, grave et touchant des psaumes, exécuté par des clercs. Le luxe y vint avec ses exigences et ses dépenses : on apprit à étendre des nappes de lin sur de blanches toisons de brebis, et à servir des mets dans de beaux plats de marbre (2). Le grand empereur lui-même donnait de grands exemples de frugalité. « Tous les jours, il ne faisait servir que quatre » plats, outre le rôti; pendant ce repas, il se faisait faire des » lectures, et, de préférence, les chroniques des temps passés. » Cette simplicité disparut peu à peu ; et quelques années s'écoulèrent à peine après la mort de Charlemagne, que déjà un luxe oriental régnait dans les palais témoins de sa sobriété. Écoutons un auteur contemporain des successeurs du grand empereur : « Entre chaque plat, sont placés des vases d'or : » radieux, le chef de l'empire se place sur un lit; par son » ordre, la belle Judith se met à ses côtés. Lothaire et Hérold, » l'hôte royal, s'étendent à leur tour sur un même lit. Le » prince, après avoir lavé ses mains dans l'eau pure, et sa » belle compagne, s'étendent ensemble sur un lit d'or. » On dédaigna la saye des Slaves, le long manteau des Frisons; on acheta des Vénitiens de riches habits, des robes brodées de soie, ornées de pourpre, bordées de franges filées avec l'écorce du cèdre, des manteaux doublés de la fourrure du loir, recouverts de plumes prises au cou et au dos des paons, chargés des dépouilles des plus précieux oiseaux de Phénicie. On perfectionna l'art des charcutiers, des cuisiniers, des pâtissiers; on mangea dans des vases d'or et d'argent; on

Livre III. Chap. 1.

Eginhard, Vie de Charlemagne.

Ernold. Nigellus, ch. 4.

Le Moine de St-Gall, liv. Ier, ch. 2.

Ib., liv. Ier.

---

(1) Sicut mos Francorum est. (Grégoire de Tours, liv. 1, ch. 26).
(2) On trouve tous ces détails dans une dissertation de l'abbé Lebœuf. (*Mém. de l'Académie des inscript.*, et dans saint Grégoire de Tours, liv. 5, 7, 10, et, enfin, dans le Moine de Saint-Gall.

s'enivra dans de riches coupes pleines de parfums et couronnées de fleurs, pendant que des chanteurs habiles ou des joueurs d'instruments faisaient vibrer à leurs oreilles une musique molle et voluptueuse. Quant à la vie intérieure de Charlemagne, son costume, ses habitudes, nous ne pouvons rien faire de mieux que de renvoyer le lecteur à Eginhard et à la *Chronique* du Moine de Saint-Gall.

Dans le premier temps, la milice consistait en infanterie ; mais leurs guerres avec les Arabes firent sentir aux Francs la nécessité d'avoir des troupes de cavalerie. Cette modification eut lieu sous Charles Martel et Pepin. On n'avait eu longtemps que l'épée, le javelot, le bouclier de bois ou de cuir ; on se fit des boucliers couverts de lames de fer, des cuirasses de fer, des cuissards, des gantelets, des bottines, des lames de fer, et on employa de grands chevaux pour porter les cavaliers avec leur lourde et embarrassante armure. Au commencement du VIIIe siècle, il y avait à Bordeaux une célèbre manufacture d'armes. « Les Sarrasins, dit Maccary, recherchaient les épées de Bordeaux. (Bibliothèque royale, *Mans^t. Arab.*, n° 704, *folio* 56 *recto*).

Livre III. Chap. 1.

Le Moine de St-Gall, liv. II.

CHAPITRE II.

Des esclaves à Bordeaux. — Terres allodiales. — État des serfs. — L'Église les protégeait. — Le pape condamne le premier l'esclavage. — Les Francs se mêlent avec les Romains. — Les noms des lieux modifiés par les nouveaux venus. — Les vaincus gardent leurs lois. — Lois salique et ripuaires. — Les serfs des ecclésiastiques moins malheureux que ceux des seigneurs civils. — État de l'Aquitaine pendant les guerres. — Singularités du Code pénal. — Caractère, qualités, costume des Bordelais. — État social. — La femme reprend son rang dans la société. — La religion l'en fait la reine. — La croyance à la fin du monde. — Les épreuves. — Superstitions. — Marchands. — Le commerce. — Les corporations. — Les règlements maritimes. — Les monnaies en cours à Bordeaux.

Livre III.
—

Nous venons de voir les caractères généraux des Aquitains ou des Bordelais avant et après Charlemagne; il nous reste bien des choses à dire sur ce sujet pour achever notre tableau des mœurs publiques depuis l'arrivée des Francs jusqu'à la domination anglaise.

Malgré les sages dispositions de l'organisation hiérarchique et sociale des Francs, on y trouve cependant bien des défauts graves et regrettables: on avait donné au faîte de l'édifice des formes imposantes et une beauté symétrique qui commandent et captivent l'admiration; mais on avait laissé bien de la boue à la base. Venus libres du fond de la Germanie, les Francs avaient trouvé dans l'Aquitaine de pauvres esclaves, travaillant pour des maîtres ingrats, vivant dans les souffrances et les privations, courbés sous une dégradation morale, intellectuelle et politique, et mourant sans avoir connu les avantages de la société, les bienfaits de la religion ou la dignité de l'homme libre. On ne pouvait réformer cet état de choses à la hâte: les nouveaux conquérants y ont procédé avec prudence. Toutes les terres devinrent des alleux, des bénéfices ecclésiastiques ou militaires ; l'esclave était l'instrument du riche : on s'en servait comme de la brute pour cultiver et fertiliser le sol. Privés de la liberté des forêts sous les Romains, asservis par les Barbares, pourchassés de vallon en vallon par les hordes musulmanes, l'esclave, les serfs ne vivaient que pour la triste alternative de honte et de misère; et lorsque toutes ces scènes de désolation eurent fait place à un ordre de choses nouveau et régulier, ils voyaient, sans oser se plaindre, leurs femmes et leurs filles enlevées, livrées à la brutalité d'un maître voluptueux et barbare. Voilà le IXe siècle ! L'Église seule n'excluait pas ces parias de la société naissante; elle adoucissait leur sort, les affranchissait et même les recevait dans les rangs du sacerdoce. Le pauvre affranchi aimait et bénissait sa bienfaitrice. Les grands donnaient parfois la liberté aux esclaves, pour satisfaire aux cris de leur conscience et pour apaiser la colère de Dieu; mais c'était encore là un bienfait de l'Église. Le mal était invétéré : des améliorations rares et partielles arrivaient çà et là; mais la liberté générale, reconnue comme principe social, ne pouvait pas encore percer les ténèbres des siècles païens, malgré les saintes doctrines du Christ et les efforts des papes et des évêques. Les esclaves se croyaient une race maudite; les riches, dans leur fol orgueil, se disaient les favoris du ciel ! Ce sont là, aujourd'hui même, pour les ennemis du christianisme, des vérités incontestables. « Si les hommes, » dit Voltaire, sont rentrés dans leurs droits, c'est principale- » ment au pape Alexandre III qu'ils en sont redevables..... ; » c'est l'homme peut-être qui, dans les temps grossiers qu'on » nomme le moyen-âge, mérita le plus du genre humain ; ce » fut lui seul qui, dans un concile tenu en 1167, abolit au- » tant qu'il le put la servitude. » Voilà donc l'Évangile réhabilité, la religion vengée, et un pape reconnu par un ennemi des papes et de l'Évangile, le premier, le meilleur défenseur des droits des peuples contre la servitude et contre la tyrannie des rois et des républiques. Aux États-Unis, il y a encore

Livre III.
Chap. 2.

des esclaves! L'Évangile n'a pas encore pénétré dans la législation de ces peuples nouveaux : on y respecte le Dieu des chrétiens; mais on n'y connaît que le commerce, le culte de l'argent; on adore le Veau d'or !

Les Francs se mêlaient insensiblement avec les Romains; les places leur appartenaient. Le Franc Bertrand s'assit sur le siége des Léonce; mais les terres restèrent, en général, avec les esclaves, entre les mains des indigènes.

Au nord de la Loire, la domination franque avait jeté de profondes racines : les hommes d'origine teutonique y avaient acquis une grande supériorité de condition. Les seigneurs francs étaient seuls possesseurs des fiefs et des châteaux; les fils des Gaulois, voués au travail et à la pauvreté, mouraient en serfs sur les champs de leurs pères.

Il en était autrement dans le Midi et sur les bords de la Garonne : les rois francs y avaient envoyé des officiers, des gouverneurs; mais le sol appartenait à la masse de la nation, qui le possédait librement et en franc alleu. Les peuples de l'Aquitaine étaient adonnés au commerce, à l'agriculture, à l'industrie; ils étaient libres et opulents. Les Aquitains étaient toujours antipathiques aux Gaulois; ils appelaient le roi de France le *roy du pays des serfs*. Ils avaient les mêmes devoirs de vassalité; mais le royal suzerain n'avait, dans le Midi, qu'une autorité quasi-nominale, qui se réduisait le plus souvent à la vaine formule de l'hommage féodal. Le dernier Guillaume d'Aquitaine aurait désiré un rapprochement, ou, peut-être, une fusion entre les deux races; c'est dans cette vue qu'il imposa pour époux, à sa fille Éléonore, le fils du Franc Louis le Gros. Il voulait ce qui était impossible alors; le temps seul a réalisé son vœu.

Le mélange des deux races, sous l'action du droit romain, produisit aussi une transformation dans les noms des lieux et des hommes : au lieu de dire *Andronici-Vicus*, on s'habitua à dire Andronic, Cauvignac pour *Calvini-Vicus*, Aubiac pour

Albini-Vicus, Campugnac pour *Campus pugnæ*, Floriac pour *Flori-Vicus*, Villegouge pour *Villa-Gothorum*, etc., etc. Lorsqu'il s'agissait des lieux fortifiés, et il y en avait sur tous les points du territoire, les terminaisons en *ac* ne sont que les abréviations ou la corruption du mot *arx*; ainsi Fronsac, citadelle des Francs, *Francorum-arx;* Bouillac, *belli-arx;* Blaye pour *Castrum belli-viæ*. On disait aussi Gaillargos pour *Galli-agros*, Amargos pour *Amati-agros*, et de ces corruptions on a fait plus tard Gallargues, Amargues, etc., etc. Les noms féodaux sont ceux qu'on tire des lieux et des choses.

Les Francs permirent aux vaincus de garder leurs lois; ils ne firent subir la loi salique aux Romains que pour la réparation des torts ou des délits commis envers les Francs. On était libre de vivre sous la loi qu'on préférait, en faisant préalablement la déclaration à l'autorité compétente (1). Le pouvoir s'étant enfin trop affaibli, la féodalité s'assit sur ses ruines; la France devint une espèce d'oligarchie. Le duc d'Aquitaine et le comte de Toulouse absorbaient seuls toute la puissance du Midi; leurs priviléges étaient grands et nombreux. Cela n'a rien d'étonnant: ils agissaient sans contrôle; ils avaient le droit de *wreck*, ou varech, le droit de chasse, de pêche, le droit d'évoquer les grandes causes à leur tribunal, le droit de justice, qui devint, grâces à la faiblesse des principes monarchiques, un droit héréditaire. « La justice » dans les fiefs anciens et nouveaux, était un droit inhérent au » fief même, un droit lucratif qui en faisait partie, » dit Montesquieu. On jugeait d'après le droit romain ou visigoth, et

---

(1) C'est l'opinion de Montesquieu, *Esprit des Lois*, liv. 27, ch. 2, et de Daniel, *Dissert. sur les Gaulois;* et elle est, en outre, confirmée par le Capitulaire de Lothaire. *Volumus etiam ut omnis senatus et populus romanus interrogetur quali vult lege vivere, ut sub eâ vivat. Capit. Rom.*, art. 5. La loi salique le donne aussi à comprendre. *Si quis ingenuus hominem Francum aut Barbarum occiderit, qui lege salicâ vivit, cap.* 43. M. Pardessus le nie, cependant, pour des raisons que M. de Peyronnet, dans son *Hist. des Francs*, trouve bonnes à beaucoup d'égards; mais auxquelles il préfère, cependant, l'opinion de Montesquieu et de Daniel.

d'après les lois salique ou ripuaires, selon que les plaideurs étaient d'une origine romaine, visigothe ou franque (1). A Bordeaux, la Coutume régna longtemps; mais d'une nature trop élastique, entre les mains des avocats, elle se prêtait trop aux prétentions contradictoires des fauteurs des procès. On en trouve des traces certaines au XIII° siècle, dans les priviléges et les Coutumes de Bordeaux. Dans les X° et XI° siècles, le duel était devenu la forme la plus noble des décisions légales, en certains cas.

Dans ces deux siècles, les seigneurs ecclésiastiques crurent devoir faire comme les autres, et exercer la juridiction temporelle. L'esprit du temps sanctionnait ces abus; les grands comme les peuples reconnaissaient les priviléges des évêques. Grégoire VII s'efforça d'en corriger les abus, tout en maintenant le droit. Il faut le dire, cependant, à l'honneur du sacerdoce, que les serfs ecclésiastiques étaient, en général, moins malheureux que ceux des seigneurs civils : un principe d'amour, émanation de l'Évangile, adoucissait leur sort. C'étaient des domestiques, des subalternes; ils n'étaient pas traités comme esclaves. Chez les maîtres civils, c'étaient des êtres dégradés et méprisés; l'homme ne pouvait pas descendre plus bas dans l'échelle sociale. « Personne n'ignore, dit Pierre le » Vénérable à saint Bernard, combien les seigneurs séculiers » oppriment la classe rurale et les serfs. Ces maîtres injustes » ne se contentent pas de la servitude ordinaire et acquise ; » ils usurpent sans cesse les biens avec les personnes, les in-

---

(1) Les lois ripuaires étaient celles qui régissaient les peuples des bords du Rhin et de la Meuse. La loi salique excluait les femmes de la couronne de France ; c'était la loi des Francs-Saliens : le nom de la loi vient du peuple auquel elle était donnée; c'est naturel et c'est aussi l'opinion de nos meilleurs savants, Foncemagne, Vertot, Pasquier, etc., etc. La loi des peuples ripuaires, c'est-à-dire qui habitaient les rives (*ripas*) du Rhin et de la Meuse, s'appelait ripuaire ; la loi des Saliens prit le nom de salique. On croit que Clovis apporta aux Gaulois la loi ripuaire, et que Pharamond leur donna la loi des Saliens. Toute autre étymologie nous paraît superflue et fausse, quoi qu'en disent Echard et Montesquieu, *Esp. des Lois*, liv. 17, ch. 22.

» dividus avec leurs propriétés. Outre les redevances accou-
» tumées, ils leur enlèvent leur bien trois ou quatre fois dans
» l'année ; et aussi souvent que la fantaisie leur en vient, ils
» les grèvent d'innombrables services, leur imposent des
» charges cruelles et insupportables, et les forcent ainsi, pres-
» que toujours, à abandonner leur propre sol et à fuir dans
» quelque pays étranger. »

Pendant plus d'un siècle, la guerre était devenue l'état normal de l'Aquitaine ; l'Église même avait perdu jusqu'aux prestiges de sa puissance. Partout des excès, partout un profond oubli du devoir ; c'était une aristocratie spirituelle, et son règne une théocratie militaire ! Le désordre était dans tous les rangs ; la vie était monotone, l'isolement une nécessité ; un pas de plus, et la société était dissoute. L'ignorance était aussi profonde que générale : les pèlerins et de rares marchands ambulants voyageaient encore ; mais un sombre voile couvrait toutes les existences ; c'était la barbarie en action. Industrie, commerce, littérature et arts, tout était paralysé ; et pour couronner cette incroyable atonie du corps social, la croyance à la fin prochaine du monde répandait partout, pendant le Xe siècle, une consternation profonde et universelle, que les pestes, la famine, les calamités de toutes sortes, ne semblaient que trop justifier. Tout était glacé d'effroi, tout mouvement avait cessé : à force d'entendre dire qu'à la fin des premiers mille ans le monde allait finir, les incrédules même le croyaient. Sans espoir, sans avenir, on ne voyait devant soi d'autre perspective que le cahos, le jugement dernier, un Dieu vengeur et l'éternité. On redoublait de ferveur, on se hâtait de bien faire, on se pressait dans les couvents, on se couvrait de cilices, on voulait à tout prix expier ses fautes passées, se garantir des fautes à venir et mourir en saint ; on laissait par testament ses biens à l'Église, comme si elle devait survivre au désastre général, et partout on n'entendait que le cri lugubre : *La fin du monde approche !!*

Livre III.
Chap. 2.

Le Code pénal avait aussi ses singularités, qui méritent une place dans ce tableau des mœurs, sous nos ducs et comtes de Bordeaux. Pour un premier vol, on condamnait au pilori ; pour un second, à avoir une oreille coupée ; pour un troisième, à être pendu ; mais si le vol était commis la nuit, la peine était la corde. La loi du talion était en vigueur en certains lieux. En cas de meurtre, le coupable était enterré vif sur le corps du mort, et ses biens partagés entre le fisc et sa femme. Si le coupable n'avait pas quatorze ans, au lieu d'être puni de mort, le *ribaud* (bourreau) le fouettait publiquement depuis la Porte-Médoc jusqu'à la place Saint-Julien. On ne recevait pas les femmes comme témoins : un fils ne pouvait rien gagner que pour son père, ni une femme que pour son mari. Le maître volé par ses domestiques pouvait se faire justice lui-même.

Francisque Michel, *Histoire des Races maudites.*

Les lépreux devaient être séquestrés du reste du peuple. On voit par ce dernier règlement qu'il y eut des *gahets*, ou *ladres*, dans le VIIIe siècle, et que les léproseries, ou ladreries, que nous retrouvons à Bordeaux dans le XIVe, XVe, XVIe et même dans le XVIIe, datent de plus loin que le temps de Charlemagne. Ce prince défendit plusieurs superstitions, et parmi les autres le *baptême des cloches*. Le son de la cloche était pour le peuple la voix de Dieu ; c'était lui qui servait à appeler les fidèles à la prière ; qui annonçait, messager aérien, au monde la formation d'une nouvelle famille, ces fêtes nuptiales où l'hymen enlace dans ses liens sacrés des époux déjà unis de cœur et d'affection ; c'était lui qui proclamait les grandes solennités de l'année : aux pauvres, le jour de repos ; aux riches, trop oublieux de l'égalité naturelle des hommes, la nécessité de se mêler à la foule, autour des autels du même Père, qui est dans les cieux ; c'était lui qui annonçait au loin la naissance d'un nouveau-né ; qui est l'écho de nos joies, la voix de notre douleur ; qui s'égaie devant un berceau ; qui exhale ses notes tristes et traînantes à la vue du tombeau, ou annonce, en tintements entrecoupés, les derniers soupirs d'un moribond qui expire. Le peuple considérait la bénédiction des cloches comme un baptême réel ; Charlemagne la défendit : sa défense était une nécessité de circonstance. La bénédiction et le nom de baptême nous sont restés ; la croyance superstitieuse a disparu.

Livre III. Chap. 2.

Nous empruntons à Montesquieu le passage suivant sur les Coutumes :

« La France était régie par des Coutumes non écrites, et les usages particuliers de chaque seigneurie formaient le droit civil..... Dans le commencement de la troisième race, presque tout le bas peuple était serf..... Les seigneurs, en affranchissant les serfs, leur donnèrent des biens ; il fallut leur donner des lois civiles pour régler la disposition de ces biens. Les seigneurs, en affranchissant leurs serfs, se privèrent de leurs biens ; il fallut donc régler les droits que les seigneurs se réservaient pour l'équivalent de leurs biens. L'une et l'autre de ces choses furent réglées par des Chartes d'affranchissement ; ces Chartes formèrent une partie de nos Coutumes, et cette partie se trouva rédigée par écrit. Sous le règne de saint Louis et les suivants, des praticiens habiles, tels que Desfontaines, Beaumanoir et autres, rédigèrent par écrit les Coutumes de leurs bailliages. » Voilà la renaissance de notre droit français.

Espr. des Lois, liv. 28, ch. 45.

Charles VII et ses successeurs firent rédiger en Code les diverses Coutumes locales par province ; de ce moment, les Coutumes furent généralisées à un certain point ; elles furent écrites et revêtues du sceau royal. On les modifia, on y introduisit plusieurs dispositions du droit romain. Le roi Pepin avait ordonné que partout où il n'y aurait point de loi, on suivrait la Coutume ; mais que la Coutume ne serait pas préférée à la loi.

Espr. des Lois, liv. 28, ch. 12.

Il serait trop long d'entrer dans tous les détails de cette législation sauvage, qui était la fin de la barbarie et l'enfantement pénible de la civilisation moderne. Nous n'insistons pas sur les abus de la justice des seigneurs, qui variait d'une paroisse à une autre, en proportion des mœurs, des connaissances et de l'expérience des juges féodaux ; qu'il suffise de dire que l'abus se trouvait partout et la règle nulle part. Les lois gothiques et salique se reconnaissent dans les vieilles Coutumes de Bordeaux, au XIII⁰ et au XIV⁰ siècle ; mais la loi romaine, qu'on appelait la reine des lois, était presque seule en vigueur dans nos contrées.

Les Bordelais, comme les Aquitains en général, étaient capricieux, amis des plaisirs et inconstants dans leurs affections politiques : de tout temps, depuis le passage d'Annibal jusqu'à Éléonore, les dames ont exercé dans ce pays un empire sur l'esprit public, ont poli les mœurs et formé les jeunes gens au ton gracieux et élevé de la bonne société. L'agilité des indigènes était presque proverbiale, et leurs dispositions guerrières bien connues des Romains dans toutes les phases de leur existence politique. Hardis et entreprenants, ils étaient légers à la course, passionnés pour les amusements et adroits au pugilat : coiffés du béret basque, ou bonnet phrygien, ils portaient un gilet, ou petit surtout rond, qui descendait jusqu'aux reins ; des culottes courtes, qui laissaient aux membres leurs formes musclées ; des éperons lacés sur leurs bottines et le javelot à la main. C'était le costume de Louis d'Aquitaine et de ses compagnons quand ils allèrent à Paderborn, en 785. Charlemagne en fut ravi ; on en trouve encore des vestiges dans le costume des Béarnais et des Basques.

D'après ce tableau, que nous esquissons à la hâte, on peut juger de l'état de la civilisation en Aquitaine et dans nos contrées. Chaque église était, comme les châteaux, une forteresse, la guerre l'occupation générale, l'oisiveté une nécessité, l'agriculture une charge onéreuse abandonnée aux serfs. Les liens sociaux étaient brisés ; mais les liens domestiques se resserraient davantage. Le mariage n'était pas un marché : l'homme, dans son isolement, cherchait, non pas la fortune, mais la femme aux bonnes qualités, qui pût adoucir ses peines, partager ses plaisirs. Chaque château était une petite société, où l'esprit de famille se développait avec les idées délicates du grand monde, le respect des convenances et les égards dus aux personnes du sexe faible, qui sait soumettre la force à ses exigences; ces circonstances, qui étendirent largement la puissance des femmes, ont dévoilé toute la force de leur âme, toute la finesse de leur esprit, toute la sensibilité de leur cœur. La femme avait été un esclave: elle apprit de la religion sa dignité; et devenue égale à l'homme, elle prit une grande part à la conduite morale du monde. La femme doit cette heureuse révolution à la foi chrétienne : les incomparables filles de St-Vincent-de-Paul, les pieuses solitaires de nos couvents, les dames chrétiennes, partout et toujours nous prouvent qu'elle n'est pas ingrate. Sous l'influence du puissant culte de Marie, en qui la femme est divinisée dans sa triple et mystique nature de vierge, d'épouse et de mère, les femmes étaient adorées chez nous comme des divinités de passage; leur puissance sociale et civilisatrice était si grande, qu'on fonda l'ordre de Fontévrault, où une femme commandait, comme chef suprême, aux couvents des femmes et des hommes.

C'est aussi sous l'inspiration de ces sentiments chevaleresques que furent formés ces *plaids* d'amour, présidés si souvent par la belle Éléonore de Guienne. Cette idolâtrie pour la compagne de l'homme dégénéra en honteux excès, qui ont fini par ravir pour toujours à la femme le sceptre social que la vertu seule peut et doit porter.

Le XIe siècle commence; on ne craint plus la fin du monde. L'esprit religieux vivifie encore le siècle; on continue à bâtir des églises dans les villes, les bourgs et les villages. La féodalité se constitue, la vraie piété s'affaisse sous la recrudescence des vices; l'hérésie, enfant de l'ignorance et de l'or-

Livre III. Chap. 2.

gueil, désole le sein de l'Église, comme pour la punir de ses écarts. La dévotion cesse d'être douce et attrayante, pour se montrer intolérante; les Manichéens, sous de nouveaux noms, mais avec leurs vieilles erreurs, sont persécutés avec une ardeur que la religion condamne, mais que leurs excès justifient.

Malgré les louables efforts de Charlemagne, et le concours habile et incessant d'Alcuin, le peuple devenait grossier, et l'ignorance se répandait sur le monde comme un voile impénétrable. Le système pénal finit par n'avoir que deux ressources : les compositions pour les châtiments, comme nous l'avons vu; les épreuves et le serment pour la justification.

Fleury, CXVIII.

Les épreuves étaient, pendant le moyen-âge, de plusieurs sortes : par l'eau froide, par l'eau chaude, le fer chaud, la croix, le duel et autres manières adoptées par l'ignorance des princes et l'aveugle crédulité des peuples. Pour l'épreuve par eau froide, les accusés assistaient à la messe et y faisaient la sainte communion. Le prêtre les interrogeait au nom de Dieu le Père, du Fils et du Saint-Esprit, par la foi et l'Évangile, et les saintes reliques du temple, sur l'objet de l'accusation, et les conjurait, s'ils étaient coupables, de ne pas s'approcher de la sainte table : s'ils gardaient le silence, le prêtre devait leur donner la communion, en leur disant : Que ce corps et ce sang de Jésus-Christ vous soient aujourd'hui une épreuve. Le prêtre, après la messe, allait bénir l'eau, en faisait boire à l'inculpé; et après les exercices ordinaires, jetait l'individu, qui devait être à jeun et avoir les pieds et les mains liés, dans une cuve d'eau : s'il surnageait sans s'enfoncer, il était censé coupable : s'il allait au fonds de la cuve, il était réputé innocent !

Les cérémonies étaient presque les mêmes pour l'épreuve de l'eau bouillante. Le prêtre suspendait une pierre dans une chaudière d'eau bouillante; l'accusé y plongeait sa main nue pour retirer la pierre : on enveloppait la main, et l'on n'ôtait cette enveloppe, sur laquelle on apposait un sceau, que le troisième jour. Alors si la main était sans brûlure, l'individu était censé innocent et justifié.

Livre III. Chap. 2.

Pour l'épreuve du fer chaud, l'accusé portait à la main un fer rougi au feu, la distance de 9 pieds ; puis on enveloppait la main pendant trois jours. Dans d'autres circonstances, il était obligé de marcher sur plusieurs socs de charrues rougis au feu : si le pied ou la main n'étaient pas blessés, dans ces cas, c'était un signe d'innocence. De là vient l'expression populaire d'une intime conviction : *Je mettrais la main au feu.*

L'épreuve de la croix consistait, selon quelques écrivains, à jurer sur la croix, ou à jeter une croix de bois dans le feu : si elle ne brûlait pas, c'était une preuve d'innocence. Louis le Débonnaire défendit cette épreuve.

L'épreuve de l'Eucharistie comportait une certaine imposante solennité. On la faisait subir aux prêtres et aux évêques accusés de quelque crime ; ils célébraient la messe à trois autels différents, comme le fit Grégoire de Tours pour se justifier des injustes imputations de Leudaste. Lothaire, à qui le pape Adrien avait prescrit un serment qu'il avait entièrement quitté Valdrade, femme qu'un autre pape lui avait ordonné de renvoyer, reçut la communion comme une épreuve, et pour sa justification.

Le duel était une autre épreuve judiciaire, par laquelle se manifestait le jugement de Dieu, vengeur des crimes, défenseur de l'innocence et scrutateur des cœurs. Dans cette épreuve, l'accusateur dénonçait au juge l'accusé, et lui jetait son gant comme un défi au combat : si l'accusé ramassait le gant, le défi était censé accepté, et le juge désignait le lieu, le jour et l'heure. Les combattants étaient escortés de leurs amis et précédés de bannières où étaient représentés Jésus-Christ, la Vierge et les patrons de leurs paroisses.

Entrés dans la lice, l'accusateur allait, en faisant le signe de la croix, se jeter à genoux devant le roi ou son représentant. Le maréchal lui adressait ces mots : « Sire chevalier, » ou écuyer, voyez-vous ici la vraie ressemblance de Notre-» Seigneur Jésus-Christ, vrai Dieu, qui a voulu mourir et » livrer son précieux corps pour nous sauver? Or, lui reque-» rez merci, et lui priez qu'à ce jour vous veuille aider, si » bon droit avez, car il est souverain juge; souvenez-vous » des serments que vous ferez, car autrement votre âme, » votre bonheur et vous, êtes en péril. »

Le maréchal le prenait alors par les deux mains, les posait sur la croix, pendant qu'il lui faisait faire ce serment : « Je » jure sur cette ressemblance de la passion de Notre-Sei-» gneur Dieu, Jésus-Christ, et sur la foi du vrai chrétien et » du saint baptême, que je tiens de Dieu, que je cuide fer-» mement avoir pour bonne, juste et sainte, cette querelle et » bon droit d'avoir en ce gage, appelle le tel comme faux, » mauvais traître ou........ ou foi mentie *(selon le cas que* » *c'était).* Lequel a très-fausse et mauvaise cause a de soi en » défendre et combattre contre lui, et je lui montrerai au-» jourd'hui par mon corps contre le sien, à l'aide de Dieu, de » Notre-Dame et de saint Georges, le bon chevalier. »

L'accusé faisait un serment, puis le maréchal, ou représensentant du roi, donnait le signal en jetant le gant dans la lice, et en criant : *Laissez-les aller.* On donnait, de part et d'autre, des ôtages, qui, en cas qu'un combattant fût tué ou mis hors du combat, étaient tenus de payer l'amende. De là vient le proverbe : *Les battus paient l'amende.*

Telles sont les singulières épreuves que l'ignorance et la superstition du moyen-âge appelaient si improprement les jugements de Dieu !

Le duc Guillaume demanda lui-même l'épreuve de l'eau froide pour un terrain contesté à l'époque de la fondation du monastère de Saint-Sever. Saint Grégoire de Tours était accusé d'une chose déshonorante pour son roi; il subit l'épreuve de l'Eucharistie; son accusateur fut regardé comme un calomniateur. Le pape Étienne condamna toutes ces ridicules épreuves, comme fausses et superstitieuses; la religion, dans tous les siècles, flétrissait ces moyens, que les peuples ont regardés comme les jugements de Dieu dans tous les cas douteux. Le peuple et les princes avaient coutume, au VIᵉ et même jusqu'au XIIᵉ siècle, de demander aux saints des présages, comme les païens en demandaient aux oracles (1). On croyait aux fées, à la puissance qu'ont certains hommes de se changer en loups (2). On était généralement persuadé que certaines âmes gémissaient dans les zéphirs, auprès des fontaines ou dans les lieux solitaires; qu'elles revenaient allumer la lampe du sanctuaire, veiller au foyer domestique, nous inviter, par des songes, à prier pour les absents, pour les morts, assister, invisibles témoins, aux pieux récits que le père ou la mère faisaient à la famille, des vertus, des souffrances, de la gloire des saints de l'Aquitaine. Les mœurs des grands se modelaient sur celles des princes; les mœurs des bourgeois ou des gens enrichis par leurs talents et leur industrie, étaient plus simples et plus graves. Étrangers aux raffinements qui régnaient dans la société bordelaise, ils les flétrissaient du nom de libertinage, accusant de corruption, de mauvaises mœurs, les chevaliers, qui, en échange, les méprisaient comme des gens qui ignoraient les usages de la bonne compagnie. Les marchands bordelais joignaient à beaucoup de lumières une grande régularité de conduite et un caractère respectable; leur crédit était

Livre III.
Chap. 2.

Mémoire
de Duclos
sur les
Épreuves.

Am. Thierry,
Résumé, 105.

(1) Cette croyance existait au VIᵉ et même au Vᵉ siècle. Avant la bataille de Vouillé, Clovis envoya des messagers à Tours, pour demander des présages à saint Martin. En entrant dans l'église, ils entendent entonner par le primicier ce verset des psaumes : *Præcinxisti me ad bellum et supplantasti insurgentes in me; inimicos meos dedisti mihi dorsum, etc., etc.* Clovis apprend tout cela avec bonheur; il triomphe, et rapporte à saint Martin l'honneur de la victoire.

(2) Pétrone parle de ces prétendues transformations, dont se repaissait la crédulité populaire: *At ille circumcinxit vestimenta sua et subito lupus factus est.* Pétrone, *Satyr.*

immense, non seulement dans les Iles-Britanniques, sur les côtes d'Espagne, mais même dans les ports de la Syrie, dans toutes les échelles du Levant. Le commerce devint une source de richesse : les marchands, comme les autres bourgeois, imitaient souvent, dans leurs fêtes, les amusements, les joutes et les tournois de la noblesse, sans que celle-ci s'en offensât ; il arrivait parfois qu'ils la surpassaient dans la beauté des chevaux et des armures. Les combattants de cette classe, qu'on appela plus tard le Tiers-État, habitués au maniement des armes, n'y déployaient pas moins de grâce et d'adresse que les preux et les élégants chevaliers des châteaux.

Pendant ces interminables guerres de l'Aquitaine, le commerce ne se développa qu'avec une timidité naturelle : les marchands n'eurent qu'une chose en vue ; c'était de se garantir, eux et leur avoir, contre la violence et les exactions du vainqueur. Une réputation de fortune était un malheur. On continuait cependant toujours à trafiquer : l'industrie et le commerce avançaient en silence, avec réserve, et, partant, avec plus de sécurité. Des associations se firent parmi les différentes professions : les artisans eurent les leurs, les négociants, nobles et bourgeois, formèrent la corporation des *Naviculaires*. On exportait les vins délicats de nos contrées, la cire et le suif, qui, préparés dans les manufactures de la ville, acquéraient, par de nouveaux procédés, fruits d'une longue expérience, une blancheur éclatante, une supériorité incontestable sur les produits similaires des autres contrées. La résine, le bois des forêts du Bouscat, de Villenave, tout ce que l'art ou l'industrie de nos ancêtres savaient produire ou récolter sur un sol riche et fertile, s'exportaient pour l'étranger. Le commerce bordelais avait enfin des rapports, non seulement avec le Nord, mais avec les côtes de la Méditerranée, l'Archipel grec, l'Égypte et les rives de l'Adriatique. Les Syriens venaient trafiquer à Bordeaux ; et Euphron, négociant célèbre de la Syrie du temps de Gondebaud, y établit un comptoir.

Disons, en terminant ce chapitre, un mot sur les monnaies de ces temps antiques; cette étude, comme toute autre, a son utilité. La monnaie est un monument qui peut avoir une grande importance historique et chronologique. La conservation des valeurs monétaires sert à caractériser la force et la gloire d'un empire; leur altération est un signe de décadence.

Livre III. Chap. 2.

Espr. des Lois, tome 2, ch. 13.

Il est bien parlé de monnaies dans la loi salique; mais il ne nous est resté que quelques rares pièces antérieures à Charlemagne. Il paraît constant, d'après Pline et Tite-Live, que l'argent extrait des mines des Pyrénées était en grande réputation parmi les Romains, sous la république; ils le faisaient monnayer à Benearnum (Lescar); plus tard, ils établirent trois autres hôtels de monnaies: à Arles, Trèves et Nantes. Ce dernier, à cause des continuelles révoltes des Armoricains, fut transféré, sous Auguste, à Lyon, où, du temps de Strabon, on battait des monnaies d'or et d'argent. Plus tard, on fonda un hôtel de monnaies à Narbonne. Sidoine Apollinaire dit que cette ville était remarquable par ses sanctuaires, ses capitoles et ses hôtels de monnaies: *Delubris, capitoliis, monetis.* Il paraît que Narbonne conserva ce privilège sous les Visigoths; car nous avons des espèces avec l'inscription: *Witisa, Narbona, Pius.* Depuis Clovis jusqu'à Philippe le Bel, on ne frappa que bien peu de monnaies en or ou en argent; on affinait ces métaux pour les garder en masse dans le Trésor, et de là viennent ces mots, si régulièrement employés dans les actes publics, *livre, poids, marc d'or, marc d'argent.*

Strabon, lib. IV.

Le Blanc, *Traité des monnaies,* page 40.

Il paraît constant que Burdigala eut un hôtel de monnaies du temps de Clovis ou de ses successeurs immédiats. Vénuti nous a conservé un tiers de sou d'or. Sur un côté, on voit la tête d'un roi de la première ou de la seconde race, avec l'inscription *Burdigala;* et au revers, une croix au centre, avec le mot *Lhosomat,* qui, probablement, est le nom du monétaire.

Dissertations, page 142.

On a des pièces de monnaies frappées au coin de Charlemagne et de Louis, son fils, après l'érection de l'Aquitaine en royaume : sur une de ces monnaies, on voit les noms de HLVDOVICVS. IMP., et au revers AQVITANIA ; sur une autre, PIPINVS. REX., avec AQVITANIA sur le revers; sur une troisième, on lit : CARLVS REX., et au revers AQVITANIA.

On sait que sous les faibles successeurs de Charlemagne, le droit de frapper monnaie fut accordé à plusieurs barons, vassaux des rois, à des villes importantes, à des basiliques et même à des abbayes; de là sont venus les noms de *capotenses*, ou *chipotenses*, monnaie d'Agen; de *petragorici*, de Périgueux; de *morlans*, monnaie frappée à Morlaas en Béarn, qui avait cours à Bazas; de *poitevine*, ou *pitte*, fabriquée à Poitiers du temps de saint Louis, qui valait la moitié d'une *obole*, ou *maille*. La ville de Bordeaux avait le droit, sous les ducs, de frapper des monnaies au coin, armes et nom de ses princes et même au nom seul de la ville; c'est de cette époque que datent les *solidi Burdigalenses*, qui avaient cours dans toute la province, à l'exclusion de toute autre monnaie étrangère. D'après différents règlements du *Livre des Bouillons*, fol. 48, il paraît que les monnaies de Périgueux, Saintes, Poitiers, Agen, Angoulême, devaient avoir la même valeur, le même aloi et poids que celle de Bordeaux. Cette vérité résulte aussi d'une ordonnance d'Édouard III, d'Angleterre, en date du 14 novembre 1354 (1), et d'une autre ordonnance de Henry VI, d'Angleterre, en 1424, qui ordonne que la monnaie de Bayonne serait faite à l'instar de celle de Bordeaux (2).

Vers le commencement du XIe siècle, Guillaume IV, le Grand, comte de Poitiers, fit don à l'archevêque et au chapitre de Saint-André du tiers des bénéfices résultant du monnayage à Bordeaux, pour la *rédemption de son âme;* il alla,

Livre III. Chap. 2.

Coutume de Bordeaux, art. 86, 89, 92.

Rôles gascons, Membran., 13.

Chopin, Commentaires sur la Coutume d'Anjou, liv. 1er, p. 63, éd. Paris, 1655.

---

(1) Quod omnes monetæ Vasconiæ sint ejusdem alaiæ, sicut est moneta Burdigalæ.

(2) De moneta talis ponderis in civitate Baionæ facienda, qualis Burdegalæ.

selon l'usage, déposer sa Charte de donation sur l'autel de Saint-André, à Bordeaux (1).

Livre III. Chap. 2.

On trouve dans les *Rôles gascons* plusieurs déclarations des archevêques ou des princes, relatives à cette donation, notamment sous les années 1335 et 1340, et en 1354.

Quant à la valeur réelle des monnaies en cours à Bordeaux, il est utile d'en dire un mot : Le *bourdelais* valait 4 deniers tournois; le denier tournois, sous Philippe le Hardi, était à 3 deniers 18 grains d'aloi, et de 217 ou 224 au marc, selon le calcul de Leblanc (2).

Ducange, *Moneta.*

La *baque*, ou *baquette*, portant l'empreinte d'une vache, était une monnaie béarnaise, en cours à Bordeaux. Quatre *baques* valaient trois deniers, ou 1 *hardit*.

L'*hardit* était une monnaie propre à la Guienne, comme le *liard* l'était au Dauphiné. D'après le *Dictionnaire de Trévoux*, cette monnaie prit son nom de Philippe le Hardi, en 1270, et valait 3 deniers tournois à Bordeaux.

Sous les Anglais, on voyait de petites pièces d'argent, à Bordeaux, qu'on appelait *sterlings* ou *stellinos*, ainsi appelées, probablement, parce que sur le revers était représentée une étoile *(stella)*. On fit des *sterlings* d'or, qui conservèrent le

Ducange, *Sterling.*

---

(1) Ego Guilielmus, totius Aquitaniæ, Dei omnipotentis metu, atque hæreditario jure patris mei, ac parentum meorum, Dux et Dominus, pro redemptione animæ meæ, patris mei vel parentum meorum, Sanctæ Dei Burdigalensis ecclesiæ, in honorem Beati Andreæ Apostoli dedicatæ, quam ab antiquis regibus, Karolo videlicet et Lodoico, seu Pipino, cæterisque summâ veneratione habitam, omnibus bonis ditatam agnovimus, sed nunc, peccatis nostris exigentibus, miserabiliter dilapsam videmus, quidquid ei Comes Sanctius, et Pater meus Guilielmus dederunt, ac cesserunt, scilicet, tertiam partem Cameræ seu monetæ, sive etiam omnium teloniorum, ac curtem ligiam, etc., etc., ad restaurationem ædificiorum, seu postmodum ad mensam Canonicorum, donamus, etc., etc., et hanc Chartam super altare S. Andreæ posui, etc., etc.

(2) Louis-le-Débonnaire fit frapper, à Saintes et à Angoulême, de nouvelles monnaies à son effigie et en son nom. (Ademar Cab, *Chronic. apud Scrip. rer. fr.*, t. 6, p. 224. Voir aussi Diplom, *Caroli calvi ibid.*, t. 8, p. 472).

même aloi et le même poids pendant cent trente-sept ans ; ils étaient très-recherchés.

Sur certaines pièces du XIIe siècle, on voit les noms de Louis et d'Éléonore, avec un croissant; ce qui semble dire qu'elles furent frappées, très-probablement, à Bordeaux : le croissant faisait partie des armoiries de cette ville.

Rôles gascons. Il paraît que du temps d'Édouard Ier, duc de Guienne, la monnaie bordelaise avait subi une altération fâcheuse ; ce prince chargea, en 1282, le sénéchal de Gascogne de remédier aux graves inconvénients qui en étaient résultés : par suite de l'établissement d'un nouveau coin et par une Charte de 1289, il ordonna la suppression de la vieille monnaie et la mise en circulation d'une nouvelle (1).

Rôles gascons. Il ne nous reste pas de monnaies du règne d'Édouard II ; mais il paraît qu'il surveillait le monnayage en Guienne, et qu'il avait chargé Pierre de La Porter de la garde des coins et de la Monnaie de Bordeaux (2). Mais sous le règne d'Édouard III, on frappa à Bordeaux des pièces représentant : d'un côté, ce prince ayant une couronne ouverte, une épée à la droite, et à la gauche un bouclier aux armes de France et d'Angleterre, et deux lions couchés à ses pieds, avec cette inscription : ED : D : GRA : REX : AGLIE : DO : AQVI : TAIE : B : (3); au revers, on voit une croix fleurie et écartelée des armes de France et d'Angleterre, et pour légende : GLORIA : IN EXCELCIS : DEO : ET : IN : TERRA : PAX HOIBVS.

Sur d'autres pièces de monnaie, on voit pour légende tout autour : AVXILIVM : MEVM : A : DOMINO : B :

---

(1) Tractandi super mutatione monetæ Burdigalensis, anno 1282, 12 novembris, apud Northampton. La Charte de 1289 porte : De Proclamatione faciendâ apud Burdigalam, quod veteres monetæ non currebunt ultra festum Sti Martini, ratione novæ monetæ.

(2) De custodiâ cuneorum et monetæ Burdigalæ, commissâ Petro de La Porter. Dat. apud Westminster, teste rege.

(3) Edouardus Dei gratiâ, rex Angliæ, Dominus Aquitaniæ, Burdigalæ.

Sur une autre, on voit un lion couronné, et au revers, pour légende, autour d'une croix : XRC : VINCIT : XRC : REGNAT : XRC : IMPERAT : (1).

En 1367, il fut délibéré, aux États convoqués par Édouard, à Angoulême, qu'on ferait frapper à Bordeaux des sterlings d'argent, à 8 deniers de fin, et à 5 livres 5 sols le marc, et des ducats guiennaux à 64 livres le marc.

Il nous reste quelques monnaies du roi Richard; ce sont des demi-gros d'argent. Le roi y est représenté en manteau royal, la couronne sur la tête, l'épée dans sa main. Au revers, se trouve une croix; aux quatre coins, les armes de France et d'Angleterre, avec la légende : RICARD : REX : AGLI : d'un côté, et aux revers : FRACIE : DOM : AQITANE.

Sur l'*hardit* de Richard, se trouve la croix avec RICARDVS REX : ANGL. Du côté de la pile, un léopard dans l'exergue, avec la légende : DVX : AQITANIE.

Comme le fait observer Vénuti, il n'est pas aisé de distinguer les monnaies d'Henry IV d'avec celles d'Henry V. Le premier est représenté sur ses monnaies avec sa barbe, une couronne ouverte à grands fleurons, le manteau royal, et tenant une épée à la droite. Au côté droit, dans le champ, un lion couronné; au côté gauche, une fleur de lys, et tout autour : HER : D : GRA : R : ANGLIE : F : D : AQVITA : Au revers, une croix fleurie, contournée de deux lions couronnés et de deux fleurs de lys, avec la légende : *Christus vincit, Christus regnat, Christus imperat,* abrégée comme nous l'avons vu plus haut.

Le Blanc assure que sur quelques monnaies d'Henry V, on voit dans la légende les mots : HERES. FRANCIÆ, titre qui rappelle, comme on sait, une époque désastreuse de notre histoire, et le détestable traité de Troyes, du 21 mai 1420.

C'est à cette époque qu'on vit paraître en Guienne les no-

---

(1) Christus vincit, Christus regnat, Christus imperat

bles, demi-nobles d'or. D'un côté se voyaient, sur l'épaule droite d'Henry V, un lion, et sur l'épaule gauche un agneau, avec la légende : AVXILIVM : MEVM : A : DOMINO : B : Cette monnaie rappelait les *aignels d'or*, ou *moutons d'or*, monnaies qui avaient cours longtemps en France, et à Bordeaux en particulier, et portaient l'empreinte d'un *agneau* ou *mouton*.

Sous Charles VII, la monnaie subit une altération profonde ; elles étaient, soit en or, en argent ou en billon, de plus bas aloi que celles d'Henry VI. Après l'expulsion des Anglais, Charles, duc de Berry, fut nommé duc de Guienne, avec pouvoir de battre monnaie d'or et d'argent. Cleirac a conservé deux monnaies de ce prince ; Vénuti les a reproduites. Sur la première, le prince est représenté assis sur un trône parsemé de fleurs de lys et de léopards, revêtu de l'habit ducal, portant une couronne à grands fleurons, tenant, de la droite, une épée nue, de la gauche, un rouleau de papier. Des deux côtés du trône, sont deux anges posant chacun une couronne de comte sur deux petites colonnes, allusion à la démission que le prince avait faite de ses deux comtés de Champagne et de Brie, pour prendre en échange, comme apanage, le duché de Guienne.

Autour de cette pièce, on lit : DEV. IVDICIVM. TWM. REGI. D. ET. IVSTAM. TVAM. F. RE.

Au revers, le prince est à cheval, armé de toutes pièces, tenant d'une main la bride, et de l'autre une épée nue. Sa cotte d'armes et le caparaçon de son cheval sont parsemés de fleurs de lys et de léopards de Guienne. La légende est : DOM : KAROLVS : MAXIMVS : AQVITANIAR : DVX : ET : FRANCORVM : FILIVS : *Regis*.

La seconde monnaie rapportée par Cleirac, représente le prince Charles terrassant une bête féroce (un léopard probablement) ; sur le champ, se voient les armes de France et de Guienne, avec la légende : KAROLVS : REGIS : FRANC : F : AQVITANOR : DVX :

Au revers, une croix fleurie, surmontée, au milieu, par un écusson écartelé de France et de Guienne, avec cette légende sur le bord : FORTITVDO. MEA. ET. PAX. MEA. DME. DEVS. MEV.

Nous avons, vu au commencement de ces détails sur les monnaies de Guienne, une pièce mérovingienne, frappée à Bordeaux, avec le nom du monétaire *Lhomosat.* M. Jouannet, auteur de la *Statistique de la Gironde,* possédait un tiers de sou d'or frappé à Bordeaux, mais on en ignore l'époque. Il portait une tête diadêmée, profil droit, avec la légende : BVRDEGALA. FIT. Au revers, dans le champ, cerné d'un grenetis, une figure debout, tenant à la main une palme, avec ces caractères : BLI.... S. M. O., qu'il traduisait ainsi : *Bliderius, monétaire.*

Lelewel a publié une autre monnaie à la marque de Bordeaux, portant une tête diadémée, profil droit, légende : BVRDEGALA : FIET : Au revers, dans le champ, une croix sur un globe, avec l'inscription : ALAPTA. MONETARIO.

Dans des fouilles pratiquées naguère dans la rue Sainte-Catherine, 73, on a découvert un tiers de sou frappé à Bordeaux, ayant : d'un côté, une tête diadémée, profil droit, avec le mot : BVRDEG ; au revers, une croix ancrée, et le mot : BETTONE, précédé d'une croix posée sur un globe. *Bettone* est probablement le nom du monétaire.

La croix figure sur presque toutes les monnaies ducales, et le nom de *Burdegala* se trouve sur les *hardits* de Guienne, qui remontent à la deuxième lignée des ducs d'Aquitaine. Sur le champ, on voit tantôt une croix, tantôt trois, quelquefois le croissant, figure symbolique du *Port de la Lune de Bordeaux,* et quelquefois quatre croix. Sur plusieurs, on lit : CVILEVMO et CVILIMO, et au revers, une croix pâtée, entourée d'un double cercle, avec la légende : ☩ BVRDEGALA.

Sur la fin du VIIIe siècle, les faux monnayeurs se multiplièrent d'une manière étonnante. Charlemagne, se trouvant à Thionville, défendit, sous des pénalités sévères, qu'on fabriquât des monnaies ailleurs que dans son palais (1). De là vient l'inscription que nous voyons sur les vieux deniers d'argent : MONETA PALATINA. Cette défense fut renouvelée en 808, dans un Capitulaire ; mais elle ne fut pas maintenue longtemps, car il existe des monnaies frappées dans les anciens hôtels de monnaies, sous son fils.

On a trouvé naguère à Bordeaux une demi-livre bordelaise, de l'an 1316, dont une face portait pour empreinte une image grossière de la porte St-James, moins les tours, avec cette inscription : META. L. B. COM. DE BORDEV, qu'on peut traduire ainsi : Demi-livre, commune de Bordeaux. Sur l'autre face, on voit le lion de Guienne, avec la date : AN. DO. MCCCXVI (1316).

Les barons de Guienne, comme nous l'avons vu plus haut, avaient le droit de battre monnaie d'or et d'argent : des abus s'introduisirent dans la fabrication, en augmentant l'alliage et en diminuant le poids. Philippe le Bel n'était pas sans reproche à cet égard ; mais en 1320, il résolut de supprimer toutes les monnaies particulières du royaume, et envoya des commissaires partout, pour constater les abus. Pierre de Cahours vint à Bordeaux et confisqua les coins de ceux qu'il trouva en faute. Cahours rencontra une vive résistance ; mais la mort de Philippe fit abandonner le projet, et on continua en France à avoir autant de monnaies différentes qu'il y avait de seigneurs. D'Épernon en faisait battre à Puy-Paulin.

Les monnaies de Guienne ressemblaient à celles qui avaient cours en Angleterre : les *sterlings* y parurent, comme nous l'avons vu, de bonne heure. Les *guinées*, ainsi appelées du pays d'Afrique (la guinée), où les Anglais trouvèrent la matière dont on les fabrique, n'y ont paru que plus tard.

---

(1) Ut nullo loco percutiatur, nisi ad curtem, et illi denarii Palatini mercentur et per omnia discurrant.

.Il existe entre les mains de l'estimable M. Péry, à Bordeaux, une magnifique collection de monnaies antiques et modernes, et de médailles historiques; c'est la plus belle et la plus riche collection que nous connaissions dans nos contrées. Grâces à la prévenante obligeance du digne propriétaire, nous en avons examiné un grand nombre; elles sont toutes dignes de l'attention des amateurs et des antiquaires.

En 850, on battait à Morlaas des monnaies, dites *morlans*, ou *furquina morlanis*. Les rois francs avaient défendu de battre de la monnaie ailleurs que dans leur palais; mais le palais vicomtal de Morlaas, près Pau, s'appelait *Furquie;* de là vient le mot *furquina morlanis*. Les pièces qu'on y fabriquait portaient, d'un côté, la tête diadémée du souverain régnant, avec cette légende à l'entour : *N. vic. et* DOM *Bearn. hon. furciæ Morl.;* au revers, une épée haute couronnée à la pointe, la poignée dans une main, séparant les deux vaches de l'écu de Béarn, avec légende : *Gratiâ Dei sum quod sum.*

Les *morlans* eurent cours dans toute l'Aquitaine; Édouard d'Angleterre fit défense à tous ses sujets de les recevoir. Les Bordelais s'y soumirent; les Bazadais ne le firent pas. L'évêque, le clergé et les nobles adressèrent au roi une remontrance, qui existe encore aux archives de Pau. Une des grandes raisons qu'ils allèguent contre la suppression des *morlans*, c'est que cette monnaie était moins soumise que toute autre aux altérations de la valeur réelle par les alliages. En effet, son titre ne pouvait être modifié que par la volonté expresse de l'assemblée nationale. Plus tard, François Ier en permit l'emploi et la circulation; et par la comparaison de la livre tournois avec la livre morlaas, on trouva que celle-ci avait une valeur triple au-dessus de celle de France : 60 sous morlaas équivalaient à 485 fr. de notre monnaie d'aujourd'hui.

Le sou et le denier conservèrent leur pureté de titre jusqu'à Philippe Ier, en 1100; c'est alors, au plus tard, que commença l'alliage : on y introduisit alors un tiers de cuivre;

Livre III.
Chap. 2.

Lelewel,
Numismat. du moyen-âge,
etc.

Le Blanc,
Traité hist. des monnaies.

Livre III. Chap. 2.

en 1140, une moitié; en 1300, les deux tiers; en 1340, les trois quarts; et un peu plus tard, ils furent fabriqués en cuivre seul. Un million sous Charlemagne vaudrait 60 millions sous Louis XIV; sous Charles VII, 3,700,000 liv. vaudraient 24 millions sous Louis XIV. Le sou bordelais valait 7 deniers; le sou sterling, 10 sous bordelais; le sterling d'or valait 9 liv. 13 sous 4 deniers. La livre bordelaise, 12 sous tournois; le franc bordelais, 15 sous tournois. Le sou romain, sous Constantin, était d'or, et valait 40 deniers d'argent fin; le denier était la soixante-sixième partie de la livre d'argent. Le sou des Francs était de 40 deniers. *Quadraginta denarii qui faciunt solidum unum.* (*Lois saliq.*, ch. 2., art. 5.) Quant à ceux qui prétendent que les rois francs ne faisaient pas battre monnaie, nous leur opposons l'autorité de Procope, qui dit formellement : « Les rois des Francs font battre monnaie avec » l'or qui se tire des mines de leurs États; ils ne la font pas » frapper au coin de l'empereur, comme c'était l'usage. » (*De bello Goth.*, lib. 3.)

Mémoire de l'Académie des Inscriptions, t. XLIX, 229, et t. LIV, 480.

CHAPITRE III.

Le règne d'Henry et d'Éléonore commence bien. — Ils viennent à Bordeaux. — Ils font de sages règlements d'administration. — Les Rôles d'Oléron. — Cour brillante. — Les troubadours chantent ses louanges. — Henry plus puissant que le roi de France. — La raison de cette puissance. — Henry et Éléonore viennent à Bordeaux. — Une assemblée des seigneurs du pays à Bordeaux. — Henry déclare la guerre au comte de Toulouse. — Un traité a lieu. — Le comte fait hommage de ses terres à Henry. — Éléonore gouverne l'Aquitaine avec ses trois enfants. — Troubles dans la famille d'Henry. — Jalousie de la reine. — Rosemonde. — Sa mort. — Les enfants se déclarent contre le père. — Éléonore les y encourage. — Les Brabançons, ou Routiers. — Soulèvement des enfants contre leur père. — Le premier maire établi à Bordeaux. — L'archevêque excommunie les mécontents. — On le jette en prison. — Bertrand de Born.

Nous avons vu le mariage d'Éléonore avec Louis le Jeune, son divorce au concile de Beaugency, et son second mariage avec Henry de Plantagenet, prince beau, brillant et courtois, qui devint plus tard roi d'Angleterre. Le roi Louis prévit bien les tristes conséquences qui allaient découler de son divorce; il fit trop d'attention à ses chagrins domestiques, qu'un peu de prudence lui aurait épargnés, et pas assez aux malheurs du peuple. Il se crut vengé : il n'en était que plus ridicule. Il se félicitait d'être libre ; mais il préparait, pour les Bordelais et les Aquitains, trois cents ans de domination anglaise et des guerres éternellement renaissantes. Les commencements étaient beaux, cependant : le jeune prince semblait promettre aux Bordelais une ère de prospérité et de paix, à la place des mille vicissitudes de la fortune et des innombrables revers dont ils n'avaient que trop de raisons de se plaindre. Le gouverneur d'Aquitaine devait résider à Bordeaux ; c'était la capitale de la province, point central où il convenait que

Livre III.

Am. Thierry,
*Résumé
de l'Histoire*,
etc.

1155.

l'on traitât les grandes affaires du pays : une administration sage s'y établit ; le commerce, profitant de la belle position de la ville, prit une plus grande extension.

Il fut un temps où les habitants des côtes de la Gascogne, de l'Aunis et de la Saintonge, croyaient que les débris des vaisseaux naufragés leur appartenaient ; le droit de *bris*, ou d'épave, était donc longtemps en vigueur sur les rivages de l'Océan ; on l'appelait aussi le droit d'*aubaine*. Il a fallu bien du temps pour convaincre les propriétaires riverains de la mer que ces épaves n'étaient pas un produit de leur sol : les *Jugements de la Mer* ne contribuèrent pas peu à détruire cet usage barbare, et devinrent la règle générale des décisions à donner sur les matières maritimes. « Le *bris*, et tout ce qui
» d'iceux (vaisseaux naufragés) pouvait être sauvé, par la
» loi du pays était confisqué au prince, dit Belleforêt ; et
» d'un pareil droit jouit le sire de Pons, en l'île de Maren-
» nes. »

« Il adviendrait qu'aucunes fois, dit Éléonore, dans les *Rôles*
» *d'Oléron*, il y a des gens inhumains, plus cruels et plus
» filous que des chiens et des loups enragés, lesquels meur-
» trissent et tuent les pauvres patients pour avoir leur argent,
» leurs vêtements et leurs biens. Icelle manière de gens doit
» prendre le seigneur du lieu, et en faire justice et punition,
» et doivent être mis en la mer, et plongés tant qu'ils soient
» à demi morts, et puis les retirer dehors, et les lapider, et
» les assommer comme on fait aux loups et chiens enragés. »

Mais prévoyant le cas où le seigneur lui-même serait reconnu comme le vrai meurtrier et pillard, Éléonore ordonne « qu'il soit prins et tous ses biens confisqués en œuvres pi-
» toyables, et doit être lié à une étape, au milieu de sa mai-
» son, et puis on doit mettre le feu aux quatre corniers (coins)
» de sa maison, et faire tout brûler, et les pierres de murailles
» jetées par terre ; et là, faire place publique et marché pour
» vendre les pourceaux publiquement. »

Outre les généreux efforts de cette princesse, il a fallu bien du temps avant de pouvoir déraciner un usage barbare, que l'égoïsme avait établi et fait consacrer par des siècles. Grâces à sa généreuse initiative, l'infâme *droit d'aubaine,* ou d'*épave,* fut enfin aboli, et le peuple apprit à respecter les malheureux naufragés et les débris de leur propriété.

Livre III.
Chap. 3.

Us et Coutum.,
etc.,
page 2.

Sous l'influence de cette princesse, les arts et les sciences vinrent se rallumer leur flambeau en Aquitaine, et ses jugements d'Oléron, ou règlements maritimes, contribuèrent puissamment à développer rapidement le germe de bien-être des Bordelais et la prospérité de leur port.

Les rois d'Angleterre venaient souvent à Bordeaux; Éléonore surtout affectionnait cette charmante ville, avec son beau ciel, ses sites pittoresques, ses belles fêtes et ses plaisirs enivrants. Sa cour était nombreuse et magnifique; cette jeune reine, si gracieuse, si séduisante, réunissait dans son palais de l'*Ombrière* tout ce qu'il y avait de distingué dans la province. Prélats graves, courtisans légers et frivoles, chevaliers galants, dames élégantes et aimées, tous se pressaient autour de la princesse, dont les charmes et l'amabilité séduisaient tous les cœurs. Petite-fille de Guillaume IX, elle aimait les belles-lettres et les cultivait avec ardeur : elle protégeait les savants; elle encourageait les poètes, qui chantaient ses grâces, les splendeurs de sa cour et sa beauté. Leurs éloges étaient autant le résultat des sentiments qu'elle leur inspirait que l'expression de leur reconnaissance; tous l'aimaient, et son affabilité leur faisait croire qu'ils en étaient tous aimés. Bernard de Ventadour lui dédia ses plus beaux chants; Bertrand de Born avait mis sa muse au service de cette reine de son cœur; et parmi ses nombreux partisans et admirateurs, pour ne rien dire de plus de son entourage, nous retrouvons les noms des plus célèbres troubadours : Geoffroy Rudel de Blaye, Peyrols d'Auvergne, Arnaud Daniel, surnommé par Pétrarque le *grand maître d'amour,* Mirabals de Carcassonne, qui donnait

Livre III. Chap. 3.

son château à fief à toutes les dames ; tous ces poètes chantaient, dans une langue riche, belle et harmonieuse, l'incomparable beauté de leur reine : l'amour faisait le plus souvent résonner leurs lyres. Dans toutes leurs compositions poétiques, on remarquait beaucoup de grâce, de vivacité, de fraîcheur de coloris, et une grande finesse de pensée.

1154.

Henry II, couronné roi d'Angleterre le 19 septembre 1154, commença par donner à son frère une modique pension de 1,000 liv. sterling sur l'Angleterre, et 3,000 liv. angevines sur les revenus de l'Anjou, en échange de l'Anjou, du Maine et de la Touraine. Craignant les intrigues du roi de France, il se hâta de revenir sur le continent, pour neutraliser ses mauvaises intentions, en lui rendant foi et hommage pour ses nombreuses possessions, qui le rendaient réellement plus puissant que Louis. Il avait alors la Normandie, l'Anjou, le Maine, la Touraine, le Poitou, le Bordelais, la Saintonge, l'Agenais, le Périgord, le duché de Gascogne et des prétentions sur Toulouse et le Languedoc. Le roi de France n'en avait pas autant, il s'en fallait ; le vassal d'Aquitaine était plus puissant que le suzerain, son roi.

Cette circonstance si étrange s'explique facilement ; son origine remonte à Hugues Capet. Pour étayer sa puissance, ce hardi fondateur d'une brillante dynastie avait besoin des grands seigneurs ; il s'appuyait sur eux pour s'en faire étayer ; et voulant les ménager et se concilier leur amour, il leur donna en propriété leurs seigneuries, à condition qu'ils lui en rendissent hommage et qu'ils le reconnussent pour leur suzerain. Cette mesure, au premier abord, paraît très-impolitique ; elle ne l'était pas. C'était, sans doute, établir un droit pour les vassaux ; mais elle donnait au suzerain des droits plus forts. C'était créer une monarchie avec un morceau de parchemin, qu'une puissance affermie pouvait plus tard déchirer avec la pointe de l'épée. C'était là, cependant, l'origine de la féodalité. C'est alors que nos plus belles provinces furent distraites de la couronne, et elles ne pouvaient y être réunies que par défaut d'héritiers ou dans le cas que le seigneur manquât à ses devoirs envers son suzerain, ce qui était un cas de félonie. Hugues Capet n'acquit pas de domaines; plusieurs de ses vassaux étaient plus riches que lui, car il n'avait que le duché de France, les comtés d'Orléans et de Paris. La fortune d'Henry le rendait fier, et la supériorité de ses forces lui inspirait une répugnance pour toute idée de serment ou de vasselage. Cependant, il consentit à prêter foi et hommage à Louis, dans un but politique, avec l'espoir d'amortir toute intrigue qu'on pourrait ourdir contre lui, en France, et par respect pour un droit acquis dans un temps antérieur et entre des gens de bonne foi.

Dans de telles conjonctures, Henry crut devoir se conformer à la règle établie; il s'embarqua pour la France, visita le Poitou, vint à Bordeaux avec Éléonore, et y convoqua tous les évêques, tous les barons du duché. On vit alors dans nos murs les personnages les plus distingués parmi le clergé et la noblesse : outre l'archevêque, Geoffroy de Bordeaux, et ses suffragants, on y voyait réunis, Amanieu d'Albret, Pierre de La Mothe, Boson, comte du Périgord, Amanieu, vicomte de Vésone, Pierre, prévôt de Bordeaux; en un mot, tous les hommes remarquables de la ville et de la province, entre autres le célèbre Thomas de Cantorbéry, chancelier d'Angleterre. Tous ces personnages lui prêtèrent serment de vasselage, et jurèrent, à sa prière, paix et amitié entre eux. Les deux époux passèrent la fête de Noël à Bordeaux; ils se rendirent ensuite à La Sauve, et confirmèrent les priviléges de cette célèbre abbaye. Henry s'embarqua bientôt après pour l'Angleterre, avec Éléonore, qui lui donnait chaque année un nouvel enfant.

Henry était puissant; il voulait l'être davantage. Il raviva les prétentions des comtes de Poitiers sur le comté de Toulouse, qui leur avait appartenu, au moins pour l'hommage;

Livre III. Chap. 3.

1156.

il réclama auprès du comte de Toulouse, et fit valoir les droits de sa femme. Voyant qu'on ne faisait pas droit à ses demandes, il leva, au commencement du carême de 1159, une formidable armée, composée d'Anglais, de Normands, de Bordelais, engagea dans sa querelle et dans ses intérêts le comte de Barcelonne, avec qui il s'était concerté à Blaye, et marcha contre Raymond de Toulouse, jeune homme d'une valeur reconnue et de mérite distingué, qui avait imploré le secours du roi de France. Louis VII, enchanté d'une si belle occasion d'humilier son rival, partit pour Toulouse, et attendit l'Anglais de pied ferme. Henry n'osait ni se mesurer avec Louis, ni entreprendre le siége de Toulouse, qui était bien approvisionnée et défendue, ni se brouiller directement avec le roi de France, dont son fils aîné allait épouser la fille ; il s'éloigna de la ville, ravagea les États du comte, l'Agenais et le Quercy ; et pressé enfin par un religieux franciscain, au nom du pape Alexandre, il prêta l'oreille à des propositions de paix, dans l'espoir de se rendre agréable à Louis. Une trêve fut faite et suivie d'un traité de paix, qui ne termina rien; la suzeraineté d'Henry sur Toulouse était encore indécise.

Quelque temps s'écoule; mais Henry, qui avait reculé par politique, n'en poursuit pas moins la réalisation de ses vœux ; il charge l'archevêque de Bordeaux de faire la guerre à Raymond de Toulouse et de défendre ce qu'il appelait ses droits légitimes. Ce prélat, oubliant son caractère sacré, part avec des troupes indisciplinées, qui pillent les campagnes et les villes, rasent les châteaux, enlèvent les vases sacrés des églises et dévastent tout le Toulousain et l'Agenais. Le comte, dans cet intervalle, ne s'occupait que de choses bonnes et utiles : sa position, cependant, était fâcheuse; son peuple souffrait toutes les horreurs de la guerre. L'archevêque ne servait que trop les intérêts et la vengeance du roi anglais ; son nom fut aussi détesté dans le Languedoc que celui du préteur Verrès en Sicile. Raymond accepta les conditions proposées, et se rendit, en 1173, à Limoges, où il fit hommage à Henry et s'engagea à lui fournir tous les ans dix chevaux et 100 marcs d'argent.

Cette victoire exalta la tête du prince anglais et lui donna plus de fierté ; les barons d'Aquitaine, jaloux de ses succès, et craignant d'être un jour accablés sous le poids de sa puissance, essayèrent d'en secouer le joug. Les comtes de la Marche, d'Angoulême, Émery de Lusignan, et quelques autres, se placèrent sous le patronage du roi de France et s'éloignèrent d'Henry ; mais ils furent bientôt réduits à demander grâce. Henry quitta ensuite le pays, et laissa le gouvernement à Éléonore et au comte de Salisbury ; mais après son départ, une insurrection éclata, et le comte périt misérablement dans la révolte. Affligé de ces désordres, Henry sentit la nécessité de tenir d'une main ferme les rênes du gouvernement, et de ne pas céder en présence du mécontentement populaire. Pour être plus libre, il distribua entre ses fils ses droits en Angleterre et sur le continent : Richard, dit Cœur de Lion, fut nommé duc de Gascogne, et Henry, au *Court mantel*, fut associé par son père, en 1170, à l'autorité suprême et couronné roi d'Angleterre. Geoffroi devait avoir la Bretagne par son mariage avec la fille du dernier roi breton.

Mais la discorde se mit bientôt après dans la famille du roi : Éléonore se trouva offensée par le dédain de son mari. Louis le Jeune avait été à ses yeux un moine et non un roi : jalouse et passionnée, elle trouva qu'Henry n'était qu'un libertin couronné, qui l'avait épousée pour sa fortune. Rosemonde, maîtresse du roi, devint l'objet de sa haine ; elle la persécuta et lui fit payer cher les faveurs royales. Henry fit construire pour elle un beau palais, en forme de labyrinthe, à Woodstock-House ; la pauvre Rosemonde y vécut quelque temps dans des rêves de bonheur. Le roi l'aimait, sa petite cour l'adorait, les troubadours célébraient sa beauté ; c'était une existence trop heureuse pour durer longtemps. Éléonore,

Livre III.
Chap. 5.

la jalouse et vindicative Éléonore, indignée de se voir délaissée par un homme pour qui elle avait sacrifié le repos de ses jeunes années, jura la perte de la charmante Rosemonde; et malgré les mystérieux et sinueux détours de Woodstock-House, elle pénètre jusqu'à elle, le poignard dans une main, la coupe fatale dans l'autre, et force l'infortunée victime de sa haine, pleurant à genoux et lui demandant les mains jointes un pardon qu'on ne voulait pas lui accorder, d'avaler le breuvage mortel, et de rendre dans des tortures inexprimables le dernier soupir, devant la meurtrière, dont les yeux peignaient à tous les assistants son contentement intérieur et toute sa joie infernale, toute la violence d'une haine invétérée satisfaite (1).

(1) Rosemonde fut enterrée dans un ancien monastère de filles, à Woodstock, près d'Oxford. Henry y fit porter son corps avec beaucoup de pompe; et partout où l'on posait son cercueil, en route, il fit établir des poteaux, avec des inscriptions pieuses. Sur sa tombe, qui était surmontée d'une élégante croix, Jean Sans-Terre, quatrième fils d'Henry II, fit mettre l'épitaphe suivante; elle respire la haine de la mère, sucée avec le lait maternel; cette haine n'était que trop vivace dans l'enfant.

« Hic jacet in tumba, rosa mundi non Rosa munda,
» Non redolet, sed quæ redolere solet.
» Qui meat hac oret, signum que salutis adoret,
» Utque sibi detur requies Rosa munda precetur. »

On en a fait une autre plus tard, comme réparation, pour l'infortunée victime d'Éléonore de Guienne :

« Ci-gît, dans un triste tombeau,
» L'incomparable Rosemonde,
» Ou plutôt la reine du monde,
» Dont le règne fut court et beau. »

Le poète Jean Dickenson a fait les vers suivants sur le sort de Rosemonde et le lugubre drame de Woodstock-House :

« Quæ fervens odiis, quod præbuit ipsa venenum,
» Competit ut biberes,
» Lumina nec prius amovit funesta, moveri
» Quam tua desierint,
» Te nymphæ extinctam flebant, Rosamunda, Britannæ,
» Nectareis lacrymis. »

J. Dickenson, *Paralela tragica*.

Henry pleura la plus belle personne de son royaume, et conçut pour la reine une inimitié que rien ne saurait effacer. Éléonore à son tour ne mit pas de bornes à sa vengeance, et inspira à ses enfants sa haine contre son mari, leur père. Une faute en appelle une autre. Confidents quotidiens des chagrins de la reine, ils compatissaient à ses douleurs et épousaient la cause d'une femme qui se disait malheureuse, qui flattait leur ambition et les exhortait à s'assurer de leur indépendance, en jouissant de leurs apanages respectifs. Henry se laissa aller aux suggestions intéressées de sa mère ; il se plaignit qu'étant roi, il n'avait ni terre, ni trésors, ni armée, et demanda à son père, au moins le duché de Normandie. Le roi vit s'élever l'orage ; il en conçut des craintes. Comme son fils avait demeuré à la cour de Louis de France, dont il avait épousé la fille, il soupçonna que le beau-père eut quelque part à cet oubli de toute affection filiale, à ces exigences d'une ambition prématurée ; il ne se trompait peut-être pas ; mais il était plus probable que la reine eût contribué plus que tout autre à faire naître et à fomenter cette fâcheuse mésintelligence entre les enfants et son infidèle mari.

Le roi voulait la paix, et pour écarter toute occasion de rupture avec Louis de France, crut devoir surveiller son fils, et éloigner de lui toutes les occasions dangereuses ; dans cette vue, il passa avec lui en Aquitaine, et ne le perdit pas de vue. Pendant leur séjour à Limoges, Raymond de Toulouse y alla leur faire hommage de son comté. D'après la formule de serment alors en usage, le vassal était obligé de donner aide et conseil à son suzerain, de garder ses secrets, de lui révéler ceux de ses ennemis. Raymond, qui avait entendu parler de complots et d'intrigues, se crut obligé en conscience de prévenir Henry qu'il eût à se méfier de sa femme et de ses enfants. Henry, furieux contre les conspirateurs, dissimula un peu sa colère et mit en état de défense les villes et châteaux-forts du Poitou et du Bordelais. Le jeune prince

Livre III.
Chap. 3.

1173.

vit bien l'état inquiet de son père, et chercha une occasion pour se soustraire à sa vengeance ; il s'évada du château de Chinon malgré la surveillance la plus active, et arriva sain et sauf sur la terre de France, où il fut bientôt rejoint par ses deux frères, Richard Cœur-de-Lion et Geoffroy. Désireuse de les revoir, Éléonore se mit en route, déguisée en homme; elle fut reconnue et conduite à Henry, qui la jeta en prison au château de Salisbury, avec Marguerite de Sabran, sa dame d'honneur ; elle y resta seize ans, depuis 1173 jusqu'en 1189.

Les princes fugitifs allèrent rejoindre le roi de France, qui leur promit secours et protection. Henry fit réclamer ses enfants par des ambassadeurs ; mais Louis VII leur demanda : « De la part de qui êtes-vous venus? De la part d'Henry, » roi d'Angleterre, duc de Normandie, duc d'Aquitaine, comte » d'Anjou et du Mans, répondirent-ils. Cela n'est pas vrai, » répliqua le roi, car le voici à mon côté. Si vous voulez » parler du vieil Henry, sachez qu'il est mort du jour où » son fils a été couronné; que s'il prétendait le contraire, nous » y porterions remède avant peu. » L'effet suivit de près la menace ; il fit reconnaître le jeune Henry dans une assemblée de barons et d'évêques, fit faire un sceau et mit le prince à même d'exercer la souveraineté. Le vieux roi s'aperçut trop tard que la fortune allait abandonner son drapeau : ses anciens amis n'allaient plus le voir, le peuple détestait le joug étranger, et tout semblait présager une révolution prochaine. Il essaya enfin de conjurer le danger, et se mit à la tête d'une troupe de mercenaires, qu'on appelait *brabançons, cottereaux, routiers*, misérables qui faisaient le métier de brigands en temps de paix, et de soldats en temps de guerre. Henry, avec ces pillards féroces et armés, remporta des avantages sur les Bretons. Louis, peu disposé à faire des sacrifices en hommes et en écus pour une querelle qu'il avait suscitée en partie, esquiva une rencontre avec ces hordes sauvages et impitoyables. Il proposa aux deux partis une conférence ; elle eut lieu entre Gisors et Trie, sous un vieil orme. Le vieux roi se montra, par politique, très-miséricordieux ; les enfants, bien conseillés, y parurent soumis et respectueux. Louis VII voyant que les débats pouvaient tourner à sa honte par des révélations imprudentes, et craignant surtout les suites d'une réconciliation, fit rompre la conférence par ses agents, qui insultèrent le roi Henry. L'assemblée se dispersa en désordre, et la guerre recommença plus acharnée que jamais. Les Bretons se levèrent en masse à la voix de Geoffroy. Richard souleva le Poitou, et tous se préparèrent à décider, au premier jour, le sort de la Guienne. Henry ne recula pas; il alla assiéger Saintes, où commandait un général sous les ordres de Richard ; il réduisit la place et ravagea le Poitou rebelle. Ses troupes poussèrent la barbarie jusqu'à arracher les arbres à fruits et les vignes, et portèrent partout le fer et la flamme, toutes les scènes d'une férocité sauvage. Mais ayant appris que son fils aîné préparait une descente en Angleterre, il quitta aussitôt le continent, emmenant avec lui prisonnières sa femme, Éléonore, et sa bru, Marguerite, fille du roi de France.

Les habitants du pays profitèrent de l'absence du roi et se levèrent en masse. C'était là la reconnaissance du peuple envers son bienfaiteur! L'établissement des franchises municipales, avec des formes régulières plus en rapport avec les mœurs et le progrès des lumières (1), les encouragements donnés au commerce, les *Rôles d'Oléron,* ou lois maritimes, tout s'oublie vite par un peuple mécontent; rien n'est apprécié de ce qui vient de l'étranger, dont le joug pèse toujours trop à l'amour de l'indépendance nationale. Le dédain du roi pour la fille de leurs ducs, et les mauvais traitements qu'il lui fit

---

(1) Nous aurions dû dire le *rétablissement des franchises municipales ;* car cette liberté-là, comme les autres, nous est venue avec les Francs des forêts de la Germanie. Nous en parlerons plus bas.

Livre III.
Chap. 5.

éprouver, y étaient pour beaucoup : les fils d'Henry poussèrent à l'insurrection, et Richard se mit à la tête des troupes indisciplinées d'Aquitaine. A sa suite, on voyait des gens de toutes les conditions, tous commandés par des seigneurs mécontents ou par des nobles ruinés, qui voulaient, dans le désordre général, remonter leurs finances. Guillaume le Templier, archevêque de Bordeaux, consulta le pape, pour savoir la ligne de conduite qu'il fallait suivre au milieu des révoltés, qui ne visaient qu'à secouer le joug des Anglais et ne cessaient de fomenter le désordre, pour rétablir l'indépendance nationale. Le pape, ne considérant que les droits légitimes d'Henry, lui conseilla d'excommunier les ennemis du roi; mais le pape était trop éloigné de la scène : il voyait mal les choses, il en ignorait les principales circonstances. Son conseil était conforme au droit, mais imprudent ; car les ennemis du roi, c'étaient tous les Aquitains, le peuple tout entier; c'était rendre l'archevêque odieux, un objet de haine publique. En effet, on souleva la populace contre lui ; il chercha à se dérober à ses poursuites; mais on s'empara de lui, on le jeta en prison, et, pendant sa détention, on pilla les églises, les villes et les campagnes; on arrêta, comme des malfaiteurs, d'autres prélats et seigneurs, et on ne leur rendit leur liberté qu'après leur avoir fait payer de fortes rançons. Parmi les coryphées du parti aquitanique, figurait, en première ligne, Bertrand de Born, seigneur de Hautefort, dans le Périgord, et troubadour illustre. Courageux et patriote, il voulait affranchir son pays du joug anglais, et consacra à cette œuvre, son temps, sa plume et son épée. Il fomentait la mésintelligence entre les rois de France et d'Angleterre; il excitait Richard contre son père, et enflammait par ses *sirventes*, ou satiriques poésies, la femme contre son mari, les enfants contre l'auteur de leurs jours, et le peuple contre son roi. On ne comprit pas d'abord ce qu'il y avait dans sa conduite de grand et de patriotique : on le prit pour un fou en politique.

un démagogue furieux, un poète insensé, qui soufflait partout la guerre civile. Le Dante le place dans les enfers, pour avoir soulevé le fils contre le père, et les sujets contre le prince légitime (1). On se trompait sur son compte : Bertrand n'était ni insensé, ni anarchiste ; il était patriote. Il aimait son pays et les muses; c'était là ses passions dominantes. Quelques siècles plus tard, la France lui aurait érigé des statues.

(1) Andavan gli altri della triste greggia
El capo tronco tenea per le chiome
Per una mano a guisa di lanterna
. . . .
Sappi ch'io son Beltran da Bornio, quelli
Che diedi al re Giovane i mai consigli.

DANTE, *Inferno*, XXVIII.

Livre III. Chap. 5.

Reynouard, *Troubadours, etc.,* Biographie de B. de Born. tome 5.

Thierry, *Histoire de la conquête de l'Angleterre,* tome III, 89.

CHAPITRE IV.

Henry fait un traité avec Louis VII.—Richard mécontente les seigneurs de Guienne. —Il refuse de se reconnaître vassal de son frère, roi d'Angleterre. — Henry s'y interpose.— Henry et Richard se réconcilient.—Geoffroy s'y refuse. — Son entrevue avec son père.—Henry, le fils, meurt.—Richard, héritier présomptif de la couronne. — Mésintelligence et rupture entre Henry et Philippe-Auguste. — Richard se joint à Philippe.—Mort d'Henry.—Franchises municipales à Bordeaux. —Premier maire.— Concile de Bazas.— Les Henriciens. — Bordeaux sort de ses ruines.— Son accroissement.— Saint-Éloi bâti. — Les Templiers. — Les Hospitaliers de Saint-Jean. — Ils paient redevance au chapitre de Saint-André.—Mur de clôture avec ses fossés. — Commerce.

Livre III.

Henry, alarmé de tous les dangers dont sa puissance était menacée, se vit obligé de dissimuler sa colère et de faire un traité avec Louis, l'instigateur principal de ces désordres. Par ce traité, il était convenu que Richard resterait en Guienne et qu'il épouserait Alix, fille du roi de France. Henry vit ses fils à ses genoux : en échange de son pardon, il reçut leurs serments d'hommage ; il croyait que des paroles suffiraient pour conjurer l'orage. Richard se retira en Guienne ; mais sa conduite était loin de répondre à l'attente du peuple. Les barons s'étaient défaits de l'autorité du père ; ils résolurent de secouer le joug du fils et de s'affranchir de la tyrannie de l'étranger. Richard s'irrita de cette résistance à ses impérieuses volontés, et finit par ravager les terres de ses anciens amis et défenseurs. Il se montra alors cruel, impolitique et ingrat ; mais tel était son caractère. Surnommé Cœur-de-Lion, parce qu'il était valeureux et intrépide, il était dominé par trois vices : l'orgueil, l'avarice et l'incontinence. Il n'aimait personne ; il était peu fait pour être aimé.

Howden, *Apud script. rer. Anglic.*

1176.

1182.

Le jeune Henry obtint enfin de son père la souveraineté

indépendante du Poitou et de la Bretagne : Richard le reconnaissait pour roi d'Angleterre ; mais Richard ne voulait pas lui prêter hommage et désirait être indépendant en Aquitaine. On proposa une expédition contre lui ; il fit mettre ses châteaux, ses places-fortes en état de se défendre, bien décidé à n'être pas vassal. Le vieux roi, craignant que Louis de France ne profitât de ces circonstances pour ses intérêts personnels, s'interposa entre ses enfants. Richard accéda à ses désirs ; Geoffroy s'y refusa et se renferma dans Limoges. Le roi résolut d'assiéger cette place ; mais désolé de confondre dans un châtiment général les innocents avec les coupables, et voulant éviter à la population les horreurs de la guerre. Henry demanda à parler à son fils. L'entrevue eut lieu en ville ; mais se voyant un point de mire pour les soldats, il s'écria, en s'adressant à son fils, et les larmes aux yeux : « Que t'a fait » ton malheureux père pour qu'il serve de but à tes archers? » Quelques jours plus tard, il apprit que son fils aîné venait de mourir au château de Martel, dans le comté de Turenne.

Par cette mort, Richard devint l'héritier présomptif de la couronne ; sa part était assez belle. Henry désirait qu'il s'en contentât et qu'il résignât le duché d'Aquitaine à son quatrième fils, Jean, qu'on appelait Jean Sans-Terre, parce qu'il n'avait encore aucun apanage. Richard, se voyant menacé de son père et de ses deux frères, consentit enfin à remettre à sa mère, Éléonore, le comté de Poitou ; mais il se réserva jusqu'à la mort de son père la souveraineté du reste de l'Aquitaine.

Sur ces entrefaites, une mésintelligence s'éleva entre Henry et Philippe-Auguste, qui occupait depuis 1180 le trône de France. Plusieurs conférences eurent lieu sans succès : les armes seules devaient trancher la difficulté. On s'y préparait de part et d'autre ; mais, au grand étonnement d'Henry, son fils Richard, qui devait défendre les possessions anglaises, prit fait et cause pour Philippe, et conduisit ses troupes à

Livre III. Chap. 4.

1183.

1184.

<small>Livre III.
Chap. 4.</small>

Tours, et de là au Mans, où se trouvait le tombeau de son aïeul, le vieux Geoffroy Plantagenet. Henry, échappé aux embûches de ses ennemis, s'enfuit à Chinon, où il mourut le 6 juillet 1189, accablé de honte et de douleur, et maudissant le jour où il donna naissance à un fils qui l'abreuvait de chagrins de toutes sortes. Sa vie licencieuse et déréglée lui avait aliéné l'affection de sa femme, qui l'adorait, et dont il se fit le bourreau ; sa conduite à l'égard de Thomas de Cantorbéry était infâme, et ses derniers chagrins et sa fin malheureuse en étaient peut-être la pénitence et l'expiation. Au milieu de tous les éléments de bonheur, il lui manquait une chose, la paix, qu'il ne put jamais avoir, ni avec ses sujets, ni avec sa femme, ni avec ses enfants. Richard apprit sa mort plutôt avec surprise qu'avec douleur; il quitta le camp et alla s'agenouiller machinalement auprès du cadavre de son père, la *durée d'un Pater*, disent les chroniqueurs ; mais tant qu'il y resta, le corps inanimé ne cessa de rendre par la bouche des flots d'un sang épais et noir, prodige que le public crédule regardait comme une preuve du meurtre en face de l'impitoyable meurtrier !

<small>Voir, plus loin, notre article sur la Mairie.</small>

Sous ce prince, la prospérité de Bordeaux prit, comme la ville, un développement considérable ; les institutions municipales subirent une nouvelle forme : une jurade fut établie ; un conseil reconnu comme préexistant, par une Charte adressée le 13 juillet 1249 au maire et au Conseil-général de Bordeaux. — *Majori et communi concilio Burdigalæ.* — La liberté était ancienne ; elle ne fit que changer de forme. Malgré les tristes vicissitudes de la guerre, les Bordelais avaient constamment joui d'un certain privilége dans le choix de leurs magistrats, et n'étaient pas toujours obligés de recevoir un maire imposé, par la volonté du prince, à une population antipathique au despotisme et amie de la liberté (1). Le sieur

<small>(1) Les *Coutumes de Bordeaux* furent écrites en 1187. (*Hist. littér. de la France*, tom. 16, p. 81).</small>

Monadey fut élu le premier maire de Bordeaux. Quelle que fût, cependant, la liberté des Bordelais, il faut avouer que le peuple n'en appréciait guère l'importance. Dans les luttes des barons aquitains contre les excès de Richard et les exactions de ses agents, ils ne furent que médiocrement secondés par les classes inférieures ; écrasés sous un joug de plomb, elles avaient presque perdu le sentiment de leur dignité ; elles souffraient sans oser se plaindre : trop de malheurs les avaient atteintes ; la plainte était un crime, le silence un devoir. Cependant, on remarqua dans le XIIe siècle une grande activité de pensée, qui enfantait des nouveautés religieuses, et qui, se trouvant entravée dans le monde politique, s'agitait en tous sens dans le champ de la foi. On ne voulut rien croire que ce que l'on pouvait comprendre : les mystères ainsi rejetés, il n'y eut d'autre règle que les aveugles caprices de la raison individuelle. De nouvelles sectes s'organisèrent et propagèrent leurs doctrines ; la sollicitude des évêques fut enfin éveillée par leur audace, et un concile fut tenu à Bazas, le 8 décembre 1182, sous la présidence d'Henry d'Albano, cardinal-légat, archevêque d'Auch. On y fit des règlements sages contre les Henriciens et la nouvelle société des Albigeois, qui répandaient leurs doctrines impies dans la Gascogne et dans la partie supérieure du Bordelais.

Livre III. Chap. 4.

Histoire du Languedoc, tome 3.

Malgré l'invasion des Visigoths, des Sarrasins et des Normands, la ville de Bordeaux sortait toute radieuse de ses cendres. Dans cette reconstruction, elle conserva ses anciennes lignes murales, dont on a trouvé des traces dans les rues Poitevine, du Temple, de l'Intendance, et sur la place de Pey-Berland. Au commencement du Xe siècle, on releva la Porte-Basse, on rebâtit le palais de l'Ombrière, dont la construction primitive est attribuée à Euric. Ce fut vers l'an 1128 qu'on commença à agrandir l'enceinte de la ville, en y comprenant jusqu'aux fossés, tout le terrain et tous les édifices qui se trouvaient en dehors des murs. C'est de cette époque que datent la Porte-Toscanam, à l'entrée de la rue du Peugue (1), les Portes Cahernan, Saint-Jâmes, Bouquière, des Ayres, de la Rousselle, du Pont-Saint-Jean, en face de la rivière; ainsi que les Portes de Cailhau, des Portanets, et celle Despaux, à l'entrée de la rue Saint-Remi. De toutes ces portes, celle de Saint-Jâmes, autrement dit de Saint-Éloi, et celle de Toscanam, subsistent encore. En 1149, on construisit, à l'entrée de la rue du Mirail, par les ordres du duc d'Aquitaine, l'hôpital de Saint-Jacques, pour héberger les pèlerins qui se rendaient à Compostelle, et pour recevoir les enfants trouvés.

En 1159, on bâtit l'église de Saint-Éloi, et en 1174 l'on consacra l'église de Sainte-Eulalie, qu'on venait de construire à la place d'une ancienne chapelle et d'un monastère de filles, que Charlemagne avait fait réparer et décorer. L'église de Saint-Michel, bâtie en 1160, fut unie à l'abbaye de Sainte-Croix.

Les Templiers s'étaient établis à Bordeaux, en 1159, par l'influence de saint Bernard: la rue qu'on a faite à côté de leur maison garde encore leur nom (rue du Temple). L'hôtel de la Commanderie se voyait encore, au fond d'une vaste cour, en 1793; mais il fut vendu comme propriété nationale; et au commencement du siècle (1804), on y a prolongé l'ancienne rue du Temple. Les Templiers s'engagèrent à ne pas donner

---

(1) Au bout de la rue du Hâ, il y avait une porte; mais elle fut murée en 1401, à cause des attaques des ennemis de la ville. Cet endroit était très-fréquenté; c'était un lieu de passage. On allumait tous les soirs, à cette porte, un fanal, ou grosse lanterne, qu'on appelait phare. On sait que dans nos contrées l'*h* remplace souvent l'*f*; de là vient le nom du Hâ (phare ou fare), donné à la rue qui y conduisait et qui le garde encore. Si le mot *Hâ* venait du mot gascon *harine, farine*, parce qu'on passait par là pour aller chercher de la farine aux moulins, sur le Peugue, on aurait dit: rue de la Hâ; cette étymologie est injustifiable et ne se fonde que sur la similitude qui existe entre les deux mots.

Quant à la *Porte-Toscanam*, qui existe, et à qui on a mal à propos donné le nom de *Porte-Basse*, nous en avons parlé liv. 1er, ch. 4, p. 64.

La Porte-Basse fut démolie en 1802 et 1803.

— 337 —

la sépulture à qui que ce fût, chez eux, sans en avoir obtenu l'autorisation du chapitre de Saint-Seurin.

C'est aussi à cette époque que les Hospitaliers de Saint-Jean de Jérusalem s'établirent à Bordeaux. Leur première chapelle était dédiée à sainte Catherine, et a donné son nom à la rue où elle était située (rue Sainte-Catherine). Ils firent construire plus tard un oratoire, ou chapelle succursale, près du Pont-Neuf, appelé depuis lors Pont-Saint-Jean. Mais le chapitre de Saint-André s'en plaignit au légat, qui condamna, en 1224, les chevaliers à payer tous les ans, aux chanoines de la cathédrale, la redevance de 36 liv., et, en cas de refus, le chapitre était autorisé à s'emparer des clés et des ornements de la chapelle, et d'y faire dire des messes jusqu'à la concurrence de la somme convenue. Il fut, en outre, arrêté, que si les chevaliers de Saint-Jean construisaient quelque autre oratoire en ville, la moitié des offrandes et des revenus appartiendrait au chapitre, à l'exception, toutefois, de ce qui serait destiné pour la défense de la Terre-Sainte. On réserva aussi aux chevaliers la propriété de tout ce qui appartiendrait aux malades qui mourraient chez eux, mais seulement pour les choses ou effets qu'ils auraient sur leurs personnes, avec défense de donner entrée chez eux aux paroissiens du chapitre.

Quelque temps avant la mort d'Henry, la ville s'étant agrandie du côté de Sainte-Croix, on l'entoura d'un mur de clôture qui comprit, dans la nouvelle enceinte, toutes les maisons bâties en dehors des anciens remparts, au sud-est du Peugue. Cette nouvelle enceinte fut entourée de fossés larges et profonds, dont on a fait plus tard une rue magnifique, qui s'appelle encore les Fossés ; elle s'étendait, sur une ligne irrégulière, depuis la rue Boule-du-Pétal jusqu'à la place Salinières, et ajouta à l'enceinte primitive une étendue de plus de 40 hectares.

Ce premier accroissement, avec ses embellissements accessoires, fut le fruit des efforts d'Henry et de Richard en faveur de la capitale de leurs États de Guienne ; ils savaient apprécier la puissance créatrice du commerce, et en retiraient d'immenses avantages pour la prospérité de Bordeaux. On vendait alors sur la place de Bordeaux, la poix, la résine, des pieux résineux et portatifs qui servaient, en guise de torches, pour l'éclairage pendant la nuit, les suifs, la cire, le miel, les huîtres de Médoc, et surtout les excellents vins bordelais qu'Ausone vante comme étant bons pour la table des princes. Les étrangers y venaient en foule avec les produits de leur sol, et chargeaient leurs navires, pour leur retour, de produits bordelais. Les Syriens y avaient depuis des siècles un comptoir célèbre ; et depuis le mariage d'Éléonore, notre province étant devenue une portion du royaume d'Angleterre, son commerce s'étendit et se développa plus que jamais, ainsi que la prospérité de notre cité (1).

Nous voici arrivés au règne de Richard, qui occupe une si grande place dans l'histoire : il fut le premier roi d'Angleterre qui prit trois lions dans ses armes. Avant son avénement au trône, il avait deux lions dans son écu, comme le rapporte Thibaudeau dans son *Abrégé de l'histoire du Poitou;* il y ajouta le troisième, comme duc de Guienne. Un lion figure dans les armes de Bordeaux et dans celles de la province de Guienne, ainsi qu'il résulte d'une médaille de Charles VII, de 1454. Quelques auteurs ont cru que c'étaient des léopards ; ce sont des lions.

---

(1) D'après un état dressé quelques années après l'avénement de Philippe-Auguste, le domaine royal ne rapportait que 7,197 liv. 15 sous de revenu (142,958 fr.) Le marc valait 2 liv. parisis ; la livre parisis valait 20 sous parisis et pesait 4 onces, poids de 27 fr.; le sou parisis valait 1 fr. 35 c. ; le sou tournoi (monnaie de Tours) ne valait que 1 fr. On voit dans le testament du roi, que 240 liv. parisis (6,480 fr.) suffisaient alors à l'entretien de vingt prêtres : c'était à peu près 324 fr. par tête, et qui représentaient près de 2,000 fr. d'aujourd'hui. D'après un acte passé sous Louis XI (vers l'an 1259), 50,000 liv. parisis valaient 1,350,000 fr. En 1302, 100 livres parisis valaient 2,400 fr., et 200 liv. tournois valaient 4,000 fr.

CHAPITRE V.

Richard, roi d'Angleterre, délivre sa mère. — Regrets qu'elle inspira aux troubadours bordelais. — Éléonore n'est plus la même. — Son sort malheureux et sa fin. — Une assemblée générale à Bordeaux. — Règlements pour la paix. — Les cours d'amour d'Éléonore. — L'autorité du prince était limitée. — L'hérésie ravage l'Aquitaine. — Jérusalem perdue par les Francs. — Nouvelle croisade. — Richard prisonnier en Autriche. — Il est mis en liberté. — Sa mort. — Jean *sans terre*. — Siége de Bordeaux par le comte d'Armagnac. — Jean est cité par Philippe-Auguste devant la Cour des Pairs. — La guerre. — Une trève. — Les Cathares. — Une croisade contre ces hérétiques.

Richard succéda à son père; et son premier acte comme roi fut la délivrance de sa mère. Les Bordelais avaient regretté son sort et pleuré ses malheurs: sa captivité dans la tour de Salisbury inspira de nombreuses élégies aux troubadours, et l'avénement de Richard parut aux Bordelais comme le présage de la délivrance de leur malheureuse reine.

La captivité de l'héritière des ducs d'Aquitaine avait provoqué un soulèvement général contre celui qu'on appelait, avec un sentiment de mépris mêlé de haine, le *roi du Nord*. Dans tous les châteaux et villes, dans les simples hameaux et dans les cloîtres, on n'entendait que des cris de rage, des accents de courroux et de vengeance contre les geôliers de leur bienaimée Éléonore. Les moines de Bordeaux, de Poitiers, du Midi en général, entonnaient des chants de guerre; et empruntant à nos saintes Écritures la pompe solennelle des figures orientales, pleuraient sur les désastres de leur patrie, les malheurs de leur reine, comme Jérémie se désolant à la vue des futures calamités de Jérusalem. Les troubadours de Poitiers et de Bordeaux répondaient sur tous les tons les plus animés à ces cris belliqueux; puis, s'adressant à Éléo-

Livre III.
—
1189.

nore, l'un de ces Jérémies s'écrie : « Réponds, aigle des deux
» royaumes, où étais-tu quand tes aiglons, s'élançant de leur
» nid, osèrent lever leurs serres contre le *roi du Nord?* C'est
» toi, nous dit-on, qui les excitas contre leur père. Voilà donc
» pourquoi tu fus enlevée à ton pays et emmenée sur un sol
» étranger! Les grands t'ont trompée par des paroles de
» paix : ta cytole ne rend plus que des accents plaintifs, ton
» orgue que des soupirs de tristesse; toi, élevée au sein du
» luxe, jouissant d'une liberté royale, tu vivais dans l'abon-
» dance et te plaisais au chant de tes femmes, aux doux sons
» de leurs guitares et de leurs tambourins; maintenant tu
» pleures, tu te consumes de chagrins. Oh! je t'en supplie,
» reine des deux royaumes, plus de lamentations, plus de
» lamentations! Pourquoi te laisser consumer dans les lar-
» mes? Reviens, pauvre captive, reviens à tes villes, si tu le
» peux.... où est ta cour, où sont tes compagnes, où sont tes
» conseillers? Les uns, arrachés de leur patrie, subissent loin
» d'elle de honteux supplices; d'autres, errants, fugitifs,
» traînent çà et là leur douloureux exil! Et toi, aigle d'Aqui-
» taine, jusques à quand tes cris se feront-ils entendre sans
» être écoutés? Le roi de l'Aquilon te retient prisonnière. Eh
» bien! crie sans te lasser, élève ta voix comme une trom-
» pette : tes fils t'entendront; ils voleront vers toi, et tu re-
» verras la terre de tes pères! »

En effet, son fils entendit enfin ses plaintes, et lui rendit
sa liberté après seize ans de captivité. Pauvre Éléonore! Ses
rêves de bonheur s'étaient dissipés, ses beaux jours s'étaient
passés dans un sombre cachot, son visage n'avait plus de
charmes, son imagination plus de vivacité; elle revint, hélas!
méconnaissable; elle n'était que l'ombre d'elle-même. L'amour
du plaisir n'avait plus pour elle d'attraits; elle était libre
quand ses chaînes commençaient à lui être moins pesantes.
Elle revit cependant avec bonheur Bordeaux et les lieux où
elle avait passé ses jeunes années; mais ces beaux jours fu-

rent encore bientôt après assombris par de nouveaux malheurs; et la pauvre mère eut à pleurer encore le sort de son fils, Richard, gémissant loin d'elle dans les fers d'Autriche! Elle avait appris ce que c'est que la douleur, ce que c'est que le cachot; elle passait ses jours à prier, à pleurer et à soulager l'infortune, à secourir les prisonniers; elle fonda le couvent de la *Rame,* près de Bazas, confirma les priviléges de l'abbaye de La Sauve, en 1198, fit beaucoup de bien aux églises et aux monastères, et mourut dans de grands sentiments de repentir et de foi, le 30 mars 1204, âgée de quatre-vingt-deux ans. Son corps fut enterré à Fontévrault.

<small>Livre III. Chap. 5.

Rymer, tome V, p. 80.

Ancère, Histoire de La Rochelle, t. 1er, p. 586.</small>

Quelque temps avant sa mort, tout âgée et infirme qu'elle était, elle se rendit à Fontévrault, et y prit l'habit de religieuse, si nous en croyons Roger de Hoveden, auteur anglais et contemporain. Larrey dit qu'elle mourut en 1203; mais le nécrologe de Fontévrault le dément. Dans le tableau des *Anniversaires* de cette célèbre abbaye, on lit : « Le 30 mars, » la grande reine de France, Mme Aliénor, vigiles chantées et » la messe. »

D'autres disent qu'elle mourut à Mirebeau; c'est encore une erreur : elle mourut et fut enterrée à Fontévrault. Dans l'ancienne Chronique des ducs d'Aquitaine, comtes de Poitou, on lit : « *Obiit in Domino regina Alienoris longæva et corpus* » *ejus sepultum est in tumulo Henrici regis Angliæ, viri sui,* » *in ecclesiâ cœnobii de Fonte Hebrardi.* » (Tom. 5, *Vet. script.*, col. 1156).

Jamais princesse n'a eu plus de raisons de se plaindre de l'ingratitude des hommes ou des caprices de la fortune. D'une naissance illustre, à la tête de grands États, douée par la nature d'un esprit agréable, d'un cœur aimant, et, ce que les femmes estiment encore plus que tout cela, d'une beauté séduisante et incomparable, elle épousa un roi qui ne la comprenait pas, qui l'accusait de rapports adultères avec un

Livre III.
Chap. 5.

prince musulman. Il est à remarquer que l'auteur des *Gestes de Louis VII* ne parle pas de la mauvaise conduite d'Éléonore.

Ayant brisé ses premiers liens, elle devint jalouse, haineuse et cruelle à son tour ; sa beauté fut fatale à sa réputation : elle est plus célèbre par ses disgrâces que par le bonheur de ses mariages ; et le supplice de la belle Rosemonde est une tache que sa longue captivité et ses malheurs ont peut-être effacée. Son imagination troublée ne voyait dans l'avenir que des sujets d'affliction, que des discordes sanglantes, des malheurs annonçant d'autres malheurs ; elle prévoyait, dit Michaud, les révolutions futures de l'Angleterre : le désespoir renferme quelque chose de prophétique. « Les jours de trou-
» bles et de périls, dit-elle au pape, ne sont pas loin, ces
» jours où la tunique du Christ doit se déchirer, où le monde
» chrétien verra se briser le filet de saint Pierre et l'unité
» catholique se dissoudre. » Est-ce Henry VIII et Élisabeth qu'elle a vus dans ses prophétiques rêves ?

Michaud,
Histoire
des Croisades,
t. 2, page 212;
t. 6, page 123.

Outre ses quatre fils, Henry II avait eu d'Éléonore deux filles, dont l'une, appelée Mathilde, avait épousé Henry de Brunswick, duc des Saxons. Ce prince, peu de temps avant la mort de son beau-père, avait été dépouillé de ses États par le fameux Barberousse, et venait de mourir, laissant pour tout héritage à ses enfants un nom illustre et les regrets d'une fortune éteinte et d'une grandeur déchue. Son fils Othon se réfugia auprès de Richard, qui l'envoya en Aquitaine comme duc ou gouverneur de la province. Il ne nous reste de son administration paternelle que quelques Chartes, portant des concessions de terres ou des priviléges à des églises, aux monastères, particulièrement aux abbayes de Grâce-Dieu et de Sablonceaux :

Mss.,
Archives
de l'abb. de la
Grâce-Dieu,
en Aunis.
1198.

« Sachez, dit-il dans une lettre adressée à l'archevêque
» de Bordeaux, que nous avons accordé, et, par cette pré-
» sente Charte, confirmé à l'église de Sainte-Marie de la

» Grâce-Dieu, toutes les donations, libertés et coutu-
» mes, etc., etc. » (1).

Ce prince, bon et généreux, est à peine cité dans l'histoire de l'Aquitaine; il est triste de penser que les crimes des rois et des peuples occupent les principales pages des annales du genre humain. Comme d'autres écrivains, nous aurions passé sous silence l'administration de ce duc, homme doux, généreux et pacifique; sa lettre à l'archevêque fournit la seule occasion qui se soit présentée pour en parler. Son séjour ne fut pas long dans nos contrées.

A partir de la mort d'Henry, l'aspect du pays changea complètement : Richard ne se montra plus si soucieux de la Guienne : la couronne d'Angleterre était l'objet de son ambition; la voilà sur sa tête. Les habitants de notre province sont abandonnés à eux-mêmes; les seigneurs, ne craignant plus le courroux du prince, se font la guerre et exercent entre eux des vexations réciproques et insupportables. Les peuples gémissaient sous cette insolente tyrannie, que l'absence des lois ne faisait que trop autoriser; la désolation régnait dans la Guienne. Richard pressentit les calamités qui allaient fondre sur son duché; dans le dessein de les prévenir, il convoqua, à Bordeaux, une assemblée générale, le 3 avril 1198, quelques jours avant son départ (2). Son appel fut entendu;

---

(1) Otho dux Aquitaniæ, etc., etc. Sciatis vos nos concessisse, etc., etc.

(2) A l'exemple d'Éléonore, on tenait, dans le XIIe et XIIIe siècle, à Bordeaux, à Poitiers et en Provence, des tribunaux composés exclusivement de femmes, et vulgairement appelés *plaids d'amour*. Ces juges en jupons étaient chargés de résoudre des questions de galanterie assez fréquentes, comme celle-ci : « L'amour peut-il » exister entre deux époux? » Cette question fut résolue négativement en ces termes : *Dicimus enim et stabilito tenore firmamus, amorem non posse inter duos jugales extendere vires, nam amantes sibi invicem gratis omnia largiuntur.* (ANDRÉ le Chapelain, *M. du roi*, n° 8758, fol. 56. — NOSTRADAMUS, *Vies des anciens poëtes provençaux, etc.* — RAYMOND, *Choix des poésies orig., etc.*

Voici une autre singulière question, qui occupa l'attention de ces *cours d'amour*, en Provence : Une belle dame regarde Geoffroy de Blaye, prend la main d'Élie de

on y vit réunis Élie de Malemort, archevêque de Bordeaux; Henry, évêque de Saintes; Étienne, doyen de Saint-André; Guillaume de Bouville; Guillaume, seigneur de Rions; Guillaume du Mas, le sénéchal Brandin; presque tous les barons, les chevaliers et les autres notabilités du pays. Richard leur exposa l'état du pays, les souffrances et les plaintes du peuple; et s'étant assuré de leur concours, il rendit une ordonnance, dont voici les principaux articles :

« Les barons auront soin de corriger ceux de leurs vas-
» saux qui causeront quelque trouble et quelque dommage.

» Si l'un des barons se trouve en faute, il comparaîtra de-
» vant le roi, et payera soixante sols d'amende, pour avoir
» enfreint la paix qu'il a juré de conserver, et il ne sera plus
» reçu à porter plainte sur le tort qu'on lui fera.

» A l'égard des prévôts et des baillis que le roi ou le sé-
» néchal ont établis dans le Bordelais, et qui seront coupa-
» bles, une partie de leurs biens sera destinée à réparer le
» dommage; l'autre sera confisquée, et ils seront eux-mêmes
» réduits en servitude.

» Les sergents des baillis payeront, en pareil cas, soixante-
» cinq sous d'amende, seront destitués et chassés du bailliage.

» Quiconque entrera dans la vigne d'autrui et y prendra
» une grappe de raisin, payera cinq sous ou perdra une
» oreille.

» On payera au roi, pendant sept ans, un certain droit,
» afin qu'il procure l'exécution de ces articles pendant tout
» ce temps-là. »

Cet impôt, appelé *commun*, fut établi proportionnellement aux biens de chaque citoyen.

Cette ordonnance fournit plusieurs traits à un tableau de

Bergerac, et touche le pied de Savary de Mauléon : quel est celui que cette dame préfère? Voilà les habitudes et les goûts des courtisans d'Aquitaine; voilà les graves sujets des méditations de ces mères de famille qui composaient ces réunions galantes de Bordeaux, de Poitiers et de Provence ; on juge par là des mœurs du temps.

mœurs de l'époque; il y est parlé des guerres des barons, des amendes au profit du fisc, des tracasseries des agents subalternes et des ravages causés par les insurgés dans les propriétés des particuliers ; mais ce qui mérite d'être remarqué, c'est le consentement des barons, exigé comme nécessaire à l'établissement de l'impôt pour le maintien de la paix ; c'est la limite imposée à la perception de cette taxe et la durée proportionnelle des pouvoirs extraordinaires accordés au prince. Les barons féodaux n'avaient pas d'ordre à recevoir du roi d'Angleterre, excepté en cas de guerre; ils étaient absolus en temps de paix, et ne dépendaient de lui que de la même manière dont il dépendait lui-même du roi de France ; c'étaient des vassaux soumis à un suzerain, vassal lui-même d'un suzerain plus puissant : hommage pendant la paix, et, en temps de guerre, des troupes, voilà tout ce que les barons lui devaient; mais ils étaient libres de faire la guerre entre eux, sans que le roi eût le droit de s'en mêler ni de s'en offenser. Son pouvoir était limité; mais, pour tout ce qui regardait les charges du pays, leur consentement était nécessaire.

Le règne de Richard ne s'est signalé par aucun événement remarquable dans la Guienne. Il ajouta, dit-on, de nouvelles dispositions aux *Rôles d'Oléron*. Ce Code maritime, ou recueil des divers usages observés sur les mers du Levant, a été commenté par Cleyrac, avocat à Bordeaux, sous le titre d'*Us et Coutumes de la mer ;* il a servi de fondement à presque toutes les lois maritimes de l'Europe. Dans ce temps, l'hérésie ravageait le Bordelais, le Bazadais et toute la Gascogne : le désordre des esprits passa dans les faits, et la France, en général, par surcroît de malheur, fut plongée dans le deuil en apprenant la ruine de Jérusalem et la chute du royaume fondé par Godefroy à la tête des Francs. Le sultan Saladin, de Mésopotamie, s'était rendu maître de la Palestine, à la honte de la chrétienté : des millions de Francs furent expulsés de la ville sainte, et plus de cent mille réduits en servitude; le croissant remplaça encore la croix; la civilisation recula en présence du fanatisme musulman. Le cri de guerre retentit de toutes parts : les princes et les cardinaux se préparèrent à exercer des représailles; les barons et les chevaliers firent leurs préparatifs pour une nouvelle expédition; les troubadours abandonnèrent leurs chants d'amour et leurs satiriques *sirventes*, et embouchèrent avec ardeur la trompette de la guerre sainte; une autre croisade fut décidée. « Seigneurs chevaliers, s'écrie le troubadour Geoffroy Rudel, » de Blaye, par nos péchés, la puissance des Sarrazins s'est » accrue; Saladin a pris Jérusalem, et l'on ne l'a pas encore » recouvrée! Laissons là nos héritages; allons contre ces » chiens de mécréants, pour éviter la perdition de nos âmes. » Barons de France et d'Allemagne, chevaliers anglais, bre- » tons, angevins, béarnais, gascons et provençaux, soyez » sûrs que, de nos épées, nous trancherons leurs chefs mau- » dits (leurs têtes). »

Richard ne resta pas sourd à cet appel; il se croisa, avec Philippe-Auguste, en 1190, et vint séjourner quelque temps à Bordeaux. On vit accourir auprès de lui les évêques d'Agen, de Bazas, de Périgueux, avec Géraud de Barthe, archevêque d'Auch, qui fut nommé aumônier général de l'armée; le vicomte de Castillon, Guillaume de Mont-de-Marsan, Amanieu d'Albret, Eyquem Guillaume de Lesparre, Étienne de Caumont, Amanieu de Blanquefort, Bertrand de Fumel, Guillaume Amanieu de Fronsac, Pierre de La Mothe, Gérard de Bourg, etc., etc. Tous ces puissants barons accompagnèrent Richard jusqu'à La Réole, où il confirma, le 3 février, les dons faits par ses prédécesseurs à l'abbaye de La Sauve. Revenant de la Terre-Sainte, en 1192, Richard prit la route de l'Autriche; mais reconnu sous son habit de pèlerin, il fut fait prisonnier par le souverain du pays, et jeté dans une prison. On le relâcha plus tard, moyennant une forte rançon de 150,000 marcs d'argent. Rentré chez lui, il déclara la guerre au roi de France; mais il n'en résulta rien de bien remarquable. En 1199, après avoir pillé les églises, il apprit qu'il y avait des trésors immenses cachés dans le château de Chalus, en Limousin : Richard y alla en faire le siége; mais il y fut tué par un coup d'arbalète, à l'âge de quarante-deux ans. Avare et voluptueux, il ne respectait rien, ni personne, dans ses moments de passion; sa férocité tenait de celle de la bête sauvage, et ternissait sa bravoure; ses exactions étaient tyranniques et lui aliénaient tous les cœurs. Infidèle à sa femme, il congédiait ses maîtresses par passion et par caprice, traitait les rois comme ses inférieurs et ses sujets comme ses esclaves. Il vécut peu aimé, il mourut sans être regretté. Bordeaux ne lui doit que peu de chose.

A la mort de Richard, la couronne appartenait de droit au fils de Geoffroy, Arthur, duc de Bretagne; mais Jean *sans terre* (1) l'usurpa; et son premier acte comme roi fut de dépouiller son neveu de son duché. Arthur implora le secours de Philippe-Auguste : les barons du Poitou l'accusèrent d'avoir enlevé et épousé Isabelle d'Angoulême, femme du comte de La Marche; mais le fier, le luxurieux Jean méprisa leurs plaintes et continua à vivre dans l'indolence et la volupté. Philippe, enchanté d'avoir une occasion d'humilier le roi d'Angleterre, le somma de comparaître devant lui dans la quinzaine de Pâques, pour lui faire hommage de son duché d'Aquitaine et pour répondre, devant la Cour des Pairs, des choses qu'on lui imputait. Jean promit de s'y rendre, mais n'y comparut point. Alors Philippe marcha contre la Normandie, tandis qu'Arthur y pénétra par le côté opposé, avec ses fidèles Bretons. De toutes ses terres sur le continent, la

---

(1) Seul, Jean n'avait pas d'apanage à l'époque où Henry au Court-mantel, Richard et Geoffroy avaient reçu les titres de roi d'Angleterre, de duc de Guienne et de duc de Bretagne. Voilà pourquoi on l'appelait Jean *sans terre*. Depuis, Henry II lui avait assigné l'Irlande pour apanage.

Guienne seule, à l'exemple de Bordeaux, resta fidèle au roi Jean.

Se voyant menacé d'un péril réel et imminent, le souverain anglais sentit enfin la nécessité de réunir ses forces; il écrivit aux principales villes, et, en particulier, aux barons et chevaliers du Périgord, de tenir prêts à son service, des hommes, des armes et des chevaux, à la première réquisition qui en serait faite par son sénéchal de Guienne ou par l'archevêque de Bordeaux. Pour s'attacher le clergé, et pour récompenser le zèle et les services de l'archevêque de Bordeaux, le roi Jean, par lettres-patentes du 9 octobre 1203, confirma en sa faveur, et pour tous ses successeurs, les libertés, priviléges et dons que la reine Éléonore avait accordés aux archevêques de Bordeaux; il leur octroya l'exemption de toute juridiction séculière, le droit de fonder des manoirs fortifiés, d'établir des communes, *sauvetés* ou bourgs (*populationes*) dans leurs territoires actuels ou futurs; de donner à leurs sujets des Coutumes et statuts sans l'intervention d'aucune autorité séculière, et même de convoquer les habitants des communes de la juridiction royale, pour repousser tous malveillants qui voudraient les troubler, eux ou les hommes leur appartenant, dans la jouissance de leurs droits. De plus, il décréta une amende de 500 liv. de monnaie de Bordeaux, ou davantage, selon les cas, payables à l'archevêque par les malfaiteurs, dont les propriétés en répondraient.

Le roi Jean fit tout ce qu'il pouvait pour s'attacher les Bordelais : on profita souvent de ces dispositions, même aux dépens de la justice, comme il arriva dans l'affaire d'Hélie Béguey, ou Vigier, pour la seigneurie de Bègles. Cette terre avait été donnée par Richard Cœur-de-Lion au chevalier de Chitry; mais celui-ci, étant prisonnier entre les mains du comte de Toulouse, qui était en guerre avec Richard, eut les yeux crevés par représailles. Alors Hélie Beguey demanda au roi Jean la seigneurie de Bègles, lui assurant que Chitry était mort. Le roi le crut, et lui donna la seigneurie par lettres-patentes du 20 juin 1204. Le malheureux Chitry réclama contre cette inique spoliation ; mais Beguey, qui était très-riche et très-puissant à Bordeaux, fit valoir la Charte du prince, et Bègles lui resta, sous l'obligation de payer au roi, son suzerain, tous les ans, à la fête de l'Assomption, un *autour saur (Austorem Saurum)*.

Livre III. Chap. 5.

Pour répondre d'une manière digne à la confiance de son souverain, Hélie, archevêque de notre cité, appela dans le Bordelais les routiers, commandés par Mercader, digne chef de ces misérables brigands. La province fut dévastée, les églises pillées de leurs ornements et vases sacrés, etc. ; on les accusa même d'avoir, avec la criminelle connivence du prélat, exigé une rançon de dix sous pour chaque prêtre et chaque clerc qui tomberaient entre leurs mains. Pendant ce temps, Arthur s'était rendu maître du Poitou ; et à la tête d'une puissante armée, alla assiéger Mirebeau, à six lieues de Poitiers, résidence habituelle d'Éléonore. Sommée par les assiégeants de se rendre, la princesse refusa toutes leurs propositions : une partie de son château tomba en leur pouvoir ; mais elle se roidit contre sa mauvaise fortune, et tint la place en attendant l'arrivée de son fils. Sa constance ne fut pas longue ni sans récompense : il arriva, en effet, bientôt après ; et à la faveur des ténèbres de la nuit, il culbuta et dispersa les assiégeants après un carnage épouvantable : les coryphées du parti français furent jetés en prison, et Jean égorgea, dit-on, dans le donjon de Rouen, son neveu, Arthur, et jeta son cadavre dans la Seine.

Recueil des Histoires de France, tome 19.

Bibliothèque de l'École des Chartres, tome 3, 456.

Math. Paris, tome 2, 314.

Dans ces pénibles circonstances, Jean conclut une trêve avec Philippe, et s'en retourna en Angleterre ; mais le prince français, à la faveur de son absence, crut devoir réunir des forces et se tenir prêt à marcher vers la Guienne. La Gascogne était alors presque toute au pouvoir des Espagnols, qui la parcouraient en vainqueurs. Alphonse, roi de Castille,

Livre III.
Chap. 5.

avait réuni à Saint-Sébastien, le 26 octobre 1204, tous les seigneurs gascons, et, parmi les autres, Gaillard, évêque de Bazas. Après plusieurs actes d'une grande portée politique, passés dans cette assemblée, dans lesquels le prince espagnol se donna le titre de *seigneur de la Gascogne*, qu'il dit soumise à son sceptre (1), il marcha contre les faibles forces du roi d'Angleterre, pour s'emparer de la province qu'il disait avoir été donnée en dot à sa femme, Éléonore, fille de Henry II et de la célèbre Éléonore de Guienne.

Le comte d'Armagnac, allié du roi de Castille, crut pouvoir pousser ses excursions jusqu'aux rives de la Garonne, et même venir assiéger la ville de Bordeaux (2). Il exécuta son projet ; mais les campagnes étaient désertes et incultes ; la famine se mit dans le camp des assiégeants, et la mort fit d'épouvantables ravages dans leurs rangs. Honteux de se retirer sans une ombre de gloire, ne pouvant continuer le siége, et cependant voulant en finir sans honte avec les Bordelais, le comte leur proposa de terminer cette guerre par un duel d'un à un. La proposition fut acceptée ; mais le représentant du parti Armagnac paraissait si fort, si habile, et d'une taille si gigantesque, que les Bordelais ne trouvèrent personne qui osât se mesurer avec lui. Alors un seigneur de Lalande, dit

---

(1) *Dominus Vasconiæ*; et plus bas, on lit : *Ego Alphonsus regnans in Castillâ et Toledo et in Vasconiâ*.

(2) La Chronique de saint Étienne de Limoges parle de ce siége de Bordeaux. Louvet parle du combat; mais le lieu précis du combat nous est inconnu, quoi qu'en dise Bernadau à l'occasion de la rue La Birat, qui signifie, non pas le lieu où Lalande tua le champion d'Armagnac, mais le coin de rue où l'on tournait à droite ou à gauche. Le mot patois *bira* ne signifie pas tuer, mais tourner. Lopes assure, page 224, qu'il avait vu écrit à la main, dans un vieux bréviaire de l'église de Ste-Colombe, seize ans après cette guerre, ces mots, qui constatent ce siége : *Anno 1206 obsessa est civitas Burdigalæ à Rege Hispano*. Tillet dit que ce siége eut lieu en 1100 ; c'est une erreur, une confusion de dates, qui n'est appuyée que sur une inscription lapidaire erronée, dont nous aurons occasion de parler dans notre *Histoire de l'Église de Bordeaux*, quand il s'agira de la fondation du couvent des Carmes. Nous rejetons l'autorité de la Chronique de Limoges.

Louvet, sort des rangs, et plein de confiance en Dieu, se charge de défendre la cause et l'honneur de sa patrie; il recommande ses faibles efforts à la protection de la Très-Sainte-Vierge, et promet, en cas de victoire, de bâtir en son honneur un couvent et une église. Les combattants se préparent, les forces paraissent inégales; mais l'adresse et la confiance en la sainte Mère de Dieu donnent une certaine hardiesse et un avantage immense au jeune Bordelais. Le combat s'engage sous les yeux des deux partis : l'anxiété est à son comble; mais Lalande réussit enfin à tuer le Goliath d'Armagnac et force, aux cris de joie des Bordelais, l'ennemi à lever le siége et à quitter le pays.

Livre III.
Chap. 5.

Fidèle à son vœu, le jeune héros fit commencer le monastère dans le faubourg de Bordeaux; mais à cause des désordres du temps, ce ne fut qu'en 1264 qu'on y établit les Carmes. C'est alors que le chapitre de Saint-André autorisa le prieur de cet ordre religieux d'établir le couvent, l'église et un cimetière pour l'inhumation des frères, dans la rue Lalande, ainsi appelée du nom du jeune héros bordelais. Ce lieu, appelé *los Carmes Vieils*, fut donné plus tard au couvent de l'*Annonciade*, aujourd'hui de la *Miséricorde*.

Fier de ses succès en Normandie, Philippe crut devoir chercher un prétexte de guerre; et ayant convoqué une assemblée de pairs à Paris, y fit citer devant elle le roi d'Angleterre, pour y répondre du meurtre du prince Arthur, commis, disait-on, par lui, sur la terre de France. Jean ne déclina pas la compétence de la Cour, mais ne s'y rendit pas, n'ayant pas de sauf-conduit. Il fut condamné par défaut à la peine de mort; tous ses fiefs furent confisqués et réunis à la couronne. Blessé jusqu'au vif, Jean se prépara à se venger par les armes, et se hâta d'arrêter le progrès des Français. Le moment était favorable : les exactions des mercenaires au service de la France, les déprédations des barons d'Outre-Loire, l'inconstance du caractère aquitain et la haine des nouveaux

Guillaume de
Nangis,
Chronique, etc.

Lingard,
History, etc.

maîtres, avaient préparé, en faveur des Anglais, tous les éléments de succès. Les Anglais débarquèrent à La Rochelle; les Poitevins, les Angevins et les Bordelais accoururent sous leur drapeau et chassèrent de l'Aquitaine tous les partisans de Philippe-Auguste. Jean trouva partout le peuple pour lui : le joug de Philippe paraissait odieux; le prince anglais, qui vivait loin des Aquitains, avait toutes les sympathies : on l'aurait moins aimé s'il eût été plus près d'eux. Philippe marcha vers le Poitou; Jean recula par peur et pour avoir la paix, et renonça, par un traité honteux, à tous les fiefs qu'il avait au nord de la Loire.

Ce ne fut pas seulement la politique qui fut embrouillée alors; la religion eut aussi ses embarras. L'hérésie albigeoise s'était répandue dans le Bordelais et dans toute la Gascogne jusqu'à Béziers. Les prédicants prétendaient ne réformer que les abus religieux; leur extérieur mortifié séduisait le peuple, et les efforts de leur zèle intéressé et anti-catholique leur gagnaient partout de nombreux prosélytes. N'ayant en vue, disaient-ils, que l'épuration des mœurs et de la foi, on les appelait *cathari,* purs ou puritains, nom donné plus tard, en Angleterre, aux dissidents protestants. Divisés entre eux, ils ne s'accordaient bien que sur un seul point : la haine pour l'Église de Rome, la destruction du catholicisme. Le clergé était riche et peu régulier; les novateurs étaient populaires, pauvres et d'une grande apparence de rigidité de mœurs. Le clergé s'occupait beaucoup, trop peut-être, de choses temporelles; les sectaires étalaient une grande abnégation d'eux-mêmes, et ne travaillaient, en apparence, que pour le bien spirituel du monde.

Les évêques s'élevèrent enfin contre ces perturbateurs de la paix de l'Église et de l'État; mais Raymond VI, comte de Toulouse, les protégea et leur donna la sanction de son nom, de son approbation et de son exemple: les grands seigneurs se rangèrent de son côté, le clergé catholique devint odieux, et l'enthousiasme pour les sectaires se changea en une véritable passion.

Les évêques, voyant qu'il s'agissait des intérêts de l'Église, s'assemblèrent en plusieurs endroits, appuyés par les rois de France et d'Angleterre, et supplièrent le pape de prendre des mesures énergiques contre ces nouveaux ennemis de la foi. L'archevêque de Bordeaux, Guillaume d'Amanieu, de concert avec les évêques de Bazas et de Périgueux, écrivirent aussi, de leur côté, au pape Innocent III, lui exposant les ravages de l'hérésie, l'audace des prétendus réformateurs et la nécessité de remédier aux désordres et au scandale du temps. Le pape envoya un légat dans le Midi, qui n'y recueillit d'autres palmes que celles du martyre : son assassin, Pierre de Castelnau, était vassal du comte de Toulouse ; le suzerain était accusé d'avoir trempé dans le crime. Le pape ordonna une croisade contre Raymond et tous les partisans de l'hérésie ; pour gagner les indulgences attachées à cette expédition, il n'exigea de chaque soldat pèlerin que le temps du service féodal, quarante jours, avec quelques pratiques religieuses. Des pèlerins se présentèrent de tous côtés ; et une armée de 50,000 hommes, portant la Croix blanche sur la poitrine, se réunirent sous l'étendard de Simon de Montfort, qui les conduisit au légat, Arnaud Amalric, nommé généralissime de cette nouvelle armée.

Livre III. Chap. 3.

1207.

Le P. Lacordaire, Vie de St-Dominique.

Histoire du Languedoc, tome 11.

CHAPITRE VI.

Croisades. — Troupes de l'archevêque de Bordeaux. — L'Agenais ravagé. — Béziers détruit. — Raymond de Toulouse. — Concile de Bordeaux. — Canons du Concile. — Le roi Jean. — Il meurt à Bristol. — Henry III fait de belles promesses aux Bordelais. — Louis VIII se prépare à la guerre. — Les Anglais envoient une flotte sur les côtes de Guienne. — Richard. — Il convoque les Bordelais. — Bazas, Langon, Saint-Macaire se soumettent aux Français. — La Réole résiste, comme Bordeaux. — La *maltote*, ou impôt extraordinaire. — L'archevêque de Bordeaux envoyé à Londres. — Mesures sévères contre l'hérésie. — État de la Guienne. — Grande assemblée de Pons. — Journée de Taillebourg. — Henry s'enfuit à Blaye et, de là, à Bordeaux. — La reine accouche d'une fille au château de Lormont. — Une trêve, etc.

Livre III.
—
1210.

On assigna à ces pèlerins soldats trois points de réunion : Lyon, Puy et Bordeaux. On voyait accourir dans nos murs des volontaires de tous les coins de la France, des malheureux sans pain, sans fortune, ou des pécheurs, qui croyaient calmer leurs remords et obtenir par l'indulgence la tranquillité de leur conscience. Les phalanges de Bordeaux grossissaient tous les jours par les nombreux renforts qui venaient se mettre à la disposition de l'archevêque de Bordeaux et des évêques de sa province. Enfin, l'armée bordelaise se mit en marche, pilla et détruisit le château de Gontaud, dans l'Agenais, ravagea tout le pays, depuis Tonneins jusqu'à Casseneuil, qui se défendit avec courage et succès. Les Croisés s'en allèrent à Béziers, où se trouvait Simon de Montfort, nommé, à la place d'Arnaud Amalric, généralissime de l'armée. La ville de Béziers refusa de livrer les hérétiques ; elle devint la proie des flammes : tous les habitants, dit le P. Benoît, furent égorgés, sans distinction d'âge, de condition ou de sexe ; on en porte le nombre à 30,000. On ne saurait s'imaginer toutes les hor-

Benoît,
Histoire
des
Albigeois,
tome 1er.

reurs qu'on commit dans ce malheureux pays : les Croisés les continuèrent pendant dix ans, et promenaient leurs étendards ensanglantés dans tout le Haut-Pays, l'Agenais, l'Armagnac, le Bazadais et le Languedoc.

Raymond de Toulouse, effrayé de ces formidables préparatifs, s'était soumis aux plus humiliantes conditions qu'il plut au légat de lui imposer, pour conserver sa vie et sa fortune; il fut fouetté de verges et conduit, l'étole au cou, devant le légat, qui lui donna l'absolution. Roger, comte de Béziers, avait voulu faire de même; mais sa bonne foi paraissait suspecte : on ne le crut point; ses terres furent ravagées.

Tout semblait terminé; on songea à régulariser la victoire : à la place des hérétiques, il fallait mettre des hommes d'une orthodoxie reconnue. Simon de Montfort prit la place, les terres et les titres de Raymond de Toulouse; l'exil ou la prison étaient devenus le sort de plusieurs; les femmes même et les filles étaient enveloppées dans cette proscription, et le pays tout entier ne présenta plus qu'un lugubre aspect de deuil et de consternation.

Le Bordelais n'était pas à l'abri des horreurs de la guerre : le germe de l'hérésie y avait été importé. Raymond de Toulouse était venu à Bordeaux réclamer le secours des Anglais contre ses nombreux ennemis; ses compagnons de voyage, plus coupables que lui-même, jetèrent dans nos contrées les semences de leurs nouvelles doctrines, et inspirèrent aux hommes ignorants, crédules ou irréligieux, une antipathie pour le pape, pour les évêques, et une répugnance à payer à l'Église les redevances habituelles. Un concile était jugé nécessaire; on en convoqua un à Bordeaux pour le lendemain de la Saint-Jean, 1214; il fut présidé par Robert de Cork, cardinal et légat du Saint-Siége. Le roi Jean y assista, et donna son approbation aux décisions des Pères. On y ordonna que les seigneurs réprimeraient les exorbitantes usures des juifs, sous peine d'être excommuniés, et que, s'ils ne se conformaient pas aux canons du concile dans l'espace de quarante jours, leurs serfs seraient déclarés déliés de leur serment de fidélité, et leur terres mises en interdit. Après avoir prononcé l'excommunication contre les routiers, les cathares et les assassins, le légat accorda à tous ceux qui feraient la guerre à ces excommuniés deux mois d'indulgence pour chaque jour de leur service. On y prononça aussi l'excommunication contre les laïques détenteurs des dîmes, et contre ceux qui, au lieu du dixième, ne paieraient que le douzième ou le onzième. Défense y fut faite aussi, à tout prêtre ou religieux, d'associer des séculiers à la participation des décimes. De nos jours, ces mœurs nous étonnent; mais qu'on n'oublie pas que c'était l'esprit du siècle, le droit public de l'époque. Le clergé était puissant, le roi s'inspirait des décisions des conciles, et par elles empêchait la dissolution de la société : la religion sanctifiait l'obéissance et la rendait facile; elle adoucissait et tempérait le pouvoir, et facilitait le progrès des mœurs. Aujourd'hui, tout est changé; en est-on plus heureux? Le clergé se renferme dans le sanctuaire; on dirait qu'il est en état de suspicion devant le monde; et lui, qui a conservé et fait progresser les sciences et les arts dans des temps barbares et difficiles, est représenté comme l'ennemi des lumières! La postérité ne s'en étonnera pas moins que nous ne le faisons des mœurs du XIII siècle!

Découragé par la défaite de Bouvines, et humilié par les barons d'Angleterre, qui travaillaient, de concert avec Langthon, archevêque de Londres, à faire revivre et à consolider les anciennes libertés de leur patrie, Jean ne soupirait qu'après la paix et semblait avoir le pressentiment de sa fin. C'était contre son gré qu'il signa la grande Charte constitutionnelle des Anglais, qui mit un frein au despotisme des rois et un sceau à la liberté des peuples. Il essaya de révoquer la Charte qu'il avait juré d'observer, et faillit perdre la couronne en punition de son parjure. Les membres de l'opposition s'assemblèrent et offrirent le sceptre au fils de Philippe de France. Ce jeune prince fit voile pour Londres ; mais le faible, le méprisable roi, s'était retiré honteusement à Bristol, où il tomba malade, et mourut le 19 octobre 1216, à l'âge de quarante-neuf ans. Le dernier acte politique de ce prince fut la nomination de l'archevêque de Bordeaux, Guillaume Amanieu, comme ambassadeur auprès des habitants de Bayonne, en 1216, pour les engager à lui fournir des hommes et des vaisseaux.

Dix jours après la mort de Jean, son fils, Henry III, fut couronné roi. Le jeune Louis de France fut forcé de quitter Londres et de renoncer à ses prétentions à la couronne d'Angleterre. Le nouveau règne ne fut qu'un long tissu de malheurs pour la Guienne. Sachant que l'archevêque de Bordeaux était dévoué à ses intérêts, et convaincu, d'ailleurs, que la fermeté de son caractère ne reculerait devant aucun danger, il adressa une Charte au clergé, aux barons et à tous ses sujets, en Guienne, pour leur notifier qu'il accordait à ce prélat la sénéchaussée et la garde de toutes les terres du Poitou et de la Guienne, pour autant de temps qu'il le jugerait convenable. Il ne négligea rien pour se concilier l'affection des Bordelais, leur promit, en 1219, qu'il allait réparer les murs, fossés et remparts de la ville qui faisaient partie du domaine du roi ; et pour preuve de son attachement aux Bordelais, il envoya dans notre cité, sa mère, à qui les habitants, l'archevêque en tête, firent un accueil magnifique. Au départ de cette princesse pour Bordeaux, il écrivit au maire et au conseil de la Commune une lettre où, tout en faisant leur éloge et de belles promesses, il leur demanda de nouveaux sacrifices pour les éventualités très-probables d'une guerre avec la France. « Je vous félicite, leur disait-il, du courage que vous » avez montré et des services que vous n'avez cessé de ren- » dre à mon père et à moi, en faisant de grands sacrifices » pour clore et fortifier votre ville. Persistez plus que jamais

Livre III. Chap. 6.

1216.

1219.

Rymer, *Acta publica,* 1, 77.

» dans ces bonnes résolutions, et usez de toute votre influence
» pour engager votre Commune, à l'exemple de celles de
» Londres, à me prêter mille marcs, que vous remettrez à
» Brokard et à l'abbé de La Sauve. Soyez sûrs que je défen-
» drai énergiquement votre ville et vos biens contre l'ennemi
» dont vous redoutez les attaques. Cet ennemi n'est guère à
» craindre, puisque le pape a pris mes États sous sa protec-
» tion, et que j'ai commis votre défense à des gens qui, avec
» le secours de Dieu, vous sauveront au péril de leur vie.
» Quant aux mille marcs que je vous demande, soyez sûrs
» qu'ils seront restitués au jour indiqué par nos lettres-paten-
» tes ; mes deux commissaires, Brokard et l'abbé de La Sauve,
» sont chargés, d'ailleurs, de vous donner une déclaration en
» mon nom. Je viens de donner des ordres pour que les ou-
» vriers qui ont entrepris de restaurer les tours, les quais et
» clôtures de la ville de Bordeaux, se mettent incontinent à
» l'œuvre. Veillez à la bonne et prompte exécution de ces
» travaux ; car s'ils sont mal exécutés, il y aura perte réelle
» pour vous et pour moi ; et je me verrai contraint d'ordon-
» ner, à titre d'indemnité, la confiscation des terres et des
» maisons de ces entrepreneurs. Je m'empresse de faire droit
» à vos instances, en recommandant à mon sénéchal de ne
» pas permettre aux hommes de guerre qui habitent les
» alentours de Bordeaux, de vendre leurs biens à des étran-
» gers. Il faut, en effet, que ces hommes de guerre restent
» sur leurs domaines, pour le service qu'ils me doivent et pour
» votre défense. »

Comme l'administration des finances, à Bordeaux, laissait beaucoup à désirer, Henry y nomma un nouveau sénéchal, Philippe de Ulctot, homme habile et bon administrateur ; il ordonna en même temps aux prud'hommes de Bordeaux de lui rendre fidèle compte des tailles et péages qui se percevaient au profit du roi, et de mettre à sa disposition les tours et les châteaux. Ces mesures étaient de louables actes de prévoyance; car Louis VIII se préparait sérieusement à la guerre. Il était tellement convaincu qu'il finirait par expulser les Anglais de la Guienne, qu'il disposa d'avance de plusieurs seigneuries, et donna au comte de La Marche la ville de Bordeaux, avec une pension de 2,000 liv. sur son trésor, en attendant la conquête de la province. Pleins de confiance, les Français se mirent en route pour la Guienne; on les accueillit partout avec un enthousiasme apparent, qui n'était que le résultat de la peur. Ils arrivèrent enfin sur la rive droite de la Garonne, vis-à-vis de Bordeaux, qui refusa de leur ouvrir les portes : l'archevêque avait pris des précautions dans l'intérêt de son roi, dont la cause semblait perdue en Guienne.

Les Anglais furent découragés : la prise de La Rochelle réveilla leur énergie; ils armèrent une flotte de trois cents voiles, sous les ordres du comte de Salisbury, qui avait à son bord Richard, frère cadet du roi, comte de Cornouailles et duc de Guienne. La flotte arriva à l'embouchure de la Gironde, et bientôt après, vers les fêtes de Pâques, en rade de Bordeaux. Richard et l'amiral furent reçus avec pompe par l'archevêque et les notables, et la fortune sembla sourire de nouveau à leur périlleuse entreprise. Richard convoqua tous les évêques, tous les abbés, tous les seigneurs de la province; on vit accourir au Palais-de-l'Ombrière les seigneurs de Blanquefort, de Lesparre, de La Mothe, de Landiras, de Noaillan, de Rions, de Montferrant, de La Tresne, de Lalande, de l'Ile, d'Aulède, de Lescale, etc., etc. L'Assemblée était nombreuse, imposante et agréable au prince; il y présenta les lettres du roi, qui n'étaient qu'un chaleureux appel à leur dévoûment.

En lisant cette lettre, Richard était ému : sa voix, cependant, était forte, et sa jeunesse et ses grâces lui gagnaient tous les cœurs. Il conquit toutes les sympathies; tous jurèrent de lui être fidèles. Le cri : *Aux armes!* s'entendit partout

Livre III.
Chap. 6.

1224.

1225.

Gesta Ludov. VIII.

une armée anglo-aquitanique se recruta en peu de jours ; et ayant pris position sur la rive gauche de la Garonne, empêcha les Français de passer cette rivière. Encouragé par ces démonstrations amicales, le comte, accompagné du jeune prince, alla réduire la ville de Saint-Macaire, qui fut prise, ainsi que Langon, Bazas et les petites villes des bords de la Garonne. La Réole fit une vigoureuse résistance et resta fidèle au roi de France. Ayant appris qu'Henry de Lusignan, comte de La Marche, venait, avec un grand nombre d'autres seigneurs poitevins et aquitains, au secours des Français, Richard leva le siège, sous le prétexte d'aller les combattre à Limeuil, ou Bergerac. Les Réolais ne furent pas dupes de ces ruses ; ils poursuivirent les Anglais, qui, se trouvant entre deux feux, eurent beaucoup à souffrir, et virent tomber sous le joug des Français la ville de Limeuil et les terres de Rudel, seigneur de Bergerac, qui se soumit au roi de France (1).

Pendant ce temps-là, l'hérésie ne restait pas inactive ; elle ravageait tout le Midi et semait partout la révolte, la désolation et la discorde ; elle pénétra dans le Bordelais ; mais l'archevêque, de concert avec les évêques de Bazas et d'Agen, réprima, avec les milices locales, ces audacieux perturbateurs de la paix, et fut puissamment secondé dans l'Agenais par le comte de Montferrant. On n'en voulait pas à leurs opinions : on voulait les empêcher de les traduire en faits ; on com-

Livre III. Chap. 6.

Anonyme, Vie de Louis VIII.

A. Duchesne, Histoire d'Angleterre, tome 1er.

Daniel, Histoire, etc.

Grandes chroniques de St-Denis, tome 4, édit. Paulin, Paris.

---

(1) Mathieu Paris dit que Richard réduisit La Réole. Henry Martin, tome 4, 120, le dit aussi d'après lui ; mais l'Anonyme et Duchesne disent le contraire. Mathieu Paris se trompe. Voici une lettre de Richard à Henry III, écrite de Saint-Macaire, 2 mai 1225, qui le prouve : « Nous annonçons à Votre Sérénité que le » jeudi avant la fête de Saint-Marc l'Évangéliste (26 avril), nous nous présentâmes » avec notre armée devant Bazas, et que nous passâmes la nuit en dehors de ses » murs. Mais le lendemain, l'évêque et les citoyens, après en avoir délibéré entre » eux, nous rendirent cette ville et prêtèrent en nos mains leur serment de fidélité » à votre personne, ainsi qu'à nous, votre lieutenant. De sorte que, grâces à Dieu, » nous avons toute votre Gascogne libre et purgée de vos ennemis, à l'exception de » La Réole ; et tous les magnats sous votre foi, à l'exception d'Élie Rudel, seigneur » de Bergerac. » (Voyez aussi l'*Hist. littéraire de la France*, tom. 17, 377).

mença alors à respecter la liberté des cultes. Mais on comprit aussi qu'il était indispensable à la paix, au bonheur de la société, de réprimer les insurrections et les désordres qui résultaient de ces doctrines, quels qu'en fussent la nature et le but. Marmande résista longtemps ; mais enfin, effrayés du sort qui les attendait, les habitants s'enfuirent sur des barques légères vers La Réole ; le comte les poursuivit et brûla le bourg où ils s'étaient réfugiés. L'hérésie ne céda pas encore ; elle établit son centre d'action à Toulouse. Les archevêques de cette ville et de Bordeaux réunirent leurs forces sous les murs de la cité toulousaine ; et ayant rencontré de la part de la population, dominée par ces Albigeois, une résistance opiniâtre, ils en démolirent les mantelets et les fortifications.

Livre III. Chap. 6.

Chronique de Pierre de Vaux Cernay, chap. 79.

Bordeaux resta toujours fidèle à son roi et à sa foi ; mais les triomphes des Français attristaient tous les cœurs. Prévoyant le sort qui les attendait si Richard était obligé de s'enfuir, les Bordelais établirent une nouvelle *maltote* (1) (taxe), pour lui fournir des moyens de continuer la guerre. Henry les avait priés de maintenir leur indépendance et de continuer jusqu'à la Toussaint le paiement de cette *maltote ;* ils le firent, et mirent en état de défense tous les châteauxforts du pays.

Sur ces entrefaites, Guillaume, archevêque de Bordeaux, vint à mourir (1226) ; c'était une perte pour les Anglais. Henry fit écrire, par son chancelier, Hubert Dubourg, au doyen et au chapitre de Saint-André, d'élire un prélat qui ne fût suspect ni au roi ni à son conseil. Leur choix tomba sur Géraud de Malemort, doyen du chapitre, homme actif, vertueux et intelligent. Ayant appris en même temps qu'on altérait notablement la monnaie en circulation, le roi ordonna à son

Rymer, Acte public, t. 1er, 1re part., 84.

1227.

---

(1) *Maltote (male tolta)*, taxe extraordinaire à laquelle le peuple ne consentait qu'à regret.

sénéchal, le sire de Trubleville, de veiller à ce qu'elle eût le poids et l'aloi de celle de Tours, alors très-répandue dans nos contrées (1).

Sous la minorité de Louis IX, la régence de la reine Blanche rencontra, de la part des barons du Poitou et de la Guienne, une opposition opiniâtre : on voulait la guerre, ne fût-ce que pour piller; on mit en avant l'indépendance de la patrie, la liberté des peuples d'Aquitaine, la tyrannie de la France, grands mots qui servaient les intérêts d'une intrigue et provoquaient le malheur des classes inférieures; mais, au fond, c'étaient des vues plus étroites, tout égoïstes et mesquines. On pressa beaucoup Henry de revenir en Guienne; il promettait, mais ne venait pas. On lui envoya des députés, entre autres Géraud, archevêque de Bordeaux ; ils lui représentèrent l'état agité du pays, l'aversion qu'on avait pour les Français, le peu d'opposition qu'il rencontrerait s'il venait humilier le roi de France en lui enlevant les terres dont il s'était emparé au détriment de la couronne d'Angleterre. La proposition fut discutée au Parlement, alors assemblé à Oxford; on ne lui donna pas de suite. Une trêve de deux ans fut arrêtée et conclue.

A son retour de Londres, Géraud de Malemort trouva son diocèse infecté des erreurs albigeoises : les hérétiques tenaient leurs conciliabules dans des lieux cachés ; et sous le faux titre d'ouvrages de piété, répandaient parmi les catholiques des livres dangereux, des versions fautives des saintes Écritures et autres ouvrages à la portée du peuple. L'archevêque prit des mesures sévères pour la suppression de ces livres et la punition des coupables. Dans tous ses efforts pour maintenir l'unité des principes religieux et la paix dans son troupeau, il fut puissamment secondé par les Dominicains. Les mesures prises à l'égard des hérétiques d'alors nous semblent

---

(1) Pour la monnaie en cours à Bordeaux, voyez pages 509, 558.

aujourd'hui une monstruosité en politique comme en religion ; mais l'hérésie était alors une félonie, un crime de lèse-nation ; c'était une cause de troubles, de dissensions dans l'État et dans les familles ; c'était un attentat contre la société, le renversement des lois civiles, politiques et religieuses. Le XIXe siècle, avec ses libertés de toutes sortes, ne doit pas juger, d'après ses idées, le XIIIe, où la loi civile n'était qu'accessoirement nécessaire : la religion seule agissait ; presque seule, elle servait de lien à la société, qui tendait à se dissoudre. Vouloir changer ou détruire la religion, était, aux yeux de la législation et du peuple, un crime, un acte anti-social, qui méritait toute la rigueur des lois.

La Réole était alors une place forte et considérable ; la cause et les intérêts de Bordeaux y trouvèrent toujours de puissants défenseurs. Aussi, son alliance était recherchée par les Bordelais ; et dès l'an 1222, sous l'administration de P. Viguier, Bordeaux avait conclu avec La Réole un traité d'union, qui fut renouvelé, en 1230, par les jurats de Bordeaux. Il fut alors convenu entre les Réolais et les cinquante jurats de Bordeaux, ayant à leur tête le maire, Raymond Monadey, et agissant du consentement des prud'hommes de Bordeaux, que les deux villes resteraient fidèles à l'Angleterre, et qu'elles ne feraient rien sans leur consentement mutuel ; qu'en cas de guerre à Bordeaux, les Réolais seraient tenus d'y envoyer cent hommes armés ; et en pareil cas à La Réole, Bordeaux devrait y envoyer deux cents hommes, et même davantage s'il était nécessaire. Depuis lors, jusqu'à ce jour, La Réole a presque toujours partagé le sort de Bordeaux (1).

La Guienne était toujours le théâtre de la guerre civile et de tous les maux qui l'accompagnent : une affreuse famine y

---

(1) Ce traité, passé entre Bordeaux et La Réole, en novembre 1230, existe encore dans les archives de La Réole, et constate que Raymond Monadey était alors maire de Bordeaux. (*R. Monetario tunc existente Majore Burdigalæ*). Son nom ne figure sur aucune des listes données par nos historiens.

Livre III.
Chap. 6.

ajoutait d'incroyables horreurs, et la mort revêtait toutes les formes pour moissonner cette malheureuse population. La terre, privée de ses habitants et sans culture, ne fournissait plus ses grains ni ses produits ordinaires; le commerce était nul, par suite des dissensions civiles, et les malheureux habitants de la fertile Aquitaine se virent enfin réduits à la triste nécessité de manger les racines de leurs légumes et les herbes de leurs champs non cultivés (1). En présence de ces calamités, qui s'accumulaient et s'étendaient sur toute la province, les habitants de l'Entre-deux-Mers, pays vexé et opprimé plus que les autres, crurent devoir se plaindre collectivement au roi. Le danger rapproche tous les hommes : toutes les défiances s'effacent, toutes les rivalités se taisent, tous les travaux se confondent, en vue du péril commun, et un esprit d'égalité et de fraternité naît de la communauté des souffrances et du désir de les conjurer. Le clergé, les seigneurs, les notables, se réunissent le IV des Calendes de mars 1235 ; on y voyait tous les hommes recommandables de la province : Géraud de Malemort, archevêque de Bordeaux, et les chapitres de Saint-André et de Saint-Seurin, les abbés et les religieux de Sainte-Croix, de La Sauve, de Saint-Romain, de Saint-Sauveur, de Guîtres, de Pleine-Selve, de Saint-Vincent-de-Paise, de Saint-Émilion, de Bonlieu (Carbon-Blanc), de Verteuil, de l'Ile, les prieurs des Dominicains et des Jacobins, le gardien des Cordeliers (2), le commandeur des Templiers, le supérieur de l'ordre de Saint-Jean de Jéru-

---

(1) Fames admodum magna invaluit in Galliâ maxime in partibus Aquitaniæ, ita ut homines herbas campestres sicut animalia bruta comederint. (WALSINGHAM, *Ypodima Neustriæ*, p. 58; *Edit. de Londres*, 1574).

(2) Lopes dit que les Cordeliers vinrent s'établir à Bordeaux en 1247; c'est une erreur : le document dont nous donnons ici l'analyse prouve qu'ils y étaient en 1235, puisque leur gardien assista à l'assemblée générale du Palais-de-l'Ombrière. Lopes se fonde sur un Mémorial écrit dans un antiphonaire des Frères mineurs, et qui parle de la date de 1247; mais cette date se rapporte à leur établissement sur la paroisse de Saint-Michel.

salem, en Gascogne, etc., etc. C'était le pays bordelais tout entier assemblé au Palais-de-l'Ombrière, pour porter ses plaintes et l'expression de ses douleurs aux pieds du roi, au sujet des excès, des abus d'autorité, des vexations dont le sénéchal, Henry de Trubleville, et ses agents, s'étaient rendus coupables dans l'Entre-deux-Mers. Les baillis, surtout, y avaient commis et commettaient toujours toutes sortes d'excès dans ces contrées; il n'y avait ni ordre, ni loi, ni magistrat pour la faire respecter. Les baillis agissaient comme ils voulaient, et surpassaient même les routiers dans leurs exécrables forfaits; ils volaient, eux seuls ou en agissant de connivence avec les voleurs leurs agents, les églises, les presbytères, les maisons des nobles, des bourgeois et du peuple; les prêtres étaient maltraités, frappés, massacrés même; les timides vierges n'échappaient pas à leurs passions brutales; rien n'était sacré pour ces agents subalternes, qui, assurés de la connivence d'Henry de Trubleville et de l'impunité de leurs crimes, s'abandonnaient à leurs penchants et volaient, tuaient et agissaient sans crainte.

Ces baillis, qui pesaient le plus aux malheureux habitants de l'Entre-deux-Mers, avaient, au commencement, une autorité grande et sans contrôle : ils avaient l'intendance des armes; ils étaient les juges du peuple et administraient les finances. C'était trop ; ils agissaient comme s'ils étaient à vie, tandis que leur autorité n'était que temporaire et révocable. C'était un abus; les rois résolurent d'abaisser ces prétentions exorbitantes; ils leur retirèrent d'abord les finances, puis l'intendance des armes, et ne leur laissèrent que l'administration de la justice; c'était amoindrir considérablement l'importance civile et publique qu'ils avaient sous Henry II, à qui on en attribuait la création.

Dans l'assemblée tenue pour formuler leurs doléances, il fut résolu d'envoyer en députation auprès du roi d'Angleterre, Vital, archiprêtre de l'Entre-deux-Mers; Amaubin d'Ailhan, ancien maire de Bordeaux, et le commandeur des Templiers, en Gascogne. Instruit par eux des souffrances et des malheurs de cette partie de la province, le roi chargea Jean, abbé de la Grâce-Dieu, dans le diocèse de Saintes, et le chevalier Hubert Hose, de faire à ce sujet une enquête, afin de découvrir la vérité et de le mettre à même de réformer les abus et de punir les coupables. Cette enquête eut lieu dans les premiers jours du mois de février 1236.

On voit par la lettre du roi d'Angleterre, Jean *sans terre*, qu'il avait accordé de grandes franchises aux gens de l'Entre-deux-Mers, en confirmation de celles qu'ils avaient depuis le temps d'Henry et de Richard (1). Comme les habitants de ce pays avaient déserté leurs propriétés pour échapper aux vexations des Anglais, le roi leur assigna un délai pour y rentrer.

Les chevaliers, comme vassaux du roi, lui devaient hommage, mais n'étaient tenus au service militaire qu'à raison de certaines possessions qu'ils tenaient de lui : *Quicunque tenet res quæ debuit exercitum*, etc.

Les paysans agriculteurs devaient au roi un tribut annuel de 40 liv. Le roi Jean l'avait laissé à l'archevêque de Bordeaux, pour certains pauvres, qui devaient être nourris et vêtus à l'archevêché; c'était quelque chose comme l'hôpital de Saint-Charles sous le cardinal de Sourdis.

Le nouveau sénéchal était tenu de jurer de respecter leurs libertés.

Le droit de gîte *(albergagia)* fut accordé aux comtes de Poitiers du temps de Richard, son oncle, qui lui permit de prendre le titre de duc d'Aquitaine, quoiqu'il n'en fût que simple gouverneur ; on en exceptait les lieux qui jouissaient

---

(1) Per quas Dom. Johannes quondam rex Angliæ, progenitor suus concessit probis hominibus suis de terrâ quæ vocatur *inter Duo Maria*, quod habeant omnes libertates et liberas consuetudines quas habuerant tempore Henrici patris sui, et Ricardi fratris sui, etc.

Cette Charte n'existe que dans cette enquête.

de quelques immunités ecclésiastiques. Ce droit, qu'on accorda au prince contre les routiers, et pour la paix, fut étendu plus tard aux évêques et officiers royaux. (1).

Plus tard, le roi accorda la *biguerie* ou *vigerie (vicarias)* à quelques seigneurs qui relevaient de lui, tels que les seigneurs de Benauge, de La Tresne, de Vayres, de Montferrant, et, plus tard encore, à Amanieu de La Sauve.

Ces priviléges, et plusieurs autres, Trubleville et ses agents les violèrent avec une honteuse impunité, comme on peut voir par la requête. Ils en retracèrent l'origine jusqu'à Charlemagne, qui les accorda à ses fidèles serviteurs, en les établissant dans les environs de Bordeaux. D'après les témoins interrogés, jamais pays n'avait été si cruellement, si despotiquement traité que l'Entre-deux-Mers, par les baillis, les sergents et autres serviteurs de l'impitoyable Trubleville. Ils violaient, non seulement les droits des seigneurs, des églises et des bourgeois, mais ceux du roi même, dont ils méprisaient les injonctions; ils accordaient l'impunité à tous les crimes, même aux assassinats, comme on peut voir dans la requête. Ils souffraient que les marins du port de *Trajeyct* (Bastide) ravageassent périodiquement quinze paroisses, qui, situées sur les bords de la Garonne, relevaient des rois et offraient un facile accès à leurs barques légères.

Il accordait aux seigneurs la permission de se faire la guerre, faisait enlever le bétail, et même la volaille des pauvres; il s'arrogeait le droit de juger les hommes des églises; il contraignit les gens de l'Entre-deux-Mers de bâtir le châ-

---

(1) Il y avait alors des paysans appartenant au roi, les autres aux chevaliers ou seigneurs (milites); d'autres, enfin, aux églises. Ils étaient tous, à moins de priviléges particuliers, soumis au droit de gîte. L'archevêque de Bordeaux avait des communes et des seigneurs dans sa vassalité. D'après un titre cité par Beaurein, t. 4, en date de 1277, Gailhard de Fargues, seigneur d'Arbanats et de Portets, était vassal de l'archevêque, ainsi qu'Arnaud de Tabanac. Les paysans des seigneurs passaient, avec la terre, au pouvoir de celui qui en faisait l'acquisition; ils changeaient de maître, parce qu'ils étaient attachés à la terre; c'étaient les *adscriptitii* des Romains.

teau de Blagnac et ses dépendances, pour Hélie de Blagnac, qu'il avait forcé d'épouser sa fille illégitime. Il alla jusqu'à vendre à la vicomtesse de Benauge les paroisses de Cadillac, de Loupiac, de Sainte-Croix-du-Mont, avec les hommes du roi qui y demeuraient, quoique libres *(franci)* de toute servitude seigneuriale. Il consentit à ce qu'on levât des sommes considérables sur les paroisses de Cénac, de Tresses, de Mérignac, de Barsac, d'Eysines, de Léognan, de Curson, de Vayres, de Camiac, de Cenon, d'Artigues, de Floirac, de Carignan, d'Hyvrac, de Sadirac, de Nérigean, de Moulon, de Grésillac, de Saint-Quintin, de Saint-Sulpice, d'Yson, de Saint-Loup (Saint-Loubès), de Quinsac en Bares (Ambarès), de Bassens; sur le temple de La Grave (d'Ambarès), sur celui d'Arveyres (Arberiis), de Saint-Caprais, de Sainte-Eulalie de Bares, de Montussan, de Pompinhac, de Sallebœuf, de Camblanes, de Quinsac *supérieur,* de Cénac, de Colhan, et sur plusieurs autres communes de cette partie du territoire. Touché de ces plaintes, et voulant faire quelque chose après une enquête si minutieuse et si circonstanciée, le roi d'Angleterre, pour gagner l'affection des Bordelais, dans un moment où il était en guerre avec la France, leur accorda des priviléges particuliers, par sa Charte du mois de juillet 1235 (1).

(1) Dans un manuscrit inédit de D. Devienne, que nous devons à l'obligeance de M. de Montaubriq, de Bordeaux, ancien procureur-général près la Cour royale de Poitiers, cet auteur prétend que c'est de cette époque que date l'origine de l'Hôtel-de-Ville de Bordeaux, et assure que Delurbe a eu tort de la reculer jusqu'à 1173. Nous ne partageons pas cette opinion. Le nom ou titre de maire fut établi à Bordeaux en 1173, par le roi Henry, en faveur de Monadey, qui fut librement élu, comme le dit Delurbe; mais les droits, les priviléges de la municipalité, ne furent régulièrement reconnus et déterminés qu'en 1235, d'après la Charte dont nous venons de parler. On voit par l'enquête dont nous avons donné l'analyse, qu'il y avait des communes dans l'Entre-deux-Mers en 1235, et on viendrait nous dire que la capitale n'était pas une commune avant cette époque, ou n'avait pas de municipalité! On commença, en 1235, la Maison-Commune de Saint-Élegi (Saint-Éloi); et en attendant qu'elle fût construite, la nouvelle municipalité s'assemblait chez M. Cailhau, maire, sur la paroisse de Saint-Pierre, et souvent chez les Carmes, les Frères prêcheurs, ou dans une salle du Palais-de-l'Ombrière.

Ces faveurs étaient impuissantes pour guérir les maux du peuple ; ils réclamaient un prompt remède. Fatigué de plaintes éternellement renaissantes, et troublé par la nouvelle que Louis de France faisait des préparatifs pour la guerre, Henry III songea enfin à venir en Guienne. Il fit voile pour nos côtes, et débarqua, avec des forces considérables, à Royan, au mois de mai. C'est là qu'il espérait remporter des victoires; mais accablé bientôt après de chagrin, à la vue des triomphes des Français, il se retira à Saintes, et de là à Pons, d'où il écrivit, le 25 mai, à tous les seigneurs de la Guienne, de se rendre auprès de lui, avec leurs chevaliers, le jeudi après la Pentecôte. Il écrivit aussi aux maires et aux communes de Bordeaux, de Bayonne, de Saint-Émilion, ainsi qu'aux conseils et prudhommes de Langon, de Saint-Macaire et de Bazas, pour leur demander des secours en hommes ou en argent. L'assemblée de Pons était nombreuse et brillante : on y voyait le seigneur de Montferrant, premier baron bordelais, les seigneurs de Blanquefort, de Lesparre, de La Mothe, de Langon, de Landiras, de Noaillan, de Rions, de La Tresne, de Lalande, de l'Ile, d'Aulède, de L'Escale, de Buch, Ponce de Castillon, Élie de Blaye, Geoffroy de Mortagne, Gérard de Blaye, Andron de Bourg, Arnaud de Sanz, Gombaud de Vayres, Ponce de Chantemerle, Raymond de Montaut, le vicomte de Fronsac, Gaston de Gontaut, Gaillard de La Roche, Guillaume de Ségur, les seigneurs de Roquetaillade et de Fargues, le comte de Bigorre, Guillaume d'Apremond, Gaillard et Pey de Bordeaux, etc., etc. Les maires de Bordeaux, de Langon, de Bazas et de Saint-Émilion, reçurent ordre de se trouver à Royan le même jour, avec leurs troupes. Le 8 juin, il écrivit à Girald, son justicier en Irlande, pour qu'il lui amenât, sous le plus bref délai, ses troupes irlandaises, et le 3 juillet, il manda au maire de Bayonne d'envoyer ses navires devant La Rochelle. Il avait déjà écrit (le 20 juin) au sénéchal de Gascogne de faire armer deux galères à Bor-

Livre III. Chap. 6.

Joinville, Histoire de St-Louis, tome 2. Guillaume de Nangis, page 150.

Rymer, Fœderar., Act. public, tom. 1.

Livre III. Chap. 6.

16 Juillet 1242.

deaux et quatre à Bayonne, pour sa nouvelle expédition. Tout était préparé pour un coup décisif ; mais la fortune se prononça contre la force, et la journée de Taillebourg, où le roi Louis déploya un courage et un sang-froid admirables, faillit être fatale à la puissance anglaise en France. La Guienne y fit des pertes déplorables : 1,600 chevaliers, 20,000 hommes de pied, 700 arbalétriers, furent mis en déroute par une poignée de Français, électrisés par la bouillante intrépidité de leur jeune roi. Abattu, désespéré, Henry se retira à Saintes, tout honteux de sa défaite et en proie à la peur. Il craignait la proximité des Français : ils étaient la constante préoccupation de son esprit, son cauchemar de tous les moments. Un soir, Guy de Lusignan entre chez lui avec un empressement trop significatif pour sa lâcheté, et le prévient que les Français marchent sur Saintes ; il monte à cheval à la hâte,

Lettre de Henry III d'Angleterre à l'empereur Frédéric, 19 septembre 1242.

et se met à fuir le danger. « Voyant, dit-il lui-même, que je » n'étais pas en sûreté dans la ville de Pons, je me dirigeai » vers Barbezieux ; mais, dès que j'eus quitté Pons, Réginald » de Pons, m'ayant donné le baiser de Judas, s'empressa de » hâter la trahison qu'il avait méditée avec le comte de La » Marche. Alors, craignant d'être livré au roi de France, je » marchai jour et nuit vers Blaye. Après avoir laissé dans » cette place de bons renforts, je passai la Gironde et pris » quelque repos sur la rive opposée, pour observer le roi de » France, qui était venu en personne, dans le dessein d'as- » siéger Blaye. Mais s'étant arrêté à deux milles de la place, » pendant près de quinze jours, il n'osa pas s'en approcher » davantage, et tout se borna à quelques escarmouches entre » ses troupes et ma garnison. »

Math. Paris, page 402.

Henry, comme on le voit, ne se gêne pas ; il avoue avec franchise sa crainte, sa lâcheté. Il s'enfuit précipitamment à Blaye, où il reste jusqu'au mois d'août ; et ne s'y croyant pas en sûreté, il passe la Gironde et arrive à Bordeaux vers l'Assomption (15 août). Sa femme, Aliénor, l'avait précédé dans notre cité, et accoucha d'une fille, nommée Béatrix, au château de Lormont, le jour de Saint-Jean-Baptiste. Les soldats le suivent en désordre. Comme les Français ne vivaient que de fruits, sous une chaleur accablante, une épidémie en moissonna un grand nombre. Une trêve fut signée le 7 avril 1243, par l'intervention de la reine Blanche : saint Louis conservait toute la Guienne jusqu'à la Gironde et l'île de Ré ; Henry s'obligea, de plus, à lui payer tous les ans 1,000 livres sterlings.

Livre III. Chap. 6.

Guillaume de Nangis, Bouchet, etc. 1245.

CHAPITRE VII.

Raymond de Toulouse à Bordeaux. — Henry travaille à réconcilier des seigneurs brouillés. — Il est honteux de sa défaite dans la Saintonge. — Il passe l'hiver à Bordeaux. — Il visite Condate, Bazas, Langon, Saint-Émilion, etc. — La comtesse Garsende de Béarn et son fils Gaston à Bordeaux. — Grande fête. — Grande dépense. — Impôts onéreux. — Les Gascons se plaignent. — Édouard, duc de Guienne, à la place de Richard. — Guerre. — Insurrection à Bordeaux contre les Anglais. — Gaillard de Soley. — Arnaud Monadey. — Gaston de Béarn prisonnier. — Il obtient sa liberté. — Fronsac rasé. — Règlements pour la paix. — Tyrannie de Montfort, comte de Leycester. — Plaintes contre lui. — L'archevêque écrit contre lui. — Les Pastoureaux à Bordeaux.

Livre III.
Histoire du Languedoc, tome 3.

Dans ce temps (1242), Raymond de Toulouse vint à Bordeaux et fit un traité offensif et défensif avec le roi d'Angleterre. Raymond s'engagea envers lui contre les princes ou puissances étrangères, excepté le pape et la sainte Église romaine, dont il se vantait d'être le fils docile et obéissant. Les seigneurs bordelais souscrivirent le même traité avec leur roi, qui n'était pas fâché d'attirer sous son étendard les barons des Landes, de l'Armagnac, de Comminges et du Béarn; outre l'exception du Pape, ils en firent une autre en faveur de Frédéric, empereur des Romains, beau-frère d'Henry. Pendant que Raymond demeurait à Bordeaux, Henry s'occupait de le réconcilier avec le vicomte de Fronsac. Les seigneurs de Tontolon et de Blanquefort, alliés du comte de Toulouse,

Baurein, Variétés bordelaises, III, 254.

faisaient la guerre au vicomte, et s'étaient emparés de Bourg, qui dépendait du vicomte de Fronsac. Le roi d'Angleterre se trouvant à La Sauve le 22 août 1242, ménagea un accommodement entre Arnaud de Blanquefort et le vicomte : une trève fut faite entre eux; elle devait durer jusqu'à la fête de

Saint-André, 1243 (1). Par reconnaissance, le vicomte de Fronsac s'obligea, par un traité signé le 4 septembre, au château de Gironde, à fournir au roi, en cas de besoin, vingt hommes d'armes *(milites)* et vingt bourgeois de Fronsac, à lui être fidèle, et, en garantie de tout cela, à laisser auprès de ce prince son fils aîné, Guillaume Amanieu, qui ne devait être rendu à son père qu'après la conclusion de la paix avec la France. Tout ce qu'Henry faisait pour la réconciliation des seigneurs du pays avait un but politique ; il voulait se les attacher, acquérir des droits à leur amitié et à leur reconnaissance, et faciliter ainsi l'exécution de son projet. Sa femme désirait que son fils, Édouard, fut investi du duché de Guienne, au préjudice de Richard, qui l'avait depuis 1225. Henry abonda dans le sens d'Aliénor, et ne négligea rien pour indisposer les seigneurs contre Richard, et pour leur imposer, sinon une coopération active, au moins le passif devoir du silence et de la neutralité.

C'est dans ces desseins qu'il alla visiter Bazas, Saint-Émilion, Condate, La Réole : partout il flattait les seigneurs, partout il sondait les esprits relativement à son projet de dépouiller Richard du duché de Guienne en faveur de son fils aîné. Il trouva peu de résistance chez les uns, et rencontra chez les autres une louable répugnance à violer leur serment de fidélité à Richard. Pour les mettre à leur aise, et calmer leurs scrupules, il annula les lettres d'investiture données à ce prince, et s'engagea à payer aux complaisants barons 30,000 marcs d'argent, en compensation de leur adhésion à son plan.

Livre III.
Chap. 7.

1243.

De Marca,
liv. VII, ch. 3.

Math. Paris,
tome 3.

(1) Rex Arnaldo de Blancafort salutem. Sciatis quod treugam cæpimus inter vos et vice-comitem de Fronsac, usque ad festum Santi-Andreæ, etc., etc., 27, infra quem terminum, tam ex parte vestrá et vestrorum, quam ex parte dicti comitis et suorum omnia in pace remanere debent, quod nec vos ipsum aut suos, nec ipse vos aut vestros ad invicem gravatis ; et ideo vobis mandamus, quod in fide quâ nobis tenemini, ipsum vice-comitem et vice-comitissam matrem suam in pace dimittetis, nullum damnum aut injuriam ei aut militibus de Burgo inferentes aut inferri permittentes. (RYMER, *Acta, etc.*, t. 1).

Honteux de ses revers dans la Saintonge, Henry n'osa pas s'en retourner en Angleterre; peut-être différait-il son retour, comme le dit D. Devienne, afin de se faire désirer davantage, et dans l'espérance que le temps effacerait le souvenir de l'affront fait à la vanité nationale. Quel que fût son motif, il passa l'hiver à Bordeaux, dans une succession continuelle de plaisirs et de fêtes. Sa cour était belle et nombreuse : on y voyait accourir tous les seigneurs du pays, les troubadours, les chevaliers, tous ceux dont la galanterie, la bravoure, les chants et l'humeur joyeuse rappelaient les beaux jours d'Éléonore de Guienne. Henry s'abandonna à une vie molle et voluptueuse; il s'oublia comme prince, et se plongea dans toutes les honteuses faiblesses d'un homme vicieux et corrompu. Sa couronne, ses peuples, son honneur et sa famille, n'étaient rien à ses yeux; les charmes de la belle comtesse de Béarn, qui vint le voir avec son fils, Gaston, avaient fasciné son esprit et enchaîné son cœur : sa raison n'était plus à lui; une vile passion parlait seule et le faisait agir : ses fêtes épuisaient ses finances, et, selon un ancien chroniqueur, *il ne faisait que consumer des trésors inestimables en festins et en bombances*. Garsende, comtesse de Béarn, et son fils, Gaston, lui amenèrent soixante chevaliers gascons; il lui offrirent leur service, moyennant 13 liv. sterlings par jour et l'entretien de la *grosse* comtesse à la cour, ce qui n'était pas peu de chose (1). Les Béarnais affectaient beaucoup de dévoûment pour Henry; mais ils en avaient un autre beaucoup plus profond pour ses écus. Pour avoir l'air de faire quelque chose pour leur salaire, ils allèrent attaquer quelques châteaux des environs, entre autres celui de Veyrines, à Mérignac, où Jean Mansel, secrétaire et conseiller du roi, eut la jambe fracassée par une pierre lancée du haut des murailles. Ils épuisèrent les coffres du roi;

---

(1) *Mulier singulariter monstruosa et præ grassitudine prodigiosa*, dit Mathieu Paris.

et les chroniqueurs anglais vont jusqu'à dire que c'était avec les *sterlings* anglais que la comtesse fit bâtir, à son retour, le beau château d'Orthès, qui était la résidence de ses enfants et le boulevard de son comté contre les entreprises des Anglo-Aquitains. Quoi qu'il en soit, Henry dépensa des sommes immenses à Bordeaux : les habitants étaient contents, les fêtes attiraient dans leurs murs beaucoup d'étrangers et d'argent; le commerce, l'industrie, tous les états y gagnaient; mais l'opinion publique n'était pas moins choquée de ces excès ridicules du prince, et se manifestait par des satires et écrits violents qu'on répandait jusque même dans son palais. L'archevêque d'York, régent d'Angleterre, lui avait envoyé de l'argent, des habits, du linge, tout ce, en un mot, dont il aurait pu avoir besoin pour l'hiver; il profita de l'occasion pour lui représenter respectueusement qu'il importait beaucoup au bonheur des Anglais qu'il revînt à Londres; plusieurs seigneurs, et même Richard, lui parlèrent des inconvénients qui résultaient de son séjour à Bordeaux; mais le roi, dominé fatalement par son aveugle passion, et endormi par la flatterie au sein des plaisirs, se fâcha contre les uns et les autres, et leur ôta toute envie de lui faire de nouvelles remontrances; il alla toujours son train, et s'efforça de s'étourdir dans ses folies, en promenant sa paresse et ses frivolités dans toutes les villes du Bordelais. Le roi s'amusait, disait-on; mais si les Gascons en riaient, les Anglais en pleuraient de chagrin; peu respecté jusqu'alors, il tomba enfin dans le mépris public. Le régent lui manda, au bout de quelque temps, que le trésor était vide; qu'il lui était impossible à l'avenir de pourvoir à ses dépenses en Guienne. Alors, l'aveugle monarque s'avisa de pressurer les Gascons; mais ils se plaignirent vite de la prodigalité de la cour et des impôts onéreux dont ils étaient surchargés. Il comprit enfin les embarras de sa position, et se décida à s'arracher aux plaisirs de Bordeaux. Avant de partir, il résolut d'exécuter son projet contre Richard, dont l'affabilité et

Livre III.
Chap. 7.

Math. Paris,
Sur l'an
1242-1243,
p. 403-405.

les excellentes qualités avaient gagné tous les cœurs. Le roi prévoyait bien des difficultés, mais la reine Aliénor insista, et Henry se décida à agir. Richard refusa de se soumettre aux injustes exigences de la cour; le roi chargea quelques complaisants seigneurs de l'arrêter, mais il leur répugnait de pousser leur complaisance jusqu'à violer leur serment de fidélité au duc. Henry lui ordonna, dans le palais de l'Ombrière, de renoncer à son duché; Richard ne voulut point lui reconnaître le droit de l'en dépouiller; et connaissant le danger dont il était menacé, il s'échappa la nuit, et alla se cacher dans le monastère de Sainte-Croix; il s'embarqua le lendemain, à bord d'un bâtiment, pour l'Angleterre.

Henry apprit avec douleur le départ de son frère; il se doutait qu'il allait soulever les Anglais et lui créer de grands embarras. Il convoqua les notables du pays, porta ses plaintes contre le prince fugitif, le déclara déchu de ses droits sur la Guienne, qu'il conféra à son propre fils, Édouard, et annula les lettres-patentes qui avaient, en 1225, institué Richard duc de Guienne. Son discours fut écouté avec une froide indifférence. A Bordeaux, on tenait beaucoup à Richard; la persécution le rendait plus intéressant, et l'on s'ennuyait d'avoir un roi dépensier et un duc encore enfant. Un langage pathétique ne suffisait pas aux Gascons. Henry vit que des écus valaient mieux que des raisons, et promit à ces scrupuleux barons de Guienne 30,000 marcs d'argent en échange de leur serment de fidélité à Édouard. Cet argument sonna agréablement aux oreilles des Gascons; ils acceptèrent la proposition, et stipulèrent dans une Charte que leur serment cesserait d'être obligatoire s'il n'accomplissait ses promesses envers eux. Henry promit tout ce qu'on voulut, et crut pouvoir ainsi amuser les Gascons. Ils étaient plus fins que lui: ils ne lui donnaient que du parchemin, ils en devaient recevoir de beaux deniers comptants.

Henry fit voile pour l'Angleterre, et y arriva sur la fin de novembre. Il ne s'occupa guère des 30,000 marcs qu'il avait promis; mais les Gascons ne lui laissèrent pas le temps de les oublier. Il avait, en 1247, commis à la garde de la Gascogne un gentilhomme normand, Guillaume de Buèles; nous ne savons pas au juste le sujet de mécontentement que ce gouverneur fournit aux seigneurs et peuple gascons; mais il paraît certain qu'il y eut des insurrections partielles dans plusieurs contrées, et que la Gascogne ne demandait pas mieux que de secouer leur joug. « Ne voyez-vous pas, dit » Henry III à Richard, que ce peu de terre qui me reste au- » delà du détroit est exposé à un manifeste danger de perte, » et que toute la Gascogne se trouvant défendue par le seul » bouclier de Bordeaux, il me faut employer des sommes » immenses à la conservation de cette ville? » Les barons de l'Agenais et du Périgord se soulevèrent contre l'administration du sénéchal Buèles; la Gascogne imita cet exemple, et Gaston de Béarn se mit à la tête des mécontents. C'était payer mal les belles fêtes qu'Henry avait données à sa mère, à Bordeaux. Cette nouvelle contrista fort le cœur du roi; il nomma de suite régent de Guienne, pendant la minorité de son fils, Simon de Montfort, plus connu dans l'histoire du pays sous le nom de comte de Leycester (1). Bon soldat, bon capitaine, mais fin, peu gracieux ou plutôt dur, Simon soumit le pays et traita les habitants comme un peuple conquis. Gaston n'était pas le seul coupable; il y en avait à Bordeaux même. Arnaud Monadey et Gaillard de Soley, de Bordeaux, indignés des exactions de Leycester, se mirent à la tête du mouvement : une lutte eut lieu entre leurs partisans et ceux de Leycester; un chevalier et un enseigne anglais ayant été

Livre III.
Chap. 7.
—
1247.

---

(1) Ce Montfort était fils du célèbre Montfort, qui maltraita tant les Albigeois. S'étant retiré en Angleterre, il séduisit la comtesse de Pembroke, sœur du roi; mais ayant obtenu la permission de l'épouser, le roi lui donna le comté de Leycester, etc.

tués, les insurgés furent obligés d'évacuer la place, et se retirèrent au château de Fronsac.

Leycester pénétra dans leurs terres et les ravagea complètement. Impitoyable et tyrannique comme son père, il fit sentir aux Gascons toute la colère du roi et la sienne : il fit pendre quelques barons, en expulsa plusieurs autres de leurs propriétés, démolit leurs châteaux et répandit partout la terreur et la désolation. N'ayant rien à espérer de Montfort, Soley et Monadey se rendirent auprès du roi, pour lui exposer les insupportables exactions de Leycester, et se justifier eux-mêmes. Mais le fier monarque, qui venait de rançonner les prélats anglais, ne voulut pas entendre ces deux Bordelais; il les fit arrêter et conduire devant la Haute-Cour de Gascogne, séante à Bordeaux. Toute cette année se passa dans des insurrections, des conspirations et des combats : les rues de Bordeaux étaient souvent ensanglantées; et dans une de ces déplorables échauffourées, les Bordelais perdirent deux de leurs meilleurs concitoyens, Gondomer père et fils, hommes très-distingués et vivement regrettés. La haine du roi et de Leycester animait la Haute-Cour de Gascogne; elle fit confisquer les terres de Soley et de Monadey, défendit à eux-mêmes de pénétrer en ville, sous peine du dernier supplice, et décréta des mesures sévères contre leurs partisans. Leycester se dirigea vers le Béarn. Gaston, se voyant abandonné des uns, trahi par d'autres, au milieu de dangers imminents, se vit contraint d'accepter une trêve; elle ne fut pas longue; elle devait finir en 1250. Alors, la guerre se ralluma plus que jamais dans nos contrées; Gaston tomba, par une lâche trahison, au pouvoir de Leycester, qui l'envoya, pieds et mains liés, en Angleterre. Adroit et spirituel, Gaston intéressa en sa faveur la reine Aliénor, en se faisant passer pour son parent, par suite de son alliance avec la Maison de Provence, d'où elle était sortie; il obtint par elle sa vie sauve et la remise de tous ses châteaux, à l'exception de ceux de

Grammont et de Fronsac; ce dernier fut bientôt après démantelé, comme nous le verrons plus bas, par ordre de Montfort. Peu satisfait, le comte promena partout son odieuse tyrannie, et avec elle le pillage et la terreur : les châteaux tombaient à son ordre, les riches étaient rançonnés avec une scandaleuse impunité; le seul acte louable que l'histoire attache à sa mémoire, fut l'incarcération de l'impitoyable seigneur de Grammont, dangereux routier, misérable pillard des marchands, des pèlerins et des voyageurs qui passaient près de son château. Le vicomte de Fronsac s'était attiré la colère de Leycester par son alliance avec Gaston; ses hommes d'armes ne négligèrent pas une seule occasion de harceler les Anglais, et même, dans les rues de Bordeaux, ils massacrèrent le porte-enseigne de Montfort. Le château de Fronsac était imprenable; tous les mécontents s'y réfugiaient : Leycester jura d'en renverser les remparts; il exécuta son serment.

Bordeaux se ressentait un peu des agitations du dehors; deux partis s'y formaient : les mécontents et les anglophiles; les amis de ceux que Montfort avait bannis, et les serviles partisans de cet odieux proconsul. Leycester rentra à Bordeaux vers la fin de l'an; et désireux de se concilier l'affection des habitants, qu'il s'était aliénée, il publia l'ordonnance suivante, qui dépeint l'état des choses et des esprits dans notre cité à cette époque :

« Ceci est la paix établie par le conseil d'hommes bons et
» sages, entre des citoyens de Bordeaux, qui ont été bannis
» de la ville par ordre du sire de Montfort, et d'autres ci-
» toyens qui sont restés fidèles à la cause du roi d'Angleterre.

» Il est ordonné que toutes les plaintes et procès auxquels
» ont donné lieu les désordres des habitants, soient complète-
» ment oubliés; que toutes poursuites contrairement à la
» paix, qui ont été dirigées par le gouvernement ou ses offi-
» ciers, par le maire et les jurats de Bordeaux, à partir de
» la fête de l'Épiphanie, soient à jamais éteintes.

Livre III.
Chap. 7.

» Il est interdit d'exécuter les conventions et de tenir les
» serments qui sont contraires au règlement présent.

» Pour que la réconciliation entre les citoyens soit sincère
» et complète, il a été dit par les prud'hommes, que tous ceux
» qui ont quitté la ville par ordre du comte de Montfort,
» s'obligeront par serment à conserver la paix et à affirmer
» leur innocence; ils jureront sur l'autel et les saints Évan-
» giles de Dieu, en présence de Jésus-Christ, qu'ils n'ont point
» conseillé ni comploté la mort du vieux Gondomer et de son fils.

» Les proscrits peuvent revenir librement en ville : les uns
» en fournissant de bonnes cautions, les autres en donnant
» des ôtages. Cependant, un certain nombre d'entre eux res-
» teront hors des murs, dans une localité désignée, et pen-
» dant un délai qui sera fixé par le gouverneur.

» Il est arrêté, pour l'avenir, que celui qui lèvera l'éten-
» dard de la révolte, avec des hommes armés, dans la ville
» de Bordeaux, contre le roi ou son lieutenant, contre le
» maire et les jurats, sera banni de la ville et des États du
» roi d'Angleterre, jusqu'à ce qu'il ait obtenu son pardon des
» jurats, du roi ou de son lieutenant.

» Il est défendu à tout citoyen de tenir des réunions dans
» le but de troubler la paix publique; et si une réunion a
» lieu, ceux qui y auront pris part devront jurer sur les
» saints Évangiles qu'ils n'ont eu aucune intention hostile, ou
» bien ils seront immédiatement bannis de Bordeaux.

» Et, comme abondance de précautions ne nuit pas, il a
» été ordonné, par le conseil de la commune, que deux cents
» hommes, bordelais ou non bordelais, connus et choisis par
» le gouverneur, mais nommés par le maire, jureront sur
» l'autel de Dieu, en présence du corps du Christ, de veiller
» au maintien de la paix, au péril de leur vie.

» De plus, toute la commune de Bordeaux jurera chaque
» année, sur les saints Évangiles, d'observer fidèlement tous
» les articles de la paix qui vient d'être conclue, et d'ai-

» der le maire et les jurats à poursuivre les perturbateurs.

» Tout citoyen devra jurer que, quel que soit le lien de
» parenté ou d'amitié qui l'attache aux perturbateurs, il ne
» les aidera ni des bras, ni du conseil ; qu'il s'efforcera, au
» contraire, de paralyser leurs intentions, et qu'il s'opposera
» particulièrement aux projets de Gaillard de Solers (ou So-
» ley) et de ses complices, dont les biens ont été saisis et qui
» ont troublé la paix en véritables enfants de la discorde.

» Et comme il n'y a rien de stable dans les choses humai-
» nes, et que la volonté des hommes change souvent, le
» comte de Montfort reste libre de modifier à son gré la
» présente convention, si besoin est, en respectant toutefois
» les priviléges et les libertés du maire, des jurats et de la
» commune de Bordeaux.

» Toutes ces choses ont été faites et réglées par le sire de
» Montfort, auquel la commune a donné plein et entier pou-
» voir, et justice haute et basse ; le maire et les jurats ont ad-
» héré à ce règlement pour l'utilité et le bien de la république.

» Ont signé le présent traité : l'archevêque de Bordeaux,
» l'archevêque d'Auch, plusieurs barons de Gascogne et ceux
» de la commune de Bordeaux, qui ont été appelés.

» Fait à Bordeaux, le premier dimanche de l'Avent, l'an
» 1250. »

Cette singulière ordonnance dépeint à merveille l'état moral de notre ville et la tyrannie de Leycester, qui se réservait le droit de changer des dispositions convenues, par la raison que rien n'est stable dans ce bas monde ! Rien n'est plus déraisonnable, en pareil cas, que la raison du plus fort ; et rien n'est moins justifiable aux yeux de la postérité, que l'état de servilisme où était réduite la république de Bordeaux, et l'obséquiosité avilissante d'un maire et d'un conseil, qui donnèrent leur adhésion à ces actes d'une impolitique et dégradante intolérance. Pourquoi exclure de cette trompeuse amnistie Gaillard de Soley, le vrai patriote bordelais ? Pourquoi ne pas rendre à cet homme si populaire ses biens et sa maison ? Pourquoi cette cruelle persécution des amis de Gaillard, et cette odieuse inquisition qui scrutait le fond des cœurs et fouillait dans l'intention ?

L'épée était suspendue sur toutes les têtes : les Gascons se turent et cédèrent à la force ; mais la trahison de Gaston, la tyrannie de Leycester, l'abjection du peuple, le sort de la liberté, l'expulsion des amis de la patrie, toutes ces raisons, et mille autres, faisaient bouillonner le sang dans toutes les veines et soupirer après l'indépendance de la patrie. Les peuples se liguent de nouveau, ennuyés de leur joug, et veulent, à tout prix, se défaire de leur tyran : tout le monde désirait son rappel; et pour l'obtenir et pour éviter le malheureux sort des Gondomer et des Soley, ils ne craignent pas de s'exposer aux déplorables conséquences de la guerre civile. Ne sachant que faire pour se soulager de la misère qui les oppressait, les Bordelais recourent à leur archevêque, et le supplient d'interpréter auprès du roi leurs longues souffrances et les cruelles exactions de son lieutenant en Guienne. Le prélat comprit le danger auquel il s'exposait en se rendant leur écho ; mais il le regarda comme un devoir, et écrivit au roi une lettre, où l'on remarque les passages suivants :
« Les injustices, les outrages, les tyrannies du comte de Ley-
» cester et de ses baillis ne se peuvent rapporter à Votre
» Sublimité sans amertume de cœur.... Parmi les prêtres et
» les religieux, les pauvres et les orphelins, les uns sont mis
» à mort, les autres frappés de verges ou retenus dans les
» prisons; d'autres, par la saisie de leurs personnes ou de leurs
» biens, sont forcés de se racheter à prix d'argent.... On
» trouverait à peine une paroisse dans Bordeaux ou le dio-
» cèse, où il restât encore le tiers des habitants, le reste étant
» mort de faim et de misère, ou ayant été forcé de s'enfuir
» sur le sol étranger. »

L'archevêque était aimé et respecté du peuple ; il en était

digne, ne fût-ce que par sa noble défense des pauvres et des opprimés.

Pendant ces plaintes, ces désordres et ces gémissements du peuple, une bande de Pastoureaux (1) se présente pour piller Bordeaux. Simon de Montfort leur fit fermer les portes, et les menaça, s'ils ne se retiraient pas, de les faire passer tous au fil de l'épée. Ils se dispersèrent après les plus cruels traitements; et leur chef, croyant ne pouvoir voyager avec sécurité au milieu d'un peuple ameuté contre eux, s'embarqua pour quitter le pays; mais reconnu par les marins, il fut précipité, pieds et poings liés, dans la Garonne.

(1) Une secte fanatique, formée par un nommé Jacob, moine apostat de Hongrie. Se disant inspiré, en 1250, il se crut appelé à réunir les paysans, les bergers et les laboureurs, pour aller délivrer saint Louis, prisonnier des Sarrasins. Ils se mirent à piller, à tuer, et attirèrent sur leurs têtes la colère des princes et des magistrats. Jacob fut tué; il fallut les exterminer tous. (*Hist. de l'Église gallicane*, tom. 11).

CHAPITRE VIII.

Henry ne veut pas rappeler Leycester. — Siége du château de La Réole. — Rapport des commissaires royaux sur l'état de la Guienne. — Leycester arrive en Médoc. — Il prend Castillon. — L'archevêque et quelques seigneurs vont à Londres demander le rappel de Leycester. — Il est rappelé. — Sa discussion avec le roi. — Il s'en retourne en Guienne. — Des combats. — Les Gascons font une alliance avec le roi de Castille. — Henry se prépare à se rendre en Gascogne. — Il prend plusieurs mesures pour pacifier le pays.

Livre III.

1251.

Henry reçut les plaintes des Bordelais; mais, tout en voulant les satisfaire, il connut trop le dévouement de Leycester pour le sacrifier si facilement. La Guienne était sous les armes, l'insurrection se propageait avec la rapidité de l'éclair : Leycester, se voyant l'objet de ces tumultueuses démonstrations, et accablé de l'exécration générale, s'enfuit en Angleterre ; il croyait calmer l'effervescence populaire par son absence, il ne fit que l'augmenter en lui cédant. Le roi voulait ménager les Bordelais ; il en avait besoin. La ville lui valait tous les ans 1000 marcs d'argent. Son intérêt l'obligeait à ne pas l'indisposer contre lui ; mais un instinct plus grand et sa gratitude le forcèrent à couvrir les fautes de Leycester. Voulant temporiser et avoir l'air de satisfaire à ces plaintes, le roi cita les plaignants à sa cour, et chargea Henry de Wingham, son chapelain, et le grand-maître des Templiers, en Angleterre, de leur en transmettre l'ordre, avec des sauf-conduits pour le voyage, et de lui faire un rapport détaillé sur l'état de la Guienne. Ce rapport est très-curieux ; nous croyons devoir en citer quelques passages, qui se rapportent à Bordeaux et à nos contrées ; ils ne sont pas sans importance pour l'histoire du pays. D'après ce document, il paraît que les habitants de La Réole s'étaient prononcés contre Leycester, et assiégeaient le château, qui tenait toujours pour le roi d'Angleterre. Guillaume de Pigorel, lieutenant de Leycester, avait réuni une petite armée à Gironde, pour réduire la ville et secourir le château. Les deux commissaires arrivent à Bourg; et après avoir constaté l'état du pays, transmettent au roi les détails nécessaires en ces termes :

« Quant à nous, nous passâmes de Bourg à Bordeaux, et
» nous nous rendîmes auprès de l'archevêque, à qui nous
» fîmes remise de vos lettres, qu'il reçut avec beaucoup de
» respect, promettant d'obéir, autant qu'il le pourrait, à tous
» vos ordres. Il ajouta même qu'il nous accompagnerait à l'ar-
» mée, pour y prendre conseil avec les autres magnats de cette
» terre qui s'y trouvaient, et auxquels s'adressaient vos dé-
» pêches. Mais en même temps, il nous exposa la triste si-
» tuation du pays, ainsi que la cause de cette guerre, sans
» nous laisser ignorer qu'il était demeuré vingt-un jours dans
» La Réole, à travailler à la paix, ou, du moins, pour tâcher
» de conclure une trêve entre les deux partis. D'après lui,
» deux trêves auraient été successivement rompues de part
» et d'autre, presque aussitôt que signées. »

Les deux commissaires se rendirent de Bordeaux à l'armée, qui se trouvait à Gironde. Ayant exposé de nouveau leur mission : « Un conseil, disent-ils, fut tenu entre les prélats,
» les barons et les maires des villes, réunis à votre frère
» (Geffroy de Lusignan, frère utérin d'Henry), à l'archevêque,
» à l'évêque de Bazas, à Pierre Cailhau; ils se décidèrent à se
» présenter dans La Réole, et à communiquer vos lettres à
» cette commune.

» Étant, en effet, entrés dans cette ville, nous y trouvâmes
» le seigneur Gaston de Béarn, avec plus de cent hommes
» d'armes, une grande partie des seigneurs d'Agenais, et
» les maires du Bazadais à la tête de leurs milices; une
» grande partie des gens de Sainte-Bazeille, et bon nombre

Livre III.
Chap. 8.

» d'autres, qui battaient, de nuit comme de jour, votre châ-
» teau et ceux qui s'y trouvaient, à l'aide de deux *blides* et
» d'autres engins. Nous leur remîmes vos lettres, en présence
» de l'archevêque et de l'évêque ; c'étaient le seigneur Gaston,
» le prieur du Mas, le maire de Bazas et le corps de la ville
» de La Réole. Nous leur reprochâmes, de plus, en nous
» adressant principalement au seigneur Gaston, de ce qu'ils
» s'étaient introduits dans votre ville, pour assiéger votre châ-
» teau.

» Mais après avoir reçu convenablement vos lettres, ils ré-
» pondirent, comme l'avaient fait les autres, qu'ils ne pou-
» vaient ni n'osaient partir pour l'Angleterre tant qu'il n'y
» aurait ni paix ni trêve ; et quant au fait de La Réole, c'est
» d'une commune voix qu'ils s'excusèrent, en présence de
» l'archevêque et évêque, disant qu'ils n'avaient aucune in-
» tention d'empiéter sur votre pouvoir, assignant, pour cause
» à leur agression, la grande discorde qui s'était élevée dans
» La Réole entre deux partis, dont l'un, du consentement de
» votre connétable, s'était emparé du château, et, de ce châ-
» teau, avait tiré sur l'autre parti resté dans la ville, ce qui
» avait forcé ces derniers à se défendre. Ils ajoutaient que le
» sénéchal, qui aurait dû rendre justice à chacun, lors de sa
» venue en ces lieux, loin de retirer du château ceux qui s'y
» étaient logés, les favorisait, au contraire, dans leur entre-
» prise. Cette injure, d'après Gaston, et d'autres dommages
» portés tant à lui qu'aux autres magnats de Gascogne, qu'il
» affirme vous avoir dénoncés, avec prière, par diverses let-
» tres, de leur en faire raison, les avaient décidés à se réunir
» pour leur défense, et nullement pour attenter à vos droits.
» Ces excuses nous parurent faibles et insuffisantes. »

L'archevêque, l'évêque de Bazas, ainsi que les barons
présents à cette entrevue, insistèrent sur les périls et les
dommages qui menaçaient les droits du prince anglais, si
l'état des choses durait longtemps ; ils conseillèrent une trêve,

ou plutôt une paix solide, qui permît aux plaignants de se rendre avec sûreté auprès du roi. Une trêve eut lieu, en effet, jusqu'à la Saint-Jean, et fut prorogée ensuite jusqu'à l'Assomption de la Vierge.

Sur ces entrefaites, Leycester était revenu en Guienne. Henry, qui ne se doutait pas de l'étendue du mal, lui avait donné 3,000 marcs d'argent, avec plein pouvoir de châtier les tracassiers Gascons; il débarqua en Médoc, prit le fort de Castillon, asile ordinaire de tous les mécontents. Son armée se composait de troupes fournies par le roi de Navarre et par le comte de Bigorre, de quelques corps français, qu'il enrôla lui-même, plus, deux cents arbalétriers, tous bien décidés à combattre les Gascons. On conspira contre sa vie : dans les rues comme dans les combats, il courut les plus grands risques ; enfin, l'archevêque de Bordeaux et quelques autres seigneurs du pays, furent chargés de porter les plaintes des Gascons au roi, et de demander le rappel de l'impitoyable Montfort, qu'on accusait de concussion, d'inhumanité, de crimes de toutes sortes. Ces députés, munis de pleins pouvoirs, insistèrent pour que le comte de Leycester fût présent à la cour quand ils feraient l'exposé de l'état du pays; et ils supplièrent le roi d'ordonner à ses sénéchaux et baillis de protéger leurs terres, châteaux et revenus pendant leur absence. Tout étant convenu et réglé, l'archevêque et les députés de La Réole et de quelques autres villes s'embarquèrent, vers la Pentecôte, pour l'Angleterre, où Leycester se rendit aussi, par les ordres d'Henry, pour se justifier. Les députés demandèrent le redressement des griefs des habitants, le rappel de Montfort ainsi que la cessation de ses intolérables exactions et de ses cruautés; et dans le cas que ces méfaits du comte restassent impunis et qu'on fermât les oreilles aux justes réclamations de la Guienne, ils déclarèrent que la province en appellerait au roi de France, et se donnerait un autre maître. Tout étonné de ces reproches, Henry charge deux commissaires

Livre III.
Chap. 8.

1251.
Math. Paris,
ibid.

1252.

spéciaux d'éclaircir les faits sur les lieux, et cite Simon de Montfort à comparaître devant la Cour des Pairs, pour y rendre compte de sa conduite. Montfort se dispose à se rendre à Londres; mais avant de paraître à la Cour, il gagne à sa cause les deux commissaires, Nicolas de Molis et Dreux de Valence, qui disculpent le comte et mettent tous les torts à la charge des Gascons. Le comte lui-même arrive, et d'accusé il devient accusateur. L'assemblée était nombreuse : les députés répétèrent les charges qu'ils avaient déjà alléguées au roi contre le comte, qui, ayant déjà mis dans ses intérêts plusieurs pairs, accabla les Gascons de reproches, accusa le roi d'ingratitude à son égard, et demanda de fortes indemnités pour les dépenses qu'il avait faites dans la guerre de Gascogne, dépenses tellement fortes, qu'elles avaient épuisé ses revenus personnels et l'avaient forcé de mettre en gage son comté de Leycester, et, tout cela, pour se voir accuser par de vrais coupables et pour être payé d'ingratitude même par le roi, qui, seul, avait profité de ses peines et de ses travaux.

Le roi lui répondit avec vivacité qu'il ne lui devait rien; que sa conduite antérieure, son manque de foi, ses violences en Guienne, le dispensaient d'agir loyalement à son égard. Montfort, sensible et vif, ne sut pas se contenir; il s'écria sur le même ton, que *le roi en avait menti, et que, sans la considération de sa dignité royale, il lui ferait avouer qu'à la male heure, il avait proféré cette parole.* Puis il l'apostropha avec force, et lui demanda avec énergie *s'il était chrétien et s'était jamais confessé.* Tout interdit, tout déconcerté, le roi répondit affirmativement. *Mais,* reprit Montfort, *que sont les confessions sans pénitence et sans réparation ? — Je me suis repenti et je me repens encore,* répliqua le roi; *mais c'est de t'avoir reçu en Angleterre, et de t'avoir donné des terres et des hommes dont tu te prévaux contre moi et contre mon service.* Henry se disposait à le faire arrêter; mais les pairs s'interposèrent entre les deux beaux-frères. Le roi comprenait bien les torts de

Montfort; mais, aussi, il était persuadé que lui seul saurait mettre à la raison ces turbulents Gascons. « Retournez donc » en Gascogne, dit le roi, pour s'en débarrasser, puisque vous » aimez tant la guerre et les troubles; il y a apparence que » vous n'en manquerez pas tant que vous y séjournerez. Je » vous permets d'y mener les troupes qui voudront vous sui- » vre, pour réduire ceux que vous prétendez être des rebel- » les; mais n'attendez de moi aucun secours. — J'accepte ces » conditions, répliqua Simon; je vais retourner en Gascogne, » et je n'en reviendrai qu'après avoir réduit cette nation in- » grate et insoumise. »

Livre III.
Chap. 8.

Il partit, en effet, avec des projets de vengeance : la Guienne n'était plus pour lui qu'une contrée rebelle, qu'il fallait châtier et réduire à tout prix. Mais l'incident le plus étonnant de ce déplorable drame, c'est qu'un roi charge un homme féroce, qu'il déteste, d'exterminer des sujets dont il désirait cependant conserver l'affection. Il les croyait coupables, mais il connaissait le caractère brutal de Montfort; c'était l'homme du monde le moins fait pour les faire passer de la haine à l'amour. Quel était donc le motif qui put décider Henry à renvoyer Montfort au milieu des Gascons, qui le détestaient ? Il voulait tout à la fois se débarrasser d'un être importun et désagréable, l'exposer peut-être à périr parmi les Gascons, qui avaient juré sa perte, et châtier en même temps des sujets inquiets et rebelles. Après le départ de Leycester, il traita avec beaucoup de bienveillance les députés bordelais. Voulant les rendre favorables à son fils Édouard, il les recevait avec bonté, parlait avec intérêt de ses chers enfants de Guienne, et leur donnait des festins, où ils buvaient tous ensemble, Gascons et Anglais, à l'extermination de Leycester, de ce même homme qu'il avait envoyé pour exterminer ses sujets en Gascogne !

1255.

Leycester arriva en Guienne; la consternation était générale. Les Bordelais avaient déjà su que la démarche des députés était infructueuse, et qu'il n'y avait pour eux d'autre moyen de salut que de se dégager entièrement de toute vassalité envers un monarque qui méprisait leurs plaintes en foulant aux pieds leurs libertés et en faisant moissonner la jeune génération par un tyran subalterne. Ils se préparent; ils réunissent leurs troupes sous les ordres des seigneurs de Fronsac, de Castillon et de Puynormand, et marchent à l'encontre des Anglais. Quelques combats ont lieu à l'avantage des Bordelais : ils tombent à l'improviste sur un corps posté en embuscade; ils en tuent par centaines et font un grand nombre de prisonniers. Au fort de la mêlée, Leycester est entouré par les Gascons et renversé par terre; un de ses soldats, dont il venait de sauver la vie, rallie ses compagnons, et s'écriant avec énergie : « *Dira-t-on un jour que, sans rien faire pour lui, j'ai vu périr mon général et mon libérateur !* » Quelques braves le suivent; ils pénètrent à travers une haie de lances, et faisant autour du comte un rempart de leurs corps, l'aident à remonter à cheval et à se soustraire à la mort. Montfort, découragé, rallie ses troupes et va s'établir dans le vieux château de Montauban, près du port de Cubzac, sur la Dordogne. Ces succès enhardissent les Bordelais ; ils s'emparent de La Réole, de Bazas, de Saint-Émilion et de plusieurs autres châteaux-forts qui tenaient encore pour l'Angleterre ; Montfort était réduit à la dernière extrémité.

Bordeaux avait souffert horriblement de la famine. On commença enfin à y respirer; mais les autres villes étaient au pouvoir des troupes castillanes que les insurgés avaient appelées à leurs secours : les environs étaient ravagés; rien n'avait échappé à la fureur des factions, que les châteaux et les terres des députés : tous les partis, d'après une convention particulière, avaient promis de les respecter ; ils étaient sous la garde d'un conservateur nommé par Henry. Mais les grands seigneurs du pays avaient déjà traité avec le roi de Castille; et ne voulant pas se courber sous le joug de la France, ils aimaient mieux se faire Espagnols que de supporter plus longtemps les exactions de Montfort. Gaston de Béarn, le prieur du Mas, le maire de La Réole et beaucoup d'autres barons du pays étaient animés de ces sentiments. Les Bordelais tenaient un peu à l'Angleterre, dit Mathieu Pâris, parce qu'ils y trouvaient un écoulement pour leurs vins ; les Béarnais désiraient appartenir à l'Espagne, et tous s'accordaient sur un point : la nécessité d'expulser les Anglais et de s'affranchir de l'insupportable tyrannie de Monfort.

Livre III. Chap. 8.

Tome 7, p. 258.

Toutes ces fâcheuses nouvelles arrivent aux oreilles d'Henry, dans le carême de 1253. Il convoque le ban et l'arrière-ban de sa noblesse, fait annoncer partout l'expédition qu'il entreprend, ordonne, comme dans le temps de la plus grande détresse, *que tout homme possédant quinze livrées* (libratas) *de terres se fournît d'armes et d'un cheval*, et rappelle sous les drapeaux tous les marins en état de servir. Il fait dire qu'il ira lui-même avant le mois de février, et ordonne que l'accord fait entre le comte et les Bordelais, pour la conservation de la paix, serait maintenu en vigueur jusqu'à son arrivée, vers la fête de la Chandeleur. Il destitue Leycester, et défend à qui que ce soit de le regarder comme gouverneur de la Guienne, ou de lui prêter aide et obéissance. Leycester, indigné, quitte Bordeaux ; et plutôt que de rentrer en Angleterre, se retire en France, laissant aux Anglais la peine de pacifier un pays en révolte et de sortir des nombreux embarras qu'il avait créés. C'est alors, dit un historien anglais, que se manifesta la perfidie des Gascons ; ceux qui étaient restés fidèles à l'Angleterre, en abandonnèrent les intérêts à la chute de Leycester. La cause anglaise allait faire naufrage ; ils cherchèrent un port assuré ; les Gascons sont les *Parsis* de la France ; ils adorent le soleil qui se lève.

Peu satisfait des moyens matériels qu'il prenait pour la réduction des rebelles, Henry crut devoir faire intervenir le Pape ; c'était l'esprit de l'époque, peut-être un signe de détresse, un aveu d'impuissance, l'acte d'un noyé qui s'accroche à tout pour échapper à la mort. Il feint un voyage à la Terre-Sainte, et place sous la protection du souverain Pontife ses États et sa couronne. Heureux d'apprendre cette résolution, le Pape lui accorde une bulle, le III des Calendes d'août 1253, en vertu de laquelle une excommunication fut prononcée dans toutes les églises de Bordeaux, au son des cloches et les cierges allumés, contre Gaston de Béarn, Guillaume, prieur du Mas; Bernard de Ladie, maire de Bazas; les jurats de La Réole et tous leurs partisans. Cette excommunication fut notifiée aux partis par le doyen de Saint-André; mais loin d'y déférer, ils en firent un sujet de moquerie.

Henry croyait avoir disposé tous les esprits à la paix : il avait fait remettre par Leycester, avec indemnité, à Arnaud de Blanquefort et à sa femme, Mabile, le château de Bourg avec ses dépendances, dont Leycester s'était injustement emparé le 2 septembre 1251. Il avait essayé aussi de rétablir l'harmonie entre deux puissantes Maisons de Bordeaux, séparées depuis quelques années par des haines profondes, résultat déplorable des dissentiments politiques; il avait surtout destitué Leycester. Toutes ces mesures étaient sages; mais ce n'était pas assez. L'ambition d'Alphonse de Castille convoitait la Gascogne et fournissait des aliments à ce foyer de désordre et de guerres civiles, dont Gaston et ses complices n'étaient que les trop complaisants instruments. Il paraît certain que le monarque espagnol avait accepté la souveraineté de la Gascogne : ses troupes occupaient La Réole et plusieurs autres places. D'ailleurs, dans une lettre datée de Tolède, le X des Calendes de mai 1254, il s'exprime ainsi : « Sachez qu'entre » nous et le seigneur roi d'Angleterre, a été faite une com- » position à l'amiable, au sujet des affaires de Gascogne; » ainsi nous vous prions et vous ordonnons d'obéir sans délai » et sans refus à ce dit roi et à son fils, Édouard; vous ordon- » nant, en outre, de lui remettre sans délai les villes et châ-

» teaux qui lui appartiennent et que vous reteniez, nonobs-
» tant tous les ordres contraires que vous pourriez recevoir
» de moi. » Ce langage est bien celui d'un maître : il commande, il ordonne; il n'aurait rien fait, s'il n'était devenu
leur véritable souverain.

LIVRE IV.

CHAPITRE PREMIER.

Droits d'Alphonse sur la Gascogne. — Henry arrive à Bordeaux. — Les opérations stratégiques dans le Bordelais. — Siège de La Réole et de quelques châteaux. — Montfort revient en Guienne. — Henry à Bordeaux. — Ses dépenses. — Édouard à Bordeaux. — Il gouverne avec sagesse. — Il réconcilie les seigneurs. — Son accord avec la famille Solers ou Soley. — Il part pour Londres. — Conduite impolitique d'Henry. — Alphonse de Castille s'irrite contre lui. — Traité avec saint Louis. — Henry se fait restituer les terres cédées à la France après la bataille de Taillebourg. — Motifs de saint Louis dans cette restitution. — Prospérité de Bordeaux. — Son agrandissement. — Édouard désire avoir le pouvoir de nommer les maires de notre cité. — Quelques citoyens infidèles à la cause de la liberté le lui accordent. — Révision de nos statuts, etc.

1254.

Page 392.

Alphonse avait ressuscité, il est vrai, les anciens droits de sa famille sur la Gascogne. Henry II l'avait cédée comme dot à sa fille, Aliénor, mariée à Alphonse *le Noble*. Cette cession fut reconnue et confirmée par Richard et Jean. Les prétentions d'Alphonse pouvaient donc paraître non seulement spécieuses, mais réelles et réalisables; Henry, du moins, le croyait; et pour écarter les nuages qui assombrissaient l'horizon, il entama des négociations à ce sujet avec le roi de Castille : un traité entre les deux princes fut conclu et ratifié en mai 1254. En vertu de ce traité, le fils aîné d'Henry devait épouser Aliénor, fille d'Alphonse; et c'est alors qu'Alphonse écrivit la lettre que nous venons de lire, aux seigneurs gascons, qui, se voyant trahis par le protecteur qu'ils avaient invoqué, pour de misérables intérêts domestiques, furent contraints, par cette étroite et égoïste politique, de courber encore leurs têtes sous l'humiliant et détestable joug des Anglais. Ils y consentirent à regret.

mais en exigeant, toutefois, que le roi anglais réparât les dommages commis depuis son avénement.

Sur ces entrefaites, c'est-à-dire au commencement de ces négociations, Henry, qui s'était embarqué à Portsmouth avec une flotte de trois cents voiles, arriva en rade devant Bordeaux, vers le 15 août 1253. Le traité ayant été conclu avec Alphonse, le jeune Édouard partit pour la Castille et fit célébrer son mariage avec la princesse castillane. Le 20 août de la même année, Henry, dont nous allons suivre les opérations dans le Bordelais, envoya demander à Nicolas de Boville, connétable de Fronsac, deux des trois *engins* qu'il possédait; le 27, il donna ordre à Richard, comte de Norfolk; à Jean, comte de Warenne, et à Jean Grey, sénéchal de Gascogne, d'envoyer à Blaye les bourgeois de Bordeaux qui se tenaient à Rions, et de conserver intact tout ce que Rions possédait. Il ordonna en même temps, le 30 août, de se faire livrer les clés de la ville et du château de Saint-Macaire, et alla lui-même établir son camp à Gironde, le 4 septembre 1253, d'où il écrivit aux maires de Bordeaux et de Bayonne, et à d'autres seigneurs, de faire tout le mal possible, sans acception de choses ni de personnes, à Gaston de Béarn et à ses partisans. Le 8 du même mois, il écrivit de *son camp en dehors de La Réole,* au vice-maire de Bordeaux, Pierre Gondomer, d'arrêter tous les navires et bateaux anglais qui passeraient par Bordeaux, quittant le service du roi, et chargea Jean Grey, son sénéchal, de renforcer la garnison de Rions, pour prévenir les désordres qui menaçaient l'ordre public dans ce pays.

Tout ceci indique les lieux du pays les plus désaffectionnés aux Anglais; c'était Rions, et même La Réole, qui tenait encore, quoique étroitement assiégée. Le 15 septembre, sachant que la révolte gagnait les contrées *entre les deux mers,* Henry manda aux autorités de Bordeaux de rechercher, dans les maisons bourgeoises et ailleurs, deux cents *targes,* tant neuves que vieilles, grandes ou petites, et de les envoyer, le dimanche

Livre IV.
Chap. 1.

Voir notre *Histoire de Bazas*, p. 181.

suivant, à Rions, où il devait réunir ses troupes. Le 17, il transmit ses instructions aux habitants de l'*Entre-deux-Mers*, et recommanda à ceux de Landiras d'aider, de secours et de conseils, Geoffroi Gocelin, qu'il avait envoyé défendre leur château, et de faire la guerre aux habitants de La Réole.

Henry laissa ses généraux devant La Réole et se dirigea vers Rions. Arrivé à Saint-Macaire, le 24 septembre, il écrivit au connétable de Bazas de démolir, sans délai, les maisons qu'y avait fait construire Bertrand de Ladie, ancien maire de cette ville et l'un des coryphées de la révolte. La pierre, tous les matériaux provenant de cette démolition devaient être employés à la construction de la cathédrale de Bazas, dont Arnaud de Tontolon avait posé la première pierre, en 1233, après avoir fait pour le même travail un don de cinq cents sous morlans.

De Saint-Macaire, Henry transporta son camp à Loupiac; il donna des ordres pour la défense de Meilhan, et manda à Jean de Suwerk et à Hugues de Bradel de retenir sur les deniers royaux 30 liv., qu'ils devaient donner à Guillaume de Trubleville pour la garnison de Bourg. Pendant tout ce temps, le siége de La Réole se poursuivait avec vigueur, et les habitants résistaient avec une opiniâtreté héroïque; ils avaient converti l'église en forteresse, crénelé leurs murs et fortifié les côtés faibles de la place. Ils employaient d'énormes engins, ou machines de guerre, pour lancer de grosses pierres, des traits longs et pesants contre les assiégeants, et en faisaient un massacre épouvantable. Mais la famine se mit dans la place: les provisions manquèrent plutôt que le courage; la ville se rendit le 29 septembre. La résistance fut celle des héros; la capitulation fut honorable. La famine s'était étendue à toute la Guienne: le roi, prévoyant la position critique de son armée et de son peuple, fit venir de grandes quantités de blé d'Angleterre; il acquit par là des droits à la reconnaissance générale, mais on ne lui en tint pas compte. La révolte soutenue par Gaston et plusieurs seigneurs du pays gagnait du terrain. Henry, indigné, ravageait leurs terres, démolissait leurs châteaux, faisait arracher leurs vignes, et les traitait si mal qu'ils regrettaient même l'odieuse administration de Leycester. Henry, pressé de retourner en Angleterre, et voyant que la révolte qu'il étouffait sur un point renaissait et se propageait sur plusieurs autres, écrivit le 4 octobre, du camp devant le *Château de Benauges,* repaire habituel des insurgés et des mécontents, au comte de Montfort, et l'invita à venir le rejoindre. Le comte, oublieux du passé, dont il n'attribuait les désagréments qu'à la politique embarrassée d'Henry, enrôla des soldats en France, et vint secourir son beau-frère. L'apparition de Montfort était un coup de foudre pour les Gascons; leur cause semblait perdue, la liberté anéantie; en même temps, le traité avec Alphonse de Castille, dont nous avons parlé, et la lettre de ce prince aux Gascons, qui s'étaient imprudemment fiés à ses promesses, vinrent avertir ces peuples dupés qu'il fallait reprendre leurs chaînes. Ils n'eurent que le triste privilége de dissimuler leur désespoir et de feindre une soumission qui était loin d'être réelle. La paix fut conclue, le château de Bazas capitula le 10 novembre, et La Réole, qui s'était soulevée contre les Anglais, le 15 novembre, se soumit de nouveau, ainsi que les autres villes de la province. Henry promit de réparer les dommages que son armée avait causés.

Henry alla passer les fêtes de Noël à Bazas; c'était le pays des insurrections. Croyant pouvoir regagner le cœur des Gascons, il fit des présents considérables aux grands seigneurs, et ordonna beaucoup d'amusements, de tournois, de fêtes de toutes sortes pour le peuple. Le 23 avril 1254, il écrivit aux maire et jurats de Bordeaux d'aller le voir à Langon dans la quinzaine de Pâques, pour lui rendre leurs hommages. Ces divertissements, dans le Bazadais et à Bordeaux, les frais de sa cour et de la guerre, épuisèrent les finances d'Henry. Ma-

Livre IV.
Chap. 1.

1254.

Marca,
liv. VII.

Math. Paris,
tome 8.

Thoyras,
t. II, liv. VIII.

Livre IV.
Chap. 1.

thieu Pâris porte à 2,700,000 livres sterlings ses dépenses pour la campagne de 1253, sans y comprendre les terres et revenus, les habits de fête et les joyaux prodigués aux Gascons ; » il dépensa, dit cet historien, plus d'argent pour cette pro- » vince qu'il n'en aurait retiré en l'exposant en vente. »

Le prince Édouard, à son retour de Castille, se fixa à Bordeaux ; Henry lui laissa la Guienne et prit la route d'Angleterre. Édouard se fit aimer du peuple : la douceur de son caractère, son aversion pour la violence, ses manières affables et prévenantes, lui gagnèrent tous les cœurs. Les bourgeois firent serment de lui être fidèles, de l'aider de leurs conseils, de lui rendre les services qui lui étaient dus, de ne donner aucun service ni conseil à ses ennemis, et, en cas d'infidélité, consentirent à perdre tous leurs meubles et immeubles, et même la liberté de leurs personnes. Le joug de l'Angleterre semblait moins lourd, moins odieux. Le pays commença enfin à jouir, sous un gouvernement paternel, des bienfaits de la paix. Édouard s'imposa, comme un devoir, de travailler à l'affermissement de l'ordre et de la tranquillité. A Bordeaux, la guerre civile avait produit des affections opposées, des drapeaux différents : deux familles y dictaient les lois et commandaient aux factions contraires, les *Solériens* et les *Colombiens*, ainsi appelés des *Soley* et des *Colomb*, les chefs de ces factions ennemies. Henry s'était interposé entre eux ; mais Édouard accorda toute sa confiance à Soley, oublia ses torts et acheva la réconciliation que son père avait commencée entre ces deux familles, séparées par une haine profonde depuis les troubles qui, sous Montfort, avaient ensanglanté les rues de Bordeaux. Soley, ou Solers, touché de cette confiance du prince, et ne voulant plus faire une opposition dorénavant sans base, sans but, et, par conséquent, sans excuse, s'engagea envers lui

1256.

par cet écrit solennel, du 17 septembre 1256 : « Moi, Gail- » lard de Solers, citoyen de Bordeaux, promets, non par » force, par crainte ou par ruse, mais bien de ma propre

» volonté, de faire tous mes efforts pour que par moi, ou par
» les miens, la mairie de Bordeaux soit mise sous la main du
» prince Édouard ; de telle sorte, qu'il pourra, avec le con-
» sentement de la commune et des jurats, nommer et desti-
» tuer le maire à sa volonté.

» Je promets, en outre, d'aider le duc de Guienne à élever
» une forteresse dans la ville de Bordeaux; de ne faire ni paix
» ni trêve avec ses ennemis, ni de marier aucun des miens à
» un ennemi du gouvernement royal, sans son consentement.

» Et pour garantie de l'exécution de mes promesses, j'en-
» gage mes biens, meubles et immeubles ; je mets ma per-
» sonne à la disposition d'Édouard, qui pourra me punir
» comme traître. »

Livre IV. Chap. 1.

Solers signa cette obligation le 27 novembre 1256, et fournit comme caution Géraud, comte d'Armagnac et de Fezensac, qui s'engagea à payer 300 marcs sterlings si Solers venait à violer ses promesses. Rudel de Bergerac, seigneur de Pujols et de Rauzan, s'engagea aussi, comme Géraud, à payer 100 marcs sterlings. Pey de Bordeaux, Garcias de Navaille, chevaliers; Guillaume Seguin, seigneur de Rions, s'obligèrent chacun pour 200 marcs. Guillaume de Fargues, chevalier, et Gaillard de Fargues du diocèse de Bordeaux ; Guittard de Bourg, seigneur de Verteuil; Arnaud Lambert, fils d'Amanieu Lambert; Jean Colomb, Bernard Dalhian, Pierre et Ruffat-Lambert, Pierre Brun, tous citoyens de Bordeaux, chacun pour 100 marcs. De son côté, Pierre Cailhau prit l'engagement d'arrêter Solers en cas de trahison, et de le remettre entre les mains d'Édouard ou de se constituer lui-même prisonnier.

Liasses de la Tour de Londres.

On croit, peut-être avec raison, que la politique des rois d'Angleterre n'était pas étrangère à ces dissensions intérieures de notre cité. Les libertés municipales les gênaient dans leurs prétentions absolutistes; il fallait les anéantir. Un coup d'État gouvernemental n'eût pas suffi; il convenait d'y arriver par

Notice sur le Ms de Wolfenb. par Delpit. page 67.

des voies détournées; et pour triompher des Bordelais, il était nécessaire de les affaiblir en les divisant. On voit les princes anglais tantôt s'appuyant sur les Colomb, qu'ils abandonnent bientôt après pour un rien, tantôt recevant de Solers des promesses de ne jamais s'allier avec les Colomb, et de travailler de toutes les manières à faire donner par ses concitoyens, au roi d'Angleterre, la nomination du maire. Diviser pour régner, voilà en substance la politique des Anglais en Guienne.

Ayant réussi à calmer les esprits, à satisfaire les exigences des seigneurs et à rétablir partout les principes d'ordre et de sages règlements d'administration, le jeune prince partit, en novembre 1255, pour Londres, avec des adresses et des témoignages de l'attachement des Bordelais. Cet attachement était sincère à son égard; mais il n'était que trop problématique à l'égard de son père: la sagesse de l'administration du jeune prince faillit avorter sous la pression des besoins financiers d'Henry. La dernière guerre avait laissé un déficit dans la caisse de l'État; il fallait le combler. Les moyens lui étaient indifférents; il en prit de fort impolitiques. Les Gascons avaient repris le joug; il croyait pouvoir les traiter en rebelles soumis par la force, et leur faire subir mille avanies. Les Gascons avaient importé des vins en Angleterre; Henry les fit saisir sur des prétextes frivoles, et refusa de leur rendre justice ou de leur en payer la valeur. A leur retour, ils s'en plaignirent à Gaston de Béarn, qui en référa, en termes très-vifs, au roi de Castille. Ce prince, qui avait fait le traité avec Henry, indigné de sa mauvaise foi et de sa conduite impolitique, s'écria : *Qu'il était marri d'avoir fait ligue avec un homme d'aussi mauvaise foi que l'était le roi d'Angleterre,* et menaça d'envahir la Gascogne. Henry, prévoyant de nouveaux embarras, envoya une ambassade en Espagne, calma les Gascons et conserva la paix.

En quittant la Guienne, Henry traversa la France pour

aller, comme en pèlerinage, honorer les reliques de saint Denis; c'était là le prétexte : le vrai motif était plutôt politique que religieux. Les Anglais avaient toujours regretté la perte de certaines parties de la Guienne, depuis la bataille de Taillebourg; ils désiraient se les faire rendre, ou les reconquérir ; ils n'avaient plus en France que les trois sénéchaussées de Bordeaux, de Bazas et des Landes. Sachant combien il répugnait à Louis de commettre une injustice, ou d'en profiter, Henry crut plus prudent de faire un appel à sa conscience timorée que de recourir aux armes, et ne cessa de représenter au pieux monarque combien les Français étaient coupables de retenir un territoire qui, depuis Éléonore jusqu'à ce moment, avait appartenu aux Anglais. Louis examina les titres des réclamants ; il en résulta des scrupules. Préférant la paix de sa conscience à toute autre considération, et voulant prévenir des guerres interminables, il consentit à restituer à Henry le Périgord, le Limousin, le Quercy, toute la Saintonge, la Charente, et par delà, ainsi que l'Agenais (1), qui avait appartenu à la Maison de Toulouse depuis le mariage de Jeanne, sœur de Richard, avec Raymond VI, comte de cette ville. Cette restitution devait se faire sous la condition expresse qu'Henry rendrait hommage au roi de France et renoncerait à ses droits sur la Normandie, le Maine, le Poitou, l'Anjou et la Touraine. Le roi d'Angleterre accepta les conditions ; il vint à Paris avec sa femme, ses enfants et ses frères, et signa avec Louis le traité, en novembre 1259 ; il était content d'avoir enfin détruit ce qu'il appelait la *grande injustice de Philippe-Auguste* (2). Ce traité fut l'objet de dis-

Livre IV. Chap. 1.

Bouchet, 4me partie.

Guil. de Nangis

1259.

Rymer, t. 1er, p. 676.

Louvet, *Histoire.*

---

(1) Le roy de France donra al roy de Angleterre la terre que li cuens de Poitiers tient ores en Xanton, outre la rivière de Charente, en fiez et en domaines. (Rymer, *Act. publ.*, t. 1, p. 676.) *Outre la Charente* veut dire tout le territoire qui s'étend depuis la Charente jusqu'à la Gironde.

(2) Voici un autre passage de ce traité ; il est assez curieux comme document littéraire :

« Et de ce que li roy de France donra al roy de Angleterre, ou à ses heires en fiez

cussions très-vives dans le conseil du roi de France. Henry avait perdu ses droits sur la Guienne; ses embarras politiques et financiers lui ôtèrent tout espoir de les reconquérir; il ne fallait pas lui créer de nouveaux droits au détriment de la France. Cependant, convaincu que Louis agissait par suite des scrupules de conscience, le conseil ne persista pas dans son opposition. Le pieux roi écarta cette pensée, et n'allégua que son désir de maintenir la paix entre les deux royaumes et entre les deux familles régnantes. « Je sais bien, disait-il
» à ses conseillers, que je ne dois rien au roi d'Angleterre;
» mais je le fais pour nourrir et entretenir amour, paix et
» union entre mes enfants et ceux d'Henry, lesquels sont cou-
» sins-germains. » Ces considérations étaient trop faibles, trop mesquines pour mériter une réponse; l'intérêt national devait l'emporter sur les intérêts domestiques; et quoique Thoyras représente ce traité comme désavantageux à l'Angleterre, nous n'en persisterons pas moins à le regarder comme funeste à la France; il nous enlevait sans raison, sans compensation équivalente, le plus beau fleuron de la couronne de France; il ressuscitait tous les embarras de l'impolitique mariage d'Éléonore, et ouvrait au cœur du pays une route facile à ces éternels ennemis du nom français, qui se fourrent partout où ils peuvent humilier la France, et qu'on ne peut faire déguerpir que par la force. La bataille de Castillon et tous les maux successifs de nos rois et de la France, étaient en germe dans cet injustifiable traité.

L'affluence des étrangers qu'attirait dans nos murs la brillante cour d'Henry ne contribua pas peu à la prospérité de la

---

» ou en domaines, li roys d'Angleterre et si heires feront hommage ligne al roy de
» France, et à ses heires roys de France et aussi de Bordeaux et de Bayon et de Gas-
» cogne, etc., etc. »

Ce traité, blâmé par quelques écrivains, loué par d'autres, fut approuvé et confirmé par Philippe III et Édouard Ier, le 23 mai 1279, et par Philippe le Bel, en 1286.

ville. On avait commencé à en étendre l'enceinte dans le XII⁰ siècle; mais ce ne fut qu'en 1251 que tous ces travaux d'agrandissement furent entièrement achevés. De cette époque au XII⁰ siècle, comme nous l'avons dit plus haut, datent la porte *Toscanam*, improprement appelée *Porte-Basse;* celle des Ayres, à l'entrée des fossés des Tanneurs; celles de Cahernan, de Saint-Jâmes, de la rue Bouquière, des Salinières, à l'entrée de la Rousselle; des Portanets, du Pont-Saint-Jean, des Paux, à l'entrée orientale de la rue Saint-Remi. En dehors de cette enceinte furent bâtis les couvents des Jacobins (1230), celui des Cordeliers (1247), des Carmes (1264), et autres édifices religieux, dont nous parlerons dans notre *Histoire de l'Église de Bordeaux*.

Après le départ de son père, Édouard se chargea de l'administration : ses belles qualités, sa prudence, sa douceur envers un peuple opprimé, lui concilièrent l'affection des habitants. On commença à haïr moins les Anglais et même à fraterniser avec eux. Les Solers, les Colomb, tous les grands seigneurs, vivaient dans la paix : les vins avaient retrouvé leurs débouchés, et une prospérité inattendue fit perdre de vue les intérêts de la liberté. Le maire de Bordeaux était l'élu du peuple; le pouvoir qu'avaient les habitants de le choisir et de le nommer semblait toujours aux Anglais une féconde source de désordres à Bordeaux et un contre-poids à l'autorité royale. Le jeune prince désirait avoir la nomination du maire; il intéressa en faveur de son ambition les Solers et plusieurs autres notabilités de la ville et du pays. On finit par décider la communauté, déjà trop lasse de révolutions, à l'accorder à Édouard, qui, jusque-là, n'avait inspiré à la population que des sentiments d'estime, de respect et d'amour; il n'y eut dans l'indifférence générale de l'époque pour tous les droits politiques, que peu ou pas d'opposition.

Ce pas vers l'absolutisme enhardit Édouard; il alla plus loin, et entreprit la révision des statuts de la commune de

Livre IV.
Chap. 1.

Voir la note 19.

Delpit,
Notice, etc.,
66.

Livre IV
Chap. 1.

Bordeaux. Dans son ordonnance du 22 octobre 1261, il rappelle que le maire et les prud'hommes de Bordeaux lui avaient donné le droit de nommer le premier magistrat de la ville (1). D'après la réforme des statuts de Bordeaux, le maire, après sa nomination, devait se rendre, non plus à Saint-Seurin, comme il avait été réglé depuis le temps de saint Amand, mais bien à Saint-André, et là jurer, en présence du peuple, sur les saints Évangiles, de veiller à la conservation de tous les droits du roi d'Angleterre.

Dans le dernier volume de la première partie de cet ouvrage, nous donnerons l'historique de l'origine et du développement des libertés municipales à Bordeaux, ainsi que les noms des maires de cette ville jusqu'à nos jours, la nature de leurs fonctions, l'étendue de leur pouvoir et leur responsabilité.

(1) Il existe une lettre des jurats et prud'hommes de Bordeaux, en date du 19 décembre 1261, qui atteste le même fait : on y voit le servilisme des maire et jurats qui consentirent à cette usurpation, comme il paraît par cette lettre conservée aux archives des trésoriers de France, à Bordeaux : « Que tous ceux qui verront ces lettres sachent que les jurats et les prud'hommes de la communauté de Bordeaux accordent à Édouard, fils aîné du roi d'Angleterre, la nomination du maire à sa volonté; et que ledit maire percevra, au nom d'Édouard, tous les revenus et droits attachés à la mairie; en sorte que si ces revenus ne peuvent pas fournir aux charges attachées à la mairie, il sera fait, par le maire et les jurats, une imposition pour y suppléer, et l'excédant de l'imposition appartiendra à Édouard. En témoignage de ce, nous lui avons accordé ces lettres, pour être munies du sceau de la Maison-Commune.
» A Bordeaux, 19 décembre 1262. » (M⁵ de Wolfenbüttel, cité par Delpit. Collection de Brequigny.)

CHAPITRE II.

Édouard convoque une assemblée à Bordeaux pour reconnaître les fiefs d'Aquitaine.
—Il se croise avec saint Louis.—Il part pour la Palestine.—Il en revient.—Il fait hommage à Philippe de France. — L'assemblée de Bordeaux. — Déclaration des Bordelais.—Les alleux.—Les droits du roi à Bordeaux.— Les libertés du peuple.
—Déclaration de Bourg, de La Sauve, de Libourne, de Saint-Émilion, de Langon, de Saint-Macaire, de Caudrot, de Bazas. — Désordres à Bazas par l'empiètement du roi sur les droits du peuple.

Nous venons de voir les artifices employés par Édouard pour obtenir le pouvoir de nommer le maire de Bordeaux ; c'était le premier pas vers l'absolutisme royal et l'extinction des libertés des Bordelais. Non content de régner dans la ville de Bordeaux, dont il avait fait réviser les anciens statuts, pour les mettre à l'unisson avec le nouveau droit municipal, il ordonna une reconnaissance générale de tous les droits, de toutes les redevances de la Guienne. Habile administrateur, il voulait tout voir, tout connaître, et faire reconnaître aux barons, aux évêques et aux villes de la province, la plénitude de son droit. Pour y réussir, il convoqua, à son arrivée à Bordeaux, tous les habitants, ceux qui tenaient des fiefs, qui payaient une redevance quelconque, les communautés civiles et religieuses, les nobles, les vilains, les clercs et laïques ; tous, enfin, comparurent devant lui ou ses commissaires. Il avait en vue un objet d'une portée politique ; il voulait grossir son trésor, afin de faire face aux besoins de la guerre sainte à laquelle saint Louis l'avait convié. L'argent manquait; Louis lui offrit 70 liv. tournois, que le prince s'engageait à rembourser sur les revenus de Bordeaux, à raison de 10 liv. par an.

Édouard alla rejoindre le prince français, qui s'était arrêté

Livre IV.
1261.

1270.

Livre IV.
Chap. 2.

1272.

à Vauvert, en Provence, où, en réponse à la pétition des habitants de Libourne, Louis confirma la constitution municipale, les franchises et les Coutumes de cette nouvelle ville, et en dispensa les habitants de porter les armes pour son service hors des diocèses de Bordeaux et de Bazas. Mais pendant l'absence d'Édouard, son père, Henry, mourut, et lui fut proclamé roi. Quelques jours avant sa mort, Henry écrivit à Philippe le Hardi, qui avait succédé à son père, pour le prier de ménager ses sujets de Gascogne, qui se plaignaient que, dans leurs appels au roi de France, on ne leur rendait pas ordinairement la justice qu'ils réclamaient; il lui dit aussi qu'avec la meilleure volonté du monde, il lui était impossible, à cause de sa faible santé, d'aller à Paris lui renouveler l'hommage qu'il lui devait pour ses terres en Guienne; qu'il le priait de trouver bon qu'il lui envoyât quelqu'un qui s'acquittât de ce devoir à sa place, ou qu'il voulût bien se rendre dans quelque port de mer où il pourrait, sans inconvénient pour sa santé, se rendre lui-même. Il savait bien qu'il n'avait plus à faire au bon roi Louis, mais à un tout autre homme. Aussi un ton remarquable de soumission, les plus doux accents de respect règnent dans sa lettre. «Nous prions, lui dit-il, votre
» seigneurie, et nous lui demandons, avec les plus fortes in-
» stances, de nous laisser jouir en paix et tranquillement, ainsi
» qu'Édouard, notre fils, de tous nos droits, comme nous en
» avons joui jusqu'à présent; car si notre fils Édouard n'eût
» compté que vous lui accorderiez ce que je vous demande,
» je tiens pour certain que je n'eusse pu le déterminer à ac-
» cepter l'emploi que je lui confie. » A son retour de la Palestine, Édouard alla faire hommage à Philippe pour ses domaines en France; il vint à Bordeaux; et comme le Bazadais et les Landes étaient troublés par les menées et les intrigues de Gaston de Béarn, il convoqua, à Saint-Sever, la cour générale de Gascogne, composée des cours particulières de Bordeaux, de Bazas et de Saint-Sever, pour prononcer sur

la conduite de Gaston et pour faire cesser ses désordres. Arnaud-Seguin d'Estang, Guil. de Saint-Aubin et Arnaud de Marsan, députés de Saint-Sever, Senebrun de Lesparre, Élie de Castillon, Gaillard de Sertor, députés de la cour de Bordeaux, Aner-Sans de Caumont, Guillaume-Raymond de Pins, Arnaud de Marmande, les maires de Dax, de Saint-Macaire et de Saint-Émilion, se rendirent, avec l'abbé de Saint-Sever en tête, auprès de Gaston, à Orthez, et lui firent la sommation voulue selon la législation d'alors. L'assemblée continua ensuite ses délibérations avec sagesse; mais Gaston se voyant pressé et menacé sérieusement par les troupes d'Édouard, fit appel à Philippe. Le légat intervint et décida Gaston à faire tout ce qui pouvait apaiser le monarque anglais, et Philippe rétablit l'harmonie entre le prince et le vicomte d'Orthez. Walsingham prétend que Gaston alla se soumettre au roi d'Angleterre, en 1275 ; et, qu'après avoir été conduit en prison, la corde au cou, il fut renvoyé dans son pays après cinq ans de détention dans les prisons d'Édouard. Gaston, instruit à l'école du malheur, resta fidèle ensuite au roi d'Angleterre.

Une seconde convocation générale avait été faite à Lectoure, et une troisième à Bordeaux, pour le 20 mars. Le roi avait écrit de Lectoure, le 12 février 1272, à Pierre Gondomer, maire de Bordeaux, la lettre qui suit : « Édouard, par » la grâce de Dieu, roi d'Angleterre, au maire de Bordeaux, » salut. Voulant traiter avec vous et avec nos autres fidèles, » de l'état de notre terre de Gascogne, nous vous mandons » que vous soyez prêts, le premier dimanche avant les Ra- » meaux (20 mars), à comparaître devant nous, dans notre » ville de Bordeaux, avec douze des notables bourgeois de » ladite ville, pour avoir à déclarer les fiefs que votre ville » tient de nous, ainsi que les services et redevances que vous » nous devez à raison de ces fiefs. »

Le sénéchal de Gascogne, Luc de Tany, ayant requis le maire de publier cette lettre, ce magistrat, suivi de douze

notables, choisis conformément aux désirs du roi, comparurent à Saint-André ; et là, en présence du sénéchal, d'un grand nombre d'abbés et prieurs, de barons et de conseillers de la ville et province, firent leur déclaration en langue romane, qui fut traduite en latin et insérée dans un acte authentique. Il résulte de cette pièce, que presque toutes les propriétés à Bordeaux étaient allodiales (1). Jean de Lalande, interrogé s'il avait des alleux, répondit : *Comme les citoyens de Bordeaux.* Les citoyens de Bordeaux, représentés par le maire, les jurats et les douze notables, interrogés à leur tour, firent au roi cette réponse, le 20 mars : « Il y a dans notre
» commune quelques hommes qui, à ce que nous croyons,
» tiennent des terres en fief spécial de notre seigneur le roi ;
» ils ont été sommés de venir devant ledit seigneur pour les
» faire connaître et pour s'acquitter de tout ce qu'ils doivent
» à raison de ces mêmes fiefs.

» Nos maisons, c'est-à-dire les maisons des citoyens de
» Bordeaux, nos vignes, nos terres, sont allodiales pour la
» plupart, quel qu'en soit le possesseur (2). C'est pourquoi ces
» possesseurs ne doivent répondre à personne au sujet de ces
» propriétés ; et c'est de là, comme le rapportent nos anciens,
» qu'on a donné aux propriétés de cette nature le nom *d'al-*
» *leux,* c'est-à-dire *sans discours* (3), et notre cité a observé

(1) Le mot *alleu, allodium,* signifie un bien attaché à une famille, une propriété patrimoniale. Il signifie aussi très-souvent un domaine possédé en propriété absolue, où la directité et l'utilité se trouvent réunies, sans reconnaître d'autre puissance supérieure que celle du souverain ; ce qui distingue l'alleu du *feudum feodum,* fief, qui n'était, dès l'origine, qu'un bénéfice militaire pour servir à la guerre, et qui ne passait pas du père au fils, sans une concession particulière des rois.

(2) *Domus nostræ, scilicet civium Burdigalæ et vineæ et terræ pro majore parte allodiales sunt circumquaque licet quædam moveantur à civibus et quædam ab ecclesiis.* Les Bordelais allèrent plus loin et déclarèrent aussi que c'est ainsi que se sont trouvées les choses à Bordeaux depuis la fondation de cette ville, et même sous les Sarrasins. *Et ita observavit civitas à primis ipsius cunabulis et etiam in tempore Saracenorum.*

(3) Cette étymologie est assez curieuse. « *Inde dictum est allodium ut antiqui nostri referunt, quasi sine sermone.* »

» ces usages depuis la première origine, et même du temps
» des Sarrasins, à ce que nous croyons.

» Nous demandons à notre seigneur le roi, et le supplions,
» qu'il lui plaise de nous conserver ces usages à l'avenir,
» puisqu'ils ne nuisent en rien à son droit, ni à celui de ses
» héritiers.

» Bien qu'il soit incontestable que les susdits alleux sont
» et ont été de tout temps, cependant notre seigneur le roi
» possède, dans les terres qu'il tient en sa main et dans celles
» de ses barons (où il y a aussi beaucoup de terres allodiales,
» tant dans ce diocèse que dans divers autres), beaucoup de
» droits sur lesdits alleux, et nous allons à présent en dire
» quelque chose. Et, d'abord, il faut savoir que les rois, les
» barons et ceux qui tiennent d'eux le droit de justice, exer-
» cent ce droit dans les alleux de la même manière que dans
» les fiefs........ En outre, il ne faut pas oublier que les rois
» et les seigneurs suzerains ont trois droits spéciaux sur les
» alleux : le premier, que, si quelqu'un comparaît devant le
» roi, au sujet d'une propriété féodale, le procès sera ren-
» voyé au seigneur du fief; que si, au contraire, c'est au
» sujet d'un alleu, le procès lui restera, et il percevra les
» droits de jugement et d'exécution ; ce qui n'est pas sans
» grand honneur et profit pour lui ; le second, que, dans le
» cas où un possesseur d'alleux et de fiefs meurt sans testa-
» ment et sans héritier légitime, les alleux appartiendront au
» roi ; tandis que les fiefs seront dévolus à leurs seigneurs
» respectifs ; ce qui est au grand et évident profit du roi ; le
» troisième, que, s'il arrive que quelqu'un commette un crime
» qui entraîne la confiscation de ses biens, les alleux appar-
» tiendront au fisc royal, les fiefs aux seigneurs de ces fiefs ;
» ce qui démontre de plus en plus que les rois ont et peuvent
» avoir des droits sur les alleux.

» Si donc beaucoup d'avantages propres et particuliers aux
» alleux appartiennent, avec les autres fiefs, au seigneur su-

Livre IV.
Chap. 2.

» zerain, il ne nous reste qu'à ajouter que tous les hommes
» et toutes les terres sont libres de leur nature, et que toute
» servitude est usurpée et contraire au droit commun. Et
» puisqu'il en est ainsi, et que les citoyens de Bordeaux ont
» toujours été libres, eux et leurs terres, nous demandons à
» notre seigneur le roi, et le supplions, de nous maintenir à
» toujours dans cet état. »

Pey de Bordeaux, interrogé, demanda quelques jours pour réfléchir; le sénéchal accéda à ses désirs. Il revint, au jour convenu, déclarer qu'il tenait à fief le Temple de Tutelle (Piliers de Tutelle), construction romaine, dont quelques rares débris sont précieusement conservés au Musée de Bordeaux.

1275.

Le maire et les jurats de Bourg-sur-Mer déclarèrent, le 22 mars, au nom de tous les habitants de la commune, que « lorsque le roi vient pour la première fois en Gascogne, il
» jure ou fait jurer par son sénéchal de défendre la ville en-
» vers et contre tous; de la préserver de toute injure, et de

M^s de Wolf,
page 488.

Collection
de Brequigny,
tome 55.

» garder ses fors et Coutumes. En retour, les habitants lui
» prêtent serment de fidélité. Leur ville ne possède ni terres,
» ni propriétés communales, comme en ont les villes de la
» Lombardie et beaucoup d'autres; ils ne peuvent dire qu'eux
» ou leur commune aient quelque chose en fief du roi, puis-
» que, d'après leur Coutume, il n'y a fief que là où il y a
» esporle ou investiture (1). Ils tiennent du roi, comme de
» leur souverain et prince, l'usage des rues, des places, des
» fossés et des autres choses, qui, en droit, sont dites de droit
» commun; ils tiennent de même le droit de pêche et de na-
» vigation du fleuve. Ils possèdent un grand nombre de liber-
» tés, tant à l'égard des personnes que des choses; ils ont

---

(1) L'esporle, ou acapte, était un genre de redevance particulier à la Guienne, payable par le fief médiat à chaque changement de seigneur. *In mutatione domini.* Laurier, dans sa *Révision de l'indice des droits royaux*, de Ragneau, dit : « L'esporle
» est proprement ce que le vassal donne à son seigneur pour obtenir de lui l'inves-
» titure de quelque fief, ou ce qu'il lui offre pour relief dans le cas de mutation. »

» une mairie et une jurade avec les droits qui en dépendent, » et reconnaissent, en leur nom et en celui de la commune » de Bourg, devoir au roi tout ce qui a été stipulé dans la » Charte de priviléges que ledit seigneur a donnée à leur » commune (1). » Le reste de cet acte se rapporte à un droit de 2 sous, que chaque bourgeois de Bordeaux devait au roi pour la vente ou l'exportation du vin de son crû. Il y est dit aussi que d'autres feudataires et tenanciers, dans les palus de Barba comme en ville, payaient certaines redevances au roi et aux autres seigneurs de Bourg, etc., etc.

Quatorze bourgeois de La Sauve déclarent que leur commune n'avait pas de terres allodiales; mais qu'à raison de l'autorité ducale du roi d'Angleterre en Aquitaine, chaque bourgeois lui devait un pain et une poule, payables une fois pendant la vie du prince et à sa première visite à La Sauve. Mais si l'abbé ou quelque autre cherchait à leur porter tort, ils étaient libres d'en appeler audit roi, qui était obligé de les défendre envers et contre tous, et de les regarder, moyennant leurs redevances, libres de tout service militaire, de toute quête, taille ou corvée quelconque.

Raymond Brun, maire de Libourne, déclare que, d'après leurs priviléges, les bourgeois nommaient les jurats qui, à leur tour, présentaient au roi deux candidats, dont il nommait l'un à la mairie de cette ville; les habitants devaient au roi le service militaire dans les diocèses de Bordeaux et de Bazas seulement. Ils n'avaient pas d'alleux; ils étaient tenus de paraître en justice devant le roi ou son sénéchal. Il paraît qu'il se faisait alors dans le port de *Fozera*, ou *Fozela*, plus tard dit *Leyburna*, un commerce considérable en fer, acier, étain, cuivre, plomb, chaudières, poêles, cuirs, draps de lin

Livre IV.
Chap. 2.

Delpit,
Notice, etc.,
79.

---

(1) Cette Charte date du 10 décembre 1261, est calquée sur celle donnée à Bordeaux la même année; elle est en langue romane et se trouve dans la *Collection de Brequigny*, t. 29.

et de laine en pièces pour habits et autres usages, verroterie, poterie, et toute espèce de bétail.

Jean Arnaud, maire de Saint-Émilion, avec les jurats, reconnaissent que leur commune doit au roi le service militaire selon les fors et Coutumes de Bordeaux, c'est-à-dire dans toute l'étendue seulement du diocèse de cette ville, comme il avait été réglé, en 1242, par une Charte donnée à Saintes par le roi Henry. Quant à l'élection du maire, les jurats de Saint-Émilion désignaient trois prud'hommes, parmi lesquels le roi ou le sénéchal choisissait le maire. Les magistrats de Libourne prêtaient le serment de fidélité; ils exerçaient le pouvoir judiciaire, et payaient au roi le droit de justice.

Les habitants de Langon, par l'organe de leur maire, Gaillard de Langon, déclarent que leur ville doit le service militaire, le serment, après que le roi a juré de les protéger; ils reconnaissent que le roi a le droit de criée dans la ville, et, de plus, certains droits de justice qui sont spécifiés; que les bourgeois sont tenus de fermer la ville, de la fortifier, de la garder à leurs dépens, en temps de guerre; enfin, ils doivent préserver le roi leur seigneur de toute exhérédation.

Les habitants de Saint-Macaire déclarent qu'à quelques exceptions près, ils étaient tous libres et exempts de toute redevance féodale.

Les habitants de Caudrot prennent le titre de bourgeois, au lieu d'hommes francs, et sont assujétis aux mêmes devoirs que les citoyens de La Réole, dont ils devaient suivre la bannière. Cette déclaration fut faite par Guil. de Font (ou de la Fontaine), Vital-Auriol et Vital-Edon (1), bourgeois de Caudrot. *Burgeuses de Causdroco.*

---

(1) On a dit que Caudrot était ainsi appelé de *Cauda-Droti*, parce que sous les murs de cette ville ou bourg, le Drot se décharge dans la Garonne; mais nous trouvons dans ce vieil acte que le nom latin de Caudrot était alors, non pas *Cauda-Droti;* mais bien *Causdrocum, rocher de chaux.* En effet, Caudrot est bâti sur des rochers calcaires.

Bazas, représenté par ses jurats, Bertrand de Ladils, Doat de Pins, Arnaud Guittarin, Gaillard du Puy, Bernard de Montaigu *(monte coquto)*, R. Cosin et R. Marquese, reconnaissent devoir au roi obéissance et fidélité ; mais avant de recevoir ce serment, le roi et le sénéchal doivent jurer d'être bons et loyaux envers les citoyens de Bazas, de les protéger et de garder leurs Coutumes.

Livre IV.
Chap. 2.

Delpit,
Notice, etc.,
page 92.

Les Bazadais reconnaissent, en outre, que le roi a le droit de criée dans la ville; que, sur certains points, ils sont soumis à la juridiction du roi, et doivent comparaître devant lui ou son sénéchal, à Bazas ou à Bordeaux. Sur d'autres points, ils étaient soumis à la juridiction de l'évêque et du chapitre; car il est dit que si l'évêque de Bazas et le chapitre dénient la justice à un citoyen, le roi ou le sénéchal doit leur mander de faire justice, si non, juger lui-même la cause.

Pendant le service militaire hors de leur ville, le roi a tout droit de justice sur eux ; ils doivent au roi la chevauchée à raison d'un homme par maison ; ils reconnaissent que lorsqu'il y a guerre à Bazas ou en Gascogne, le roi ou son sénéchal a habitude de prendre des ôtages à la ville. Quelques-uns d'entre eux soutiennent que cet usage n'est pas autorisé par le droit.

En temps de guerre, que la guerre soit juste ou injuste, le roi ou son sénéchal a le droit d'entrer dans la ville de Bazas avec ou sans armes, prendre les clés des portes et y placer des gardes jour et nuit. Dans le cas où les citoyens de Bazas, qui sont dans l'armée du roi pour lui rendre le service militaire, feraient des prisonniers, il est stipulé que ces prisonniers seront donnés au roi, qui devra payer une somme en échange : si c'est un chevalier, 100 sous morlans à celui qui l'aura pris; si c'est un damoiseau, 50 sous; un bourgeois, 20 sous; un vilain *(rusticus)*, 10 sous. Pour un cheval, le citoyen de Bazas recevra en échange la selle ou 10 sous morlans; pour des bœufs ou des porcs, il aura droit à la moitié de sa capture. Les ânes et les autres bêtes de moindre prix lui appartiendront entièrement.

Ce sont là de précieux renseignements sur l'état de la société dans nos contrées vers la fin du XIII⁰ siècle. On y voit la diversité des Coutumes, la singularité des usages, l'amour de la liberté, quoique plus ou moins restreinte selon les mœurs des localités, l'évaluation de la différence qui existait, selon l'opinion publique, entre les diverses classes de la société; cette évaluation, à prix d'argent, rappelle les compensations établies dans les lois barbares des premiers siècles de la monarchie franque. Nous trouvons une note inscrite sur un cartulaire municipal de la ville de Bordeaux, et qui est parfaitement analogue à ces coutumes locales; elle constate qu'à la même époque, le portier du château de l'Ombrière, où le prévôt du roi d'Angleterre rendait la justice et où étaient détenus les accusés, percevait pour chaque baron arrêté 100 sous, 20 pour chaque cavalier, 5 pour chaque écuyer, et 12 deniers pour toute autre personne (1).

Le sénéchal, Luc de Tany, réclamait certains droits en ville, que l'évêque de Bazas et le chapitre ne voulaient pas reconnaître au roi. Le peuple se souleva contre le sénéchal, et, dans un conflit déplorable, lui tua deux chevaliers de sa suite. Le désordre était grand; mais après quelque temps, il fut convenu qu'on regarderait les derniers événements comme des malheurs, et tout ce qui avait été fait comme nul et non avenu; qu'on renoncerait à l'amende et aux dommages qui leur étaient dus réciproquement à raison de ces faits. Le sé-

---

(1) En sec se so que devia prendre lo porter qui tendra la porta dec castel de l'Ombreyra de Bordeu, a causa de son offici. Tot primeyrament lo deit porter a accoustumat et deu prene de baron, quant es arrestat à la requesta de la partida, C sols; et de cavaler XX sols; et de escuder V sols; et de tota autra persona arrestada per deuta o per autra causa, no deu pren mas XII deners. (*Livre des Bouillons*, fol. 106, v⁰.)

néchal étant maître du fort de Hérémo (1), l'évêque et les habitants consentent à laisser au pouvoir du roi ledit château ou fort, et à le garder à leurs frais jusqu'à ce qu'il plaise au roi de le leur restituer. Il est stipulé, en outre, que l'évêque, le chapitre et leurs partisans, ne peuvent être inculpés des meurtres de Pierre de Merni et Guillaume Drudi de Gatz, tués devant la porte de la ville par le peuple. Cette convention fut faite et scellée, le 21 juillet 1274, par le sénéchal, l'évêque, le chapitre et la commune de Bazas.

Dans tous ces actes dressés à l'assemblée de Bordeaux, on voit les noms des familles illustres de l'époque, et que leurs descendants, au XIX⁰ siècle, seront bien aise de retrouver, tels que les Vigier, les d'Alègre, de Mirail, de Monts, Pardailhan, Gombaud, de Budos, de Cazalès, de Pressac, d'Anglade, de Montferrand, etc., etc. Les abbés aussi vinrent faire des déclarations respectives: l'abbé de Sainte-Croix de Bordeaux répondit fièrement qu'il ne devait aucun hommage au duc de Guienne. « De qui donc, lui dit-on, tenez-vous les » justices de Macau, de Soulac et de Saint-Macaire? » — Du Pape, répondit l'abbé, et on se contenta de cette réponse évasive et hardie.

---

(1) *Hérémo* était très-probablement le nom de l'ancien château-fort de Bazas, sur l'emplacement duquel on a bâti le palais épiscopal, qui, à son tour, a disparu pour faire place à une modeste sous-préfecture.

CHAPITRE III.

Édouard aimé à Bordeaux.— Le roi de France intervient trop comme suzerain dans les affaires de la province. — Discussions au sujet des tiers de la monnaie.— Démêlés du chapitre de Saint-Seurin avec les jurats et le sénéchal. — L'archevêque de Bordeaux suspect au roi d'Angleterre.—Lettre de ce prince.— Jean de Grailly invite Édouard à venir à Bordeaux. — Lettre d'Édouard à Philippe de France.— Philippe défend aux Bordelais d'envoyer des hommes à Édouard.— Ils lui envoient de l'argent.—Leur lettre.—Édouard remercie les habitants de Bordeaux, de Bazas et de Bourg. — Duel projeté entre Charles d'Anjou et Pierre d'Aragon, etc.

Livre IV.

1275.

Édouard travaillait avec prudence à consolider son pouvoir en Guienne : ses brillantes qualités lui gagnèrent tous les cœurs, son affabilité le rendit populaire et aimé ; il avait pour lui toutes les classes. Le roi de France, cependant, y exerçait une très-grande autorité; il intervenait comme suzerain dans toutes les affaires majeures, et recevait les appels. C'est à lui qu'eut recours le chapitre de Saint-André contre les tentatives faites par le prince anglais, pour le dépouiller du droit qu'il percevait sur le tiers de la monnaie frappée à Bordeaux. Ce droit, très-minime au commencement, devint très-important plus tard : Édouard s'efforça de se l'approprier; mais le chapitre s'adressa à Philippe, roi de France, et demanda à être maintenu dans la pleine possession de cet antique droit, qui, avec les arrérages, montait cette année à 7,000 liv. tournois. Le procureur d'Édouard n'hésitait pas à reconnaître le droit du chapitre sur la monnaie frappée à Bordeaux; c'était là le sens de la concession primitive; mais l'Hôtel de la Monnaie avait été transféré à Langon; le droit du chapitre n'existait donc plus. Le chapitre ne manqua pas de répondre que la translation de la Chambre des Monnaies à Langon n'avait eu lieu que pour le frustrer de son droit et des revenus que les ducs de Gascogne avaient voulu lui assurer sur les monnaies de Bordeaux, quelque part qu'elles fussent frappées. Cette affaire fut portée devant le roi de France; Édouard y fut condamné. Cependant, ses agents à Bordeaux éludèrent longtemps les effets de cette décision sans appel; ils se mirent à susciter de nouvelles difficultés, à créer d'autres embarras, à ourdir un nouveau procès, et différèrent le paiement pendant plusieurs années, de manière qu'en 1323, le capital, avec les arrérages, montait à 10,000 liv. tournois. Après bien des hésitations, on consentit à payer 4,000 liv. tournois; l'archevêque et le chapitre se virent obligés de les accepter. Il y avait perte; mais c'était toujours la reconnaissance du droit. Ils ne cessèrent cependant pas de demander justice; et enfin, ils obtinrent qu'à l'avenir, l'archevêque, le doyen et les députés du chapitre de Saint-André, auraient la faculté d'assister à la reddition des comptes, en présence du connétable de Bordeaux, et que le tiers leur serait remis sur-le-champ.

<small>Livre IV. Chap. 3.</small>

A cette époque, la puissance ecclésiastique, à Bordeaux, était un sujet de jalousie pour l'autorité civile: les deux juridictions se touchaient par tant de points, qu'un conflit était inévitable. Le doyen de Saint-Seurin s'était permis de faire punir deux citoyens de Bordeaux; ils portèrent plainte au maire, qui exigea une réparation. Le doyen reconnut et promit toutes les réparations nécessaires. L'affaire paraissait arrangée; mais le sénéchal se prononça avec violence contre le chapitre. Les esprits s'exaltèrent: la populace envahit le faubourg St-Seurin, pilla les maisons des chanoines et commit les excès les plus déplorables. Sur la plainte portée au roi, une enquête eut lieu: le maire et les jurats furent condamnés à des amendes très-fortes, et s'obligèrent par serment à faire respecter à l'avenir les droits et les intérêts du chapitre (1). Le clergé était pour le roi de France; l'archevêque était dé-

<small>Voir le compte-rendu de la Commis. des Monum^{ts} de la Gironde, année 1850.

Notice sur Saint-Seurin, par l'abbé Cirot de la Ville.</small>

(1) Nous donnerons les détails de cette affaire dans notre *Histoire de l'Église de Bordeaux.*

*Livre IV.
Chap. 3.*

voué à ses intérêts et ne négligeait aucune occasion de contrarier les agents du roi d'Angleterre. Philippe de France fomentait ces germes de mésintelligence en Guienne ; il ne demandait pas mieux que d'embrouiller les affaires du prince anglais ; il s'immisçait tellement dans tout ce qui pouvait provoquer des conflits et des plaintes, que les Bordelais s'accoutumèrent insensiblement à recourir à lui dans les plus légères occasions. Philippe colorait son ambition de noms les plus imposants; il prétextait les besoins et la confiance des peuples de Guienne, faisait valoir l'utilité des mesures qu'il prenait, et conciliait ainsi à sa cause l'affection des Gascons, que la fierté des Anglais aliénait de plus en plus par des exactions insupportables. Édouard savait une grande partie de ces menées ; il soupçonnait avec raison l'archevêque, qui avait fait quelques démarches pour se justifier. Le prince ne croyait pas trop à sa sincérité, et écrivit à ce sujet à l'évêque d'Agen, ainsi qu'au seigneur de Pembroke, la lettre suivante, le 4 septembre 1279 : « J'ai reçu vos lettres, contenant que le véné-
*Papiers
de la
Tour de Londres.*
» rable père en Dieu, l'archevêque de Bordeaux, était venu
» dans Agen pour se justifier de ce qu'on lui avait faussement
» imputé, disait-il, et demander humblement la paix et nos
» bonnes grâces, avec offre d'une réparation à votre arbi-
» trage, ou de l'un de vous, s'il se trouvait avoir commis en-
» vers nous quelque offense ou quelque usurpation, dans son
» temps, sur nos droits, ou même s'il en avait été commis
» par ses prédécesseurs......... Tout en vous suppliant de lui
» accorder, de notre côté, la réparation des torts qui lui ont
» été portés à lui ou aux siens par les nôtres..... nous vou-
» lons qu'en attendant le plus prochain parlement de France,
» vous sondiez soigneusement le cœur et les dispositions de
» ce prélat, vous enquérant des réparations qu'il nous doit
» pour les offenses qu'il nous a faites ou aux nôtres, comment
» il entend revenir dans l'état qu'il est de son devoir de re-
» prendre, et quelles sont les atteintes et les usurpations

» commises contre nous par lui, ou par ses hommes, ou par
» ses prédécesseurs. » Le roi ajouta qu'il attendait le rapport
de ses deux confidents et amis, l'évêque d'Agen et le sire de
Pembroke ; mais la mort de l'archevêque, qui arriva le 29 octobre 1280, mit fin aux soupçons du prince et à la surveillance de ses agents.

Philippe le Hardi perdit dans l'archevêque un excellent ami ; mais il n'en continua pas moins ses intrigues contre l'Angleterre. Ses habiles manœuvres réussissaient si bien, que le sénéchal, Jean de Grailly, voyant les intérêts de son roi si gravement compromis, l'invita à venir en Guienne, pour arrêter, par sa présence, l'influence toujours croissante du prince français. Engagé alors dans une guerre contre le prince de Galles, Édouard n'osa pas abandonner ses États dans une conjoncture semblable ; il écrivit à Philippe une lettre ainsi conçue : « Nous avons appris que vous vous proposez de faire
» quelques changements dans l'état de nos terres de Gasco-
» gne, et dans les Coutumes qui y sont en usage. Nous vous
» donnons avis, que si cette réforme est nécessaire, nous
» sommes prêts à la faire conformément à vos conseils. Nous
» vous prions seulement d'ajourner tous les changements que
» vous projetez, et d'écouter avec bonté Jean de Grailly, notre
» sénéchal de Gascogne, que nous avons chargé d'expédier
» toutes les affaires dont vous devez prendre connaissance. »

Nous ne savons pas précisément la réponse de Philippe ; mais il est certain que, s'il consentit à ralentir sa marche, c'était pour pouvoir aller plus loin et avec plus de sûreté. Il dissimula ; mais ses sentiments ne changèrent pas. Édouard avait alors bien des embarras à surmonter : outre sa querelle avec le prince de Galles, il avait encore des affaires sérieuses en Écosse et de grands intérêts à démêler partout. Il convoqua tous les grands seigneurs de son royaume et réclama leur appui. Les Bordelais auraient voulu répondre à son appel ; mais Philippe prétendit qu'Édouard lésait ses droits de suze-

rain, et défendit tout envoi de troupes en pays étrangers. Les Gascons se trouvèrent liés et même offensés par ces entraves mises arbitrairement à leur liberté; ils aimaient, d'ailleurs, Édouard, et ils auraient voulu lui envoyer des secours; mais ils craignaient la colère du roi de France. Ils lui écrivirent cependant leurs peines, leurs désirs et leurs embarras, et lui demandèrent des conseils. « Sachez, lui dirent-ils, que de-
» puis longtemps nous sommes prêts à partir pour l'Angle-
» terre, afin de vous servir de tout notre pouvoir et suivant
» votre volonté. Mais nous avons ajourné notre départ, parce
» que personne n'ose braver la défense expresse du roi de
» France. Veuillez, s'il vous plaît, nous fixer sur ce que nous
» avons à faire : faut-il partir ? faut-il rester ? Nous exécute-
» rons aveuglément vos ordres. »

Cette lettre prouve à la fois la crainte que Philippe inspirait aux Gascons, leur affection pour Édouard et leur reconnaissance pour les bienfaits qu'ils en avaient reçus. Idole du peuple, il était mal servi par ses agents à Bordeaux : leur conduite lui aliénait tous les cœurs, et secondait, sans qu'ils s'en doutassent, les vues ambitieuses du souverain de France. Les Bordelais voyaient avec regret l'extension que prenait le mal; ils en écrivirent à Édouard; et tout en protestant de leur dévoûment à sa dynastie, ils le prévinrent de la mauvaise conduite de ses baillis, et lui dirent : « Nous supplions
» Votre Majesté de défendre à vos baillis de porter plus long-
» temps atteinte à nos intérêts et de nous molester. Veuillez
» leur témoigner tout votre mécontentement des procédés
» qu'ils emploient à notre égard; car ils nous persécutent sou-
» vent et sans motif. »

Édouard fut sensible aux témoignages affectueux des Bordelais et donna de nouveaux ordres à ses baillis; il contremanda le secours en hommes, et se contenta d'une somme d'argent que les Bordelais s'empressèrent de lui faire parvenir; c'était éluder la défense du suzerain. Les écus valaient bien les troupes, et constataient la bonne volonté et l'affectueux attachement des Bordelais. Reconnaissant et vivement touché de cette preuve de fidélité de la part des Gascons, il écrivit des lettres de remercîment aux maires et prud'hommes de Bordeaux, Libourne, Saint-Émilion, Saint-Macaire, Langon, Bazas, et déclara formellement que l'impôt que l'on avait voté à la demande de son secrétaire, Antoine Beck, avait été accordé librement et volontairement. *Nobis garanter et liberaliter fecistis.* Quelque temps après, il envoya en Guienne le même secrétaire, Beck et Godefroi de Brinville, pour pourvoir avec prudence aux divers besoins de la province.

<small>Livre IV. Chap. 3.</small>

Cette même année, une querelle éclata entre Charles d'Anjou et Pierre d'Aragon, qui se disputaient la couronne de Sicile. Le pape Martin se trouva offensé de la conduite de ces prétendants pour une contrée qui était un fief du Saint-Siége; il excommunia l'usurpateur et le dépouilla du royaume d'Aragon et de tous les États qu'il tenait en fief du Saint-Siége. Il donna l'Aragon et ses dépendances à Charles d'Anjou, fils de Philippe de France. Charles reçut des secours de Paris et se prépara, avec un grand nombre de chevaliers et des troupes, à faire une expédition dans son nouveau royaume. Pierre crut devoir temporiser ; il prolongea les négociations pour mieux se préparer à la guerre, et proposa à Charles (Muntaner dit que la proposition émana de Charles) de décider l'affaire par un combat corps à corps, deux contre deux ou cent contre cent. La proposition fut acceptée, et Bordeaux, ville neutre, appartenant aux Anglais, fut désigné pour être le théâtre du combat. On en écrivit au roi d'Angleterre ; il leur fit répondre par son sénéchal que, dans cette occurrence, il ne prendrait sur lui aucune responsabilité ; et puisque le roi de France devait s'y trouver avec douze mille hommes, Pierre d'Aragon ferait bien de ne pas exposer sa liberté et sa vie.

<small>1285.</small>

<small>Chronique, XC.</small>

Cette observation importait peu aux deux rivaux : une trêve eut lieu, et les deux princes nommèrent douze personnes chacun, pour régler le temps, le lieu et les conditions du combat. On arrêta que le duel aurait lieu dans les plaines de Bordeaux, là où le roi d'Angleterre le jugerait convenable, et que l'espace désigné devrait être clos de barrières; que le combat aurait lieu le 1ᵉʳ juillet (1ᵉʳ de juin, dit D. Devienne); que si le roi d'Angleterre ne pouvait pas s'y trouver en personne, les deux combattants devraient se présenter devant le sénéchal, à Bordeaux ; que les deux rivaux s'engageraient de faire leur possible, de bonne foi et sans fraude, pour décider le roi d'Angleterre à assister au combat, avec quelques amis, comme témoins; que celui des deux princes qui manquerait aux jour, heure et lieu indiqués, serait réputé vaincu, parjure, faux, infidèle, traître; qu'il ne pourrait jamais s'attribuer ni le nom de roi, ni les honneurs dus à la royauté.

Rapin-Thoyras Histoire d'Angleterre, tome 2.

Presque tous les historiens s'accordent à dire qu'Édouard consentit à ce que le combat eut lieu à Bordeaux; Rapin-Thoyras le nie, et cite, en preuve de son assertion, une lettre de ce prince, rapportée par Rymer, par laquelle il mande à Charles d'Anjou qu'il ne voulait pas assurer le champ clos où deux princes, ses parents et amis, devaient s'égorger; mais qu'il défendrait à son sénéchal d'intervenir dans leur querelle. Le Pape aussi s'opposa à ce duel meurtrier, et menaça les deux princes d'un commun anathème s'ils procédaient *à un combat criminel et abominable à ses yeux*. Charles, fidèle à sa parole, arrive à Bordeaux au jour marqué. Pierre, fier, bouillant, plein d'honneur, ne voulut pas manquer au *rendez-vous*; mais ayant appris que le roi de France faisait avancer des troupes vers Bordeaux, il prit un autre parti (1). Pour

(1) Le P. Daniel, tout en reconnaissant que Philippe faisait avancer sa garde, insinue que Pierre ne vint pas à Bordeaux. Il avoue, cependant, que presque tous les historiens s'accordent à dire qu'il y vint, et que, pour preuve de sa présence, laissa entre les mains du sénéchal, Jean de Grailly, son casque, son épée et sa lance. Cette version nous paraît vraie. Les *Grandes Chroniques de France*, dites de Saint-Denis, et plusieurs autres historiens, disent que Pierre vint à Bordeaux; Martin le dit aussi. Leur témoignage vaut plus que l'autorité de Daniel.

ne pas se flétrir pour toujours, il partit *incognito* de Jacca, accompagné d'un marchand de chevaux qui connaissait le pays et les routes, et arriva la veille du jour convenu aux environs de Bordeaux, où les Français avaient tout préparé pour le combat. D'après une invitation particulière, le sénéchal se rendit avec empressement auprès de cet étranger, qui paraissait avoir des nouvelles importantes à lui communiquer, concernant les intérêts de son maître. L'entretien s'engagea sur le combat du lendemain; le sénéchal répéta que, d'après les instructions de son maître, il ne devait pas, il ne pouvait pas répondre à Pierre d'Aragon de sa liberté et de sa vie. Alors le chevalier se découvrit au sénéchal étonné, et lui dit : « Je suis venu pour remplir mon serment. » Il ordonna au notaire, qu'il avait fait venir avec le sénéchal, de constater sa présence, motivant son départ par la présence et l'attitude menaçante des troupes françaises. Pierre d'Aragon sauva son honneur et accomplit sa promesse de se trouver au jour fixe à Bordeaux. Il n'était pas libre, puisque le pays était plein de troupes françaises, qui ne lui laisseraient pas la vie, en cas qu'il fût vainqueur. Pendant que le notaire dressait l'acte, il fit le tour de la lice, alla prier un instant dans une chapelle voisine, et repartit immédiatement pour les frontières, par un autre chemin. Charles et le roi de France furent étonnés de tant de courage et de hardiesse ; mais rien ne fut changé dans la position respective des deux adversaires.

<small>Livre IV. Chap. 3.

Martenne, *Anecdotes*, tome 3.

Guil. Nangis, tome XI.</small>

CHAPITRE IV.

Hommage d'Édouard à Philippe de France.—Édouard vient à Bordeaux.— Jalousie de Philippe contre Édouard à cause de la Gascogne. — Querelle entre les Anglais et les Gascons, à Bayonne.—Édouard cité devant la cour de Philippe, à Paris.— Édouard, trompé, cède la Gascogne à Philippe.—Philippe maître de Bordeaux.— Réclamations d'Édouard.—Son expédition pour Bordeaux.—Il s'empare de Rions et de Podensac. — Les Français reprennent ces villes. — Bataille de Bègles.

Livre IV.

Depuis le traité conclu entre saint Louis et Henry III, il régnait entre les Français et les Anglais une amitié au moins apparente; Édouard allait souvent en France, sans que le roi de France y vît le moindre inconvénient. En 1286, il alla même à Paris rendre hommage au nouveau roi, Philippe le Bel, en sa qualité de suzerain. « Sire roi, lui dit-il, je de-
» viens votre homme pour les terres que je tiens de vous deçà
» la mer, selon la forme de la paix qui fut faite entre nos
» ancêtres. » Édouard vint ensuite en Guienne, où il passa plusieurs mois, tantôt au château de Condate (Libourne), tantôt à Bazas, à Condom ou en d'autres petites villes de la province. A la fin de 1288, il vint à Bordeaux, *ville métropole de la terre de Gascogne,* pour respirer l'air du continent et se reposer, à la suite d'une maladie, au château de Blanquefort. Sous prétexte de se préparer à une expédition pour la Terre-Sainte, il convoqua les seigneurs, reçut les ambassadeurs de l'Aragon, de la Sicile et de l'Espagne, et tint un parlement où l'on s'occupa de son fils, le prince de Salerne, fait prisonnier par les Aragonais au combat naval de Monte-Circello, en 1284. La rançon fut fixée à 50,000 marcs d'argent; le roi d'Angleterre en cautionna 20,000, et parmi les différentes villes qui fournirent leur contingent en cette occa-

sion, on voit figurer Bordeaux, Marmande, Condom, Dax, etc. Le maire et les jurats désignèrent des commissaires spéciaux pour traiter de cette affaire; ils fournirent hypothèque sur tous les biens de la commune pour une certaine somme, payable dans un délai très-rapproché, et le reste dans trois mois. Philippe voyait avec peine ce parlement à Bordeaux, et aurait mieux aimé y régner lui-même; il pensait que la France devait être pour les Français, et qu'on pourrait s'y passer des Anglais. Édouard se voyait avec peine enchaîné sous la main puissante de Philippe, et désirait en secouer le joug; le vasselat pesait à ce prince guerrier, élevé dans les combats. Une occasion se présenta à la suite d'un petit incident; elle paraissait heureuse à la jalousie de l'un et à l'ambition de l'autre. Ils s'en emparèrent tous deux, également fatigués de la trop longue paix de 1259. On désirait la guerre; elle vint; c'était un vaste incendie allumé par une étincelle (1).

Une querelle survint, au port de Bayonne, entre deux marins, un Anglais et un Normand : par malheur ce dernier y fut tué. Ses compatriotes voulaient venger sa mort; et dans cette vue, ils vont couler quatre barques de Bayonne dans les eaux de Royan, et en massacrent les équipages. Une guerre désastreuse commence, et on n'entend parler que de combats sur mer et de luttes acharnées entre les Bayonnais et les Normands. Enfin, ces derniers équipent une flotte de quatre-vingts vaisseaux et s'emparent successivement de soixante-dix navires, tant Bayonnais qu'Irlandais; ils en massacrent les marins et enlèvent plus de 20,000 liv. sterlings de marchandises. Puis, ayant appris que vingt navires de Bayonne s'étaient réfugiés dans le port de Saint-Malo, ils en enlèvent deux avec soixante-dix hommes, qu'ils pendent aux vergues, pêle-mêle avec des chiens!

Livre IV. Chap. 4.

Bayonne, Vues histor., par Morel.

---

(1) En 1289, le 9 juin, le roi ordonna au connétable, à Bordeaux, de laisser jouir des priviléges des bourgeois de Bordeaux les ecclésiastiques qui sont fils de bourgeois, tant qu'ils font leur résidence en ville.

Livre IV.
Chap. 4.

Chron. Dunst.,
tome 2.

Walsingh,
page 58.

Baron,
Annales,
année 1293.

Ce triomphe n'était qu'éphémère ; la vengeance ne se fit pas attendre. Les Normands équipent une flotte de deux cents voiles avec quinze cents gens d'armes, pour aller chercher du vin dans le Midi ; ils poursuivent quelques bâtiments anglais, et s'en emparent ; mais cinglant vers les côtes de la Gascogne, à leur retour, ils rencontrent soixante vaisseaux anglais, irlandais et bayonnais, qui les attendaient à la hauteur du cap Saint-Mathieu. Ils les attaquent, en prennent plusieurs, coulent les autres, et massacrent cinq mille marins; et, cependant, ce ne furent pas de petits navires, c'étaient de grands vaisseaux normands, « *bien équipés*, dit la *Chronique,* » *de gens d'armes, chasteaux au sommet de chaque mât, chas-* » *teaux hordis devant et derrière, bannières déployées de rouge* » *sendal, signifiant mort, sans remède, et mortelle guerre en* » *tous lieux où marines soient.* »

L'exaspération était à son comble de chaque côté; la guerre paraissait imminente. Les Anglo-Gascons exposent au roi d'Angleterre les outrages que leurs marins et ses sujets avaient éprouvés : la France prend fait et cause pour les Normands, et demande la réparation des torts qu'on leur avait faits et une indemnité pour leurs pertes. Le roi d'Angleterre repousse ces prétentions avec dédain, et refuse toute satisfaction, attendu que la première offense était venue de la part des Normands; les Anglo-Gascons seuls avaient droit de se plaindre. Fier de la justice de sa cause, Édouard offre de prendre pour arbitre le Saint-Siége ; c'était mettre la raison de son côté. Le Pape pesait alors comme une grande puissance morale dans la balance politique du monde. Philippe, qui voulait la Guienne, désirait que ses affaires prissent une autre tournure; indigné qu'un vassal osât ainsi résister à son suzerain, il écrit, vers la fin de novembre 1293, à Édouard, et parmi les griefs qu'il énumère, nous remarquons les suivants :

« J'ai envoyé des commissaires dans la ville de Bordeaux,
» afin de réprimer les excès de vos officiers; mais vos sujets

» se sont montrés rebelles, en méconnaissant mon autorité.

» Des Normands, qui sont établis à Bordeaux depuis plus
» de dix ans, ont été tués sur la place publique, pour avoir
» parlé français. »

Après une longue énumération des griefs réels ou fictifs, la citation se termine ainsi : « C'est pourquoi nous vous man-
» dons et ordonnons péremptoirement, sous les peines que
» vous avez pu et pourrez encourir, que vous ayez à compa-
» raître devant nous, à Paris, le vingtième jour après la na-
» tivité de Notre-Seigneur, afin de répondre sur tous ces for-
» faits et sur toute autre chose que nous jugerons convenable
» de proposer contre vous, pour, ensuite, obéir au droit, en-
» tendre ce qui sera juste, et vous y soumettre, etc., etc. »

Cette citation fut envoyée à Édouard : le seigneur d'Arre-blay, sénéchal du Périgord, fut chargé de la faire publier aux portes de Libourne, d'Agen, de Saint-Émilion et des principales villes de Gascogne. Le sénéchal se rendit partout où la proclamation de cette citation était nécessaire ; partout il rencontra une résistance significative et un mauvais accueil : quelques-uns des agents anglais furent jetés en prison.

Édouard était alors trop occupé en Écosse pour songer à venir en Guienne ; il y envoya le prince Édouard, comte de Lancastre, avec pouvoir de satisfaire le roi de France. Philippe connaissait bien les embarras d'Édouard et l'inexpérience du jeune plénipotentiaire ; il se montra très-exigeant et implacable. Le jeune prince ne pouvant rien faire, se préparait à repartir pour Londres ; mais la reine et Marie de Brabant, veuve de Philippe le Hardi, s'abouchèrent secrètement avec Édouard, et lui conseillèrent, pour la paix et pour prouver la confiance qu'il avait en son suzerain, de lui livrer quelques places fortes en Guienne ; que ce serait là un acte de confiance qui désarmerait le monarque français et mettrait fin à ces déplorables dissensions. Les deux princesses apposèrent leur signature à cet acte de rouerie politique ; Édouard

Livre IV.
Chap. 4.

Rymer,
Act., tome 1er.

Guil. Nangis,
page 218.

s'y laissa attraper, et, sans le moindre soupçon, donna tête baissée dans le piége dressé par deux femmes astucieuses. Il écrivit à son sénéchal, à Bordeaux, et aux autres officiers, de *livrer au roi de France toute sa terre de Gascogne à sa volonté;* de mettre, entre les mains de ses représentants, Talmon, Saintes, Marmande, etc., etc.; mais que Bordeaux, Bayonne et La Réole, garderaient leurs maires, leurs prévôts et autres officiers, à la charge, par ceux-ci, d'obéir au commandant pour le roi de France dans ces trois places fortes.

Édouard comprit bientôt après l'étendue de sa faute; il fit connaître toute l'affaire aux Bordelais, et leur écrivit en toute humilité la lettre suivante, qui n'est que la confession de sa faiblesse : « Nous avions un traité avec le roi de France, » d'après lequel nous avons fait de vous et de notre duché » certaines obéissances à ce roi, que nous avons cru être pour » le bien de la paix et l'avantage de la chrétienté; mais, » par là, nous nous sommes rendu coupable envers vous, » puisque nous l'avons fait sans votre consentement, d'autant » plus que vous étiez bien préparés à garder et à défendre » votre terre. Toutefois, nous vous demandons de vouloir bien » nous tenir pour excusé; car nous avons été circonvenu et » séduit dans cette conjoncture. Nous en souffrons plus que » personne, comme pourrait vous l'assurer Hugues de Vères, » Raymond de Ferrers, qui conduisaient en notre nom ce » traité à la cour de France. Mais avec l'aide de Dieu, nous » ne ferons plus rien d'important désormais, relativement à ce » duché, sans votre conseil et votre assentiment. »

C'est chose assez curieuse que de voir ce roi à genoux devant son peuple, et demandant pardon aux fiers barons bordelais et aquitains de sa faiblesse et de son inconcevable étourderie. Mais le secret de sa conduite se trouve dans sa triste position politique et financière; il avait besoin de leurs bras et de leur argent; il savait s'humilier pour se faire plaindre, et pour les intéresser à la réparation de sa faute.

Quelques chroniqueurs, étonnés du silence trop complaisant d'Édouard et de son inaction en présence d'un événement si important, lui supposent une arrière-pensée et croient qu'il se flattait de recouvrer, par la force des armes, la Guienne, qui l'aimait assez pour se soulever en sa faveur; et qu'en recouvrant ainsi son duché, il s'affranchirait à l'avenir par la conquête de tout hommage envers le roi de France ; mais l'enjeu était le beau pays de Guienne; c'était risquer beaucoup pour des espérances trompeuses, et jouer gros jeu en présence des oscillations de la politique astucieuse de Philippe et de la puissance de ses armes. Nous aimons mieux croire que le prince anglais, embarrassé en Écosse, s'était laissé tromper par les deux reines et l'apparente magnanimité de Philippe; c'était avoir trop de confiance en présence de tant de ruse; mais il avait trop d'affaires sur les bras. La nécessité lui imposait ses lois : il croyait agir avec finesse; mais ce n'était que faiblesse.

Par suite de cet arrangement, Raoul de Clermont, seigneur de Nesle, connétable de France, vint prendre possession de Bordeaux et du château pour le roi Philippe. Havering, le sénéchal, convoque les jurats; ils se réunissent, au nombre de trente-six, à Saint-André, et prennent connaissance de la lettre d'Édouard, revêtue du sceau royal, par laquelle ce prince les exhortait à prêter serment de fidélité au roi de France. Après une mûre délibération, dans des circonstances si graves, le maire et les jurats, ne pouvant contester l'authenticité de la lettre, déclarent qu'ils étaient prêts à se soumettre à tout ce que prescrivait la lettre, pourvu que Philippe fît le serment accoutumé de maintenir leurs libertés et leurs priviléges.

Raoul fit le serment, et reçut celui des jurats; ayant accompli sa mission, il partit de Bordeaux, après y avoir nommé Germond de Burlac, maire, et son frère, Jean de Burlac, sénéchal général de Gascogne. Cet accommodement fut réglé par un acte que signèrent plusieurs seigneurs du pays, entre autres, le comte de Périgord, le vicomte de Léomarie, le seigneur de Montferrand, le comte d'Astarach, l'abbé de Belleperche, Raymond de Montaut, d'Aymeric. Rions, Podensac et quelques autres places, refusèrent de souscrire à cette frauduleuse convention, et restèrent fidèles à leur souverain légitime, qui n'avait d'autres torts que celui d'avoir été le jouet de la perfide supercherie de deux femmes.

Édouard crut bonnement à la bonne foi de Philippe ; il avait consenti à se dessaisir de la Guienne pour six semaines tout au plus, dans la conviction qu'on la lui rendrait. Il réclama son duché, fit valoir les promesses des reines, les conditions convenues; mais Philippe nia d'avoir eu connaissance de l'intrigue de sa femme et de la reine douairière. Il refusa de reconnaître des droits à un prince qui les avait anéantis, s'il en avait eu antérieurement, en ne se rendant pas à la sommation de son suzerain. Édouard comprit enfin l'étendue et la grandeur de sa faute, dans la déloyale confiscation de son duché (1); il dissimule son ressentiment et se prépare à la guerre. Il invite les barons d'Angleterre à l'aider à venger une si sanglante injure, une injustice si criante, et à se réunir avec leurs forces, à Portmouth, dans les premiers jours de septembre. Il écrit aussi aux grands seigneurs bordelais, les Montferrand, premiers barons bordelais, le seigneur de Blagnac, Grailly de Benauge, Gérard de Saint-Genès, Gaillard de La Mothe, Amanieu de La Mothe, Gaillard de Lalande, Aymeric de Bourg, Bertrand de Noaillan, Arnaud Garice de Gouth, Gui-Sanche de Pommiers, Arnaud de Gironde, Pierre de Pompéjac, Pierre de Pins, Fort de Laroque, etc., etc. Dans une lettre adressée aux maires et jurats des villes de Guienne, il répète ces mots à tous : « Ayant été, comme vous

---

(1) Du Tillet remarque qu'il n'y eut pas d'arrêt de confiscation; mais seulement la main-mise féodale, ou saisie, par le suzerain du fief mouvant de lui.

» le savez bien, méchamment trompé et chassé de notre terre
» de Gascogne par le roi de France, nous requérons affec-
» tueusement votre paternité (c'est ainsi qu'il parlait aux évê-
» ques), de vouloir venir en aide à nous et aux nôtres, pour
» nous aider à la recouvrer. Nous la conjurons encore de re-
» quérir et de presser les gens de cette province de nous
» prêter assistance dans cette entreprise, etc., etc. »

Il exhorte tous ses vassaux à acquérir de nouveaux droits à son amitié et à sa reconnaissance, et s'efforce de réveiller partout l'ancienne affection des peuples pour les descendants d'Éléonore. La fortune semblait lui sourire; ses succès contre l'Écosse et le pays de Galles avaient augmenté sa popularité. Les susceptibilités nationales se réchauffèrent; la poésie même prêta sa puissance électrisante à la politique, et toutes les affaires paraissaient s'arranger pour assurer le triomphe de sa cause.

Enfin, toutes ces forces se réunissent à Portmouth : la flotte fait voile pour les côtes de France; mais des vents contraires la font rentrer au port. Un peu plus tard, elle reprend la mer, sous les ordres du prince Édouard, aborde à l'île de Rhé, brûle tous les bourgs, remonte la Gironde jusqu'à Bordeaux, après avoir pris Blaye et Bourg. N'osant pas attaquer Bordeaux, où se trouvait le connétable, Raoul de Nesle, guerrier intrépide et dévoué, à la tête d'une forte garnison, ils remontent la rivière, s'emparent de Rions et de Podensac, et mettent à terre leurs chevaux et leurs bagages. Le connétable avait juste assez de troupes pour garder les places fortes, mais pas assez pour défendre le territoire. Les Anglais parcourent avec impunité la campagne et vont même assiéger Bordeaux; mais Charles, comte de Valois, arrive au secours de la garnison et force les Anglais de lever le siége. Enhardi par ce succès, Valois les poursuit et assiége Rions; le connétable va le rejoindre et assiége Podensac, où se trouvait une garnison d'Anglais et de Gascons. Les Anglais se voyant dans l'impossibilité

Livre IV.
Chap. 4.

NOTE 25.

1er Janvier 1275.
Chronique de Saint-Denis, par Michaud, tome 1er.

1295.

de défendre la place, parlementent en secret avec Raoul, à l'insu des Gascons, et obtiennent la liberté de se retirer avec leurs armes et bannières déployées. Huit jours après, le connétable entra en vainqueur à Podensac, fit démanteler cette ville et raser ses murs, de manière à n'y laisser aucune trace de son ancienne importance, et à la réduire à l'état d'un *méchant hameau*, dit Dupleix.

Après cet acte de barbarie, le connétable fit arrêter les Gascons les plus compromis par leur résistance à la France, et les envoya, au nombre de soixante, liés et garrotés à Rions, où on les pendit à la porte de la ville, comme rebelles et traîtres, le jeudi après Pâques. Ce spectacle épouvanta la garnison de Rions : les Anglais, craignant de se voir trahis par les Gascons, qui, à leur tour, avaient conçu la même crainte, crurent convenable de se retirer en secret et d'abandonner les habitants à leur triste sort. En effet, à la faveur des ténèbres de la nuit, le comte de Richemond et Typetot, qui commandaient la place, s'enfuirent avec leurs soldats sur leurs barques ; mais les habitants les poursuivirent dans leur fuite. Ils en massacrèrent un grand nombre et en jetèrent quelques autres dans la Garonne. Valois profita du désordre pour livrer l'assaut, et emporta la place ; il y fit prisonniers dix-huit chevaliers, trente-trois gentilshommes et beaucoup d'officiers, et les envoya tous à Paris. La ville fut rasée et le château entièrement détruit, après avoir passé la garnison au fil de l'épée. Tout fier de ses succès barbares, Valois prit La Réole et se dirigea sur Saint-Sever, qui se rendit après un siége de trois mois. Il ne restait guère plus aux Anglais que Bayonne et quelques châteaux-forts.

Ces revers n'étonnèrent point Édouard ; il avait pour lui les plus belles espérances, son droit et de vaillants guerriers. Il envoya, l'année suivante, une autre armée en Gascogne, sous les ordres d'Édouard, comte de Lancastre, et son lieutenant Henry, comte de Lincoln ; elle débarqua sur les côtes du Médoc, et le jeudi de la Semaine-Sainte prit possession de Lesparre et quelques autres places du pays, et se mit en marche pour Bordeaux. Les Français, prévenus à temps, s'étaient préparés au combat. Ils allèrent au devant des Anglais, qui étaient campés à Bègles. Le choc des deux armées fut meurtrier : les Français, culbutés, se replièrent sur la ville. Les Anglais les poursuivirent l'épée aux reins ; mais plusieurs d'entre eux, emportés par leur valeur et le désir de venger les revers antérieurs, pénétrèrent dans la ville, où ils furent faits prisonniers. Sur ces entrefaites, Robert d'Artois vint avec de nouvelles forces remplacer Charles de Valois. Ces nouveaux renforts intimidèrent les Anglais ; ils se retirèrent à Bayonne, où Robert, après avoir réduit les villes que les Anglais avaient prises, les poursuivit à outrance. Édouard y tomba malade et mourut; le comte de Lincoln eut seul à lutter contre toutes les forces de Robert. Enfin, une rencontre eut lieu : la victoire se prononça contre les Anglais. Ils y perdirent cent prisonniers et cinq cents combattants, qui restèrent sur le champ de bataille. Robert parcourut le pays en vainqueur; toutes les villes se soumirent. Bourg seul refusa de recevoir les Français : ses murs, ses remparts, furent son meilleur appui et la sauvegarde de sa fidélité.

Livre IV.
Chap. 4.

NOTE 26.

CHAPITRE V.

Philippe le Bel de France maître de Bordeaux. — Il flatte les Bordelais. — Des privilèges leur sont accordés.— Les Bordelais antipathiques aux Français.— Démêlés de Philippe avec le Pape. — Le pape Boniface, arbitre entre le roi de France et Édouard d'Angleterre. — Paix faite entre lui et Édouard. — Nouvelles faveurs accordées aux Gascons.— Bordeaux et la Guienne rendus à Édouard.— Accroissement de la ville. — Nouveaux quartiers incorporés.— Procession pour en éterniser la mémoire. — Les padouens; c'étaient des prairies ou lieux de pâturage, aujourd'hui nos places. — Les privilèges des bourgeois ou citoyens de Bordeaux.

<small>Livre IV.

1297.
NOTE 27.

Dupuy,
Histoire
du
Différend, etc.</small>

Philippe le Bel était maître de Bordeaux; mais les Bordelais, et il le savait, tenaient pour les rois d'Angleterre. Il s'efforça de conquérir leur affection : il accorda de nouvelles libertés aux petites villes, confirma les anciennes Coutumes de Bordeaux, et donna aux Bordelais cette ancienne Charte, la *Philippine*, dont ils ont été si fiers pendant tout le moyen-âge. Il autorisa le maire et les jurats à créer des droits d'entrée sur les blés, les vins et autres marchandises, quand les besoins de la commune l'exigeraient; mais Philippe en était pour ses avances. Ses artifices ne réussirent pas: les Bordelais restèrent antipathiques aux changements de dynastie. Édouard, préoccupé de la guerre d'Écosse, désirait en finir avec l'affaire de Gascogne, sans se créer de nouveaux embarras. Philippe fomentait l'insurrection écossaise et stimulait ce peuple contre l'Angleterre; il avait, lui aussi, bien des affaires sur les bras, ses démêlés avec le pape Boniface VIII, qui, dans sa bulle *Salvator mundi*, reprocha à Philippe son ingratitude envers le Saint-Siège, et lui retira toutes les faveurs précédemment accordées par les papes; les relations s'étaient envenimées entre eux. Le roi de France était, en outre, assez embarrassé avec les Flamands, dont il ne savait que faire; il apprenait tous les jours, avec un nouveau chagrin, quelques nouveaux revers que les Gascons avaient fait éprouver à ses troupes, et qui lui donnaient la certitude que la Gascogne lui échappait.

Si Édouard désirait la paix, Philippe n'en était pas éloigné; il consentit à soumettre tout à l'arbitrage du Saint-Père. Le Pape Boniface déclara qu'il n'était que trop juste de rendre à Édouard une partie *des terres, des hommes et des biens* qu'il tenait auparavant du royaume de France; mais il se réserva de décider plus tard quelle partie du territoire lui serait rendue, et insista que, provisoirement, la ville de Bordeaux et toute la Guienne fussent baillées en gage aux officiers de la cour, qu'il désignerait. Il ramena, en outre, sur le tapis, un ancien projet de réconciliation, dont il s'était déjà agi, et qui seul lui paraissait devoir cimenter une paix stable et désirable; c'était le mariage du roi d'Angleterre avec Mme Marguerite de France, sœur de Philippe, et celui d'Isabelle, fille du roi de France, avec le prince de Galles, Édouard, fils du roi d'Angleterre. Les deux potentats ne se souciaient pas de laisser la Guienne longtemps entre les mains du Pape; ils aimèrent mieux s'arranger eux-mêmes, et convinrent de nommer des hommes spéciaux pour terminer ce différend. Enfin, les ambassadeurs des deux potentats se réunirent à Montreuil-sur-Mer, le vendredi avant la Saint-Jean, 1299; c'étaient du côté des Anglais, Amanieu d'Albret et Guillaume de Libourne; mais les conditions arrêtées dans cette conférence furent accompagnées de difficultés assez graves. De tous les embarras qu'on voyait surgir impunément de tous côtés, les querelles de Philippe avec le Pape n'étaient pas les moindres. Le langage de Boniface déplut à tout le monde : ses prétentions sur l'Écosse furent repoussées par Édouard. Sa conduite à l'égard de Philippe était peu faite pour se concilier l'affection de ce prince, qui le regardait comme un ennemi; il rejeta sa médiation et multiplia, par une politique trop brusque, les dif-

Livre IV.
Chap. 5.

1298.

Duchesne,
Histoire,
tome 1er.

Hume,
History of England,
tome 2.

1299.

Rymer,
tome 1er.

Molleville,
tome 1er.

ficultés de sa position. Les Bordelais se montraient de plus en plus favorables à la cause des descendants d'Éléonore et à la restauration de la puissance britannique. Philippe, irrité de ces dispositions, révoqua, le 18 juillet 1301, les priviléges qu'il leur avait octroyés, et s'aliéna de plus en plus l'esprit public en Gascogne. Il comprit plus tard combien sa conduite était peu politique et compromettante ; il voulait regagner le terrain perdu, et envoya, vers la mi-septembre 1302, trois commissaires chargés de visiter les sénéchaussées du Midi, et en particulier la Gascogne, avec pouvoir d'affranchir un certain nombre de *ses hommes de corps,* et de décharger les autres de toute servitude, pour les élever au rang de la bourgeoisie, et d'autoriser les seigneurs d'en faire autant pour leurs serfs ; il accorda aussi aux bourgeois et aux non nobles le privilége d'acquérir des fiefs nobles, de devenir nobles et de recevoir la ceinture militaire, signe caractéristique de la noblesse ; aux ecclésiastiques, la permission de faire des acquisitions dans les fiefs du roi, sans payer aucune finance ; c'était accroître la puissance sacerdotale et abaisser la noblesse en la rendant trop accessible aux roturiers. En affranchissant les serfs, sans discernement, on prostitua la liberté : on n'en voulait presque plus ; on la considérait comme une amorce du despotisme royal ; on se méfiait de ce bienfait politique, dont la réalisation a toujours été le rêve des hommes de bien. Il est triste d'avoir à constater une vérité historique de ce temps ; c'est que plus tard les *hommes de corps,* en grand nombre, refusèrent leur affranchissement sous Louis le Hutin ; il fallut les forcer à se racheter de l'esclavage !

Les Bordelais, toujours antipathiques aux Français, dégoûtèrent Philippe de son usurpation et de ses projets ambitieux : il consentit à rendre la Guienne au roi d'Angleterre, qui, à son tour, s'engagea à lui en faire hommage-lige. Le traité fut signé le 20 mai 1303 ; et Bordeaux, qui avait été soustrait à son roi par la rouerie de deux femmes, instruments de la politique de Philippe, fut rendu aux Anglais : la remise en fut faite par les commissaires de ce monarque, dans l'église de Saint-Émilion, entre les mains du comte de Lincoln, en présence des personnages nobles et non nobles du pays. Ce traité fut confirmé, en 1307, par l'hommage que le prince Édouard fit entre les mains de Philippe, pour l'investiture du gouvernement de la Guienne, après la mort de son père.

Le commerce de Bordeaux avait pris un grand développement, ainsi que l'industrie et l'agriculture ; c'est une des époques les plus mémorables de la prospérité de la ville. On en consacra le souvenir par une procession publique, à laquelle assistaient le maire et les jurats ; elle parcourait les quartiers nouvellement incorporés dans la ville, et rentrait pour assister au sermon, sur la place de la Corderie (rue Condillac), ou, en cas de mauvais temps, dans l'église des Jacobins (Notre-Dame). De là, elle se rendait à la Porte-Médoc, au coin des rues Sainte-Catherine et du Pont-de-la-Mousque ; et là, devant une barrière volante, on chantait, avec les cérémonies accoutumées, le psaume *Attollite portas, etc.* Le curé de Saint-Mexant répondait, au dedans, avec son clergé : *Quis est iste rex gloriæ?* en réponse aux antiennes que chantait le chapitre de Saint-Seurin, avec la procession en dehors. Cette cérémonie commémorative fut continuée tous les ans jusqu'au 28 mars 1790. Alors le souffle innovateur de la révolution commença à se faire sentir ; il balaya les anciens et respectables usages traditionnels des siècles précédents ; il n'en est resté que des souvenirs.

Au commencement du XIIIe siècle, vers l'an 1249, les Bordelais se plaignirent au roi que les quais et les remparts étaient dans un état de dégradation qui s'empirait tous les jours ; que des propriétaires adossaient des maisons aux murs. Édouard les fit confisquer ; mais, cédant aux instances des propriétaires, il leur rendit leurs maisons, et permit à d'autres d'appuyer de semblables constructions aux remparts, à condition qu'elles ne fussent pas, par leur élévation, un sujet de danger pour la ville (1).

D'après la Charte de *padouens* (1262), il paraît que les places publiques étaient des sortes de prairies, des lieux où l'on faisait pacager les bestiaux. Plusieurs propriétaires réclamaient ces padouens : les uns en totalité; les autres en revendiquaient une certaine portion ; d'autres, enfin, les voulaient communs. Le roi nomma une commission d'enquête, composée de quatorze citoyens honorables, et promit de se conformer à leur rapport (2). On interrogea les plus anciens de chaque quartier, et, d'après leurs déclarations, on acquit la certitude qu'il y avait à Bordeaux deux sortes de *padouens,* ou lieux de pacage : les *padouens* publics et les *padouens* particuliers. Les premiers, c'étaient les places de Saint-Projet, de Saint-André, de l'Ombrière, toutes les barbacanes de la ville. Les *padouens* qui appartenaient aux particuliers, se trouvaient entre les murs du levant et la rivière, à partir de la maison de Pierre Andron (3) jusqu'au monastère de Sainte-Croix. Par l'art. 5

(1) Sciatis quod cum nobis significatum fuisset, quod cives nostri Burdigalæ super domibus ædificatis super muros ejusdem civitatis et super domibus quæ sunt extra muros, adhærentibus ipsis muris et super basis et padouentis injuriabant nobis, nosque prædicta omnia ad manum nostram recepissemus, tandem ad eorum supplicationem et instantiam pro nobis, et hæredibus nostris, eisdem et ipsorum hæredibus concessimus, quod domus ædificatæ supra muros civitatis nostræ remaneant et quod aliæ non ædificatæ rationabiliter ædificari et levari ut debent et solent ædificari prout ædificantibus videbitur rationabiliter expedire. *(Livre des Bouillons, archives de l'Hôtel-de-Ville.)*

(2) Super basis verò et omnibus padouentis civitatis Burdigalæ et burgorum ejus et super domibus quæ dicuntur constructæ esse in fossato castri nostri Burdigalæ providimus et concessimus quod Guill. Chicat, Helias Barbe, etc., etc., jurent ad sancta Dei evangelia coram nobis vel senescallo nostro, quod ipsi super præmissis inquisità et factà rei veritate, nobis reddant jus nostrum et communiæ ac cuilibet de communia jus suum prout eis veritate prestiti juramenti videbitur faciendum; et prædicti cives debent super præmissis veritatem inquirere et dictum suum dicere infra festum omnium sanctorum proximè venturum ; nosque super hoc stabimus dictis eorum, vel majoris partis corumdem. *(Livre des Bouillons, archives de l'Hôtel-de-Ville.)*

(3) L'hôtel Andron était aux padouens des Salinières.

de cette enquête, il était défendu de bâtir de nouvelles maisons dans la rue Carpenteyre, ainsi appelée parce que c'était alors le quartier qu'habitaient les tonneliers, en gascon *los carpenteyres*.

À l'époque où nous sommes arrivés, les municipalités étaient régulièrement reconstituées, et une organisation nouvelle se développait au grand avantage de l'ordre social. La royauté conservait encore les traditions impériales de Rome; mais elle ne perdait pas de vue son origine germaine et ses modifications gauloises. La liberté, l'égalité devant la loi et devant le prince, son représentant; les formes extérieures des municipes; de nouvelles institutions, se greffant sur les usages féodaux des villes libres, avec leur organisation municipale; la société, organisée de manière à donner une puissance réelle, une action plus directe, plus immédiate à la royauté, jusqu'alors presque inerte pour la défense des faibles; le maintien de l'ordre et de la paix publique. C'était un grand pas vers l'unité politique. De cette époque (XIIe et XIIIe siècle) datent de salutaires réformes judiciaires et législatives, des Chartes qui établissent les droits et les prérogatives des municipalités, le partage des biens entre les enfants, la communauté entre les époux, des choses acquises durant le mariage, l'égalité des frères et sœurs; en un mot, c'était l'action du christianisme qui imprimait partout un même esprit de raison, de justice et d'équité naturelle.

Dans le XIIIe siècle, Édouard Ier crut qu'il était nécessaire de faire bâtir une forteresse dans Bordeaux: le château de l'Ombrière ne lui paraissait pas suffisant. Il mit dans son secret Gaillard Solers, l'un des plus puissants bourgeois de la ville et du pays. Solers s'engagea à seconder les vues du prince; et un an après, tout était si bien convenu et réglé, que le roi y envoya l'évêque de Hereford pour régler les frais de cette construction. (Voir *Note* 24.)

Le port de Saint-Pierre était alors (XIIIe siècle) plus fréquenté que toute autre partie de notre rade; il en était ainsi depuis le temps des Romains. Tous les navires y venaient débarquer leurs marchandises. A l'endroit où se trouve aujourd'hui La Bastide, il y avait un port, dit le *Port du Trageyt*. Le roi d'Angleterre le donna en fief à Pierre Estève, bourgeois de Bordeaux, qui percevait un droit de péage sur les voyageurs et marchandises qui traversaient la rivière. En échange de ce privilége, Pierre Estève et ses successeurs étaient obligés d'accorder gratuitement au roi et à sa suite, et à son sénéchal, une barque montée de neuf matelots, jonchée de fleurs en été et de paille en hiver.

Au XIIIe siècle, Bordeaux était devenu une ville considérable: la population augmentait toujours et se portait au midi de la ville, dans le quartier de la *Rousselle*, qui était alors la portion la plus commerçante de la cité. Un faubourg s'y forma insensiblement en dehors de l'enceinte primitive qu'Ausone a chantée et que Vinet a décrite. Le plan en était une conception romaine, et le nom de *Navigère* donné à l'une de ses quatorze portes (nous ignorons les noms des autres), semble accuser une origine qui remonte au peuple-roi. Les Sarrasins, les Normands ont pillé, brûlé et détruit la ville ; mais les fondements des murs, formés de gros blocs de pierres, ont résisté aux efforts dévastateurs de ces barbares, et nous avons lieu de croire que les ducs ont relevé les murs et ont conservé à Burdigala, jusqu'au XIIe siècle, sa physionomie primitive.

La population s'accrut rapidement après le départ définitif des Normands: des maisons se construisirent et se multiplièrent sur la rive droite du Peugue, et prirent l'aspect d'une seconde ville ou faubourg considérable. C'était le trop plein de la population qui s'y réfugiait ; et comme les *salines*, ou dépôts de sel, s'étaient formées dans ce quartier, on lui donna le nom de quai des *Salinières*, qui, malgré la nouvelle dénomination de *Bourgogne*, subsiste encore dans la mémoire et le langage du peuple. Il fallait enfin songer à mettre ce quartier populeux à l'abri des déprédations de l'ennemi : il n'y avait qu'un moyen, c'était d'agrandir la ville et de comprendre, dans une nouvelle enceinte, les habitations construites en dehors de l'enceinte romaine. Le projet était grandiose pour le temps; mais il était nécessaire. On se mit donc à l'œuvre vers le milieu du XIIe siècle; et par une nouvelle ligne murale, d'une étendue d'à peu près 3,070 mètres, on incorpora dans la ville une surface de terrain de près de 43 hectares. Sur cette ligne furent percées plusieurs portes : au midi, celles de Toscanam, improprement appelée aujourd'hui Porte-Basse, des Ayres, du Cahernan, de Saint-Éloi, de la Rousselle; à l'est, celles des Portanets, du Pont-Saint-Jean, de Cailhau et Despaux. Le parcours de cette ligne est visiblement marqué par la rue Boule-du-Pétal, les fossés des Tanneurs, des Carmes, de l'Hôtel-de-Ville, de Saint-Éloi et de Bourgogne; mais de tous ces monuments du XIIe siècle, il n'en existe plus que la Porte-Basse et les tours de Saint-Éloi.

Sous la date de 1246, on a trouvé un titre de l'église Saint-André, muni du grand sceau de la municipalité, duquel il résulte que la jurade, voulant construire les deux tours de l'Hôtel-de-Ville sur le terrain situé autour de l'église Saint-Éloi, dont le chapitre de Saint-André était le curé primitif, donna, en échange et compensation, aux chanoines de ce chapitre, tout le terrain qui se trouvait entre l'église de Saint-Éloi et le lavoir du nouveau mur, ainsi que l'espace qui était entre les deux murs de la ville (1).

---

(1) Item, habemus quamdam litteram magno sigillo Burdegalæ sigillatam, qualiter in recompensationem terræ occupatæ in introitu ecclesiæ Sancti-Elegii pro duabus turribus et portali ædificandis dederunt de terrâ communiæ Burdegalæ quæ est juxta dictam ecclesiam, inter duos muros, in commutatione terræ dictæ ecclesiæ occupatæ, ad opus et ad restaurationem ecclesiæ prædictæ, videlicet ad angulo dictæ ecclesiæ usque ad lavotorium muri novi et totam amplitudinem positam inter muros. » (Anno Dom. millesimo CCXLVI).

Il paraît certain qu'il y avait sur ce terrain quatre autres tours rangées en rectangle : les deux tours dont il est ici question datent donc de 1246. D'après nos chroniques, *elles ne furent élevées jusqu'au haut* qu'en 1449. La partie supérieure fut démolie en 1548, par les ordres du connétable Montmorency ; mais on donna contre-ordre, et une nouvelle toiture y fut placée en 1556. Vers le milieu du XVIIIe siècle, on y fit encore quelques réparations, qui ont amené l'état actuel où nous les voyons.

Telle fut la physionomie de Bordeaux pendant tout le XIIIe siècle. Le mariage d'Éléonore avec Henry II donna une grande impulsion au commerce et beaucoup de mouvement et de vie à notre port. La population s'accrut beaucoup pendant ce siècle ; on bâtit encore, en dehors de la seconde enceinte, des ateliers, des celliers, des habitations, des couvents. Une troisième enceinte était devenue nécessaire ; et au commencement du XIVe siècle, on commença à réaliser le vœu des Bordelais, comme nous le verrons plus bas.

Du XIIe siècle date, à proprement parler, l'organisation de la bourgeoisie à Bordeaux ; et pendant les deux et même les trois siècles suivants, le titre de *citoyen*, ou bourgeois, était très-recherché, même par les nobles. Ils ambitionnaient l'honneur de siéger dans le conseil du maire, de prendre part à la direction des affaires publiques et de jouir des priviléges que les rois d'Angleterre, par politique plutôt que par amitié, accordaient aux bourgeois de la capitale de la Guienne. Il y eut un moment où ces priviléges, libertés ou franchises, comme on les appelait, étaient un sujet de gêne et d'embarras pour l'ordre public ; ils créaient dans la même ville deux catégories de citoyens, et partout des jalousies et des haines. Les princes crurent devoir entourer de difficultés l'obtention du titre de *bourgeois de Bordeaux,* et arriver graduellement, insensiblement, à l'extinction de ces libertés si gênantes pour leur autorité, et qui avaient le grand inconvénient de dégarnir les campagnes, de concentrer toute l'activité industrielle, toute la richesse du pays, dans la ville, où l'on ne trouvait déjà que trop d'éléments hétérogènes se froissant, se heurtant et engendrant des collisions et des guerres civiles, comme autrefois dans les villes d'Italie. Le titre de citoyen de Bordeaux était tout à la fois honorifique et lucratif : les Bouglon, les Lalande et les autres nobles du pays, le recherchaient avec empressement ; et en vertu d'un titre de bourgeoisie, du 1er mars 1334, Amanieu de Bouglon fut autorisé à jouir de tous les priviléges et libertés des citoyens de Bordeaux, *quoique issu d'une race noble. Non obstante quod idem donatus de genere nobilium traxit originem.*

En 1362, le roi Édouard défendit de nouveau à la municipalité de donner le titre officiel de *bourgeois, ou citoyen de Bordeaux,* à des nobles ou gens d'armes sans sa permission, et sans qu'ils eussent eu dans Bordeaux, au moins pendant deux ans, maison, feu et famille. En 1377, Gaillard de Gouth, petit-neveu de Clément V, crut devoir remercier le roi de l'honneur qu'on lui avait fait en le nommant bourgeois de Bordeaux.

Pour connaître les priviléges attachés à ce titre honorifique, on n'a qu'à lire les statuts et le livre des Coutumes de la cité ; nous croyons devoir en donner ici un extrait :

« Nul ne peut devenir citoyen de Bordeaux s'il n'a, comme
» tous les autres, une maison et un établissement dans cette
» ville. Les chevaliers ou damoiseaux ne peuvent être agré-
» gés au corps des citoyens sans une permission spéciale du roi.
» Un bourgeois de Bordeaux qui, dans un moment de co-
» lère, tue sa femme ou son fils, est absous, s'il ose jurer sur
» le *forte* de Saint-Seurin qu'il a involontairement commis ce
» crime, et qu'il en éprouve un très-vif regret (1).

---

(1) Le *forte*, qu'on appelait *fierte* dans le nord de la France, était la châsse qui contenait la relique de saint Fort, dans l'église de Saint-Seurin. Nous en parlerons plus au long dans notre *Histoire de l'Église de Bordeaux.*

Livre IV.
Chap. 5.

» Il est permis au père de vendre son fils ou de le donner
» en gage dans un moment de gêne excessive.

» Si un étranger tue un bourgeois de Bordeaux, le blesse
» ou le retient prisonnier, il ne peut entrer dans la ville sans
» la volonté expresse du maire et des jurats, ou des amis de
» la victime.

» Dans le cas où une femme a un procès, on lui donne son
» mari pour juge ; et les parties font appel au maire et du
» maire au châtelain.

» Un individu qui se présente au domicile d'un bourgeois,
» nonobstant la défense expresse de ce dernier, ne peut se
» plaindre s'il lui arrive malheur.

» Celui qui sert de caution est responsable envers le créan-
» cier, en cas de mort ou d'insolvabilité du débiteur. Si la
» caution vient à mourir, son héritier ne doit rien, à moins
» qu'il ne se soit obligé par écrit.

» Aucun individu ne peut contracter un engagement avec
» un clerc ou un chevalier qui doit une somme quelconque
» à un habitant de la commune, et qui refuse de se soumettre
» au jugement du maire et des jurats. Le contrevenant est
» obligé de payer la dette au créancier.

» Le maître est responsable des animaux qui lui appartien-
» nent. Si une de ses bêtes tue ou blesse un individu ; si un
» de ses pourceaux tue un enfant ou lui mange la main, le
» propriétaire est arrêté et puni comme s'il était l'auteur de
» l'accident. Toutefois, il peut être relaxé sur la simple dé-
» claration que la bête ne lui appartient pas ; le maire se
» borne alors à prononcer la confiscation.

» Le bourgeois de Bordeaux encourt la perte de ses privi-
» léges s'il met obstacle à l'exécution de la justice ; s'il fait
» évader le criminel qui va subir le dernier supplice ; s'il con-
» trefait la monnaie ou le sceau du roi ; s'il prend les armes
» contre lui ; s'il livre une ville ou un château dont on lui a
» confié la garde ; s'il tue le roi ; s'il passe dans les rangs des

» hérétiques; s'il jouit de la femme de son seigneur par adul-
» tère ou par sortilége.

» Le bourgeois qui porte atteinte à ses jours, le renégat,
» celui qui commet le crime de pédérastie et de bestialité,
» perdent leurs biens et leurs franchises. Le pédéraste est,
» en outre, condamné à mort. »

Les nobles ne jouissaient pas toujours des priviléges des bourgeois; mais ils en avaient d'autres qu'ils tenaient de leur naissance. Ils pouvaient chasser dans les forêts du roi, tandis que tout autre individu pris en flagrant délit, était arrêté et conduit devant le châtelain de Bordeaux, au palais de l'Ombrière. Si le chasseur avait pris de la venaison, un quart en appartenait au garde de la forêt et un tiers était attribué au châtelain, qui confisquait également le cheval et les chiens du chasseur.

Le portier du château de l'Ombrière, où étaient détenus les accusés, percevait, pour chaque baron arrêté, 100 sous; 20 pour chaque cavalier, 5 pour chaque écuyer, et 12 deniers pour toute autre personne.

Les bourgeois de Bordeaux devaient à la commune et au roi le service militaire.

« Tout bourgeois est tenu de faire le guet de nuit; et s'il
» fuit lorsque son tour arrive, ou bien s'il quitte son poste, il
» est condamné à 5 sous d'amende, à moins qu'il n'ait une
» excuse légitime.

» Quand le maire et les jurats ordonnent la chevauchée
» contre un malfaiteur, tous les habitants doivent prendre les
» armes; si l'un d'eux ne répond pas à l'appel, il est mis à la
» merci du maire.

» Quand le roi convoque son *ost*, pour livrer bataille ou
» assiéger un château, les gens de la commune sont obligés
» de le suivre pendant vingt jours. Le prévôt de l'Ombrière
» part le premier, et les gens de la commune ensuite.

» Si le roi commande l'*ost* en personne, tout propriétaire

Livre IV.
Chap. 5.

» de maison doit se présenter, ou bien il peut se faire rem-
» placer par ses frères, ses fils ou ses neveux.

» Si l'*ost* est sous les ordres du sénéchal, tout propriétaire
» peut se faire remplacer par son serviteur. Celui qui man-
» que à l'appel est condamné à 65 sous d'amende.

» Le bourgeois de Bordeaux n'est tenu de suivre l'*ost* que
» dans l'étendue du diocèse. Les nobles et les chevaliers du
» Bordelais doivent quarante jours d'*ost*, et leur service est
» dû hors des limites du diocèse, lorsque le cas l'exige. »

Un noble ne jouissait pas à Bordeaux des priviléges de l'impunité, s'il insultait ou maltraitait un bourgeois; si une telle
chose arrivait, une réparation était une nécessité légale ; et à
son défaut, il était puni d'une manière éclatante. Si un noble
ou un ecclésiastique était redevable de quelque somme ou de
quelque chose à quelqu'un de la commune, et refusait de
se soumettre aux jurats, comme juges, il était signalé et traité
comme un proscrit.

Si quelqu'un diffamait le maire ou les jurats, en raison de
leurs fonctions ou dans l'exercice de leur charge, il était passible d'une amende de 60 sous, mis au pilori et banni de la
ville pour un mois; et si un jurat frappait son collègue ou
le jetait en prison, il était expulsé de la ville pendant vingt
jours, et à sa rentrée était condamné à payer une amende de
6 liv. 6 sous; il n'y avait pas d'exception en faveur des bourgeois ou des nobles.

Quant aux principales familles bourgeoises ou nobles de
Bordeaux, aux XIIIe et XIVe siècles, nous en avons parlé dans
la *Note* 24.

Pendant les XIVe et XVe siècles, les bourgeois de Bordeaux continuèrent de jouir de la plus haute considération,
et les rois d'Angleterre et de France respectèrent religieusement
leurs droits. Louis XI les déclara francs et exempts de tous
subsides, tailles et emprunts ; il fit défense à ses *maréchaux-
de-logis* de loger des troupes à Bordeaux, sans en avoir eu

préalablement l'avis du *fourrier ordinaire* de la ville, et le consentement des maire et jurats. Les bourgeois furent dispensés par Charles VII, en 1451, de loger les gens de guerre. Au XVe siècle, on attachait un si grand prix au titre de bourgeois, que le roi d'Angleterre, après avoir donné à Bernard de Lesparre le château de Marmande, les droits de péage qui se percevaient au passage d'Aiguillon, la place de sénéchal, etc., etc., crut mettre le comble à ses bienfaits en lui accordant le droit de bourgeoisie dans la ville de Bordeaux.

Le bourgeois de Bordeaux, condamné au dernier supplice, avait les honneurs de la décapitation, comme les gentilshommes. Ces exécutions avaient lieu devant l'église de la Visitation, entre les fossés des Carmes et ceux des Tanneurs; cet endroit portait le nom de place de l'Échafaud. Les bourgeois avaient le droit de porter toujours des armes; la défense de la ville, et même de la province, était confiée à leur valeur.

On abusait du droit de bourgeoisie à la fin du XVe siècle: tout le monde se qualifiait citoyen de Bordeaux et réclamait, au besoin, les priviléges des bourgeois. Pour prévenir ces abus, le Parlement, par un arrêt, ordonna que tout bourgeois serait tenu de présenter ses lettres de bourgeoisie dès qu'il en serait requis. Pour être reçu bourgeois, il fallait alors avoir été domicilié à Bordeaux pendant deux ans, et une absence de la même durée faisait perdre le titre et les priviléges qui lui étaient attachés.

Au XVIIe et même au XVIIIe siècle, le titre de bourgeois était encore bien recherché; mais comme on avait accordé depuis quelques années des lettres de bourgeoisie à des individus qui n'y avaient pas de droit, et ne se trouvaient pas dans les conditions voulues par les statuts, il fut arrêté qu'aucun individu ne serait reçu bourgeois de Bordeaux qu'en présence de trois ou quatre jurats, qui signeraient l'acte de réception. Il fallait, en outre, avoir au moins un intérêt de 1,000 livres sur un navire. On fit alors trois copies des requêtes des bourgeois légalement reçus : la première fut déposée au Bureau des finances, la seconde au Greffe de l'Hôtel-de-Ville, et la troisième à la Connétablerie. De tout temps, les bourgeois avaient le droit de porter l'épée et d'autres armes; dans les guerres de religion, il fut défendu d'en avoir sur soi. Plus tard, au commencement du XVIIIe siècle, cette défense fut renouvelée, et il fut fait inhibition, en 1706, à tout armurier ou fabricant, de mettre en vente des pistolets de poche, des couteaux-poignards, des baïonnettes ou autres armes à feu, sous peine de confiscation et de 500 liv. d'amende.

On ne pouvait envoyer de garnisaires chez un bourgeois sans un jugement préalable, à moins que ce ne fût par ordre du roi.

Un édit de 1684 avait expressément recommandé aux bourgeois d'apporter de la décence dans leurs vêtements. Cet édit fut remis plus tard en vigueur, sur le rapport de Montesquieu, en 1714.

La révolution de 1791 est venue renverser toutes ces franchises, et faire passer toutes les classes sous son formidable niveau.

CHAPITRE VI.

L'impôt *maletote*. — Révolte des Bordelais. — Bienfaits de Clément V. — Sa conduite avec Philippe à l'occasion des Templiers.—Mésintelligence entre les jurats et le prévôt de l'Ombrière.—Faveurs accordées par Édouard aux Bordelais.— Sa lettre aux seigneurs de la Guienne.—Le clergé et les communes reconnaissantes. —Les Pastoureaux.—Les *gahets*, ou lépreux.—Jourdain de l'Ile.—Ses forfaits.— Sa mort.

Nous avons déjà vu ce que le pape Boniface, comme arbitre, fit pour un accommodement entre les deux rois de France et d'Angleterre; mais Édouard, voyant la mésintelligence qui éclata entre Philippe et le souverain Pontife, voulut en profiter pour avancer sa propre cause. Philippe, pour prévenir ce nouveau danger, fit la paix avec Édouard, et lui restitua le *royaume de Bordeaux*. Ce dénoûment était inévitable : les Bordelais s'étaient soulevés contre la *maletote (male tolta)*, imposition onéreuse et vexatoire dont Philippe avait frappé les marchands. Il avait étendu ses exigences fiscales au clergé; le Pape s'y opposa et menaça le roi d'une excommunication, s'il persistait dans la perception de cet impôt. C'est alors que Philippe fit la paix avec Édouard (20 mai 1303).

Les Bordelais s'étant révoltés contre les intolérables exactions de Philippe, ce prince leur avait enlevé toutes leurs franchises municipales, de manière que toute l'autorité était concentrée dans les mains du maire, qu'il s'était réservé la faculté de nommer lui-même. Bertrand, archevêque de Bordeaux, devenu Pape, sous le nom de Clément V, revint dans son pays natal en 1306. Les Bordelais le supplièrent de mettre fin à leurs doléances, et d'engager le roi à rétablir la jurade et à leur rendre la faculté d'élire leur maire. Le Pape le fit,

Livre IV.

1305.

et conquit ainsi l'affection et la reconnaissance du peuple. A cette époque, la ville était accablée d'impôts, et, par suite des guerres et des dissensions intestines, dans l'impossibilité de payer au clergé l'arriéré des dîmes. Le maire représenta au Pape la situation critique des Bordelais, et implora son secours. Clément appela auprès de lui son neveu, l'archevêque, et l'engagea à transiger moyennant une somme d'argent, dont le paiement serait garanti par une hypothèque sur les biens de la commune. L'archevêque ayant accédé à la demande de son oncle, le maire rassembla les citoyens au son de la cloche de Saint-Éloi, et fit savoir au public le résultat de sa démarche auprès de Sa Sainteté. Cette nouvelle fut accueillie par des acclamations unanimes : des commissaires furent nommés pour s'entendre avec le clergé et régler le montant de l'indemnité. Le nom de Clément V resta longtemps en vénération parmi les Bordelais.

Philippe combla de bontés le Pape, qui, en retour, ne négligea rien qui pût être agréable à son royal bienfaiteur : le prince agissait par un motif politique. Clément V, dans toutes les mesures qu'il prit pour plaire au roi, n'avait qu'un sentiment, celui du devoir ; c'est alors que le roi, voyant qu'il pouvait tout oser, lui demanda la suppression définitive des Templiers, et prétendit justifier les charges alléguées contre eux par des preuves irréfragables. Le Pape accueillit la demande avec peine : accéder au vœu du roi, c'était établir un précédent dont d'autres princes pourraient abuser ; s'y refuser, c'était se créer une position critique et pénible comme celle de Boniface VIII, et indisposer contre lui Édouard d'Angleterre, devenu le gendre de Philippe, et tout cela dans un temps si difficile, où les partis se disputaient le pouvoir en Italie et pourraient nuire aux intérêts de la papauté, en invoquant le secours des princes mécontents. Le cardinal de Prato, voyant ses embarras, conseilla au Pape de ne rien brusquer, de ne pas rebuter l'implacable Philippe par un refus formel :

mais de dissimuler et d'attendre la convocation d'un concile œcuménique. Le prince, peu satisfait des hésitations du Pape, fit rédiger un acte d'accusation, tissu de mille crimes, partie réels, partie imaginaires. Selon lui, le nouveau Templier, après avoir reçu les *draps de l'ordre* (le manteau blanc à la croix rouge), était conduit dans un lieu secret, où il reniait Jésus-Christ et crachait sur la croix : la mort était la peine prononcée contre celui qui révélait leurs orgies et leur infâme conduite. Ils adoraient un Dieu inconnu, un démon, dont chaque chapitre possédait l'image ; c'était une tête humaine, à trois faces, *ayant, en la place des yeux, des escarboucles reluisantes comme la clarté du ciel, avec un crâne humain et une peau humaine.* Quant à leurs mœurs, l'accusation les représentait comme infâmes et contraires aux lois divines et humaines.

Livre IV.
Chap. 6.

Philippe, comme suzerain, envoie ces charges à Édouard II, avec invitation d'arrêter les Templiers de Guienne. Ce prince, jeune, timide, sans expérience et d'un caractère faible, se prononce d'abord en faveur des Templiers, écrit en leur faveur aux princes étrangers ; mais soit crainte, soit cupidité, il ordonna des poursuites à Bordeaux ; tous les Templiers furent arrêtés et subirent un astucieux interrogatoire. Un dignitaire de l'ordre, à Bordeaux (le percepteur d'Aquitaine), déclara qu'à sa réception on lui avait fait jurer, sur un certain livre, de croire en Dieu, créateur, *qui n'est mort ni qui ne mourra,* de se prosterner devant une idole dorée, à barbe d'argent, et de renier le Christ. Le tribunal de l'archevêque était composé de plusieurs assesseurs distingués, deux chanoines de Saint-André, deux Dominicains, deux frères Mineurs. Les accusés comparurent devant leurs juges, à Bordeaux comme à Paris, sous des impressions différentes : les uns, gagnés par des promesses de pardon, appuyées de menaces, confessèrent des fautes personnelles, qui n'étaient que trop réelles, et que les agents du roi imputaient à tout l'ordre ; d'autres, dans

Processus contra Templar.

Livre IV.
Chap. 6.

leur confiante bonne foi et dans leur naïve ignorance des ruses de la politique, dirent tout ce qu'on voulait leur faire dire ; mais les plus éclairés et les plus religieux aimèrent mieux mourir que de mentir. On leur lut les charges, les aveux de leurs frères et les dépositions des témoins : ils repoussèrent avec indignation ces allégations mensongères ; ils répondirent que si quelques Templiers avaient fait des aveux compromettants pour l'ordre, c'étaient des êtres faibles et ignorants, dominés par la crainte ou privés de leurs facultés mentales par une torture prolongée ; qu'ils étaient tenus au secret, sans conseil, sans appui, et amenés au jugement sans avoir même le bénéfice des formes légales ; que des aveux mensongers avaient été arrachés à plusieurs Templiers faibles de corps et d'esprit, et peu éclairés dans leur foi ; qu'ils avaient été séduits par la promesse de leur pardon, de la restitution de leurs propriétés ou, au moins, de rentes viagères. Quant aux charges d'immoralité, les Templiers les repoussèrent avec indignation, et protestèrent de leur innocence et de la pureté de leurs mœurs.

Clément répugna à attacher son nom à la destruction d'un ordre religieux qui avait fait du bien à l'Église et à la société ; mais le roi s'obstina dans la poursuite de ces malheureux ; et n'attendant que peu ou peut-être rien du Pontife temporisateur, il fit continuer la procédure, assisté des commissaires du Pape, qui étaient restés auprès de lui à Paris depuis le mois d'août 1309 jusqu'en 1311 au mois de mai. Clément était peu satisfait de la précipitation du roi à faire condamner des religieux, dont le jugement, selon la jurisprudence du temps, était de la compétence des tribunaux ecclésiastiques. Voulant encore neutraliser cet empiètement sur les droits de l'Église, il publia sa bulle *Regnans in cœlis* pour la convocation du concile de Vienne. Enfin, après de longues discussions, vivement impressionné par des rumeurs contradictoires, affligé des scandales que cette affaire avait fait naître, et probablement le jugeant dangereux de s'opposer à la force, qui avait anticipé sur le jugement et qui pouvait et voulait réaliser ses desseins, le Pape déclare, le 22 mai 1312 : « que » les aveux obtenus pendant le procès rendent l'ordre très-» suspect ; que, de plus, les rumeurs pleines d'infâmies, les » soupçons véhéments, l'accusation portée à grande clameur » par les prélats, barons et communautés, ont causé un scan-» dale qui ne pouvait s'étouffer tant que l'ordre subsisterait... » il croit donc devoir supprimer l'ordre, non par sentence » définitive, les enquêtes et les procès susdits ne suffisaient » pas pour qu'il puisse le faire selon le droit, mais par voie » de provision et autorité apostolique. » Philippe suspendit le cours de ses violences : son vœu était accompli. Il convoitait les immenses immeubles de l'ordre ; mais ils furent enlevés à sa convoitise et donnés aux chevaliers de Saint-Jean de Jérusalem (chevaliers de Malte) (1). Philippe, selon Moreri,

Livre IV. Chap. 6.

Joan., Canonie, Sancti Victor, Paris. Vitâ Clém. V.

(1) Il est impossible de distinguer aujourd'hui, dans nos contrées, les biens ou les maisons des Templiers de ceux de l'ordre de Malte. Mais les biens des deux ordres étaient confondus au XIVe siècle. Nous connaissons les uns et les autres par un procès-verbal de visite générale de la Commanderie de Bordeaux, dont les titulaires étaient dans ce siècle (1759) messire frère Pons, François de Rosset de Rocozel, Bailly de Fleury. D'après ce procès-verbal, commencé le 11 août et clos le 19 septembre, il paraît que les revenus des chevaliers de Malte, à Bordeaux, s'élevaient alors à 19,000 liv.; les charges seulement à 4,662 liv. 8 s. 6 d. Il restait, par conséquent, au commandeur, un revenu net de 15,137 liv. 11 s. 6 d.

L'ordre de Malte avait à Bordeaux une chapelle dédiée à saint Jean, rue du Temple ; une autre dédiée à sainte Catherine ; une troisième sur le Pont-Saint-Jean. Il avait des chapelles à Pomérol, près Libourne, à Lalande, canton de Libourne, à Chalaure, Arveyres, Saint-Pierre-de-Vaux, Cadarsac, Queynac, en Fronsadais, Marcenais, Magrignes, Lagrave-d'Ambarès, Larrivaux, Martignas, Pellecahus, dans la paroisse de Saint-Julien (Médoc), Artigues, en Benon (hôpital près Pauillac), Mignot, Saint-Germain-d'Esteuil (hôpital), Grayau (hôpital), Saint-Jean-de-Marsillan, en Médoc, Benon, en Médoc, Saint-Jean-de-Fargues, Mauriac, Saint-Jean-de-Buch, Puch, annexe de Sallebruneau, Sallebruneau, Saint-Jean-des-Esthées, paroisse de Saint-Paul, en Born.

Mais nous parlerons de l'affaire des Templiers dans notre *Histoire de l'Église de Bordeaux ;* nous mettrons sous les yeux de nos lecteurs toutes les pièces de ce fameux procès, qui eut, dans le temps, un si triste retentissement dans le monde.

ne put avoir que les deux tiers de leurs biens mobiliers pour les frais du procès (200,000 liv.).

La conduite et le langage du Pape semblent jeter une grande incertitude sur la culpabilité des Templiers. La haine de Philippe paraissait évidente; elle était trop violente pour avoir pour base l'amour de la religion chez ce prince, *faux-monnayeur*, qui n'était ni pieux ni délicat. Désirait-il remonter ses finances obérées en s'emparant de leurs biens? C'est possible; on l'a dit. Il se trompa dans ses prévisions. Dira-t-on qu'il voulait déraciner les abus plus que le Pape? C'est peu probable. Ce qu'il y a de certain en tout cela, c'est que la temporisation de Clément témoigne de sa répugnance à frapper un ordre que Philippe disait coupable, mais que lui ne trouvait que *très-suspect*. D'ailleurs, l'arrêt même, prononcé sous la pression du despotisme royal, sans pièces probantes, sans preuves irréfragables, laisse planer un doute éternel sur le problème non encore résolu de leur culpabilité.

1312. A cette époque, une mésintelligence éclata entre les jurats et le prévôt de l'Ombrière. Des délits avaient été commis par des étrangers, dans la ville et banlieue de Bordeaux, et c'était au prévôt que, de temps immémorial, on déférait la connaissance de ces délits; mais le maire et les jurats lui contestèrent ce droit et se permirent de juger les délinquants. Le prévôt se plaignit de cet empiètement de la municipalité sur le pouvoir royal; le sénéchal, Jean de Bourne, intervint, mais sans succès. Les procès des étrangers continuèrent d'être appelés devant la Cour de Saint-Éloi (l'Hôtel-de-Ville). Le roi d'Angleterre écrivit à Jourdan Morant, connétable de Bordeaux, de s'entendre avec Amanieu d'Albret, afin de prévenir les désordres, extirper les abus et maintenir les droits de tous, et de chacun en particulier. Bernard Pelet, prieur du Mas, et Guillaume de Cazes, professeur de droit civil, furent chargés d'aplanir les difficultés. Une transaction eut lieu; c'est ce que voulait Édouard, qui voyait avec peine que les Bordelais penchaient en faveur de Philippe, et recouraient à lui dans toutes les conjonctures difficiles. Il s'efforça de gagner leur affection; et voulant intéresser plus particulièrement en sa faveur la cour de Rome, il fit à Bertrand de Salviat, neveu du Pape, la concession de la Nasse de Saint-Macaire, nommée la *viscomtau,* de la dîme de Meilhan, des châteaux de Lados et de Tontolon, et, enfin, de la prévôté de Bazas. Tout cela ne gêna pas beaucoup l'action de Philippe, qui faisait peser sur la Guienne tout le poids de sa suzeraineté. Édouard ne pouvait rien faire, rien changer, sans l'en prévenir : le joug lui pesait; mais lorsqu'il vit que Philippe défendit aux Bordelais de frapper des monnaies anglaises sans sa permission, il se crut lésé dans ses droits, et lui écrivit pour le supplier, comme suzerain, de révoquer une mesure si préjudiciable à ses intérêts. La mésintelligence parmi les princes s'étendait aux seigneurs et aux serfs : les uns étaient pour la France, les autres pour l'Angleterre; c'était la guerre civile avec ses déplorables suites. Parmi les barons turbulents et belliqueux, se trouva Guillaume-Raymond de Gensac, seigneur de Rauzan et de Pujols; il avait sous ses ordres cinquante cavaliers et deux cents hommes à pied; avec ce corps, qui grossissait par ses succès quotidiens, il s'empara du fort de Bisquette et y arbora le drapeau de France, au préjudice d'Arnaud-Guillaume de Béarn, officier du roi, dont il s'appropria les terres, après l'avoir chargé lui-même de chaînes. Édouard s'en plaignit au roi de France. Philippe eut l'air de prêter l'oreille à ces plaintes. Par son édit, du 2 juillet 1313, il déchargea la ville de Bordeaux de l'amende à laquelle elle avait été condamnée, pour avoir levé une contribution contre les ordres du roi; mais tout cela n'était qu'hypocrisie politique. Les tracasseries n'en continuèrent pas moins contre les Anglais. Philippe meurt (1314); Édouard crut pouvoir enfin respirer, et ne négligea rien pour se concilier les cœurs des Bordelais; il écrivit affectueusement aux seigneurs du pays, à Amalvin de Créon, au sire d'Albret, à Guillaume, seigneur de Caumont, à Jourdain de l'Ile, à Hugues de Mauvezin, à Bernard de Durfort, à Jeanne de Bordeaux, dame de Lavardac, au seigneur de Fumel, à Amanieu de Noaillan, à Pierre de Castelnau, à Fortaner de Batz, aux seigneurs de Roquetaillade et de Fargues, à Guillaume Sanche de Pommiers, à Bertrand de La Mothe. Il écrivit aussi aux communes les plus importantes; et comme gages de sa reconnaissance pour leur fidélité et leurs services, il annexa à la couronne d'Angleterre, sans pouvoir jamais les aliéner, les villes de Bordeaux, de Saint-Macaire, Sainte-Foy, Marmande, Sauveterre, Aiguillon, Port-Sainte-Marie, Mezin, la cité de Bazas, etc., etc. Il autorisa la ville de Cadillac à se clore de murailles, nomma Robert de Libourne amiral de l'Angleterre, écrivit une lettre affectueuse à l'archevêque de Bordeaux, lui demandant des conseils, et déploya toutes les ressources de la politique à calmer les Gascons inquiets, à se concilier leur amour et à les maintenir dans leur devoir, pendant qu'il avait sur les bras les lourdes affaires de l'Irlande et de l'Écosse. Il fit aussi à divers établissements religieux des donations prélevées sur les droits de péage de Bordeaux et sur d'autres revenus du duché d'Aquitaine, qui montaient, dit-on, à la somme de 160,000 florins d'or.

Il ne se trompait pas : les communes et le clergé étaient reconnaissants. Ils lui envoyèrent des secours pour la guerre d'Écosse, et lui firent connaître les menées des Français. Après lui avoir parlé de l'arrestation de quelques agents secrets de la cour de France, ils terminent leur lettre ainsi : « Nous » avons mis tous ces gens en prison, en ayant soin de déguiser » prudemment la véritable cause de leur détention, dans la » crainte que la cour de France ne prenne fait et cause pour » eux. Les prisonniers et leurs complices sont très-intimement » liés avec Hélie Audoin, qui est détesté de tous ceux qui » sont dévoués à vos intérêts. Cet Hélie tient de votre géné-

» rosité pour 500 liv. de ferme par an, les baillies de Puy-
» normand et de Villefranche, dont les revenus sont de 1,000
» livres ; il paie vos bienfaits de la plus noire ingratitude. »

Cette lettre fut suivie d'un envoi de 1,000 tonneaux de vin de Bordeaux à titre de don gratuit ; Édouard les en remercia plus tard (1321-1323). Tout semblait aller au gré de ses désirs ; mais un malaise général fermentait encore dans la société ; l'ambition du roi de France et la crainte peut-être fondée du prince anglais, ne contribuèrent pas peu à le maintenir pendant deux ans. En 1320, il reçut un nouveau développement par les désordres des *Pastoureaux*. Par ce mot, on désignait un attroupement de bergers, de misérables, qui, avec leurs femmes et leurs enfants, parcouraient le Bordelais et quelques autres contrées circonvoisines, dans le printemps de 1320. Leurs commencements étaient calmes et pacifiques ; leur langage et leur mine ceux de pèlerins. Ils avaient formé, disaient-ils, le projet de passer en Palestine pour la délivrer des infidèles : tous les vagabonds, tous les mendiants, tous ceux qui n'avaient rien à garder ni à perdre, et beaucoup à gagner dans ces courses aventureuses, vinrent grossir le nombre de ces singuliers pèlerins et formèrent enfin une armée de 40,000 hommes environ ! Ils se dirigèrent sur Toulouse par Bordeaux ; ils avaient voué une haine implacable aux juifs, et dans leur aveugle et impardonnable fanatisme, ils résolurent de les égorger partout où ils en trouveraient. Les juifs savaient bien le sort qui les attendait ; ils allèrent, au nombre de cinq ou six cents, se mettre sous la protection du gouverneur du château de Verdun-sur-Garonne. Les Pastoureaux vinrent attaquer le château ; les juifs se défendirent en désespérés. Les assaillants s'approchèrent de la porte et y mirent le feu : la fumée pénétra dans l'intérieur ; elle les suffoquait. Mais les assiégés montèrent sur les murs pour la dernière fois ; et après avoir fait pleuvoir sur les assiégeants, qui minaient les fondements, une grêle de pierres, mêlée de projectiles de toute sorte ; et n'en ayant plus sous leurs mains, ils leur jetèrent leurs jeunes enfants, comme autant de victimes immolées par la tendresse paternelle à leur liberté et à leur foi. Enfin, voyant toute résistance inutile, ils se décidèrent à mourir plutôt que de se rendre : le plus courageux d'entre eux coupa la gorge à tous les autres, et s'en alla prier les Pastoureaux de le laver dans les eaux du baptême du sang de ses frères, dont il était couvert. Les fanatiques Pastoureaux le déchirèrent en mille morceaux et donnèrent le baptême à des petits enfants juifs, qui avaient échappé au carnage général.

A cette époque, les lépreux, ou *gahets*, formaient dans la Guienne une classe maudite ; ils étaient atteints d'une maladie contagieuse, et se voyaient, par les lois d'alors, condamnés à vivre isolés, proscrits comme des parias et exclus des priviléges, des jouissances et des commodités de la vie sociale, parqués comme des animaux, dans de vastes hospices, hors des murs de la ville, qu'on appelait *ladreries*, ou *lazareries*. Dans le XIe siècle, on les appelait *chrestiens*, parce que, selon Vénuti, les premiers *gahets* étaient des pèlerins de Gascogne, qui rapportèrent de l'Orient cette maladie endémique dans les pays chauds ; il était défendu de converser ou de marcher avec eux, crainte de respirer l'air infecté par leur odeur. Ils ne pouvaient entrer en ville, ni marcher sur la voie publique sans avoir des sabots ; ils étaient communément des bûcherons, des charpentiers, des cordiers, et annonçaient de loin leur approche par le son criard d'une *cliquette* de bois, pour qu'on pût s'éloigner d'eux. A Bordeaux, ils demeuraient au faubourg Saint-Julien. On accusa les juifs d'avoir porté les *gahets* à empoisonner les sources et les puits, pour se venger des chrétiens. Quelques lépreux avouèrent le complot ; ils périrent avec leurs complices dans les flammes ; les autres furent condamnés à une clôture perpétuelle. Quant aux juifs accusés, justement ou injustement, de cette abominable con-

spiration, ils furent jetés dans les fers. « On creusa, dit un
» auteur, une très-grande fosse, on y alluma un grand feu,
» et l'on y brûla pêle-mêle une centaine de juifs des deux
» sexes. Beaucoup d'entre eux, hommes et femmes, s'élan-
» cèrent dans le feu en chantant, comme s'ils fussent allés à
» des noces; plusieurs veuves jetèrent leurs enfants aux flam-
» mes, de peur que les chrétiens ne les enlevassent pour les
» baptiser. »

Tels étaient les désordres qui suivirent l'apparition des Pastoureaux dans nos contrées. Chassés des environs de Bordeaux par le sénéchal, ces prétendus pèlerins se livrèrent au pillage et aux excès de toute sorte; ils se dispersèrent, mais deux de leurs chefs, qui s'étaient réfugiés à La Réole, furent enfin reconnus et pendus. Les autres se rallièrent et continuèrent leurs déprédations dans le Midi. Des désordres non moins graves désolaient les classes élevées : les seigneurs vivaient loin du contrôle de l'autorité royale, dans tous les excès de l'immoralité. Nous n'en citerons qu'un exemple, celui de Jourdain de l'Ile, seigneur de Cazaubon; son château était le rendez-vous de tous les brigands du pays; il les surpassait en débauches cyniques, en cruautés révoltantes. Dénoncé, enfin, par le sieur d'Albret et le vicomte de Lomagne, neveu du pape Clément V, le roi le condamna à mort; mais ayant épousé la nièce de Jean XXII en premières noces, et en dernier lieu Catherine de Grailly, il obtint sa grâce à la prière de ses parents; mais il ne changea pas de conduite. Accusé plus tard par le marquis de Langoiran de dix-huit crimes, de vol, de viol, de meurtre, de rébellion et de plusieurs autres dont le moindre entraînait la peine capitale, il fut cité devant le Parlement de Paris. Croyant son impunité abritée sous un grand nom, il se présenta hardiment devant la Cour suprême, accompagné de tous les nobles déréglés de la province. On le jeta en prison au Châtelet, d'où il ne sortit que pour être traîné à la queue de deux chevaux, et, enfin, pendu le 7 mai 1323.

Livre IV.
Chap. 6.

Pendant tout ce temps, Édouard II poursuivait la guerre contre l'Écosse; il avait besoin d'hommes et d'argent. Les peuples d'Aquitaine s'entendent pour secourir leur prince et votent une certaine somme, qu'Aymeric de Créon fit parvenir à Londres. Sitôt que le roi fut informé des bienveillantes dispositions des Aquitains par Aymeric, il écrivit aux Bordelais et aux autres peuples de la province pour exciter leur zèle et pour réaliser ses propres désirs; il dit dans ces lettres que les subsides qu'ils voteront proviendront de leur bonne volonté et de leur libéralité, et qu'il n'en profitera jamais pour convertir leur généreuse concession en un droit. C'est un témoignage irrécusable de la liberté des Bordelais et des Aquitains; c'est reconnaître qu'ils ne pouvaient être taxés que par leur propre consentement (1).

(1) Volumus et concedimus pro nobis, hæredibus et successoribus nostris, quod subsidium quod nobis ex hâc causâ facietis (quod etiam ex vestra liberalitate et gratiâ procedere fatemur), vobis, hæredibus, vel successoribus vestris, non cadat in præjudicium, nec trahatur in consequentiam in futuro........ Teste rege apud Gloucestriam, 18 fruric 1322.

CHAPITRE VII.

Le château de Montpesat cause d'une guerre. — Il est rasé. — Trêve. — Édouard cède la Guienne à son fils. — Les intrigues des Français dévoilées à Édouard. — Conseils donnés pour les circonstances. — Guerre des *bâtards*. — Conduite de la reine Isabelle. — Colère de son mari. — Révolution en Angleterre. — Le roi détrôné, emprisonné. — Sa mort. — Le jeune roi, ami des Bordelais. — Il réclame la couronne de France. — Le Parlement la donne à Philippe de Valois. — Soumission calculée d'Édouard. — Guerre. — L'armée française en Guienne. — Le comte de Derby à Bordeaux.

L'ordre était rétabli en Angleterre; mais de nouvelles difficultés surgissent en Guienne et appellent l'attention d'Édouard. Le feu n'était que caché sous une légère couche de cendres; c'était un tison capable de mettre le feu au monde. Il ne fallait qu'une occasion pour en faire jaillir une flamme, un incendie; cette occasion se présenta bientôt après. Hugues de Montpesat fait bâtir un château-fort à l'extrême frontière de la Guienne. Charles le Bel le réclame comme appartenant à la France; ce que l'Angleterre nie. L'affaire est portée au Parlement de Paris: Hugues perd son procès, et des commissaires français s'emparent du château. Hugues vient à Bordeaux: le sénéchal accueille sa plainte, et va, avec un corps de troupes, reprendre le château, passe au fil de l'épée la garnison française, et fait pendre les officiers. Charles, indigné, demande une réparation; Édouard promet et ne cherche qu'à gagner du temps et à laisser se refroidir la colère du roi de France. Charles insistait toujours; et Édouard, voyant qu'il ne pouvait plus temporiser, envoie en France son frère, Edmond, comte de Kent, avec pleins pouvoirs de traiter avec Charles et de punir les coupables. Ce plénipotentiaire arrive et semble disposé à faire les plus grands sa-

Livre IV.
—
1324.

Daniel, *Histoire de France*, tome 3.

crifices à la paix; mais suivant les instructions secrètes, il fait remplir de munitions de guerre toutes les places fortes d'Aquitaine. Instruit de ces fourberies politiques, le roi de France se hâte de lever une armée, que le vieux comte de Valois conduit en Guienne. Les villes refusent de se soumettre; Agen seul se rend sans combat. Les habitants étaient mécontents du prince Édouard; il les avait accablés d'impôts. Il avait, en outre, enlevé une jeune fille appartenant à l'une des plus respectables familles du pays; c'était plus qu'il ne fallait pour indisposer les Agenais contre lui. Ils ouvrent la porte aux Français, qui se rendent de là à Montpesat et le rasent, parcourent le pays en vainqueurs, réduisent Condom et Bazas, et se portent sur La Réole, où Edmond, comte de Kent, s'était jeté. Ils y sont repoussés avec perte. Valois arrive à leur secours, et les affaires changent de face. On dresse des tours, des machines de guerre qui lancent des pierres dans la place. Edmond, craignant les suites d'une résistance opiniâtre et inutile, demande à capituler. Il fut convenu, en septembre 1323, que ceux qui voudraient se retirer seraient libres d'emporter leurs effets; que ceux qui désireraient rester prêteraient serment de fidélité au roi de France, et que la trève durerait jusqu'à la fête de Pâques de l'année suivante (1324); qu'Edmond aurait la faculté de retourner en Angleterre, pour engager le roi à venir rendre hommage à son suzerain, le roi de France, et à se justifier devant la Chambre des Pairs des griefs qu'on lui imputait; mais, qu'en cas de refus du prince anglais, ledit comte de Kent reviendrait se constituer prisonnier; et, enfin, que pour l'entière exécution du traité, Édouard donnerait quatre ôtages, qui se soumettraient à perdre la tête si leur prince manquait à ses engagements. Toute la Guienne était soumise, excepté Bordeaux, Saint-Sever et Bayonne.

La trève signée, Valois rentra en France, et Édouard se fit rendre compte des dispositions des esprits par Jean Travers, connétable de Bordeaux; il apprit que le duché échappait à sa domination. Dans cette conjoncture, la reine Isabelle conseilla à son mari d'aller faire hommage de la Guienne au roi de France; il promit, mais il renvoya d'un jour à l'autre l'exécution de sa promesse. Isabelle y vint elle-même; mais Charles exigea qu'Édouard se rendît auprès de lui en personne. Ne pouvant vaincre la répugnance de son mari, elle s'entendit avec son amant, Mortimer, et, par lui, décida le roi à céder la Guienne à son fils Édouard, qui n'avait alors que treize ans. Le prince réalisa le rêve formé par l'adultère; le jeune duc reconnut la suzeraineté de Charles, et un nouveau pas fut fait pour l'amoindrissement de la puissance britannique à Bordeaux; le monarque français voulait quelque chose de plus, l'expulsion des Anglais. Le roi d'Angleterre n'avait que trop de raisons de se méfier des Français; il fit exercer à Bordeaux, et à Paris même, une surveillance secrète sur tout ce qui s'y passait, et ne négligea rien de ce qui était nécessaire à la défense de la Guienne. C'est dans ces circonstances qu'il transmit à Hugues Despencer, son favori, des détails d'une haute importance politique; il lui fit comprendre la nécessité pour le roi de mander au comte de Kent de réunir à Bordeaux tous les bateaux et gabares qui se trouveraient depuis notre cité jusqu'à Saint-Macaire; de ravitailler Bordeaux, Blaye et Bourg; d'employer tous les marins de Bayonne à l'importation, à Bordeaux, des vivres d'Espagne; de faire fabriquer de nouvelles armes; de changer Arnaud Calhau, maire de Bordeaux, et quelques autres notabilités, de se procurer des secours de toutes sortes; d'envoyer d'Angleterre des arbalétiers, des archers, des mineurs, toutes sortes d'ouvriers utiles; de ranimer, par l'annonce de l'arrivée du roi en Guienne, le courage des faibles; de remercier les gens fidèles, surtout les Réolais; de faire recommander au comte de Kent et à ses agents de se montrer plus gracieux, plus affables envers les Gascons; d'entretenir des espions dans les villes qui penchaient en faveur de la France ; de faire savoir au peuple les

Livre IV.
Chap. 7.

M^s de Wolf,
par Delpit,
Introduction
CLXXIX, etc.

16 Octobre
1325.

Ibid.

torts du roi de France et l'empressement du roi d'Angleterre à souscrire à toutes les volontés de son suzerain ; de frapper une nouvelle monnaie à Bordeaux, etc., etc. Tous ces salutaires avertissements nous révèlent assez l'état des esprits en Guienne et la crainte que l'ambition du monarque français inspirait aux Anglais (1). Une paix au moins apparente fut faite ; mais la méfiance n'en régnait pas moins dans tous les cœurs. L'Anglais brûlait du désir de s'affranchir de la suzeraineté de la France, ou, au moins, de se maintenir en Guienne. Les Français n'étaient pas moins impatients d'expulser du continent ces insulaires. Cette paix aurait pu avoir de grands avantages ; mais ses effets furent neutralisés par les dispositions guerrières des seigneurs et l'inconstance proverbiale des Gascons. La guerre était l'état habituel de la société, l'élément de la vie du peuple : les Gascons, turbulents et inquiets, se mettaient aux ordres de quelque chef en état de les récompenser, et il n'en manquait pas. Le plus souvent c'étaient les fils illégitimes des grands seigneurs : n'ayant pas d'existence assurée, ils vivaient des produits de la guerre ; ils spéculaient sur les querelles des grands, et entretenaient dans le peuple les mauvais penchants, qui, seuls, pouvaient alimenter les ressources de leur oisiveté. Le roi d'Angleterre était loin ; ils affectaient d'épouser ses intérêts, et faisaient des excursions sur les domaines des seigneurs français: avec eux, la paix était devenue impossible. Ces turbulents chefs, qu'on appelait les *bâtards*, portaient de beaux noms; ils en abu-

---

(1) Parmi les différentes mesures à prendre pour la défense de l'Aquitaine, et qui sont indiquées dans ce *Mémoire*, adressé à Hugues Despencer, en date du 16 octobre 1325, il s'en trouve une assez curieuse pour être rappelée ; c'est de faire ramasser dans les domaines royaux d'Angleterre, pour les envoyer en Gascogne, cent mille livres de plumes d'oies, destinées à garnir les flèches et éviter l'emploi dispendieux du parchemin.

11° *Item, soit maunde as divers viscounntes pur faire purveance de pennes des owes à la mountance de cent mile, ou la environ ; pur penner quarreux et setes, pur esparnier parchemin qe autrement covendrait estre despendu en cel oeps.*

saient. C'étaient Bertrand Calhau de Bordeaux, le sénéchal des Landes, Raymond-Bertrand de Sainte-Foy, Alex. de Caumont, Arnaud Durfort, Girard de Taste et plusieurs autres hommes valeureux, mais déshérités de la fortune, à qui il ne restait rien que leur nom et leur épée. Bordeaux eut beaucoup à souffrir de ces aventuriers, comme il résulte d'une lettre de Jean Colomb et Bertrand Calhau, arrivés de Londres à Bordeaux, et adressée à Hugues Despencer en 1326. Le roi de France envoya Alphonse d'Espagne, seigneur de Lunel, pour réprimer ces brigandages; il poursuivit les *bâtards* et leurs adhérents à travers l'Agenais et le Bordelais, jusqu'à Saintes. Le commandant des troupes françaises, en dédommagement des pertes que les sujets du roi de France avaient éprouvées pendant cette guerre, réclama une indemnité de 50,000 liv. sterling; il accorda une amnistie générale à tous, excepté, toutefois, les seigneurs révoltés, dont il demanda l'expulsion de la Guienne et la démolition de leurs châteaux. Cette demande fut modifiée, en 1328, par Philippe de Valois.

Outre plusieurs autres causes de guerre, il en était une d'une nature domestique; elle touchait le roi d'Angleterre de bien près. A ses yeux, c'était l'effet de la politique française; il en fut vivement affecté, et se décida à prendre des résolutions extrêmes. La reine Isabelle était allée à Paris avec son fils, comme nous l'avons vu : le traité conclu et ratifié, son mari la rappela en Angleterre; elle répondit qu'elle en avait le désir; mais que le ministère avait juré sa perte, et que, quelque bonne volonté qu'elle eût pour obéir aux ordres du roi, elle n'osait pas se fier à des hommes si malintentionnés. Ce refus, basé sur des craintes plutôt imaginaires que réelles, n'était, au fond, que le résultat des conseils du roi de France; cependant, ayant appris que son mari en avait été extrêmement irrité, elle se mit en route; mais mieux éclairée, et voulant, d'ailleurs, sonder le terrain, elle s'arrêta quelque

Livre IV.
Chap. 7.

1326.

Guillaume de Nangis.

Scip. Dupleix, *Histoire*, tome 2.

temps dans le comté de Ponthieu, qui lui avait été donné en dot. Pendant cet intervalle, la ville de Marmande se rendit aux Français : plusieurs autres parties du territoire paraissaient suivre son exemple, et tout semblait dire à Édouard que la Guienne lui échappait. Il fit arrêter les marchands de Marmande qui se trouvèrent en Angleterre, avec leurs navires et leurs marchandises. Cette affaire fut exagérée en France : Charles ordonna des représailles et fit arrêter les négociants anglais, et confisquer leurs biens ; mais ayant appris que les premiers bruits étaient peu fondés, ou, au moins, exagérés, on donna contre-ordre en France pour les affaires des Anglais.

Pendant tout ce temps, la reine était restée dans le comté de Ponthieu et n'osait pas s'embarquer. L'irritation d'Édouard était à son comble ; il donna des ordres pour s'emparer de sa personne, comme coupable de rébellion aux ordres de Sa Majesté. Le danger était imminent : elle se décida à partir ; mais en débarquant sur le sol anglais, elle fut faite prisonnière. Toute étonnée, mais maîtresse d'elle-même, elle s'adressa aux agents du roi, leur parla de son fils et de sa future autorité, et affirma qu'elle n'avait eu d'autre motif que de faire punir, ou, au moins, congédier des ministres prévaricateurs, ses ennemis. Son langage naïf et attendrissant, la vue du futur roi, les calculs intéressés des courtisans et des flatteurs, touchèrent les Anglais ; ils supplièrent le roi de vouloir bien accueillir avec bonté la reine et le jeune prince. Édouard répondit qu'il était trop mécontent de la conduite de la reine, et qu'il fallait exécuter ses ordres. Le danger paraissait grand ; n'importe. La crainte dans le cœur, elle se mit en route pour la cour ; le roi refusa de la voir. Une rixe s'engagea entre les deux partis : le peuple se prononça pour la reine ; le roi s'enfuit, mais fut ramené prisonnier, déclaré déchu et indigne de régner, et confiné dans le vieux château de Kenilworth, où, d'après l'opinion la plus commune, il mourut d'une mort violente.

Le jeune prince lui succéda sous le nom d'Édouard III; c'était l'ami des Gascons, et des Bordelais en particulier. Il prodigua ses faveurs aux grands seigneurs du pays; il nomma Bérard d'Albret connétable de Bordeaux, et écrivit à Guillaume, seigneur de Calvimont, à Arnaud Durfort, à Pierre de Grailly, vicomte de Bénauge, aux d'Albret, commandants des châteaux de Gensac et de Bergerac, aux maires, jurats et communautés de Libourne, de Saint-Émilion; en un mot, à toutes les notabilités du pays, afin qu'ils s'entendissent tous pour maintenir, parmi les Gascons, la paix et les sentiments de fidélité à sa couronne; on se conforma à ses désirs.

<small>Livre IV. Chap. 7.
—
1327.</small>

Quelques mois plus tard, Charles le Bel mourut sans enfants mâles : la postérité masculine directe s'éteignit avec lui. Édouard, petit-fils de Philippe le Bel, par sa mère, réclama la couronne, tandis que Philippe, de la branche collatérale des Valois, la demandait comme premier prince du sang.

<small>Am. Thierry, *Résumé, etc.*, page 169.</small>

En prenant le titre de roi de France, Édouard écrivit aux hommes marquants en Aquitaine, aux Montferrand, aux Durfort, au seigneur d'Arsac, au captal de Buch, à Jean Lalande de La Brède, à Gaillard de Saint-Symphorien, seigneur de Landiras, à Gaston de Lille, ainsi qu'aux villes de Libourne, de La Réole, Saint-Macaire, Sainte-Foy, Saint-Émilion; sa lettre était ainsi conçue : « La couronne de France » nous a été, par droit héréditaire, notoirement dévolue par » la mort de Mgr Charles, de glorieuse mémoire, dernier roi » de France et frère-germain de madame notre mère. Le sei-» gneur Philippe de Valois, fils de l'oncle dudit Charles, s'est » emparé de force de cette couronne pendant notre minorité. » Non seulement il la retient encore injustement; mais nous » déclarant une guerre inique, il tâche de nous abaisser, afin » que, par un crime que réprouvent Dieu et le droit, il puisse » dominer dans le siècle au mépris de la justice. En consé-» quence, nous vous prions qu'après avoir mûrement pesé ce » qui précède, il vous plaise de nous favoriser en justice contre

<small>Rymer, t. 2, part. IV, page 77.</small>

> ledit Philippe, et nous aider activement, nous et les nôtres,
> à recouvrer nos droits. Nous espérons que le Roi d'en haut,
> qui humilie les injustes à cause de leurs injustices, mais
> qui aime et exalte les justes, nous traitera dans sa bonté,
> afin que nous puissions dignement vous récompenser comme
> nous désirons le faire, et récompenser ainsi tous ceux qui
> nous auront prêté aide. »

Le Parlement décida que, la loi salique ayant exclu les femmes, Isabelle n'avait aucun droit à transmettre à son fils Édouard (1); que la couronne appartenait à Philippe, comte de Valois, neveu de Philippe le Bel. Outre la loi salique, la haine de l'Anglais était pour beaucoup dans cette décision du Parlement. Tous les vassaux prêtèrent serment de fidélité au nouveau roi; Édouard prétexta les embarras politiques de ses États pour se dispenser de venir en France. Philippe le fit sommer de le faire; le prince anglais lui fit répondre que *le fils d'un roi n'irait pas s'humilier devant le fils d'un comte.* Le fils du comte répliqua par la saisie des revenus du roi d'Angleterre et la réunion d'une armée à Bergerac.

L'horizon s'obscurcissait, l'orage grondait sur la tête d'Édouard; il dissimula ses chagrins et consentit à la formalité qu'on exigeait. D'après l'avis d'Isabelle et de son amant, Mortimer, sa politique avait plus à y gagner qu'à perdre. Il se rendit à Amiens et fit hommage à son suzerain. Cet hommage n'était pour Édouard qu'un acte de politique, une mesure dilatoire, qui conjurait l'orage et le mettait à même de mieux se préparer à la guerre.

Édouard accorda de nouvelles faveurs aux grands seigneurs de Guienne, au clergé et aux principales villes: le peuple sympathisait avec un prince si généreux, et des bandes organisées à la hâte se mirent à ravager les villes françaises de

---

(1) D'après la loi salique, *fame, ne par conséquent son fil, ne pourrait, par Coutume, succéder el royaume de France.*

la frontière et se fortifièrent à Saintes. Philippe envoie le comte d'Alençon châtier les rebelles : il prend Saintes, rase le château, pille celui de Bourg, et fait sentir au prince anglais tout le poids de sa colère. Édouard dissimule par impuissance de se venger; il passe en France et consent à laisser à Philippe la ville de Saintes. Se courbant servilement sous la pesante main du souverain de France, il se reconnaît, en sa qualité de *duc de Guienne, son homme-lige*, demande le rappel des seigneurs, dits *bâtards*, avec une indemnité de 30,000 liv. tournois, à raison de la démolition du château de Saintes et du pillage de plusieurs autres lieux. Philippe accorda tout : la paix fut maintenue, mais avec une guerre certaine en perspective.

Six ans s'écoulent, et Édouard, fier de ses succès en Écosse, tourne enfin ses regards vers la France, dont il convoitait la couronne. Il fait une alliance avec Louis de Bavière et quelques princes allemands, prend le titre de roi de France, charge le comte de Northampton, son lieutenant-général, de déclarer la guerre à Philippe de Valois, et envoie Gauthier de Mauny commencer la guerre sur les frontières des Pays-Bas. Dans une lettre aux Bordelais, il expose les raisons de sa conduite, et ordonne aux seigneurs, aux maires et jurats des villes, de refuser à Philippe leurs services et leurs serments. Cette démarche fut hardie : bien suivie, elle aurait pu avoir pour lui des résultats immenses. Il y fut poussé par Robert d'Artois, qui, banni de France par un arrêt de la Cour des Pairs, fomentait la discorde dans l'espoir de s'en venger. Un jour, la cour étant à Windsor, Robert se présenta accompagné de deux ménestrels; et perçant les rangs des dames et des courtisans, alla droit au roi et lui dit, en lui présentant un héron dans un plat d'argent : « qu'il était juste qu'il lui offrît » cet emblème de la couardise, à lui plus couard encore, qui » se laissait déshériter du beau royaume de France, qui n'au- » rait pas d'autre roi si le cœur ne lui eût pas manqué. » Le

Livre IV. Chap. 7.

1330.

Thoyras, tome 3, liv. X.

Rymer, *Act.*, tome IV, page 389.

1336.

Thoyras, *ibid.*

Froissart, tome 1er

roi rougit; et ne pouvant pas nier le fait, il jura sur son épée, et en présence des dames, de pousser plus que jamais à la guerre contre Philippe. « Je lui fis hommage autrefois, dit-il, mais j'étais enfant, et cet acte ne vaut pas deux épis. Or, maintenant, je le jure comme roi, par saint George et saint Denis, jamais guerrier mort ou vivant n'aura glané autant de butin en France que j'en pense recueillir avant 1346. Je retire donc ma foi à Philippe, et fais vœu de le combattre sans pitié. » Alors commença cette longue et déplorable guerre, qui rendit les Anglais presque maîtres de la France; mais qui finit à Castillon, dans le Bordelais, par l'expulsion définitive de ces insulaires et l'indépendance de la patrie.

<small>Livre IV. Chap. 7.</small>

<small>Annales du Royaume, R. olim. publ., par Beugnot.</small>

L'armée française arriva bientôt après en Guienne; les villes, quoique sans fortes garnisons, se défendirent vaillamment. Édouard, dans une lettre affectueuse et pleine de reconnaissance, crut devoir en remercier Bérard d'Albret, seigneur de Vayres, Jean de Grailly, vicomte de Castillon et de Benauge, les seigneurs de Rauzan, de Cadillac, les consuls de Sainte-Foy et les maires de Libourne, de Saint-Émilion, de Bourg et de La Réole, etc. Philippe donna le commandement de ses troupes à Gaston II, comte de Foix et vicomte de Béarn, qui, après des courses triomphantes, vint joindre ses forces à celles du connétable Raoul de Brienne, à Saint-Macaire, d'où ils se rendirent, avec six mille hommes, à Podensac, et, de là, au siége de Bordeaux; mais se croyant avec raison trop faibles, et harcelés d'ailleurs par les Anglais, ils se replièrent sur La Réole, et ravagèrent en passant le fertile territoire de l'Entre-deux-Mers. Dans ces circonstances, Philippe envoya Bertrand, comte de l'Ile, son lieutenant, *guerroyer rudement*, dit Froissart, *Bordeaux et les Bordelais*, avec six mille chevaux; il réduisit bien des villes, et vint, enfin, attaquer par terre et par eau Blaye et Bourg, deux places importantes et bien défendues. Les Bordelais, alarmés, envoyèrent à Lon-

<small>Chroniques, tome 2.</small>

dres les seigneurs de Lesparre, de Mussidan, de Caumont, de Montferrand, de Landiras, de Pommiers, de Grailly et de Langoiran; ils devaient se plaindre de la position fâcheuse de Bordeaux, de l'inaction des Anglais, qui les avaient laissés sans défense, et demander de prompts secours. La députation fut accueillie à merveille à Londres; le roi promit de s'occuper des affaires de Bordeaux; et pour s'attacher le maire et les jurats, il leur rendit la juridiction sur la banlieue, dont ses prédécesseurs les avait injustement dépouillés, et chargea le comte de Derby de conduire en Guienne trois cents cavaliers, six cents hommes d'armes et deux mille archers. Derby débarqua ces forces considérables à Bayonne, et, de là, marcha sur Bordeaux, où il fut rejoint par les députés dont nous venons de parler, et par plusieurs autres hautes notabilités du pays. Derby alla loger à l'ancien Archevêché, appelé dans tout le moyen-âge l'*Abbaye de Saint-André*; ses compagnons d'armes furent généreusement hébergés par les citoyens de la ville.

Livre IV. Chap. 7.

Grandes Chroniques de France, tome 5.

1344.

CHAPITRE VIII.

Le comte de Derby attaque Bergerac. — Il reçoit des secours de Bordeaux. — Il revient sur Langon.—Il rentre à Bordeaux.—Siège d'Auberoche.—Perte des Français.— Derby réduit La Réole. — Il attaque Montségur. — Une trève. — Siège de La Réole. — Il rentre à Bordeaux. — Attaque de Blaye. — Siège d'Aiguillon. — Édouard en Normandie.—Bataille de Crécy.—État du pays.—Bataille à Guîtres. —Nouvelle taxe sur les vins. — Les Français se préparent à la guerre. — Flotte anglaise à Bordeaux. — Combat sur les bords de la Charente. — État affreux du pays. — Le Prince-Noir arrive avec des secours à Bordeaux. — Signification des mots *captal de Buch* et *souldich* de Latrave, etc., etc.

Livre IV.
1344.

Après un repos de quinze jours à Bordeaux, et ayant appris les mouvements et les opérations militaires des Français, Henry de Lancastre, comte de Derby, alla assiéger Bergerac, où commandait le comte de l'Ile, avec les sires de Duras, de Labarde, de Castelnau, l'abbé de Saint-Sever et plusieurs autres grands personnages qui tenaient pour la France. Repoussés avec perte, les Anglais ravagent les campagnes, pillent les maisons, boivent ou répandent les vins des celliers.

Froissart, tome 1er.

Le lendemain, ils renouvellent l'attaque par terre, mais sans succès; Derby fit sonner la retraite à midi, et résolut d'attendre des renforts de Bordeaux, d'où le maire lui avait expédié quarante bâtiments (soixante dit D. Devienne), qui se trouvaient équipés dans la rade, devant Bordeaux. Une nouvelle attaque fut ordonnée de tous côtés à l'aurore: une brèche fut faite à la muraille; les habitants, consternés, demandèrent à capituler, et les seigneurs gascons s'enfuirent à cheval à La Réole. Derby parcourut le pays en vainqueur, se dirigea vers le Périgord, revint sur Langon, assiégea Pellegrue, qui se défendit avec courage pendant six jours, réduisit sous l'autorité anglaise plusieurs autres villes, et, enfin, arriva devant

Libourne. « Les habitants, dit Froissart, se rendirent et ou-
» vrirent leurs portes sans se laisser donner l'assaut, et jurè-
» rent féauté et hommage au comte de Derby, et promirent
» d'être bons Anglais dorénavant. »

Tout fier de ses succès, Derby rentra à Bordeaux, où il fut magnifiquement reçu et dédommagé de ses fatigues par des fêtes et des réjouissances publiques. Le comte de l'Ile profita de son absence pour attaquer Auberoche; la faible garnison qui tenait la place fit avertir le comte de Derby par un messager, qui tomba entre les mains des Français. On le ramena sous les murs; et par le moyen d'un gros engin, on le lança dans Auberoche, avec la dépêche au cou ; et joignant la raillerie à la cruauté, les assiégeants crièrent aux assiégés : « Seigneur anglais, demandez des nouvelles du comte de » Derby à votre messager, car le voilà revenu bien vite. »

Derby apprit la triste position de ses compatriotes, et partit par Libourne avec trois cents lances et six cents archers au secours d'Auberoche. Inférieurs en nombre, les Anglais, profitant des ténèbres, tombèrent à l'improviste sur les Français : la garnison, reconnaissant les bannières anglaises, fit une sortie vigoureuse, et là, dit le naïf Froissart, *fut pris tant de comtes, comme vicomtes, jusqu'à neuf, et de barons, chevaliers et écuyers, tant qu'il n'y avait homme d'armes des Anglais.* Parmi les deux cents chevaliers prisonniers se trouvèrent les comtes de l'Isle, de Périgord, de Valentinois, de Comminges, les vicomtes de Carmain et de Narbonne, le sénéchal de Toulouse, le seigneur de Clermont Soubiran, que le comte de Bourbon racheta, le 17 décembre suivant, moyennant 2,000 liv. tournois. La rançon des seigneurs montait à 50,000 liv. sterling (1,250,000 liv. tournois). Derby se comporta à leur égard avec une étonnante politesse; il admit le jour même à sa table les comtes et vicomtes, fit préparer un repas pour les chevaliers et écuyers, et en renvoya même plusieurs sur parole. Derby nomma Alex. de Caumont gouverneur de la place, et se retira à Bordeaux avec les prisonniers, qui furent gardés au palais de l'Ombrière; son entrée dans nos murs était un vrai et magnifique triomphe.

Aux premiers jours du printemps suivant, Derby se mit en campagne et réduisit La Réole, Montségur et plusieurs autres villes de Guienne. Montségur était une place très-importante et bien défendue; le commandant en était Hugues de Batefoux, de la maison de Gontaut. L'Anglais s'y servit des engins de Bordeaux pour lancer dans la ville des blocs de pierre si gros, que leur chute renversait les toits des maisons, ébréchait les murs et jetait la terreur parmi les habitants. Tous les jours, Derby les sommait de se rendre, sous peine d'être tous passés au fil de l'épée; tous les jours, le courageux Batefoux leur répondait par le mépris, tout en contenant dans le devoir une population moins intrépide que lui-même. L'alarme était grande dans la ville. Un jour, les habitants, profitant d'une occasion favorable, se saisirent du commandant; ils lui déclarèrent qu'il n'aurait sa liberté qu'après avoir traité avec les Anglais. Batefoux, indigné, repoussa la proposition, et leur dit qu'ils avaient encore des vivres pour six semaines. Ils insistèrent avec force; alors Batefoux, cédant à la volonté générale, se rendit sur les remparts, et stipula avec les Anglais que si, dans un mois, le roi de France ne leur envoyait pas de secours, il leur livrerait la place, et donna pour garantie de cette convention douze bourgeois de la ville.

Après avoir conclu cette trêve, Derby alla assiéger Aiguillon, et revint sur La Réole, défendue par Agout de Baux, gentilhomme valeureux et distingué de Provence. Le siége fut poussé avec vigueur pendant plus de neuf semaines. Les Anglais avaient fait faire deux grosses tours de gros merrains, à trois étages, couvertes de cuir bouilli, pour défendre, contre les traits et les projectiles, les trois cents archers qui se trouvaient dans les trois étages. Les fossés comblés, on avança ces tours vers les murs de la ville: les archers balayaient de leurs flèches les remparts, pendant que deux cents hommes travaillaient entre les deux tours à pratiquer la mine. Les habitants, consternés, demandent à capituler. Agout de Baux, indigné, se retire, fait apporter des provisions dans le château, et s'y renferme avec les plus courageux de ses soldats, pendant que les habitants vont porter à Derby les clés de la ville, et jurent d'être fidèles au roi d'Angleterre. Derby dresse ses engins contre le château, mais sans succès, sans espoir ; ils s'avisent de miner la tour basse ; la grande tour était bâtie sur un rocher. Les assiégés, alarmés, délibèrent en présence d'une mort certaine ; et le valeureux Agout se présente enfin à une fenêtre, et demande à parler à Derby et à Gauthier de Mauny. Ils arrivent ; alors le commandant leur dit que le roi de France l'avait chargé de défendre le château ; qu'il l'avait fait et qu'il voulait encore le faire ; mais que si on le laissait sortir corps et biens saufs, avec armes et bagages, il se retirerait avec les siens ; si non, qu'ils se défendraient et s'enseveliraient, avec les Anglais, sous les ruines du château. Alors Derby s'écrie : « Ah ! messire Agout, vous n'en irez pas ainsi ; » nous savons bien que nous vous avons si bien étreints et » menés, que nous vous aurons quand nous voudrons. Votre » forteresse ne gît que sur étais ; si vous vous rendez sans » condition, ainsi vous serez reçus. » Agout consulte les siens, et répond qu'il stipule pour le dernier de ses soldats comme pour lui-même ; et que si on ne leur accordait pas des conditions honorables, ils *se vendraient chers*. Derby leur permet de sortir *avec les armes seulement*. Ils acceptent et se retirent, n'ayant que six chevaux ; mais les *Anglais leur en vendirent bien et cher,* dit Froissart.

Derby rentra à Bordeaux, qui était le siége de ses opérations militaires. Bon, généreux, affable et valeureux, il était adoré du peuple. Après quelques semaines de repos, il parcourut l'Angoumois et revint sur Blaye, que défendaient deux braves Poitevins, Richard d'Angle et Guillaume de Rochechouart ; grâce à leur valeur et à la rivière, les Anglais se retirèrent à Bordeaux, ne pouvant rien contre la place.

Philippe apprend ces faits, réunit ses vassaux et se décide à la guerre. Le maréchal de Montmorency est envoyé en Guienne, et Philippe lui-même marche contre Angoulême. Le comte de Foix défendait les Landes, le Bazadais et le Béarn, avec une garnison à Capticux. Les troupes du duc de Normandie parcourent et dévastent l'Agenais, emportent le fort de Damasan, après un sanglant siége de quinze jours : ils y entrent en vainqueurs ; mais ils n'y trouvent que des cadavres gascons et anglais, gisant parmi les ruines ! Tonneins est vigoureusement attaqué ; la garnison se rend, mais à condition d'être escortée sans péril à Bordeaux. On emporte de force le Port-Sainte-Marie, défendu par deux cents Anglais et Gascons ; et, de là, on se rend devant Aiguillon. Le siége de cette place dura plusieurs jours ; « c'était, dit Froissart, le plus beau » siége, la plus belle armée qu'on eût vus longtemps avant en » royaume de France, ni ailleurs (1). »

Édouard, instruit de tous ces faits, s'embarque, en juin, à Southampton, avec une flotte de onze cents vaisseaux, pour la Guienne ; des vents contraires le jettent sur les côtes de la Normandie, près de la Hogue ; il prend plusieurs villes, se dirige sur Paris, va camper à Crécy, où il défait l'armée française, et force Philippe de rappeler le duc de Normandie, qui lève le long et meurtrier siége d'Aiguillon, le 20 août 1346. A la nouvelle de son départ, Derby, qui se tenait à La Réole, va réduire les villes qui s'étaient soumises au roi de France. Il divise son armée en trois corps : le premier, sous les ordres des d'Albret et de Caumont, devait garder le Bazadais ;

---

(1) Il paraît qu'on essaya des canons au siége d'Aiguillon ; cela résulte évidemment d'une pièce des archives communales de Cahors, deux ans avant la bataille de Crécy (1343), où il est dit, en parlant du compte du conseil de Cahors : « *Per assajar los* » *canos, 56 libras et meja de salpetra, 25 de solphre que furent compradas à To-* » *losa, per far polveyros et traire los canos.* »

le second, commandé par le seigneur de Duras, était chargé de défendre l'Agenais; il se met à la tête du troisième, lui-même, et part pour le Poitou, accompagné des seigneurs de Montferrand, d'Albret, de Lesparre, de Rauzan, de Mussidan, de Pommiers, de Langoiran, etc., etc., avec leurs troupes respectives, qui montaient à douze mille hommes d'armes, deux mille archers, trois mille hommes à pied. Ils traversent la Garonne, à Blaye, soumettent Poitiers et le Poitou, mais il se retire, lui, à Bordeaux, où il congédie ses compagnons et s'embarque pour l'Angleterre.

L'année suivante se passa assez paisiblement : le peuple était las, les seigneurs avaient épuisé leurs ressources, l'agriculture était abandonnée; il était temps que les travaux recommençassent pour prévenir les désordres qu'une famine et une extrême misère allaient entraîner à leur suite. L'Angleterre était victorieuse; cependant, Philippe avait beaucoup d'amis dans la Guienne, qui conservaient leurs affections pour la France et leurs vieilles haines pour l'Angleterre. Le départ de Derby réveilla l'audace du parti français, et un engagement eut lieu à Guîtres, où les Anglais furent défaits et dispersés, après avoir laissé au pouvoir des Français les sénéchaux de la Saintonge, d'Agen et plusieurs autres seigneurs; ils furent détenus au château de La Clotte, voisin du lieu du combat.

Au milieu des oscillations de la politique et des caprices de la fortune de la guerre, le sort des armes était incertain; les Français n'osaient rien entreprendre de sérieux dans le Midi. Calais et la Normandie les occupaient assez. Les Anglais, au contraire, enhardis par leurs succès à Crécy, semblaient maîtres de l'avenir; et les glorieux faits d'armes du Prince-Noir, ainsi appelé de la couleur de ses armes, promettaient à l'Angleterre un puissant défenseur, et à la France un ennemi redoutable. Derby était en Angleterre; les généraux français étaient encore sous les impressions de Crécy, et les deux peuples s'observaient avec une crainte mutuelle et une inquiète jalousie. Cependant, une trêve fut conclue le 28 septembre 1348; elle fut prolongée plus tard jusqu'au 1er août 1351. La peste ne contribua pas peu à cette prolongation; elle sévissait en France d'une manière déplorable. Les finances étaient, d'ailleurs, obérées des deux côtés : Édouard s'efforça de remonter les siennes, et frappa de nouveaux droits tous les vins et marchandises entrant ou sortant des villes et bourgs du duché de Guienne. Il ordonna à Jean de Charnels, comptable de Bordeaux et lieutenant de Chiverston, sénéchal de Gascogne, de lever sur chaque tonneau de vin exporté depuis le mois de janvier jusqu'à la Pentecôte, un droit d'un écu. Chose remarquable pour l'époque, c'est que cet impôt ne fut établi que du consentement d'une partie de la noblesse et du tiers-état (1).

Philippe de Valois meurt, et laisse, avec une paix apparente, tous les éléments d'une guerre. La trêve devait durer jusqu'au mois d'août 1354; mais le nouveau roi se souciait peu des traités; et brûlant de se mesurer avec les Anglais, réunit ses troupes à Poitiers et va assiéger Saint-Jean-d'Angély, qui résiste avec courage et fait demander des secours au roi d'Angleterre.

Comme les rois de France s'efforçaient de gagner les Bordelais par de séduisantes promesses de priviléges nouveaux, le roi Jean octroya, en 1350, à la noblesse gasconne, une Charte qui l'exemptait de la peine de confiscation, même pour le crime de lèse-majesté, excepté au premier chef, et leur promit, sur le corps de Jésus-Christ, qu'il ne leur imposerait jamais de nouvelles charges. Les rois de France promettaient aussi beaucoup; mais la Guienne préférait la domination anglaise à celle des Français, qu'on regardait dans

---

(1) De voluntate et assensa plurium nobilium et innobilium assistentium. (*Archives de Libourne.*)

tout le Midi comme ennemie de la liberté et des privilèges des villes.

Cette opinion était si générale et si accréditée, que, lorsque Édouard prit le titre de roi de France, les habitants conçurent des craintes pour la conservation de leurs libertés. Édouard crut devoir les rassurer; et dans une lettre écrite à cette occasion, il dit : « Nous promettons de bonne foi que, nonobstant » le royaume de France à nous appartenant, nous ne vous » priverons en aucune manière de vos libertés, privilèges, » Coutumes, juridictions ou autres droits quelconques, comme » par le passé, sans aucune atteinte de notre part ou de celle » de nos officiers. »

Le roi Jean ne se borne pas à des promesses; il envoie à Bordeaux le sire de Beauchamp, qui s'y concerte avec les seigneurs de Langoiran, d'Albret et de Mussidan, et marche, avec une armée de quinze cents lances, quinze cents archers et trois mille brigands (1), au secours de Saint-Jean-d'Angély. Ils passent par Blaye, où ils achètent beaucoup de vins pour ravitailler la place assiégée; mais arrivés sur les bords de la Charente, ils y rencontrent une vigoureuse résistance, sur les lieux mêmes où saint Louis avait remporté une glorieuse victoire. Après un combat acharné, les Anglo-Gascons feignent de battre en retraite; les Français les poursuivent en désordre, leur criant à tue-tête : « Il ne faut pas vous en aller ainsi, » sans payer votre écot. »

Mais tout à coup les Anglais se retournent, et font payer cet *écot* aux Français par un affreux carnage et un grand nombre de prisonniers, parmi lesquels se trouvaient Gui de Nesle, maréchal, et plusieurs autres notabilités remarquables. Les bourgeois de Saint-Jean ne sachant pas ces détails, se rendirent aux Français le 7 août 1351.

Pendant ce temps, Charles de Navarre, lieutenant du roi

---

(1) Les *brigands* étaient des gens de pied, qui avaient pour arme défensive une espèce de cotte de maille, appelée *brigandine*. (Buchon, *Note sur Froissart*.)

<small>Livre IV.
Chap. 8.</small>

dans nos contrées, parcourait l'Agenais et le Bazadais, pour tenir en échec les Anglais; il dévasta les riches domaines des seigneurs de Mussidan et d'Albret, dans le Bazadais; mais Édouard fit donner des indemnités convenables à ces victimes de leur fidélité à leur roi. Il lui était impossible de guérir toutes les plaies, de remédier à tous les abus et faire droit à toutes les plaintes. L'état du pays était affreux : les peuples, harcelés par les deux partis, des trêves faites et violées le lendemain, la confiance perdue, l'agriculture négligée, l'industrie abandonnée pour les armes, la famine en perspective, avec la misère, et l'immoralité partout ; voilà le triste spectacle que présentait la Guienne. Alors les sires de Pommiers, de Rauzan, de Lesparre, de Mussidan, vont réclamer des secours à Londres. Édouard, désolé, envoie, avec une belle flotte, son fils, le Prince-Noir, qui avait si bien gagné ses éperons à Crécy. Édouard de Galles, c'était son nom, arrive le 16 septembre 1355 à Bordeaux, avec mille hommes d'armes, deux mille archers et toute la fleur de la chevalerie anglaise. Reçu avec un enthousiasme impossible à décrire, il convoque, en août, à Saint-André, une assemblée générale, où les barons et députés des communes de Bordeaux et de Libourne occupèrent les premières places. On y voyait les frères d'Albret, les trois Pommiers, Aymery de Taste, Montferrand, Curton, Rauzan, Gironde, Landiras, Grailly, captal de Buch (1), le

<small>Froissart,
Chroniques.

Nangis,
Continuateur.

1355.</small>

<small>Voir pages 53, 54 de cet ouvrage.</small>

<small>(1) Le titre de *captal* répond à celui de capitaine, chef, cap *(capitaneus)*. Cette dignité était d'abord personnelle; elle devint héréditaire au XIVe siècle; et depuis lors on ne voit plus dans l'histoire que deux captaux, celui de France et celui de Buch dans le Bordelais. Le captal de Buch était, au moyen-âge, seigneur de La Tresne, où il résidait quelquefois. Voilà pourquoi le titre de captal de La Tresne se voit parfois dans l'histoire de nos contrées. Il était principalement seigneur du pays, dont une partie projetait en avant dans l'Océan, en forme de cap ou promontoire. De là vient probablement le nom de *captal* ou seigneur du cap. On écrivait ce nom *Buch, Busch, Buech* et même *Buef*, dans la *Chronique de saint Denys* et les *Grandes Chroniques de France*. Il est écrit ainsi dans la chanson des *Gestes*, de Bertrand Duguesclin :</small>

<small>« Car je croi se Dieu plaist et je puis exploitier
» Que du catal de Buef, mangerai un quartier. »</small>

<small>(*Grandes Chroniques de France*, t. 6, p. 165.)</small>

souldich, ou soudan, de Latrau (1), et une foule immense de seigneurs moins connus dans l'histoire. Leurs troupes, réunies avec celles du prince, composaient une armée de trois mille hommes à pied, onze mille archers, quinze cents lances. Le prince va prier devant les reliques de saint Seurin, et reçoit des mains de l'archevêque l'épée et l'étendard militaire. Après avoir passé la nuit au palais de l'Ombrière, ils remontent la rivière, parcourent le Bazadais et l'Armagnac, passent sur l'autre rive, au Port-Sainte-Marie, se dirigent vers le Languedoc, jusqu'à Narbonne, et rentrent à Bordeaux pour les fêtes de Noël, avec mille chariots chargés de butin et escortés de cinq mille prisonniers. Il partagea les dépouilles de ses ennemis vaincus entre ses soldats, déjà enrichis dans leurs courses, et disposés à en faire de nouvelles.

Livre IV. Chap. 8.

Bouchet, *Annales*.

Louvet, 2me partie.

(1) Souldich, que Ducange fait venir de *syndicus*, était, dans le Bordelais, un titre héréditaire, qui donnait le rang de comte et de vicomte. Le plus célèbre était le souldich de Latrau, à Préchac, où l'on voit encore les belles ruines de son château. (Ducange, au mot *syndicus*.)

LIVRE V.

CHAPITRE PREMIER.

Le Prince-Noir parcourt le pays.—Bataille de Poitiers. — Le roi Jean prisonnier.—
Il est conduit à Bordeaux. — On veut le conduire en Angleterre. — Les Gascons
s'y refusent.—On les gagne avec des écus.—Les deux princes arrivent à Londres.
—Prospérité de Bordeaux pendant le séjour du Prince-Noir.—Tableau des mœurs
de l'époque. — Mésintelligence entre les Bordelais et les Réolais. — Édouard
arrive en France. — Il assiège Reims, sans succès. — Le honteux traité de Bretigny, etc.

Livre V.

1356.
Hume,
Hist. of Engl.,
anno 1356.

Le Prince-Noir, ainsi appelé à cause de la couleur de son armure de bronze, après quelques jours de repos, organisa son armée et se mit en campagne avec trois mille Anglais et neuf mille Gascons, sous les ordres de Lesparre, Montferrand, Grailly et les autres seigneurs du pays. Pour mieux tromper les Français, qui croyaient qu'il allait parcourir le Midi, il se dirigea, en effet, de ce côté-là; mais arrivé à La Réole, il traversa la Garonne, passa la Dordogne à Bergerac, et parcourut en vainqueur le Quercy, le Limousin et une partie de l'Auvergne. Ses soldats défonçaient partout les barriques, buvaient ou répandaient le vin, ravageaient les vignobles et incendiaient la récolte (1); ils ne laissèrent sur leur passage qu'un vaste désert, la désolation et la famine. Le prince envoya Montferrand et le captal de Buch, avec des détachements, le long de la Garonne, d'Albret à Libourne, et réduisit sous sa puis-

(1) « Ni les Anglais, dit Froissart, ne faisaient compte de peines (velours), fors
» de vaisselle d'argent ou de bons florins..... si fut tellement pararse (brûlée) et dé-
» truite des Anglais que oncques ni demeura de ville pour héberger un cheval, ni à
peine savaient les héritiers, ni les manants de la ville rassener (assigner) ni dire
» de voir : Ci sist mon héritage . » (Froissart, t. 3, p. 103, XIX addit. et p. 120.)

sance tous les forts et châteaux des Landes, de l'Agenais et du Quercy. Il avait aussi conçu le projet de pénétrer plus tard dans le Poitou, et de là, par l'Anjou, dans la Normandie, dans le but de secourir le duc de Lancastre, pressé par les Français. Le projet était grandiose et digne de ses talents militaires ; mais quoique arrêté dans sa marche triomphante à travers les plus beaux pays du royaume, il n'y trouva, dans les obstacles qu'on lui opposait, que de nouveaux sujets de gloire. Le roi Jean avait convoqué ses vassaux et marchait contre le prince, qu'il rencontra à Bennon, près Poitiers, à Maupertuis selon d'autres, ou bien à Chauvigny-sur-la-Vienne, près de l'ancien château de l'évêque de Poitiers, selon les *Grandes Chroniques de France* (2). Le Prince-Noir se vit fort embarrassé. Trop fier pour battre en retraite, trop prudent pour engager légèrement le combat, il resta quelque temps indécis. Fuir, c'était assurer sa honte et sa défaite ; résister, c'était mourir avec honneur, peut-être vaincre avec gloire. Il consulta ses amis ; ils lui représentèrent qu'il n'avait que des forces inférieures en nombre (neuf mille contre soixante mille, les autres trois mille formaient la réserve) ; mais décidé à vendre cher sa vie, il s'écria avec l'intrépidité du désespoir : « Mettons en Dieu notre confiance ; et au lieu de nous » décourager, voyons comment nous pourrons combattre l'en-» nemi avec avantage. » Les deux armées passèrent la nuit en présence l'une de l'autre. Le lendemain, le roi Jean fit chanter la messe dans sa tente et y communia avec ses quatre fils et les princes du sang. Jamais spectacle plus beau ne s'était présenté aux yeux des hommes : le champ paraissait doré sous les rayons éblouissants d'un beau soleil ; les sons guerriers des trompettes retentissaient dans les alentours. On voyait reluire à la lumière les armes étincelantes des chevaliers fran-

Livre V.
Chap. 1.

1356.

Tome VI,
Page 52.

(2) Froissart dit que la bataille fut livrée aux champs de Beauvoir et de Maupertuis, le 19 septembre 1356. D'autres disent à Beaumont ; c'est une erreur : les *Annales d'Aquitaine* disent Beauvoir.

çais, montés sur des chevaux élégamment caparaçonnés, et laissant flotter au vent leurs étendards chargés de fleurs de lys. Autour d'eux chevauchaient, dans un désordre gracieux, leurs pages, portant leurs blasons et leurs casques aux panaches blancs; et au milieu des fanfares d'une musique militaire électrisante, on n'entendait que les hennissements des chevaux avides du combat, et dans le fracas étourdissant des armes, les cris de guerre des différents corps : *Montmorency, au premier baron chrétien; Châtillon, au noble duc; Bourbon, Notre-Dame;* et par-dessus tout, le cri national, le beau cri : *France, Montjoie, Saint-Denis,* etc. Jean se dispose à marcher; le cardinal de Périgord intervient pour empêcher l'effusion du sang. Le roi consent à renouer les négociations : le Prince-Noir dit qu'il s'entendrait à tout, excepté à la perte de son honneur et de celui de ses chevaliers; mais Jean repousse ses offres, et lui fait signifier de se rendre. Le Prince-Noir répond : « Mes chevaliers ne seront pris que les armes à la main; » quant à moi, quoi qu'il arrive, l'Angleterre n'aura jamais à » payer ma rançon. » Puis se retournant vers ses troupes, il les harangue en ces termes :

« Soldats, mes compagnons, vous savez que, pour éviter un » combat contre des forces supérieures, je me suis soumis aux » conditions les plus raisonnables, et que notre ennemi n'en » a voulu accepter aucune. Il nous en a fait proposer de si » honteuses, qu'il nous aurait moins déshonorés en deman- » dant notre vie. C'est donc lui qui nous force à nous défen- » dre. Rappelez-vous, Soldats, que ceux que vous allez com- » battre sont les mêmes que vous avez vaincus à Crécy, ou » leurs enfants, qui ont encore moins de courage et d'expé- » rience. Que leur multitude ne vous épouvante pas; elle » n'est propre qu'à jeter de la confusion dans leurs rangs. » Les Français ne sont à craindre que dans leur premier feu; » si vous soutenez le premier choc, leur ordre de bataille se » rompra, et la victoire est à nous. »

De son côté, le roi de France fait déployer ses bannières : monté sur un cheval blanc, il adresse à ses troupes l'allocution suivante : « Les voilà, mes enfants, les voilà, ces Anglais » que vous désiriez tant de voir, après lesquels vous courez » pour venger le sang de vos concitoyens répandu à Crécy. » Cachés au milieu des buissons et des haies, comme des bêtes » féroces, ils ne peuvent vous échapper, n'eussiez-vous pas » plus de courage que des femmes. Songez que vous êtes » huit contre un, et que toute la noblesse française est ici ; » que cette armée est assez puissante pour vaincre toute l'Europe, et que vous allez combattre sous les yeux de votre » roi, qui expose sa personne et celles de ses enfants, et qui » veut être témoin de votre courage, afin de vous récompenser » selon vos mérites. »

Livre V. Chap. 1.

1356.

Le clairon sonne l'attaque ; le combat s'engage par une mêlée épouvantable. Les Français courent avec ardeur et une imprudente imprévoyance ; les Anglais, abrités derrière les arbres, les tuent à coups de flèches. Un maréchal tombe, un autre est fait prisonnier ; les rangs se rompent, et tous s'enfuient. Chandos dirige le regard du prince sur l'aile droite ; le prince y voit le roi et va fondre sur lui. Le roi se défend avec héroïsme ; le connétable et le duc de Bourbon tombent à ses pieds. Son fils, Philippe, âgé à peine de treize ans, combat avec valeur à son côté ; mais son sang coule enfin, et il ne veut pas abandonner son père. On crie au roi de se rendre ; il ne répond que par des coups redoublés. La tête nue (les courroies de son casque s'étaient déliées), dit Châteaubriand, il immole quiconque l'approche ; intrépide, il ne craint que pour les jours de son fils. Il le confie à quelques fidèles amis ; mais l'enfant royal s'échappe de leurs mains et revient se placer à côté de son père. Affaibli par deux blessures au visage, et ne pouvant plus résister, Denis Morbec, chevalier artésien, lui crie, en parant les coups : « Sire, rendez-vous, je vous en conjure. — » A qui me rendrai-je? Où est mon cousin le prince de Galles ? — Je vous mènerai à lui, réplique Morbec. — Qui êtes-vous, dit le roi ? — Je suis Denis de Morbec, chevalier du pays d'Artois, forcé de me réfugier en Angleterre pour avoir tué un homme. » Alors voyant qu'il avait à faire à un Français, Jean lui jette son gantelet et se rend. D'autres officiers gascons arrivent et se disputent l'honneur d'avoir pris le roi; mais enfin le comte de Warwick s'approche, les éloigne, et, s'avançant respectueusement vers le roi, le prie de le suivre à la tente du prince de Galles. Il se rend à cette prière, et le prince l'accueille avec respect et lui fait servir des rafraîchissements dans son pavillon. Le monarque vaincu l'engage à s'asseoir à son côté; mais le prince lui répond qu'il ne convenait pas qu'il s'assît en présence d'un si grand roi, s'efforçant, en même temps, par les procédés les plus délicats, de dissiper la tristesse du prince captif, dont les larmes involontaires témoignaient à la fois de sa douleur et de sa reconnaissance.

« Cher Sire, disait le prince au monarque, ne vous laissez » abattre, si Dieu n'a pas voulu faire aujourd'hui ce que vous » désiriez ; mon seigneur mon père vous traitera avec tous » les honneurs que vous méritez, et traitera avec vous à des » conditions si raisonnables, que vous demeurerez pour tou- » jours amis. Vous devez certainement vous réjouir, quoique » la journée n'ait pas été vôtre; car vous avez acquis le haut » renom de prouesse, vous avez surpassé tous ceux de votre » côté. Je ne dis pas cela, cher Sire, pour vous consoler; car » tous mes chevaliers qui ont vu le combat s'accordent à vous » en donner le prix et la couronne. »

Touché de ces délicates attentions du jeune et valeureux prince, le roi ne put retenir ses sanglots ; les autres prisonniers pleurèrent avec lui, et la tristesse devint si profonde et si générale dans leurs rangs, que le banquet fut un instant suspendu.

Telle fut la bataille de Poitiers, bataille glorieuse pour les Anglais, et surtout pour les Bordelais et les Gascons, qui formaient à peu près les trois quarts de l'armée du Prince-Noir et qui, par leur intrépidité sur le champ de bataille, contribuèrent plus que leurs compagnons d'armes d'outre-mer à mettre en fuite la garde du roi Jean, qui se trouvait en face d'eux. Cette bataille, si célèbre dans nos annales, eut lieu, dit Froissart, le 22 septembre 1357; c'est une erreur : ce fut le 19 septembre 1356.

<small>Livre V. Chap. 1.

1356.

Buchou, *Note sur Froisart*.</small>

Le triomphe des Anglais jeta la consternation dans le pays : la France paraissait abattue pour toujours; cependant, on ne désespérait pas de lui faire reprendre son rang et recouvrer sa gloire momentanément éclipsée. Le comte d'Armagnac s'occupa d'abord d'adoucir la position du roi, et lui envoya à Bordeaux des meubles et 276 marcs de vaisselle d'argent pour sa table. Son zèle alla plus loin : il convoqua à Toulouse, pour le 13 octobre de l'année suivante, les États du Languedoc; le dauphin avait fait la même chose à Paris pour les États de la *langue d'oïl*. Partout on rencontra l'expression de la plus profonde commisération pour la position du roi, et le désir le plus ardent de mettre fin à sa captivité et de réprimer la triomphante insolence de l'ennemi. Les trois ordres se réunirent séparément et transmirent en commun leurs résolutions pour la délivrance du roi, qui n'avait pas encore quitté *leur Languedoc*, expression qui nous fait comprendre que Bordeaux était alors censé appartenir à la *langue d'oc*.

Les trois États offrirent, outre leurs corps et leurs biens, d'entretenir à leurs frais trois mille cavaliers et deux mille fantassins. Dans cette vue, chaque chef de famille devait payer 3 petits deniers tournois par semaine, et les nobles, qui ne payaient pas de subsides pendant la guerre, en devaient payer cette fois le double. Cette taxe s'appelait alors *capage*, et plus tard *capitation*. Telle est l'origine de cette imposition, qui a longtemps existé en France.

<small>D. Vaissette, tome 1er.</small>

Outre ce sacrifice, les trois États se chargèrent de payer une autre taxe hebdomadaire, proportionnée aux biens meu-

bles et immeubles; mais les nobles, devant payer de leur personne à la guerre, en étaient exempts. Les États se réservèrent cependant le pouvoir de s'assembler toutes les fois qu'ils le croiraient nécessaire pour la levée des subsides, et nommèrent quatre trésoriers chargés de payer les troupes, sous la surveillance et contrôle de douze commissaires élus par eux. Ils arrêtèrent, en outre, dit la *Petite Chronique de France,* que « hommes, ne femmes du dit pays de Langue-
» doc ne porteraient pas le dit an, si le roy n'estait avant dé-
» livré, or, ne argent, ne perle, ne vair, ne gris, robes ne
» chapperons décopés, ne aultres cointises quelconques, et que
» aucuns menestrels ne jugleurs ne joueraient de leur mé-
» tier. »

Jamais deuil ne fut si général ni si spontané; jamais tristesse ne fut plus profonde ! Le père de la patrie était dans les fers; la France le pleurait comme une veuve à qui la mort aurait subitement, et pour toujours, ravi son époux !

Si la France était affligée, il n'en était pas de même en Angleterre. La nouvelle de cette victoire fut apportée à Londres par Geoffroi Hamelin, valet de chambre du Prince-Noir, qui présenta au roi le casque et la cotte d'armes du roi Jean. Des réjouissances publiques eurent lieu pendant huit jours. Le Pape ayant appris la victoire de Poitiers, écrivit au prince de Galles pour le féliciter du succès de ses armes, et l'exhorta à la paix (3 octobre 1356). Le jeune Édouard n'était nullement disposé à abuser de la victoire; il conduisit, avec tous les égards possibles, le royal captif par Blaye à Bordeaux, où ils furent reçus aux acclamations d'une foule immense, accourue de tous côtés et ivre de bonheur. Les deux princes allèrent loger à l'Abbaye de Saint-André (1), où tous les seigneurs, à l'exemple du jeune Édouard, rivalisaient de poli-

---

(1) L'Abbaye de Saint-André, l'ancien Archevêché, était la plus vaste, la plus belle résidence de la ville. Les chanoines y suivaient une règle commune, comme les religieux du temps. Le nom d'abbaye était resté à l'édifice.

tesse et de procédés délicats envers le roi Jean. Le cardinal de Périgord y vint aussi; mais le roi refusa de le recevoir, à cause de sa conduite équivoque à la bataille de Poitiers. Cependant, grâces à l'intervention des seigneurs de Montferrand, de Caumont et de Buch, parents et alliés du cardinal, il obtint une audience, où il établit son innocence, et entama, par l'ordre du pape Innocent VI, des négociations pour la délivrance du roi Jean et pour une paix durable; mais elle ne fut conclue que le 23 mars suivant, par l'entremise du même cardinal.

Les Anglais et les Gascons s'étaient emparés d'un butin immense en or, argent, vaisselle précieuse, joyaux, ceintures; ils conduisaient à la suite du roi Jean, à Bordeaux, dix-sept comtes, l'archevêque de Sens, soixante-six barons, près de deux mille chevaliers et écuyers, sans compter ce que Froissart appelle les *moindres gens*. Plusieurs prisonniers furent mis en liberté, après avoir engagé leur parole d'apporter à Bordeaux leur rançon pour la fête de Noël. Dans cette sanglante affaire, les Anglo-Gascons perdirent le tiers de leur armée : neuf cents hommes d'armes, quinze cents archers et fantassins; les Français perdirent deux mille quatre cent vingt-six nobles hommes, et sept ou huit mille *menues gens*, dans le combat ou dans la déroute.

Le soir de l'arrivée du roi à Bordeaux, le Prince-Noir donna un splendide dîner à son royal captif, et le servit lui-même à table. L'hiver se passa en fêtes; des réjouissances populaires se multiplièrent à l'infini. On y dépensa des sommes immenses pour adoucir la captivité et les ennuis du roi et de son fils. Au printemps, tout était préparé pour transporter le roi et son fils en Angleterre; le Prince-Noir convoqua les seigneurs gascons, les remercia de leur noble conduite à Poitiers, et leur communiqua son projet et le but de ses préparatifs. Ils furent très-sensibles aux louanges, mais contristés à l'idée de la translation du roi à Londres. Tout en reconnais-

Livre V. Chap. 1.

1356.

M^s *de Wolf., par Delpit, page 80.*

1357.

Froissart, *Notes de l'édit. de Buchon, sur cette bataille.*

sant qu'ils lui devaient obéissance et respect, ils répondirent qu'ils ne pouvaient pas consentir que le roi Jean fût éloigné de Bordeaux; et puisqu'ils avaient servi à le prendre, ils sauraient aussi le garder; que les Gascons étaient plus nombreux que les Anglais à la bataille; que le roi s'était rendu à un Gascon adoptif, et que, d'ailleurs, la ville de Bordeaux était fortifiée et offrait assez de plaisirs pour le distraire. Le prince était embarrassé et ne savait que faire. Il était adoré des Bordelais; et convaincu qu'une opposition trop prononcée ou un langage trop fier lui feraient perdre leur amour, qu'il désirait conserver, il commença par avouer qu'ils avaient raison; qu'il serait désolé de leur déplaire; mais qu'il ne faisait qu'obéir aux ordres de son père, que ses fidèles Gascons seraient désolés d'affliger en résistant à sa volonté. Tout cela était bien conçu, bien dit et bien politique; mais tout cela ne contenta pas les Gascons. Alors Reynault de Cobham et Jean de Chandos lui dirent : « Oh! les Gascons aiment les écus; donnez-leur en quelques-uns, et ils ne parleront plus. » En effet, il leur fit offrir 60,000 florins; mais les Gascons, plus fins que lui, demandèrent le double. Ils en obtinrent 100,000, et consentirent. Le prince leur paya la somme convenue; mais tout n'était pas encore fini à Bordeaux. Morbec demandait aussi de l'argent pour avoir pris le roi; Bernard de Toutes lui disputait cet honneur; ils étaient à même de vider leur querelle par l'épée et d'entraîner dans une guerre civile leurs partisans respectifs. Le prince décida la difficulté en faveur de Morbec, qui reçut une récompense proportionnée à l'éclat de son action.

Avant de s'embarquer, le prince institua une régence, composée des seigneurs d'Albret, de Lesparre, de Mussidan, de Pommiers et de Rauzan, tous dévoués aux intérêts de l'Angleterre. Le seigneur de Lesparre se signala par son activité pour l'ordre et par l'énergie de son caractère: un homme de sa trempe était nécessaire. La société était démoralisée, les mœurs dépravées, des vols se commettaient partout avec une scandaleuse impunité, les assassinats se multipliaient même en plein jour, et au milieu de ces scènes, la justice inactive et paralysée peut-être par une coupable connivence ou une honteuse timidité. Lesparre comprit ses devoirs envers la société, et les remplit; il ranima ce cadavre et lui rendit la vie en déployant toute la sévérité des lois.

Les deux princes s'embarquèrent le mardi après Pâques, accompagnés des seigneurs de Montferrand, de Landiras, de La Trau, de Grailly, de Mussidan, du captal de Buch, etc. Ils débarquèrent à Plymouth, et, de là, ils se rendirent à Londres, le roi Jean, monté sur un beau cheval blanc, et le prince de Galles à côté de lui, sur une petite haquenée noire. Le roi Édouard vint au devant du cortége, et partout, sur son passage, le royal captif rencontra les plus touchantes marques d'intérêt et de respect. Jamais Paris n'aurait pu le recevoir avec plus de pompe et d'honneur : on l'eût dit roi d'Angleterre. Tout était beau; mais ce n'était au fonds qu'une pompe perfide, qui honorait moins le vaincu que le vainqueur, et contrastait visiblement avec la tristesse mal déguisée du roi prisonnier, dont la majesté s'amoindrissait de toute la gloire et de toute la grandeur du jeune prince, qui s'effaçait à dessein. D. Devienne croit que les intentions des Anglais étaient, dans ces circonstances, pures et dégagées de toute arrière-pensée. Nous voudrions le croire; mais toute notre histoire autorise nos doutes à cet égard. On logea provisoirement le roi captif au château de Somerton, comme nous l'apprend Rymer, et non à la Tour de Londres, comme le dit Froissart (1). Ce ne fut que quelques jours plus tard qu'on le transféra à la Tour, où il resta trois ans; mais on ne cessa, pendant ce temps, de négocier pour sa délivrance.

---

(1) Henry Martin prétend qu'il débarqua à Sandwich, et qu'il fut logé au château de Windsor (*Hist. de France*, t. 5, p. 174, 4ᵉ édit.); c'est une erreur.

Livre V.
Chap. 1.

1357.

Pendant le séjour du prince de Galles à Bordeaux, le pays acquit une certaine prospérité, et l'affluence des étrangers rendit notre cité florissante. Il accorda des faveurs au commerce de Bordeaux, au préjudice des villes voisines, et frappa d'un impôt onéreux les vins de Libourne et du Haut-Pays. Édouard fit droit aux plaintes de Libourne et défendit ces exactions vexatoires. Rien n'égalait l'avidité des administrateurs du fisc ; la protection du roi était alors, pendant le silence de la loi, le seul contre-poids, le seul remède aux vexations intéressées des employés. La guerre avait enfanté des désordres affreux et généraux ; les campagnes étaient dévastées par des bandes de pillards, sans loi, sans frein quelconque. L'usage de fortifier même les petites villes s'introduisit partout, pour se garantir contre ces hordes vagabondes ; la construction des châteaux, encouragée d'abord par Clément V et les princes temporels contemporains, prit un grand développement ; mais les brigands s'en emparèrent et y établirent des dépôts de tout ce qu'ils enlevaient aux pays et aux villes sans défense. Les vrais châteaux-forts servaient les intérêts de la civilisation : dans les guerres, les serfs malheureux s'y réfugiaient, et y mettaient à l'abri des voleurs leurs personnes et leurs biens. Les rois d'Angleterre accordèrent des Chartes à ces lieux fortifiés : les bourgs s'agrandirent et devinrent villes. Le luxe suivit de près ces améliorations matérielles ; et pendant que le peuple gémissait sous ses haillons, l'usage de pierreries, de perles, de papillotes, de mille autres ornements de femmes, s'établit parmi ces gentilshommes énervés, dont les ancêtres, jusqu'à Philippe de Valois, se servaient de vêtements graves et d'une mâle et riche simplicité. On portait alors des chapeaux ornés de plumes ; on se livrait à toute sorte de jeu, surtout à celui de dés pendant la nuit, et de la paume pendant le jour. Le paysan était rançonné comme un être vil, un esclave ou un ennemi, au profit d'une noblesse énervée ; on lui enlevait son petit gain de tous les jours, et

Mézerai,
tome 6.

très-souvent son bien, sans qu'il pût en avoir justice. On se moquait de lui et de ses souffrances, en l'appelant *Jacques-Bonhomme*; mais tout bonhomme qu'il était, le paysan se lassa enfin ; et, se sentant forts de leur indignation, de leur abaissement et de leur misère, les pauvres se levèrent et s'abattirent comme des oiseaux de proie sur les propriétés de ces imprudents et imprévoyants gentilshommes, qu'ils accusaient d'avoir livré lâchement aux Anglais l'infortuné roi Jean. Ces guerres civiles, ces scènes de pillage, ces désordres affreux, se firent sentir dans le Bordelais, mais d'une manière moins déplorable qu'ailleurs ; c'est ce que l'histoire qualifie du nom de *Jacquerie*.

Livre V.
Chap. 1.
—
Daniel,
Histoire,
tome 5.
—
Thoyras,
tome 5.

1359.

La trève conclue à Bordeaux le 23 mars 1357, était nécessaire comme un prélude à une paix générale. Les représentants des rois de France et d'Angleterre, de concert avec les évêques délégués du Pape, stipulèrent « qu'elle serait observée, tant sur mer que sur terre, depuis le jour de la convention jusqu'à Pâques, et depuis Pâques, pendant deux années, et le lendemain au soleil levant. » Pendant tout ce temps, les Bordelais étaient tranquilles ; mais une mésintelligence s'éleva entre eux et les Réolais, au sujet d'un lourd et vexatoire impôt dont on avait frappé les vins du Haut-Pays. Les Réolais furent expulsés de Bordeaux ; ils portèrent plainte à Édouard, qui réduisit l'impôt à 2 sous tournois par barrique de vin, et à 6 deniers par livre sur chaque denrée. Une réconciliation complète eut lieu un peu plus tard, et les deux villes se jurèrent amitié et dévoûment.

Rôles gascons
1er juin et 12
juillet.

Rymer,
tome 5.

La trève touchait à sa fin : Édouard crut devoir songer à la guerre, à étendre et consolider sa domination en Guienne. A la fin de l'hiver 1359, Édouard ayant équipé une flotte, fit voile pour Calais ; et après avoir assiégé pendant quelques jours la ville de Reims, il pénétra, en passant près de Paris, dans l'intérieur de la France. Persuadés que les Parisiens voudraient harceler les derrières de leur armée, les Gascons leur tendirent des embûches et en massacrèrent un grand nombre, sous les ordres de l'intrépide Bordelais, le captal de Buch.

Fatigués cependant de ces éternelles guerres, tous les partis demandaient la paix : les Français hâtaient ce moment de leurs vœux; mais les Anglais se montraient plus exigeants. Enfin, après de longues négociations, la paix fut conclue à Bretigny, le 8 mai 1360. Il y fut stipulé que le roi d'Angleterre ne prendrait plus le titre de roi de France; qu'il ne porterait plus dans son écu les armes de France; que le roi Jean céderait, en toute souveraineté et sans hommage, le Bordelais, la Gascogne proprement dite, le Poitou, la Saintonge, l'Aunis, le Limousin, le Périgord, le Quercy, la Bigorre, l'Angoumois, le Rouergue, l'Agenais et la terre de Gaure. La Rochelle se rendit, le 6 décembre, à Bertrand de Montferrand, commissaire pour le roi d'Angleterre.

Ce traité, si honorable pour les Anglais, si funeste, si honteux pour la France, fut ratifié à Calais le 24 octobre 1360; et le jeune prince, en récompense de sa valeur et des succès de ses armes, comme aussi en témoignage de la satisfaction paternelle et nationale, fut créé prince de Guienne, sans autre charge que celle de payer au roi, tous les ans, une once d'or, en reconnaissance de sa suzeraineté (1).

Outre ces avilissantes conditions, la France promit à l'avidité des Anglais, à titre de rançon, pour la liberté du roi, trois millions d'écus d'or. Dans toutes les humiliations de la France, on découvre toujours l'esprit mercantil de l'Angleterre. Il résultait donc de ce honteux traité, que le duc de Guienne ne

---

(1) Quelques auteurs ont cru que le prince n'avait que le gouvernement de la province, sous le bon plaisir de son père; c'est une erreur : dans la Charte donnée en faveur de ce prince, le 19 juillet 1362, on lit ces paroles, qui détruisent toute difficulté à cet égard : *De proficiendo primogenitum regis Eduardum, Principem Aquitaniæ, et de principatu concesso ei, solvendo regi annuatim unam unciam auri, in signo et recognitione superioritatis*, etc., etc.

devait plus d'hommage au roi de France; qu'on ne pourrait plus en appeler à lui dans les affaires graves où l'on aurait à se plaindre des autorités anglaises; que la moitié de la France était devenue anglaise. Il a fallu des flots de sang français pour effacer ce déplorable traité.

CHAPITRE II.

La Guienne érigée en principauté.—Le Prince-Noir à Bordeaux. — Il reçoit les hommages des seigneurs de Guienne.— Bataille de Cocherel.— Le captal de Buch fait prisonnier par Duguesclin.— Don Pedro de Castille détrôné, à Bordeaux.—Parlement à Bordeaux.—Conduite des seigneurs de Guienne.— Expédition en Castille arrêtée.—Conditions posées par les seigneurs et acceptées par Don Pedro, etc.

<small>Livre V.

1362.

19 Juillet.</small>

La France était humiliée par le honteux traité de Bretigny ; c'était tout ce que voulait l'Angleterre. Enchanté et reconnaissant des hauts faits du prince de Galles, Édouard érigea la Guienne en principauté, en sa faveur, avec plein pouvoir de battre monnaie, donner des titres de noblesse, instituer et destituer les sénéchaux et autres officiers publics, rappeler les bannis, faire grâce aux criminels ; en un mot, exercer l'autorité souveraine en tout et pour tout ce qu'exigeaient la

<small>Rymer, tome 3, et Thoyras, liv. X, p. 224.</small>

conservation de ces belles provinces, les intérêts du roi et les besoins de ses sujets. En retour de ces grandes faveurs, le roi ne demanda au jeune prince que l'hommage et la légère redevance d'une once d'or. Le nouveau prince de Guienne, devenu souverain des plus belles provinces de France, fit ses préparatifs de départ, dit adieu au roi et à la reine, et à tous les seigneurs de la cour, au nombre desquels se trouvait le

<small>Ms de Wolf, Introduction, p. CXXVIII.</small>

chroniqueur Froissart ; il débarqua, avec sa suite, à La Rochelle, en février 1363, et, de là, se rendit à Bordeaux, où il établit sa cour, et où le peuple, ivre de joie et de bonheur, le reçut avec des fêtes et des réjouissances publiques, et toutes les démonstrations de l'affection la plus vive. Bordeaux devint

<small>Walsingham, 172.</small>

la capitale de la nouvelle principauté : les seigneurs du pays s'y réunissaient en grand nombre, et une brillante et nombreuse cour y rappelait, pendant onze années, les beaux jours d'Éléonore de Guienne. Mais les dépenses furent si énormes, qu'ayant ruiné ses finances, le prince fut obligé de créer un nouvel impôt; ce qui compliqua ses affaires d'une manière fâcheuse, comme nous le verrons dans la suite.

Entouré de courtisans et de flatteurs, le jeune prince ne songeait plus qu'aux plaisirs : fier de ses exploits militaires, il se crut le premier prince du monde, et, par la réputation colossale de valeur et de mérite qu'on lui faisait, il s'estimait un autre Alexandre. Ce n'était qu'un rêve; il en fut tiré par l'état ruineux de ses finances et l'inconstance des grands personnages de sa principauté. Il convoqua tous les seigneurs pour recevoir leur hommage et s'assurer de leur fidélité; il nomma connétable Jean Chandos, l'un des plus grands capitaines de son siècle, et ne négligea rien de ce qui pouvait assurer et consolider sa puissance en Guienne.

Au jour indiqué (9 juillet), tous les seigneurs de la principauté se rendirent à Saint-André, et là, à genoux, sans ceinture, sans chaperon, les mains entre les mains du prince, ils lui firent hommage de leurs fiefs et terres; et se reconnaissant ses hommes-liges, ils confirmèrent cet acte par serment, en posant la main sur l'Évangile et la croix. En première ligne, on y vit arriver les hauts et puissants barons bordelais : d'Albret, Guillaume Sans, seigneur de Pommiers, Pierre de La Mothe de Roquetaillade, Élies de Pommiers, seigneur de Civrac, Arnaud Gavaret de Langon, Guillaume de La Mothe de Noaillan, Raymond de Fargues, Raymond Guillem de Castets, Johan de Montferrand, Johan de Lalande de La Brède, etc. (1). Après avoir reçu leur hommage, le jeune

Livre V.
Chap. 2.

1362.

Froissard,
ch. CLII.

1363.

Delpit,
Ms de Wolfenb.
86, etc.

NOTE 28.

(1) Dans cette cérémonie, les seigneurs se mettaient à genoux devant le prince, et les mains jointes dans ses mains; mais les ecclésiastiques, abbés et prieurs, qui figurent en grand nombre dans cette longue liste, prêtèrent hommage debout, une main sur la poitrine et l'autre sur l'Évangile. Les évêques se disaient exempts de l'hommage; cependant, on y trouve le nom de l'évêque de Sarlat, qui prêta le serment, assis, en face du prince. Il était très-probablement récemment nommé à l'évêché, et sa consécration n'avait pas eu lieu; il prêta hommage, mais assis, en qualité d'évêque nommé.

prince jura à son tour d'être *bon seigneur et loyal aux conseils, à tous et à chacun des habitants des villes de la province, et de garder, sans tort et franchement, leurs fors, Coutumes, franchises, établissements, raisons et droitures, et de les garder de tort et force, de lui-même et d'autres par tout lieu, à son loyal pouvoir et à bonne foi.*

Le 15 juillet, on vit comparaître devant le prince et ses commissaires, les seigneurs et représentants de Saint-Macaire, de La Réole, de Bazas, de Langon, de Sauveterre, de Saint-Émilion, de Libourne, de Bourg, de Blaye, de Créon. Parmi les députés de Bazas, se trouva un certain Jean Aussinhon, qui protesta, au nom de ses concitoyens, qu'ils n'entendaient pas, en prêtant serment à Bordeaux, qu'on en pût tirer aucune conséquence contre les droits de Bazas, d'après lesquels le prince était tenu de jurer, à Bazas même, de maintenir leurs Coutumes, franchises et libertés, avant de recevoir le serment des autorités bazadaises. Le prince leur donna acte de leur généreuse et patriotique protestation, et prêta le serment voulu. Les députés d'Agen firent comme les Bazadais, ainsi que ceux de Condom et de Bayonne; les représentants de Dax refusèrent de comparaître à Bordeaux. Ils tenaient à leurs franchises locales; le prince, loin de s'effaroucher de cet esprit d'indépendance, se rendit à leurs vœux et confirma leurs priviléges et leurs droits. Jamais les Bordelais ne virent dans leurs murs une plus brillante réunion, un plus grand étalage de faste, d'opulence ou de prétentions vaniteuses: tous ces seigneurs s'efforçaient de s'éclipser mutuellement, tous se courbaient servilement aux genoux du prince, qu'on leur avait donné pour ami, en attendant que son esprit, éminemment politique, pût dompter leur fougueuse indépendance et la ployer à sa volonté.

Toujours élevé dans les camps, au bruit des armes, l'ardeur militaire du jeune Édouard s'éteignait au sein des plaisirs de cette cour brillante et voluptueuse. Bordeaux allait devenir pour lui et les héros de Poitiers une autre Capoue; il le comprit, et désira la guerre : une occasion favorable s'en présenta.

A la mort du roi Jean de France (8 avril), le roi de Navarre se rendit maître du duché de Bourgogne, sur lequel il se croyait des droits, que le successeur de Jean, Charles V, ne voulut pas reconnaître. Le roi de Navarre implora le secours du prince guerrier de Bordeaux, qui, enchanté d'avoir une nouvelle occasion d'humilier la France, lui envoya quatre cents hommes d'armes, sous les ordres du captal de Buch, à Cherbourg, où le roi de Navarre l'accueillit avec joie et le nomma généralissime de son armée (1). Les Français faisaient de grands préparatifs pour combattre les Espagnols; le captal apprit qu'on le cherchait. Alors il se met aux champs avec sept cents lances, trois cents archers, trois cents hommes à pied, et va affronter le danger. Il apprend avec peine qu'il se trouve parmi les Français qu'il va combattre beaucoup de vaillants Gascons qui le suivent de près. Alors prévoyant une chaude affaire, et se frappant la tête de la main droite, il s'écrie : *Cap de Sent Antoni, Gascons contre Gascons se fretteran.* Le captal range ses troupes en trois lignes à Cocherel; Duguesclin, qui commandait les Français, en fait autant. Le combat allait s'engager : trente vaillants Gascons se chargent d'ouvrir les rangs ennemis et d'enlever le captal de Buch; c'était le seul moyen de disperser ses fidèles compagnons et de s'assurer de la victoire. Le captal attendait un renfort de six cents gens d'armes : il veut gagner du temps; et sachant que les vivres commençaient à manquer dans le camp français, il envoie, comme acte de générosité et non de politique, un héraut offrir à ses ennemis des provisions de toute sorte. Étonné de tant de politesse de la part du vaillant Bordelais, Duguesclin y soupçonne une ruse; il fait donner au héraut

Livre V.
Chap. 2.

1364.

---

(1) Quelques auteurs disent que le roi de Navarre n'était point alors en Normandie. (Note de Buchou sur Froissart, ch. CDLXXXIII.)

un beau cheval et 100 florins, et marche contre les Anglais. La première ruse de notre vaillant compatriote n'ayant pas réussi, il en essaie une seconde : un écuyer s'avance et défie *à une joute d'un coup d'épée*, le premier, le meilleur des écuyers français. Duguesclin était trop fier pour décliner cette offre : un écuyer français se présente ; le combat s'engage en présence des deux armées. Ils frappent *d'estoc et de taille ;* enfin, le Gascon est renversé, et son cheval est amené par le vainqueur à Duguesclin, qui profite de cette circonstance pour ranimer le courage de ses soldats.

Désolé de ne pas voir arrivé le renfort désiré, le captal essaie en vain de soutenir l'ardeur militaire de ses troupes ; elles sont abattues et ne comptent que sur les positions favorables où elles s'étaient établies. Duguesclin, quoique à la tête de forces numériquement beaucoup supérieures, agit avec prudence et feint une retraite. Quelques Navarrais les poursuivent : toute l'armée s'ébranle ; mais l'habile captal leur crie : « Ah ! ne croyez pas que ces vaillants hommes s'en » fuient ; c'est un piége qu'ils nous tendent (1). » Sourds à cet avis, les soldats courent en avant, et toute l'armée se met en mouvement pour parer aux inconvénients de leur imprudence. Duguesclin, voyant de loin les Anglo-Gascons descendre de leurs positions, dit, en riant, au seigneur Thibaut de Pons : « Le filet est bien tendu ; nous aurons les oiseaux. » En effet, il retourne sur ses pas, ordonne la charge aux cris de *Notre-Dame, Duguesclin ;* les Anglais se groupent en présence du péril, aux cris de *Saint-George*, et déchargent une pluie de traits. Le combat s'engage : on lutte corps à corps ; tous les rangs sont brisés, tous les drapeaux mêlés et confondus. Les trente chevaliers percent les rangs ennemis, entourent le captal, qui se défend avec vigueur au milieu de ses vaillants Gascons, qui jonchent le sol de morts et de blessés. On lui crie

---

(1) Le P. Daniel dit que c'est le captal qui ordonna la poursuite. Nous suivons Froissart ; son récit nous paraît plus vrai.

de se rendre, ou qu'on allait le percer; il répond par des coups redoublés; mais, enfin, voyant arriver Duguesclin, le brave Bordelais ne veut se rendre qu'à un brave; il lui crie : « Beau sire, à vous seul je me rends (1). » La perte de ce général, dit le président Hainault, fut plus fatale aux Anglais que celle de la bataille. On le conduisit au château de Vernon. Ce combat eut lieu le jeudi après la Pentecôte.

Livre V.
Chap. 2.
—
1364.

Enfin, la paix fut faite entre la France et la Navarre : le captal recouvra sa liberté; mais le roi de France, qui faisait grand cas de ses mérites, lui donna le château de Nemours avec ses dépendances; il crut, en le comblant de bienfaits, se l'attacher pour toujours. Le vaillant captal lui promit foi et hommage; la reconnaissance lui fit oublier un instant ses devoirs, sa famille, tout son passé; mais bientôt après, se rappelant les bontés des rois d'Angleterre envers les Grailly, ses ancêtres, il renonça aux dons du roi de France et revint noblement à sa foi politique.

1365.

Le prince de Galles était alors à l'apogée de sa gloire; Bordeaux, grâce à lui, était devenu une ville magnifique et le point de mire de toute l'Europe. Le commerce s'y développait d'une manière étonnante; et par suite du luxe et des dépenses d'une cour brillante et nombreuse, l'industrie locale y avait pris une extension considérable. Les rois recherchaient l'amitié du prince; leurs ambassadeurs demeuraient auprès de lui à Bordeaux. Une guerre éclatait-elle quelque part? on demandait son alliance et son secours. Dans cet état des cho-

(1) Duguesclin et le captal étaient les plus grands capitaines de leur siècle. Duguesclin n'était pas si joli homme que l'autre; il était noir, mal fait, camus, vilain à faire peur. On lit, dans une vieille chronique, sur son compte, ces vers :

« Je croi qu'il n'ot si lait de Resnes à Dinant
» Camus estoit e noirs, malostru e irrassant (méchant)
» Li peres e la meres si le heoient tant
» Que souvent en leurs cuers alaient desirant
» Que fust mors, ou noiez en une cawe courant. »

(*Chronique* de Bertrand Duguesclin, p. 55.)

<small>Livre V. Chap. 2.</small>

<small>1365.</small>
<small>Roder Sanc., ch. 14.</small>

<small>Mariana, liv. XVII.</small>

ses, à Bordeaux, Alphonse, roi de Castille, laissa en mourant son royaume à son fils Don Pedro, monstre d'avarice, de cruauté et d'incontinence. Ce jeune prince avait épousé la sœur de Charles V de France; mais importuné par les légitimes plaintes et remontrances de sa femme, il la fit étouffer entre deux matelas. Ce crime, et plusieurs autres, lui aliénèrent l'affection de ses sujets; ils s'armèrent contre lui, sous les ordres de son frère illégitime, Henry de Transtamare. Le roi de France envoya Duguesclin venger la mort de sa vertueuse sœur et de tant d'autres, qui avaient été les victimes de ses penchants libidineux. Entouré de périls, Pedro abandonna lâchement ses États, et alla, fugitif et proscrit, se réfugier à Séville, emportant avec lui un trésor considérable, dans lequel on remarquait, dit un auteur, une table d'or massif, au milieu de laquelle brillait une escarboucle, dont l'éclat était si vif, qu'elle servait, dit-on, à l'éclairer pendant la nuit. Chassé de son asile, il demanda des secours au prince de Galles, qui, d'après les conseils de Chandos, grand sénéchal de Guienne, et de Felton, connétable, l'engagea à venir à Bordeaux. Il se rendit à cette invitation : Édouard alla au devant de lui et

<small>Froissart, liv. 1er, etc.</small>

l'accompagna en ville, où ils descendirent tous deux à l'Abbaye de Saint-André (l'ancien archevêché). Plusieurs jours se passèrent en fêtes et réjouissances populaires; Pedro ne méritait pas les bontés du jeune héros, qui, de son côté, ne pensait pas assez aux crimes de celui qu'il avait accueilli. L'expulsion d'un roi légitime lui semblait justifier son intervention; son désir d'humilier la France, qui protégeait l'usurpateur, entrait pour quelque chose dans ses résolutions. Plusieurs seigneurs gascons et anglais s'efforcèrent de le détourner de son projet. « Si vous entretenez cette guerre, disaient-ils, on

<small>D. Devienne, 62.</small>

» vous blâmera d'autant plus, que tout le monde sait que » Don Pedro n'a été chassé de son royaume que parce qu'il » est cruel, orgueilleux et adonné à toutes sortes de vices. Il » s'est comporté en tyran dans le royaume de Castille; il a

» fait périr sans raison les hommes les plus braves ; de plus, il
» est ennemi de l'Église et a été excommunié par le Saint-
» Père. Il n'a jamais pu vivre en paix avec ses voisins ; enfin,
» il s'est porté à un tel excès, que de faire mourir sa femme,
» qui était dans la fleur de son âge, votre cousine et la fille
» du duc de Bourbon. *Pourquoi,* ajoutaient ces seigneurs,
» *vous y devriez bien penser et y regarder, car tout ce qu'il a*
» *à souffrir maintenant, ce sont verges de Dieu, envoyées pour*
» *le châtier et pour donner aux autres rois chrétiens et princes*
» *de la terre exemple qu'ils ne fassent mie ainsi.* »

Livre V.
Chap. 2.

1365.

Le jeune prince répondit que leurs observations étaient fondées ; mais qu'il ne convenait pas de tolérer une si odieuse usurpation ; que la cause de Don Pedro était celle de tous les rois ; qu'il était l'ancien allié de l'Angleterre ; que, cependant, il allait convoquer les États-généraux de la Guienne, pour discuter cette grave question. En effet, le Parlement s'assemble au château de l'Ombrière ; les délibérations y durèrent trois jours. On consulta le roi d'Angleterre, qui insista « *que le*
» *prince, son fils, au nom de Dieu et de Mgr Saint-George,*
» *entreprint à remettre le roi Don Pedro en son héritage, dont*
» *on l'avait, à tort, sans raison, et frauduleusement bouté*
» *hors.* » Alors tous les barons de la Guienne s'écrièrent, en présence du prince : « Sire, nous obéirons volontiers au com-
» mandement du roi, notre souverain seigneur. C'est raison,
» qu'à vous et à lui nous obéissions et aussi ferons nous ; mais
» nous voulons savoir qui nous payera nos gages, car on ne
» met point ainsi des gens d'armes hors de leurs hôtels pour
» aller guerroyer en pays étranger, sans leur avoir assuré
» leur payement. » Alors Don Pedro, qui était présent, étala ses trésors, qui n'étaient, dit-il, que la trentième partie de ce qu'il avait laissé en Castille, et affirma que rien ne manquerait à ses amis. Le prince de Galles se rendit caution de l'exécution de ces promesses, et l'expédition fut arrêtée.

Froissart,
liv. 1er,
ch. CCI.

CHAPITRE III.

L'expédition du prince de Galles en Castille. — Engagements de Don Pedro envers les seigneurs de Guienne.—Jacques III, roi de Majorque, à Bordeaux.—Naissance de Richard de Bordeaux.— Duguesclin prisonnier à Bordeaux. — Henry Transtamare, déguisé en pèlerin, vient le consulter.— Le prince de Galles et Duguesclin. — Leur conversation.— Générosité de la princesse envers Duguesclin. — La réponse de ce capitaine. — Il est mis en liberté.— Il se rend chez lui. — Il se ruine pour ses compatriotes.—Il revient à Bordeaux.—Sa rançon payée.—Libre, il part pour l'Espagne.

<small>Livre V.
—
1366.</small>

Les seigneurs ayant consenti à prendre part à l'expédition de Castille, on leva de nouvelles troupes : tous les seigneurs bordelais y prirent part, tous ceux de Guienne fournirent leurs contingents, ayant à leurs têtes les comtes d'Armagnac, de Carmain, de Comminges, le vicomte de Castillon, le captal de Buch, les sires de Cande, de Lescure, de Rauzan, de Lesparre, de Montferrand, de Caumont, de Mussidan, etc., etc. Ils se préparaient à cette guerre avec d'autant plus de plaisir,

<small>23 Septembre.</small>

qu'ils croyaient être sûrs d'être indemnisés par le prince espagnol, qui, par divers actes passés à Libourne, s'obligea à payer à tous ces capitaines, dans un mois, à compter de l'Épiphanie, 550,000 florins, et 56,000 autres au prince à la

<small>Froissart, tome 1er, liv. 1er.</small>

Saint-Jean suivante. Il consentit, en outre, à céder à Édouard plusieurs villes en Biscaye; et si les rois d'Angleterre ou leurs fils aînés se trouvaient à la guerre des rois de Castille contre les ennemis de la Foi, Don Pedro s'obligea de leur céder le

<small>Rymer, tome 3.</small>

commandement du premier corps de bataille, et d'affranchir, dans la Castille, tous les pèlerins anglais et gascons de tous péages, impôts ou exactions quelconques.

Au milieu de ces grands préparatifs, on vit arriver à Bordeaux un autre prince détrôné, Jacques III, roi des îles Baléares, qui venait solliciter les secours du prince de Guienne contre le ravisseur de sa couronne, D. Pedro IV, roi d'Aragon. Flatté de voir à ses pieds des rois étrangers et d'être appelé le défenseur des droits légitimes des têtes couronnées, Édouard lui promit des secours après l'expédition de Castille.

Dans ces circonstances, la princesse de Galles, Jeanne de Kent, accoucha, le Jour des Rois, d'un jeune prince, qui fut tenu sur les fonts baptismaux par le roi des Baléares et l'évêque d'Agen; il fut baptisé par Élies de Salignac, archevêque, et appelé Richard de Bordeaux. Le dimanche après le baptême, le prince partit pour les frontières, accompagné des rois de Castille et de Majorque; ils s'arrêtèrent à Dax pour attendre le renfort qui arrivait par Blaye, sous les ordres du duc de Lancastre. L'avant-garde était commandée par Guillaume Felton, le gros de l'armée par le captal de Buch, et l'arrière-garde par Chandos, le connétable. Le prince lui-même commandait le corps de réserve, ayant auprès de lui les comtes d'Armagnac, de l'Ile, les sires d'Albret, de Mussidan, de Canolles, de Gironde, de Lesparre, de La Réole, les trois frères Pommiers et plusieurs autres seigneurs bordelais.

L'armée pénétra en Espagne; les troupes de l'usurpateur furent dispersées et lui-même poursuivi au péril de sa vie; l'intrépide et célèbre Duguesclin, qui commandait les forces insurgées, fut pris et donné en garde au captal, qui s'écria en le voyant : « Ah! sire Bertrand, le temps est changé; vous me » prîtes devant Cocherel, et je vous tiens maintenant.—Vous » ne m'avez pas pris, répliqua le fier Duguesclin, ni conquis » à l'épée, ainsi que je fis avec vous, et c'est pourquoi j'ai un » point en avant. » Ils s'embrassèrent comme de vieux amis: le captal le traita en frère d'armes et ne lui donna d'autre prison que sa propre tente, d'autre table que la sienne.

Rétabli sur son trône, Don Pedro, toujours vicieux, toujours cruel, ne songea pas à remplir ses promesses envers ses libé-

Livre V. Chap. 3.

1366.

1367.

Collection de Mémoires, de Petitot, t. V, ch. 22.

Livre V.
Chap. 3.

1367.

rateurs: l'ingratitude couronnait ses vilains défauts. Il profita de l'état maladif du prince de Galles et des désordres de son armée, qu'une épidémie décimait tous les jours, pour renvoyer d'un jour à l'autre indéfiniment l'accomplissement de ses engagements. Le prince, enfin, se mit en route avec les débris de son armée, et Duguesclin prisonnier. L'expédition avait été glorieuse pour les Gascons, mais ruineuse pour les finances: les Bordelais en furent mécontents, les seigneurs se plaignirent, et le prince n'en retira personnellement que peu de gloire et beaucoup de chagrins.

Henry de Transtamare errait fugitif et abandonné de ses amis, mais regretté par le peuple. Il entretenait toujours des espérances; et ne sachant que faire, il vint, déguisé en pèlerin, consulter Duguesclin, prisonnier à Bordeaux. Reconnu par un gentilhomme breton, ancien écuyer de Bertrand, il se concerta avec lui sur les moyens à prendre pour avoir une entrevue avec le célèbre prisonnier. Prévenu de tout ce qu'on devait faire, Duguesclin ordonna au geôlier de préparer, pour le lendemain, un repas, afin de traiter convenablement des gentilshommes bretons qui allaient en pèlerinage à Saint-Jacques. A l'heure du repas, Henry se présenta avec ses compagnons de voyage; Duguesclin lui conseilla de rentrer dans ses États et de soulever le peuple, dont il avait les sympathies, et qu'il l'y suivrait bientôt lui-même. Le geôlier fixait de temps en temps l'étranger, qui était l'objet du respect général: il conçut des soupçons; et les ayant communiqués à sa femme, lui dit qu'il allait avertir le prince de Galles, et que c'était un bon moyen de faire sa fortune. La femme, qui aimait Duguesclin, lui conseilla d'attendre pour savoir toute la vérité; et profitant d'une occasion favorable, courut avertir Duguesclin et lui porter les clés. Ce capitaine prisonnier fit asseoir l'homme et la femme à sa table, les égaya d'historiettes amusantes; mais à la fin du repas, le geôlier se leva pour aller exécuter son dessein; et ne trouvant pas les clés, accabla sa femme d'injures et de coups. Alors Duguesclin s'armant d'un grand bâton, battit tellement ce misérable, qu'il resta couché sur les carreaux. Pendant cette scène, on ouvrit la porte et on fit évader les soi-disant pèlerins.

Confiné à l'Abbaye de Saint-André, Duguesclin se fit estimer autant par ses aimables qualités que par sa valeur et ses exploits militaires : tout le monde désirait sa liberté. Un jour que le prince causait familièrement avec plusieurs seigneurs, le sire d'Albret lui demanda s'il pouvait, sans l'offenser, lui rapporter un bruit qui circulait dans le public ; le prince lui répondit que sa franchise serait pour lui une preuve de son amitié. On dit, répliqua d'Albret, *que vous ne retenez Duguesclin que parce que vous le craignez. — Je ne crains personne*, reprit le prince, *et je vais vous en donner la preuve.* En effet, il envoie chercher Duguesclin ; il arrive. Édouard lui demande des nouvelles de sa santé. « Eh ! Monseigneur, » répond le captif, *je m'ennuie bien de n'entendre que les sou-* » *ris de Bordeaux ; j'aimerais bien mieux entendre les rossi-* » *gnols de mon pays. — Il faut donc,* réplique le prince, *vous* » *procurer cette satisfaction. Croirez-vous que certaines gens* » *disent que je vous redoute ? — On ne peut,* répond Duguesclin, *me faire plus d'honneur qu'en publiant que mon épée* » *paraît redoutable à un prince qui se fait également admirer* » *et craindre. — Messire Bertrand,* reprit Édouard, *on se* » *trompe : je ne connais pas la peur, je considère les gens de* » *bien ; mais je n'en appréhende aucun. Ainsi, je vous mets* » *à rançon.* » Le célèbre prisonnier remercie le prince, et s'écrie : « *Je ne suis plus prisonnier, puisque ma liberté ne* » *tient plus qu'à l'argent. Ainsi, je n'hésite plus à déclarer* » *que le comte de Transtamare peut, dès à présent, se regarder* » *comme roi de Castille. Je lui procurerai une seconde fois* » *cette couronne, malgré tous ceux qui voudront s'y opposer.* » *Je le jure et j'y engage mon honneur, en présence de vous,* » *Monseigneur, et de tous ces chevaliers qui m'entendent.* »

Livre V.
Chap. 3.
—
1367.
Ménard,
*Histoire
de Duguesclin.*

D. Devienne,
*Histoire
de Bordeaux.*

Ce discours si fier étonna tout le monde; le prince se contenta de lui répondre qu'il serait plus facile de le dire que de le faire. « *Je sais ce que je dis,* répond Duguesclin ; *mais, Monseigneur, ajouta-t-il, j'ose vous demander si vous ne vous reprochez pas d'avoir donné des secours à un aussi méchant homme que l'est Don Pedro, lui dont vous avez si cruellement éprouvé la perfidie. Personne n'a pu comprendre comment, étant aussi généreux que vous l'êtes, vous avez pu vous résoudre à accorder votre protection au meurtrier de sa femme et de la reine la plus respectable. Quoi qu'il en soit, faites-moi la grâce de vous expliquer sur ma rançon; je suis prêt à la payer.* — *Je ne vous demande,* dit le prince, *que ce que vous voudrez donner; je ne veux de votre argent que pour la forme, et je ne vous taxe qu'à* 100 *florins.* » Duguesclin, croyant qu'on lui tendait un piége pour rabaisser sa valeur et ses mérites, répondit qu'il s'estimait assez pour croire qu'il devait payer 100,000 florins d'or. « *Comment,* dit le prince, » 100,000 *florins d'or! c'en est trop; je n'en veux pas tant.* — » *Eh bien,* dit Bertrand, *je me taxe à* 70,000; *c'est mon dernier mot; je n'en rabattrai rien.* — *Où prendrez-vous,* dit » *le prince, une si grosse somme?* — *J'ai des amis,* reprend » Bertrand: *les rois de France et de Castille ne me laisseront pas manquer pour si peu de chose. Et, d'ailleurs, il n'y a pas de bonne femme dans mon pays qui ne se cotise pour ma rançon* (1). » Le prince, étonné comme les autres de tant de hardiesse et de franchise, but à sa santé, et lui dit : « *Vous pourrez partir quand vous voudrez pour chercher votre rançon.* »

(1) Depuis ce temps, il n'était femme, en Bretagne, qui ne chantât, en tournant son fuseau :

« Filons, femmes de la Bretagne,
» Filons la quenouille de lin,
» Pour rendre à la France, à l'Espagne,
» Messire Bertrand Duguesclin. »

La princesse de Galles arrivait à Bordeaux en même temps que Duguesclin allait partir; elle désirait le voir et le connaître. La ville lui offrit les présents accoutumés : des fruits confits et des vins de Bordeaux; mais ayant appris qu'on n'en avait pas donné à Duguesclin, la généreuse princesse ordonna que tout ce qu'on venait de lui présenter fut porté, de sa part, à son hôtel, avec invitation à dîner pour le lendemain. Il se rendit auprès d'elle et fut accueilli avec bonté. Après dîner, elle lui témoigna sa surprise de ce qu'il s'était taxé à une somme si exorbitante, et exigea qu'il acceptât, de sa part, 30,000 florins d'or. Tout étonné, Duguesclin se jeta aux genoux de la princesse, et lui dit : « *Madame, j'ai toujours cru* » *jusqu'à présent être le plus laid chevalier qu'il y eût en* » *France; mais, désormais, j'aurai meilleure opinion de ma* » *personne, puisque les dames me font des présents d'une si* » *grande conséquence.* » En rentrant, le soir, chez lui, il y trouva les 30,000 florins; il s'en servit pour payer ses dettes à Bordeaux et pour faire mettre en liberté des soldats bretons, prisonniers dans la ville.

Après avoir passé par Paris, il se rendit en Bretagne; sa femme lui dit qu'elle avait employé tout son argent, tout le revenu de ses terres, sa vaisselle, ses pierreries et ses bijoux, pour secourir les gentilshommes qui s'étaient ruinés sous lui. Duguesclin l'embrassa avec joie et reconnaissance, et approuva sa noble conduite envers ses fidèles compatriotes. Les seigneurs bretons se réunirent et firent les 70,000 florins, et fournirent, en outre, une autre somme considérable pour lever de nouvelles troupes. Duguesclin prit cette somme et partit pour Bordeaux, paya la rançon de plusieurs Bretons qu'il rencontra à La Rochelle. Arrivé en présence d'Édouard, il voulut se jeter à ses genoux: le respect pour la royauté était un culte chez les Bretons. Le prince l'en empêcha, et lui demanda des nouvelles de son voyage; et venant, enfin, à la question de la rançon, il lui dit qu'il avait appris qu'il portait

Livre V.
Chap. 3.

1367.

Voir note, à la page 501.

Livre V.
Chap. 3.

1367.

beaucoup d'argent. Duguesclin lui répondit : « *Il est vrai,*
» *Monseigneur, j'ai perdu le moins de temps qu'il m'a été pos-*
» *sible; j'étais fort impatient de jouir de ma liberté pour join-*
» *dre le comte de Transtamare, qui m'attend en Espagne. Il*
» *est vrai aussi que j'ai trouvé plus d'argent qu'il ne m'en fal-*
» *lait pour dégager ma parole; mais je n'ai pas cru pouvoir*
» *l'employer plus utilement et plus honorablement qu'à déli-*
» *vrer tant de pauvres soldats et gentilshommes qui n'avaient*
» *pas le moyen de se racheter, qui tous valent mieux que moi,*
» *et qui m'attendent à présent en Languedoc. Il ne me reste*
» *pas un sou des* 70,000 *florins que je vous apportais; mais*
» *aussi j'ai la satisfaction d'avoir procuré la liberté à quatre*
» *mille braves soldats.* — Et comment donc, dit le prince en
» souriant, arrangerons-nous cette affaire? — Monseigneur,
» répond le Breton, *je ne suis pas si difficile à prendre ici que*
» *je l'étais aux plaines de Navarette; je me souviens encore*
» *de l'endroit où est ma prison. Je vais m'y rendre, et j'y at-*
» *tendrai de nouveaux fonds pour ma rançon.* Alors le prince
» lui dit : *Demeurez avec nous sur votre parole; votre argent*
» *viendra quand il pourra.* »

Le lendemain, pendant que le prince dînait dans la même salle, mais à une table différente de celle où se trouvaient Duguesclin et quelques gentilshommes bretons, des étrangers entrèrent et prièrent le prince de recevoir la rançon de Duguesclin, et de les dispenser d'entrer dans d'autres détails à ce sujet. Le noble Breton entendit ce langage; et se levant

1368.

dans un transport de joie, but à la santé du prince et de ses libérateurs. Alors l'un d'eux s'approcha de lui, et lui dit qu'outre les 70,000 florins, ils avaient ordre d'en tenir à sa disposition 100,000 et plus, s'il en avait besoin. « *Il ne m'en*
» *faudra pas tant,* dit le fier Breton; *je ne prendrai que ce*
» *qui sera nécessaire pour délivrer tous les prisonniers fran-*
» *çais, bretons et castillans qui sont prisonniers à Bordeaux.* »

Ayant arrangé ses affaires, Duguesclin remercia le prince,

et lui dit, en prenant congé de lui : « *Je pars pour l'Espagne,*
» *j'aurai sans doute l'honneur de vous y voir encore; car je*
» *m'attends que vous y viendrez pour rétablir Don Pedro. Au*
» *surplus, si vous y ramenez vos Anglais, je ne crois pas que*
» *vous deviez vous flatter des mêmes succès.* — *Allez*, dit le
» prince, *quant à moi, je ne sais encore quel parti je pren-*
» *drai.* »

Le jour de son départ fut bientôt connu; toute la population se porta au devant de lui. Chacun voulait voir de près un guerrier si noble et si généreux : la place de l'Abbaye fut encombrée de gens qui l'accompagnaient en partant, comme on faisait pour le triomphe d'un empereur à Rome.

CHAPITRE IV.

Les finances du prince de Galles ruinées.—L'impôt du fouage.—Plusieurs seigneurs s'y opposent. — Rancune d'Albret contre le prince. — Les seigneurs mécontents portent plainte au roi de France. — Discours admirable du comte d'Armagnac. — Le roi de France embarrassé.— Il accueille avec bonté les députés gascons. — Il fait citer le prince de Galles devant la Cour des Pairs. — Réponse du prince. — Dépenses du prince. — Des villes se révoltent. — Observations de Froissart sur l'état des esprits, etc.

Livre V.
—
1368.
Collection de Mémoires, de Petitot, in-8°, tome 5. Froissart, I, 1.

La campagne de Castille nous a valu un peu de gloire ; mais elle entraîna la ruine de nos finances, la décadence de la prospérité de notre cité, et hâta la chute de la domination anglaise dans la Guienne. Don Pedro oublia ses engagements ; et le prince de Galles ne sachant que faire pour remonter ses finances, s'avisa d'établir un nouveau droit de fouage, c'est-à-dire l'impôt *d'un franc par feu, le riche portant le pauvre;* ce qui valait, pour la principauté d'Aquitaine seule, 1,200,000 livres par an. Cette entreprise était très-délicate. Le consentement des États était nécessaire, selon les anciens usages de la monarchie française et de l'Aquitaine ; le pouvoir du prince était loin d'y être absolu.

On convoqua donc les États-généraux à Niort, en 1367 (1368, nouveau style), et on y invita les députés du clergé, de la noblesse et des bourgeois. On y représenta au prince la nécessité de réformer plusieurs abus dans l'ordre administratif ; on y indiqua les mesures qu'il fallait adopter pour réparer les fautes des agents du roi et pour protéger la liberté et les personnes des habitants de la province. Le prince promit tout et demanda pour les besoins du moment un impôt de 10 sous par feu pour cinq ans *seulement.* Les débats que cette demande souleva étaient vifs ; mais, enfin, les barons de la Saintonge, du Poitou, de La Rochelle, du Limousin, consentirent à cette nouvelle et exorbitante taxe, à condition qu'elle n'aurait lieu que pendant cinq ans, et qu'il n'y aurait aucun changement, aucune modification dans les monnaies pendant sept ans. Les seigneurs de la Gascogne formaient le parti de l'opposition ; ils refusèrent de voter l'impôt ; et après avoir déduit les motifs de leur refus, ils sortirent de l'assemblée, déclarant « que leurs terres étaient franches de toute » dette, et que, du temps passé qu'ils avaient obéi au roi de » France, ils n'avaient été grevés ni pressés de pareilles im- » positions. »

Vivement affecté de cette opposition, le prince se retira à Angoulême et y convoqua une nouvelle assemblée, où, après de longues discussions, il fut autorisé (les Gascons y étant en minorité) à lever un impôt de 10 sous par feu pendant cinq ans. Le prince, à la demande des États, fit, en 1367, au mois de janvier (1368, nouveau style), une adresse à la province, où il reconnaît formellement que le subside qu'on lui accordait sous le nom de *fouage* est un pur don, et qu'il ne peut pas tirer à conséquence pour l'avenir. « Nous leur avons oc- » troyé et octroyons, dit-il, que ledit offre et don qu'il nous » ont fait dudit *fouage* ne tourne, ni ne puisse tourner à eux, » à leurs successeurs, à aucun préjudice ou conséquence en » temps aucun (1). »

---

(1) *Lettres-patentes d'Édouard, fils aîné d'Angleterre, duc de Guienne, etc., etc.*

« ..... Item, que nous confirmissons et tenissons les priviléges à eux octroyés » par nostres tres cheirs seigneurs les roys d'Angleterre, desquieux ils avaient usé » et esté en paisible possession, etc., etc., etc.

» Item, que les octrois des fouages, impositions que nous avons levé sur leurs » terres, sur leurs subjects ne leur fut tourné à conséquence, et que doresnavant » nous ne leveissons en leurs dictes terres, sur leurs subjects, sans lassentiment et » lagraigment, partie des dicts Justiciers, si ce n'estoit pour la défense et tuition » de nostre prinscipauté.

» ..... Item, que sur les taxations, amendes et défenses faites et octroyées en » nostre cour, nous les feissons taxer selon les anciennes Coustumes.

Livre V.
Chap. 4.

1368.

Les Gascons ne se fiaient pas à ces belles promesses; ils avaient raison. Le prince ne tint pas sa parole; il ne demandait qu'à établir un précédent, dont il pourrait au besoin se servir plus tard pour de nouveaux impôts. Ils regardaient cette mesure comme un empiètement sur leurs droits et leurs biens; ils étaient, d'ailleurs, bien dévoués, ainsi que leurs prélats, au roi de France, et blessés, en outre, de la fierté et de l'arrogance des agents anglais dans l'exercice de leurs fonctions, et de l'exclusion des Gascons de toutes les places lucratives. Chandos avait été nommé connétable, et Guichard d'Angle maréchal. Mille choses semblaient concourir à désaffectionner la Guienne. Un jour, c'était avant l'expédition d'Espagne, le prince demanda au sire d'Albret combien il pourrait

1568.
Froissart,
ibid.

—

Scip Dupleix,
tome 2.

fournir d'hommes en cas de guerre : « *Mille lances,* dit d'Al-
» bret, *de mes vassaux, mes terres bien gardées.* — *Par ma*
» *foi,* dit le prince en se tournant vers Felton et d'autres An-
» glais, *on doit bien aimer le pays où l'on trouve un tel ba-*
» *ron, qui peut suivre son seigneur à mille lances.* » La vanité

» ..... Nous voulons et affectons de tout nostre cuer le bien et profit commun de
» nostre dit prinscipauté et des dicts subjects d'icele, et aussi considérant les grans
» obéissances, loyautez, services et octrois que nos dicts subjects nous ont fait tou-
» tes fois que requis les avons, et auci considérant l'offre et le don que les dessus
» dicts prélats et nos subjects estans en nostre grand conseil d'assemblée en nostre
» cité d'Angoulesme nous ont fait liberamment, c'est à savoir que nous puissions
» prendre et faire lever sur chacun de leurs subjects et habitants de nostre prinsci-
» pauté dix sous, monnoie dessus dict, le fort portant le foible, chacun an, durant
» le temps de cinq ans, qu'ils nous ont requis que nous feissions faire la dicte mon-
» noie, table à prendre, et lever les dicts dix sous, la moitié de la première année
» au terme de Pasque prochain venant, et l'autre moitié à la feste de Noël prochain
» sensuivant, et les aultres quatre années, de la moitié à la feste de saint Jean-Bap-
» tiste et l'autre moitié, chacun an, à la feste de Noël, pour les causes dessus dictes
» et plusieurs autres qui à ce nous émouvant ans dicts prélats, pour révérence de
» Dieu et de saincte Église, et aux nobles et aux communs et à chacun d'eux........
» Voulons que le dit offre et don qu'ils nous ont fait du dit fouage ne tourne ni ne
» puisse tourner à eux ne à leurs successeurs en aucun préjudice ou conséquence en
» temps aucun, etc., etc., etc.

» Donné en nostre châtel d'Angoulesme, le 26ᵉ jour du dit mois de janvier, l'an de
» grâce 1367. »

du seigneur gascon fut satisfaite : il tint parole; mais le jour de départ étant arrivé, le prince, pour humilier le fier baron, n'en voulut accepter que deux cents. L'offense parut grave; elle fut vivement sentie. « Comment, s'écria d'Albret, Mgr le Prince
» *se truffe et se gabe* (se moque de moi), quand il veut que
» je donne congé à huit cents lances que j'ai retenues. Écri-
» vez, dit-il à son clerc : Cher Sire, je suis grandement émer-
» veillé des lettres que vous m'avez envoyées, et je ne sais
» mie bonnement et ne trouve en moi conseil comment je dois
» vous répondre..... Cher Sire, daignez savoir que je ne sau-
» rais séparer les uns des autres : je suis le père, et le moin-
» dre de tous; si quelques-uns y vont, tous iront bien; ce
» sais-je bien. »

Livre V.
Chap. 4.
—
1368.

Le prince de Galles, en recevant cette présomptueuse lettre, secoua la tête, et dit : « Le sire d'Albret est un grand
» maître dans mon pays, puisqu'il croit pouvoir briser mes
» ordonnances. Par Dieu ! il n'en ira pas ainsi qu'il pense ;
» qu'il demeure, s'il veut, avec ses lances; sans ses hommes,
» ferons-nous le voyage, s'il plaît à Dieu ?

» Ah ! Monseigneur, dirent les Anglais qui étaient présents,
» vous connaissez petitement les Gascons et comment ils s'en-
» orgueillissent et nous aiment peu, et peu nous ont aimés
» du temps passé. Ne vous souvient-il pas comment grande-
» ment ils se boutaient jadis contre vous en la cité de Bor-
» deaux, quand le roi Jean de France y fut amené ! Ils disaient,
» et maintenant tout haut, que par eux et par leurs entre-
» prises, vous aviez fait le voyage et pris le roi, et bien fut
» apparent qu'ils voulurent passer outre, car vous fûtes en
» grands traités avec eux, plus de quatre mois, sans qu'ils
» voulussent consentir que ledit roi allât en Angleterre. Il
» fallut avant tout les satisfaire pour les tenir en amour. »

Le prince se contint; mais *grand, haut de courage et cruel dans sa haine,* il voulait une obéissance passive de la part de tous les sujets de son père, et résolut d'abaisser d'une manière exemplaire la fierté du seigneur d'Albret; mais le comte d'Armagnac alla à Bordeaux et obtint du prince courroucé le pardon de son neveu. De son côté, d'Albret ne porta plus au prince la même affection qu'il avait toujours eue pour lui; sa rancune éclata contre le fouage.

Tous les seigneurs mécontents portent leurs plaintes, au mois d'octobre, au roi de France, et demandent justice, déclarant que, s'il refusait de le faire, ils s'adresseraient à quelque autre monarque. Dans cette circonstance, c'est le comte d'Armagnac qui porta la parole; il s'exprima en ces termes : « Seigneur, jamais nation ne désira plus conserver sa liberté » que celle des Gascons. Renommés autrefois entre les peu- » ples de la Celtibérie, ils aimèrent mieux égorger leurs fem- » mes, leurs enfants, tous les gens âgés, toutes les bouches » inutiles, et les saler pour s'en repaître, que de se rendre » aux Romains, qui les assiégeaient dans Sarragosse. Nos an- » cêtres, descendus de ce peuple, ayant traversé les Pyrénées » pour habiter l'Aquitaine, ont résisté longtemps à Clovis, à » Dagobert, à Charles Martel et à Charlemagne, pour main- » tenir cette liberté, et se sont plutôt rendus aux manières » douces et honnêtes des Français, qu'ils n'ont été conquis par » la terreur et la force de leurs armes. Après avoir vécu plu- » sieurs siècles sous la domination française, nous ne savons » par quelle fatalité Louis le Jeune nous a livrés aux Anglais, » qui nous eussent bientôt réduits en servitude, si notre gé- » nérosité, soutenue par la protection du roi de France, n'eût » mis un frein à leur tyrannie. Maintenant que l'Anglais vient » de vaincre avec nos armes, et pour notre malheur, les for- » ces de la France, le prince de Galles, le plus fier de tous » les hommes, n'affecte rien moins qu'une entière souveraineté » sur nous, au mépris du sceptre français; et pour mettre » notre soumission à l'épreuve, il nous accable d'impôts inouïs » et insupportables, surtout à une nation libre. Il vient ré- » cemment d'en mettre un nouveau sur la Guienne, qu'il ap-

» pelle *fouage*, et qui lui rapporte un million et demi d'or par
» année. Ce subside n'a d'autre objet que d'établir un fonds
» qui puisse lui permettre de faire la guerre à la France. Ce
» nouveau prince ne se contente pas de notre sang et de nos
» armes, il veut encore nous enlever notre substance et celle
» de nos familles, après qu'Édouard, son père, a épuisé la
» France par les rançons qu'il a tirées des prisonniers faits à
» la bataille de Poitiers, et par les brigandages des compa-
» gnies qui ravagent avec tant de licence les provinces les
» plus riches de votre royaume. Votre Majesté se trouvant,
» en quelque sorte, plus intéressée à la levée de cet impôt
» que nous-mêmes, est obligée, par toutes sortes de considéra-
» tions, de nous prendre sous sa protection, de recevoir notre
» appel, comme notre roi et souverain seigneur, et d'avoir
» égard à nos plaintes. Il est vrai que l'Anglais publie et se
» vante que Votre Majesté lui a cédé le droit de ressort et de
» souveraineté sur la Guienne; mais outre que nous savons
» que cela ayant été proposé, n'a jamais été décidé entière-
» ment, faute d'une renonciation authentique, nous soutenons,
» sauf le respect dû à Votre Majesté, que ni vous ni feu votre
» père, de très-heureuse mémoire, n'avez pu nous assujétir
» à un prince étranger, sans notre consentement, vu que nos
» ancêtres se sont soumis aux vôtres, avec cette condition de
» n'être pas traduits, pour cause ou sous prétexte quelconque,
» à une domination étrangère. Nous ajoutons que vous ne
» pouvez nous livrer, même avec notre consentement s'il est
» vrai que, par la loi fondamentale de votre État, la souverai-
» neté de votre couronne, en son tout et dans ses membres, soit
» inaliénable. S'il arrivait, par quelque considération que ce
» puisse être, que Votre Majesté se déterminât à nous aban-
» donner à la tyrannie anglaise, plutôt que d'en supporter les
» rigueurs (l'excès de notre zèle nous oblige de nous expri-
» mer ainsi), nous aimons mieux nous donner à quelque prince
» voisin, ainsi que nos ancêtres nous assujétirent autrefois aux

Livre V.
Chap. 4.

1369.

> rois vos devanciers, parce que nous reconnaissons que le
> gouvernement français est plutôt une puissante protection
> des sujets qu'une domination sans bornes. Ainsi, l'Anglais,
> opprimant nos libertés, violant nos priviléges, renversant
> nos Coutumes, conférant tous les gouvernements, dignités,
> offices et bénéfices à ceux de sa nation, et nous traitant
> avec toutes sortes de tyrannies, nous porte à l'une de ces
> extrémités où, par la justice de Votre Majesté, nous soyons
> délivrés de cette tyrannie, ou que le désespoir nous fasse
> implorer le secours de quelque autre puissant monarque. »

Ce discours si beau, si admirable, où respirait le patriotisme le plus pur et l'amour passionné de la liberté, électrisa tous les cœurs; ils étaient dignes d'être libres, d'être Français, ces hommes qui faisaient ainsi vibrer aux oreilles du roi de France ces mâles accents de la liberté, et qui savaient flétrir la tyrannie d'un joug étranger, tout en maintenant leurs droits et franchises; mais le roi de France, par le traité de Bretigny, avait renoncé à la souveraineté de la Guienne. Édouard avait renoncé au titre de roi de France ; depuis neuf ans, on n'avait fait aucun appel devant lui des jugements rendus par Édouard et ses officiers de justice. Charles hésitait donc à recevoir l'appel des seigneurs gascons; son conseil assemblé lui fit entendre que le douzième article du traité de Bretigny, qui stipulait la renonciation à la souveraineté de la Guienne, n'avait pas été expressément ratifié à Calais; que les Anglais n'avaient pas observé plusieurs articles de ce traité; qu'ils n'avaient pas retiré leurs troupes de plusieurs places appartenant à la France; qu'ils avaient donné des secours aux ennemis de l'État; qu'ils cherchaient à miner insensiblement la puissance de la France, et qu'il fallait prévenir leurs perfides desseins, en recevant l'appel des Gascons et en se préparant, dès lors, aux éventualités de la guerre.

Fort de l'opinion et de l'approbation de son conseil, Charles accueillit avec bienveillance les députés gascons, et fit un traité avec eux. Le 25 janvier suivant, il nomma le sénéchal de Toulouse son commissaire pour tout ce qui regardait les appellations, et lui confia les lettres de citation, que ce sénéchal chargea un chevalier, homme de confiance, et un clerc en droit, Bernard Pelot, juge criminel de Toulouse, de porter à Bordeaux, et de les communiquer au Prince-Noir, pour qu'il eût à comparaître devant la Cour des Pairs, en raison des faits et griefs à lui imputés.

Les commissaires arrivent à Bordeaux, chargés d'une mission secrète; le prince, ignorant leur dessein, les accueille avec bonté. Alors Pelot, déroulant un parchemin, lui lut la citation que nous donnons en note (1).

Ayant entendu la lecture de la citation, il lança aux commissaires un regard de colère; et secouant la tête, s'écrie :

« Il m'invite à Paris ! Oui, j'irai; mais ce sera le bacinet » (casque) en tête et avec soixante mille hommes; il en coû- » tera cent mille vies. » Tremblants et craintifs, les deux messagers se jetèrent aux pieds du prince et réclamèrent son indulgence, le priant de considérer qu'ils étaient obligés d'obéir à leur roi, et qu'ils n'avaient d'autre tort que d'avoir fidèlement rempli leur commission. « Je ne vous en veux pas, dit » le prince; mais je blâme ceux qui vous ont envoyés vers

Livre V.
Chap. 4.

1369.
Froissart,
part. II,
ch. 260.

(1) « Charles, par la grâce de Dieu, roi de France, à notre neveu, le prince de Gal-
» les et d'Aquitaine, salut :
» Comme ainsi, soit que plusieurs prélats, barons, chevaliers, universités, com-
» munes, collèges des marches et limitations du pays de Gascogne... avec plusieurs
» autres des pays et duché d'Aquitaine se soient retirés par devers nous, en notre
» cour, pour avoir droit sur aucuns griefs et molestes indues, que vous, par faible
» conseil et simple information, leur avez proposé à faire, de laquelle chose sommes
» tant émerveillés; donc pour obvier et remédier à ces choses, nous nous sommes
» *adhers* (adhérés) et *adherhons* avec eux, tant que, de Nostre Majesté royale et sei-
» gneurie, vous commandons que vous veniez en notre cité de Paris, en propre per-
» sonne, et vous présentiez devant nous, en notre Chambre des Pairs, pour ouïr
» droit sur les dictes complaintes et griefs émus de par vous à faire sur votre peuple,
» qui clame à avoir ressort en notre cour..... et soit au plus hâtivement que vous
» pourrez.
» Donné à Paris, le 25ᵉ jour du mois de janvier 1369. »

» moi. Votre roi a tort de s'allier avec mes sujets rebelles et
» de vouloir se faire juge d'une querelle qui ne le regarde
» point. Je ne reconnais que mon père pour mon seigneur
» suzerain; et avant qu'il en soit autrement, il en coûtera cent
» mille vies. » Les commissaires royaux se mirent en route ;
mais craignant qu'ils fissent des plaisanteries sur son compte,
de ce qu'il leur avait permis de lui signifier une citation, dans
son palais à Bordeaux, le prince les fit arrêter sous un misérable prétexte, comme espions du comte d'Armagnac. Guillaume Le Moine, sénéchal d'Agenais, les fit jeter en prison :
l'un d'eux y mourut; l'autre fut élargi un peu plus tard. Plusieurs notes furent échangées, mais sans fruit ; on en vint à
des hostilités ouvertes; et après plusieurs avantages remportés
par les troupes et les amis de Charles V, la Guienne fut déclarée confisquée au profit de la France.

A peine cette nouvelle fut-elle répandue, que plusieurs
villes se soulevèrent contre les Anglais: une révolution subite
se fit dans les esprits. Les Bazadais refusèrent l'impôt, et les
trésoriers cessèrent de tenir leurs comptes dans le Quercy, le
Périgord, l'Agenais et le Rouergue. Les finances ruinées assombrirent un peu le front du prince de Galles ; Jean d'Alby,
connétable de Bordeaux, vint à mourir. On le saisit de sa
caisse; mais elle était trop légère pour combler le déficit. Il
semblerait, cependant, que la générosité du prince augmentait
à Bordeaux à mesure que ses revenus diminuaient; il avait
donné l'année précédente à R. de Walsham, son confesseur,
à Chandos, à de Gournay et à d'autres favoris, presque la
moitié des baillies qu'il possédait encore dans le Bordelais.

Le roi d'Angleterre, informé de l'état des esprits à Bordeaux,
dans toute la Gascogne, fut affligé de l'imprudence de son fils
et attristé à la vue des conséquences qui pourraient en résulter. Il se hâta de révoquer tout ce que le jeune prince avait
fait ; il publia, à ces fins, le 7 novembre 1370, des lettres-patentes, qui sont la reconnaissance la plus formelle des fran-

chises de notre province. Ce document est trop important pour ne pas trouver place dans notre travail (1).

Mais comme la fortune semblait abandonner les Anglais, les Gascons tournèrent leurs regards vers la puissance victorieuse. Froissart attribue ce revirement de l'opinion publique à l'inconstance naturelle des Gascons et à l'insupportable insolence des Anglais. Tout cela peut être vrai; mais il est certain que la désaffection avait commencé avec l'établissement du fouage. Le prince fit tout ce qu'il dépendait de lui pour conserver l'amitié des Bordelais : il parcourait le pays, allait souvent demeurer quelques jours au château de Condat. Il autorisa les Bretons, les Irlandais et les Normands, à com-

Livre V.
Chap. 4.

1369.

---

(1) « Édouard, par la grâce de Dieu, etc., etc. :
» Sachez tous que, nous considérans et regardans aux besognes des metis, mar-
» ches et limitations de nostre seigneurie d'Aquitaine, comme aussi elle s'étend de
» chef en chef, avons esté présentement informez d'aucuns molestes et griefs, faicts
» ou pensez à faire de par nostre tres cher fils le prince de Galles, ès pays dessus
» dit. Pourquoi nous étant tenus, et le voulons estre, d'obvier et remédier à toutes
» choses indues, et à toutes haines et rancunes d'entre nous et nos féaux amis et
» subjects, annonçons et prononçons, certifions et ratifions que nous, de mûre et
» bonne volonté, et par grande délibération de conseil à ce appelé, voulons que nostre
» tres cher fils le prince de Galles se déporte de toutes exactions faictes ou à faire,
» et restituer à tous ceux et icelles, que grevés et pressés auront été par lui, ou par
» ses gens et officiers en Aquitaine, tous contes, frais et dommages levez et à lever,
» au nom des dictes exactions, aides et fouages. Et si aucuns de nos féaux subjects
» et amis, tant prélats comme gens d'église, collèges, universités, évesque, comtes,
» vicomtes, barons, chevaliers, communautés et gens de cités et bonnes villes, se
» sont retournez et se sont voulus tenir, pour mauvaise information et pauvres avis,
» à l'opinion de nostre adversaire, le roi de France, nous leur pardonnons ce mes-
» faict, si, ces lettres vues, ils retournent vers nous, ou un mois après, et prions
» nos loyaux et certains amis qu'ils se tiennent en leur estat, tant que de leur foi et
» hommage ils se soient reprochés, laquelle chose nous déplaisait grandement et la
» verrions trop ennuis. Et de nostre tres cher fils ou aucuns de ses gens, ils se
» plaignent en disant qu'ils soient aucunement grevez ou pressez, ayent esté au temps
» passé, nous leur fairons amender leurs griefs tellement que par raison devra suf-
» fire, pour nourrir paix, amour, concorde et unité entre nous et ceux des metis,
» marches et limitations dessus dictes. Et afin qu'ils tiennent ces choses à vérité,
» nous voulons que chascun prenne et ait la copie de ces présentes, lesquelles nous
» avons solennellement jurés à tenir et non enfreindre, sur le corps de N.-S. Jésus-
» Christ : présent, nostre cher fils, Jean duc de Lancastre, etc., etc. »

mercer librement avec Libourne. Aussi les Libournais étaient reconnaissants ; ils lui restèrent fidèles ; mais il n'en était pas de même des autres villes de la province. « Dans le temps
» que j'étais à Bordeaux, dit Froissart, et que le prince de
» Galles alla en Espagne, je vis que l'orgueil des Anglais était
» si grand, qu'ils ne pouvaient se résoudre à traiter avec
» amitié d'autres gens que ceux de leur pays, et quoique les
» seigneurs de Gascogne eussent tout sacrifié pour eux, ce-
» pendant ils ne pouvaient obtenir qu'on leur donnât aucune
» charge, ce qui commença à les indisposer ; et dès qu'ils
» purent le faire connaître, ils n'en laissèrent pas échapper
» l'occasion. Le comte d'Armagnac et le sire d'Albret se mi-
» rent à la tête des mécontents, et Charles V acheva de les
» gagner par ses libéralités et par la douceur de son gouver-
» nement. *Car ainsi veulent être les Gascons menés.* Cepen-
» dant, il y avait une raison qui faisait que malgré la hauteur
» des Anglais, les Gascons aimaient encore mieux vivre sous
» leur domination que sous celle de la France. J'ouïs une fois
» dire au seigneur d'Albret, étant à Paris, une parole que je
» notai bien, quoiqu'il semblât la dire pour plaisanter : Un
» chevalier de Bretagne lui ayant demandé des nouvelles de
» son pays, et s'il persistait longtemps au service de la France,
» il lui répondait qu'il le pensait ainsi, et qu'il s'y trouvait
» assez bien. Cependant, ajouta-t-il, j'avais plus d'argent, et
» mes gens aussi, quand je faisais la guerre pour le roi d'An-
» gleterre, que je n'en ai maintenant ; car quand nous che-
» vauchions à l'aventure, nous trouvions toujours quelques
» riches marchands de Toulouse, de Condom, de La Réole ou
» de Bergerac ; il se passait peu de jours que nous ne fissions
» quelque bonne prise, et maintenant tout nous est mort.
» Alors le baron se prit à rire, et lui dit : C'est là donc la vie
» des Gascons ! Pour moi, qui entendis cette parole, je vis
» que le sire d'Albret commençait à se repentir d'être Fran-
» çais ; et peu après, on apprit que le sire de Mussidan, le

» seigneur de Rauzan, le sire de Duras et le sire de Langoi-
» ran, quoique comblés des bienfaits du roi, dont ils avaient
» imploré le secours, étaient rentrés au service des Anglais.
» Telle est la nation des Gascons : ils ne sont point stables;
» mais encore aimaient-ils plus les Anglais que les Français;
» car leur guerre est plus belle sur les Français que sur les
» Anglais. »

Livre V.
Chap. 4.
—
1369.

Nous trouvons, sous la date de 1369, un vieux document
que M. de Taillefer a cité dans les *Antiquités de Vésone*, et T. 1ᵉʳ, p. 117.
dont il convient de dire un mot :

Dans ce temps, Louis, duc d'Anjou, frère du roi Charles V
et son lieutenant général en Languedoc, rétablit, par une
Charte datée de Toulouse, au mois d'octobre 1369, les anciennes assises de *Vésone* (Périgueux), desquelles les villes de
Bordeaux et Bayonne étaient dans l'usage de ressortir pour
les causes d'appel (1).

L'existence et la portée de cet ancien titre ne sauraient s'expliquer que par les sentiments de défiance que Bordeaux avait
toujours inspirés aux Français, sous la domination anglaise.
De tout temps, la France désirait s'incorporer la Guienne;
mais les Bordelais étaient toujours le seul, le plus grand obstacle à l'accomplissement de ses désirs. Il résulterait donc de
ce document, que, pendant cette période si agitée de notre
histoire, le gouvernement français voulait punir les Bordelais,
diminuer leur influence, amoindrir leurs ressources, en trans-
férant la Cour des appels à Périgueux, dont les habitants sympathisaient davantage avec les Français; et quoique nous trouvions, après un laps de soixante ans, un appel fait aux maire
et consuls de Périgueux, en 1428, par les maires et jurats
des villes d'Aire et de Dax, en Gascogne, nous ne croyons pas

---

(1) Cum ab antiguo maxima pars Ducatus Aquitanie *(sic)* ut villa Burdegualis et
Baione et plures alie *(sic)* haberent ressortiri in assisiagiis de Petragoris in causis
appellationum, etc., etc.

<small>Livre V.
Chap. 4.

1369.</small>

que M. Vulgrin de Taillefer soit par cela autorisé à dire que Vésone, du temps d'Auguste, *devint la cité métropole de toute l'Aquitaine.*

Pline parle de Vésone (Périgueux); mais rien, dans l'histoire d'Aquitaine, ne prouve que cette ville ait jamais réussi à effacer l'antique Burdigala.

CHAPITRE V.

La guerre recommence. — Les Français en Guienne. — Leurs travaux militaires.— Assemblée des barons à Bordeaux. — Le Prince-Noir s'en va à Londres. — Son caractère. — Sa mort. — Le duc de Lancastre arrive à Bordeaux. — Il épouse Constance de Castille.—Ses embarras financiers.— État fâcheux de ses troupes. —Mort de Pommiers.—Sage politique d'Édouard.—Mort de Colomb.—Les excès des *Routiers*.—Bataille d'Eymet.—Réduction de plus de cent cinquante villes ou châteaux-forts en Guienne.—Démolition du château de Condate.—Siéges de Castillon, de Saint-Macaire.— De Duras. — La puissance anglaise presque anéantie.

La guerre recommença avec ardeur. Le roi de France envoya deux armées en Guienne, sous les ordres des ducs d'Anjou et de Berry: l'une d'elles devait arriver à Bordeaux par La Réole, et l'autre par Limoges. D'Anjou, accompagné de Duguesclin, des seigneurs gascons mécontents et de plusieurs cardinaux, quitta Toulouse avec deux mille lances, six mille fantassins, et marcha sur Bordeaux, en réduisant Agen, Port-Sainte-Marie, Tonneins et Aiguillon, et en ravageant les campagnes. La ville de Bazas tomba aussi au pouvoir du duc d'Anjou, qui, le 5 mars, y établit, comme gouverneur, Jâmes Ysalguier, chevalier à 100 liv. d'or par mois; il y avait une garnison de soixante-dix-neuf hommes d'armes et vingt archers. Arrivés devant Linde-sur-Dordogne, les Français furent repoussés par le commandant de la place, Batefol, homme intrépide; mais se voyant dans l'impossibilité de résister longtemps, consentit enfin à rendre la ville le lendemain. Le captal de Buch, qui commandait à Bergerac, ayant appris cette triste résolution de Batefol, se rendit la nuit à Linde : on lui ouvrit les portes à la pointe du jour, et, marchant droit à l'autre extrémité de la ville, où le commandant allait recevoir les Français, lui passe l'épée à travers le corps, en s'é-

Livre V.

1370.

Livre V.
Chap. 5.

1370.

Delpit,
M^s de Wolf.,
p. 129.

criant : « Traître, voilà ta dernière trahison. » Il monta sur les remparts, déploya son étendard, et força les Français, découragés, à se retirer. Pendant ce temps, le duc de Berry ravageait le Limousin et réduisait les villes qui reconnaissaient l'autorité d'Édouard. La puissance anglaise s'en allait en lambeaux ; mais on apprit, à la grande satisfaction des Anglophiles, que le duc de Lancastre venait enfin de débarquer à Bordeaux avec de nouvelles troupes. Il était temps ; il n'y avait plus dans la Guienne que les villes de Bordeaux, de Bayonne et de Libourne, qui reconnussent l'autorité du roi d'Angleterre, malgré les priviléges et les faveurs dont il avait comblé toutes les villes et les Gascons en général, et quoiqu'il eût aboli le fouage et quelques autres impôts vexatoires établis par le Prince-Noir. La défection était générale et décourageante pour les Anglais : indigné de tant de honte et de trahisons, le prince de Galles ne contenait pas sa colère. Il souffrait horriblement d'une hydropisie, dont il avait ressenti les premières atteintes en Espagne ; il avait éprouvé de grands malheurs domestiques, surtout la mort prématurée de son fils aîné, à Bordeaux. Cependant, il ranima ses forces éteintes et se rendit à Limoges, qui s'était honteusement rendue aux Français ; il en fit abattre les murs, démolir les forts, et, par une lâche vengeance, fit massacrer plus de trois mille personnes de tout âge, des deux sexes, de toute condition. *Dieu en ait les âmes,* dit Froissart; *car elles furent martyres.*

1371.

Comme les circonstances politiques de la Guienne exerçaient une fâcheuse influence sur sa santé, et que, d'ailleurs, sa maladie empirait tous les jours, on lui conseilla d'aller respirer l'air du pays natal. Ce conseil lui parut bon : il l'adopta ; mais avant de partir, il convoqua tous les seigneurs de la province, à Saint-André, à Bordeaux, et leur ayant exposé ses raisons, il leur fit prêter serment de fidélité à Jean de Lancastre, son oncle, qu'il venait de nommer son lieutenant général.

Après cette imposante solennité, à laquelle assistèrent les

Montferrand, les Pommiers, les seigneurs de Civrac, de Lalande, de Duras, de Blanquefort, de Castets, etc., etc., le prince s'embarqua avec sa femme et son fils Richard; arrivé à Londres, il se démit, entre les mains de son père, de sa principauté d'Aquitaine, et, de ce jour, ne fit que languir jusqu'à sa mort, qui arriva en 1376, dans la quarante-sixième année de son âge. Édouard de Galles passe pour le prince le plus accompli que l'Angleterre ait produit : affable, humain, généreux, modeste au milieu de ses triomphes, il possédait toutes les qualités qui font regretter l'homme, aimer le prince, et qui composent le caractère d'un héros. Il foulait, il est vrai, ses sujets par des impôts écrasants; mais c'était plutôt les nécessités des circonstances d'alors que des actes d'oppression ou de despotisme. Inflexible dans ses projets, il aimait à vaincre les difficultés, et personne n'a contesté ses beaux talents militaires. Il aimait Bordeaux; il y était aimé. On a dit qu'il voulait détruire l'empire français: dans l'ivresse de la gloire, la pensée en a pu lui venir; mais il était trop éclairé pour ne pas voir les difficultés d'une semblable entreprise. Sa mort a été, à Londres comme à Bordeaux, le sujet d'un deuil général et le signal de la décadence de la domination anglaise en Guienne (1).

Lancastre n'était pas l'homme qu'il fallait envoyer à la place du Prince-Noir; il s'occupait de ses propres affaires et négligeait celles de son roi. Il demanda la main de Constance, fille de Pedro le Cruel, de Castille; il alla au devant d'elle jusqu'à Rochefort, où le mariage eut lieu, et rentra, avec sa jeune épouse et une brillante suite, à Bordeaux, au milieu de fêtes et de réjouissances publiques. Il croyait ressaisir par ce mariage les droits de sa femme au trône de Castille. Il alla plus loin encore : il prit le titre de roi de Castille, et alla en An-

Livre V.
Chap. 5.

1371.

1372.

Thom. Otterbourne,
page 147.

Walsingham,
181.

---

(1) Il y eut dans ce temps-là, au mois de mai 1373, plusieurs tremblements de terre, dont nous parlerons plus tard.

gleterre demander des secours pour rétablir sa femme dans ses droits. Avant de partir, il convoqua une assemblée générale à Bordeaux, et nomma gouverneurs de la province, pendant son absence, le captal de Buch, les seigneurs de Mussidan et de Lesparre.

Pendant son absence, le duc d'Anjou parcourait en vainqueur toute la province : Felton, sénéchal de Bordeaux, essaya d'arrêter ses triomphes; mais en vain. Tous les combats livrés furent au profit de la France, malgré les forces réunies des Duras, des Caumont, des Mussidan et des autres seigneurs, amis des Anglais. Le duc de Lancastre fut, enfin, averti du danger, et expédié avec des forces imposantes pour expulser les Français de la Guienne. A cette époque, les dettes de la dernière expédition n'étaient pas payées, par suite de l'état déplorable des finances du duc; les réclamations étaient devenues si nombreuses, que le duc défendit à ses trésoriers de payer aucune dette arriérée, excepté pour le *restors* des chevaux, et seulement aux hommes qui prendraient l'engagement d'accompagner encore le prince à la guerre. Cette mesure était trop impolitique pour ne pas produire des effets désastreux : la désertion se mit dans l'armée du duc, et son père, pour s'y opposer, fut obligé de donner ordre d'emprisonner à Londres tous ceux qui revenaient d'Aquitaine sans un congé spécial du duc de Lancastre.

Pendant ce temps, les corps d'armées, sous les ordres du duc d'Anjou, de Louis de Bourbon, s'étaient réunis; Duguesclin était de cette campagne. Ils prirent La Réole, le 21 août, après trois jours de résistance, et réduisirent successivement Saint-Macaire, Langon et plusieurs autres villes sises sur les bords de la Garonne.

Tel était l'état fâcheux de la Guienne lorsque le duc de Lancastre débarqua à Calais, le 20 juillet 1373. Dans sa longue et pénible marche vers Bordeaux, il eut la douleur de perdre beaucoup d'hommes par le froid, la faim, la désertion et les embûches des Français : de trente mille chevaux de selle ou de trait, à peine en eut-il six mille en arrivant à Bordeaux. On voyait, si nous en croyons Froissart, de nobles chevaliers se traîner à pied, sans armure, mendier leur pain de porte en porte, *sans en trouver*. Ayant reposé ses troupes dans notre cité, le duc marcha sur la Haute-Guienne ; mais il apprit qu'une trêve entre les deux nations avait été conclue le 27 juin ; elle fut prolongée jusqu'au mois d'avril 1377. Les hostilités étant suspendues, Lancastre s'en retourna en Angleterre, laissant le soin des affaires à Felton, grand-sénéchal de Guienne.

Felton était loin d'être un homme politique ; la bonne volonté et la fidélité ne suffisent pas toujours. Il voyait la Guienne s'en aller en lambeaux, sans pouvoir la retenir. La faiblesse des Anglais se trahissait par les mesures acerbes et vindicatives qu'ils prirent pour empêcher une défection complète. Felton fit plus de mal qu'il ne croyait à ses maîtres, en voulant, par des rigueurs particulières, les venger des défaites qu'ils avaient essuyées. Dans les dernières circonstances, Amanieu de Pommiers avait cru devoir garder une espèce de neutralité entre les parties belligérantes ; mais sa conduite parut suspecte à Felton. Il fut arrêté et convaincu d'avoir voulu livrer aux Français le château de Fronsac. Felton le fit décapiter sur la place de Bordeaux, et confisqua sa vicomté au profit de l'Angleterre. Son oncle, craignant le même sort et ne pouvant pas venger les malheurs de sa famille, s'en alla à Jérusalem ; à son retour, il s'attacha aux Français et rechercha partout des occasions de vexer le sire de Lesparre et tous ceux qui avaient pris part à la condamnation de son neveu. Ces vengeances particulières nuisaient beaucoup à la cause de l'Angleterre : elles trahissaient la faiblesse et la peur de ses agents ; elles étaient souverainement impolitiques et contraires aux sages intentions du roi Édouard, qui avait fait tout ce qu'il lui était possible pour s'attacher les Bordelais. Il avait, même dès l'année 1374, rendu en leur faveur l'ordonnance suivante : « Pour les grands et agréables services que nos chers » et féaux, les maire et jurats de notre cité de Bordeaux, nous » ont rendus en les présentes guerres, et afin qu'ils soient en- » core plus encouragés à demeurer en notre vraie obéissance, » nous leur faisons rémission de tous les crimes qu'ils peuvent » avoir commis jusqu'à ce jour dans le temps passé, soit con- » tre les ordonnances de nos monnaies, soit dans toute autre » occasion. »

Toutes ces bienveillantes dispositions du roi furent neutralisées par l'injustifiable rigueur de Felton. Pommiers de Fronsac ne fut pas le seul qui encourût sa disgrâce; Jean Colomb, l'un des plus influents bourgeois de la ville, les seigneurs de Plassac, de Landiras, et Bertrand du Franc, furent aussi accusés d'avoir entretenu des relations secrètes avec les Français. Colomb fut arrêté comme voulant livrer la ville aux ennemis de l'Angleterre; les deux autres avaient trempé dans le complot. Colomb fut décapité sur la place publique; les deux autres, après sept mois d'emprisonnement, ne durent leur liberté qu'aux sollicitations réitérées de leurs amis.

Dans ces pénibles conjonctures, Édouard meurt et laisse la couronne à son fils Richard, âgé de onze ans. La minorité du prince a de graves inconvénients dans tous les temps; dans celui-là, elle était une source de sérieux obstacles aux succès des Anglais. Le roi de France voyait arriver avec plaisir le terme de la trêve; il se prépara à la guerre. Les forces destinées pour l'expédition de la Guienne furent commandées par le duc d'Anjou, qui avait sous lui le fameux Duguesclin, connétable de France, Louis de Sancerre, maréchal, le comte d'Armagnac, les sires d'Albret, de Coucy, etc., etc. Les Anglais marchaient sous les ordres de Felton; il était accompagné des seigneurs de Duras, de Mussidan, de Rauzan, de Langoiran et plusieurs autres personnages de la Guienne. Bergerac était alors le boulevard des Anglo-Gascons; d'Anjou et Duguesclin l'assiégèrent le 22 août. Le commandant de la place était Perducas d'Albret, guerrier intrépide et célèbre *routier*, qui avait à son service des *Routiers* comme lui-même, compagnies nomades qui se mettaient au service des princes pour de gros salaires. Ces colonnes errantes prenaient pour nom de guerre des sobriquets, ou noms fictifs, empruntés aux prières ou aux cérémonies religieuses, parfois même à leurs actions militaires, tels que la compagnie *Pater noster*, celles d'*Ave maria*, du *Miserere*, de *Coupe-gorge*, de *Tristan*, du *Brulard*. Le siège commença avec ardeur; mais la valeureuse résistance des assiégés, soutenue par les fortifications de la ville, rendit l'attaque infructueuse, malgré les secours en hommes que le sire d'Albret de Langoiran avait conduits aux Français. Alors voyant que le siège allait traîner en longueur, le duc d'Anjou envoya chercher à La Réole la *truie*, machine de guerre, qui avait la forme de cet animal; elle était construite pour contenir cent hommes d'armes, et lançait de grosses pierres contre les assiégés qui paraissaient sur les remparts et qui auraient pu incommoder ceux qui en minaient les fondements. Le détachement qui devait la transporter à Bergerac n'était guère composé que de deux cents hommes (quatre cents disent les *Chroniques de Saint-Denis*), sous les ordres de Jean de Bueilh; ce corps grossit par de nouvelles troupes accourues pour le rejoindre, et fut composé de six cents hommes en tout. Felton, qui avait auprès de lui les seigneurs de Duras, de Rauzan, de Mussidan et de Langoiran, s'en aida pour repousser les Français, qui venaient, dans leurs courses, jusque sous les remparts de Bordeaux. Il apprit le projet des Français, et alla, avec des troupes d'élite, s'établir en embuscade dans les environs de La Réole, afin de surprendre le détachement de Bergerac et d'en faire une prompte et sévère justice. Mais ce petit corps, revenant de La Réole, rencontra deux cents hommes qui précédaient les seigneurs bordelais comme éclaireurs, et dans le but de protéger les

Livre V. Chap. 5.

1377.

Registres de l'Hôtel-de-Ville de Périgueux.

Bul. polymath. du Musée de Bordeaux, année 1812.

Tom. 6, p. 551.

fourrageurs. Le combat s'engagea à Eymet, le 1ᵉʳ novembre (1ᵉʳ septembre disent les *Grandes Chroniques de France*); la mêlée fut rude. La terre fut bientôt jonchée de lances brisées, de blessés et de morts, et des ruisseaux de sang coulaient sur le champ de bataille. Les seigneurs de Grignols et de Carle y périrent ; Felton et les seigneurs gascons, ses amis, furent faits prisonniers. Quelques-uns se sauvèrent dans les campagnes et furent recueillis et ramenés à Bordeaux par le maire de la ville, Jean de Moulton, à la tête de cent lances, et le sénéchal des Landes, Guillaume Helman avec ses soldats, qui se portaient au devant de leurs compatriotes.

Les Français, fiers de leurs succès, s'en retournèrent à Bergerac avec leurs prisonniers, et y furent accueillis avec transport. Le siège fut pressé avec une nouvelle vigueur, au point que la ville voulut se rendre: d'Albret s'y opposa; mais voyant toute résistance inutile, il se retrancha dans le fort de Montcuq, ou de Monin, au delà du pont, du côté de l'Agenais, où il se défendit en désespéré. Après la prise de Bergerac, les Français allèrent piller Sainte-Foy, *petite ville et peu peuplée,* dit Froissart. Créon se rendit, et le maréchal de Sancerre et le sire de Coucy se rendirent maîtres de Saint-Émilion et de Libourne. Duguesclin, en haine du nom anglais, fit alors démolir le château de Condate, qui lui avait servi de prison; le duc d'Anjou lui-même alla assiéger le château de Saint-Macaire.

Après avoir demeuré quelque temps au pouvoir du duc d'Anjou, les quatre barons gascons obtinrent leur liberté, sur la foi d'un serment de fidélité au roi de France. D'Anjou alla assiéger Castillon-sur-Dordogne, qui appartenait au captal de Buch. Le siège fut poussé avec vigueur: comme le pays était dépeuplé et l'agriculture négligée dans un rayon de plusieurs lieues, la famine se mit dans les rangs des assiégeants et les mit dans la nécessité d'aller chercher au loin des vivres et des approvisionnements de toutes sortes pour les hommes et les chevaux. Les paysans, qui penchaient pour les Anglais, tendaient des embûches à ces corps dispersés, et en faisaient un horrible carnage. Mais, enfin, après une héroïque résistance de douze jours, Castillon se rendit à la France : la garnison obtint la liberté de sortir, biens et vies saufs, et de se retirer à Saint-Macaire, qui tenait encore, au grand chagrin des Français. Alors le duc d'Anjou ayant appris que les quatre barons qui avaient été ses prisonniers avaient violé leur serment de fidélité au roi de France, jura de s'en venger et de leur faire sentir, par une punition exemplaire, l'énormité de leur crime. Mais avant d'attaquer leurs propriétés, il alla assiéger Sauveterre, qui résista trois jours; Montségur se rendit le lendemain; Caudrot résista noblement pendant quatre jours; et Saint-Macaire, après quatre jours d'une glorieuse résistance, attaqué de toutes parts par huit truies et huit engins, fut enfin forcé de se rendre. Les Français y pénétrèrent et y trouvèrent beaucoup de pain et de vin, dit Froissart, ainsi que de grandes maisons, qu'ils admirèrent à cause de leur beauté. La garnison se retira à Bordeaux. Alors les Français, moins gênés dans leurs opérations militaires, parcoururent le pays en toute liberté; ils réduisirent Castets, Langon, plusieurs places fortifiées, en tout, cent trente-quatre villes ou châteaux-forts. Les seigneurs de Budos, de Caumont, de Villandraut, vinrent à Saint-Macaire se soumettre à la France.

Livre V. Chap. 5.

1377.

Froissart, tome 2, liv. II, chap. 6.

Tout fier de ses succès, le duc alla attaquer Cadillac, et, de là, se rendit devant Duras; il voulait enfin réaliser ses projets de vengeance contre les barons infidèles à leurs serments. Le seigneur de Duras s'y était rendu pour défendre son château : l'attaque fut violente; elle fut faite le 8 octobre 1377, sur tous les points, tout autour et à la fois; mais la résistance fut énergique; rien ne put vaincre l'intrépidité des défenseurs. Alors on offrit 500 liv. à celui qui entrerait le premier dans la place. Plusieurs vaillants soldats se présentent; mais ils sont renversés morts ou grièvement blessés. Les autres sont

Livre V.
Chap. 5.

1377.

Froissart,
ibid.

Chroniques
de
Saint-Denis.

découragés; mais, enfin, Langoiran arrive : il était resté fidèle à ses serments à la France; il voulait faire preuve de dévoûment envers ses nouveaux maîtres et se venger aussi de Duras, dont il avait à se plaindre. Il monte sur une échelle, l'épée à la main; et peu soucieux de sa vie comme du danger, il saute sur les murs, assailli de mille coups; on le presse de toutes parts, on lui arrache le camail et le bassinet (casque) de la tête. Il se défend en désespéré, et ménage aux autres le temps de monter sur les remparts. Mille Français accourent et le sauvent; le combat est sanglant. Le courage des assiégés était celui du désespoir; ils furent tous passés au fil de l'épée. Dans aucun combat ou siège, durant cette campagne, on n'eut à enregistrer tant de hauts faits d'armes. Blaye tomba bientôt après au pouvoir des Français; et vers la fin de 1377, il ne restait plus aux Anglais, dans la Guienne, que Bordeaux, Bayonne, Dax, Fronsac et Bazas, Mortagne-sur-Mer, quelques petites places du Médoc, des Landes et du Labourdan. Le château de Duras tenait encore malgré la reddition de la ville; le duc d'Anjou en reçut le seigneur à composition, et lui permit de se rendre à Bordeaux. Le roi d'Angleterre, pour le dédommager de son château, lui donna, sa vie durant, la prévôté de Bayonne, avec les châteaux de Montségur et de Lesparre.

CHAPITRE VI.

Une escadre anglaise à Bordeaux. — Le siége de la Tour de Mambert à Pauillac.— Château-Latour. — Succès du duc d'Anjou. — Ligue entre Bordeaux et les villes voisines, qui s'appellent ses *filleules*. — Conduite du seigneur de Mussidan. — Langoiran tué devant Cadillac.—Escarmouches entre les Gascons et les Français. — L'archevêque de Bordeaux emprisonné en Espagne. — Le schisme.—Le Pape excommunie le vicaire de Saint-Michel. — Démêlés de la municipalité avec le clergé.—Richard protége le clergé.— Sa lettre.—Les joutes, ou tournois, de Bordeaux, etc.

Affaiblie par ces luttes incessantes, l'Angleterre désirait la paix ; ses embarras étaient grands et nombreux. Elle eut besoin de quelques jours de repos, ne fût-ce que pour respirer et pour remonter ses affaires. Charles V, au contraire, paraissait pressé d'en finir avec ces fiers insulaires, et de les chasser de la Guienne. Cependant, il ne fit rien de bien important pour atteindre ce but, pendant une grande partie de 1378. Mais ayant appris que Charles le Mauvais, roi de Navarre, avait promis des secours aux Anglais, il résolut de prévenir cette alliance en dépouillant ce roi de ses États. De leur côté, les Anglais envoyèrent à Bordeaux, sous les ordres du sire de Néville, une escadre composée de mille hommes d'armes, deux mille archers, qui furent bientôt rejoints par quatre mille Gascons. L'escadre pénétra sans difficulté dans la Gironde, fit lever, en passant, le siége de Mortagne, et arriva à Bordeaux, d'où Néville envoya cinq cents lances et mille archers en Navarre, au secours de Charles le Mauvais. Le château de Frousac était alors confisqué sur les Pommiers ; la garde en fut confiée à Néville, qui, pour mieux s'attacher les seigneurs du pays, leur paya les arrérages de la dernière guerre, et envoya des troupes pour faire le siége de la Tour

Livre V.
—
1378.

NOTE 50

Livre V.
Chap. 6.
—
1378.
Baurein,
*Variétés bor-
delaises,*
tome 2, p. 121.

de Mambert, en Médoc, où les Français s'étaient établis. Comme il fallait un bâtiment qui portât aux assiégeants des vivres, et qui pût les garantir contre les attaques dirigées du côté de la rivière, il prit à son service un navire de Bordeaux, armé en course, capitaine Gaston, et portant trente hommes d'équipage, dont quatre étaient canonniers, à 12 liv. par mois chacun; les autres avaient chacun 6 liv. par mois, et Gaston lui-même 15. Violemment attaquée par trois cents lances, la garnison se rendit et se retira au camp français. Les Anglais firent réparer le fort; elle servait à la défense du pays.

Cependant, le duc d'Anjou parcourait le pays en maître: Bordeaux tenait encore, grâce à ses fortifications et à la facilité que la Garonne offrait aux Anglais d'y introduire des vivres et des hommes. Plusieurs petites villes du pays, entre autres La Réole, Bazas et presque tous les châteaux-forts qui s'étaient rendus à Charles V, étaient rentrés au pouvoir de l'Angleterre après le départ des Français; ils n'avaient pas assez de troupes pour occuper militairement tous les points; et, en quittant le pays, ils voyaient avec douleur les habitants recourir de nouveau à la protection de l'Angleterre. Le duc d'Anjou, indigné de ces défections, se mit en campagne pour en faire une punition exemplaire, et même pour faire le siége de Bordeaux. Il arriva devant La Réole le 15 août; et après s'être rendu maître de la place, alla assiéger Bazas, d'où il voulait marcher sur Bordeaux; mais ayant appris les succès de Néville, et n'ayant pas de forces suffisantes, il se retira à Toulouse.

1379.

Pendant ce temps, les habitants des villes du pays bordelais, voyant se multiplier les réactions et les calamités qu'elles entraînent à leur suite, et ne pouvant plus se fier à leurs seigneurs, qui changeaient de drapeaux à volonté et se faisaient Anglais ou Français, selon leurs intérêts privés, comprirent enfin que l'union fait la force, et qu'une confédération entre eux pourrait seule les garantir contre les fléaux de ces guerres et leurs déplorables vicissitudes. Ils formèrent, le 22 juillet 1379, une ligue défensive, une république fédérative, sous le haut patronage de Bordeaux, dont les habitants, profitant beaucoup du commerce avec les îles Britanniques, s'étaient toujours montrés fidèles à cette puissance. Cette confédération se composait de Bourg, Blaye, Saint-Émilion, Libourne, Castillon, Saint-Macaire, Cadillac et Rions; ces petites villes s'appelaient les *filleules* de Bordeaux, qui, étant la capitale du pays, prit le nom de *marraine* à leur égard. Elles s'obligèrent à s'entr'aider contre les ennemis communs, à défendre les places dont les garnisons seraient appelées ailleurs, et à faire un service actif (1). Bordeaux était le point central où convergeaient les affaires, et d'où l'on devait envoyer, en cas de besoin, des hommes expérimentés pour commander dans les autres villes; c'était à Bordeaux que les députés des villes-filleules devaient se réunir pour discuter les intérêts généraux. Plusieurs autres localités, entre autres l'abbaye de La Sauve, obtinrent de Néville des lettres de sauvegarde; l'abbé Guillaume fit publier les siennes au mois de mai, par le trompette de la ville, dans tous les carrefours et places publiques. Peu à peu le pays prit un aspect rassurant; la paix semblait renaître.

Livre V.
Chap. 6.

1379.

Delurbe, *Chroniques*, folio 50.

Darnal, *Chroniques*, supplément.

Cirot, *Histoire de la Grande-Sauve*, tome 2.

Depuis l'affaire d'Eymet, le seigneur de Mussidan se tenait à Paris; mais il regrettait le beau ciel de Bordeaux et le serment qu'il avait fait au roi de France. Un beau jour, en proie à ses chagrins et à une mélancolie énervante, il s'échappa de Paris, monté sur un beau cheval; et après des marches longues et fatigantes, arriva à Bordeaux, où il fit sa soumission au sire de Néville. Langoiran, le compagnon de sa défection, ne le suivit pas; il resta fidèle à la France, et passa son temps

---

(1) Item quesi la vila de Bordeu et lo pays de la obedience deu Rey nostre senhor ave affar cavalgada per commandement de lui o de son loctenent que nos seram tot jorn ab la deyta vila et de sotz la baneyra de la deyta vila todas vetz que nos ne seram roqueritz per la deyta vila, etc.

Livre V.
Chap. 6.

1379.

à dévaster les terres de ses voisins, les seigneurs de Duras, de Rauzan et de Mussidan, dont lui et les siens avaient de grandes raisons de se plaindre. Peu soucieux des périls auxquels il s'exposait, il parcourait les campagnes et ravageait les terres de ses adversaires. Un jour, chevauchant sans peur près de Cadillac, avec une escorte de quarante lances, il s'approcha des barrières, après avoir laissé ses hommes d'armes cachés dans un bois voisin, et demanda aux gardes : « Où est votre ca-
» pitaine, Bernard Courrent ? Allez lui dire que le seigneur de
» Langoiran lui demande une joute pour l'amour de sa dame;
» s'il me la refuse, je dirai partout que c'est par couardise. »
A cette nouvelle, Courrent s'écria avec joie : « Çà, mes amis,
» ensellez-moi mon coursier; il ne s'en ira pas avec un re-
» fus, » et se met aux champs. Les deux chevaliers fondent l'un sur l'autre et se frappent à coups redoublés; leurs écus volent en pièces. Enfin, Bérard d'Albret de Langoiran tombe, renversé par un vigoureux coup de lance; mais en se relevant, Courrent lui arrache son casque et lui crie, la dague à la main : *Rends-toi, chevalier, ou tu es mort.* Langoiran résiste encore; il attend ses amis, qui s'élancent de leur embuscade; mais Courrent les voyant arriver à bride abattue, loge sa dague dans la tête de son malheureux adversaire et s'enfuit dans le fort. Les cavaliers relèvent leur infortuné capitaine, et jurent sur son cadavre de venger sa mort.

1380.

Charles V meurt, après avoir réduit presque toute la Guienne sous son autorité; le duc d'Anjou est appelé à la régence. Son départ ravive les espérances des Anglais, que le peuple appelait de ses vœux; mais la France, comme l'Angleterre,

1382.

ayant de grandes affaires sur les bras, une trève fut conclue, après de longues négociations, à Boulogne. Comme de grands

Duchesne, t. 1.
Froissart, t. 2.
Rymer, t. 3.

intérêts se heurtaient partout et semblaient compliquer d'une manière fâcheuse l'état politique de l'Europe, on fit une autre trève, qui devait durer jusqu'au 1er mai 1385.

1385.

A l'expiration de ces trèves prolongées, les hostilités recommencèrent ; on vivait dans cette fâcheuse alternative, qui faisait l'état normal de la société d'alors. La guerre, interrompue par quelques moments de repos, semblait l'élément naturel des mœurs sociales : ce n'était pas une guerre à outrance ; ce n'était pas une paix stable et complète ; c'était un état d'incertitude, de craintes, de tiraillement et de misère. Enfin, d'après les ordres du duc de Lancastre, Jean Harpedane, sénéchal de Bordeaux, assembla ses forces à Libourne, et voulut se joindre à un corps d'armée qui se préparait à parcourir la Saintonge et le Poitou, pour en déloger les Français; mais les opérations, de part et d'autre, se bornèrent à quelques escarmouches, sans résultat décisif. Lancastre venait souvent à Bordeaux : ses finances étant obérées, il ne négligea aucun moyen de se créer des ressources pécuniaires. Comme le roi d'Aragon s'était engagé envers le Prince-Noir pour une certaine somme d'argent, en compensation des services que celui-ci lui avait rendus, Lancastre la fit réclamer par l'archevêque de Bordeaux, qui trouva, en arrivant en Espagne, le prince sur son lit de mort. Quelques jours après les obsèques, auxquelles il assista, le prélat porta ses réclamations devant le conseil, qui allégua beaucoup de prétextes pour refuser, ou, au moins, renvoyer à une époque indéfinie le paiement réclamé. Le prélat mécontent, et qui, d'ailleurs, *avait la tête chaude*, dit Froissart, se permit des paroles offensantes pour la fierté espagnole. On le jeta en prison. Lancastre, indigné de la violation des droits des gens, déclara la guerre, qui ne se termina que par la délivrance de l'archevêque.

A cette époque, le schisme ravageait l'Église chrétienne, et, outre ces hostilités éternellement renaissantes, apportait dans la société, trop troublée, un nouveau ferment de discorde. La France reconnaissait le pape Clément ; l'Angleterre tenait pour Urbain V. Leurs prétentions rivales étaient également funestes à la religion, à la prospérité et à la paix des peuples. Irrités contre tout opposant, ils regardaient, dans

Livre V.
Chap. 6.
—
1385.

Louvet,
2ᵉ part., p. 92.
1385.

Froissart,
Chroniques,
tome 3, ch. 21.

> Livre V.
> Chap. 6.
> —
> 1387.

leur aveuglement, la violence comme un élément du succès. Urbain, fâché de ce que Charles de Duras s'était refusé à le reconnaître, l'excommunia. Il ne se borna pas là ; il crut pouvoir (au moins cela résulte de la Bulle de 1387) infliger des peines, même corporelles, à tout ecclésiastique qui, dans l'étendue du monde chrétien, oserait contrevenir à ses ordres. Jalabert, vicaire perpétuel de St-Michel à Bordeaux, ayant parlé en termes peu mesurés de l'excommunication du seigneur de Duras, le Pape ordonna à l'archevêque de Bordeaux de le mettre en prison. On ignore, dit un auteur, si ce prélat se fit un devoir d'exécuter cet ordre.

> D. Devienne,
> page 79.

Durant cette période, de 1380 à 1387, des dissensions graves agitèrent la population de Bordeaux : les chapitres de Saint-André et de Saint-Seurin étaient persécutés par la municipalité, qui voyait avec jalousie les grands priviléges dont ils avaient été dotés par les rois d'Angleterre. Le maire et les jurats percevaient un impôt de 12 deniers sur tous les marchands qui ne reconnaissaient pas la domination anglaise, et de 6 deniers seulement pour les autres personnes. Cette somme était payée, moitié par le vendeur des marchandises sur la place de Bordeaux, et l'autre moitié par l'acheteur. Le clergé ne fut pas épargné. La commune voulut forcer les membres du clergé à payer 5 sous pour chaque tonneau de vin vendu en ville pour leur compte. Jusque-là, les chapitres de Saint-André et de Saint-Seurin avaient la faculté de vendre leurs propres récoltes; la commune déterra de vieilles lettres-patentes d'Édouard Ier, en vertu desquelles elle avait le monopole de la vente du vin en taverne, depuis la Pentecôte jusqu'à la Saint-Michel. Elle s'opposa donc à la vente privilégiée des chapitres ; elle poussa la rigueur jusqu'à interdire le transport des blés et autres denrées dans leurs maisons; elle leur ferma les portes de la ville; elle leur défendit même de se rendre aux églises à l'heure où ils y étaient appelés ; et quand des troupes arrivaient d'outre-mer, les jurats les fai-

> Guienne
> monumentale,
> tome 2.

saient loger chez les ecclésiastiques comme chez les simples bourgeois. Si un clerc s'avisait de faire des réclamations, il était banni de Bordeaux. Cet état de choses était trop violent pour durer; c'était une persécution ouverte sans excuse, et la violation injustifiable des priviléges légalement accordés. Richard, roi d'Angleterre, accueillit les plaintes du clergé, et écrivit la lettre suivante au maire et aux jurats :

Livre V.
Chap. 6.

1387.

« Considérant que, si nous autorisions de pareils impôts et
» de pareils excès, ce serait violer les libertés de l'Église et
» offenser la majesté royale. Comme nous avons à cœur de
» maintenir les droits et les libertés de l'Église, et qu'il est
» établi qu'aucun clerc ne doit payer que l'impôt librement
» consenti par lui, nous vous ordonnons, sous peine de for-
» faiture et de la perte de vos priviléges, de ne plus inquié-
» ter, persécuter et injurier, sous quelque prétexte que ce
» soit, les personnes ecclésiastiques; de ne plus fermer les
» portes de la ville à l'arrivée de leurs denrées, si ce n'est
» dans un cas de danger pour la ville. Nous vous défendons
» de les bannir; et si, à l'avenir, ils se plaignent de vous,
» nous vous regarderons comme ayant méprisé les ordres
» royaux, et nous ferons une punition exemplaire. » La paix fut rétablie à Bordeaux; la municipalité cessa de persécuter le clergé.

Rymer,
t. 3, part. IV,
page 14.

Pendant ces trêves prolongées, les seigneurs de la Guienne croupissaient dans une oisiveté qui contrastait avec leur ardeur militaire et leurs habitudes guerroyantes. Ils rougissaient de leur inaction; ils désiraient les combats et les aventures de la guerre; et n'ayant à faire contre l'ennemi, ils se provoquaient mutuellement, non pas pour satisfaire des animosités personnelles, mais pour développer et entretenir leur courage et les dispositions guerrières de la jeunesse. Froissart parle de ces tournois devenus alors si fréquents. Le prince y assistait souvent : le champ du combat était entouré de palissades; des échafauds étaient dressés tout autour, et la présence des dames encourageait les héros de la lice et animait le tournois. On se battait à pied ou à cheval ; des règles établies empêchaient la fraude. On convenait du nombre de lances qu'on voulait rompre ; et comme les chevaliers étaient armés de toutes pièces, il était rare qu'un combattant y perdît la vie. Ces joutes se renouvelaient très-souvent ; mais l'une des plus célèbres dont les romanciers du temps aient parlé, était celle qui eut lieu en 1387, entre Guillaume de Montferrand, premier baron du Bordelais, représentant et ami des Anglais, et le sire de La Rochefoucauld, partisan de la France ; elle eut lieu sur la place de Saint-André, vis-à-vis du palais archiépiscopal (longtemps appelé l'Abbaye), où logeait le duc de Lancastre. La Rochefoucauld, jeune, vigoureux, bouillant de courage, demande à Montferrand *à courir avec lui trois lances à cheval, à férir trois coups d'épée, trois coups de dague et trois coups de hache.* Montferrand accepte ; les deux héros se font suivre chacun de deux cents chevaliers et écuyers. Le comte de Foix fournit à La Rochefoucauld, cousin-germain de sa mère, les écuyers, les meilleurs chevaux et les armes. Montferrand avait avec lui Langoiran, Duras, La Barde, toute la fleur de la noblesse bordelaise. Les deux champions s'élancent dans la lice, fiers de combattre pour la gloire de leurs patries respectives, sous les yeux de leurs parents, des preux du pays et des dames, qui applaudissaient avec transport. Les trois lances sont rompues dans des chocs violents ; la victoire reste indécise ; enfin, ayant rempli les conditions convenues, ils se séparent avec des avantages égaux. Le soir, pour couronner la fête, le sénéchal Harpedane régala à un splendide repas les dames qui étaient venues chercher au milieu des guerriers des émotions si peu en rapport avec les douces habitudes des boudoirs et des salons.

En 1389, il y eut un autre tournois, au même lieu, entre cinq Anglophiles, d'une part, et cinq Français, de l'autre. Froissart y vint d'Orthez, où il se trouvait, avec les nobles du Béarn et du comté de Foix, le duc de Lancastre, la duchesse et leur demoiselle, ainsi que les dames et demoiselles du pays. L'un des combattants anglais porta, contre les règlements, sa lance trop bas, et tua le cheval de son adversaire; *de quoi,* dit Froissart, *le duc de Lancastre fut moult courroucé et en blâma moult le chevalier, et fit rendre un des siens (chevaux) au bâtard* (Bertrand de Chavigny, qui avait été démonté.)

Jehan Jouvenel des Ursins parle aussi d'un combat qui eut lieu entre dix-sept chevaliers francs et dix-sept Anglo-Gascons, en champ clos, sous les yeux des sires Harpedane, sénéchal de Saintonge, et le sire de Duras, tous deux nommés juges du combat. La victoire demeura aux Français, au dire des seigneurs juges.

Livre V. Chap. 6.

1387. Baurein, *Variétés bordelaises,* t. 2, page 10.

CHAPITRE VII.

Le duc de Lancastre crée de nouveaux impôts. — Richard accueille les plaintes des Libournais. — Il donne à Lancastre la souveraineté de la Guienne. — Bordeaux ne veut le recevoir que comme lieutenant général. — Il y consent, après avoir compris les raisons des Bordelais. — Richard négocie une trêve avec la France. — Le duc de Gloucester s'y oppose. — Il est étranglé. — Richard devient impopulaire. — Il est détrôné. — Il est emprisonné. — Il meurt de faim. — Le jeune Bolingbroke prend le nom d'Henry IV. — Deuil des Bordelais pour Richard. — Intrigues de la France. — Des troupes anglaises à Bordeaux. — Complot contre l'Angleterre. — Duel de deux bourgeois de Bordeaux.

<small>Livre V.
—
1388.
Guinodie,
Histoire de Libourne,
t. 1er, p. 384.
22 Janvier et 2 mai.

Marie de St-George,
Le Maire, ou le Tableau municipal de Bordeaux,
page 15.
—
Livres des Bouillons,
folio 63.
1389.
2 Mars.</small>

Le duc de Lancastre avait ruiné ses finances dans ses malheureuses expéditions en Portugal et en Espagne ; il fallait les remonter pour faire face aux éventualités. Tous ses agents se prêtèrent trop complaisamment à ses désirs. Le comptable avait établi, pour lui plaire, plusieurs impôts onéreux sur les habitants de Libourne; ils portèrent plainte à Richard, qui venait de prendre les rênes de l'État, et obtinrent de ce prince une Charte qui ordonnait au comptable de ne tolérer aucune innovation, de suspendre la perception des 10 sous qu'ils payaient pour chaque tonneau de vin chargé dans leur rade, et de ne prendre aucune mesure qui pût nuire au commerce de Libourne et à la prospérité de leur port. Richard se montra toujours l'ami de la Guienne; mais il était entouré de perfides ministres, qui ne voulaient lui laisser que l'ombre de la royauté. Il se débarrassa de leur fâcheuse tutelle; et pour éloigner aussi le duc de Lancastre, qui le gênait dans ses meilleures intentions, il lui donna le duché de Guienne et l'en investit avec solennité, en lui mettant une cape sur la tête et une verge d'or à la main, le 2 mars 1389. Il ne se réserva, à lui et à ses successeurs, que l'hommage-lige, comme se prétendant roi de France, à l'exemple d'Édouard. On voit, dans cette Charte, dit un auteur, que les ducs de Guienne avaient la sauvegarde et le patronat des églises cathédrales séculières et régulières, et de tous les bénéfices ecclésiastiques, le droit de battre monnaies d'or et d'argent, de changer la nature et la valeur des espèces, de donner des lettres de noblesse, d'instituer ou de destituer tous les officiers de justice, de faire grâce aux criminels, d'accorder des immunités et des priviléges; mais ils étaient obligés de conserver les lois fondamentales et les priviléges de la province. Le duc avait déjà été comblé de grandes faveurs; il avait reçu comme don, en 1376, la seigneurie de Bergerac. En 1380, il avait obtenu de Richard la permission de battre monnaie à Bayonne, à Dax et dans toute autre localité de la sénéchaussée des Landes, pendant deux ans, sans parler des maisons et d'un riche hospice qu'il eut à Calais. Tout cela ne contenta pas son ambition; il en voulait davantage. Richard lui accorda une quasi-souveraineté en Guienne; mais il ne fit que lui créer une source de contrariétés et de chagrins, et, par contre-coup, de grands embarras et de peines à lui-même.

Livre V. Chap. 7.

1389. D. Devienne, p. 80.

Louvel, 2ᵉ part., p. 98.

Rôles gascons, années 1390, 1392.

Archives du duché de Lancastre, Cartul, t. 1.

Rymer, Supra.

La trève, longtemps annoncée, fut enfin conclue entre la France et l'Angleterre. Le duc de Lancastre, nouvellement arrivé, délégua, le 28 juillet 1388, pour la publication de l'amnistie dans le pays *d'Entre-deux-Mers*, son chambellan, Richard d'Alberbury, François, archevêque de Bordeaux, Florimond, sire de Lesparre, et Pellegrin Dufau, docteur en décrets. Ces commissaires arrivèrent à Blaye le 18 août; et dans un manifeste lu à haute voix, déclarèrent accorder à *l'adversaire de France,* ainsi qu'au duc de Berry, gouverneur général des provinces aquitaniques, *bonnes, fermes et loyaux abstinences de guerre,* depuis mercredi, le 26 août, jusqu'au 16 mars suivant, *soleil levant.*

Pendant ce temps, devaient cesser dans toute la Gascogne, Saintonge, Périgord, Angoumois, Poitou, Touraine et Anjou, *toutes prises de personnes et de forteresses, toutes pilleries, roberies et arsins* (incendies), et ample faculté accordée à tous *d'aller, venir et marchander entre eux.*

Persuadé que tout allait bien, Richard, dans une dépêche aux sénéchaux, maires et communautés de Guienne, leur ordonna de reconnaître la nouvelle dignité de son oncle, le duc de Lancastre, qui allait se rendre à Bordeaux, mais dont le départ fut retardé par une prolongation de la trève et par la mort prématurée de la reine. Enfin, le duc s'embarqua à Plymouth, et arriva avec son escadre, par la Dordogne, dans le port de Libourne, d'où il écrivit aux maires et jurats de Bordeaux, Bayonne et Dax, pour se faire reconnaître dans les nouvelles fonctions dont le roi l'avait investi au palais de Westminster. Les envoyés furent accueillis partout avec respect, et partout aussi ils entendirent les mâles accents d'une noble indépendance. On leur répondit, à Bordeaux, que le duc y serait reçu avec respect et avec les honneurs dus à sa qualité d'oncle du roi, dit D. Devienne; qu'il pouvait même continuer en Guienne ses fonctions de lieutenant général, mais que la ville ne reconnaissait que l'autorité du roi d'Angleterre; qu'on n'avait connaissance d'aucun acte qui affranchît les Bordelais de l'hommage et du serment de fidélité qu'ils lui avaient prêté; que Bordeaux, et même toute la Guienne, étaient trop intimement liés à l'Angleterre, pour qu'il fût possible à qui que ce fût de les en détacher; que, si cela s'effectuait, ils en souffriraient un trop notable préjudice; que la bonne intelligence qui régnait pour le moment entre le duc et son souverain pourrait s'altérer dans la suite; que la province tomberait plus facilement entre les mains des Français, si les Gascons ne pouvaient plus compter, comme auparavant, sur le secours des Anglais; ce qui arriverait infailliblement, quand il n'y aurait plus entre eux d'unité de gouvernement ni d'intérêts; que la Guienne aurait toujours besoin du commerce et de la protection de l'Angleterre; mais que cette puissance n'aurait plus pour eux les mêmes raisons de dépenser ses trésors et ses hommes pour un duché séparé et presque indépendant de la métropole. Ces raisons étaient bonnes ; le duc en comprit la portée et la justesse. Les Bordelais, tous les habitants de la Guienne, étaient, en général, attachés aux Anglais : ils en avaient reçu de grands priviléges, *chose, dit* Froissart, *qu'ils craignent singulièrement de perdre*, et qu'ils n'étaient pas sûrs de conserver sous un gouvernement faible, tenté de suivre ses caprices, étant affranchi de la salutaire tutelle d'une autorité supérieure, et à laquelle ils auraient été soumis de force, comme par droit de conquête. Lancastre répondit qu'il n'entendait exercer d'autre autorité en Guienne que celle qu'avait exercée le prince de Galles. Mais le cas était différent. Du temps du prince, les Bordelais et les habitants de la province, en général, n'avaient pas les libertés qu'ils obtinrent plus tard ; ils avaient plus de raisons alors pour résister qu'il n'en avaient du temps du prince. D'ailleurs, le prince de Galles était l'héritier présomptif de la couronne : les droits à lui accordés ne devaient durer qu'un temps, au lieu que le duc de Lancastre était de la ligne collatérale, et sans autre droit à la couronne que des prétentions peu réalisables ; la séparation allait être définitive.

Cette réponse des Bordelais étonna le duc ; il insista, cependant, sur les ordres du roi, et prétendit qu'il était venu pour le bonheur du peuple ; que la province étant devenue son héritage, il la devait gouverner en bon père de famille et la transmettre ainsi heureuse et prospère à ses enfants. Les Gascons se méfiaient de ces belles paroles ; ils aimaient mieux tenir qu'espérer. Ils répondirent par un refus absolu. Alors le duc, en bon diplomate, leur proposa de soumettre l'affaire au roi lui-même. Les Bordelais, tous les Gascons, y consentirent ; mais le roi, désireux d'éloigner le duc et son fils, le comte de Derby, dont les intrigues troublaient et troubleraient encore davantage la paix intérieure du royaume, confirma la donation. Les Gascons, mécontents, reproduisirent les raisons déjà alléguées ; ils ajoutèrent qu'il n'y avait à Bordeaux qu'un sentiment général de répulsion pour le duc ; que la cour pourrait bien avoir des raisons de se défaire d'un intrigant ; mais qu'il devait être bien permis au peuple de ne pas le vouloir pour souverain ; qu'ils ne lui reconnaîtraient jamais des pouvoirs quasi-royaux, mais qu'ils consentiraient à le recevoir comme lieutenant général. C'était déjà beaucoup pour un homme politique comme lui ; c'était trop pour les Bordelais, dont il avait perdu l'estime et l'affection. Le roi et le Parlement comprirent la position délicate et désagréable du duc : Richard, craignant la versatilité des Gascons et l'influence secrète de la France, retira la Charte de donation. Lancastre feignit de se soumettre de bonne grâce aux exigences des Bordelais ; mais un sentiment de vengeance couva longtemps au fond du cœur. Il arriva à Bordeaux bientôt après ; mais les habitants refusèrent de lui ouvrir les portes avant qu'il n'eût signé des actes constatant qu'il renonçait à ses prétentions à la souveraineté de la Guienne, et qu'il s'engageait, comme lieutenant général du roi d'Angleterre, à y faire observer une exacte justice, et à ne pas innover dans les usages et priviléges de la ville et de la province. Le duc, en habile politique, signa ces actes, en mars 1394, en présence des États-généraux de la province, qui étaient assemblés ; et quittant le quartier de Saint-Seurin, où il était logé, il fit son entrée solennelle en ville, et alla s'établir à l'Abbaye de Saint-André (l'ancien Archevêché), où allaient loger depuis quelque temps des princes et des lieutenants généraux, à leur passage à Bordeaux.

Fatigué des incessantes intrigues et des complots des ennemis de la paix publique, Richard crut devoir s'assurer des bonnes dispositions des puissances voisines, pour pouvoir mieux surveiller les mécontents de l'intérieur ; il fit demander en mariage Isabelle, fille de Charles VI, et négocia une trêve de vingt-cinq ans avec la France. Le duc de Gloucester désapprouva ces mesures : se trouvant à la tête d'une forte opposition, il se mit à miner l'autorité royale, avec ses nombreux partisans; mais informé de ses sourdes machinations, le roi le fit étrangler en prison, à Calais.

Ces mesures violentes et impolitiques, quoique inspirées par une juste méfiance, firent à Richard beaucoup d'ennemis: son despotisme s'accroissait en raison des longues trèves et des craintes qu'il inspirait; la liberté allait périr. Ses agents, en Guienne, imitaient sa conduite arbitraire et imposaient de lourds impôts sur les communes et sur les marchandises voiturées sur les voies publiques; les seigneurs, en général, surtout ceux de Castillon et de Fronsac, ne connaissaient plus de frein à leurs exigences. Le désordre était partout, dans les esprits comme dans les choses, et la société, en proie à des factions, semblait arrivée, avec tant d'éléments dissolvants, à une ruine imminente.

Lancastre mourut à la fin de 1398; le duc de Hertford, son fils et héritier, ayant trempé dans quelque intrigue politique, le roi le bannit à perpétuité et confisqua tous ses biens. Ce jugement inique indisposa le peuple contre le roi; les seigneurs anglais étaient très-mécontents. Ils voyaient disparaître leurs influences et leurs priviléges, sous la pression du despotisme; les seigneurs regrettaient leurs franchises, que le prince ne respectait plus, et la liberté de l'Angleterre n'était presque plus qu'un nom. L'effervescence était grande et générale: une émeute prit un beau jour les proportions d'une révolution. On jeta le roi en prison, et, à sa place, on proclama roi le jeune duc de Hertford, auquel son exil et ses infortunes avaient concilié toutes les sympathies. Le jeune prince traita durement le vieux roi: l'esprit public s'émut en faveur du captif; mais le prince, qui portait la couronne, le fit massacrer en prison, disent les uns, ou, selon l'opinion la plus probable, le fit mourir de faim, en 1400.

Livre V.
Chap. 7.

1397.
Thoyras,
tome 3.

Lingard,
Histoire
of England.

29 Septembre
1399.

Livre V.
Chap. 7.

1397.

1399.

Froissart,
ch. LXXIX.

Ces tristes nouvelles furent bientôt connues à Bordeaux ; l'indignation y devint générale. Jamais prince ne fut si regretté des Bordelais que l'infortuné Richard : il était né à Bordeaux ; il y passa son enfance, ses jeunes années, et y fut regardé comme un concitoyen et un frère (1). Il avait, par sa Charte de 1382, qu'on retrouve dans le *Livre des Bouillons*, confirmé tous les priviléges des Bordelais. Après son abdication, le peuple se porta en masse à la maison du sénéchal, à Bordeaux, et le chargea d'écrire au jeune Henry de Bolingbroke, devenu roi sous le nom d'Henry IV, qu'on allait se donner à la France, si l'on ne mettait pas en liberté leur bien-aimé Richard. Bayonne et Dax menacèrent de faire de même ; mais les amis de la Maison de Lancastre ne firent aucun cas de ces menaces impuissantes ; ils savaient que les Gascons tenaient à leurs intérêts, et, par conséquent, à l'Angleterre ; et que, d'ailleurs, les principaux seigneurs du pays, les Langoiran, les Montferrand, les Pommiers, les Rauzan, les Landiras, les Duras, les Compane, etc., etc., étaient trop anglais pour souffrir une défection générale. Cependant, Charles VI crut pouvoir et devoir profiter de ce mécontentement, et fit quelques avances pour gagner l'affection des Bordelais ; il envoya le duc de Bourbon à Agen, avec mission de voir les députés de Bordeaux, de Bayonne et de Dax, et de leur faire les promesses les plus flatteuses pour les peuples de la Guienne, s'ils voulaient se déclarer pour la France. Mais ces députés,

---

(1) Quand ceulx de la cité de Bourdeaulx, dit Froissart, entendirent que leur sire, le roi Richard, avait esté prins et mis en la Torre de Londres, et le duc de Lencastre couronné à roy, ils feurent fort mélancieux ; car le roy Richard avoit esté norry entre eulx. Si l'aimoient bien ; et quand les Bourdeloys venoient devers lui, il les recueilloit doucement et joyeuzement, et s'enclinoit à faire leurs resquettes et voluntez... Hà, Richard, gentil roy, par Dieu, vous estes le plus prude homme de vostre royaume !.. N'oncques (les Londriens) ne peuvent vous aymer, et encores moins depuis que vous vous alliastes par mariage au roy de France... Puisque vous estes en prison, ils vous mettront à mort. Ainsi couroient les lamentations parmi la cité de Bourdeaulx et en Bourdeloys.

ne voyant pas de grands avantages, ni de ressources probables dans la nouvelle alliance, répondirent qu'en accédant à un changement dynastique, leur commerce allait être anéanti; qu'ils n'avaient presque rien à vendre à la France, tandis que leurs vins, leurs cuirs, leurs laines, résine et autres produits de la Guienne, trouvaient toujours un facile débouché en Angleterre; qu'en comparant leur situation, quoique peu satisfaisante, avec celle des provinces françaises limitrophes, *qui étaient taillées et retaillées deux ou trois fois par an, et vexées, par les Français, de fouages et d'exactions*, elle leur paraissait passable et bonne, et, enfin, qu'en cas de réunion à la France, ils n'entendaient pas se courber servilement sous le roi comme les Français.

Ces considérations empêchèrent les Bordelais d'adhérer aux propositions du duc de Bourbon; ils restèrent attachés par intérêt à l'Angleterre, malgré leur antipathie et même leur haine pour l'usurpateur de la couronne et l'assassin de leur cher Richard. Sur ces entrefaites, Thomas de Percy et l'évêque de Londres arrivèrent à Bordeaux avec des troupes; toute négociation fut rompue avec la France. On accueillit avec bonté les envoyés d'Henry IV, qui descendirent à l'ancienne Abbaye de Saint-André. Le lendemain, ils exposèrent aux autorités compétentes leur mission et les promesses du nouveau roi; ils pallièrent les plus vilains traits de l'assassinat de Richard, et réussirent peu à peu à calmer l'indignation des Bordelais et des Gascons en général. L'intérêt commercial étouffa les affections politiques et la colère dans les hautes classes; mais le peuple ne se calma pas. Parmi les Anglais qui vinrent alors à Bordeaux, il se trouva un individu fortement soupçonné d'avoir égorgé le roi Richard dans sa prison de Flint; c'était assez pour le peuple, qui n'examine pas, qui ne réfléchit pas. On s'empara de lui; et après lui avoir fait endurer les tourments les plus cruels, et même la mort, on coupa au cadavre le bras droit et on l'attacha au

Livre V.
Chap. 7.

1399.

Delurbe,
*Chroniques
bordelaises.*

Livre V.
Chap. 7.

1400.

bout d'une pique, qu'on mit en guise de drapeau sur le palais de l'Ombrière.

Deux factions partageaient la ville de Bordeaux : les Gascons-Anglophiles et les Gascons partisans de la France. La mort de Richard, exploitée par les Français, enflammait les uns; une politique prévoyante, et fondée sur les intérêts commerciaux et de longues habitudes sociales, dirigeait les autres. Ces idées agitaient l'esprit public et donnaient lieu souvent à des reproches et même à des conflits nuisibles à la paix et à la tranquillité de la ville. Un jour, Bertrand Usana, bourgeois et marchand, arrêta dans la rue Poitevine Jean Bolomère, bourgeois aussi de Bordeaux, et lui tint des propos contraires à la fidélité que les Bordelais avaient jurée au roi d'Angleterre; il lui parla de la conduite indigne que des marins anglais avaient tenue naguère à Margaux et à Macau, où ils rompirent les branches d'arbres fruitiers et les transportèrent dans leurs navires. Il ne se borna pas là; il lui parla d'un complot pour secouer le joug tyrannique de l'Angleterre. Bolomère, indigné de cette proposition, s'écria : « Sainte-
» Marie, Sire, comment se pourrait-il que notre ville, qui,
» de tout temps, a été si loyale envers la couronne d'Angle-
» terre, et qui, moyennant la grâce de Dieu, le sera à l'ave-
» nir, se départît de son obéissance ! Eh ! comment pourraient
» faire les pauvres gens de la campagne et les sujets du roi,
» notre seigneur, lorsqu'ils ne pourraient plus vendre leurs
» vins, ni se procurer les marchandises, ainsi qu'ils sont ac-
» coutumés? — Laissez faire, Bolomère, répliqua Usana; nous
» vivrons sans eux; nous taillerons nous-mêmes la moitié de
» nos vignes, et nous y cueillerons le double du vin. » Bolomère repoussa la proposition; l'autre lui dit que, dans ce cas, il serait un jour chassé de la ville. Bolomère dénonça le fait aux autorités anglaises. Après avoir entendu les dépositions des partis, et en présence de l'affirmation de l'un et de la négation de l'autre, ne pouvant découvrir toute la vérité sur

un fait passé sans témoin, le connétable, en pleine Cour militaire, ordonna, suivant l'usage de ce temps-là, que cette contestation serait décidée par un duel entre les parties. Le roi d'Angleterre, instruit de cette affaire, ordonna à nos deux adversaires de se trouver à Nottingham le 12 août 1407.

Le jour du combat arrive : nos deux Gascons ne manquent pas de s'y rendre. Toute la cour assiste au champ clos, où les deux vieillards paraissent enfin avec toute l'ardeur de la jeunesse. Bolomère fond avec impétuosité sur son adversaire, qui marche vers lui avec intrépidité et se défend avec courage. Ils frappent d'estoc et de taille : l'attaque est violente, la résistance vigoureuse. Enfin, après une longue et rude joute, la cour, émerveillée de voir tant de vigueur, de courage, de noblesse et de probité en fait d'armes, dans ces deux vieillards presque décrépits, supplie le roi d'Angleterre, qui avait à son côté le roi d'Écosse, de faire cesser le combat, qui allait finir probablement par la mort de l'un de ces vaillants combattants. Le roi se rend aux vœux de toute la cour, et déclare, dans une Charte particulière, qu'ils avaient fait leur devoir respectivement : que Bolomère avait bien poursuivi et maintenu sa dénonciation contre Usana ; que celui-ci s'était défendu avec une égale valeur ; qu'ils n'avaient encouru aucune note d'infamie, de droit ni de fait ; mais qu'ils avaient mérité des éloges et qu'ils s'étaient même acquis de la gloire dans l'esprit de tout le monde, laissant toutefois, et toujours, au tribunal de Dieu, la découverte de la vérité.

Livre V.
Chap. 7.

1400.

CHAPITRE VIII.

Particularités historiques du XIVᵉ siècle. — Nouvelle enceinte. — Procession commémorative de cet agrandissement. — Les Chartrons commencés. — Hôpital Saint-André. — Différents pouvoirs ou autorités reconnues à Bordeaux. — Un agent du Pape entretenu à Bordeaux. — État politique de Bordeaux. — Respect du prince pour les libertés du peuple. — Les privilèges confirmés. — États-généraux de la Guienne. — Changements sous Philippe le Bel. — L'impôt *la gabelle*. — Ses progrès. — Impôt sur les vins. — Taxes particulières de la banlieue. — Les Serfs-questaux. — Corporation des métiers. — Salaires des ouvriers. — Femmes de mauvaise vie. — Influence de la religion.

Livre V.

Nous voici parvenus à la fin du XIVᵉ siècle, à travers une longue série de maux, de révolutions et d'événements extraordinaires. Le pays appauvri n'aspirait qu'au repos; mais le caractère turbulent des seigneurs ambitieux, vindicatifs et jaloux, le rendait impossible. L'agriculture, le commerce et l'industrie eurent, pendant ce siècle, moins à souffrir d'une guerre entre les puissances voisines, que de ces vexations réciproques, de ces tracasseries jalouses et quotidiennes que les seigneurs exerçaient sur leurs rivaux, leurs vassaux et même sur leurs serfs. Les habitants de la campagne, découragés par ces interminables hostilités, ces vexations toujours renaissantes, se réfugiaient sous les créneaux des châteaux-forts, pour y trouver la sûreté et la paix. De nouveaux bourgs furent ainsi fondés à l'ombre de ces remparts protecteurs; les villes devinrent plus populeuses, et Bordeaux fut considérablement agrandi. On déclara *padouen*, ou lieu de pâturage, la place qui s'étendait depuis le château de l'Ombrière jusqu'à la rivière, ainsi que tout le terrain du port, depuis la tour *Gassies* jusqu'à la porte *Tropeyte;* il était même défendu d'y amarrer les bateaux, d'embarquer ou d'y déposer des marchandises (1). Cependant, on fut autorisé, un peu plus tard, à bâtir des maisons, en ligne circulaire, autour du palais de l'Ombrière; et même, en 1305, le sénéchal obtint du maire et des jurats la permission d'y faire construire un hangar pour battre monnaie ; mais cette construction gênait la circulation et contrastait trop avec les formes grandioses du palais. Elle tombait, d'ailleurs, en ruine bientôt après ; mais le sénéchal la fit réparer, au grand chagrin de la jurade, en 1329. Sous l'administration de Jean de Lancastre, le maire et les jurats furent autorisés à utiliser les places vides, ou *padouens*, en bâtissant des maisons à la place Saint-Projet, aux portes Bouqueyre, Saint-Éloi, des Carmes, des Ayres et de Médoc, et à donner ces nouvelles constructions à cens et à rente, en tout ou en partie, au profit de la commune, sous la condition de donner au duc 1 *marc d'argent de revenu annuel, portable et payable dans le château de Bordeaux, à Noël*. Loup Burgon fut autorisé, en 1319, à se bâtir une maison entre les deux portes de la Rousselle ; plusieurs autres notables citoyens de Bordeaux obtinrent de la municipalité l'insigne faveur de bâtir des maisons contre le mur d'enceinte ; mais ils étaient obligés de tenir les portes de ces maisons, pratiquées dans ce mur, ouvertes le jour pour la libre circulation des bourgeois de la ville. Au commencement du XIVe siècle, le pape Clément V fit construire plusieurs maisons, et, en particulier, le magnifique dortoir des Dominicains, où il installa la Chancellerie pendant son séjour à Bordeaux.

C'est aussi dans ce siècle qu'on commença à bâtir des maisons et des chais (celliers) dans le quartier de Sainte-Croix. Tout propriétaire était tenu de payer au monastère une rente, dont le chiffre variait suivant l'importance des constructions. Ainsi, Bernard de Solers payait pour sa maison 2 deniers

---

(1) En 1520, la dame Lalande confirma au maire et aux jurats, et aux bourgeois de Bordeaux, le droit de *padouetage* sur les côtes d'Ambès. (Ms *des Coutumes*.)

d'*exporle*, 2 sous de rente et de *bian* (1). Jean Blanc payait 12 deniers d'*exporle*, 5 sous et 1 denier de cens et rentes. Les tonneliers (charpentiers de barriques) ont laissé leur nom à la rue où ils s'établirent (rue Carpenteyre); les pauvres se réfugièrent près des couvents qui se trouvaient en dehors des murs. On autorisa, sur le port, une ligne de maisons plus rapprochée de la rivière, depuis la porte Sainte-Croix jusqu'à celle du Chapeau-Rouge. Une grande portion de la population de Bordeaux se trouvait en dehors des murs; il fallait songer aux éventualités de la guerre et aux nouveaux moyens de défense et de sécurité. En 1302, les jurats s'assemblent avec les notables, en conseil extraordinaire, et délibèrent de renfermer dans la ville, par une nouvelle enceinte murée, les quartiers déjà populeux de Saint-Michel, de Sainte-Croix, de Campaure, de Tropeyte, et de combler les fossés de l'Intendance. Le mur de clôture devait commencer, au nord, près de l'Entrepôt réel de nos jours, et se diriger en ligne droite à l'ancienne porte Saint-Germain, d'où, après avoir formé un angle droit, il était continué jusqu'à Sainte-Eulalie, et, de là, en ligne courbe, jusqu'à Sainte-Croix. Sur cette nouvelle ligne, on fit faire des portes correspondantes avec celles qui se trouvaient sur la seconde enceinte. Ainsi, l'ancien mur, auquel était annexée la *Tour de la Cité*, depuis appelée *Tour-Gassies*, traversait l'emplacement de l'église Saint-Pierre, laissant en dehors une partie de ce monument; puis, séparant les maisons de la *rue de la Vieille-Corderie* de celles de l'*impasse Saint-Pierre*, autrefois *rue Ferrade*, il allait faire angle avec le mur du nord. Sur cet ancien mur, on avait pratiqué trois nouvelles portes : une dans la rue Gassies ; l'autre était la porte *Saint-Pierre*, située entre la rue du même nom et celle des Argentiers (elle avait remplacé, sans doute, la porte Navigère des premiers siècles); la troisième, enfin, appelée porte

---

(1) Le *bian* était une espèce de prestation en nature, qu'on pouvait, en certain cas, remplacer par une somme d'argent. Pour *exporle*, voyez page 410.

Despaux, et démolie lors de la construction de la *place Royale*, était séparée d'une porte de la nouvelle ligne murale, par une petite place, à l'extrémité de la rue Saint-Remi.

Dans le haut de la ville, ou la partie sud-est, on fit pratiquer trois nouvelles portes : celles de *Sainte-Croix*, de la *Grave* et des *Salinières*. Sur la ligne du nord, qui s'étendait depuis la rivière jusqu'à la place Saint-Germain, furent percées les portes du *Chapeau-Rouge*, de *Tropeyte*, de *Ducasse*, d'*Audeyole*, de *Corn*, de *Saint-Germain*. Sur la ligne murale, qui s'étendait depuis ce dernier point, on fit les portes *Dauphine*, *Dijeaux* (ou de *Jews*, porte Judaïque), du *Hâ* (ou du *Phare*), de *Sainte-Eulalie*. De cette dernière église, on fit une autre ligne avec les portes *Saint-Julien* et du *Mirail*.

Sur toutes ces lignes, on fit construire des tours de défense, toutes bien solides, mais plus ou moins élevées : les unes simples, sans ornementation; les autres avec des créneaux et des machicoulis. M. de Tourny en a remplacé plusieurs par des portes construites en guise d'arcs de triomphe; les autres furent démolies pour l'embellissement de quelques beaux quartiers, ou pour faciliter la circulation du monde.

L'une des tours fut construite à l'entrée de la *rue Chai-des-Farines*, et servait à défendre l'entrée de la Devèze; c'était la *Tour-Batefole*, qui, plus tard, fut appelée *Tour de Gaston*. Il y eut aussi une autre tour à l'embouchure de la Devèze; c'était la *Tour du Bessan*, ainsi nommée parce qu'elle appartenait à la famille noble du Bessan, en Médoc. A deux pas du nord de la porte Despaux, se trouvait la *Tour-Douet*, et un peu plus au midi de la même porte, était la *Tour d'Arsac*, ainsi appelée de la famille noble d'Arsac, dont l'hôtel se trouvait tout près. Derrière l'emplacement où a été construit le vieux Château-Tropeyte, au nord de la porte Saint-Germain, se trouvait la *Tour Saint-George*; la *Tour de Sainte-Eulalie*, appelée au XVIe siècle la *Tour-Nau*, se trouvait au midi de cette église, à l'angle du mur qui allait à la rivière, et sur lequel on fit construire, comme nous venons de le dire, les portes du *Mirail, Saint-Julien,* de la *Grave,* des *Salinières,* de *Sainte-Croix,* près de cette église, du côté de la rivière, et la *Tour du Merle,* un peu plus au midi. Plusieurs de ces portes subsistent encore ; mais, en quelques endroits, les autres furent remplacées, du temps de M. de Tourny, par des portes triomphales.

Il y eut aussi deux tours à l'embouchure du Peugue ; on appelait alors cette partie de nos quais le *port des Pèlerins.* Il y eut sur cette nouvelle ligne plusieurs autres tours d'une moindre importance, mais dont les noms se présentent quelquefois dans les vieux titres des XIV° et XV° siècles, telles que les tours *Sanguinet,* de *Dupin,* de *Portau-Barrat,* de la *Retge,* de *Riquet,* etc., etc.

Cette longue ligne de la troisième enceinte coûta des sommes immenses à la ville, et ne fut achevée qu'en 1335. Le roi d'Angleterre donna à la commune 200 liv. pour payer une partie des frais, et autorisa, par ses lettres-patentes, à trois époques différentes, en 1373, 1375 et en 1384, la municipalité à créer un nouvel impôt extraordinaire de 6 deniers pour l'achèvement de l'enceinte murale et la construction des tours de défense.

Il fut ordonné qu'en mémoire de cet accroissement de la ville, on ferait tous les ans, le jour des Rameaux, une procession qui parcourrait les nouveaux quartiers et rentrerait par une nouvelle porte, pour entendre le sermon sur la place de la Corderie, ou, en cas de mauvais temps, dans l'église des Jacobins. En rentrant en ville, on chantait devant la porte Médoc, avec les cérémonies accoutumées, le verset suivant d'un psaume de David : *Attollite portas vestras,* etc.

Pendant tout ce siècle, on continua plus ou moins activement les travaux et les embellissements de l'église de Saint-André : le chœur et la porte du nord, et quelques arcs-boutants furent achevés, grâce, en partie, au concours de Clément V, qui accorda, en 1306 et 1308, des indulgences à tous ceux qui contribueraient à la construction de cette belle église chrétienne. Vers la fin du XIVe siècle (1383), les Chartreux de Vauclaire, expulsés de leur couvent, comme partisans de l'Angleterre, furent généreusement accueillis par Pierre Maderan, notaire, homme pieux, riche et respectable; il leur donna pour résidence deux maisons qu'il avait au nord de la ville, dans un endroit appelé *Audeyola*, près de l'ancien Château-Trompette (nos Quinconces). Cette donation fut acceptée par dom Pierre de Faugeras, prieur de Vauclaire, et dom Pierre de Bosco, procureur du même monastère. Les religieux y bâtirent un petit couvent, autour duquel se groupèrent peu à peu des maisons particulières, qui ont formé le *bourg des Chartreux*, ou des *Chartrons*, comme on l'appelle de nos jours depuis la fin du XVIIe siècle, et qui est aujourd'hui l'un des plus beaux faubourgs de l'Europe.

Le XIVe siècle ne se distingua guère par les œuvres religieuses : toutes les pensées étaient tournées vers les nouveaux et nombreux besoins du peuple. On bâtit quelques couvents et chapelles particulières; mais l'édifice le plus remarquable de l'époque était, sans contredit, et sous tous les rapports, l'Hôpital de Saint-André, fondé, en 1390, par Vital Carles, chanoine et chantre de Saint-André, qui consacra une grande partie de sa fortune à doter ce monument de sa charité. Il était bâti dans la rue des Trois-Conils, et subsista jusqu'en 1829. Le voyant alors menaçant ruine et ne suffisant plus aux besoins de la population, on transféra les malades dans l'Hôpital Richelieu, dont nous aurons occasion de parler plus tard.

Il y avait à Bordeaux une classe d'hommes bien misérable et méprisée, les *Serfs-questaux,* qui appartenaient à des maisons nobles et au clergé. Ils ne pouvaient disposer de leurs personnes ou de leurs biens sans le consentement de ces puissants patrons; c'étaient des demi-serfs, sorte d'esclaves, dont

l'avilissement ne s'explique que par la tyrannie des seigneurs et l'extrême misère où la guerre les avait réduits; ils vendaient leur liberté en échange de leur nourriture; ils occupaient le pays qui porte aujourd'hui les noms de Bouscat, Caudéran, Villenave, etc., etc. Ils n'étaient pas maîtres d'abandonner leurs terres; mais ils pouvaient en être chassés et dépouillés. Outre la culture et l'entretien des terres, ils étaient tenus de fournir tous les ans des journées de manœuvres et de corvées, et ils étaient soumis à une taille arbitraire, pour laquelle ils donnaient une partie de leur récolte. Les Questaux devenaient quelquefois libres en obtenant des lettres d'affranchissement du seigneur dont ils relevaient ou du prince. Ils s'efforçaient parfois de secouer le joug de leurs seigneurs, et allaient chercher un asile dans les possessions du roi de France, ou prenaient rang parmi les hommes d'armes qui composaient la garde personnelle des gouverneurs de la Guienne. La misère les poussait dans la servitude; un sentiment de la dignité humaine les en faisait rougir parfois et les ramenait à la liberté. En 1394, le duc de Lancastre, qui donnait trop de lettres d'affranchissement aux Questaux, fut obligé, pour entrer à Bordeaux, de signer avec le captal de Buch, agissant au nom de la ville, une transaction, dont voici un article :
« Si les Questaux appartenant au captal, ou à quelqu'un de
» ses vassaux, veulent venir en franchise et liberté, le sei-
» gneur, duc de Lancastre, s'engage à ne leur accorder au-
» cune sauvegarde, ni à les affranchir au préjudice des sei-
» gneurs, qu'il serait obligé de prévenir et de consulter. »

Vers la fin du XIVe siècle, des Serfs-questaux de la paroisse de Saint-Seurin, revendiqués par l'abbé de Sainte-Croix et par Bertrand de Calhau, donnèrent lieu à un grand procès, dans lequel le roi d'Angleterre fut obligé d'intervenir comme juge suprême. Le procès fut d'abord porté devant le maire et le prévôt de l'Ombrière, qui, procédant séparément, prononcèrent en faveur des *Serfs-questaux*, et les déclarèrent francs et libres. L'abbé et le monastère de Sainte-Croix et Bertrand de Calhau furent condamnés aux dépens.

Ceux-ci firent appel à l'oncle du roi, Lancastre, lieutenant en Aquitaine, qui leur donna gain de cause, en réformant les sentences du maire et du prévôt. Les *Serfs-questaux*, à leur tour, appelèrent de ce jugement au roi lui-même, en son conseil, par l'intermédiaire de Me Arnaud Vital, notaire public, et leur syndic et procurateur. Quelque temps plus tard, les pennons royaux, que les appelants avaient arborés à leurs fenêtres en signe de protection et de sauvegarde, de la part du monarque, furent foulés aux pieds, et nonobstant leurs réclamations, les appelants eux-mêmes furent saisis et réduits en servitude. Le roi, indigné de cet outrage fait à son autorité, avant le prononcé du jugement, écrivit, en ces termes, à l'archevêque de Bordeaux, à Jean de Viridare, docteur en droit, et à Me Jean de Burdyn, docteur ès-lois : « Vou-
» lant faire droit à la réclamation d'Arnaud, Jean, Élione, etc.,
» réclamés comme Serfs-questaux par l'abbé de Sainte-Croix
» et Bertrand de Calhau, et devant être équitable pour ceux
» de notre duché qui ont recours à notre justice, nous vous
» prions instamment d'examiner cette affaire avec maturité,
» et de ne vous prononcer qu'après des débats approfondis.
» En attendant, veuillez réparer au plus tôt le mal qui a été
» fait aux plaignants, et ordonner qu'ils soient, à l'instant
» même, mis en liberté. Ne vous laissez pas arrêter par les
» fins de non-recevoir; faites bonne et prompte justice. Je
» donne ordre à tous, à mon lieutenant, au maire et aux
» jurats, de vous aider dans l'exécution de votre décision. »

Au XIVe siècle, on rédigea des statuts pour les corporations des métiers. On y voit que le droit de marque sur les ouvrages d'orfévrerie appartenait à la ville. Les jurats avaient la nomination des *changeurs,* dont la présence était nécessaire pour la vente des vases d'or et d'argent.

Les *poissonniers,* ou inspecteurs des poissons, étaient élec-

Livre V.
Chap. 8.

tifs ; on annonçait leur élection au peuple. Ils faisaient serment de se bien comporter dans leurs fonctions, de demeurer au marché tant qu'il y aurait du poisson à vendre ; et lorsqu'ils en seraient requis, soit par le riche, soit par le pauvre, d'estimer le prix du poisson sans dol ni fraude.

Le savant Rymer nous fait connaître le salaire payé aux mariniers et gens de guerre de cette époque. Pour avoir transporté de Bordeaux à Mortagne des munitions et des vivres, on donna au maître de bateau 15 liv. et 6 à chaque matelot et à chaque arbalétrier qui se trouvait à bord. Un maître charpentier recevait par jour 20 deniers, et chacun de ses ouvriers 16 deniers. Il fut donné à cinq scieurs-de-long, pour huit jours, la somme de 14 liv., c'est-à-dire 14 deniers sterlings à chacun.

D'après une pétition faite par des armateurs anglais, au XIVe siècle, les marins avaient coutume de prendre « pour
» leur travail en nef, dans la traversée des côtes d'Angleterre
» à Bordeaux, et pour le retour, 8 sous et le droit d'un ton-
» neau par chaque matelot. Le double était donné au capi-
» taine. » Ils augmentèrent leurs prix : les capitaines exigèrent trois tonneaux de fret et 24 sous ; d'autres allaient jusqu'à demander 100 sous. Les propriétaires de navire portèrent plainte contre ces coalitions si funestes à la *navie d'Engleterre*. Richard II répondit avec sagesse, et laissa la difficulté sans solution. « Le roi veut charger ses amiraux d'ordonner
» que les mariniers ne prennent qu'une somme raisonnable
» pour leur service et leur travail, et qu'on les punisse s'ils
» exagèrent leurs prétentions. »

Au XIVe siècle, la ville avait à ses ordres un roi de Ribauds *(rex Ribaldorum)*. Du temps de Philippe-Auguste, les soldats de la garde royale s'appelaient *ribauds,* et le premier capitaine prenait le titre de roi ; mais la licence, l'insubordination de ces troupes, et leurs crimes, firent de leur licenciement une nécessité. On déploya contre eux des mesures répressives très-sévères, et, depuis lors, le mot *ribaud* servait à distinguer les criminels et les mauvais sujets, dont la punition appartenait au bourreau, qu'on qualifia alors du nom de *roi des Ribauds*.

Au commencement du XIVᵉ siècle, le prévôt de l'Ombrière voulait avoir l'exécuteur des hautes-œuvres sous sa direction. Les maire et jurats s'y opposèrent; mais après bien des contestations et des débats irritants, il fut convenu entre eux que le roi et le duc de Guienne pourraient se servir des fourches (l'échafaud) et du roi des Ribauds, sous la condition expresse qu'ils paieraient à celui-ci le droit ancien et accoutumé.

Ce singulier roi était ordinairement choisi parmi les grands criminels: il méritait la corde; mais on lui laissait la vie, avec l'avilissante charge d'être le bourreau et de passer le reste de son existence dans ces dégoûtantes fonctions. Quant un meurtrier était condamné à mort, le sous-maire se mettait en rapport avec les parents de l'homme tué, et leur demandait si, au lieu de la peine de mort, ils ne seraient pas contents de voir le meurtrier condamné à devenir le bourreau de la ville. C'est ce qui résulte d'un acte de 1414 (1).

Outre ce titre, le bourreau prenait encore celui de *roi des Harlots*, ou des femmes de mauvaise vie *(filhas communas)*. La rue où elles demeuraient, près de Sainte-Croix, s'appelait *rue des Harlots*, plus tard *rue Anglaise*, et aujourd'hui *rue de la Monnaie*. Elles avaient des règlements à suivre; et si elles les violaient, le *roi des Harlots* devait les en châtier. Nous en parlerons plus bas.

Les hôpitaux, les maisons de charité étaient rares; les églises y suppléaient. Chaque église avait ses pauvres. Le chapitre de Saint-André recevait cent pauvres chaque année

---

(1) Que lo sotz-mager fassa et tracta ams los amics du mort que se contentan que sia pendart et que demore.

Livre V.
Chap. 8.

dans son réfectoire, et tous les jours il en admettait quatre à sa table. Arnaud Géraud, archevêque, laissa une rente pour la nourriture d'un pauvre pendant tout le temps de la *Quadragésime*. Le jour de la Cène, quarante mendiants mangeaient avec les chanoines et recevaient 1 denier après le repas. Le jour suivant, on admettait autant de pauvres que de chanoines à la table du réfectoire. Tous ces pauvres étaient habillés aux frais du chapitre. Il y avait des sœurs (religieuses) affiliées aux chapitres pour le service des pauvres et des malades.

Quelles que fussent les mœurs de l'époque, la religion ne paraît pas avoir exercé une grande influence au milieu de ces éternelles hostilités du XIVe siècle. La translation du Saint-Siége à Avignon, la destruction des Templiers, la sécularisation des chapitres de Bordeaux, qui avaient suivi la règle de saint Augustin, l'affranchissement du diocèse de Bordeaux du pouvoir primatial de Bourges, l'établissement des Chartreux aux Chartrons et de quelques autres ordres religieux à Bordeaux, sont les seuls événements qui puissent intéresser le lecteur bordelais. Nous parlerons plus tard des affaires religieuses, dans notre *Histoire de l'Église de Bordeaux*.

Il paraît certain que, sous la race mérovingienne, Bordeaux jouissait du privilége de frapper des monnaies. Sous les Anglais, Bordeaux recouvra ce droit; mais elle n'en frappa point avant Édouard III; la plus ancienne monnaie d'or est *un guiennois*.

Du temps du Prince-Noir, la fabrication des monnaies d'or anglo-gasconnes prit une grande extension. On trouve encore à Bordeaux et aux îles Britanniques des pièces frappées à cette époque; il y en avait de trois espèces différentes : l'*hardit*, la *chaise*, le *pavillon royal*.

Presque tout l'argent avait été emporté par les Croisés en Orient. Philippe le Bel crut pouvoir remédier à cet état de choses en altérant les monnaies; il essaya et ne réussit que trop bien; il reçut le nom de *Philippe le Faux-Monnayeur*. En 1305, le marc d'argent, qui n'avait valu que 2 liv., fut élevé à 8 liv. 10 sous. On se plaignit partout. Alors Philippe fit frapper des espèces d'un si bon titre, que le marc ne valut plus, en 1306, que 2 liv. 15 sous 6 deniers. Le peuple cessa de murmurer contre le roi; mais il s'indigna contre les seigneurs, qui n'avaient pas la prudence d'imiter le prince. Voulant contenter le peuple et humilier les seigneurs, le roi établit un officier royal dans chaque Monnaie seigneuriale, pour faire l'essai des monnaies qu'on y fabriquerait et en constater le poids et le titre. Il voulut interdire aux villes et barons la fabrication des espèces d'or et d'argent; on refusa en plusieurs endroits de se rendre à ses désirs. Les Bordelais se signalèrent par leur opposition; mais il arrêta leurs plaintes et leurs réclamations, en faisant saisir les coins de la Monnaie de Bordeaux.

Livre V. Chap. 8.

Ces mesures vexatoires et tyranniques mirent plusieurs seigneurs dans la nécessité de vendre au roi leur droit de battre monnaie, et de lui sacrifier un des privilèges les plus essentiels à la souveraineté.

Sous Richard II, dit de Bordeaux, on frappa des monnaies d'or dans notre ville; elles sont rares. Cependant, on connaît de ce prince trois *hardits,* qui ne diffèrent guère de ceux du prince de Galles que par la légende gravée autour de la figure : RICARD : D : GRA : AGLE : FRACIE : D : AQUITAN : Les pièces d'argent pur, portant la marque de Bordeaux, sont plus rares que celles d'or. Nous en avons parlé ailleurs.

Pag. 509, 358.

Sous le règne d'Édouard III, Bordeaux frappa aussi un nombre considérable de deniers de billon et de monnaies noires, ainsi nommées en raison du peu d'argent qu'elles contenaient.

Le franc bordelais ne valait que 15 sous tournois; la livre bordelaise, 12 sous tournois, et le sou bordelais, 7 deniers tournois et *pitte* en 1321 (1). A la même époque, le marc d'argent valait 3 liv. 7 sous 6 deniers.

En 1363, le prince Édouard promit aux États de Guienne de faire battre monnaie d'or et d'en porter le marc à 64 liv.; de faire fabriquer de la monnaie d'argent, dont le marc vaudrait 5 liv. 5 sous, et de maintenir cet état de choses pendant cinq ans. Pendant ce temps, les monnaies étrangères ne devaient pas avoir cours; les monnaies fabriquées en Guienne devaient être de même poids et aloi que celles de Bordeaux, sous peine de confiscation. En 1394, les trois États de Guienne prièrent Jean de Lancastre de ne point faire battre de nouvelles monnaies et de ne pas changer la valeur de l'ancienne, sans avoir auparavant pris leur consentement et celui du peuple.

Au XIVe siècle, l'église de Saint-André de Bordeaux échangea le tiers de ses droits sur la monnaie contre plusieurs bénéfices, qu'Édouard III réunit à la mense capitulaire. Sous Philippe de Valois, on haussa le prix fictif et idéal des espèces; mais on en fabriqua de bas aloi, en y mêlant beaucoup d'alliage. (Pour d'autres détails sur ce sujet, voyez tome Ier, pages 309, 338).

Vers la fin du XIVe siècle, dit un écrivain moderne, l'architecture civile prit un nouvel essor : on vit s'élever dans la Guienne des constructions originales jusqu'à l'époque où l'étude de l'art antique vint transformer et dissoudre l'art du moyen-âge. L'architecture civile, jusqu'alors appendice obscur de la grande architecture religieuse, ou absorbée dans les masses nues et sévères de l'architecture militaire, était enfin sortie de son berceau, et s'épanouissait avec un luxe d'ornements et une variété de lignes qui allèrent croissant durant un siècle et demi. L'ogive se surbaissait, s'évidait à la tur-

---

(1) La *pitte* valait presque toujours la moitié d'une obole ou le quart d'un denier.

que, s'arrondissait jusqu'à se perdre dans le plein-cintre, se chargeait de broderies; mais ces riches fantaisies décoraient les châteaux et les hôtels de ville, sans altérer encore le caractère des églises, où le grand style du XIIIe siècle se maintenait dans toute sa pureté. On termina Saint-André en 1400; on continuait les monuments inachevés, on en élevait d'autres.

CHAPITRE IX.

Détails historiques sur le Commerce de Bordeaux, depuis le temps des Romains jusqu'à la fin du XVIe siècle.

Livre V.

Nous n'avons pas de renseignements traditionnels sur l'état ou l'étendue du commerce des premiers Burdigaliens : Strabon est le plus ancien écrivain qui en ait parlé; il qualifie leur ville de place de commerce importante et célèbre : *emporium celebre*. Nous pouvons donc en conclure que la célébrité commerciale de Bordeaux date de plus loin que du temps d'Auguste, et que les Bituriges, en arrivant sur les bords de la Garonne, se trouvèrent immédiatement après en relation avec les peuples circonvoisins, qui venaient apporter sur cette place les produits de leur industrie, et rapporter chez eux ce que fournissait le sol burdigalien. *Noviomagus* était l'un de leurs ports les plus importants; on ne saurait douter non plus de leurs rapports avec les habitants du Haut-Pays. La Dordogne, le Lot, le Tarn et tous les affluents de la Garonne, servaient à verser dans Burdigala le fruit de leur agriculture et de leur industrie, tous les objets que les Burdigaliens recevaient en échange de leur miel, leur résine, et leurs vins délicieux, dont Ausone fait l'éloge. Les Burdigaliens avaient des rapports, non seulement avec les côtes de la Bretagne, de la Saintonge, mais avec le Pays-Basque, Narbonne, Marseille, l'Espagne et les ports de la Méditerranée.

Liv. 1er, page 39.

Pendant la domination des Visigoths, et durant tout le temps des incursions des Normands, le commerce était presque nul et se bornait au cabotage sur nos côtes. Des corporations se formèrent sous le nom de *Naviculaires*. Quelques industriels créèrent un esprit de communauté ou de société, et mirent en commun leurs efforts, leurs intelligences, leurs débours et leurs bénéfices; mais après le départ des Normands, le commerce de Burdigala s'étendit sur les rives de l'Adriatique, à l'Archipel grec, à l'Égypte et même sur les rives du Bosphore et les côtes de l'Asie. Euphron, négociant de la Syrie, établit un comptoir à Bordeaux, même avant l'arrivée des Normands : on retrouve quelques anciens statuts maritimes, qui caractérisent une civilisation assez avancée et la sollicitude qu'inspiraient à l'autorité compétente les relations commerciales du temps. Ces statuts, ou règlements, que nous donnons ici, n'eurent leur entier développement que sous Éléonore.

« S'il arrive qu'un marchand d'outre-mer vende quelque
» ouvrage d'or ou d'argent, des habits précieux ou d'autres
» parures de ce genre, pour un prix ordinaire, l'acheteur ne
» doit pas être inquiété, quand même il serait évidemment
» prouvé après l'achat que les effets vendus ont été volés.

» Il est défendu aux juges ordinaires de prendre connais-
» sance des contestations qui s'élèveraient parmi les marchands
» étrangers; mais il est permis à ceux-ci de se faire juger
» selon les lois, par ceux qui président à leur comptoir.

» Il est fait défense à tout étranger de débaucher ou d'em-
» mener, sous quelque prétexte que ce soit, aucun ouvrier
» occupé dans le commerce bordelais, sous peine de payer
» au fisc une amende de 1 liv. d'or et de recevoir cent coups
» d'étrivières.

» Que si, cependant, un négociant d'outre-mer a besoin
» d'un ouvrier bordelais, pour l'aider dans son trafic et pour
» régler son négoce, il pourra l'emmener, avec le consente-
» ment du maître qui l'a à son service, à condition de le ra-
» mener dans un temps marqué, et de payer au maître une
» redevance de 3 sous par an. »

Au XIIe siècle, Bordeaux commerçait avec l'Angleterre,

Livre V.
Chap. 9.

Voir note 23.

l'Irlande et les pays septentrionaux; le mariage d'Éléonore avec un prince anglais lui donna de plus grands développements. Il fallait un Code maritime; on publia celui d'Oléron. On y trouvait la solution de tous les cas qui pouvaient se présenter, dans les circonstances alors existantes, pour la conduite, la responsabilité et les devoirs respectifs des officiers et de l'équipage, la vente ou l'achat des marchandises, les naufrages, le droit d'épaves, etc. La pêche de la baleine était connue et pratiquée par les Basques et les marins de Bordeaux et des côtes du golfe de Gascogne, longtemps avant que Christophe Colomb n'eût découvert le Nouveau-Monde; et si nous en croyons quelques écrivains du dernier siècle, c'était un pilote basque qui fit comprendre à Colomb qu'il y avait plus loin que Terre-Neuve, où il pêchait, un nouveau continent à conquérir.

C'est alors que commença pour Bordeaux une ère de véritable prospérité: ses hardis marins parcouraient l'Océan sur leurs élégants navires, pour des marchés lointains, des courses lucratives ou armées, des conquêtes, des expéditions commerciales les plus importantes. La mer se couvrit de bricks, de goëlettes, de bâtiments de toute dimension, partis de notre célèbre *port de la Lune* pour les îles éloignées; et nos marins, instruits de père en fils dans l'art de gouverner les barques et même de combattre sur mer, depuis les fréquentes invasions des Normands, s'aguerrirent, au milieu des peines et des privations de toutes sortes, à leur rude métier, qu'ils aimaient. Grâce à leur intrépidité et à leur valeur, Bordeaux devint alors la place de commerce la plus importante du Midi, et même la reine de l'Atlantique. L'Espagne, l'Angleterre, les Pays-Bas, reconnaissaient la supériorité commerciale de Bordeaux; et les *Coutumes d'Oleron*, où il est si souvent question de notre ville, étaient devenues le Code maritime d'une grande partie de l'Europe.

La Guienne appartenait aux Anglais; ils la considéraient

comme le plus beau fleuron de la couronne britannique. Leurs princes venaient souvent visiter Bordeaux, qui en était la capitale, et y apportaient leurs écus, les beaux sterlings, que les Gascons, au rapport de Froissart, aimaient à la folie. Le séjour du roi Édouard à Bordeaux, et surtout du Prince-Noir, répandit dans nos contrées la richesse et l'abondance : les relations entre Londres et notre cité étaient si fréquentes, que ces deux villes semblaient pour ainsi dire ne faire qu'une. Les Gascons allaient sur les bords de la Tamise comme chez eux, et les Anglais, à Bordeaux, se croyaient toujours *at home*. Les Gascons y avaient des hôtelleries à Londres ; la plus fréquentée était celle que tenait Catherine *la Française*, de La Réole. C'était là le principal lieu de réunion des marchands gascons.

A cette époque, le sol bordelais était généralement regardé comme peu propre à être ensemencé de céréales ; les habitants s'adonnaient principalement à l'industrie viticole, à l'expédition de leurs vins, au commerce et aux entreprises de transit et de cabotage ; c'était un bon moyen de faire de Bordeaux une pépinière de bons marins. Les Anglais y venaient acheter le vin, et leurs princes accordaient de grands privilèges aux Flamands, aux Hollandais, aux habitants du Nord, qui fréquentaient notre port ; ils traitaient toujours avec bienveillance, et favorisaient tellement les Gascons dans leurs contestations avec les Anglais, que les citoyens de Londres en devinrent jaloux, et finirent par organiser une opposition systématique qui entravait les relations commerciales. Au mois de février 1254, le roi, en considération des services rendus par les Bordelais, et en raison des dépenses qu'ils avaient loyalement supportées dans l'intérêt de la province, leur accorda le droit de transporter en Angleterre leurs vins, affranchis de toute taxe, et même de la retenue des tonneaux de vin qui se faisait au détriment de ceux qui en déchargeaient, à l'exception, toutefois, de deux barriques, prises :

Livre V.
Chap. 9.

*Livre V.
Chap. 9.*

*Livre
des Bouillons,
folio 69.*

l'une sur le devant, l'autre sur le derrière du navire. Ce privilége fut confirmé par le roi Henry III, le 12 janvier 1256, au grand mécontentement des marchands de Londres, qui se plaignaient que le roi favorisait une ville rivale aux dépens de celle de Londres ; les Bordelais, par un sentiment de reconnaissance, firent remettre au trésorier du prince 2,000 marcs d'argent.

Au XIIe et au XIIIe siècle, le commerce bordelais prit une extension considérable. Jusque-là, il avait été gêné par les interminables guerres des descendants de Charlemagne et des ducs de Gascogne ; mais au XIIe siècle, on trouva plus de liberté et plus de débouchés pour les produits du sol bordelais. L'Angleterre nous envoyait ses draps de coton et de laine en échange de nos vins ; Cordoue, ses cuirs parfumés; Séville, Cadix et Lisbonne, leurs denrées méridionales. Les Bordelais obtinrent, par une franchise spéciale, la libre circulation de leurs vins sur la Garonne. Au mois de décembre 1295, Philippe le Bel, maître de Bordeaux, accorda aux maire, jurats et commune de Bordeaux, l'exemption de tous droits, tant sur les vins que sur les autres marchandises transportées sur la Garonne.

*M^s de Volf.,
par
Delpit.
Introduction.*

Il y avait à *Guild-Hall*, à Londres, un registre particulier, au XIIe siècle, où les marchands bordelais faisaient inscrire leurs créances, afin de s'assurer, en cas de besoin, le droit de contrainte par corps contre leurs débiteurs. La plus importante de ces créances était celle d'Arnaud Chyket, de Bordeaux ; elle montait à la somme énorme de 1,200 liv. sterlings. Parmi ces marchands, ou représentants des négociants bordelais, qui figuraient sur ce registre, on remarque les noms de Bonet, de Labat, d'Aleman, de Camparian, de la rue Bouquière, associé de Safran, Gaillard d'Espans, Ferrères, Dissote, Savignac, d'Acre, d'Armignac, Frankhomme, Mercer, Auker, Lamarque, Labarde, Bovin, etc., etc. Les négociants de La Réole, de Saint-Macaire, de Libourne, de Saint-

Émilion, y firent inscrire leurs créances. Tout cela atteste l'étendue de notre commerce avec Londres au XIIIe siècle.

Livre V. Chap. 9.

Les rois d'Angleterre tenaient beaucoup à la Guienne, et surtout à Bordeaux; ils accordèrent de nouveaux priviléges importants aux marchands bordelais qui fréquentaient le port de Londres. Ces faveurs furent confirmées par Henry III, le 12 janvier 1256, au grand mécontentement des Londonniens, qui voyaient toujours avec peine les grâces et priviléges que le prince accordait au commerce d'une ville rivale. Ils se plaignaient, ils réclamaient, et, enfin, voyant le roi embarrassé de ses guerres avec les Écossais, et de ses éternels démêlés avec la France, ils disaient tout haut que les priviléges accordés aux Gascons, c'est-à-dire aux Bordelais, étaient contraires aux intérêts de ses sujets anglais.

Le roi, pour dissiper l'orage qui allait obscurcir encore son horizon, déjà trop noir, manda, le 18 janvier 1289, à son lieutenant, en Angleterre, de faire une enquête à ce sujet, déclarant que, quelque bienveillance qu'il eût pu avoir pour les Bordelais, il n'entendait pas porter tort à ses bons habitants de Londres. C'était gagner du temps, apaiser un peu la jalousie des Anglais, et donner aux Bordelais le temps de lui envoyer de bonnes raisons, qui pussent contre-balancer les jalouses criailleries des Londonniens. Il ne se trompait pas dans ses espérances : le 13 août 1302, il intervint un arrangement entre les deux peuples rivaux : Édouard savait attendre; c'est beaucoup en politique.

Cartulaire de Baurein.

Livre des Bouillons, fol. 50, 69.

A cette époque, Henry de Gallois, ancien maire de Londres, devint maire de Bordeaux en 1275. Était-il d'origine bordelaise? Nous l'ignorons. Il joua un grand rôle dans les affaires de l'État, et devint l'un des plus chauds partisans et des plus grands amis du roi Édouard. Ce prince, en témoignage de sa reconnaissance pour ses services, lui donna plusieurs châteaux en Guienne, et, en 1289, une certaine portion de la forêt de Bordeaux *(le Bouscat probablement)*. Il s'intéressa beaucoup au bien-être des habitants de Londres et à la prospérité de leur commerce.

On fit plusieurs règlements particuliers au sujet du commerce des vins de Bordeaux : les tonneliers étaient responsables des pertes qui pouvaient résulter de la mauvaise qualité du bois de futaille ; les courtiers s'engageaient, devant la commune, à faciliter à tout bourgeois l'écoulement de ses vins, et à ne déprécier jamais le produit de tel ou tel propriétaire ; ils avaient 6 deniers pour chaque tonneau de vin qui se vendait par leur ministère, 3 du vendeur et 3 de l'acheteur. Tout individu convaincu d'avoir exercé l'honorable profession de courtier, sans avoir prêté le serment prescrit, était passible d'une amende de 65 sous, ou attaché au pilori, et privé pendant un an de l'exercice de sa profession. On leur donnait, en général, 1 denier par livre pour toutes les marchandises dont ils facilitaient la vente ; mais il ne nous reste aucun renseignement précis sur les prix des marchandises à cette époque. Nous savons seulement qu'une baleine (on en pêchait alors sur nos côtes) se vendait à Bordeaux 25 liv. ; un épervier valait 10 liv. de cire, un vautour 60 sous bordelais, une jeune vache 10 sous morlans. Pour ces diverses valeurs, on peut voir pages 309, 338.

Le commerce de Bordeaux s'établit sur la rivière ; la rue Rousselle devint le centre des affaires et le dépôt des marchandises venant de La Rochelle, de la Bretagne et des ports du Nord. Une vie nouvelle, un mouvement commercial étonnant s'établit dans tout ce nouveau quartier, depuis les Salinières jusqu'à la Porte-Despaux ; de vastes magasins s'élèvent, des comptoirs se forment, la Garonne se couvre de voiles, et Bordeaux devint, au XIIIe siècle, l'une des villes les plus considérables et les plus commerciales du continent. En 1289, les négociants firent commencer des bâtisses sur le port ; mais les autorités locales s'y opposèrent. Ils en parlèrent au roi, qui, se trouvant à Condate, le 12 juin, écrivit au sénéchal, au connétable, aux maire et jurats, de leur permettre de continuer leurs travaux, et d'achever les maisons commencées sur les quais, avec des portiques au rez-de-chaussée pour la commodité du public.

Les Croisades imprimèrent au commerce une immense et salutaire impulsion; Marseille seule exploitait le Levant. Les Bordelais se mirent à explorer ces parages, et trouvèrent de nouveaux débouchés en Égypte, en Syrie et dans toutes les parties de l'Archipel grec. Le commerce de Barcelonne trouva enfin un redoutable rival, qui devait l'éclipser un jour. Le cabotage devint plus considérable et plus lucratif; mais Bayonne, La Rochelle, envoyaient leurs bâtiments légers jusque dans la Garonne, pour participer aux avantages qu'offrait le commerce de Libourne, de Blaye, de Bourg et les villes sises sur les bords de la Garonne et de la Dordogne. Un grand nombre de nos marins bordelais se livrait à la pêche de la baleine sur les côtes du golfe de Gascogne; c'était alors une source de richesse pour notre cité. Le commerce de Bordeaux était devenu si célèbre, que le roi de Castille, voulant faire une expédition en Afrique, vint chercher des navires et des marins dans notre port. Le roi d'Angleterre engagea les maire et jurats à n'apporter aucun obstacle à ce recrutement, et à faire prêter serment aux marins bordelais d'être fidèles au prince castillan pendant l'expédition.

Tout capitaine de navire, ayant du vin de Bordeaux à bord, était tenu de prendre, en partant, au château de l'Ombrière, une branche de cyprès, qui lui coûtait 18 *hardits* (liards), dont 12 revenaient au sire de Rauzan (1) et 6 au connétable.

Saint Louis encouragea beaucoup le commerce et l'industrie; les arts fleurirent sous ce pieux prince. L'industrie s'organisa sur un plan nouveau, plus étendu et plus régulier, par

(1) Le sire de Rauzan, comme propriétaire du Cypressat, devait fournir une suffisante provision de branches de cyprès fraîchement coupées sur la hauteur du Cypressat (Cenon), dont il était seigneur.

Livre V.
Chap. 9.

le moyen de corporations ; mais malgré tous ses soins, des abus s'y introduisirent encore : un vil égoïsme en était l'origine. Les maîtres ou chefs exploitaient indignement les apprentis, leur rendaient la maîtrise inaccessible, dans la misérable vue de perpétuer et de grossir la source de leur gain et de maintenir leur autorité. Le commerce, qui se développait par la liberté, se voyait gêné dans sa marche, et la liberté n'existait plus pour les pauvres artisans déshérités de leurs droits et frustrés dans leurs espérances de devenir chefs à leur tour ; mais cet égoïsme inexcusable des tyrans domestiques était contre-balancé par la protection intelligente accordée par le clergé aux classes opprimées. Les artisans habiles et laborieux se réfugiaient dans les *sauvetés* de Saint-André, de Sainte-Croix et de Saint-Seurin, et là, pour ainsi dire, à l'ombre du clocher protecteur, faisaient une concurrence déplaisante aux corporations organisées de la commune.

Les lois commerciales de Barcelonne furent alors généralement connues et adoptées dans les villes maritimes; elles furent calquées, dit-on, sur celles des Grecs, qui trafiquaient dans la Méditerranée, ou, peut-être, sur les *Rôles d'Oléron*, dont nous avons parlé dans la *note* 23. La Rochelle, Nantes, Brest, Cherbourg, Saint-Malo, Le Havre, toutes les villes du Nord, attiraient dans leurs ports les navires bordelais; le hareng, la sardine, les poissons de toutes sortes devinrent une branche lucrative de commerce; mais c'est la baleine surtout, qui abondait dans le golfe de Gascogne, qui enrichit les places de Bordeaux et de Bayonne. Le sel aussi fut une des meilleures branches du commerce bordelais. Les rois d'Angleterre avaient à Bordeaux des greniers de sel, des *salins*, qui leur donnaient de grands revenus; tous les habitants de la sénéchaussée étaient obligés de s'y approvisionner, sous peine d'amende et de confiscation. En 1266, Jean de Grailly reçut, en récompense de ses services, la ferme perpétuelle des *sa-*

lins de Bordeaux ; le quartier où ils étaient situés en garde encore le nom *(Salinières).*

Il existait alors sur nos côtes un usage barbare, qu'on transforma en loi, et qui adjugeait aux ducs de Bretagne le bris des navires, les marchandises et les personnes même qui avaient fait naufrage sur les côtes de la Saintonge. Le sire de Pons, en l'île de Marennes, dit Belleforest, agissait comme les ducs, et trouva des imitateurs parmi les seigneurs de nos côtes. (Voir *note* 23.)

Cet odieux usage fut aboli en 1226, par Henry, roi d'Angleterre et duc d'Aquitaine. Il ordonna qu'en cas de naufrage sur les côtes d'Angleterre, de Gascogne, du Poitou et de la Saintonge, la cargaison serait rendue aux gens du vaisseau (1); que si un seul homme, ou un animal quelconque, échappait au naufrage, en vie, alors les marchandises seraient mises en séquestre, pour être rendues aux propriétaires, en cas de réclamation, dans un délai déterminé. S'il n'y avait pas de réclamation, les marchandises devaient revenir au domaine royal ou au seigneur de la côte où le naufrage aurait eu lieu.

C'était à la prière des habitants de Bordeaux et de La Rochelle que les ducs de Bretagne renoncèrent, sous le règne de saint Louis, à l'odieux droit de *bris* et d'*épaves,* et laissèrent le commerce libre, moyennant une certaine taxe de *brieux,* ou *brefs de sauvetés et de conduite.* Pour faciliter l'usage de ces *brefs,* ou passeports, les ducs tenaient des receveurs à Bordeaux.

Mais avant l'arrangement qui eut lieu en 1302, et dont nous venons de parler, l'animosité du commerce de Londres contre celui de Bordeaux était portée à un tel degré, que les

---

(1) Quoties cunque contigerit de navi taliter periclitatâ, nullo homine vivente, qualemcunque bestiam vivam evadere, vel in navi illâ vivam inveniri, tunc bona et catalla deponantur..... Si vero nullus homo vivus evaserit, nec alia bestia, tunc bona in nave contenta nostra sint, etc., etc.

marchands anglais capturèrent et pillèrent un vaisseau gascon dans les eaux de la Gironde, en face de Talmont. Jean Batewate et Bertrand Beylin, de Condom, propriétaires du bâtiment pillé, intentèrent un procès à Jean Lehunt, commandant du *Guerruyer*, qui avait agi en corsaire. Édouard voulant, dans les difficiles circonstances où il se trouvait, ménager tous les partis, écrivit, le 17 août 1293, à Jean Le Breton, gardien de Londres, d'accorder un délai sous caution aux accusés.

D'après une Charte de Philippe le Bel, au mois de décembre 1293, ce prince accorda aux maire et jurats, et en même temps à la commune de Bordeaux, l'exemption de tous droits, tant sur les vins que sur les autres marchandises transportées par la rivière de Gironde. Cette Charte se trouve encore aux archives de l'Hôtel-de-Ville.

Les marins bordelais étaient tellement célèbres dans le XIIIe siècle, qu'en 1259 le roi de Castille demanda aux Bordelais, pour son expédition en Afrique, des vaisseaux, des capitaines et des marins. Les jurats accédèrent à cette demande, qu'Henry III, d'Angleterre, avait appuyée.

La jalousie des marchands de Londres s'étendait toujours de plus en plus, et les Bordelais furent privés du droit d'y avoir un domicile ou d'y loger d'autres marchands de leur pays. On alla même jusqu'à les assujétir à un impôt nouveau de 2 deniers par tonneau de vin. Des plaintes furent portées à Édouard Ier, qui demanda, le 30 juin 1300, aux Londoniens, compte de leur conduite. Ils répondirent que les marchands bordelais n'avaient jamais eu le droit, ni d'avoir un domicile à Londres, ni de loger d'autres marchands, et que, quant au droit de 2 deniers par tonneau, il avait été autorisé par le roi lui-même, pour un temps qui n'était pas encore expiré.

Il paraît que le prince ne se contenta pas de cette réponse; il voulait probablement, comme le dit M. Delpit, se faire donner de l'argent par les deux partis, au moins par l'un d'eux ; il demanda de nouveaux renseignements, mais le maire et *vicomtes* de Londres répondirent dans les mêmes termes et sans entrer dans de nouvelles explications.

Livre V.
Chap. 9.

Malgré toutes les difficultés que suscitait la municipalité de Londres, nos marchands fréquentaient toujours son port, et la vente des vins bordelais était une si importante branche du commerce de cette ville, qu'on fut obligé de nommer six dégustateurs ou vérificateurs des vins de Gascogne, avec ordre de jeter les vins falsifiés (1302).

Ibid.

Les prétentions du commerce de Londres parurent exorbitantes et intolérables aux étrangers ; on y exigeait des impôts, et les marchandises vendues n'étaient pas pesées avec justice, au préjudice des vendeurs. On se coalisa, en 1304 ; et par suite des plaintes de cette association des intérêts lésés, le roi leur accorda une Charte, par laquelle le peseur public devait tenir les bassins de sa balance égaux, et éloigner ses mains du balancier, pour ne pas faire pencher injustement l'un ou l'autre bassin. Les Londonniens réclamèrent contre cette équitable décision, et prétendirent que, d'après un usage immémorial, la balance devait pencher du côté de la chose achetée : *versus rem emptam;* que les évêques et les nobles achetaient toujours de cette manière, et que le roi lui-même, qui avait confirmé les priviléges de la ville, ne pouvait pas en détruire un qui avait été toujours pratiqué par leurs ancêtres.

Les Londonniens continuèrent toujours, au mépris de la Charte royale, de peser les marchandises étrangères d'une manière préjudiciable aux vendeurs. Édouard Ier écrivit, le 13 novembre 1304, au maire et *vicomtes* de Londres, pour qu'ils eussent à exécuter son ordonnance ou à comparaître devant lui, pour rendre compte de leur désobéissance à ses ordres. On répondit à cette injonction royale par ces mots, d'une sécheresse révoltante : *Prompti erimus coram vobis ad diem in brevis contentum. Nous serons prêts devant vous au jour indiqué.* Voilà toute la réponse laconique de ces fiers aristocrates de comptoir de Londres.

Édouard Ier était constamment l'ami des Bordelais, et les défendait toujours contre les tracasseries intéressées des Anglais.

Il y avait, de temps immémorial, à l'Hôtel-de-Ville de Bordeaux, un petit recueil des anciens usages de la ville et de la province, établis et sanctionnés par les ordonnances des ducs et des rois. Saint Louis les fit traduire en français; plus tard, on jugea convenable d'en faire un corps. Ce travail fut confié à une commission d'ecclésiastiques, de nobles et de quelques célébrités du Tiers-État, qui, sortant lentement de son obscurité primitive, parut enfin avec gloire aux États du royaume, en 1304. Après plusieurs essais et beaucoup de tâtonnements, on en fit un recueil d'une immense utilité; le Parlement lui donna sa sanction législative, et il devint le Code de la jurisprudence bordelaise dans tout le ressort du Parlement.

Ces Coutumes, rédigées en gascon, comprenaient seize chapitres et cent dix-sept règlements. Nous en parlons ici, parce que Clérac prétend les avoir consultées pour son ouvrage des *Us maritimes,* et parce qu'on y trouve beaucoup de choses qui regardent le commerce. Les règlements de police étaient rédigés en langue occitanique, dont le patois bordelais est un des dialectes. Le droit romain et les Coutumes étaient la base de la jurisprudence de Bordeaux et de la province. On y retrouve le système municipal, le droit de délibérer avec pleine liberté sur les subsides réclamés par les rois, la répartition et l'assiette de l'impôt, la coopération des barons, du clergé, et, ce qui mérite d'être remarqué, des représentants du Tiers-État lorsqu'il s'agissait des grands besoins de l'État.

Édouard mourut au commencement du XIVe siècle, et les Londoniens recommencèrent leurs criailleries et leur opposition aux privilèges accordés aux Gascons, ou plutôt achetés au prix des plus grands sacrifices. Édouard méritait bien la reconnaissance des Bordelais ; il avait essayé de rendre l'Ile navigable, et, d'après Baurein, il avait fait réparer et agrandir la Tour de Cordouan, pour la commodité de la navigation. Sa mort fut, comme nous venons de le dire, un sujet de regrets pour les Bordelais et de nouvelles tracasseries de la part des marchands de Londres.

A cette époque, on voyait à Londres plusieurs maisons de commerce de Bordeaux ; on trouve encore, sur les vieux registres de la Tour, les noms d'un certain nombre de marchands bordelais, dont les créances étaient enregistrées aux archives de la Mairie, comme nous avons vu en parlant du commerce au XIIIe siècle.

Au XIIIe, et surtout au XIVe siècle, la *Coutume,* ou l'impôt sur le vin, formait une branche très-importante des revenus des rois d'Angleterre ; elle produisait par an jusqu'à 175,000 florins d'or ! La perception de cet impôt fut accordée, pour l'année 1343, au duc de Bretagne ; en 1344, le roi avait cédé à son favori, William de Radenore, le droit de percevoir 2 deniers pour chaque tonneau de vin entrant à Bordeaux. Les monnayeurs et leurs ouvriers étaient affranchis de la *Coutume* des vins, ainsi que les membres du clergé et Jean de Grailly, captal de Buch, propriétaire de la Maison de Puypaulin. En 1317, quelques clercs mariés, d'Agen, se prétendirent exempts de la *Coutume,* au même titre que les vrais ecclésiastiques. Le roi d'Angleterre repoussa ces prétentions, et écrivit à son connétable de Bordeaux d'exiger de ces simples tonsurés le paiement de l'impôt, en ayant soin de ne pas exciter de tumulte.

Les vins récoltés dans le Haut-Pays (au-dessus de Toulène) payaient le droit de *Coutume ;* il fut expressément défendu au portier du palais de l'Ombrière de vendre ses vins en taverne.

Il y avait dans chaque quartier un *tavernier* chargé de visiter les cabarets et de rendre compte au trésorier royal des résultats de son inspection et de sa recette. Ils avaient sur les vins qui se vendaient 20 deniers le *quarton* (pot), la somme de 20 sous par tonneau pour leur salaire, et seulement 15 pour les vins d'une qualité inférieure.

Pendant les troubles excités en Guienne par la tyrannie de Montfort, un grand nombre de seigneurs du Bordelais et des autres parties de la Guienne se trouvait à Londres. Y étaient-ils comme prisonniers, exilés volontaires, ou appelés par le roi pour des raisons politiques? Nous n'en savons rien. Parmi eux, on distingue les noms d'un certain seigneur bazadais, Ladadil, Seguin, seigneur de Rions, Pey de Bordeaux, de Curton, le seigneur de Castillon, Othon de Lados, Othon de Caseneuve, Jean de Grailly, Lamothe, Eble de Puyguillem, Amanieu de Salle, Gérard de Peyrelongue, Arnaud de Villeneuve, Dominique de Barès, Garsies de Sauveterre, etc. Ils avaient contracté des dettes pour 1,049 liv. 13 sous 11 deniers, somme que leurs créanciers n'avaient pas encore reçue en 1299.

Le roi s'étant rendu caution du paiement de cette somme, et ne pouvant pas se la procurer, finit par l'emprunter à la ville de Londres, et lui abandonna, en remboursement, les revenus des vicomtés de Londres et de Middlesex. Dans cet intervalle, les Français s'étaient emparés d'une partie de la Guienne; l'exaspération était, en Angleterre, portée à son comble, et les Bordelais n'avaient ni confiance ni amis à Londres. On se mit à les tracasser de nouveau pour leurs priviléges commerciaux, et l'on exigea qu'ils payassent un droit de 2 deniers par tonneau de vin. Les Bordelais s'en plaignirent au roi, qui, désireux dans un moment si critique de conserver l'affection des Gascons, en demanda la raison aux négociants de Londres. Le commerce lui fit la même réponse qu'il avait déjà faite, que les marchands gascons, pas plus que ceux de tout autre pays du continent, n'avaient jamais eu le droit d'avoir un domicile à Londres, ou d'en être réputés citoyens, ou de loger les autres marchands; que la ville de Londres avait toujours joui de la liberté et du droit qu'elle exerçait alors, et que, quant au droit de 2 deniers par tonneau, il avait été autorisé par le roi lui-même, pendant un temps qui n'était pas encore expiré.

Fiers de la protection du roi, les Gascons continuèrent à faire comme par le passé; mais les Londoniens les repoussèrent avec violence et les mirent dans la nécessité de défendre, les armes à la main, leurs droits méconnus et violés. Le désordre était à son comble : les Gascons furent défaits et expulsés, et l'exaspération tellement générale et profonde, que le roi fut obligé d'envoyer sur les lieux un commissaire pour rétablir l'ordre et faire respecter sa volonté, le 24 juin 1310. Comme les agitateurs continuèrent toujours à vexer les Gascons, le roi publia mandement sur mandement, contre tout agent de désordre, toute atteinte aux droits des Bordelais. Les ordonnances furent inefficaces; les Londoniens les éludèrent au point de dégoûter les négociants bordelais de toute communication avec un peuple si jaloux et si tracassier. On cessa de transporter les vins de Bordeaux à Londres, et le prix en augmenta en raison de leur rareté. Quelques négociants de Londres continuèrent cependant clandestinement leurs relations avec Bordeaux; et pour éviter toute collision avec les mécontents, ils allaient au devant des navires bordelais pour acheter en mer leurs marchandises. Ce genre de trafic ne pouvait profiter qu'à quelques rares individus; il nuisait aux intérêts généraux. Le roi ordonna, en conséquence, le 15 janvier 1311, que nul, à l'exception du bouteiller ou grand échanson, n'irait au devant des vaisseaux étrangers; que son bouteiller même ne pourrait acheter, en dehors des ports, que le vin strictement nécessaire à la consommation du palais; que les tonneaux seraient marqués des deux bouts, et qu'une fois entrés dans les celliers, on ne pourrait pas les vendre aux revendeurs que trois jours après. Les marchands de vins en gros ne pouvaient pas être taverniers, et *vice versâ*. Aucun tavernier ne pouvait mettre son vin en vente avant qu'il n'eût été essayé par les dégustateurs-jurés, et que chaque tonneau ne fût marqué, pour sa valeur et sa qualité, le meilleur vin, à 5 deniers le gallon (4 ou 5 pintes de France); la seconde qualité à 4, et la dernière à 3 deniers. Les acheteurs, d'après Delpit, que nous citons, avaient le droit de voir tirer le vin du tonneau, et ce qui restait de la lie, au fond des barriques, devait être mis dans d'autres barriques contenant un vin inférieur; mais les *dégoutailles* de la dernière qualité devaient être jetées dehors, dit l'ordonnance royale, afin qu'elles ne fussent mises dans aucune boisson qui dût entrer dans le corps de l'homme (1).

Malgré la protection et les efforts du roi en faveur des commerçants bordelais, ceux-ci eurent presque toujours à essuyer les plus mauvais traitements de la part du commerce de Londres, qui croyait devoir agir ainsi pour défendre ses priviléges et les intérêts de la place. Au commencement de 1315, Gérard Dorgueil vendit un tonneau de vin à un Anglais; mais la police fit confisquer le tonneau au préjudice du négociant bordelais; celui-ci s'en plaignit au roi, qui en écrivit au maire et aux *vicomtes* de Londres, en leur défendant toute voie de fait; mais on lui répondit que, contrairement aux priviléges de la cité, le vin confisqué avait été vendu à un marchand revendeur. Plus satisfait des raisons alléguées par Dorgueil, pour se justifier, que de celles des Anglais, le roi leur fit défense d'en agir ainsi une autre fois, et ordonna, le 14 avril, la restitution du vin saisi.

En 1315, les marchands agenais se plaignirent des entraves que les Bordelais mettaient au passage du blé, de plusieurs sortes de marchandises et de provisions à bouche, qu'ils étaient

---

(1) Et que las dégotailles de vyns soient oustiez issint, qu'ils ne soient mis à nul boivre qui doit entrer en corps d'homme.

allés chercher en pays étrangers. Le roi d'Angleterre, désireux de favoriser le commerce, écrivit aux jurats de mettre fin à leurs entreprises, et au sénéchal de Gascogne de faire droit aux demandes des Agenais.

Le 30 octobre de la même année, le roi fixa, par ordonnance, le prix du vin qu'on transportait en Angleterre. Mécontents de cette mesure, les jurats défendirent toute exportation de vin pour ce pays. Le prince leur écrivit de lever cette défense, qui portait atteinte à sa souveraineté, et révoqua son impolitique ordonnance.

Le 1er novembre, les marchands de Bazas se plaignirent que le sénéchal levait un impôt extraordinaire sur les vins qu'ils achetaient et faisaient passer devant Bordeaux. Le roi fit remettre les choses dans leur état primitif. La ville de Bordeaux, vu les nécessités de la guerre où le prince était engagé, lui fit un présent de mille tonneaux de vin; c'était un témoignage de reconnaissance.

On venait d'acheter, dans ce temps-là, du vin de Bordeaux pour la table du roi. Le prince chargea le maire, Aldernen, et vicomtes de Londres, de payer à ces marchands les 600 marcs d'argent que la ville lui devait pour des dégâts faits dans une sédition, à un mur, près de la porte extérieure de la Tour de Londres. On différa de jour en jour le paiement prescrit sous divers prétextes; mais, enfin, ennuyé des réponses évasives de la municipalité, le roi, par un mandement impérieux, exigea, le 30 août 1315, que la somme fût payée de suite, et cita les municipaux récalcitrants à comparaître devant lui, en son conseil, le lendemain de la Saint-Michel, pour rendre compte de leur conduite vis-à-vis d'Arnaud de Gramvail, G. de Lamarc, G. de Gayrcot et Pey de Bordeaux, négociants de Bordeaux et fournisseurs de vin pour la cour.

D'après un Mémoire adressé de Guienne à Hugues Despencer, en date du 16 octobre 1325, il paraîtrait que l'on employait des plumes d'oie à garnir les flèches, à la place de

Voir page 461.

parchemin, qui était devenu rare et cher; les plumes formaient alors un objet de commerce considérable.

Le règlement de la vente du vin, de 1311, était tombé en désuétude ; le roi fut obligé d'en dresser un autre, en 1342, pour fixer le prix du vin à 4 deniers le pot *(lagena)*. En 1346, on régla aussi l'exportation et l'importation des blés en Gascogne, et il fallait la protection spéciale du roi d'Angleterre pour conserver au port de Bordeaux son ancien mouvement commercial.

La guerre paralysait tous les bras et anéantissait toute l'activité du commerce de Guienne. Pour dédommager cette place de ses pertes, le roi d'Angleterre affranchit tout navire, à son arrivée dans notre port, du droit accoutumé de tonnage, et ne le soumit qu'à un minime impôt.

Les Bordelais se distinguaient de leur côté par les témoignages significatifs de leur reconnaissance ; c'étaient de leur part des subsides, des dons de vin et des témoignages d'attachement tellement multipliés, que, désireux de leur être agréable, et pour leur faire comprendre combien il était sensible aux preuves de leur affectueux dévoûment, Édouard établit, vers l'an 1337, dit Louvet, à Bordeaux, deux grandes foires, dont la durée fut de huit jours : l'une commençait à l'Ascension et l'autre à la Saint-Martin.

Tous les marchands qui se rendaient à ces foires pendant sept ans, furent affranchis de tous droits; passé ce délai, le roi devait percevoir 8 deniers, 4 du vendeur et 4 de l'acheteur, pour certaines denrées. Les bourgeois continuaient à être exempts de tout impôt pendant les foires ; les marchands forains étalaient leurs marchandises sur le port et dans les magasins qui avoisinaient le palais de l'Ombrière.

La peste vint ajouter ses horreurs à la misère générale, en 1348, et fut suivie de la famine et de ses affreux ravages : les Anglais, disait-on, y mouraient comme des mouches. Toutes les relations extérieures furent suspendues, le commerce et l'industrie locale presque anéantis. Cependant, les importations des denrées étaient encouragées, et l'on voyait encore arriver dans notre rade les Anglais et les habitants du Nord, attirés par l'appât de gros bénéfices. Le roi sympathisait avec les Bordelais dans leurs souffrances ; et pour les aider à relever leur commerce, il les dispensa de donner dans les ports d'Angleterre deux barriques de vin par navire. On établit alors une certaine jauge, comme règle générale : si la barrique la dépassait, l'acheteur payait la différence; sinon, la différence était à la charge du vendeur. Les marchands étaient tenus de répondre de leurs vins pendant un an ; ils payaient un droit de 2 sous quand ils déposaient leurs barriques sur les quais, et toutes les difficultés ou discussions au sujet des vins étaient portées devant une commission ou bureau de commerce, composé moitié de commerçants bordelais, moitié de gens de probité du pays. Mais toutes les marchandises qui étaient expédiées de Bordeaux pour la Flandre, la Zélande, la Hollande et Calais, ou qui devaient être importées de ces pays à Bordeaux, les capitaines des navires qui en étaient chargés pouvaient les décharger et les recharger en Angleterre sans payer aucun droit; mais si on vendait sur le sol anglais tout le chargement ou, seulement, une partie, le capitaine ou vendeur était tenu d'acquitter les droits ordinaires au profit du roi.

Grâce à la bienveillante protection du roi d'Angleterre, l'année 1350 fait exception dans la longue suite des malheurs de Bordeaux : son commerce commença alors à refleurir, et l'on vit sortir du *port de la Lune* cent quarante navires, emportant 13,429 tonneaux, dont les droits montaient, en monnaie bordelaise, à 5,104 liv. 16 sous. En 1372, il partit, au dire de Froissart, du port de Bordeaux, deux cents navires chargés entièrement de vin. Les gros navires d'alors ne s'élevaient guère, en fait de tonnage, au delà de 40 tonneaux. Pour le droit ordinaire, on prenait 4 tonneaux, 2 de chaque côté du grand mât. Les vins s'échangeaient en Angleterre contre des laines, des cuirs, des fourrures, de l'étain, du plomb, etc., etc., etc.

En 1346, on fit des règlements pour l'exportation du blé; en 1350, les mers étaient infestées de pirates, et la navigation était devenue si périlleuse ou, au moins, si peu sûre, que le roi fut obligé d'avertir le commerce que tous les bâtiments allant en Guienne eussent à se réunir à Plymouth, afin de faire voile ensemble, sous la protection de la flotte, qui devait porter le sénéchal et le connétable à Bordeaux. Les mêmes dangers existant en 1353, le gouvernement fit encore prévenir les commerçants de Bordeaux et de l'Angleterre que leurs bâtiments ne devaient pas partir seuls sur mer.

Par son ordonnance du 14 novembre 1354, le roi Édouard défendit aux receveurs des impôts, en Angleterre, de rien exiger des marchands du duché de Guienne, dans le cas que leurs navires, allant en Flandre ou au Nord, fussent contraints par le mauvais temps de relâcher dans quelque port d'Angleterre; c'était une nouvelle preuve de l'attachement que les princes anglais portaient aux Bordelais et à la Guienne.

En 1382, il autorisa les maire et jurats à lever, pendant trois ans, 12 deniers par livre sur les marchandises provenant des pays ennemis, et 6 sur celles des pays de son obéissance, pour consolider et réparer les fortifications de leur ville, à condition que le sénéchal et son conseil nommeraient un contrôleur pour viser les registres, et que, si les réparations nécessaires étaient finies avant le temps indiqué, l'impôt cesserait, et que l'on rendrait les comptes tous les ans devant le sénéchal et son conseil.

Richard II avait hérité des bienveillantes dispositions de ses ancêtres envers les Bordelais; il étendit leurs priviléges, en juillet 1383, et autorisa les mêmes négociants bordelais à décharger et recharger en Angleterre, sans rien payer, les marchandises venant de Flandre à la destination de Bordeaux. Le 16 juin 1388, il affranchit par un édit, de tous droits les marchandises anglaises transportées en pays amis sur des navires de Bordeaux.

Plus tard, une ordonnance, du 6 juillet 1392, témoigne assez de la sollicitude du gouvernement en faveur des intérêts du commerce bordelais. Les négociants anglais transportaient leurs marchandises à Bordeaux, et avec le prix allaient acheter des vins de la Saintonge dans le port de La Rochelle, qui appartenait à la France. Informé de cette conduite si peu patriotique de ses sujets, et si nuisible aux intérêts de Bordeaux, leur roi ordonna qu'avant de se mettre en mer pour la Guienne, les marchands anglais donneraient caution, pardevant le chancelier, comme quoi leur destination était pour Bordeaux, et qu'ils prendraient en revenant des marchandises bordelaises, avec un certificat d'origine, muni du sceau de la commune de Bordeaux.

En échange de ces preuves de la bienveillance royale, la municipalité de Bordeaux vota pour le roi, à titre de don gratuit, mille tonneaux de bon vin; le prince, dans un moment de gêne et par un esprit d'économie, en fit vendre une bonne partie, dit Rymer, pour payer les droits de fret et de transport.

Une crise financière eut lieu alors : les autorités de Bordeaux mirent un impôt de 12 deniers sur toutes les denrées (le blé excepté) provenant des pays qui avaient épousé la cause de la France dans la dernière guerre.

Le sénéchal crut devoir s'y opposer. Les Bordelais s'en plaignirent à Lancastre, lieutenant du roi en Guienne, qui fit droit à leurs justes réclamations, et leva les inhibitions du sénéchal, par ses lettres-patentes du 12 janvier 1396. Enfin, en 1401, le roi d'Angleterre exempta de tous droits les marchandises que les négociants bordelais porteraient en Zélande, Hollande et à Calais, et autres ports du Nord, ou qu'ils en rapporteraient.

Pendant une partie du XIIIe siècle, et tout le XIVe, le port

Livre V.
Chap. 9.

NOTE 31.

de Bordeaux avait le monopole du chargement des vins pour l'étranger ; il était sévèrement défendu d'opérer le chargement depuis l'*estey Crebat* jusqu'à Castillon, en Médoc.

Si un capitaine de navire débarquait son lest dans le chenal ou dans la rivière, le prévôt confisquait une partie de son armement, jusqu'à concurrence de 65 sous.

Le capitaine d'un navire armé en course recevait 195 liv., et, de plus, 15 liv. par mois d'appointements.

En abordant sur les côtes de la Bretagne, les navires de Bordeaux payaient un certain droit au duc ; mais plusieurs commerçants crurent pouvoir s'en dispenser. Le duc s'en plaignit probablement, car le roi d'Angleterre ordonna que ce droit fut rigoureusement maintenu, et rendit la commune de Bordeaux responsable envers le duc pour ceux qui ne le paieraient pas. Il ordonna aussi que les marchands portugais, qui se rendaient dans la capitale de la Guienne, ne fussent nullement inquiétés ; les maire et jurats devaient, au contraire, leur prêter aide et secours en toutes circonstances.

La pêche de la baleine était encore, au XIVe siècle, une branche lucrative du commerce bordelais. D'après les documents fournis par M. Delpit, c'est dans les parages de Biaritz et de Saint-Jean-de-Luz que les baleiniers réussissaient le mieux. De nos jours, on n'aperçoit plus de baleines sur les côtes du golfe de Gascogne.

On trouvera, dans l'excellent travail de M. Delpit, *Collection des documents, etc., etc.*, beaucoup d'autres détails intéressants sur le commerce de Bordeaux et la protection que lui accordaient les rois d'Angleterre.

Pendant la première moitié du XVe siècle, le commerce de Bordeaux éprouva de grandes vicissitudes et même des atteintes presque mortelles, par suite de la guerre entre l'Angleterre et la France. Le triomphe de Charles VII et l'expulsion des Anglais lui furent funestes pour plusieurs années, et le *port de la Lune* supporta quelque temps tout le poids de la colère de ce prince. Louis XI révoqua les désastreux édits de son père, et rappela dans la Guienne les commerçants qui s'étaient établis à Londres ou dans d'autres pays étrangers; il encouragea la navigation, favorisa le commerce, combla les marins de bontés et de faveurs, et confirma l'ancienne confrérie de *Notre-Dame de Montuzet,* dans ses priviléges, franchises et libertés, par un édit du mois de mars 1461, et dont nous aurons occasion de parler ailleurs. Bordeaux prospérait de plus en plus; il était devenu le centre du commerce de l'Europe et des pays limitrophes et éloignés. Tous les marchands des provinces circonvoisines étaient obligés, par lettres-patentes de Louis XI, en date du 6 septembre 1481, de faire embarquer à Bordeaux les marchandises qu'ils destinaient aux pays étrangers, surtout pour l'Angleterre, l'Espagne, la Navarre, le Portugal, la Bretagne et la Flandre.

Charles VIII ne se montra pas moins ami des Bordelais que Louis XI; par ses lettres-patentes, du 16 mars 1489, il garantit la sûreté des navires marchands qui venaient dans notre port, et fit défense à ses lieutenants, maréchaux et agents inférieurs, de capturer ou piller aucun bâtiment marchand dans les eaux de la Gironde, et ordonna qu'on les laissât passer et repasser en toute liberté, sauf à payer les droits d'usage.

François Ier encouragea énergiquement le commerce, la navigation, tous les arts; mais les circonstances pénibles de son règne ne lui permirent pas de réaliser ses philanthropiques projets. Au commencement du XVIe siècle, le commerce de Bordeaux prit de si grands développements, que l'on y créa une Bourse et un Tribunal de Commerce, en 1564; mais bien que la juridiction consulaire y fût établie alors, on n'eut réellement une Bourse à Bordeaux qu'en 1571; nous en parlerons plus tard.

Il ne sera peut-être pas sans intérêt pour nos lecteurs de

Livre V.
Chap. 9.

donner ici l'état de nos marchés et du commerce intérieur dans presque tout le moyen-âge.

Depuis la Tour de Sainte-Croix jusqu'à la Porte-Salinières, se vendaient les meules et les produits du sol périgourdin ; le pain de Podensac se vendait à la Porte de la Grave. Plus bas, se tenaient les marchés des cercles, des vases de faïence ou de terre cuite, des tuiles, des briques, etc., etc.

On débarquait, au Pont-Saint-Jean, le blé venant de la mer et du Haut-Pays, ainsi que les fruits, les harengs, la morue. A la Porte-Salinières, se tenaient le dépôt et le marché de sel ; de la Porte de Calhau jusqu'au Chapeau-Rouge, on vendait le bois à brûler, le bois flotté, qu'on y faisait descendre par le Ciron de Langon, La Réole et les autres ports bazadais et agenais.

Devant la Porte-Despaux (porte des paux ou échalats), se déposaient les vins à embarquer, les paux pour les vignes. C'est là que se trouvait l'*estey des Anguilles*, ou des navires légers, et appelés ainsi de leur forme élégante et allongée. L'*estey des Anguilles* était, très-probablement, l'embouchure de la Devise. Sur toute cette partie de notre port, surtout sur l'*estey des Anguilles*, on ne voyait que des échoppes et des chais. Du Chapeau-Rouge au Château-Trompette, on vendait le pain fait en ville, le beurre, la graisse, la chandelle, les planches de Norwège et d'Écosse.

La façade des Chartrons était affectée à la vente des vins, qui n'appartenaient pas aux jurats, aux nobles et au clergé. On y construisait aussi des galères pour la défense de nos côtes et pour garantir les bâtiments marchands de Bordeaux contre les nombreux pirates qui infestaient le golfe de Gascogne. La crainte des corsaires était moins gênante pour le commerce que les odieuses vexations des seigneurs, qui, comme ceux de Beychevelle (Baisse-Voile) et de Fronsac, exigeaient, des barques et navires qui passaient devant leurs châteaux, sur la Dordogne et sur la Garonne, certaines redevances, taxes ou péages, outre le salut ordinaire rendu au seigneur, en abaissant le pavillon.

Ces exactions étaient devenues tellement fréquentes et si insupportables, qu'on s'en plaignit au roi Richard. Ce prince défendit aux agents de la couronne et à tous seigneurs habitant sur le littoral de la Garonne et de la Dordogne, d'exiger de nouvelles Coutumes, ou taxes indues, sur les marchandises des Bordelais et des habitants de Bourg.

Les Chartreux prétendaient avoir droit à 12 deniers tournois sur chaque tonneau de vin déchargé devant leur couvent et leur chapelle. On le leur défendit sévèrement bien souvent, mais pas toujours avec succès.

La Bourse était loin d'être alors le centre de l'activité du commerce; les affaires se faisaient partout. Les premières réunions des négociants eurent lieu à l'extrémité de la rue Ausone. Deux pouvoirs prenaient part aux opérations commerciales et faisaient porter devant eux les procès qui s'y rattachaient; c'étaient l'amirauté et la jurade. C'était aux officiers de l'amirauté qu'était attribuée la connaissance de toutes les causes civiles et criminelles concernant la navigation sur mer, telles que les congés, sauf-conduits, naufrages, contrats, affrétements, trafic, transport de marchandises, crimes, pillage, excès, prise de navires en paix et en guerre, etc., etc.

L'amirauté percevait le 1/10 des prises faites sur les ennemis, et partageait avec le roi le bénéfice des amendes. Il était strictement défendu aux officiers de l'amirauté d'opérer sur la Gironde des arrestations de marchands ou des saisies de marchandises, comme aussi de faire aucune publication en ville. Nul vaisseau ne pouvait partir du port de Bordeaux, soit en guerre, soit avec marchandises, ni à la pêcherie, sans le congé du roi ou de M. l'Amiral, et sans prêter audit seigneur, ou Amiral, où à son lieutenant, le serment qu'il ne méferait aux sujets alliés et amis de la couronne, ni leur porterait aucune nuisance ou dommage ; mais les défendrait à leur pouvoir, nom, surnom et demeure.

L'office des jurats consistait à exercer la police sur le quai ; c'étaient eux qui faisaient faire les armements et l'arrestation des navires et des équipages, sur la plainte du lieutenant du roi ; ils avaient le droit de nommer les quatre visiteurs de la rivière, chargés d'indiquer aux navires l'endroit où ils devaient déposer leur lest ; ils étaient aussi obligés de tenir le port libre et d'empêcher qu'on y fît des dégradations.

Pendant les XVe et XVIe siècles, tous les efforts, tous les règlements de la jurade avaient pour but d'attirer les étrangers à Bordeaux, mais sans porter atteinte aux priviléges de la ville. Ainsi, pour avoir le droit de vendre en détail, il fallait être bourgeois de Bordeaux : les étrangers ne pouvaient vendre qu'en gros ; mais le Bordelais qui achetait des marchandises d'un étranger était tenu de lui en payer le prix le même jour ou le lendemain au plus tard, à peine de dommages et intérêts, à moins qu'il n'y eût entre eux un accord particulier ; et s'il s'élevait une contestation ou procès entre le fournisseur étranger et l'acheteur bordelais, cette cause était considérée comme privilégiée et jugée de jour à jour, afin, disent les statuts, que les étrangers pourvoient toujours abondamment la ville de vivres.

Les visiteurs parcouraient la rivière en bateaux, pour s'assurer que l'on ne faisait point passer de marchandises sans payer le droit de billette, ou passavant. Les étrangers qui faisaient le trafic du poisson salé ne pouvaient le vendre qu'à cent ou à mille, et non en pipe. La pipe équivalait à un demi-tonneau. Il était défendu d'empaqueter les harengs dans les barils de Flandre, de peur de tromperie ou fraude ; les visiteurs du marché du poisson salé étaient responsables de toute infraction à ce règlement.

Charles VII savait que les Bordelais regrettaient leurs anciennes relations avec les négociants anglais. Pour empêcher toute communication et éteindre les souvenirs de leurs relations commerciales, comme pour obvier aux périls qui pourraient en résulter, il ordonna que les navires anglais déposassent à Blaye leur artillerie et leurs munitions de guerre ; l'équipage des navires anglais ne pouvait pas parcourir la ville. Le capitaine seul avait ce privilége; mais s'il voulait faire quelque achat, on le faisait accompagner, de manière qu'il lui serait impossible d'ourdir quelque trame contre la France ou rendre le moindre service à ses compatriotes, qui ne demandaient pas mieux que de redevir maîtres de Bordeaux.

Les visiteurs du blé devaient s'assurer chaque jour de la quantité du blé importé ou envoyé au marché, de la qualité et du prix des grains. Aucun bâtiment ne sortait du port sans prendre un rameau de cyprès, qu'on lui délivrait au Palais. Le rapport quotidien des visiteurs était inscrit sur le registre de la jurade; les marchands pouvaient y recourir au besoin.

Il était défendu d'acheter plus de blé qu'il n'en fallait pour la subsistance de sa famille ; les grains mis en vente sur le port devaient y rester pendant trois marées au plus, lors même qu'ils étaient destinés à l'étranger. Sitôt que les blés étaient arrivés sur le port de Bordeaux, les marchands-vendeurs devaient y mettre un prix raisonnable, et toute hausse était défendue jusqu'à ce que la volonté générale fût connue et le prix convenable établi. Des précautions semblables étaient prises pour les autres marchandises, draps, toiles, etc. Les poids étaient poinçonnés pour la ville et conformes à l'étalon de la Mairie; il y avait au Pont-Saint-Jean des mesures en pierre à l'usage de tout le monde.

On établit aux portes de la ville des gardes chargés de veiller à l'entrée et à la sortie des marchandises, et d'en percevoir les droits établis, dont ils rendaient compte aux trésoriers de la ville. Il y avait, à Bordeaux, la grande et la petite *Coutume;* c'étaient des droits patrimoniaux qu'on percevait depuis des siècles au profit de la ville, dans un bureau qui confrontait à l'église de Saint-Éloi, aux fossés de l'Hôtel-de-Ville. La municipalité affermait ces droits ou les faisait percevoir par ses propres officiers. Pour chaque bateau chargé de blé ou d'autres graines quelconques, et destinés à être vendus, la municipalité se faisait payer 8 deniers par jour. Pour chaque pipe de blé ou d'autres grains qui venaient du haut ou du bas de la Garonne, ou de la Dordogne, et qui étaient débarqués sur le port, on payait 3 liv. tournois. Le droit des *échats* se levait sur les vins vendus en détail; on l'appelait vulgairement le droit d'*eyssac* ou de taverne. On levait ce droit, non seulement sur les vins vendus dans les tavernes de la ville, mais aussi dans celles des faubourgs et banlieues non taillables. Ce droit se payait en nature, à raison de 12 pots par barrique de vin des habitants non bourgeois, et de 6 pots pour le vin des bourgeois.

Il y avait un droit établi sur tous les bestiaux tués et débités dans la ville et dans les faubourgs; c'était le droit de pied fourchu. Pour chaque veau, c'était 7 liv.; pour un mouton, 20 sous; pour un agneau ou chevreau, 5 sous; pour une brebis, bouc ou chèvre, 12 sous; pour un cochon, 7 sous. Ce droit se percevait aussi sur le bétail sortant de la ville.

Le droit de *saumade* était de 2 deniers pour chaque charge de poisson portée au marché. Le droit de *kass* était un tribut imposé aux marchandises venant des Landes; c'était 8 sous pour chaque *kass* (petite charrette des Landais) de résine, gemme, goudron, térébenthine, etc., etc., 1 sou pour chaque *kass* de planches, 9 sous pour un tonneau de miel porté au marché ou passant par la ville, 4 sous pour un *kass* de charbon, bois d'œuvre pour la vigne venant par eau ou par terre.

Il y avait encore, à Bordeaux, un droit de *marque* et de *demi-marque;* il se percevait sur les vins du Haut-Pays; c'était 5 sous bordelais par tonneau, sans compter le droit ordinaire de Coutume. On soumettait à ce droit tous les vins descendant à Bordeaux de plus haut que la seigneurie de Gensac, Saint-Macaire et Toulène. On les nommait alors les *vins prohibés;* ils se vendaient au pavé des Chartrons.

Le droit de *demi-marque* se levait sur les vins de Castillon, en Périgord, de Lamothe, de Montravel, de Saint-Antoine, de Sainte-Foy, de Saint-Pey-de-Castets, de Sainte-Radegonde.

Le droit de *béguerie* se levait sur les marchands qui se servaient des bancs que la ville avait établis pour la vente des agneaux, chevreaux, volaille et même pour la morue, qui se vendait sur le port. Pour ces différentes sortes de marchandises, il y avait jusqu'à vingt-huit bancs : neuf à la porte de la Grave et dix-neuf à celle du Chapeau-Rouge.

Nous reviendrons sur ce sujet dans notre second volume.

NOTES ET ÉCLAIRCISSEMENTS.

NOTE 1re (page 1).

Nous avons dit que la fable a servi longtemps de préambule à notre histoire. Le document suivant en est une preuve; le texte original, en latin (1), se trouve aux archives de l'Hôtel-de-Ville, dans le *Livre des Bouillons* et dans le cartulaire de Baurein.

» Ici est l'histoire contenant le mariage de Cenebrun, seigneur de Lesparre, et de la fille du sultan de Babylone.

» Anciennement, c'est-à-dire longtemps avant la naissance de Jésus-Christ, lorsque le monde entier était soumis à l'empire romain, et que chaque individu de l'un ou de l'autre sexe, grand ou petit, payait chaque année à l'empereur le tribut d'un denier, qui valait cinq des deniers dont on se sert aujourd'hui (XIVe siècle), la noble cité de Bordeaux fut fondée par les empereurs Titus et Vespasien.

» Vespasien était d'une taille au-dessus de la stature humaine (2); sa femme l'avait enrichi d'une noble suite de nombreux et légitimes enfants. Il maria son second fils, Cenebrun, à Gualiène, fille aînée de l'empereur Titus. Ainsi donc, après les magnificences de la célébration des noces, du consentement et de l'expresse volonté des deux empereurs, c'est-à-dire Titus et Vespasien, ledit Cenebrun fut créé roi de Bordeaux. Ils l'envoyèrent dans son royaume avec un trésor immense et une armée excessivement nombreuse; ils lui donnèrent les provinces de

(1) La traduction et les notes sont de M. Delpit.
(2) Ici le texte des copies que nous avons vues, ajoute quelques mots que nous soupçonnons faire illusion à l'étymologie du nom de Vespasien; mais nous les donnons tels quels, pour que de plus habiles essaient de les traduire : *Licet stilose dicatur de suis manibus vespere ad litteram procedebat....*

Narbonne, Auch, Bordeaux, Bourges, Lyon et toutes les terres situées en deçà du Rhône jusqu'à la cité d'Arles, et depuis le fleuve de la Loire jusqu'aux monts Pyrénées.

» Cenebrun ayant donc ramassé une innombrable somme d'argent, fit construire les Piliers-de-Tudèle (1), dans lesquels il érigea un temple à Priape, pour exciter à la luxure et à la débauche (2), et, pendant longtemps, on y vint de toutes les parties du monde, comme c'était l'usage des Gentils.

» Sa femme, Gualiène, fit bâtir le palais de Gualiène, qui, dans son temps, passait pour le plus noble et le plus beau qui fût sous le ciel (3). Alors donc, comme je dis, Cenebrun, roi de Bordeaux, était d'une taille gigantesque, et luxurieux outre mesure : comme il avait sept filles de sa femme Gualiène, et environ quarante de ses autres femmes, porté d'un égal amour pour chacun de ses fils, il divisa et dissipa pour ainsi dire le noble royaume de Bordeaux, qui, sans cette division, se trouverait aujourd'hui le plus puissant de l'univers. Il partagea le royaume à ses fils, dont il fit des rois, des ducs et des comtes; mais de telle manière, cependant, que tous tiendraient leurs terres des rois de Bordeaux, et viendraient à leur cour leur faire hommage et leur payer tribut. Il fit ainsi des rois de Lyon et de Toulouse, et il institua des ducs et des comtes dans toutes les autres cités de son royaume.

» Parmi tous leurs enfants, le roi et la reine Gualiène chérissaient principalement Cenebrun, leur second fils, tant parce qu'il était le plus beau, le plus vaillant et le plus grand, que parce qu'il était le plus fort et le plus heureux dans les combats. Ils voulurent le retenir près d'eux et le firent comte du Médoc. Ils lui donnèrent toutes les terres à droite et à gauche, depuis la jalle, au-dessous des deux mers (le Bec-d'Ambès)

---

(1) Nous traduisons : Pilares Tudelenses, par Piliers-de-Tudèle, sans vouloir infirmer en rien l'opinion des archéologues qui en ont fait les Piliers-de-Tutelle, observant seulement, qu'au moyen-âge, on disait toujours Tudela. Une reconnaissance féodale, de 1275, parlant du même monument, porte une Tudèle *(unam Tudelam)*. Un des derniers troubadours tirait son nom de la ville d'Espagne, qui porte encore aujourd'hui le nom de Tudela.

(2) Ici, comme dans plusieurs autres passages, la naïve indécence du texte ne permet pas de la traduire mot à mot.

(3) C'est, sans doute, à cette fable que nous devons le nom de Palais-Gallien, donné depuis à l'amphithéâtre romain que possède Bordeaux. Le docte Mabillon s'est lui-même laissé tromper par cette dénomination fabuleuse; il a cité, comme un palais romain, les Arènes de Bordeaux. (Voyez *De re diplomaticâ*, liv. IV.)

jusqu'à l'Océan, et cela, parce que cette terre de Médoc était délicieusement pourvue de bois et d'excellentes eaux, remplie de toutes espèces de gibiers, de poissons et de toutes les choses nécessaires au corps de l'homme (1). Dans cette terre, il y avait deux cités : Huiraut et Byvrac, que Charlemagne détruisit au temps de la guerre, et dont il tua tous les habitants.

» Cenebrun, roi de Bordeaux, envoya des ambassadeurs au roi de Vienne (2), pour qu'il donnât ses deux filles aînées pour femmes à ses deux fils aînés. Le roi de Vienne ayant appris l'arrivée des ambassadeurs, envoya ses deux filles, magnifiquement accompagnées, vers le roi de Bordeaux.

» Celui-ci donna l'aînée à Vespasien, son fils aîné, et la seconde, nommée Annys (3), à Cenebrun, comte de Médoc.

» Cenebrun se retira dans sa terre de Médoc, avec sa femme et d'immenses trésors; mais Gualiène, sa mère, qui ne pouvait vivre sans lui, fit faire, à travers les bois épais qui la séparaient du Médoc, un chemin uni et droit comme une corde, qui allait de son palais jusqu'à la mer. Son char d'or roulait agréablement sur cette route, et elle pouvait ainsi aller sans peine voir son fils et se récréer quelque temps dans ce pays délicieux. Les frais de cette route, d'après l'ordre de la reine, étaient payés par une courtisane très-belle et très-habile, qu'on appelait Brunisen (4).

» Toutes les choses de ce monde étant ainsi disposées, après la passion de Jésus-Christ et son ascension, lorsque la foi chrétienne commençait à se répandre, et que le bienheureux Martial était venu prêcher aux environs de Limoges, mourut un certain roi de Bordeaux, qui descendait directement de ce premier Cenebrun; mais avant de mourir, il avait reçu, ainsi que sa femme, le saint baptême des mains de saint Martial. Il ne restait à ce roi d'autre enfant qu'une fille unique, mariée, avant la mort de ses frères, au comte de Limoges; néanmoins, le comte de Limoges et sa femme n'eurent qu'une fille, qu'ils nommèrent Valérie. Le comte étant mort, la comtesse et sa fille, héritières du royaume de Bordeaux, vinrent trouver saint Martial, qui les régénéra dans les eaux

---

(1) Exceptis solum modo speciebus.
(2) Ou Viane.
(3) Ou Agnès.
(4) Ne pourrait-on pas voir ici une réminiscence historique de la courtisane Cenis, que Vespasien employait dans ses opérations financières?

du baptême. L'empereur romain ayant appris la mort du roi de Bordeaux et du comte de Limoges, donna pour femme ladite Valérie à Étienne, son neveu, fils de son frère, avec toutes ses terres et rentes, sous cette condition, cependant, que ni lui ni ses héritiers ne prendraient plus désormais le titre de roi, mais celui de duc. Il continuerait à jouir, ainsi que ses héritiers, des honneurs et des priviléges attachés au diadème ; mais s'il n'avait pas d'enfants de Valérie, les enfants qu'il aurait d'une autre femme n'hériteraient point de son royaume.

» Tout étant ainsi réglé et scellé du sceau de l'empereur, Étienne, bien pourvu de troupes et d'argent, se mit en route : étant arrivé, il se reposa une semaine entière, puis envoya un de ses frères dire à Valérie de venir le trouver, car il était temps de consommer leur mariage. Valérie, purifiée par les eaux du baptême et très-affermie en la foi de Jésus-Christ, refusa avec mépris d'obéir à cet ordre. Étienne, furieux, la fit décapiter. Le bourreau tomba mort ; et Valérie, ramassant elle-même sa tête, l'apporta à saint Martial, qui l'ensevelit honorablement. Étienne, étonné, fut trouver saint Martial, et lui promit, s'il ressuscitait Valérie, de recevoir lui-même le baptême, et de défendre la foi de tout son pouvoir. Martial fit une prière, leva les yeux au ciel, et la morte ressuscita. Le même jour, Étienne et cinq mille (1) des siens reçurent le baptême. C'est à cette époque que le royaume de Bordeaux, avec ses dépendances, reçut le nom de duché d'Aquitaine.

» Ici tu dois concevoir qu'au bout d'un certain temps le duché d'Aquitaine demeura sans duc, car ils ne laissèrent pas d'héritier légitime. Alors les Gascons, d'une voix unanime, choisirent pour duc le dernier fils du roi de Castille, Sanche Gayta, que Goscelin, seigneur de Castillon, fit ensuite traîtreusement assassiner par Guillaume Austencius, seigneur de Nogrius. Ensuite, fut élu duc le comte de Poitiers, qui vengea la mort de Sanche ; puis, enfin, un mariage fit passer le duché dans les mains du roi d'Angleterre.

» Longtemps après, lorsque la religion chrétienne, par les brillants et continuels miracles des saints (2), s'était répandue et affermie dans tout l'univers, et que déjà le souvenir des anciens temps commençait à s'effacer, il exista un certain comte de Médoc, nommé Cenebrun, qui eut deux frères, Ponce et Foulque, et une sœur. Il était marié à la fille du

(1) Ou quinze mille.
(2) Cette origine, assignée, au XIVe siècle, aux progrès du christianisme, ne mérite-t-elle pas d'être remarquée ?

comte de Lamarche, mais il n'avait pas eu d'enfants. Chevalier excessivement fort et sans pareil dans toutes les choses qui concernent la guerre et les armes, il était dans la fleur de son âge, et avait environ trente-trois ans lorsqu'il entendit parler des guerres continuelles dont les Sarrasins affligeaient la Terre-Sainte et les peuples chrétiens. Il mit de l'ordre dans ses terres, en confia la garde à Ponce, son frère, et partit pour Jérusalem. Sa femme, d'une constitution délicate, fut fatiguée par les flots de la mer, devint malade, et mourut au bout de cinq jours. Son corps fut honorablement enseveli.

» Peu de temps après l'arrivée de Cenebrun, la guerre éclata entre les chrétiens et les Sarrasins. Ils se livrèrent, près de Danatan, une sanglante bataille quelques jours avant l'assomption glorieuse de la Vierge. Des deux côtés, il se fit un effroyable carnage ; mais Cenebrun, aidé de quelques chrétiens, resta maître du terrain et de la victoire. Jamais un seul homme n'avait fait tant de prouesses et n'avait remporté une si grande victoire. Le sultan de Babylone ayant donc entendu raconter la gloire et la valeur de Cenebrun, se mit à penser comment il pourrait se rendre maître d'un pareil chevalier ; il songea tout de suite à la trahison, et conclut une trêve d'un an avec tous les chrétiens.

» Pendant que Cenebrun et ses compagnons se rendaient au très-saint Sépulcre pour visiter la chapelle du glorieux corps du Christ, il fut pris par les Sarrasins, qui, tout joyeux, le présentèrent au sultan. Celui-ci le reçut avec beaucoup de satisfaction et de douceur, le laissa parfaitement libre, le fit manger chaque jour à la table de ses fils, et lui donna des vêtements de pourpre et de soie, comme s'il eût été roi.

» Un certain jour, le sultan, curieux d'éprouver la bravoure de Cenebrun, lui demanda s'il voulait jouter contre Énéas, le meilleur chevalier de toutes ces contrées. Cenebrun y consentit volontiers. Au jour fixé, le sultan manda sa cour en Égypte, où se rassemblèrent tous les princes et tous les barons de sa terre. Après le repas, le sultan, qui aimait beaucoup Cenebrun, lui fit donner une excellente armure et le plus beau de tous ses coursiers. Énéas, de son côté, habitué à des guerres presque continuelles, prit de fortes armes et un très-bon cheval. Le sultan fit sonner la trompette et annoncer que tout le monde se rendît au spectacle. Pendant ce temps, Cenebrun essaya son coursier ; puis, les peuples étant assemblés au nombre d'environ cent mille cavaliers, sans compter les hommes à pied et les femmes, on fit faire une grande place, de manière à ce que tout le monde pût voir bien aisément ; puis, enfin, la sultane, magnifiquement parée du diadème et des pierres les plus précieuses, étant arrivée sur un char d'argent, et accompagnée de sa fille unique, il se fit un grand silence.

» Énéas se mit à pousser de grands cris pour provoquer son adversaire. Cenebrun, sans se déconcerter, lui répond bravement, et aussitôt prenant chacun leurs boucliers et mettant leurs lances en avant, ils éperonnent si vivement, et fondent l'un sur l'autre avec une si effroyable violence, que Cenebrun, frappant le bouclier de son adversaire, fait rompre le poitrail et jusqu'à la dernière sangle de la selle. Énéas, renversé, tombe étourdi. Cenebrun saute légèrement à terre, prend Énéas par un pied et le charge sur son dos, comme il eût pu faire à un cochon, la tête en bas et les yeux vers le ciel ; puis, le tenant ainsi, remonte à cheval, fait trois fois le tour de la carrière, redescend, et vient courtoisement le déposer aux pieds du sultan. Ce spectacle étonnant surprit singulièrement les païens, qui se retirèrent émerveillés. Énéas, porté à son hôtel, fut guéri par les soins et devint, dans la suite, l'ami particulier de Cenebrun ; mais depuis lors, la fille du sultan aima, de toutes ses forces, le noble Cenebrun, et ne cessa de songer au moyen de le délivrer.

» Bientôt après, le sultan fit engager Cenebrun à embrasser les mœurs et les lois des païens, lui représentant que c'était son devoir, puisque son prédécesseur, roi de Bordeaux et fils de l'empereur Vespasien, avait été païen ; il lui promettait, d'ailleurs, s'il voulait se rendre à ses désirs, de lui donner un grand nombre de villes et de cités en Égypte, et avec cela, sa fille unique pour femme. A cette proposition, Cenebrun versa un torrent de larmes et demanda jusqu'au lendemain pour répondre. Le sultan le voyant pleurer, se mit aussi à pleurer ; mais vers le milieu de la nuit, Cenebrun s'étant légèrement assoupi, la très-chère Mère de Jésus-Christ lui apparut, le consolant et lui disant : « Mon » ami, n'abandonne pas la loi de mon fils Jésus-Christ, pour l'amour » duquel tu as été fait prisonnier ; avec l'aide de mon Fils, je te déli- » vrerai ; mais, néanmoins, tu auras encore à supporter quelques in- » fortunes pendant ta vie. »

» A ces mots, Cenebrun s'éveilla, et, confiant dans la révélation que venait de lui faire la bienheureuse Mère du Christ, plein de courage et de joie, se présenta le lendemain au sultan, et lui dit : « Seigneur, après » avoir réfléchi aux demandes que vous me fîtes hier, je vous réponds » audacieusement que quand bien même vous me donneriez tout l'uni- » vers entier, vous ne me feriez ni répudier ni renier la foi du Christ et » le baptême que j'ai reçu. » Le sultan fut vivement affligé de cette réponse ; et comme il réfléchissait au moyen qu'il pourrait employer pour le faire changer de résolution, on lui persuada qu'il y réussirait plus aisément s'il chargeait sa fille, Fenise, de lui en parler.

» Il fut donc trouver sa fille, et lui enjoignit, en secret, de tâcher, par ses paroles et ses caresses, d'engager Cenebrun à se faire païen. Fenise, qui, depuis longtemps, désirait ardemment de devenir chrétienne, et qui chérissait Cenebrun de toutes les forces de son âme, fut excessivement joyeuse de cette nouvelle, car elle savait un peu parler français et avait à son service des esclaves provençales. Le sultan pria donc Cenebrun d'aller deux ou trois fois par semaine, et plus souvent s'il le voulait, visiter sa fille et parler avec les esclaves qui connaissaient la langue de son pays.

» Tout étant ainsi disposé par la divine Providence, un certain jour, Cenebrun fut introduit chez Fenise, qu'il trouva magnifiquement vêtue des étoffes les plus précieuses et des pierreries les plus recherchées ; elle le reçut avec une bienveillante piété, et ses servantes, se mettant à genoux, embrassèrent ses pieds en pleurant. Fenise pleurait aussi ; puis, ils s'assirent à côté l'un de l'autre, sur des tapis d'Égypte ; et Fenise, touchée de la douceur de sa voix et enflammée à la vue de sa beauté, lui raconta tout ce que le sultan son père lui avait dit, en ajoutant : « Mais toi, Cenebrun, ami chéri, tu ne le feras pas ; car je t'aime plus » que personne au monde ; je veux me faire chrétienne, te délivrer, et » fuir avec toi, si tu veux m'épouser. » Cenebrun, à ces mots, surpris comme s'il sortait d'un profond sommeil, se rappelait la vision de la bienheureuse Marie, et se prit à pleurer de joie. Qu'ajouterai-je? Leurs accords se firent à l'instant même, au milieu des embrassements et des baisers les plus délicieux. Puis, le lendemain, lorsque tout eut été bien arrêté et convenu, le sultan vint trouver sa fille, et lui demanda comment cela s'était passé : « Très-bien, répondit-elle, mais il me reste » quelques difficultés à surmonter. » Le sultan la pria de terminer cette affaire par tous les moyens possibles, car il était obligé de partir pour Alexandrie et resterait quelque temps en route. Il embrassa sa fille, recommanda à Cenebrun de ne pas se refroidir, mais de venir, au contraire, passer des jours heureux avec sa fille et les deux esclaves de son pays ; puis, avant de partir, il confia la garde de Cenebrun à trente chevaliers, qui devaient veiller sur lui nuit et jour.

» Le sultan s'étant mis en route, Fenise amassa une grande quantité d'or et de pierreries, et après avoir conféré plusieurs fois avec Cenebrun, un certain jour, la veille de l'Annonciation de la bienheureuse

Marie, ils convinrent que cette nuit même ils prendraient la fuite, accompagnés de deux esclaves provençales et de vingt-deux esclaves, conduisant vingt bêtes de somme chargées d'or et de pierres précieuses; Cenebrun et Fenise les suivaient montés sur deux chameaux. Ils prirent leur route à travers les bois, et ne trouvèrent aucune résistance; mais le samedi, harassés et brisés des fatigues de la route, ils se détournèrent un peu de leur chemin et entrèrent dans la très-célèbre ville de Danathan.

» Le lendemain, jour du dimanche, lorsque les habitants eurent appris qu'elle voulait se faire chrétienne, ils ornèrent toute la ville de draperies d'or, de pourpre, de soie et autres étoffes précieuses, et le même jour Fenise reçut le baptême dans l'église de la bienheureuse Vierge Marie. On lui donna, à bien juste titre, le nom de la mère de Dieu, Marie; et le même jour, dans la même église, elle fut mariée à l'heureux Cenebrun. Pendant tout le jour, le jour suivant et le troisième, le peuple de toute la ville célébra leur union par diverses sortes de jeux et de réjouissances. Cenebrun, redoutant avec raison les effets de la douleur et de la puissance du sultan, d'après le conseil de ses amis, prit le chemin d'Athon, où il trouva un vaisseau préparé, y entra et arriva à Marseille la veille de la fête de la Vierge. La ville entière les reçut avec les plus grandes démonstrations de joie et de respect; et comme Marie se trouvait fatiguée de la longueur de la route et du roulis de la mer, les nouveaux époux se reposèrent à Marseille pendant un mois entier. Ils achetèrent des vêtements et des chevaux, puis se mirent en route pour Bordeaux, où ils arrivèrent la veille de Saint-Michel (1). Ils y furent également reçus avec beaucoup d'honneur et de joie; mais, le lendemain, Cenebrun apprit que ses frères le croyaient mort. Ponce avait épousé la fille du comte de Périgord, et avait reçu pour héritage l'Entre-deux-Mers. Foulque avait épousé la fille du prince de Blaye; il s'était emparé de la seigneurie de Lamarque, et Ponce de toutes les autres terres. A ces nouvelles, Cenebrun dissimula l'excès de sa fureur, laissa sa femme à Bordeaux, suivit les bords de la rivière, accompagné de ses chevaux et de ses gens, et se dirigea sur Lamarque et Listrac; mais, ni à Lamarque ni à Listrac, on ne voulut le recevoir. Il fut alors se présenter devant Castillon; mais Ponce ayant appris l'arrivée de son frère, en fit aussitôt fermer toutes les portes. Cenebrun

---

(1) Il semble résulter de ce passage, que, dans ce temps, on ne mettait que quatorze jours pour venir de Marseille à Bordeaux.

lui fit alors dire par ses envoyés qu'il était fort surpris qu'on lui eût refusé l'entrée de la ville et qu'il eût à la lui faire ouvrir. Ponce, sans hésiter, répondit qu'elle ne lui serait point ouverte, parce qu'il était bâtard, et qu'il eût à se retirer au plus vite, s'il ne voulait pas avoir la tête tranchée. Cenebrun fut plus profondément affligé de l'inconvenance du terme dont on s'était servi, en l'appelant bâtard, qu'il ne l'était de la perte de toutes ses terres. Il reprit tristement le chemin de Bordeaux, où, rassemblant quelques amis, il rentra en Médoc. Il arriva à Lesparre, près de la cité d'Ivran, et y éleva une redoute entourée d'une forte palissade (1). Ponce et Foulque la renversèrent ; il la releva ; elle fut encore détruite ; mais à la troisième fois, elle fut si bien fortifiée, qu'ils ne purent la renverser.

» Toutes les paroisses, depuis St-Germain jusqu'à Soulac (2), reconnurent unanimement leur seigneur naturel. Cependant, malgré la guerre acharnée qu'il fit à ses frères pendant plusieurs années, Cenebrun ne put les soumettre, parce que leurs places étaient excessivement fortes, et que le comte de Périgord et le prince de Blaye les aidèrent de tout leur pouvoir.

» Les choses s'étant ainsi passées, ils écoutèrent les conseils d'amis communs, qui leur firent conclure un accommodement, par lequel Cenebrun demeurerait maître et seigneur de Civrac (3) ; c'était un certain château, et jusqu'à la mer de Soulac, à droite et à gauche. Ponce resterait seigneur de Castillon, de Listrac et de la terre d'Entre-deux-Mers, qu'il avait reçue de sa femme ; Foulque, seigneur de Lamarque, avec la mouvance des paroisses de Pauillac, Saint-Lambert, Saint-Julien, Saint-Germain, Saint-Laurent, Saint-Symphorien-de-Cussac et aussi de Saint-Seurin-de-Lamarque. Par cet arrangement, et du consentement mutuel des trois frères, ils marièrent leur sœur à Guichard Remond de Montagna (4), qu'on nomme aujourd'hui Bourg-sur-Dordogne. Le père de Guichard (5) lui donna le noble château de Cubzac (6), avec

NOTES.
—

(1) L'abbé Baurein, qui affectait tant de mépris pour ce roman, n'aurait-t-il pas pris dans ce passage l'étymologie qu'il attribue (*Variétés bordelaises*, t. 2, p. 8) au mot Lesparre, qui, selon lui, veut dire clôture en bois, et, dit-il, est sans doute venu de ce que, dans le principe, la ville était clôturée de bois.

(2) Le texte porte : Bolac.
(3) Le texte porte : Sirac.
(4) Ou Montaba.
(5) Ou Gualhard.
(6) Le texte porte : Cuprac.

NOTES.
—

cinquante chevaliers et de nombreux et excellents revenus, auprès de Bourg. Cenebrun et ses frères donnèrent à leur sœur Cussac; mais la haute justice de..... (1) et du bourg de Verteuil resta à Cenebrun.

» L'accord conclu, les frères vécurent en paix. Alors Cenebrun, comte de Médoc, se retira à Lespaut, qu'on appelle aujourd'hui Lesparre, lieu fertile et fourni de tous les mets délicats. La dame Marie, sa belle épouse, lui donna trois fils : le comte Guillaume Cenebrun de Geoffroy, qui fut archevêque de Bordeaux et peu après cardinal (2) ; or, comme la chapelle de Sainte-Marie-de-Soulac était excessivement petite et construite en terre, l'heureuse dame Marie, épouse de Cenebrun, fit construire, avec l'or qu'elle avait apporté d'Égypte, une belle et vaste église de pierres, qu'elle consacra à la Sainte-Vierge; et du consentement et de l'expresse volonté de Cenebrun, son mari, elle donna à perpétuité la ville de Soulac à sa nouvelle église. Toutefois, Cenebrun s'en était réservé la haute justice et la mouvance.

» Tout étant ainsi rangé, il arriva que vers le temps de Pâques, Cenebrun et sa femme, errant çà et là dans les bois, furent passer joyeusement quelques jours à chasser dans les environs de Carcans; mais il n'y avait là aucune église. Ainsi donc, la dame fit dresser sa tente au bord d'une fontaine, et y entendit chaque jour la messe avec une extrême dévotion ; or, la dame Marie était la plus belle de toutes les femmes, comme le prouve le nom qu'elle avait reçu, et, cependant, elle était encore plus pieuse que belle. Elle entendit raconter les miracles de saint Martin, qui venait de mourir depuis peu, et voulut fonder en son honneur, à l'occident de cette fontaine, une abbaye de moines noirs. Elle fit construire une église de pierres, qu'elle dota, du consentement de Cenebrun, d'un grand nombre de redevances et de prérogatives, et dont elle posa elle-même la première pierre. Elle fit aussi célébrer dans sa tente un service solennel en l'honneur de saint Martin; mais pendant qu'on préparait le repas, et que l'heureuse Marie s'était assise, avec la multitude du peuple qui la suivait, au bord de la fontaine, voilà que tout à coup apparut un enfant d'une beauté céleste, revêtu d'une tunique blanche et suivi d'un cerf d'une blancheur éclatante; il s'approcha de Marie, et lui dit d'une voix délicieuse :

(1) Justiciam de Pearne et Bertholini.
(2) L'abbé Baurein, *Variétés bordelaises*, t. 1, p. 214, pense, sans autre preuve que la similitude des noms, que l'archevêque de Bordeaux, en l'an 989, était de la famille des seigneurs de Lesparre. N'est-ce pas encore à notre roman qu'il avait emprunté cette idée ?

« Marie, Jésus-Christ, bon et miséricordieux, pour l'amour duquel
» tu as quitté le culte des Gentils, ton père, ta mère et ta patrie, t'a
» envoyé ce cerf, voulant que tu le manges tout entier, sur le bord de
» cette fontaine, avec le peuple de cette contrée. Chaque année, Jésus,
» en la faveur et par amour pour le peuple de ce pays, s'il persévère à
» aimer et louer Dieu, lui enverra un cerf semblable à celui-ci; et pour
» honorer Dieu et te prouver son affection, il bénit et sanctifie cette
» fontaine. Si bien que tout chrétien qui en boira avec dévotion en
» mémoire de la passion du Christ et de l'effusion de son sang sur la
» croix, sera guéri merveilleusement de toutes les fièvres, doubles,
» tierces et quartes, et de toute espèce de langueur. Par l'autorité et la
» volonté même de Jésus-Christ, je défends qu'aucune femme, fût-elle
» encore plus sainte et plus riche, boive jamais de cette eau; mais toi,
» Marie, et l'une de tes suivantes, pieuse et préparée, tu pourras en
» boire tant que tu seras dans cette vie. »

» A ces mots, l'enfant leva la main et l'étendit sur la fontaine, en disant : « Que la bénédiction du Père, du Fils et du Saint-Esprit soit
» éternellement sur cette fontaine; ainsi soit-il. » Puis, fléchissant le
genou, inclinant la tête et buvant à la fontaine, il disparut. Marie et
tout le peuple, fondant en larmes, entonnèrent les louanges du Très-Haut, puis mangèrent le cerf en entier, comme l'enfant l'avait dit; mais
il est bien certain que cet enfant était un ange de Dieu.

» Peu après, l'heureuse Marie subit le sort que nous devons tous subir,
et fut ensevelie, avec les plus grands honneurs, au milieu d'une foule
immense de prêtres et de peuple, dans l'église qu'elle avait si noblement
dotée. Son fils Geoffroy, archevêque de Bordeaux, fit placer son précieux corps au devant de l'autel de la bienheureuse Vierge, mère du
Christ. »

NOTE II (page 33).

SUR LES BITURIGES-VIVISCI, LES BITURIGES-CUBI, LES BOII, LES LINGONES, LES MEDULCHI, OU MEDULI, ETC.

Le mot *Biturige*, dans les écrits de César, désignait les habitants de
la ville d'*Avaricum* (Bourges), qu'on appelait *Biturris* à cause des deux
grosses et grandes tours qui en défendaient l'entrée, et qui figuraient
dans les anciennes armoiries de cette cité gauloise. C'est l'opinion de
Zingerling, observateur judicieux, qui dit, à cette occasion, dans son
Jodocus Sincerus : « Turribus à binis indè vocor Bituris, » p. 53.

Les historiens ne s'accordent pas sur la signification des mots *Vivisci*,

NOTES.   *Cubi, Medulchi*, dénominations distinctives des peuplades bituriges. Le mot *Vivisci*, dit D. Devienne, vient du vieux mot latin *vivisco*, prendre vie, se fortifier ; il désignait la colonie naissante des Bituriges, établie et croissant en force et en prospérité sur les rives de la Garonne. C'étaient des peuplades diverses du pays biturige, qui, plutôt que de se soumettre au joug tyrannique de César, et recevoir les lois de Rome, brûlèrent dans un seul jour plus de vingt villes, et se dispersant dans leur désespoir, allèrent chercher une nouvelle patrie sur un sol hospitalier. Plusieurs d'entre elles vinrent s'établir sur la terre aquitanique de la Garonne ; c'étaient les *Bituriges-Vivisci*, c'est-à-dire les Bituriges renaissants, terme qui devait perpétuer le souvenir de leur heureux établissement dans une patrie adoptive, et les distinguer des *Bituriges-Cubi*, qui s'établirent sur les bords de la Dordogne, dans un endroit qui garde encore son nom commémoratif, *Cubes–ac, Cuborum–arx*, dont on a fait Cubzac, comme *Francorum-arx, Francs-ac*, ou Fronsac.

Guienne Monumentale, Introduction.   « Le mot *Cubi*, dit un écrivain moderne, est resté dans la dénomination de Cubzac, Cubzaguais. Qui nous empêche d'admettre que les peuples de la rive droite de la Dordogne, près de l'embouchure, portaient aussi le nom de *Bituriges-Cubi* ? »

Quant au mot *Cubi*, D. Devienne dit qu'il signifie la solidité ou l'ancienneté. Le moindre tort de cette explication est d'être ridicule. D'autres disent qu'ils étaient appelés *Cubi*, ou *Cubits*, de *cubitus*, coude, parce qu'ils habitaient un pays autour duquel la Loire faisait un coude. Mais ce nom ne paraît pas dans les écrits de César ; il paraît qu'il comprenait, comme dans une désignation générale, tous les peuples des environs d'*Avaricum* (Bourges), qui, associés sous les ordres de Vercingétorix, brûlèrent leurs villes et s'enfuirent loin du pays où les Romains devaient régner en maîtres. C'est à cause de cette confédération des divers peuples des environs de Bourges, qu'on leur donna le nom de *Cubi*, qui vient du mot gaëlique *coibhi*, dénomination des chefs des confédérés, et dont la racine est *cowydd*, associés. Ces confédérés, c'étaient les *Bituriges*, connus dans nos contrées sous les noms distinctifs de *Vivisques*, de *Medulchi* ou *Meduli*, et de *Cubi*, les *Boïens*, les *Lingones*, tous voisins d'*Avoricum* (Bourges) et tous plus ou moins ennemis de Rome. Il est probable que les *Vivisci* aient quitté les premiers leur pays natal avant que l'association ne fût faite, et qu'après l'incendie des villes gauloises, chaque peuple ait cherché une contrée distincte, où il pût garder son nom primitif ; tandis que le nom *Cubi*, ou associés, désignait toujours les habitants de Bourges comme ayant été le noyau et l'âme de la confédération. En Écosse, parmi les Clans gaëliques, ou tribus d'origine celte, quand on veut désigner un individu puissant parmi ses égaux, ou les confédérés, on l'appelle *Coibhi-Draoi*, druide, ou chef des *Cubi* ou associés. Un proverbe gaëlique dit : « La pierre ne presse pas la terre » de plus près que l'assistance des *Coibhi* (des associés). » (Voir Mac Intosh's, *Gaëlic proverbs*, p. 34 ; Haddleton, *Notes on Tolland*, p. 279.)

Les *Medulchi*, ou *Meduli*, étaient les habitants du pays situé entre l'Océan et la Gironde, *media olca*, ou terre entre deux mers, comme nous disons Méditerranée, mer entre deux terres ou continents. Ils dépendaient des Bituriges; ils en étaient la portion la plus pauvre, de vrais *Questaux*, d'après ce que nous en dit Automne dans ses *Commentaires sur la Coutume de Bordeaux*. *Olca*, mot celtique, employé dans la basse latinité, veut dire, selon Ducange, terre de labour ou bonne pour la culture : *terræ portio arabilis*. Ce mot *olca* se trouve souvent dans les vieilles Chartes de Saint-Sulpice-de-Bourges. Saint Grégoire de Tours l'emploie aussi, et nous apprend qu'il signifie un champ fertile : *campus tellure fœcundus, tales enim incolæ (Campani) olcas vocant. (De gloriâ confessor., cap. 69.)* C'est aussi dans le même sens qu'il est employé dans une Charte de 1339, où il est dit que Bernard de Lesparre avait certains revenus dans le Médoc de Bordeaux, entre les deux mers : *quos redditus, ipse Bernardus de Lesparra habebat, pacis tempore, in Medulcho Burdigalæ, inter duo maria*. Le nom celtico-latin *Medolcha* (*media olca*, Médoc) est resté à cette contrée entre l'Océan et la Gironde; mais le nom de l'Entre-deux-Mers désigne, par extension, depuis le XVe siècle, le pays qui se trouve entre la Garonne et la Dordogne. (Voir Ducange, aux mots *olca*, *media*.

Dans la chronique *De Gestis Normannorum*, il est parlé du bourg de Médoc, *Metullium vicum*. Il est impossible de déterminer aujourd'hui où était ce bourg ou château. Baurein (*Variétés bordelaises*, t. 2, p. 192) incline à croire qu'il était dans la paroisse de Saint-Germain-d'Esteuil; mais ce n'est de sa part qu'une conjecture, sans preuve, sans probabilité. C'en est une autre de la part de d'Anville, qui dit que c'était Castelnau; l'existence de ce bourg ne remonte pas au delà du XIIe siècle.

Hautesserre croit, avec raison, que le bourg médocain, qu'on appelait *Vicum metullium*, était la capitale des *Medulchi*. Cette capitale était Soulac; mais il se trompe quand il affirme qu'il s'y trouvait une fabrique royale de monnaie. Il confond cette localité avec Melle-en-Poitou *(Metullum)*, où l'on battait monnaie du temps de Charles le Chauve, comme il résulte d'un capitulaire de ce prince, où il est dit : *Constituimus ut*

NOTES.

in nullo alio loco, in omni regno nostro moneta fiat, nisi in Palatio nostro et in Metullo, et in Narbonâ.

Les Lingones s'enfuirent de leur patrie après la victoire des légions romaines et très-probablement en même temps que les Bituriges. César parle de ce peuple. La *Chronique de Bazas*, document précieux, dont Baluze s'est servi quelquefois dans les *Vies des Papes*, dit que Langon fut fondé par une colonie de Lingones de la Celtique. *Veterum Lingonum colonia.*

César parle aussi des *Boïens (Boii)* comme voisins des Bituriges. On croit qu'une colonie de ce magnanime peuple, qui a joué un grand rôle dans les guerres contre les Romains, est venue, aussi après la destruction d'Alesia, fonder sur les côtes de l'Océan la ville de Boios, qui, comme le vieux Soulac, a été engloutie dans les eaux et les sables mouvants qui s'amoncellent sur les rivages de la mer. Du temps d'Ausone, ils conservèrent encore le nom primitif de *Boii*; mais, depuis lors, ce mot a été étrangement modifié en *Boïates*, *Boates*, *Bouges*, *Buch*, etc.; c'étaient d'excellents guerriers, et c'est à cause de leur valeur dans les combats qu'ils furent appelés dans la langue gaëlique *Bougs*, du mot kimrique *bug* ou *boug*, terrible, mot que les Romains, et César en particulier, ont rendu par *boius*, *boii*. D'autres prétendent que ce nom vient de *boya*, barque, ou *boga*, pêche. Ce nom radical, *Bougs*, explique bien la dernière modification de ce mot; *Bouges*, *Buch*, n'en sont que la corruption. Comme la terre se projetait en avant dans la mer, en forme de promontoire ou de cap, l'usage s'est établi d'appeler cet endroit le cap *(caput)*, ou teste (tête) des *Buchs*, le cap des *Bouges*.

M. de Valois prétend que les *Boii* sont les mêmes que les *Sediboniates*, ainsi nommés à cause de leur position avantageuse sur l'Océan *(sede bona)*. Nous n'en croyons rien. Les Boïens, colonie des Kimris orientaux, entreprirent, de gré ou de force, plusieurs émigrations. Dans l'une d'elles, ils se dirigèrent vers l'Italie, à travers les Alpes-Pennines *(Alp Pen*, en gaëlique, signifient cimes blanches), et prirent, dans leurs courses, possession de quelques contrées auxquelles ils ont laissé leur nom, telles sont *Boio-Heim*, demeure des Boïens (Bohême), *Boia-Ria*, la Bavière moderne. Une autre fraction de ce peuple celtique, voyant son pays dévasté par César et toutes ses villes incendiées, est venue à la suite des Bituriges-Vivisques s'établir au sud-est de Bordeaux, dans un endroit qui garde aussi leur nom, La Teste des *Boii*, *Bougs*, et de nos jours *Buch*. « Une tribu kimrique, dit un auteur moderne, de la » grande race des *Boïes*, est enclavée dans le nord des Landes, entre

» les Aquitains et les Bituriges-Vivisques; elle occupe La Teste de
» Buch, les environs du bassin d'Arcachon. » (H. Martin, *Histoire de
France*, t. 1, p. 465.)

NOTE III (page 39).

SUR NOVIOMAGUS ET SOULAC.

Le mot *Noviomag* signifie ville neuve, ville nouvelle. C'est un nom celtique composé de *new*, nouvelle, et *mag*, ville ou résidence (1). Le mot *mag* se trouve dans plusieurs villes en France et à l'étranger, comme dans *Nimègue*, *Rotomag*, *Ricomague*, *Ebromag*, etc., etc. D'Anville, dans sa *Notice des Gaules*, nous apprend que Ptolémée, qui vivait vers le milieu du second siècle de notre ère, fait mention de *Noviomagus* et de *Burdigala*; il confond la première de ces villes avec le lieu appelé *vicus Metullius*, *Medulchus*, ou *Medulchius*. Mais au lieu d'éclaircir les difficultés qu'on y rencontre, il ne fait que les multiplier, parce que l'on ne sait où étaient situées ces deux villes. Le P. Labbe, dans son *Tableau méthodique de géographie*, 48, affirme que Soulac est le *Noviomagus Medulorum*, et Adrien de Valois semble adopter cette opinion, que nous croyons la seule vraie, la seule admissible (2). Vinet dit que *Noviomagus* était située à l'embouchure de la Gironde, aux environs de Soulac; mais il ne sait ni quand ni comment cette ville a disparu. Le P. Monet (3) dit que cette ancienne ville des *Medulchi* a été ensevelie dans les eaux et les sables de la mer; nous pouvons très-probablement rapporter cet événement à l'année 580, époque, selon Aimoin (4), de grandes inondations et de débordements extraordinaires de la mer et des fleuves, qui, à la suite d'un tremblement de terre et des ravages d'un feu qui consumait les bois, la végétation et même la couche végétale du pays appelé aujourd'hui les Landes, ont bouleversé le sol, changé l'aspect du

---

(1) Armstroug's, *Celtic Dictionnary*. Voir aussi les *Grandes Chroniques de France*. Magus, dit Ducange, Mansio Veteribus Gallis; hinc plurium urbium nata nomina, Rotomagus, etc., etc.
(2) Noviomagus intercidit, nisi forte sit Solacum, locus ostio Garumnæ proximus. (Valois, *Notitia Gall.*, 87.)
(3) Medulorum vetus oppidum aquis haustum pridem periit, cujus etiam ruinæ in aquis spectantur. (Monet, *Géographie de la Gaule*.)
(4) Aimoin, *de Gestis Francorum*, lib. III, cap. 32.

NOTES.	sol, et converti en déserts de vastes étendues de nos côtes aquitaniques. L'abbé Baurein semble adopter cette opinion. *(Variétés bordelaises,* tome 1ᵉʳ.)
Variétés bordelaises, t. 1ᵉʳ, p. 19.	Soulac, d'après Bullet, cité par Baurein, vient du celtique *saoul*, chaume; ce qui veut dire qu'on ne voyait dans cet endroit que des maisons couvertes de chaume. Il est vrai que le mot *saoul*, en gaëlique et dans le celto-breton, signifie paille ou chaume ; mais pour dire maisons de paille ou de chaume, des chaumières, les anciens Celtes comme les modernes, disent *ty-saoul;* ce qui n'a que peu de rapport avec Soulac. Baurein donne l'opinion de Bullet; mais il insinue, avec Oïhenart, que le mot Soulac est plutôt basque que celtique.
	Le mot Soulac appartient à la langue cantabre, langue des Ibères, les premiers habitants de nos contrées et les fondateurs de cette ancienne ville; il vient de *soloa*, champ fertile, et *ach* ou *achi*, tertres ou monticules. C'était une ville située dans une contrée fertile, un pays de labour, plus élevé que les terres circonvoisines. Cette notice topographique sur les environs du vieux Soulac et leurs accidents géologiques, se
Variétés bordelaises, t. 1ᵉʳ, p. 64.	trouve confirmée par Baurein. « Les anciens habitants de cette paroisse » prétendaient, dit-il, que les terres situées au midi, au couchant et au » nord de cette église, formaient autrefois une vaste et fertile plaine, » d'un terrain inégal et mêlé de monticules. » (1)

Engloutie sous les sables mouvants de l'Océan, qui envahissaient peu à peu tout le Médoc, mais dont les travaux de l'art ont enfin, par des plantations de pins maritimes, arrêté la désastreuse invasion, cette ville, fondée et habitée par des Ibères, disparut pour toujours. M. Jouannet m'a dit que, dans une promenade sur mer, par un temps calme, il avait vu dans les eaux bleues de l'Océan, non loin de Soulac, les ruines du vieux Soulac, des murs encore debout, des espaces alignés comme des rues et plusieurs indications d'une ville submergée; c'étaient les ruines de l'ancienne ville ibérique, appelée *Soloac*. On ne sait pas à quelle époque cette ville fut ensevelie dans les eaux; mais il paraît certain que les Celtes, ou les *Medulchi*, en arrivant dans nos contrées, l'ont reconstruite et lui ont donné un autre nom tiré de leur langue et significatif de son origine. Ce nom, c'est *Noviomag*, ville nouvelle; mais cette dé-

---

(1) *Sola* ou *soula*, en basque ou cantabre, signifie aussi pays couvert de bois. Est-ce de ce mot *soula* que vient Soulac ? (Voir Fauriel, *Histoire de la Gaule méridionale*, t. 2, p. 516.)

nomination ne put prendre racine parmi les habitants de la côte, au milieu desquels les *Meduli* allèrent s'établir. L'ancien nom a repris sa place dans les traditions locales : les habitudes et les usages populaires triomphent toujours de semblables innovations, et le peuple tient aux vieilles traditions de ses pères.

La ville ibère fut donc ensevelie dans la mer ; la ville celte, ou *Noviomag*, est ce qu'on appelle encore le vieux Soulac. L'église est à moitié ensevelie dans le sable, et son clocher s'élève, dans ce désert, comme une balise à l'usage des navigateurs, et comme un témoin silencieux des ravages de l'Océan ; un garde-forestier y a établi sa demeure.

Le vieux Soulac était la principale place de commerce de la côte du temps des Romains et des Francs ; on y a découvert, dans le siècle dernier, beaucoup de médailles et de monnaies romaines, qui nous autorisent à croire que, pendant les cinq premiers siècles de notre ère, cette localité était très-riche et considérable. Le commerce y était florissant : les pèlerins de la Bretagne et de la Saintonge y abordaient en allant en Espagne ; et après avoir prié dans l'église de Notre-Dame, *in finibus terræ*, se rendaient par terre à l'hôpital de Saint-Jacques, à Bordeaux, et, de là, à Saint-Jacques, en Galice.

Si nous en croyons Guidon, saint Martial, lorsqu'il vint prêcher à Bordeaux, alla porter la bonne nouvelle au peuple de Soulac, vers le milieu du IIIe siècle, et y fonda une église en l'honneur de la Très-Sainte-Vierge. Il y convertit à la Foi l'une des plus marquantes notabilités du pays, saint Amateur et son épouse, sainte Véronica. L'histoire ne confirme pas ces traditions locales ; mais elle ne les dément pas. Elles acquièrent un certain degré de vraisemblance et de crédibilité, d'un fait qu'on n'a jamais contesté ; c'est qu'il y avait dans l'église de Soulac un autel consacré en l'honneur de sainte Véronica ; et d'après un usage immémorial, maintenu jusqu'au XIVe siècle, il fallait, dans les circonstances graves, prêter serment sur l'autel de cette sainte femme, comme il paraît par un titre, en date du 3 avril 1302, et cité par Baurein (*Variétés bordelaises*, t. 1), où on lit : « *Losquaus aven jurat, sobre l'autar de
» la sancta Veronica, à Solac.* » Quant au monastère, on fait remonter sa fondation au VIIIe siècle ; mais on n'en a pas de preuves irrécusables. Il dépendait de Sainte-Croix de Bordeaux, qui avait fourni la petite colonie qui alla peupler ce pieux asile sur le bord de l'Océan. Il paraît certain que le monastère de Soulac existait avant l'invasion des Normands ; en 1037, il était considérable ; et le Pape, pour des raisons

NOTES. particulières, crut devoir alors le soustraire à l'autorité de l'archevêque de Bordeaux. (*Variétés bordelaises*, t. 1.)

Dans le XIe siècle, Guillaume Sanche donna au monastère de Sainte-Croix de Bordeaux, l'église de Soulac avec ses dépendances et tous ses droits par terre et par mer. Plus tard, on crut pouvoir contester l'authenticité de cette donation, et Bernard Guillaume crut pouvoir donner cette même église, avec ses droits, au monastère de Saint-Sever. Les religieux de Sainte-Croix réclamèrent, et leurs droits furent reconnus dans un concile tenu à Bordeaux en 1079, et, plus tard, par le pape Pascal II, en 1104.

Dans tout le moyen-âge, cette localité était connue sous la dénomination de Notre-Dame, *in finibus terræ*, à cause de sa position topographique à l'extrémité de la Péninsule médocaine. Les religieux avaient plusieurs droits et priviléges, que les seigneurs de Lesparre s'efforçaient de temps en temps de détruire, ou, au moins, d'en suspendre et interrompre la jouissance : ils percevaient un certain droit sur les fours et pour le privilége de faire cuire du pain. Les religieux de Soulac avaient ce privilége et étaient affranchis de tout droit à l'égard des Cenebrun, seigneurs de Lesparre ; ils avaient même le droit de prendre le bois de chauffage dans les vastes forêts qui couvraient presque tout le pays. Le seigneur voulait leur ravir ce droit, et le pape Alexandre III fut enfin obligé d'intervenir en faveur des religieux et de réprimer les audacieuses usurpations des seigneurs. Une transaction eut lieu en 1195 : Cenebrun s'obligea à laisser jouir les religieux de leurs droits. De leur côté, les religieux consentirent à payer une certaine redevance et une dîme de vingt-quatre lapins, tous les ans, à Cenebrun de Lesparre.

Pendant les pestes qui moissonnaient de temps en temps les habitants de ces contrées, le peuple courait avec un pieux empressement au sanctuaire vénéré de Notre-Dame, à la fin des terres : *in finibus terræ*.

De grands personnages ont fait des dons à cette église de Soulac. Par son testament, du 20 mai 1300, Pierre Amanieu, captal de Buch, lui laissa 100 sols. Par son testament, du 7 août 1363, la dame Blanche de Foix, veuve de Jean de Grailly, captal de Buch, lui légua quatre léopards d'or, *à la luminaire et obra de Nostra Donna de Solac*. Pey-Berland fit présent à cette église d'une lampe d'argent et des fonds nécessaires pour son entretien devant l'autel de la Vierge. (Voir Baurein, *Variétés bordelaises*, t. 1.)

Le port de Soulac fut détruit au commencement du XVIe siècle. Les sables, poussés par les vents et les eaux, marchaient imperceptiblement, et bientôt le bourg du vieux Soulac allait disparaître pour toujours. On démolissait les maisons pour les reconstruire plus loin, et le jeune Soulac s'élève aujourd'hui non loin de son malheureux devancier, à 2 kilomètres à peu près de son ancien site. En 1744, le roi Louis XV acheta la vieille basilique de Soulac, dont le clocher sert de balise à la navigation; le prix (10,000 fr.) fut employé à la construction de la petite église du nouveau Soulac.

Soulac n'est pas la seule ville de la côte qui ait été engloutie par les sables mouvants de l'Océan. La paroisse de Lilhan, ainsi que la forêt de Lemous, ont disparu; elles existaient au XIIIe siècle, puisque le seigneur de Lilhan les comprend dans son acte d'hommage (1). La seigneurie de Lilhan figure encore dans un acte du mois de juillet 1315. (Rymer, *Fœdera*, t. 2, et dans les *Rôles gascons*, sous les années 1408-9.) Un siècle plus tard (vers 1500), le territoire de Lilhan fut entièrement envahi par l'Océan. Dans un Pouillé, manuscrit du diocèse de Bordeaux, qui date du commencement du XVIe siècle, le nom de la paroisse de Lilhan est suivi de cette observation : *Est deserta*, et dans le Pouillé général de France, imprimé en 1648, on lit, à côté du nom de Lilhan, ces mots : *Est deserta et cooperta aquis*. Le peu qui reste de cette ancienne seigneurie appartenait, en 1352, au seigneur d'Arsac; et au XVIe siècle, Jacquette d'Arsac l'apporta en dot à Thomas de Montaigne, pendant la vie duquel la mer finit par couvrir entièrement cette paroisse ; c'est ce que nous dit son frère, Michel de Montaigne, maire de Bordeaux. « En Médoc, dit-il, le long de la mer, mon frère, sieur d'Arsac,
» veoid une sienne terre ensepvelie sous les sables que la mer vomit
» devant elle; le faiste d'aulcuns bastiments paroist encore ; les restes
» de ses domaines se sont eschangées en pasquages bien maigres. Les
» habitants disent que depuis quelques temps, la mer se poulse si fort
» vers eulx, qu'ils ont perdu quatre lieues de terre. Ces sables sont ses
» fourriers, et veyons de grandes monticcies (monticules, dunes) d'arène
» mouvante, qui marchent d'une demi-lieue devant elle et gagnent pays.»
(*Essais*, lib. I, ch. 30.)

---

(1) Noverint universi.... Oliverius de Lilhan domicellus ... tenere Castellanum, de Lilhano et forestam quæ dicitur Lemous, et totam parochiam de Lilhano, cum pertinenciis et omnibus quæ alii habent ab eodem, et habet à Dº Rege sibi, et hominibus suis et bestiis eorundem cujuscunque naturæ sint...... justitiam in totâ parochia de Lilhano. (Mˢ de *Wolff*., 129.)

NOTE IV (page 40).

SUR LES DRUIDES.

Druides, en langue kimrique *Derwids*, vient de *derw*, chêne (1).

Jules César abolit le culte druidique et profana leurs forêts sacrées. Auguste renouvela ce décret et substitua au druidisme le culte des dieux de Rome. Tibère et Caligula poussèrent plus loin leur fanatisme idolâtre, et firent crucifier les personnes convaincues d'immolations druidiques. Malgré ces cruelles persécutions des empereurs de Rome, le druidisme se perpétua sous divers noms jusqu'au IIIe siècle. C'est à tort que Suétone en attribue à Claude, le mari de Messaline, l'abolition définitive (2). Les Romains, intéressés à décrier les mœurs et la religion des vaincus, assurent qu'ils offraient des sacrifices humains, et presque tous les écrivains modernes ont servi d'écho à leur malignité. On commence à se méfier de tout ce que les Romains ont avancé contre ces fiers Gaulois, qui les faisaient trembler : le souvenir de Brennus était l'aliment de leurs calomnies et de leur haine. Lucain, César ou Tacite, ne sont pas, sur cette matière, des autorités respectables.

Après la conquête de César, les victoires d'Auguste, de Tibère et de Caligula, les Druides entretenaient encore le feu sacré du patriotisme chez les Gaulois. Rome se sentit faible et se mit à calomnier des hommes qu'elle désirait vaincre. Le nom de *Druide* fut proscrit ; mais les Druides s'appelèrent *Senani*, sages, et maintinrent longtemps encore leur antique influence sur les mœurs, sous ce nom emprunté. Qu'on se souvienne bien que les Druides étaient juges et prêtres à la fois : les grands criminels qu'ils condamnaient à mort, pour venger la société offensée par leurs forfaits, étaient accompagnés au supplice par les prêtres, avec des cérémonies religieuses. Les *dolmens* étaient les autels sur lesquels coulait le sang des coupables ; mais le couteau sacré ne frappait jamais une tête innocente.

---

(1) Quelques auteurs le font venir du celto-kimrique *Derwidd*, sage ; d'autres du celto-breton *derw*, chêne, et de la finale *iz* ou *idi*, habitants, c'est-à-dire habitant des forêts de chêne. Quelques autres font dériver ce nom de deux racines celtiques *De* ou *Di*, Dieu, et *rhoud* ou *rhouid*, participe du verbe *raiddim* ou *rhaidim*, converser, ce qui veut dire que *Derouid* ou *Druide*, signifie celui qui parle avec Dieu.

(2) Druidarum religionem apud Gallos diræ immanitatis sub Augusto introductam penitus abolevit.

Les Druides conservaient avec soin le culte de leurs pères; toute la cruauté des empereurs de Rome n'a jamais pu les en détourner ou les faire embrasser les superstitions païennes. Denys d'Halicarnasse, qui écrivait sous Auguste, dit que « les Celtes conservaient toujours leur » culte; qu'il n'est aucune coutume où ils souffrent moins d'altération, » et jusqu'ici, ajoute-t-il, rien n'a été capable de les engager à oublier » les cérémonies de leurs dieux, ou à y faire des changements. » (*Antiq. Rom.*, lib. VII.)

Les Celtes adoraient un dieu unique; ils enseignaient la spiritualité et l'immortalité de l'âme, et un avenir de récompenses et de châtiments après cette vie. Mais les Romains introduisirent dans les Gaules leurs dieux et leur idolâtrie; le druidisme perdit de sa pureté primitive au contact de ces faux et absurdes systèmes théologiques, et voilà pourquoi César prétend que les Gaulois adoraient plusieurs divinités. Les Phœniciens adoraient le soleil, *Bel*, *Belen*, ou *Baal*; le culte de cette divinité prévalut parmi les Aquitains, qui appelaient ce dieu *Abellio*, l'Apollon des Romains. De là, leur respect religieux pour la lune, les étoiles, le feu, qu'ils regardaient comme le principe vivifiant, l'âme de l'univers. Mais à part quelques erreurs, dont la puissance de Rome favorisa la propagation dans les Gaules, il paraît certain que le druidisme pur ressemblait beaucoup à la religion des juifs, et avait avec elle une communauté d'origine. Origène nous assure que la Grande-Bretagne était préparée à l'Évangile par le druidisme. Les juifs n'avaient pas de temple avant Salomon, et les autels de Jacob et de Moïse étaient en pierres brutes. Les Druides n'avaient d'autres temples que les forêts, et leurs autels étaient aussi de pierres brutes.

Les uns et les autres apprenaient par cœur leurs dogmes, leur morale, leur histoire et leur discipline : les juifs offraient à Dieu les prémices des fruits de la terre; les Druides en faisaient autant, et lui sacrifiaient le *gui* de chêne, qu'ils avaient en grande vénération. La cérémonie de circoncision se faisait avec une pierre; les Druides n'avaient pour leurs sacrifices religieux que des instruments en pierre. Chez les Druides, le chêne était un arbre sacré; les juifs aussi avaient du respect pour cet arbre. C'est au pied d'un chêne que Jacob fit ensevelir Debora; que Josué érigea une énorme pierre (pierre-fitte); que l'ange, descendu pour fortifier Gédéon, alla s'asseoir; et, enfin, c'est au pied d'un chêne que furent ensevelis les sept enfants de Saül. La morale des Druides était excellente, et leur système religieux semble n'avoir été que l'anticipation du christianisme. Quand Origène dit qu'il servit bien à disposer les Bretons à adopter la foi chrétienne, Celse, son adversaire, se garda bien de le contester.

Les écrivains de Rome accusent les Druides d'avoir offert des sacrifices humains; c'est une calomnie intéressée. On voulait anéantir les Druides et le druidisme; ils croyaient les rendre odieux en les faisant passer pour des monstres. Mais à qui persuadera-t-on que c'est par humanité que les empereurs publiaient leurs intolérants décrets, et que Tibère, Caligula, Néron même, étaient si doux et si sensibles aux souffrances de leurs semblables, qu'ils crurent devoir, par humanité, persécuter les Druides? Quel peuple a jamais été plus superstitieux, plus cruel, que celui de Rome? Tous les vices y devinrent des divinités; tous les arts, tous les talents, y eurent leurs dieux; des monstres même y furent divinisés. On fit du ciel une république, et de Rome un vaste temple pour tous les dieux de l'univers. Aurélien, à l'approche des Barbares, écrivit au Sénat qu'il fournira tous les frais des sacrifices nécessaires, et qu'il donnera tous les captifs dont l'immolation sera reconnue nécessaire pour apaiser les dieux. Tite-Live, Pline et plusieurs autres écrivains, avouent que des sacrifices humains furent souvent ordonnés et exécutés, surtout au commencement de la guerre punique. Plutarque atteste la même chose *(in Marcel)*, et, sans citer Lactance et Minutius Félix, Tertullien nous apprend qu'on arrosait de sang humain la statue de Jupiter. Le sacrifice de victimes humaines, chez les Romains, est un fait; chez les Druides, c'était un acte de justice : le couteau ne frappait que des criminels. Pythagore étudia chez les Druides, et apprit chez eux la partie morale de son système philosophique; il ne voulait pas qu'on tuât même les animaux. Croit-on qu'il aurait embrassé la doctrine des Druides s'ils sacrifiaient des hommes? Les Druides enseignaient que Dieu était le principe, le maintien et la fin de notre existence; cette philosophie valait bien mieux que celle de Rome. On peut juger de la beauté de la doctrine que les Druides enseignèrent à Pythagore, par la citation suivante : « Nés de Dieu, disaient-ils, nous avons » pour ainsi dire nos racines en lui; c'est pourquoi nous périssons en » nous séparant de lui, comme le ruisseau séparé de sa source tarit, » comme la plante séparée de la terre sèche et tombe en pourriture. » On croit entendre saint Paul : *In ipso vivimus, movemur, et sumus*, ou plutôt le Sauveur lui-même : *Si quis in me non manserit, mittetur foras et arescet.* (JOAN., *cap.* XV.)

On peut donc affirmer que les Romains étaient plus coupables que les Gaulois; que la doctrine des Druides n'était qu'une réminiscence des

[margin notes: Vopiscus, *Hist. Aug.*, page 215. — Cap. IX.]

doctrines primordiales du genre humain, dont le dépôt avait été confié aux juifs.

Les Gaulois devinrent, au contact des Romains, très-superstitieux; ils avaient une ridicule vénération pour le *samolus* (mouron d'eau), qu'ils regardaient comme une panacée, leur plante médicinale par excellence. Quand ils trouvaient le *gui* sur un chêne *(robur)*, ils se lavaient les pieds et les mains; ils prenaient une longue robe de lin par-dessus leur robe blanche, et, ainsi habillés, ils se rendaient en procession pour cueillir cette précieuse plante. Le grand Druide se ceignait la tête d'une coiffure de verveine, en guise de couronne; et après avoir offert à Dieu le pain et le vin, qu'on avait disposés au pied du chêne, où ils avaient aussi conduit deux taureaux blancs, il montait sur l'arbre, coupait avec une serpe en pierre le *gui*, qui tombait sur un drap de lin blanc qui n'avait jamais servi. Descendu du chêne, le prêtre immolait les taureaux, implorait pour le peuple la protection divine, et brûlait les entrailles des victimes sur un dolmen; les *Eubates*, ou *Ovydds* (Vates), distribuaient le reste de la viande, avec le *gui*, en petites parties, aux assistants.

Ce sont les Druidesses qui cueillaient la verveine; il fallait être habillées décemment, en blanc et nu-pieds, les mains cachées sous une longue tunique; la main droite arrachait la précieuse plante à la pointe du jour et la faisait passer d'une manière furtive dans la main gauche. Lorsque la canicule se levait, on s'en servait pour les aspersions d'eau lustrale et pour nettoyer les autels. On lui attribuait mille propriétés médicales, et l'avantage inappréciable de réconcilier les cœurs ulcérés par la haine. On en faisait aussi des couronnes pour les hérauts d'armes, qui annonçaient la paix ou la guerre.

Leurs temples étaient les vastes forêts des Gaules (1): ils y ont construit plus tard des temples; mais ils n'avaient pas d'idoles, pas le moindre vestige, dit Tacite, des superstitions étrangères (2). Lucain, au troisième livre de la *Pharsale*, peint d'une manière sublime la poétique horreur de ses bois sacrés; ses magnifiques vers forment l'un des

---

(1) Roborum eligunt lucos, nec ulla sacra sine ea fronde conficiunt. (PLINE, etc.)

(2) « Lucos ac nemora consecrant, Deorumque nominibus appellant; secretum illud, quod solà reverentià vident. Cæterum nec cohibere parietibus Deos, neque in ullam humani oris speciem assimilare ex magnitudine cœlestium arbitrantur. » (TACITE, etc.) Il dit ailleurs: « Nullum simulacrum, nullum peregrinæ superstitionis vestigium ibi videre licet. » C'était vrai avant la conquête.

NOTES

NOTES.

plus beaux morceaux descriptifs de son poëme. Ces bois avaient des formes diverses : au centre, dans un berceau formé de rameaux entrelacés et touffus, où régnaient le silence et le mystère, s'élevait le *dolmen* (1), ou pierre de sacrifice, couché sur des pierres verticales, et portant sur leurs surfaces supérieures des cavités creusées jusqu'au bord, pour l'écoulement du sang des taureaux, des oiseaux et des criminels condamnés à mort. On voyait, éparses çà et là, des pierres posées en équilibre sur un bloc immense et solide, dressé sur pivot ou susceptible d'une oscillation nécessaire pour la divination. Autour des *dolmens*, ou autels druidiques, on voyait une enceinte *(kromlech)*, de formes diverses, composée de pierres brutes, plantées verticalement, qu'on appelait *menhirs* (2), et qui écartaient les profanes du sanctuaire où se tenait le sacrificateur ; mais, selon Tacite, ils concevaient trop bien l'immensité de l'Être-Suprême, pour avoir la sotte idée qu'ils pouvaient le renfermer dans l'enceinte des murs, ou offrir aux yeux de leurs disciples une image quelconque de cet esprit infini. Plus tard, ils se firent des temples, où ils suspendaient les dépouilles de leurs ennemis; c'étaient les *Vernometis* des Celtes (3).

Les Gaulois, dit Pline, attribuaient une grande vertu à un œuf qu'eux seuls connaissaient, qui était formé, disaient-ils, de la bave et de l'écume de serpents entortillés.

NOTE V (page 52).

SUR LA FONTAINE SACRÉE DES BURDIGALIENS, CHANTÉE PAR AUSONE.

L'emplacement et le nom de cette fontaine a longtemps et beaucoup occupé les savants.

Les uns prétendent qu'elle se trouvait sur la place de Saint-André, et c'est elle qui est désignée dans l'inscription lapidaire qu'on mit sur

---

(1) *Dolmen* vient de *dol*, table; et *maen*, ou *men*, pierre.

(2) *Menhir* vient de *men*, pierre; et *hir*, longue. On les appelait aussi *peulvans*, de *peul*, pillier; et *vaen*, *van*, pierre.

(3) « *Vernometis*, ou *Vernometum*, dit Cambden, antiquâ Gallorum linguâ, quæ eadem fuit cum antiquâ Britannorum, sonat fanum ingens ut plane docet de Vernometo Galliæ venantius Fortunatus. » Tout près de Bordeaux, autrefois, il y avait un bois sacré et un vaste temple, sur l'emplacement duquel on dit que Clovis fit bâtir une chapelle (Sainte-Croix).

le clocher de Pey-Berland au XVe siècle (1). Lorsque ce vénérable archevêque jeta les fondements de ce beau monument, en 1440, on découvrit, en creusant le sol, une fontaine ou réservoir d'eau, dont il est parlé dans l'inscription qui devait perpétuer le souvenir de l'auteur et de la date de cette gigantesque construction.

Dans son *Itinéraire*, Jodocus Sincerus (Zingerling) incline à croire que c'était la fontaine que nous appelons aujourd'hui *Font d'Audège*.

Darnal adopte cette opinion, et s'exprime ainsi dans sa *Chronique*, à l'année 1559 : « Les dits sieurs jurats firent faire une muraille la dicte
» année, à la fontaine d'Audège, pour la séparer du grand chemin et
» empêcher que les terres ne tombassent dans le vase de la dicte fon-
» taine, belle et abondante, et de laquelle parle, dans ses œuvres, le
» poète Ausone. »

Poutelier, dans sa *Chronique*, dit, en parlant de l'année 1629 : « Les
» jurats rendent une ordonnance portant que la fontaine appelée *d'Au-
» sone*, sise dans la rue Poitevine, proche la maison du Puchet, près le
» ruisseau (le Peugue), serait bastie, nettoyée et remise en bon estat. »
Mais quoique notre chroniqueur ait donné à cette fontaine le nom d'Ausone, il ne s'ensuit pas que ce soit la *Divona* chantée par ce poète. On a pu croire, dans le moyen-âge, que le poète Ausone demeurait dans ce quartier.

Vinet nous a laissé d'intéressants travaux sur Bordeaux; mais il ne nous semble pas heureux dans ses recherches sur ce sujet. Il incline à croire que la Divona pourrait bien être notre Font d'Audège. La seule difficulté qui l'empêche de croire à l'identité de ces deux fontaines, c'est que, d'après Ausone, la source Divona coulait en ville, tandis que la Font d'Audège était en dehors des murs. Cette raison est reproduite, sans réflexion, par Bernadau. Mais on interprète ici trop arbitrairement les vers d'Ausone. Ce poète parle d'une fontaine dont les eaux étaient si abondantes, qu'elles ressemblaient au lit d'une rivière, et al-

---

(1) Voici l'inscription du clocher de Pey-Berland, qu'on a renouvelée de nos jours :

« Bis quadram quicumque oculis turrim aspicis æquis
» Mille quadringentis quadraginta labentibus annis,
» Fælicibus cœptam auspiciis, nonasque secundò
» Octobris ; tantum certò scito esse profundam
» Fons prope prosiliens quantum tenet. Hic quoque primus
» Subjecit lapidem Petrus archipræsul in urbe
» Burdigalæ, cujus plebs collætetur in ævum. »

laient se mêler aux eaux du *bassin Navigère (porta navigera)* dont parle saint Paulin, et qui s'étendait au milieu de la ville, et était alimentée par ces eaux et par celles de la Devèze, *per mediumque urbis fontani fluminis alveum.*

Les eaux de la fontaine sacrée venaient, dit Ausone, d'une source inconnue, *fons ignote ortu*; elles étaient conduites en ville par un canal souterrain, un aqueduc, dont on voyait encore, au dernier siècle, des vestiges se prolongeant depuis Tourny, sous la rue Sainte-Catherine, dans la direction de Saint-André, et alimentant d'autres fontaines, entre autres, disent nos Annales, celle de Saint-Projet. (Voir *Antiquités bordelaises*, t. 4, p. 194.) Il paraît certain que le réservoir général des eaux de la *divine fontaine* et des autres sources, au sud de Bordeaux, étaient près de Saint-André, et que, de ce point, elles circulaient par les douze canaux dont parle Ausone, dans tous les quartiers de la ville.

L'identité de ces deux fontaines n'était pas un sujet de doute pour le chroniqueur Darnal.

Ausone ne dit pas que la source véritable était au centre de la ville; il dit, au contraire, qu'elle était inconnue, *fons ignote ortu*; mais il parle du lit de la Devèze, qui, par les eaux fournies par cette source, près de Saint-André, ressemblait à un fleuve au centre de la ville: *per mediumque urbis fontani fluminis alveum*, et suffisait à recevoir la flotte de la Garonne, au temps de la marée: *adlabi totum spectabis classibus æquor.*

Cette opinion est aujourd'hui généralement adoptée; elle est même confirmée, en termes précis, dans la *Collection des Auteurs classiques*, par Le Maire, t. 4, p. 531, où nous trouvons ces lignes, qui expliquent les mots *ignote ortu* par l'existence d'un aqueduc souterrain, depuis la source jusqu'au réservoir général: *Quod subterraneo opere à capite usque in urbem ejus aqua duceretur, ut ex canalis illius effossis conjecit Vinetus, sicque videret nemo unde aqua illa conciperetur.*

En effet, le sol burdigalien a été traversé dans tous les sens par des canaux et des aqueducs; on en a trouvé dans la rue des Trois-Conils; en 1834, entre les rues Tannesse et Berry. Vinet parle d'un aqueduc découvert en 1552, qui venait de Léognan.

En 1826, l'Académie de Bordeaux organisa une Commission choisie dans son sein, et dont M. Jouannet fut nommé rapporteur. D'après l'avis de cette Commission, il paraîtrait que l'aqueduc dont on avait découvert les traces, conduisait dans Bordeaux les eaux d'une fontaine située près du moulin de Vayres, à 18 mètres 52 centimètres au-dessus des basses eaux de la Garonne. Mais peut-on dire que ces eaux aboutissaient à Saint-André pour y former un réservoir? Nous pouvons nous livrer à des conjectures à cet égard; mais il n'y a rien de certain.

On a trouvé des vestiges d'aqueducs dans la rue Porte-Dijeaux, sous la maison Coudert, comme venant de la Font d'Audège, et se dirigeant vers St-André par la rue Ste-Catherine, probablement par l'endroit où les restes d'un aqueduc, peut-être le même, avaient été découverts, selon ce que nous apprend Baurein. (*Variétés bordelaises*, t. 4, p. 191.)

On a trouvé quelques restes d'un aqueduc qui venait du moulin de Vayres, près du moulin des Arcs, ainsi appelé d'un pont-canal qu'on y avait construit avec plusieurs arcades. M. Jouannet croit que ces canaux, dont on retrouve le tracé en plusieurs endroits, à Bordeaux et aux environs, servaient, du temps des Romains, à l'assainissement des terrains bas et marécageux qui entouraient le Puy-Paulin. Cette opinion peut être vraie en partie; mais il paraît certain que les Romains sentaient de bonne heure la nécessité d'avoir de bonnes eaux potables dans la ville. Les canaux dont nous parlons, surtout à l'extérieur de l'enceinte de la ville romaine, ne sont, en général, que les restes de leurs travaux hydrauliques et de leur système d'aqueducs, dont plusieurs n'ont servi qu'à conduire les eaux de la *Font des Dieux* (Font d'Audège) à la place Saint-André, pour qu'elles se répandissent de là, par douze canaux, en ville.

Que signifie le nom *Divona*, et à quelle langue appartient-il? Vinet croit que, du temps d'Ausone, la langue des Celtes était le latin, et fait venir le mot *Divona* de *divis*, *diis*, dieux, en latin. Le latin était la langue des tribunaux et des grands; mais il n'était pas alors la langue des vaincus, à qui il répugnait d'adopter le langage de leurs maîtres. Le celtique était généralement employé parmi les Celtes d'Aquitaine, au cinquième siècle.

Dans un extrait de l'*Histoire de Bordeaux*, par M. Rabanis, qu'on a publié dans le *Compte-rendu de la Commission des Monuments de la Gironde*, année 1853-4, p. 56, cet écrivain s'efforce d'expliquer cette appellation d'une nouvelle et étrange façon. « *Dus* ou *Duis*, dit-il, était le dieu au- » quel les Gaëls rapportaient leur origine. *Dujona* signifie littéralement » source de *Duis*. Les Romains, trouvant une certaine analogie de nom » et d'attributs entre ce dieu et leur Pluton *(Dis)*, les ont souvent con- » fondus. César dit: le premier ancêtre que reconnaissent les Gaëls, » c'est le dieu *Dis*, liv. IV......... Ausone avait dit de cette source que » dans la langue des Celtes son nom était celui d'une divinité. »

NOTES.

Toute cette érudition nous paraît inexacte et injustifiable. *Dus* ou *Duis* n'était pas le dieu auquel les Celtes, qui étaient originaires des contrées voisines du Caucase, rapportaient leur origine (V. l'*Hist. des Celtes*, par le pasteur Pelloutiers, de Berlin), et les Romains n'ont, que nous sachions, jamais confondu leur dieu *Pluton* avec le dieu bon, bienfaisant, des Celtes. Ausone ne dit nulle part que le nom de la fontaine bordelaise était celui d'une divinité; il dit seulement qu'elle était mise au rang des dieux, *fons addite Divis*. Le mot *Divona*, qu'on trouve écrit *Duiona* ou *Dujonam* dans plusieurs anciens manuscrits d'Ausone, ne vient pas du latin; c'est un mot celtique, comme le dit Ausone: *Divona, Celtarum linguâ*. Ducange nous assure que, dans l'idiome des Gaëls anciens, *Divona* signifie *fontaine des dieux*; *Divona, fons deorum, idiomate veterum Gallorum*. Pour dire *dieu*, les Celtes employaient dans leurs différents dialectes les mots *douë*, *doë* et *diu*. Le mot *vonam* signifie fontaine en celtique, et de ces deux mots, les Romains ont fait *Douëona*, nom qu'ils donnèrent à Cahors, la ville aux fontaines sacrées, et qui se trouve ainsi écrit dans les livres de Ptolémée. Ausone a rendu, selon les exigences de la prosodie, ce mot par *Divona*; les racines même de ce mot, ainsi latinisé, se tirent de la langue des Gaëls, *diu* (dieu), et *vonam* (fontaine), et cette étymologie se trouve confirmée par Boxhorn, dit Ducange: *Hodie apud Cambros, diu, deum et vonam fontem testatur Zuerius Boxhornius. (In Orig. Gallic, cap. 1.)* Le nom de cette divine fontaine, ou *font des dieux*, s'écrivait ainsi jusqu'à la domination des Anglais, qui en changèrent le nom en *Font d'Odeia*, et plus tard en *Font d'Audège*, nom qui existe encore, ainsi que la fontaine; mais le volume d'eau qu'elle fournit s'amoindrit de plus en plus par les puits construits dans les maisons voisines du quartier; et comme le sol a été considérablement exhaussé, la qualité de l'eau a été détériorée par suite des infiltrations.

NOTE VI (page 64).

VERS D'AUSONE SUR BORDEAUX.

Impia jamdudum, condemno silentia, quod te,
O patria, insignem Baccho, fluviisque, virisque,
Moribus, ingeniisque hominum, procerumque senatu,
Non inter primas memorem. Quasi conscius urbis
Exiguæ, immeritas dubitem contingere laudes.
Non pudor hinc nobis. Nec enim mihi barbara Rheni
Ora, nec Arctoo domus est glacialis in Hemo.
Burdigala est natale solum, clementia cœli

Mitis ubi, et riguæ larga indulgentia terræ.
Ver longum, brumæque breves, juga frondea subsunt.
Fervent æquoreos imitata fluenta meatus.
Quadrua murorum species, sic turribus altis
Ardua, ut aereas intrent fastigia nubes.

Traduction par le comte de Peyronnet.

J'accuse, en rougissant, mon injuste silence,
Quoi, mon luth dédaigneux tarde encore et balance !
Toi l'orgueil, toi l'amour des bords où tu t'assieds,
Et des fleuves rivaux qui coulent à tes pieds ;
Toi du jeune Apollon, toi de Bacchus chérie,
Chaste fille des arts, ô ma noble patrie !
Tes sages, ton sénat, ton nom déjà si grand,
Et tes généreux fils t'ont mise au premier rang.
Et moi sourd à tes pleurs, ma pudeur ingénue
Étouffait dans l'oubli ta gloire méconnue,
Craignant, timide encor, dans sa témérité,
D'offrir à ta faiblesse un prix non mérité !
Au pied du froid Hémus, aux bords du Rhin barbare,
Le soc va-t-il pour moi fouiller la roche avare ?
Non, ma ville est heureuse, heureux est le séjour
Où mes regards troublés se sont ouverts au jour :
Là règne un long printemps, là l'hiver plus timide,
A peine aux blés naissants dispute un sol humide ;
Là flotte un air plus doux, et le jour radieux
Couvre de feux plus purs ces champs aimés des dieux ;
Et les coteaux ombreux, sur la rive embaumée,
Suspendent en riant leurs festons de ramée ;
Et le fleuve indompté, jaloux enfant des mers,
Fait bouillonner ses flots pareils aux flots amers ;
Et loin des murs profonds, dressant leur tête aiguë,
Les tours, reines de l'air, vont défier la nue.

M. de Peyronnet a modifié cette traduction pour son discours de réception à l'Académie de Bordeaux, le 20 novembre 1854. Nous donnons la première version ; elle nous paraît la meilleure.

M. Jouannet a donné une traduction en vers de cette même pièce : elle nous semble bien pâle à côté de celle-ci. (*Actes de l'Académie royale*, t. de 1824 à 1826.)

NOTE VII (page 69).

SUR LES CIMETIÈRES DE CAMPAURE ET DE TERRE-NÈGRE.

Le cimetière de Terre-Nègre, ainsi appelé de la couleur du sol, était près du Palais-Gallien, et recevait les restes des pauvres de Burdigala. En 1803, on y découvrit des vases, des tombeaux, des urnes cinéraires, des lacrymatoires en verre, des lampes, des fibules en cuivre, des styles, des clés, des anneaux, des amphores, des amulettes, des idoles gauloises et une grande quantité de médailles percées comme si on les avait portées au cou; c'étaient des Titus, des Trajan, des Antonin et de presque tous les règnes depuis Auguste jusqu'à Marc-Aurèle; parmi les autres, des Sabine, des Faustine; mais à la gloire des Bordelais, on n'y voyait pas de Tibère, de Néron, de Domitien, ni de ces princes dont le nom est un symbole d'inhumanité et le souvenir une horreur. Parmi les divers objets découverts dans l'*Ustrinum* des Bituriges-Vivisques, on remarquait un miroir en cuivre, assez bien conservé, et qui réfléchissait les formes et les couleurs presque aussi bien que nos glaces modernes; il était placé auprès d'une tête, probablement celle d'une jeune fille; elle avait voulu, sans doute, emporter dans l'autre monde l'objet de sa toilette qu'elle avait affectionné le plus pendant sa vie. Tous les autres objets, en général, sont en terre cuite, et, chose étrange, pas une des médailles n'était au-dessous d'Adrien.

Mémoires de l'Académie, 1830.

On y a trouvé quelques tombeaux modestes, mêlés avec des urnes cinéraires. M. Jouannet en conclut que les deux modes de sépulture, l'incinération et l'enterrement, étaient en usage en même temps chez les Bituriges, mais que le premier mode était le plus généralement suivi, parce que le nombre des urnes était, à celui des corps enterrés, comme vingt est à un.

Cette observation nous paraît plus spécieuse que solide ou vraie. Il paraît certain qu'on brûlait les corps jusqu'à l'arrivée de saint Martial et de ses missionnaires en Aquitaine. Le christianisme a changé les mœurs sur ce point, comme sur les autres, dans nos contrées; mais de ce qu'on a trouvé plus d'urnes que de corps enterrés, il nous semble téméraire de conclure que le mode de sépulture le plus universellement suivi était l'incinération. Il faut se rappeler que la Terre-Nègre était le cimetière des pauvres; que si l'on n'y voyait pas de tombeaux capables de résister à l'action combinée des temps et de l'atmosphère, c'est que les corps étaient déposés sur une couche de mortier et de sable; ils étaient bientôt consumés, tandis que les urnes se conservaient un temps indéfini. Ces circonstances expliquent l'existence d'une si grande quantité d'urnes et l'absence presque complète d'ossements et même de cercueils en pierre. Le peu de valeur des objets trouvés à Terre-Nègre prouve qu'ils avaient appartenu à la classe des pauvres.

Le cimetière des riches Gallo-Romains s'appelait Campaure *(campus aureus)*, champ d'or, à cause des trésors qu'on y cachait en temps de guerre. Les tombeaux étaient, aux yeux des anciens, des asiles inviolables, que personne n'osait profaner. Ce nom ne vient-il pas plutôt des superbes monuments que la vanité des riches y avait construits ? A Terre-Nègre, on ne voyait guère que des objets de terre cuite; dans le Campaure, on admirait des tombeaux richement décorés, des ornements éblouissants, des inscriptions en lettres d'or. L'orgueil s'efforce de braver la mort, qui nivelle tout; l'orgueil, avant de succomber sous la faulx du Temps, veut laisser après lui des monuments transitoires, des souvenirs de son néant ! Les Romains avaient une passion pour les beaux tombeaux; Virgile nous dit qu'il faut ériger des tombeaux aux morts et y graver des vers moins périssables qu'eux (1).

Le Campaure comprenait ce grand triangle qui s'étend depuis la place de la Comédie jusqu'à celles Dauphine et de Tourny. Au commencement du XIIe siècle, en 1127, cet endroit était couvert de vignes et maintenu en culture jusque sur la fin du XIVe; on y a trouvé une grande quantité de pierres sépulcrales. En 1356, il faisait partie de l'ancienne paroisse de Puy-Paulin, d'après un ancien titre qui porte cette date (2). Le nom de Campaure était encore employé au XVIIe siècle; car à l'entrée du maréchal de Thémines à Bordeaux, en qualité de commandant de la place, la milice bourgeoise stationnait depuis la porte du Chapeau-Rouge jusqu'à l'ormeau de Campaure. Dans le XVIIIe siècle, on convertit en promenade le terrain de Campaure, et, au bout de cette promenade, on bâtit, en 1763, une magnifique porte de ville, la porte Saint-Germain, ainsi appelée d'une ancienne chapelle dédiée sous l'invocation de ce saint, et qui se trouvait là tout près. Cette porte était surmontée de deux superbes groupes allégoriques, sculptés par Wanderworth; mais elle fut détruite en 1798. La promenade s'appelle au-

---

(1) Et tumulum facite et tumulo superaddite carmen. (VIRGILE.)
(2) In parochiâ beatæ Mariæ in Podio-Paulini, in carreyrâ quæ est suprà fossatum loco vocato in Campauria.

jourd'hui les allées de Tourny ; mais les arbres ont été abattus, par une administration peu intelligente, en 1831 !

Chez tous les anciens peuples, les cimetières étaient en dehors des murs des villes : une loi des *Douze Tables* défendait de brûler les cadavres dans les villes. Le même usage a prévalu chez les juifs. *Josué, XXIV; Juges, XVI; 1ers Rois, II.* L'Évangile nous apprend que c'était hors de la ville qu'on enterra le fils de la veuve de Naïm. *(Saint–Luc, VII.)* C'était aussi hors de la ville que fut mis le corps du Sauveur, dans un sépulcre nouveau. *(Saint-Jean, XIX.)* Les Bordelais avaient le même usage : leurs cimetières étaient hors des murs de leur ville. Au moyen-âge, ils en avaient d'autres autour de leurs églises; nous en parlerons en temps et lieu.

NOTE VIII (page 72).

SUR LES ANTIQUITÉS DÉCOUVERTES PRÈS DU PRIEURÉ DE SAINT-MARTIN, PAROISSE DE SAINT–SEURIN, LE 24 JUILLET 1594.

Au mois de juillet 1594, selon nos Chroniques, M. Donzeau, lieutenant particulier en la sénéchaussée de Guienne, en faisant travailler son champ, tout le long de la Devèze, près du prieuré de Saint-Martin, non loin de Saint–Seurin, découvrit à 1 mètre de profondeur, deux statues de marbre blanc : l'une d'homme, sans tête ni bras, en habit de sénateur romain ; l'autre de femme, ayant seulement perdu le bras, vêtue en matrone romaine, le sein droit découvert et les cheveux arrangés avec élégance autour de la tête, avec des places et marques pour les perles, pierreries et même pour la couronne impériale. Le 24 du même mois, on y découvrit une autre statue d'homme, de 6 pieds de hauteur, comme les deux autres, mais sans tête ni bras ; on y trouva beaucoup d'inscriptions latines, où figurent les noms de Drusus Cæsar et de plusieurs empereurs de Rome, plusieurs médailles et pièces de monnaies de Claude, de Domitien, d'Antonin, de Commode, de Gordien, Victorin, Constantin, Licinius, Messaline, Faustine, etc., etc. On y déterra une médaille de bronze qui, reproduisant le cachet de Néron, représente le combat d'Apollon et de Marsias, et la persécution de ce dernier. Autour de cette médaille sont écrits ces mots : NERO. CLAVDIVS. CAESAR. AVGVSTVS. GERMANICVS. P. MAX. TR. P. IMP. P.P. On croit que la statue de femme représentait Messaline. Delurbe et Vénuti ont conservé les inscriptions lapidaires qu'on voyait sur leurs piédestaux.

Les deux statues d'hommes représentaient Drusus Cæsar et Claude, empereurs. Le maréchal Matignon étant maire de Bordeaux, F. de Girard de Haillan, M. Thibaut, avocat, F. de Fouques, P. de Fortage, Guérin, avocat, et Guichener, étant jurats, et Delurbe et de Pichon, avocats-syndics et secrétaires de la ville, ces trois statues furent élevées dans des niches richement décorées. En 1594, Louis XIV demanda la magnifique statue de Messaline pour son beau parc de Versailles; le navire qui la portait sombra devant Blaye, et ce chef-d'œuvre de la statuaire est enseveli dans les sables de la Gironde.

On y trouva plusieurs inscriptions en l'honneur de Drusus Cæsar père, de Germanicus et de Claude, et de Tibère Cæsar Auguste.

On croit qu'il y avait un palais dans ce lieu, mais rien ne le prouve; d'autres pensent que c'était le temple de Jupiter, et s'efforcent de confirmer cette opinion par le nom de la rue qui y conduisait, rue *Di-jeaux, Dei-Jovis.* Nous réfuterons cette opinion plus bas. L'opinion la plus généralement suivie est celle qui y place les bains de Burdigala, lieu de délices et élégamment orné, où se réunissait l'élite de la société burdigalienne. On trouva aussi, dans une petite maison appartenant à M. de Nesmond, président au Parlement, et située près de la Porte-Dijeaux, une idole, ou statue de Jupiter, de 4 pieds de haut, ayant à côté un aigle un peu défiguré, dont les serres étaient intactes, et la foudre à la main gauche, avec ces mots : DEO. INVICT O. M.

On trouva dans la rue du Loup une statue d'Adrian, et cette inscription sur une grande pierre : ANTINOUS. EX. VOTO FECIT.

Nous passons sous silence plusieurs autres inscriptions lapidaires moins importantes.

NOTE IX (page 75).

INSCRIPTION TROUVÉE DANS LES RUINES DU CHATEAU DE PUY-PAULIN.

TVTELÆ AVG
C. OCTAVIVS VITALIS
EX VOTO POSV
IT
L. DEX. D. D.
DEDIC. XK. IVL. IVLIANO
II ET CRISPIN COS.

Cette inscription peut se traduire ainsi : *Tutelæ Augustæ Caius Octavius vitalis ex voto posuit loco dato ex decreto Decurionum dedicavit de-*

cimo die Kalendarum Julii, Juliano iterum et Crespino consulibus. La statue que devait supporter ce piédestal était dédiée à Alexandre Sévère, en l'an 224 de l'ère vulgaire. Le consulat des deux hommes désignés dans l'inscription, remonte à cette époque, d'après les marbres capitolins; c'est le seul de nos monuments romains, à Bordeaux, qui porte une date certaine.

NOTE X (page 86).

UNE AUTRE INSCRIPTION EN L'HONNEUR DU DIEU TUTÉLAIRE DE BORDEAUX.

TVTELÆ
AVG
LASCIVOS CANILIVS
EX VOTO
L. D. EXDD.

On traduit cette inscription lapidaire ainsi : *Tutelæ Augustæ Lascivos* (pour *Lascivus) ex voto, loco dato ex Decreto Decurionum.* On trouve cette inscription dans le *Trésor de Gruter* et dans Vénuti; Vinet n'en parle pas.

D'après cette inscription, il paraît qu'il y eut des *décurions* employés dans l'administration civile de Burdigala; c'était un emprunt fait à Rome.

En 1800, on découvrit, en démolissant le palais de l'Ombrière, deux cippes remarquables par leur forme; ces cippes sont gravés dans le *Magasin encyclopédique de septembre 1802.*

NOTE XI (page 88).

INSCRIPTION RELATIVE A UN TEMPLE DE JUPITER, ÉRIGÉ PAR UNE CERTAINE ARULA.

Sur cet autel votif, on lisait l'inscription suivante, qui constate que saint Martial l'avait consacré à l'usage du vrai culte, ainsi que le temple lui-même et le porche, où probablement les catéchumènes se tenaient :

IOVIAVG
ARVLA DONAVIT
SS MARTIALIS CM
TEMPLO ET OSTI — S

Jovi Augusta Arula donavit. Sanctus Sacerdos Martialis cum templo et ostio sacravit. Arula, est-ce le nom d'une dame ? Nous le croyons. Les lettres *SS* peuvent se traduire par *Sanctus Sacerdos*, ou mieux encore par *Sanctissimus*, ce qui est plus conforme au style des hagiographes et aux abréviations liturgiques. Ainsi, on peut les rendre en français de cette façon : *Arula a fait cette offrande à Jupiter Auguste ; le très-saint Martial (ou le saint prêtre Martial) l'a consacrée, avec le temple et le vestibule.*

Saint Martial a-t-il réellement consacré un temple à Bordeaux, sur le lieu où se trouve maintenant Saint-André ? L'histoire n'en dit rien. La tradition veut qu'il soit venu à Bordeaux et qu'il ait consacré des chapelles à la Sainte-Trinité et à saint Étienne, près de l'endroit même où l'on a bâti plus tard l'église de Saint-Seurin. Les pierres sculptées, la statue de Jupiter, l'aigle et cet autel votif du souverain des cieux, consacré au vrai Dieu par saint Martial, suffisent, ce me semble, pour nous faire croire à l'existence d'un temple de Jupiter, sur le lieu même où se trouve l'église de Saint-André, et que saint Martial consacra au culte du Dieu des chrétiens : l'inscription semble autoriser cette opinion, et il paraît certain, d'après Gruter et Vénuti, que le culte de Jupiter était très-suivi à Bordeaux. Il est donc plus que probable qu'il y eut dans notre cité un temple de Jupiter ; l'idée de consacrer, comme métropole, au patron de la province, le temple érigé en l'honneur du souverain des dieux, a dû se présenter naturellement à l'esprit des premiers chrétiens de Burdigala.

Nous ne nous arrêterons pas à donner des détails sur les marbres, cippes et inscriptions qu'on a retrouvés à diverses époques à Bordeaux. Il y en a un grand nombre au Musée ; on en peut voir quelques autres dans Gruter et Vénuti. M. Jouannet, dans une dissertation lue à l'Académie de Bordeaux, le 1ᵉʳ mars 1827, parle assez longuement des inscriptions funéraires trouvées, en septembre 1826, près de l'ancien Lycée, à l'Intendance. (Voir les *Actes de l'Académie*, années 1827 à 1829 et 1830 à 1832.)

On trouva, à Bordeaux, un autel dédié à la déesse des forêts, *Sirona*, sur lequel se trouvait cette inscription :

SIRONAE. ABDVCIER. TOCETI. FIL.
V. S. L. M.

En 1841, on fit des fouilles sur l'emplacement du château du Hâ, et on y découvrit plusieurs antiquités gallo-romaines, et parmi les autres, un autel taurobolique : sur la face antérieure est sculptée une tête de

NOTES.

taureau, ornée de bandelettes suspendues aux cornes; sur la face latérale droite était une tête de bélier, et sur la face opposée, un casque grec. On y trouva aussi plusieurs autres antiquités gallo-romaines.

En 1848, on a trouvé beaucoup de fragments gallo-romains dans des fouilles faites sur l'emplacement de l'ancien château de Puy-Paulin et dans la rue du Temple. Parmi ces intéressants débris, se trouvent des statues, des autels votifs, sur lesquels est représenté Mercure, le dieu des marchands; il est reconnaissable à son caducée et à la bourse qu'il tient à la main droite.

On y a trouvé une pierre tumulaire représentant un buste de femme, qui tient de la main droite un miroir.

Dans les fouilles, sur l'emplacement du Temple, on a rencontré des bases, des colonnes, des chapiteaux, des tambours, des cippes tumulaires et des sculptures diverses; parmi les autres, un riche fragment de pilastre de 90 centimètres de haut sur 1 mètre 25 centimètres de large. Sur un côté, on voit Pâris, le berger phrygien, assis sur une chaise, procédant à son jugement entre les déesses rivales en beauté; devant lui, se tient Mercure, qui lui présente Minerve et Junon; Vénus manque au tableau; à côté de Mercure, on voit l'Amour, ce dieu ailé, qui montre au berger les déesses dont il était le juge.

Nous avons vu au Musée des statuettes que nous croyons être celles de Mercure, d'Esculape, d'Hercule, et plusieurs autres dont l'origine ou les caractères symboliques sont moins bien connus.

NOTE XI *bis* (page 135).

SUR LE CHRISTIANISME D'AUSONE.

Bull. Polym.,
tome V,
page 559.

Tous les écrivains impartiaux s'accordent à dire qu'Ausone était chrétien; Vossius est le premier, que nous sachions, qui l'ait nié (1). Mais Vossius doutait des vérités révélées : il ne trouvait pas de génie chez les écrivains chrétiens; il en trouvait beaucoup plus dans les voluptueuses compositions de Catulle, d'Ovide et de Tibule. *Il croyait à tout, excepté à la Bible*, disait le roi Charles II d'Angleterre. Ausone blesse parfois la pudeur dans ses vers; par un hommage involontaire au christianisme, Vossius affirme qu'il n'était pas chrétien, et que saint

---

(1) Poeta fuit gentilis, quemadmodum ex Paulino liquet, ut quae Christum celebrant perperam illi sunt tributa. *(Voss. de Poet. Latin.)*

Paulin le dit aussi. Mais nous prouverons tout à l'heure que saint Paulin dit le contraire : Vossius ne cite aucune autorité respectable, et son *ipse dixit* ne nous suffit pas. Les atteintes portées par Ausone à la pudeur et à la modestie prouvent qu'il était peu pénétré des vérités de la Foi, mais ne nous autorisent pas à conclure qu'il était païen.

Il n'est pas certain, dit-on, que l'*Éphéméride* appartienne, au moins en entier, à Ausone. A cela, nous répondrons : Il n'est pas certain que l'*Éphéméride* appartienne, ni en totalité, ni même en partie, à saint Paulin. Nous irons plus loin, et nous dirons que l'*Éphéméride* est un des ouvrages d'Ausone. Il figure dans les plus anciennes éditions de ses ouvrages, même dans celle de Venise (1517). Quelques critiques malveillants, comme Vossius, ou très-superficiels, l'attribuent à saint Paulin ; mais il n'existe pas dans les premières éditions de cet écrivain, publiées en 1569, et les écrivains du moyen-âge ne lui en ont jamais attribué la composition. Quelle raison a-t-on pu avoir pour n'en reconnaître pas Ausone comme auteur ? Parce qu'il y est parlé de la chute d'Adam, de la Trinité, de l'incarnation du Verbe divin, du Saint-Esprit ; tout cela, dit-on, est plus digne d'un austère chrétien que de l'auteur des vers lascifs du *Cento nuptialis* ; on en conclut qu'Ausone n'est pas l'auteur de l'*Éphéméride*, et enfin qu'il n'était pas chrétien. Cette conclusion nous paraît fausse.

Si quelques vers suffisent pour faire passer Ausone pour un païen, ils sont rares les poètes à qui l'on ne puisse attribuer la même faute et contester leur qualité de chrétien. De nos jours, nous avons vu des romans, des pamphlets, des vers, qui renfermaient plus d'obscénités dégoûtantes que le *Cento nuptialis*. La conduite de nos adversaires est assez singulière ! Ils admettent presque tous qu'Ausone ait écrit l'*Éphéméride*, à l'exception, toutefois, de sa partie chrétienne ; mais sur quoi fondent-ils cette injustifiable distinction ? Ils étaient, en général, peu chrétiens ; ils auraient voulu qu'Ausone ne le fût pas du tout.

Il avait chez lui, dit-on, dans son jardin, des statues des dieux de la fable. Oui, mais il y en a aux Tuileries, à Windsor, et même au Vatican.

Bayle n'était pas l'ami du christianisme ni des prêtres chrétiens, et, en fait d'érudition, il vaut certes Vossius et ses rares partisans. Voici ce qu'on lit dans son *Dictionnaire* sur cette matière : « Quoique l'opi- *Dictionnaire,*
» nion générale fasse Ausone chrétien, il y a d'habiles gens qui croient art. Ausone.
» qu'il ne l'était pas. Ils se fondent ou sur quelques vers lascifs qu'il a
» composés, ou sur la manière dont il condamna la solitude de Pau-

NOTES.

» lin, ou sur l'amitié intime qui existait entre le païen Symmaque et
» lui; ils s'abusent grossièrement. Ce sont, néanmoins, les raisons les
» plus spécieuses qu'on ait alléguées. »

Il est probable, dit-on, que saint Paulin ait composé la partie chrétienne de l'*Éphéméride!* Voilà une probabilité sans base; le contraire est beaucoup plus probable. Nous avons déjà dit, et l'abbé Souchai l'a prouvé, que l'*Éphéméride* figure dans les plus anciennes éditions des œuvres d'Ausone; elle n'est pas dans celles de saint Paulin.

Qui a composé le *Griphe?* On reconnaît que c'est Ausone. Mais dans cet écrit, nous trouvons ces mots : « Buvez trois fois, car trois est le » nombre par excellence : Dieu est un en trois. (1) » On dit qu'il composa cette pièce, ce persifflage spirituel, comme on dit, entre le verre et la bouteille, entre la poire et le fromage, et que, dans ces circonstances, il n'est pas probable qu'il ait voulu exprimer avec tant de légèreté un dogme chrétien. Mais le fait l'emporte sur la probabilité : il exprime le dogme; il recueille plusieurs nombres ternaires : les *trois Grâces,* les *trois Parques,* les *trois têtes de Cerbère,* et met enfin le *Trois-Un* chrétien au-dessus de tous les nombres, et dit que Dieu est un en trois *(tres numerus super omnia, tres unus Deus).* Il eut tort, sans doute, d'accoupler le sacré et le profane; cela prouve seulement qu'il était peu pénétré de l'esprit chrétien : il n'écrivait pas comme un Bénédictin isolé du monde et méditant sérieusement dans sa cellule; il écrivait à un ami une pièce assez excentrique; mais en exaltant le nombre *trois* comme nombre par excellence, parce qu'il exprime une vérité de la foi chrétienne, la *Trinité* divine, il nous dévoile assez sa croyance.

Cette croyance de la Trinité chrétienne lui était tellement familière, que, par une flagornerie coupable, il prétend qu'à ses yeux, Valentinien, Valens et Gratien symbolisaient la Trinité. (2)

Nous demanderons encore qui a composé l'*Idylle sur Pâques?* Ausone, dit-on. Eh bien! qu'on la lise, et l'on y trouvera des preuves du christianisme d'Ausone. Il y parle des pénibles jeûnes des pieux prêtres chrétiens, de la pompeuse solennité des fêtes religieuses. Saint Paul nous dit que *nous sommes le temple de Dieu, et que l'esprit de Dieu habite*

---

(1) Ter bibe; tres numerus super omnia, tres Deus unus.
(Epist. ad Symmach).

(2) Tale et terrenis specimen spectatur in oris
Augustus genitor, geminum sator Augustorum,
Hos igitur nobis trina pietate vigentes, etc.

en nous ; ne dirait-on pas qu'Ausone avait lu ce passage de l'apôtre, puisqu'il dit : *Nous renfermons dans notre cœur le culte de tous les instants ?* (1) Il exprime la même pensée chrétienne dans son *Panégyrique de Gratien* : « Créateur éternel de toutes choses..., vous qui vous êtes » bâti des autels au fond de l'âme de vos initiés. » On commente ces phrases d'une manière un peu libre, et on en conclut qu'Ausone n'allait pas au temple ou à l'église, mais qu'il adorait Dieu au fond de son cœur. Jusqu'ici, on en a fait un païen ; maintenant, on en fait tout simplement un déiste. Est-ce que le culte intérieur n'est pas recommandé dans les Livres saints? Il loue les jeûnes des prêtres chrétiens; et ne pouvant pas faire comme eux, jeûner, se mortifier comme eux, il se borne à cette adoration intérieure, à ce culte en esprit et en vérité, si fortement et si souvent recommandé dans nos saintes Écritures.

On objecte que rien ne prouve qu'il allait aux solennités religieuses ; est-ce qu'il y a des preuves qu'il n'y allait pas? Dans son invitation à son ami de Tarbes, Paulin Axius, il l'engage à ne pas retarder son voyage, parce que la solennisation des fêtes de Pâques l'obligerait, sous peu, de retourner en ville ; il voulait le recevoir à la campagne. (2) Mais si Ausone avait été païen, il eût voulu, il eût dû rester à la campagne, pour se soustraire aux cérémonies solennelles du temps pascal, si pénibles aux païens ; tout au contraire; comme chrétien, il se rendra en ville pour célébrer les Pâques qui l'appellent *(nos revocant solemnia Paschæ).* Ceci est assez formel ; cependant, on en élude le sens naturel et on en repousse la conclusion qui se présente à tout esprit non prévenu. Théodose, dit-on, était ennemi du paganisme ; il en détruisit les temples, en défendit l'exercice et l'immolation des victimes ; il ordonna aussi, par un édit, que la fête de Pâques fût célébrée dans tout l'empire, conformément au décret du Concile de Nicée. Ausone, pour conserver son crédit et son influence à la cour, ne voulut pas se montrer rebelle aux lois; il se rendit à Bordeaux, mais rien ne prouve qu'il soit allé dans les églises chrétiennes.

Réponse. — Rien ne prouve qu'il n'y soit pas allé : tous ces argu-

---

(1) Et devota pii celebrant jejunia mystæ,
   At nos eternum cohibentes pectore cultum.
                                            (*Idylle*, 1).

(2) Instantis revocant quia nos solemnia Paschæ,
   Libera nec nobis est mora desidiæ.
                                            (*Eucharist.*, t. 1).

ments négatifs sont pitoyables en eux-mêmes et injurieux à Ausone. Des écrivains peu chrétiens, ou qui n'ont pas assez étudié cette matière, veulent qu'Ausone ait été un païen, et insistent, en défigurant ses pensées, à nous faire partager cette opinion ; ils s'efforcent de nous persuader qu'Ausone était un vil courtisan, un détestable hypocrite ; qu'il rentrait exprès en ville pour célébrer la grande fête de Pâques, à laquelle il ne croyait pas ; qu'il agissait en chrétien et pensait en païen !

M. de Bastic et quelques autres s'appuient beaucoup sur les édits de Constantin et de Théodose, pour la célébration des fêtes chrétiennes, et sur les ordres transmis par eux aux fonctionnaires de l'État, sur le même sujet. Mais ces ordres regardaient principalement la suspension des travaux publics. Ausone n'était alors ni consul ni gouverneur : aucune loi n'obligeait les personnages riches de la campagne à rentrer en ville pour les Pâques ; aucun édit du Code théodosien ne forçait les païens d'aller aux églises chrétiennes, où ils ne seraient pas admis. Un homme si haut placé qu'Ausone, une intelligence si cultivée, rougirait d'aller grossir la foule des chrétiens, s'il n'était pas chrétien lui-même, surtout quand rien ne l'y obligeait. Il ne cache pas la haute idée qu'il avait conçue de cette belle fête, qui solennise, tous les ans, la résurrection du Sauveur ; il l'appelle *sainte*, dans une autre épître où il exprime un ardent désir *d'aller respirer l'air des champs* immédiatement après la célébration de la sainte fête de Pâques (1).

A la fin de l'*Idylle sur Pâques,* nous trouvons un langage tout à fait chrétien : le *nom du Christ est invoqué,* et il semble avoir voulu exprimer, dans ce vers, ce que dit Moïse de l'esprit de Dieu, l'Esprit-Saint, la troisième personne de la Trinité chrétienne :

> Ut super æquoreas nabatque spiritus aquas.

Dans le même poème, en parlant du Verbe éternel, il prouve évidemment qu'il avait lu l'Évangile de saint Jean. Ses vers n'en sont que la paraphrase :

> Ipse Dei Verbum, Verbum Deus......
> .... generatus in illo.
> Tempore, quo tempus nondum fuit....
> Quo sine nil actum, per quem facta omnia.

Ces vers chrétiens se trouvent dans l'*Éphéméride*, poème d'Ausone.

> (1) Nos etenim primis sanctum post Pascha diebus
> Avemus agrum visere.
> (*Epist. X.*)

On attribue ces vers à saint Paulin ! Qui ? Ceux qui nient le christianisme d'Ausone, que Paulin lui-même confesse. Joseph Scaliger dit qu'Ausone était *réellement chrétien : Serio christianum fuisse. (Lib. 2, cap. 32.)*

L'oraison en vers rhopaliques est encore une autre preuve du christianisme d'Ausone; on en conteste l'authenticité. « Ce poème, dit Sca-
» liger, pauvre de génie et de style, est plein de solécismes ; il n'a été
» écrit ni par un savant ni dans le siècle d'Ausone : reléguons-le donc
» aux extrémités de la terre ; il n'est pas digne d'être offert à la ville
» des Vivisques. »

M. de La Bastie, de l'Académie des inscriptions et des belles-lettres, a ressuscité cette vieille opinion de Scaliger. Nous n'hésitons pas à reconnaître que cette pièce est faible et peu digne d'Ausone ; mais parce que la latinité n'en est pas d'une pureté cicéronienne, faut-il en contester l'authenticité ? Homère lui-même, si beau, si correct, *s'endort quelquefois*, et tout le monde reconnaît que le génie du poète bordelais se ressentait de la décadence du goût de son époque. Pourquoi, d'ailleurs, nous incliner si servilement devant l'opinion de Scaliger ? Il a commis tant d'erreurs en parlant d'Ausone, qu'il nous est permis de croire qu'il avait peu étudié cette matière, et de nous méfier, sur ce point, de l'exactitude de son jugement. N'a-t-il pas avancé qu'Ausone fut élevé à la dignité de préfet du prétoire, du vivant de Valentinien ? Ausone le dément lui-même dans son *Panégyrique de Gratien*. N'a-t-il pas confondu Ausone avec Auxonius, personnage consulaire, et avec Antonius, préfet du prétoire ? N'a-t-il pas dit qu'Ausone, après son consulat, exerça la charge de proconsul d'Asie et celle du vicaire du diocèse d'Afrique ? N'a-t-il pas pris l'oncle d'Ausone pour son aïeul ? Outre ces fautes, nous pourrions en signaler bien d'autres. Ainsi, quelle que soit l'érudition de Scaliger, nous aimons mieux croire, avec le XVe et le XVIe siècle, que cette prière a été composée par Ausone, que de le nier par un acte de foi sur l'infaillibilité du critique agenais. D'ailleurs, le christianisme d'Ausone peut bien se passer des preuves qu'on tire des écrits dont on conteste l'authenticité.

Objection. — Personne ne connaissait Ausone mieux ni aussi bien que saint Paulin ; mais nulle part il ne dit qu'il fut chrétien.

Réponse. — Dit-il quelque part qu'il fut païen ? Non. Nous concluons donc qu'il fut chrétien, et nous défions qu'on nous prouve le contraire. Mais voyons si saint Paulin ne nous dit pas quelque chose qui puisse faire penser qu'Ausone fut chrétien. « Dans ses lettres, dit D. Devienne,

> il parle à Ausone comme à quelqu'un qui lui avait inculqué les prin-
> cipes du christianisme, et qui n'est pas moins convaincu que lui de
> sa dignité. » En effet, saint Paulin lui dit :
> » Si vous souhaitez mon retour auprès de vous, j'aimerais mieux,
> » mon père, vous l'entendre demander à celui qui peut vous l'accor-
> » der, que de vous voir supplier les muses de Castalie... Si vous désirez
> » que je revienne, invoquez Jésus-Christ, qui... gouverne l'univers en
> » arbitre souverain... Si ce même Dieu a vu dans mes actions ou dans
> » mes pensées quelque chose qui méritât ses faveurs, c'est à vous que
> » je dois en témoigner ma reconnaissance : la gloire vous en appar-
> » tient, puisque c'est en écoutant vos leçons que j'ai acquis ce qui de-
> » vait me rendre agréable à Jésus-Christ. Vous devez donc vous féliciter
> » plutôt que de vous plaindre, puisque Paulin est l'élève formé par vos
> » soins, par vos exemples, et dont vous ne rougissez pas de vous dire
> » le père..... Paulin vous décernera la couronne qu'il méritera ; il
> » vous fera hommage des premiers fruits de l'arbre que vous avez
> » planté... Si j'ai voué mon cœur à un Dieu plein de bonté, si je me
> » soumets humblement à la loi de Jésus-Christ..., je ne puis penser que
> » ma conduite déplaise à la sagesse d'un père, et qu'à ses yeux, vivre
> » pour Jésus-Christ, obéir à ses préceptes, soient un égarement d'es-
> » prit. » (*Poema X.* — Traduction de l'abbé Souiry. *Études sur saint Paulin*, t. 2, p. 57.)

En vérité, après ces passages si formels, je ne comprends pas qu'on puisse chercher d'autres preuves de la foi d'Ausone dans les écrits de saint Paulin. Est-il probable que saint Paulin eût dit à son ami d'invoquer Jésus-Christ s'il n'était pas chrétien ? S'il était chrétien lui-même, n'en rapporte-t-il sa reconnaissance et la gloire à Ausone, qui l'avait rendu digne de la grâce de Jésus-Christ, par ses leçons et ses préceptes ? Il lui offre les premiers fruits de sa vie chrétienne, comme on présente au propriétaire les premiers fruits de l'arbre qu'il avait planté. En vérité, il faut se faire singulièrement illusion quand on dit que saint Paulin ne nous donne pas à comprendre que son ami était chrétien ! Mais allons plus loin.

Dans la réponse que Paulin fit aux lettres de son ami, il lui fait une vive peinture de notre fin dernière et du jugement général des hommes. Mais tout cela suppose qu'Ausone était chrétien. On ne parle pas de la morale de Jésus-Christ, ni du jugement dernier, à quelqu'un qui n'y croyait pas; ce serait absurde que d'entretenir des peines futures, de la justice du Dieu des chrétiens, un païen qui encensait le vice assis sur les autels, qui n'espérait rien rencontrer après la mort que la barque de Caron, les Champs-Élysées et autres absurdités mythologiques. Saint Paulin avait quitté le monde pour embrasser la perfection évangélique ; mais Ausone, qu'on le remarque bien, ne le blâme pas de s'être fait chrétien, mais bien de ce qu'il a quitté ses amis, son pays, le sénat, ses vastes propriétés, qu'il appelle des *royaumes (regna Paulini)*. Saint Paulin, nous l'avons vu, lui répond que s'il voulait vivre ainsi pour Dieu et dans la pratique des vertus chrétiennes, c'était *par ses conseils et ses leçons*; et quant à ses austérités en Espagne, « je ne » pense pas, dit-il, qu'elles puissent déplaire à mon vénérable père » (Ausone), ou qu'il puisse croire que c'est une aberration de mon es- » prit, que de mener une semblable vie pour Jésus-Christ (1). »

Voilà des passages dont on ne conteste pas l'authenticité; ils établissent clairement le christianisme d'Ausone ; comment y répond-on ? Par le silence. On veut qu'Ausone soit païen, mais par des probabilités, des *peut-être*, des arguments sans valeur, ou du moins négatifs. Savez-vous le grand argument qu'emploie contre le christianisme d'Ausone, le baron de La Bastie, membre de l'Académie des inscriptions et des belles-lettres? C'est que le poète bordelais conseille à son petit-fils de lire Homère, Virgile et Horace ; c'est encore que, dans ses vers sur les villes célèbres, et sur Bordeaux en particulier, il parle des portiques, des places publiques, des temples païens, des statues, et jamais des églises consacrées à Jésus-Christ.

Réponse.— Le petit-fils d'Ausone aurait eu plus de mérite à nos yeux s'il lisait l'*Évangile* ou l'*Imitation de Jésus-Christ* ; et le grand-père, s'il lui en conseillait la lecture; mais, de grâce, dans quels livres M. de La Bastie a-t-il appris son grec et son latin? Quels sont les livres qu'on nous met entre nos mains au collège? Ce sont les auteurs païens, et certes, nos pères et nos grands-pères n'ont jamais passé pour païens ! Quant au silence d'Ausone sur les églises, peut-on raisonnablement en inférer qu'il fut païen ? Il n'y eut pas d'églises monumentales dans les Gaules du temps d'Ausone; à Bordeaux, ni Saint-André, ni Sainte-Croix, ni aucune autre église curieuse à voir ou digne d'être citée n'existaient pas ; et l'on veut faire passer Ausone pour païen parce qu'il n'en parle pas !

Dans une autre épître (XXIV), pour mieux engager saint Paulin à l'aller voir, Ausone lui dit que le pays est beau, et que dans le bourg

---

(1) Non reor hoc sancto sic displicuisse parenti
Mentis ut errorem credat sic vivere Christo.

qui touchait à sa maison, il se trouvait une église fréquentée par les fidèles (1).

M. de la Bastie élude les conséquences de ce passage d'une façon singulière ! Le mot *ecclesia*, dit-il, ne signifie pas ici une église, mais bien assemblée. Ausone lui dit que le bourg est célèbre et qu'on s'y assemble fréquemment.

Cette traduction est fort commode pour ceux qui croient que les habitants se faisaient souvent des visites, et qui veulent absolument faire passer Ausone pour un païen ! Mais on ne songe pas que ces réunions mondaines, au lieu d'attirer saint Paulin, ami des églises, de la solitude et de la prière, devaient produire dans son esprit un effet contraire. Cette traduction élastique suppose Ausone un maladroit ou saint Paulin un homme du monde, deux suppositions également fausses. Ausone, esprit distingué, eut plus de tact, et saint Paulin avait tout quitté pour une église et la solitude. C'était un mauvais moyen de le faire venir, que de lui parler des réunions mondaines. Mais M. de la Bastie se trompe : le mot *ecclesia* signifiait, au IVe siècle, une église dans l'acception moderne de ce mot. Par *ecclesia*, on entendait, du temps d'Ausone, un édifice religieux ou consacré au culte, comme il paraît évidemment par le décret de Gratien, *De Consecratione*.

Ausone ne dit rien qui puisse nous faire croire qu'il y allait lui-même; non, mais il ne dit rien non plus qui puisse nous faire croire le contraire. Cette sorte de raisonnement ne mérite pas de réponse. Nous ne prétendons pas qu'il fut un fervent chrétien ; saint Paulin l'aurait désiré, et voilà pourquoi il lui écrit ses lettres si tendres pour l'y décider. Il lui parle de la perfection évangélique, du jugement dernier ; mais s'il n'était pas chrétien, il lui aurait certainement parlé de la nécessité absolue de recevoir le baptême pour être sauvé. Il n'en fait rien ; il le suppose chrétien, lui parle de son bonheur, et semble lui dire : « Je voudrais » que vous fissiez un jour comme moi. *Je ne doute nullement que Jésus-* » *Christ ne vous récompense des conseils et des avis que vous m'avez don-* » *nés.* »

Objection.— Si Ausone s'était fait chrétien, Symmaque et ses autres amis païens n'auraient-ils pas laissé échapper, à ce sujet, quelques mots de regret, d'ironie ou de blâme ?

Réponse.—Non ; ils n'osaient rien dire contre une religion dominante, assise sur le trône avec Gratien et Théodose, tous deux ennemis des

---

(1) Celebrique frequens ecclesia vico.

fictions mythologiques. Dans l'amitié qui existait entre Ausone chrétien et Symmaque païen, la religion n'était pour rien; l'amour des belles-lettres était le seul lien, comme cela se voit dans nos académies modernes.

Un juif et un athée ont pu s'asseoir autour de la même table, avec Châteaubriand ou Frayssinous, sans que leurs liaisons pussent être considérées comme un signe de l'identité de leurs croyances religieuses. Symmaque était l'ami intime d'Hespère, fils d'Ausone; mais Hespère était catholique.

Symmaque, lib. X, ep. 10.

Objection. — Saint Ambroise, saint Augustin, saint Jérôme, n'ont pas dit un seul mot d'Ausone; il n'en aurait pas été ainsi, s'il avait été chrétien.

Réponse. — Si Ausone avait, comme son ami Paulin, abandonné le monde et ses plaisirs pour Jésus-Christ, ces grands personnages auraient certainement parlé de lui, comme ils ont fait de saint Paulin. Mais que pouvaient-ils dire d'un homme qui croyait et vivait comme beaucoup de chrétiens de nos jours? Ces saints personnages n'ont pas parlé d'Ausone, non pas parce qu'il n'était pas chrétien, mais parce qu'ils ne pouvaient en dire du bien.

Tillemont dit qu'il était chrétien, mais qu'il agissait en honnête païen. Ce jugement nous paraît leste. Nous ne connaissons que ses écrits; ils ne sont pas assurément très-pieux; mais sa conduite morale nous est inconnue. Ce jugement est donc téméraire et sans base.

Enfin, peut-on croire que le pieux Valentinien aurait fait venir de Bordeaux à Trèves un païen, qu'il chargerait de donner une éducation chrétienne à son fils? Quelle singulière conduite que celle d'un prince vertueux, chrétien, qui veut que son fils soit chrétien, aussi bien que ses sujets, et qui confie cependant son fils à un païen! Et Gratien lui-même, si zélé pour la propagation de la religion chrétienne dans ses États, aurait-il nommé pour premier consul un païen, au grand scandale des chrétiens, et nécessairement porté à favoriser les païens? Il est ridicule de le dire; il est impossible de le croire. D'ailleurs, Gratien lui-même nous assure qu'*il ne s'était déterminé à lui confier la dignité consulaire qu'après avoir imploré les lumières de Dieu, comme il* (Ausone) *lui avait recommandé de le faire dans les occasions importantes* (1).

Que fait-on pour éluder les conséquences qui découlent naturelle-

(1) Cum de consulibus in annum creandis solus mecum volutarem, ut me nosti, ut facere debui, ut velle te scivi, consilium meum ad Deum retuli. (Ausone, *Grat. act.*)

NOTES.

ment de ce langage? Le mot *Dieu*, dans cette phrase, dit M. de la Bastie et consorts, veut dire *dieux;* Ausone lui conseilla de consulter les divinités païennes! Si Ausone était chrétien, aurait-il conseillé à un jeune prince chrétien de consulter les divinités de l'Olympe, les dieux de la fable? N'aurait-il pas perdu à l'instant même l'estime et la confiance du père et du fils? S'il n'était pas chrétien, quelle opinion ce prince ou son père durent-ils avoir de la duplicité de ce maître, qui disait ce qu'il ne croyait pas, et qui recommandait à son élève de faire ce que lui-même estimait absurde?

Objection. — Si Ausone était chrétien, il aurait décidé, par son exemple et son influence, ses parents à se faire chrétiens. Or, il paraît qu'ils étaient païens et même intolérants, car son petit-fils, Paulinus, élevé sous ses yeux, se plaint que ses parents l'empêchaient de se consacrer au culte du Christ. Ce ne fut qu'après la mort de son père, Hestérius, que ce jeune homme put enfin réaliser ses désirs, à trente-huit ans.

Réponse. — Il ne s'agit pas ici du christianisme de sa famille; il s'agit du sien. Si on voulait consulter Baronius, *anno 393*, on verrait qu'il y avait des chrétiens dans la famille d'Ausone; qu'il avait été élevé par deux religieuses, ses tantes, Hilaria et Julia Cataphronia, qui, ajoute Scaliger, avaient fait vœu de virginité. Cette circonstance seule est assez formelle en faveur de notre opinion. Le jeune Paulinus voulait se faire prêtre; ses parents s'y opposèrent; on n'en peut pas conclure qu'ils étaient païens. Après la mort de son père, Paulinus reçut les ordres; c'est ce qu'il faut entendre par ces lignes : « Enfin, retournant à » tes saints autels, ô Christ, notre Dieu! j'ai reçu avec joie, par ta » miséricorde, tes sacrements, après trente-huit ans écoulés » (1).

Vossius est le premier qui ait exprimé un doute sur la foi d'Ausone : bien d'autres se sont rendus ses échos depuis lors; mais ils *se trompent grossièrement*, dit Bayle. Tout le moyen-âge le crut chrétien; Lylius Giraldus, qui vivait près de cent cinquante ans avant Vossius, résume la croyance de son temps à ce sujet, et affirme qu'il *était chrétien, comme il était facile de l'inférer de ses vers et de ceux de Paulin, son disciple* (2).

(1) Ad tua, Christe Deus, altaria sacra revertens
Te miserante, tua gaudens sacramenta recepi,
Ante hos ter decies super et bis quatuor annos.
(*Eucharesticon.*)

(2) Christianus quidem Ausonius fuit, ut ex ejus versibus et item Paulini ejus discipuli facile colligimus. (Gyrald, *Hist. poët.*, dialog. X.)

Vers la fin du XVᵉ siècle, le christianisme d'Ausone était si généralement cru, et passait pour un fait si constant, que Trithème et quelques autres écrivains l'ont cru évêque de Bordeaux, et que, dans quelques anciennes éditions de ses œuvres, il est représenté en habits pontificaux; ce qui, comme le remarque D. Devienne, prouve moins la certitude du fait que l'idée qu'on avait de la religion de ce poète.

Marie Lafon cite ces deux vers de saint Paulin à Ausone :

> Inque tuo tantus nobis consensus amore est
> Quantus et in Christo, connexa mente colendo.

et il ajoute : « Ces vers ont encore l'avantage de prouver, d'une ma- » nière irréfragable, le christianisme d'Ausone. » M. Ampère, dans son *Histoire littéraire de la France*, parle ainsi : « Ausone fut chrétien ; il » avait une chapelle où il adressait sa prière du matin à la Trinité ; il » célébrait la fête de Pâques, et dit que les solennités de la Pâque qui » approche, le rappelleront en ville. »

Veut-on savoir l'opinion de nos savants Bénédictins ; la voici ; elle ne sera pas sans importance dans ce débat : Après avoir dit que l'opinion de ceux qui nient son christianisme n'est pas tolérable, ils ajoutent : « Il est vrai que la licence, quelquefois effrénée, qu'Ausone s'est donnée » en quelques endroits de ses poésies, est une preuve qu'il n'avait ni le » cœur, ni l'esprit, ni peut-être les mœurs assez chastes pour un chré- » tien. Mais il n'y a qu'à lire quelques autres de ses pièces, comme son » *Éphéméride* et son *Idylle sur la fête de Pâques*, pour ne pas douter un » seul moment de son christianisme. On y voit un homme qui, non » seulement est parfaitement instruit de nos principaux mystères, mais » qui, dans la prière qu'il y a insérée, parle même à Dieu avec beau- » coup de foi et de piété. D'ailleurs, soutenir qu'Ausone était païen » pour la religion, c'est, d'une part, faire abstraction de la piété émi- » nente de saint Paulin et de Gratien, ses deux disciples favoris, et, de » l'autre, oublier ce qu'était Valentinien Iᵉʳ, qui l'avait choisi, parmi tant » d'autres, pour précepteur de Gratien. Comment pouvoir allier l'indi- » gnation chrétienne et héroïque que ce prince, avant son élévation à » l'empire, témoignait pour l'idolâtrie, sous le règne et les yeux même » de Julien l'apostat, qui l'autorisait, avec le dessein de confier à un » païen l'éducation de son fils aîné? Il ne faut pas non plus oublier ici » la piété dont les parents d'Ausone faisaient profession, et qui forme » une nouvelle preuve en faveur de son christianisme. Æmilia Hilaria,

NOTES.

» sœur de sa mère, embrassa la virginité et devint célèbre par sa vertu.
» De même, Julia Cataphronia, sœur de son père, préféra aussi la vir-
» ginité au mariage. »

Ainsi, Ausone fut chrétien; tout nous le dit. Sa place auprès de l'empereur Gratien, ses écrits, saint Paulin, tous les grands écrivains de tous les siècles, rien n'autorise l'opinion contraire; et l'Église réclame, comme lui appartenant, cette haute intelligence, la gloire de Bordeaux et l'une des plus grandes illustrations de l'Aquitaine et même de la vieille Gaule.

NOTE XII (page 136).

SUR LES DEUX CONSULATS D'AUSONE, A ROME ET A BORDEAUX.

Ausone dit qu'il avait été consul à Rome et à Bordeaux. *Consul in ambabus*, etc. Ce titre de consul à Bordeaux est considéré, par quelques savants, comme une grande difficulté. Ducange dit qu'il ressemblait à celui d'*échevin (scabinus)*, dignité qui répondait dans les Gaules à ce que nous appelons aujourd'hui maire ou officier municipal. De Valois prétend que Ducange se trompe, et recule l'origine des échevinages huit siècles après le temps d'Ausone, dont Ducange, pour justifier son assertion sur l'ancienneté du nom de consul dans la Gaule, cite les vers suivants :

> Diligo Burdigalam, Romam colo, civis in illâ
> Consul in ambabus; Cunæ hic, ibi sella curulis.

D'après M. de Valois, les mots *consul in ambabus* signifient seulement qu'étant consul à Rome, capitale de l'empire, il était aussi consul, ou la seconde personne, de l'État à Bordeaux et dans toutes les villes de l'empire. Cette manière d'interpréter les vers et la pensée d'Ausone nous paraît trop hardie; il n'y a pas de phrase, si simple qu'elle soit, dont on ne puisse dénaturer le sens en prenant une si grande liberté.

Ausone ne parle que de ces deux villes, Rome et Bordeaux, et il dit en termes assez clairs, qu'il était né dans l'une d'elles et honoré du consulat dans toutes les deux. Scaliger a cru qu'Ausone avait été consul, ou premier magistrat, dans sa ville natale avant que de l'être à Rome; il cite à l'appui de cette opinion une inscription lapidaire qu'il avait remarquée sur une vieille pierre qu'on avait déterrée dans le jardin de M. de La Chassaigne, président du Parlement de Bordeaux. Cette inscription était ainsi conçue : DEC. AVSONIVS COS. OLYMPIAD. LXXXIII (1). Scaliger avait tout conservé, excepté la date; il ne se ressouvenait pas si c'était 83 ou 84; le chiffre était effacé ou oublié. Cette différence d'un an ne fait rien à la question, puisque ce n'était pas à cette époque qu'il était consul à Rome ; c'était plus tard. Cette inscription se rapporte donc à son consulat à Bordeaux.

Mais, dit Valois, le nom de consul hors de Rome ne fut donné aux magistrats municipaux que huit siècles après Ausone. Cette assertion nous paraît fausse. Pline cite le consul de Tusculum, du nom de Lucius Fulvius. *(Hist. natur., lib. VII, cap. 43.)* Il paraît certain que les villes municipales de l'empire, et Bordeaux était de ce nombre, se réglaient sur Rome pour tout ce qui regardait l'administration, les titres, le pouvoir et les attributions des fonctionnaires ; c'est là l'opinion de Scaliger, de Vinet, de Casaubon et de Ducange. Ne sait-on pas que, dans plusieurs monuments du haut et du bas empire, il y avait, à l'instar de Rome, des sénats à Bordeaux, à Lectoure, à Bayeux, à Limoges, à Bazas, etc., avec des magistrats à leur tête, chargés de l'administration des affaires. Ausone célèbre le noble sénat de sa ville natale : *Procerumque senatu.* (*Mém. de l'Académie des inscript.*, t. 32.) Les premiers magistrats de ces corps s'appelaient *duumvirs, édiles, préteurs, consuls,* et, en quelques endroits, *dictateurs.* Cela même se pratiquait durant la république, avant que Rome ne fût soumise à un empereur.

On trouve dans Grutter un grand nombre d'inscriptions qui constatent le fait que Valois conteste, et qui prouvent que le titre de consul fut donné aux magistrats municipaux de plusieurs villes dans les provinces. On peut consulter encore avec avantage, sur ce sujet, Noris,

---

(1) Vetus saxum in prædio amplissimi præsides Joseph Cassiani effossum. Diu mecum egi an possim illius inscriptionem in memoriam revocare, quia obiter et ut illud fit, aliud agens, illam legeram, neque aliter quicquam pensi habui. Tamen, nisi vehementer fallor, videtur mihi ita habuisse : DEC. AUSONIUS. COS. OLYMPIAD. LXXXIII. Si quid a me erratum est, erit fortasse in ultimis numeris, nam utrum Octogesimum III aut IIII in ea inscriptione fuerit, non plane memini. Igitur hoc monumento significatur consulatus municipalis, non consulatus Romæ.

Son consulat à Rome tombe à l'année de Rome 1118, ou l'année de Jésus-Christ 379, comme il le dit lui-même :

« Mille annos centumque et bis fluxisse novenos,
» Consulis Ausonii, nomen adusque leges. »
(*Épigram. CIX, CX, CXI*, édit. Migne, 1846.)

NOTES.

dans ses *Cænotaphia Pisana, dissert. 1, cap. 3*; et Éverard Otto, *De consulib. extra Ital., cap. 2.*

« Je crois, dit M. Bonamy (*Académ. des inscript., etc.*, t. 24), que sous » les empereurs, il y a eu des villes municipales dont les magistrats ont » porté le titre de consul, et qu'Ausone, par conséquent, a été, en par- » ticulier, consul à Bordeaux, ville municipale. » M. de Savigny, dans son *Histoire du Droit romain*, dans le moyen-âge, adopte cette opinion.

Du temps d'Auguste, Bordeaux reçut de grands priviléges; ses institutions ressemblaient à celles de Rome. En 409, les empereurs, en devenant Augustes, cessèrent de prendre le titre de consul, qui, dès lors, a été donné au chef municipal, ou principal magistrat. En 541, Justinien abrogea la dignité de consul et la réunit à celle de l'empereur. Justin le Jeune voulut la rétablir, en 566; mais il ne put réaliser sa volonté. Les empereurs continuèrent à être les seuls consuls, et chacun d'eux pour une fois seulement, c'est-à-dire la première année de leur règne. On comptait alors et l'on datait les actes avec la formule *post consulatum*.

Comte de Peyronnet, *Histoire des Francs*.

Le titre de consul fut donné, par Justinien, aux enfants de Clovis, qui le regardèrent comme un titre très-honorable. Mais on le donna bientôt après aux grands vassaux, et au IXe siècle aux grands seigneurs, qui se coalisèrent contre les Normands. Pendant les Xe et XIe siècles, le titre de consul était synonyme de celui de comte, et les Chartes des comtes d'Auxerre datent des années de leur consulat.

De tout ce que nous venons de dire, il résulte très-clairement que Valois s'est trompé lorsqu'il a dit que « les consulats, échevinages ou » mairies, n'ont été établis dans les villes des Gaules que plus de huit » siècles après le temps d'Ausone. » Le mot maire, *major*, n'a été employé que dans le Nord; c'est par les Anglais que ce titre fut importé en Aquitaine et employé en 1173, ou plutôt, peut-être, pour désigner le premier magistrat, qu'on appelait jusqu'alors *consul*, *édile*, *comte* ou *commandant*. Quant à l'usage du mot échevin, à la place de celui de *consul*, *comte*, *maire*, il doit son origine à Catherine de Médicis; et quoi qu'en dise Valois, il ne date que de l'an 1556. Le mot *scabini*, de Florence (*échevins*), semblait, à la vanité nationale, préférable au mot *consul*, qui rappelait des souvenirs républicains; au lieu de maires ou consuls, elle ne voulait avoir que des échevins dans toutes les villes, et la flatterie des courtisans adopta facilement cette locution florentine. Quant à la création des consuls de commerce, elle ne remonte qu'à l'édit de Charles IX, au mois de mars 1563.

Pour échapper à la prétendue critique de Valois, quelques écrivains se sont permis de changer le texte, et de lire :

> .... Consul in hâc sum,
> Civis in ambabus.....

Mais des changements semblables sont sans excuse, car rien ne les autorise ; on est excusable de manquer de critique et d'érudition ; mais il est impardonnable de toucher à un texte dont personne ne conteste l'authenticité, et cela, pour éluder une difficulté qui n'est qu'apparente.

Dans un article scientifique, publié dans le *Journal des Débats*, aux mois de janvier et de février 1847, M. Pardessus, membre de l'Académie des inscriptions et des belles-lettres, dit « qu'il croit qu'au temps » d'Ausone il y avait hors de l'Italie des magistrats municipaux qui pre- » naient le nom de consul ; que le reproche fait par Valois à Ducange, » d'avoir mal pris le sens d'Ausone, n'est pas fondé, et que les Béné- » dictins ont adhéré trop facilement à l'erreur de Valois. » Cet écrivain confirme en tout point le sentiment que nous embrassons ; mais il dit, cependant, que « le sens des deux vers d'Ausone est obscur..... ; que » les derniers mots du second vers laissent subsister quelque incerti- » tude ; qu'Ausone s'y résume à dire qu'il doit la naissance à Bordeaux, » et à Rome la dignité consulaire : *Cunæ hic, ibi sella curulis.* »

Mais en reconnaissant qu'il y avait des consuls dans les villes municipales hors de l'Italie, il nous semble que M. Pardessus ne peut éprouver de difficulté à en accorder à Bordeaux, ville municipale. Ausone est assez explicite ; comment M. Pardessus le trouve-t-il obscur ? Les titres étaient les mêmes ; mais le consulat de Rome était beaucoup plus honorable que celui de Bordeaux et des villes municipales. A Rome, le consul était, après l'empereur, le premier personnage de l'empire ; à Bordeaux, il était le premier de la ville. A Rome, il avait ses licteurs, ses faisceaux, etc. ; à Bordeaux, il n'en avait pas. Ausone dit qu'il avait été consul à Rome et à Bordeaux ; Pardessus n'y voit pas de difficulté. Pourquoi trouve-t-il donc obscur le texte qui nous semble si explicite et si clair ?

NOTE XIII (page 136).

SUR LA VILLA LUCANIAC D'AUSONE.

Les historiens ne s'accordent pas sur la position topographique de *Lucaniac*. Les uns le placent sur la rive gauche de la Dordogne ; les autres sur la rive droite. L'abbé Souchai le croyait à Bazas.

NOTES.

Histoire de Bazas.

Histoire de l'Académie, t. 13, p. 264.

Dupin, Histoire de La Réole, 311.

Cette dernière opinion, que nous avions nous-même adoptée, ne nous paraît plus assez bien appuyée ; nous croyons donc devoir l'abandonner.

Le savant abbé Lebœuf, de l'Académie des inscriptions et belles-lettres, a soutenu une autre opinion trop ingénieuse pour ne pas trouver une place dans notre travail.

Il prétend que la villa d'Ausone était à *Rusch*, bourg peu éloigné de Pujols, où l'on a découvert, en 1746, de superbes tombeaux, des médailles du haut et du bas empire ; il y en avait de Trajan, d'Adrien, de Constantin, de Décentius, de Julien, etc., etc. On y découvrit des mosaïques, sur un espace de plus de 20 toises, des agrafes, des boucles d'oreilles, des glands d'or, des lames d'épées romaines. La ressemblance des noms que portent aujourd'hui plusieurs localités de ce pays, semble fournir à son opinion, si non une preuve formelle, du moins une forte présomption et une vraisemblance incontestable. Ainsi, le nom de *Julius* était commun dans la famille d'Ausone et dans celle de sa femme, et Ausone aimait à perpétuer la mémoire et les souvenirs de ses parents, en donnant leurs noms à ses terres. Ainsi Juliac, Pujols (*Podium-Julii* ou *Puy-Jules*, comme on dit Puy-Paulin), dérivent de *Julius*, nom du père d'Ausone (1). *Lucaniac* avait reçu le nom de son beau-père *Lucanus*, ou de sa femme *Lucania*. *Doulezon*, qu'on trouve écrit *Tholauson*, est encore une autre petite localité des environs, où le poète bordelais avait fait construire une maison de campagne, dont la toiture se terminait en dôme, *tholus* ; de là vient le nom de *Thol-Ausone* (*Tholus-Ausonii*), dont on a fait plus tard *Tholausone* et *Doulezon*.

Ruch, autre localité voisine, n'est que la corruption de *Rusculum*, terme employé par Aulu-Gelle, pour désigner une petite propriété, et qui correspond bien avec cet autre diminutif, *Hærediolum*, qu'Ausone donne à sa terre patrimoniale :

Salve, hærediolum, majorum regna meorum
Quod proavus, quod avus, quod pater excoluit, etc.

On sait que Jules Ausone, père de notre poète, était natif de Bazas. L'abbé Lebœuf prétend que ce canton, ou *Rusculum* d'Ausone, s'appelait, dans d'anciens titres, le petit Bazas, parce qu'après son pays natal, c'était l'endroit que Jules affectionnait le plus.

(1) Les soldats de Jules César, sous les ordres de Crassus, y campèrent, selon quelques écrivains, et donnèrent à ce lieu le nom de Puy-Jules, ou mont de Jules César.

Cette opinion est très-ingénieuse; elle seule nous paraîtrait la véritable, si l'on savait qu'il y eut alors un port, à Brannes ou dans les environs, qui s'appelait Condate.

Dans l'invitation qu'Ausone adressa à son ami Théon, en Médoc, il lui dit que s'il veut bien ramer, quand le vent cessera de gonfler les voiles, une seule marée le portera de Domnothon (domaine de Théon) à Condate, port sur la Dordogne, où il trouverait une voiture traînée par des mules, qui le conduirait vite à Lucaniac (1). Mais le port de Condate se trouve sur la rive droite, et le Lucaniac dont parle Lebœuf est sur la rive gauche. Il faudrait donc prouver que le nom primitif de Brannes, ou de quelque autre port des environs, fut alors Condate; que ce port ou cette ville étant détruit, ce nom fut donné à la ville qu'on bâtit plus tard sur la rive droite, qui s'appelle depuis lors Condate. On l'a bien dit, mais on ne l'a pas prouvé. Nous sommes donc obligés de chercher Lucaniac sur la rive droite.

Condate était le port par où l'on passait pour aller à Lucagnac; Vinet conjecture que Saint-Émilion est le lieu désigné dans les vers d'Ausone. Cette opinion a été généralement adoptée. Cependant, un honorable écrivain de nos jours vient d'en émettre une autre, appuyée sur des raisons qui ne sont pas à dédaigner.

Guinodie, Histoire de Libourne.

En 1843, on découvrit à Saint-André-de-Montagne, canton de Lussac, les ruines d'une villa immense; on y trouva des mosaïques, les unes élégantes, les autres grossières, des fragments de carreaux, des tronçons de colonnes, des chapiteaux en marbre blanc d'Italie et des Pyrénées, des hypocaustes, des médailles petit bronze du temps de Constantin et de Théodose; enfin, deux statuettes en marbre de Carare, d'environ 70 centimètres de hauteur, dont l'une représente Diane, armée de son carquois et de son arc, appuyée contre un chêne, dont les rameaux l'ombragent, pendant que son écharpe et sa tunique s'agitent au vent. Sa jambe gauche est tendue, sa droite relevée comme pour marcher; mais son cerf chéri, métamorphose d'Actéon, est couché à ses pieds.

(1) Unus Domnothoni te littore perferet æstus
Condatem ad portum, si modo deproperes,
. . . .
Invenies præsto subjuncta petorita mulis
Villa Lucani mox potieris — aco.

(Epit., Ausone, Theoni, etc.)

NOTES.

Guinodie,
liv. III.

L'autre statuette, Vénus sortant de l'eau (la *Vénus Anadyomène* d'Ausone), étreint de la main droite une large mèche de sa chevelure; de la gauche, elle tient le manche d'un instrument dont l'extrémité élevée offre une rainure propre à recevoir quelque ustensile de toilette, comme un miroir. Ce manche est soutenu, pour soulager la déesse, par un Amour à cheval, sur l'épaule droite d'un Triton, qui regarde avec lubricité la personne d'Anadyomène, et porte une rame dans la main gauche. A droite, et aux pieds de Vénus, coiffée semblablement à Junon, se montre un autre Amour enfourchant avec aisance un Dauphin, dont il excite les mouvements au moyen d'un fouet placé dans sa main gauche. Ces statuettes ne sont pas l'œuvre d'un artiste de premier ordre; cependant, elles ne sont pas sans valeur. Mais quel était ce citoyen romain, dit M. Guinodie, assez puissant pour accumuler sur ce point retiré tant de magnificences? Ne serait-ce pas Ausone, le poète bordelais, dont le splendide palais rivalisait, au rapport de saint Paulin, avec les monuments de Rome? On a rencontré de belles ruines à la Magdeleine, près de St-Émilion; mais quelle prodigieuse différence entre celles-là et les ruines dont nous parlons! Ausone, décrivant la Vénus Anadyomène, peinte par Apollon, nous la montre étreignant sa chevelure avec sa main, et la dégageant de l'écume de la mer (1). Ne serait-il pas probable qu'émerveillé de la beauté du tableau et de la brillante imagination du peintre, il eût fait exécuter une satuette qui la représentât?

Guinodie,
*Histoire
de Libourne,*
tome 3.

Ainsi, la villa d'Ausone était sur la rive droite, comme l'indique son invitation à Théon; non loin du port de Condate, comme nous l'apprend saint Paulin (2). Ce domaine fut appelé *Lucaniac,* peut-être comme appartenant à sa femme Lucana ou à son beau-père Lucanus, et par complaisance pour eux et comme souvenir domestique. D'autres pensent que c'était un pays boisé, et qu'il était ainsi appelé de *lucus,* bois.

(1) In venerem Anadyomene
  Emersam pelagi nuper genitalibus undis
  Cyprin Apellei cerne laboris opus;
  Ut complexa manu madidos salis æquore crines
  Humidulis spumas stringit utraque comis.
      (*Épigramme CIV,* édit. VINET).

(2) Ant quum Lucani retineris culmine fundi
  Æmula Romuleis habitans fastigia tectes,
  Materiam præbente loco qui proxima signat,
  In Condatino diceris degere vico.
      (PAULIN, *épit.* 1.)

Parmi ces ruines, et au même lieu, on a trouvé, dit encore M. Guinodie, une statue en marbre, qu'Ausone désigne plus particulièrement
dans sa vingt-neuvième épigramme (édit. de Vinet); elle représentait
Liber père, avec les attributs de toutes les divinités dont il porte le
nom.

« L'Ogygie m'appelle *Bacchus*, dit Ausone; l'Égypte me croit *Osiris*;
» les Mysiens me nomment *Phanaces*; je suis pour les Indiens *Dionysos*;
» dans la religion des Romains, *Liber*; *Adonis* chez les peuples d'Arabie,
» et *Panthée* à Lucaniac. »

Cette nouvelle opinion est bien développée par M. Guinodie; elle est
probablement la meilleure qu'on ait jusqu'ici soutenue. Cependant, ces
belles ruines, ces statuettes qui sont loin d'être des chefs-d'œuvre, ne
suffisent pas entièrement à former une certitude absolue. On a découvert de belles ruines à la Magdeleine, à Saint-Émilion, à Ruch et ailleurs; celles de Saint-André, dans la commune de Saint-Georges-de-
Montagne, peuvent les égaler; mais rien ne prouve encore, d'une manière
satisfaisante, qu'elles faisaient partie du palais d'Ausone. Les statuettes
mal sculptées n'étaient pas dignes de la maison d'un consul, et d'un consul comme Ausone. Le miroir manque, mais l'imagination de M. Guinodie y trouve sa place! Ces déesses de marbre furent destinées à
orner des meubles, dit l'historien de Libourne; mais sur quoi fondé le
dit-il? Diane, dit-il, a des formes *presque* correctes; Vénus a un *cou
trop long, pas assez de souplesse dans les bras, ses jambes trop grosses, on
les dirait engorgées!* Voilà les magnifiques statues qu'Ausone, habitué à
voir les inimitables sculptures de Rome, et qui pouvait en avoir, a fait
faire pour son palais, dit-on, et ces grotesques statues n'avaient que 70
centimètres de haut! Le doute nous est permis encore.

Quelles preuves nous donne-t-on que cet endroit s'appelait, du temps
d'Ausone, *Lucaniac?* On le suppose, sans autre base de probabilité en
faveur de cette opinion, que ces pauvres statuettes en ruines, ces anciens tombeaux! Nous ne faisons qu'exposer nos doutes; nous avouons
franchement que notre conviction sur ce sujet n'est pas encore formée.
Nous savons qu'il existait un Condate au IVe siècle; saint Paulin l'appelle un *oppidum*, ou lieu fortifié (1). Et, ailleurs, il dit que c'était un

---

(1) Adjutus ut mox navis auxilio tuæ
Ad usque portas oppidi, etc.

(Ausone, *epist. XXII.*)

NOTES. — *vicus*, ou chef-lieu du pays (1); mais il ne dit pas sur quelle rive. Nous savons que, dans le moyen-âge, il y eut un endroit dit *Condate*, mais dont le nom primitif était *Compuhac*, ou *Confluac*; qu'il était situé sur le confluent de l'Isle et de la Dordogne; mais si nous avancions que le nom primitif du port de Brannes était *Condate*, que nous répondrait-on? On demanderait des preuves; on aurait raison. Nous en demandons à notre tour; qu'on nous prouve qu'on donnait, au IVe siècle, le nom de *Lucaniac* à Saint-André ou à la Magdeleine, près de Saint-Émilion, et toute difficulté disparaîtra. Si non, supposition pour supposition, celle du savant M. Lebœuf, de l'Académie des inscriptions et des belles-lettres, ne nous paraît pas sans importance, surtout quand on suppose que le *Condate* du IVe siècle était sur la rive gauche; mais que, rasée par les Romains, le nom fut donné à une autre ville qu'on fit bâtir au confluent de l'Isle et de la Dordogne, sur la rive opposée. Qu'on nous prouve cela par l'histoire, et nous trouverons *Lucaniac* tout près de cette ancienne *Condate*; et alors, nous le répétons, l'opinion de M. Lebœuf nous paraîtra la seule vraie.

Nous avons examiné avec soin les différentes opinions émises à ce sujet; pour nous, la difficulté reste encore; il faut donc de nouvelles preuves plus explicites pour former notre conviction : si l'on n'en donne pas de plus formelles, il faut chercher quelque autre part l'introuvable villa d'Ausone, ou adopter celle de M. Jouannet, qui nous semble la meilleure.

Notre poète eut une autre propriété dans la Saintonge :

> Vinum cum bijugo parabo plaustro
> Primo tempore Santonas vehendum.
>
> (*Epist. XI.*)

Dans son épître XXIV, il dit que trois fleuves le séparent de Bordeaux. Cette propriété s'appelait *Noverus*; dans les écrits du moyen-âge, *Novalarie (Ecclesia sancti Petri Novallarii*, et aujourd'hui il porte le nom de *Les Nouliers*, près Saint-Jean-d'Angély (2). Les trois fleuves

---

(1) Aut quum Lucani retineris culmine fundi,
    Æmula Romuleis habitans fastigia tectis
    Maliviam præbente loca, qui proxima signat
    In Condatino diceris degere vico.   (PAULIN, *epist. I.*)

(2) Scaliger, Ortellius, La Martinière et La Sauvagère placent cette propriété d'Ausone à Royan; c'est une erreur : nous adoptons l'opinion de Vinet et de l'antiquaire Bourignon.

dont il parle *(epist. XI, XXIV)*, ce sont la Garonne, la Dordogne et la Charente :

> Trina me flumina cætu,
> Secernunt turbis popularibus.

Il avait encore une autre campagne près de Bazas ; il en parle dans sa troisième *Idylle*.

NOTE XIV (page 139).

SUR EBROMAGUS, OU LA VILLA DE CE NOM, APPARTENANT A SAINT PAULIN.

Saint Paulin avait une villa à *Ebromagus;* mais les historiens ne s'accordent pas sur sa position topographique. Les auteurs de l'*Histoire du Languedoc* la placent à *Vibram*, village du département de l'Aude, non loin de Castelnaudary ; quelques autres la croient à Brannes-sur-Dordogne ; Vinet la retrouve à *Embran*, aujourd'hui *Brau*, canton de Saint-Ciers-Lalande ; et Scaliger, Jouannet et plusieurs autres, croient que c'est Bourg, au confluent de la Garonne et de la Dordogne. Nous allons examiner la valeur respective de ces différentes opinions, et nous n'hésitons pas un instant à adopter celles de Scaliger, de D. Devienne et de l'abbé Souiry, auteur des *Études sur saint Paulin*.

L'opinion des Bénédictins du Languedoc ne nous paraît pas admissible ; car *Ebromagus* était sur le bord d'une rivière navigable, comme il résulte évidemment de la correspondance d'Ausone et de saint Paulin. (*Epist. Auson. ad Paulin.*, 22, 24). Le village indiqué par les Bénédictins est situé vers la source du Lers, où cette petite rivière n'est pas navigable.

Ausone, disent les Bénédictins, remercie Paulin de lui avoir envoyé d'*Ebromagus* de l'huile et de la saumure de Barcelonne (1). Et comme notre saint avait des propriétés à Narbonne, ou l'olivier est cultivé, ils en concluent que l'*Ebromagus*, d'où l'huile avait été expédiée, se trouvait près de Narbonne, à *Vibram*, sur les bords du Lers, et non aux environs de Bordeaux, où l'on n'en fait pas.

Mais Ausone ne dit pas que cette huile avait été récoltée à *Ebromagus* ; il nous donne à entendre qu'elle lui avait été expédiée d'*Ebromagus* ; voilà tout. Paulin avait fait venir de chez lui à Narbonne, ou de quelque autre part, sa provision d'huile et de saumure ; il la reçoit chez lui, à *Ebromagus*, et en fait part à Ausone, son ami, qui l'en re-

---

(1) Veritus displicuisse oleum quod miseras, munus iterasti, addito etiam Barcinonensis muriæ condimento, etc. (*Epist. Auson. ad Paulin.*, 21).

NOTES. mercie. On n'en peut pas conclure qu'*Ebromagus* était à Narbonne ou à Vibram.

Sulpitius Severus demeurait à *Eluzone*, non loin de Vibram; ils s'aimaient bien, Paulin et lui; oui, mais en peut-on inférer que Paulin y demeurait aussi, ou que l'*Ebromagus* était là? En 395, saint Paulin, étant à Nole, sans esclaves, sans affranchis, sans frères, prie son ami, Sulpice Sévère, de lui expédier le vin qu'il croyait avoir encore à Narbonne (1). Mais comment les Bénédictins peuvent-ils conclure de cette circonstance qu'*Ebromagus* se trouvait à Narbonne? Ce vin vieux, n'a-t-on pas pu le porter de quelqu'une de ses propriétés à Narbonne? Peut-on nous dire qu'il l'avait récolté dans ce pays? Et quand bien même il eût été récolté à l'*Ebromagus*, n'a-t-il pas pu le faire porter à Narbonne et l'y avoir laissé en dépôt? Saint Paulin nous apprend qu'il avait du vin vieux à Narbonne; mais nulle part il ne nous dit que sa villa d'*Ebromagus* se trouvait à Narbonne, comme nous venons de le faire observer plus haut.

Ebromagus était bâti sur les bords d'une rivière navigable. Philon alla déposer dans cette villa les provisions en blé qu'il venait d'acheter sur les rives du Tarn et de la Garonne, et les y embarqua bientôt après pour les transporter à *Lucaniac* par un bateau (2). Or, le Lers n'est pas navigable; donc, Vibram ne saurait être l'*Ebromagus* de saint Paulin.

Brannes n'est pas non plus l'*Ebromagus*; voici nos raisons pour le dire : Ausone, craignant la disette du blé, chargea son homme d'affaires d'aller en acheter dans le pays où la récolte n'avait pas manqué. Philon parcourut le Haut-Pays, les rives de la Garonne et du Tarn *(Tarnum et Garumnam permeat)*, et embarqua sur de petits bateaux les grains qu'il avait achetés, et arriva à *Ebromagus*, où, en l'absence de saint Paulin, il les mit en dépôt, en attendant une occasion favorable de les transporter, sur un bateau, à Lucaniac. Son séjour s'y était prolongé; les domestiques de Paulin pressèrent son départ : Ausone écrit

(1) Si necesse fuerit deficientibus a me libertis et servis et fratribus, tuam curam impendas, et ordinare digneris, qualiter ad nos vinum vetus, quod Narbone adhuc nos habere credimus pervehatur. (*Epist. Paulin. ad Severum.*)

(2) Is nunc ad usque vectus Hebromagum tuam.
Sedem locavit mercibus.
. . . .
Ut inde nauso devehat
Nostros in usus ut refert.

(AUSONE, *ad Paulin.*, ep. 22.)

à Paulin pour qu'il voulût bien donner, pour quelques jours encore, de l'hospitalité à son intendant (1). Mais le port où il fallait débarquer pour aller à Lucaniac était à Condate, près Libourne, d'après les idées reçues sur sa position topographique : nous ne parlons pas de l'opinion qui mit le Condate d'alors sur la rive opposée, à Brannes. En remontant dans la Dordogne, avec ses bateaux chargés de grains, il était obligé de passer les ports de Condate et de Lucaniac pour aller à Brannes, qu'on croit être *Ebromagus*. Pourquoi aller deux lieues plus loin, chez un ami, avec des provisions en blé, qu'on était pressé de posséder à Lucaniac (2), au lieu de débarquer à Condate et d'arriver vite à Lucaniac? Peut-on raisonnablement supposer qu'on soit allé débarquer deux heures plus loin des marchandises qu'on était obligé de rapporter à leur destination? Brannes n'est donc pas l'*Ebromagus* de saint Paulin.

Vinet dit que c'est *Embraud*, ou *Braud*, dans le canton de Saint-Ciers-Lalande (3) ; c'est encore une erreur : *Ebromagus* était situé sur les bords d'une rivière ; cela résulte évidemment de la correspondance d'Ausone et de Paulin. Or, Braud est à une lieue de la rivière. D'ailleurs, est-il probable que Philon, venant de parcourir les environs de Toulouse, les rives du Tarn et de la Garonne, soit descendu plus loin que le Bec-d'Ambès, plus loin même que Blaye, pour remonter ensuite à Condate? Cette supposition est inadmissible.

Joseph Scaliger place *Ebromagus* à Bourg (4). D. Devienne adopte cette opinion, et dit : « On voit avec certitude que la ville de Bourg » était du domaine de Paulin, et que son père, ou peut-être lui-même, » en ayant construit les murs et l'ayant mis en état de défense, en était » regardé comme le fondateur. On ne peut non plus révoquer en doute » que les Paulin n'eussent dans cet endroit une maison de campagne. » Ainsi, il est naturel d'y fixer, comme l'a fait Scaliger, cet *Ebroma-» gus*, dans lequel saint Paulin faisait sa résidence avant de se retirer

---

(1) Qui (Philon) apud Hebromagum conditis mercibus, quas per agros diversos coemit, concesso ab hominibus tuis usus hospitio, immature periclitatur expelli.

(Ausone, *ep. ad Paulin.*, 22.)

(2) Lucanius ut inopiâ liberetur mature.

(3) Infra Blaviam in eadem ripâ, Embrau, sive ut alii appelant *Braus*. Hunc vicum esse suspicior quem Embromanum, Ebromagumve Ausonius et Paulinus appelant quatuor tantum leucis à Burgo distantem. (Vinet, *in Auson*, epist. 478.)

(4) Oppidum vero Paulini Ebromagus ad confluentes Durannii et Garumnæ duorum ingentium et nobilium fluviorum Burgus vocatum est. (Joseph Scaliger, *Auson. lection.*, lib. 2, cap. 9.)

NOTES.
» en Espagne, et qui, pour lors, aurait été distant de six ou sept lieues
» du port de Condate. »

Le géographe Nicolas Sanson déclare que, selon lui, cette opinion est la seule véritable, et que l'*Ebromagus* de saint Paulin était, non à Braud, mais à Bourg.

Vers la fin du IVe siècle, *Ebromagus*, qui n'était qu'une villa de l'opulente famille des Paulin, reçut de grands embellissements : les Paulin l'avaient tellement agrandi, qu'il méritait alors le nom de *Burgus*, ou lieu fortifié. Le nouveau nom lui était donné, en général, dans le Ve siècle, comme il apparaît par le poème de Sidoine-Apollinaire. C'était l'entrepôt général des marchandises qu'on importait de l'étranger, et son port était très-fréquenté. « Je vois déjà, ô Bourg! s'écrie Si-
» doine, tes brillantes destinées : *tu seras nommée ainsi (Bourg.)* De nou-
» velles maisons surgissent du sein des ondes. Au milieu de tes rem-
» parts, se voient des thermes élégants; de vastes greniers, couverts
» de toits dans toute leur longueur, s'étendent au loin, et les magasins
» suffisent à peine à contenir la vaste quantité de marchandises qu'on
» y dépose. Là, arriveront les graines de l'Afrique, de la Calabre, de la
» Pouille, etc., etc. (1) »

Ainsi, il est très-probable que le nom de *Bourg* ne date que du Ve siècle; ce nom de Bourg fut alors substitué à celui d'*Ebromagus*, comme le prédit Sidoine. « O Bourg! tu seras ainsi appelé. » *(O Burge, diceris sic.)*

Ebromagus est, d'ailleurs, un nom celtique, dont la signification se rapporte évidemment à la position topographique de Bourg. *Abre*, selon Ménage, veut dire, en langue celtique, la décharge d'une rivière dans la mer ou dans un fleuve, et *mag*, ville. De ces deux noms celtiques, on a fait *Hebro-magus* en le latinisant; *Hebro-mag*, ville située à l'endroit où la Dordogne se décharge dans la Garonne.

Ausone appelle quelquefois cette résidence de Paulin, *Ebroman*, parce que *mann*, en celtique, veut dire lieu, localité, demeure, comme dans ces vers :

(1) Cernere jam videor quæ sint tibi, Burge, futura;
Diceris sic : nam domus de flumine surgunt,
Splendentesque sedent per propugnacula thermæ,
Desuper in longum porrectis horrea tectis
Crescunt, atque amplis angustant fructibus ædes.
(SIDON.-APOLIN., *poema* 22.)

Is nunc adusque vectus Ebromanum tuam,
Sedem locavit mœnibus.
(Ausone, *epist.* 22.)

Pour toutes ces raisons, nous croyons, avec Scaliger et D. Devienne, que Bourg était l'*Ebromagus* de saint Paulin.

NOTE XV (page 181).

SUR LE SACRE DES ROIS DE FRANCE.

Quelques auteurs, et, en particulier, Vertot, et même le savant Daniel, disent que le sacre de Pepin est le premier dont on ait parlé : « Pepin fut le premier de nos rois, dit Vertot, qui se fit couronner avec » les cérémonies de l'Église, pour conserver sa personne et la rendre » plus respectable aux peuples. » *(Dissertation sur l'ancienne forme des serments.)*

Le P. Daniel dit « que c'est le premier sacre de roi qui soit marqué » dans notre histoire par des écrivains dignes de foi. » *(Hist., deuxième race.)* Henry Martin adopte ces idées sans examen, et travestit le sens et le but de la cérémonie. (*Hist. de France*, t. II, 229.)

Ces assertions nous paraissent fausses. Le testament de saint Remi, dont personne ne conteste l'authenticité, et que Frodoard nous a conservé, atteste le contraire. « *Quem (Clovis) baptisavi*, dit saint Remi, *de* » *sacro fonte suscepi, donoque septiformis spiritus consignavi et per ejusdem* » *Sancti Spiritus sacri Chrismatis unctionem ordinavi in regem*. (Frodoard, *Hist. eccl. Rhem.*, lib. 1, cap. 18.)

Ce témoignage prouve le baptême, la confirmation et l'onction royale de Clovis par saint Remi. Saint Grégoire de Tours dit encore, comme saint Remi et Frodoard, que Clovis, roi, fut oint du *Saint-Chrême*, liv. 2. Il le dit même de Brunehaut, liv. 4. Le troisième continuateur de Frédégaire, dit aussi « que Pepin fut, selon l'*antique usage*, consacré » par les évêques. » Cette *Continuation*, écrite par ordre de Childebrand, est d'un auteur contemporain. Il paraît que cet usage fut maintenu depuis Clovis. Grégoire de Tours parle de l'onction de Brunehaut ; Ives de Chartres parle du sacre de Charibert et de Gontran ; le père Germon cite un acte de Louis le Débonnaire, où il est question du sacre de Clovis. La tradition de la *Sainte-Ampoule* en est aussi un témoignage. « Cette tradition se fût-elle perpétuée, dit le comte de Peyron» net, si l'on n'eût fait aucun usage du *Chrême* miraculeux depuis Clo» vis jusqu'à Pepin ? » *(Hist. des Francs*, t. 2.)

NOTE XVI (page 481).

SUR L'USURPATION DE PEPIN ET LA LÉGITIMITÉ DE HUGUES CAPET.

« Traiter d'usurpation, dit Châteaubriand, l'avènement de Pepin à la
» couronne, c'est un mensonge historique ; il n'y a point d'usurpation
» là où la monarchie est élective ; c'est l'hérédité qui, dans ce cas, est
» une usurpation. »

La monarchie pouvait être élective de droit ; mais de fait, elle était héréditaire ; car, à la mort des princes, on ne voit pas de nouvelles élections réelles ; si, à la mort du roi, le peuple, légalement et loyalement consulté sur son successeur, eût appelé Pepin au trône, et que la Constitution reconnût ce mode d'élection, rien de mieux. Mais Childéric vivait ; il fallait respecter ses droits acquis ; il n'agissait pas, dit-on ; par une bonne raison, il ne pouvait rien faire. Charles Martel tenait le roi séquestré ; Pepin suivait son exemple. Childéric, vivant, était un embarras ; s'en défaire par le poignard ou le poison, c'eût été assez pour rendre Pepin odieux au peuple, qui aimait encore les descendants de Clovis. « La chose en quoy se trouva le plus empesché Pepin, fust
» à desraciner ceste ancienne opinion que le peuple avait conceue de la
» lignée de Clovis. » (PASQUIER, *Recherches*, liv. 2, ch. 1er.)

Si la couronne était véritablement élective, d'où vient donc cette transmission héréditaire du pouvoir royal, depuis Clovis jusqu'à Childéric ? D'où vient-il que Pepin, devenu roi, partage ses États et transmet à ses enfants, héréditairement et non par élection, sa couronne usurpée ? C'est qu'il voulait agir, régner et léguer ses pouvoirs d'après les lois de la dynastie déchue. Le roi, dit-on, était incapable ; on n'en sait rien, car on n'essaya jamais la force ou l'étendue de son intelligence. Le fût-il, son fils ne le serait peut-être pas. Le peuple l'aurait infailliblement élu roi si on l'avait consulté. Les Leudes, les grands de l'État, étaient attachés à Pepin, oui ; mais ces Leudes ne faisaient pas toute la nation ; ils ne pouvaient pas changer la Constitution. Pepin fut élu, dit-on, de l'avis et du consentement de tous les Francs, comme le fut Hugues Capet deux cent trente-sept ans plus tard : comédie que tout cela ! Nous savons comment on fait parler le peuple, comment on se fait proclamer chef, même de la France : Louis-Philippe et la République de 1848 sont là pour nous dire ce que valent ces escamotages politiques, ce silence de la peur, ces acclamations de l'intrigue ! Il n'y a aucune parité entre Pepin et Hugues Capet. Sous Pepin, le trône ne fut pas vide : le roi régnait, mais Pepin l'empêchait de gouverner ; sous Hugues Capet, le trône était vide : le dernier des Carlovingiens, le duc de la Basse-Lorraine, ayant fait hommage de son duché à l'empereur, renonça par là à la couronne de France; le peuple français rentra dans ses droits, et, ne voulant pas être vassal d'un prince étranger, il plaça sur le trône Hugues Capet, comte de Paris, duc de France, l'un des plus grands feudataires du pays.

Le Pape, dit-on, approuva et consacra l'usurpation; il déclara, si nous en croyons Adhémar de Chabannes, en vertu de son autorité apostolique, qu'il fallait reconnaître pour roi *Pepin, qui était du sang des rois francs* (QUI ERAT DE SANGUINE REGALI FRANKORUM), *afin que l'ordre de succession royale ne fût pas troublé*. Le pape Zacharie répondit convenablement à la demande qu'on lui avait adressée, et presque dans les mêmes termes; le motif et le but qui le faisaient agir, c'était qu'il était plus utile que *le titre et la puissance se trouvassent réunis dans la même personne*; ce qui était vrai. Le P. Le Cointe nie que le Pape ait autorisé cette grande substitution dynastique; mais Montesquieu l'affirme. (*Esprit des Lois*, liv. 31, ch. 16.)

Le Pape constata un fait : il ne créa point un droit; il sacra l'usurpateur, oui; car le mal était sans remède, la nation était contente. Plus de plaintes de la part du roi, qui végétait avec ses fils dans un monastère, ni de la part du peuple, qui avait acclamé leur nouveau prince. Le Pape, d'ailleurs, avait besoin des Francs contre les Lombards et les Grecs. Pepin lui faisait la loi la plus dure, celle de la nécessité; il s'agissait, pour la papauté, d'être ou de n'être pas : Pepin avait promis secours et protection par Boniface, évêque de Mayence; et, d'ailleurs, que pouvait l'église? Réclamer contre la déchéance d'un roi, réalisée dans les faits depuis de longues années? C'eût été insensé et ridicule. Se prononcer pour le fils de l'héritier? Mais il ignorait ses droits; il devait achever sa destinée ignoble, ignorée et obscure, dans un couvent, en Normandie. C'eût été une folie, puisque la nation voyait, sinon avec plaisir, au moins avec indifférence, la race mérovingienne s'éteindre sans bruit, sans honneur et sans gloire. Le Pape, en un mot, ne pouvait pas changer la Constitution. Pepin usurpa, la nation ne réclama pas; pas une voix ne s'était élevée contre la violation du droit; et le peuple français ne réclamant pas, ne disant rien, mais consentant, le Pape aurait tort d'y intervenir : il reconnut le fait ; la France fit le droit. Quoi qu'en disent Châteaubriand et autres, Pepin fut un usurpateur heu-

NOTES.

reux. « Les qualités d'un héros et d'un prince sage firent oublier son » usurpation, » dit Feller.

Maintenant, revenons à Hugues Capet. On dit qu'il n'avait pas plus de droits à la couronne que Pepin; qu'il persécuta l'héritier pour avoir l'héritage; en un mot, qu'il était un roi usurpateur. Voici son histoire; qu'on la lise, et l'on verra ce qu'il était :

Hugues Capet était fils du fameux Hugues le Grand, duc de France, maître de tout le pays qui s'étend de la Loire à la Meuse, possesseur de la Bourgogne et du duché d'Aquitaine; il avait deux rois dans sa famille; il aurait pu être roi, mais il respecta toujours le droit; c'est lui qui proclama roi Louis d'*outre-mer,* qui lui fit plus tard une guerre à outrance. Louis se cassa le cou par une chute de cheval; Hugues fit proclamer roi Lothaire. Son fils, Hugues Capet, se distingua de bonne heure par son esprit de justice et de droiture; il fit preuve de bravoure, car il combattit souvent à côté de son père. Le domaine du roi était alors réduit à la ville de Laon; le reste du royaume appartenait aux seigneurs, qu'on appelait *suzerains,* mot barbare introduit dans la langue et dans les faits par Pepin et ses adulateurs.

La Lorraine avait fait partie de la France : Othon, empereur, la possédait. Lothaire résolut de la reprendre : une guerre nationale commença; mais Charles, frère de Lothaire, trahit la cause du droit, de la France et de sa famille; il s'attacha à l'empereur, et reçut de lui, en récompense de sa trahison, la Lorraine comme fief; il prêta serment de foi et hommage à l'empereur; et s'étant dénationalisé, il s'en alla cacher sa honte à Bruxelles. La France le déclara indigne de porter le nom de français, et l'exclut à tout jamais du droit au trône; c'était juste, c'était bien.

Fort de cette trahison, Othon envahit la France, dévasta le pays et assiégea Paris. Les Parisiens délibérèrent sur leur situation : on allait livrer la capitale, lorsque Hugues Capet s'y jeta avec ses troupes, et encouragea les habitants à se défendre. Le peuple, heureux, ivre de joie, continua à bénir son sauveur, qui, de son côté, ne cessa pas de faire des sorties, et finit par forcer Othon à lever le siège, après quinze jours d'attaques inutiles. Malgré cette défaite, Lothaire, dominé par des considérations majeures, fit un traité avec Othon, et céda la Lorraine à l'Allemagne.

Le roi mort, Hugues Capet n'avait qu'à prendre la couronne; il était roi de fait. Le peuple et les princes, mécontents de la cession de la Lorraine, la lui offrirent; mais, sujet fidèle, il respecta le droit, et fit proclamer roi le fils de Lothaire, à peine sorti de l'enfance. C'est sur sa recommandation que le jeune Louis V fut reconnu par les autres princes. Au bout de quinze mois, Louis meurt; Charles, duc de Lorraine, tout héritier qu'il fût de son neveu, n'avait aucun droit de revendiquer la couronne; il n'existait alors aucune loi d'hérédité politique ni de candidature privilégiée. Mais ce droit eût-il existé réellement, Charles s'était rendu indigne de l'invoquer; il avait fait hommage de son duché à un souverain allemand. C'eût été livrer la France à l'étranger : il s'était dénationalisé; il n'était plus français. L'assemblée de Noyon le jugea ainsi, en déclarant Charles déchu de tout droit à la couronne; le trône était donc vacant. La nation rentrait dans son droit de pourvoir à cette vacance; elle rejeta l'homme qui avait trahi sa patrie et s'était fait vassal de l'étranger; elle choisit Hugues Capet et le déclara roi, pour sauver la France de la tutelle de l'Allemagne, de la suzeraineté de l'étranger. Personne n'y avait autant de droits; c'était le plus grand feudataire du pays, le meilleur capitaine de son temps, et l'idole des Français. Il alla plus loin : il convoqua les barons et le clergé, les seuls hommes libres alors. La ville de Paris l'avait acclamé roi, la nation ratifia l'élection : elle en avait le droit; le trône était vide. Charles lui fait la guerre avec les hommes et l'argent de l'empereur; c'était se prononcer contre le vœu national et vouloir faire de la France un fief de l'Allemagne. Charles, battu, abandonné de ses amis, fut livré à Hugues; il méritait la mort. Hugues préféra le condamner à une détention perpétuelle. Maintenant, voyons ce que la France lui doit.

NOTES.

La royauté est venue toute faite, avec la liberté représentative, des forêts de la Germanie; l'épée de Clovis créa l'unité de nos provinces, que la loi gauloise du partage ne brisa que trop souvent. Les Mérovingiens tentèrent trois fois de rétablir cette unité, trois fois elle fut détruite. Les maires du palais étaient des ministres nommés par l'assemblée nationale; Pepin usurpa. Jusque-là, les emplois et les bénéfices étaient révocables; pour récompenser les Leudes qui avaient consenti à son élévation, Pepin rendit ces emplois héréditaires, en émancipant les ducs, les comtes, les marquis. Les châteaux devinrent des forteresses, les fonctionnaires devinrent des seigneurs, chaque seigneur réclama pour lui l'hommage des habitants de son ressort; l'usurpation était partout et complète.

Nous venons de voir la fin du dernier des Carlovingiens et l'avènement de Hugues. Pepin, ayant voulu porter une couronne héréditaire, associa le clergé au pouvoir, créa la féodalité, et vit la France toujours

NOTES.

en guerre. Hugues Capet abolit la royauté élective, source de désordres éternellement renaissants; il fit sacrer son fils, Robert, comme successeur au trône, enleva aux seigneurs feudataires le droit de faire un roi aujourd'hui pour le défaire demain. Ils applaudirent tous à l'hérédité de la primogéniture; avec Hugues, les assemblées politiques sont rétablies. Rome ne fait ni ne défait plus les rois, l'évêque de Reims les sacre; et c'est sous Hugues Capet que, dans un Concile, jugeant un évêque, on prononça en public le premier discours français; jusque-là, la justice était rendue en latin. Depuis Hugues, l'hérédité, réglée et déterminée par ordre de primogéniture, est devenue la bannière de la liberté, a écrasé la féodalité, a créé l'unité du peuple français, la seule unité politique de toute l'histoire ancienne et moderne.

Supposons même que l'assemblée qui plaça la couronne sur la tête de Hugues n'était pas rentrée dans son droit; que s'ensuit-il? Que le titre qu'on avait donné à ce prince était sujet à discussion pendant la vie de Charles; mais après sa mort, ce titre devint incontestable, et les trente et quelques assemblées générales qui, pendant l'espace de neuf siècles, ont approuvé et sanctionné l'hérédité dans la primogéniture d'une seule famille, lui ont donné une assez importante consécration pour qu'il n'y ait pas dans les sociétés humaines, par tout l'univers, une légitimité plus avérée et plus nationale.

On a dit que la nation avait mis à la délégation de sa souveraineté, à titre héréditaire, des conditions rédhibitoires; c'est faux. On n'en trouvera pas une seule trace, ni dans les discours des orateurs, ni dans les arrêts des Parlements, ni dans les écrits des magistrats et des jurisconsultes. La maxime contraire a toujours été soutenue par les écrivains distingués, par tous les corps politiques et par tous les publicistes. Tous les faits de notre histoire démontrent que la nation a entendu pour son intérêt, et non pour celui d'aucune famille, que sa délégation fût sans condition, et ne pouvait et ne devait finir qu'à l'extinction d'une dynastie. L'institution royale a eu ses défaillances momentanées : Jean II et François Ier ont été prisonniers, Charles VI a été fou, plusieurs rois ont été mineurs; mais toujours les assemblées ont pourvu, par des mesures convenables, à ces nécessités passagères, et jamais elles n'ont songé à retirer la délégation ou à déranger l'ordre établi; elle a toujours maintenu, pour la transmission du pouvoir royal, cette loi fixe, invariable, supérieure aux mobiles volontés humaines, que nous appelons la légitimité.

Le sacre de Clovis, de Pepin, de Hugues Capet, est une cérémonie religieuse empruntée à la loi judaïque; c'est la consécration religieuse de la *puissance temporelle*, qui, comme le dit Fénelon, *vient de la communauté qu'on appelle nation*. C'est la nation qui crée le droit : l'Église n'en crée pas; elle ne fait que le consacrer, quand la nation le veut. Le *droit divin* est une absurdité, dont on s'amuse à épouvanter les ignorants; les rois, pas plus que les peuples, n'y ont jamais cru, et la religion, qui prescrit l'obéissance, ne distingue pas un Néron d'un Constantin, un Louis-Philippe de saint Louis, une république de Louis XVI; elle déplore le mal, désire la transmission du pouvoir souverain, par voie héréditaire et légitime, comme condition morale de la vie civile, principe d'ordre, de justice, de stabilité et de force, principe qui devient la base de l'industrie et du travail, la garantie de la propriété, qui sauvegarde la famille, la civilisation, la vraie liberté et l'ordre, et produit, pour premier et inappréciable bienfait, l'unité perpétuelle d'une grande nation, qu'on ne peut réaliser sans lui. Ce principe a reçu une consécration solennelle sans égale en 1789, dans les cahiers généraux dépouillés par M. de Clermont-Tonnerre au sein de l'Assemblée constituante.

NOTE XVII (page 489).

SUR LE CHATEAU ROYAL DE CASSIGNOL, CHASSINEUIL OU CASSEUIL, OÙ CHARLEMAGNE PASSA LES PAQUES AVANT SON EXPÉDITION POUR L'ESPAGNE.

En partant pour l'Espagne, Charlemagne vint, avec sa femme Hildegarde, à un endroit appelé *Cassinoilum (Cassinogilus)* par Aimoin; il y passa la fête de Pâques, y laissa sa femme, qui y accoucha de Louis le Débonnaire. Où était cette ville? où se trouvaient ce magnifique palais de Charlemagne, cette tour de briques, ce *torrent de Quoderot*? Comment expliquer cette facilité d'y arriver en bateaux, dont parle Aimoin? Les uns disent que c'était à Chassineuil (Sainte-Livrade), dans l'Agenais; les autres prétendent que c'était à Casseuil, près de Caudrot. Nous allons examiner la valeur historique de ces prétentions; mais, avant tout, citons Aimoin : « Testes sunt præeminentium ruinæ ædifi-
» ciorum, interque eminentes summas illud Caroli-Magni principis pa-
» latium Cassignol, gloria quondam et decus cunarum filii ejus, jam
» præfati Illudovici pii, quod, Deo ita volente, inimica gens subvertit,
» ut et inhabitabile redderet, et tamen quid aliquando fuerit, manifeste
» appareat. Ideo loci situm est, quo torrens Quoderot Garumnam influit,
» turrim lateritiam in margine memorati torrentis extructam habens,
» in quâ et adventus prævidit et egressus auxilium possit arceri navium

» simulque ut classis regia absque adversariorum impedimento fabri-
» cata de minori ad fluenta majoris deduceretur amnis. Habet vero
» ecclesiam ampliori ecclesiæ conjunctam, miro opere ex lateribus fabri-
» catam; in quâ, si bene visu recordor, permodicum habetur sarcopha-
» gum, in quo frater Illudovici primi geminus illa pietate sepultus. »

Ainsi, du temps d'Aimoin, au Xe siècle, il y avait à *Cassinogilus* des restes de l'ancien palais de Charlemagne, une chapelle en briques et d'une beauté admirable, une tour en briques sur le bord du torrent de Quoderot, d'où on pouvait voir l'arrivée des bâtiments ennemis et les repousser, et où la flotte royale, construite dans des chantiers sis sur la petite rivière, pouvait sans danger passer dans la Garonne. Il y avait dans la chapelle, qui était peu éloignée d'une autre église, celle de la paroisse probablement, le sarcophage du frère jumeau de Louis le Débonnaire. Voilà en substance l'article descriptif d'Aimoin ; maintenant, voyons s'il s'applique à l'une de ces deux localités qui se disputent l'honneur d'avoir eu le palais de Charlemagne.

Casseuil, dans le Bordelais, n'a rien, en fait de ruines, qui puisse nous rappeler l'architecture du VIIIe siècle : pas le plus petit monument, pas la moindre trace d'un palais. La petite rivière le *Dropt* se décharge un peu plus loin dans la Garonne ; mais comment l'a-t-on appelé un *torrent*, et surtout le torrent *Quoderot ?* Ce mot est-il le même que celui qu'on emploie pour désigner le bourg qui se trouve à l'embouchure ? Mais le village de Caudrot, dit-on, est ainsi appelé à cause de sa position sur le Dropt, *Cauda-Dropti ;* c'est une erreur : ce nom vient de *calcis, cauz,* en patois (chaux), et *rupes,* roc, parce que le bourg fut bâti sur des rochers calcaires, *calcis-rupes, cauz-roc.* Le torrent qu'Aimoin appelle *Quoderot* n'est, ne peut être le *Dropt*, qui coule paisiblement à travers de fertiles campagnes, et ne ressemble en rien aux torrents des montagnes. A cause de sa position sur ce qu'on appelle la *queue du Dropt,* cette branche qui passe sous l'église de Casseuil, on a pu donner le nom de *Cauda-Dropt* à ce village ; mais Aimoin donne ce nom à ce courant d'eau qui n'est pas un torrent, mais bien une très-petite rivière. Comment, d'ailleurs, supposer qu'il y eut un chantier royal de constructions maritimes sur ce filet d'eau, qui porte à peine de petites gabares ? Comment nos chroniqueurs ne parlent-ils pas de ce beau palais de Casseuil ? Tous nos historiens gardent le silence sur ce sujet. Dans le *Compte-rendu de la Commission des Monuments de la Gironde,* 1845-6, un écrivain de Bordeaux, M. Rabanis, adopte cette singulière opinion ; et ne trouvant pas de vestige d'un vieux palais ni d'une antique tour en briques, ni d'une gracieuse et admirable église en briques, il va chercher dans le vieux manoir d'un président du Parlement de Bordeaux, le seigneur de Taurignac, M. Neuffons, à Gironde, le palais de Charlemagne.

Les pauvres ruines de Gironde datent tout au plus des XIIIe ou XIVe siècles; si le *nom de Gironde se trouve fréquemment mêlé aux romans poétiques relatifs à Charlemagne*, on aurait dû les citer; si ces romans sont postérieurs au XIIe siècle, cela peut être vrai; s'ils sont antérieurs à cette époque, ils ne peuvent pas faire mention de Gironde, car le bourg de Gironde ne date, d'après les *Chroniques de Bazas*, que de 1173. Nous n'avons pas vu à Gironde une église en briques ni une tour en briques, ni trace de palais; il n'y en a pas non plus à Casseuil. Il faut donc chercher le *Cassinogilus*, ou *Cassinoglius*, d'Aimoin quelque autre part.

Sur cette matière, l'opinion de Daniel n'est pas à mépriser : Voltaire le nomme un *historien exact, sage et vrai*, et dit que son histoire est préférable à toutes celles qui avaient paru avant lui. Eh bien ! le *vrai*, l'*exact* Daniel, dit : « Charlemagne rentra en France pour se préparer à cette » expédition. Il passa en Aquitaine avant Pâques, et assembla son armée » à Casseneuil, maison royale dans l'Agenais. » Le nom de Casseuil ne se trouve nulle part que chez nos modernes fabricateurs d'histoires; le nom de Chasseneuil se voit dans les *Annales* d'Éginhard, *Collect. de Mém.*, par M. Guizot, *anno 777*, où nous lisons : « Charlemagne célébra la » fête de Pâques à Chasseneuil, en Aquitaine. » Ne sait-on pas que le château de Chasseneuil fut une des quatre habitations où Louis le Débonnaire résolut de passer ses hivers : à Doué, sur les confins de l'Anjou et du Poitou; à Audiac, en Saintonge; à Ébreuil, en Auvergne, et à Chasseneuil, dans l'Agenais, dit M. Guizot ? (Voir l'Astronome, *Vie de Louis le Débonnaire*). N'est-ce pas dans le même château agenais, lieu de sa naissance, que Louis invita, avec un si filial empressement, son père, l'empereur Charlemagne ? L'Astronome dit que « Charlemagne laissa la » très-noble et très-pieuse reine Hildegarde enceinte de deux jumeaux, » dans un château royal, appelé Chasseneuil. » Les *Grandes Chroniques de France*, édit. Paulin Paris, disent que la reine accoucha d'un fils, qui eut nom *Lois, en une ville qui a nom Cassinole*.

On objecte qu'une flotte ne peut pas monter jusqu'à Chasseneuil, en Agenais. Nous reconnaissons qu'il est très-difficile d'expliquer cette partie du texte d'Aimoin; une flotte royale *(classis regia)*, dans le sens que nous donnons aujourd'hui à ce mot, ne put pas entrer dans la Garonne. Des gabares et de petits bateaux peuvent seuls monter, non seulement à Casseuil, près de Caudrot, mais même à Chasseneuil, sur le Lot. Il paraît d'ailleurs certain que le lit de la Garonne aujourd'hui renferme un moins grand volume d'eau qu'alors. Aimoin a trop chargé son canevas; sa relation est exagérée. Partout où se trouvait Charlemagne, Aimoin ne voyait que beauté, que richesses, que magnificence; il était d'Aquitaine lui-même, il a voulu flatter sa patrie. Les ruines du château, de la tour et de l'église, ont été retrouvés à Chasseneuil; elles étaient en briques, dit Aimoin, comme toutes les constructions de ce pays-là, tandis que dans le Bordelais on n'emploie presque jamais la brique; la bonne pierre n'y est pas rare. Ainsi, tout ce que dit Aimoin de la flotte royale ne peut s'entendre que de petits bateaux au service de la Maison de l'empereur; c'est l'imagination du patriote qui inspira la plume de l'historien, et, au bout du compte, Aimoin n'est qu'un pauvre historien, une bien faible autorité. Son histoire, dit Feller, n'est qu'une compilation pleine de fables. Nous pouvons dire comme Pasquier, au XVIe siècle, au sujet d'Aimoin : « Eh vraiment je volontiers » savoir, quelle créance on doit apporter à cet auteur mensonger. » (*Recherch. littér.*, 10, ch. 23.)

Mabillon, *De re diplomaticâ*, 269, croit que le palais de Charlemagne était à Chassineuil; il assure que, d'après tous les anciens écrivains, ce lieu n'était pas loin d'*Exciso*, Eisses, dont Athicus parle dans son *Itinéraire*; mais Eisses n'est qu'à deux milles de Chassineuil, dans l'Agenais. Quand l'Astronome dit que Charlemagne *laissa Hildegarde à Cassinogilus et passa la Garonne aux confins de la terre des Aquitains et des Gascons*, il nous donne facilement à comprendre qu'il s'agissait de Chassineuil, dans l'Agenais, et nullement de Casseuil, dans le Bordelais; c'est là la conclusion qu'en tire Mabillon. Chassineuil est situé entre les Gascons et les habitants de la seconde Aquitaine; il est donc le lieu désigné par l'Astronome.

Mais il y a encore une autre preuve; c'est un monument ancien, témoin silencieux, mais éloquent; c'est l'église de Sainte-Livrade, qui fut bâtie par Charlemagne en l'honneur de *sainte Liberata* (sainte Livrade), en reconnaissance de la grâce que Dieu avait faite à son épouse, d'une heureuse délivrance. Chassineuil a été détruit par les Barbares; mais les fidèles se sont réfugiés sous les murs protecteurs de cette église, et Sainte-Livrade, aujourd'hui un gros bourg, résume dans son nom les anciennes traditions locales, comme Mabillon nous le fait bien observer : *Loco supra cit*.

D'après le même auteur, Pierre le Moine, ou Monachus, dans son

Histoire des Albigeois, cap. *79*, place *Cassinogilus* dans l'Agenais : *Castrum Cassinogili nobile et fortissimum in territorio Aginnensi.*

Pierre Bertius, dans ses *Tables géographiques de l'empire de Charlemagne*, place *Cassinogilus* au confluent de l'*Oltus* (Lot) et de la *Leda*, *in Aginnensi pago*. Henry Martin adopte cette opinion. (*Histoire de France*, t. 2, p. 270.)

Tous ces témoignages valent plus que celui d'Aimoin, dont Valois n'a relevé que trop souvent les grossières erreurs, et qui a pris la rivière Dropt pour le village *Caudrot*.

Pourquoi, d'ailleurs, bâtir un roman sur la faible autorité d'Aimoin ? Ne sait-on pas que son ouvrage a été interpolé, en plusieurs endroits, par plusieurs écrivains, et surtout par ses continuateurs. Qu'on lise, à cet égard, l'*Histoire littéraire de la France*, t. 14, p. 185.

Nous concluons donc que le château royal de Charlemagne était à Chassineuil, dans l'Agenais, et non à Casseuil, dans le Bordelais.

NOTE XVIII (page 213).

SUR LES FIEFS ET LA CONCESSION DES FIEFS.

Un fief était une terre donnée par un seigneur à un vassal, qui s'engageait à lui être toujours fidèle et soumis. De là vient le mot teuton, *feodum*, employé dans la basse latinité (1). La concession d'un fief était accompagnée de trois cérémonies principales : l'hommage, la foi et l'investiture : 1° l'hommage n'était autre chose que l'expression énergique de la soumission et du dévoûment du vassal à l'égard du seigneur. Le vassal, lorsqu'il rendait hommage, avait la tête découverte; il était sans baudrier, sans épée ni éperons ; il se tenait à genoux, mettait ses mains dans celles du seigneur, et promettait d'être désormais son homme, et de le servir fidèlement et loyalement, aux dépens de sa vie, par son bras et son honneur, en considération des terres qu'il tenait de lui. Nul autre que le seigneur en personne ne pouvait recevoir l'hommage, qui se terminait ordinairement par un baiser ; 2° le serment de fidélité était indispensable pour tout fief ; mais la cérémonie en était moins personnelle que celle de l'hommage. Le serment pouvait être reçu par procureur ;

---

(1) Le mot *feodum* analysé, renferme et exprime les obligations et le serment du feudataire :

F E O D V M.
Fidelis ero omnino Domino vero meo.

il était prêté par les ecclésiastiques : les expressions qu'on y employait différaient peu de la formule d'hommage ; 3° l'investiture, ou la cession du fief, était de deux espèces : l'une réelle, l'autre non réelle. La première était la mise en possession effective, soit par le seigneur, soit par son délégué ; l'autre était symbolique, et consistait dans la présentation d'un morceau de gazon, d'une pierre, d'une baguette, d'une branche d'arbre ou de tout autre objet dont l'usage avait été introduit par le caprice des Coutumes locales.

(HALLAM, *l'Europe au moyen-âge*, t. 1er, ch. 2.)

NOTE XIX (page 228).

SUR LA PORTE-BASSE.

La Porte-Basse était percée dans le mur de la première enceinte, et rebâtie après le départ et les ravages des Normands. Quelques écrivains l'ont fait remonter jusqu'au temps des Romains ; et vers le milieu du XVIIIe siècle (1766), on voulait la faire démolir, parce qu'elle obstruait la voie publique. Le chapitre Saint-André, étant seigneur foncier du terrain sur lequel cette porte était bâtie, demanda une indemnité de 50,000 liv. avant de consentir à cette démolition, qui devait entraîner la chute d'une maison située sur un surhaussement. On renonça à la démolition ; mais on l'effectua en 1803, sans être obligé de payer cette somme : tous les titres étaient brûlés, tous les droits étaient abolis, la révolution avait appris au peuple à faire des lois et aux chapitres à les subir.

Cette porte, qui était à l'extrémité méridionale de la rue *Porte-Basse*, n'était qu'une informe ouverture de 4 mètres en tout sens ; la muraille avait 2 mètres d'épaisseur. Au-dessus de cette porte, on voyait dans une niche une statuette en pierre d'environ 1 mètre de hauteur, représentant un personnage vêtu d'une longue robe, la tête ceinte d'une couronne de fleurs, avec un livre ouvert à la main. On disait, parmi le peuple, qui l'appelait *Saint-Bordeaux*, qu'il tournait le feuillet de son livre toutes les nuits, à minuit ; on le considérait comme le génie gardien de la ville. On a dit que c'est à la fameuse Éléonore de Guienne que la reconnaissance bordelaise avait érigé cette statue : nous n'en croyons rien. Si elle représentait une femme, comment la tradition séculaire l'appelait-elle *Saint-Bordeaux* ?

La Porte-Basse a disparu ; mais on donne aujourd'hui à tort le nom de *Porte-Basse* à celle dite de *Toscanam*, à l'entrée de la rue du Peugue, et qui date du Xe siècle, comme la *Porte-Basse* qu'on releva alors.

NOTE XX (page 240).

SUR CE QU'ON APPELAIT SAUVETÉ *(salvitas)*, OU DROIT D'ASILE.

On a beaucoup parlé du droit d'asile et de son origine : les uns croient que ce droit date du Xe siècle, les autres en retracent l'origine jusqu'au VIe. Ils se trompent les uns et les autres ; cette erreur, comme tant d'autres, qui circulent parmi les ennemis de l'Église, des institutions religieuses et des princes chrétiens, n'a autre base que l'ignorance de quelques esprits prévenus ou la mauvaise foi des sectaires.

L'institution des asiles et des sauvetés remonte à la plus haute antiquité. Parmi les juifs, le temple et le tabernacle étaient des asiles ; il en était de même des statues des dieux et des empereurs à Rome. A Sparte, c'était le temple de Pallas ; à Éphèse, les esclaves se sauvaient dans le temple de Diane ; en Étolie, les banqueroutiers frauduleux trouvaient un asile inviolable dans le temple de Calydore. Le droit d'asile devint tellement abusif à Rome, que Tibère crut devoir en commencer la destruction, en diminuant le nombre de ces endroits sacrés. (TACITE, *Annal.*, lib. III, § 60.)

Suétone va plus loin, et nous assure que Tibère détruisit partout le droit d'asile : *Abolevit et jus, moremque asylorum.* (*In Tiber.*, *Vit.* 37.) On peut aussi consulter sur ce sujet Grotius, le *Droit de la guerre et de la paix*, liv. II, ch. 24, et Tacite, que nous avons déjà cité. (*Annal.*, liv. III.)

Ce n'est seulement qu'à Rome que nous trouvons le droit d'asile visiblement établi : on le voit longtemps avant Tibère, à Jérusalem, où le temple et le tabernacle étaient des asiles inviolables. Ainsi, ce ne fut pas une institution de moines ou de rois pieux au moyen-âge, et en fût-il ainsi, un critique sage et impartial pourrait-il censurer, avec quelque apparence de raison, une institution ingénieuse, politique et salutaire chez des peuples ignorants, calculée et destinée à arrêter la vengeance et le crime au pied des autels ou d'un objet regardé comme sacré, et comme tel, fait pour inspirer aux peuples non policés le respect du sanctuaire et des lieux saints, une horreur pour l'effusion du sang, en vue de celui qui nous a défendu d'en répandre ? C'était un hommage à la religion, un moyen de civilisation, un acte de haute politique dans des siècles barbares, une œuvre de miséricorde, qui ménageait aux coupables un temps de repentir et le mérite de la résipiscence, à l'homme vindicatif des heures de réflexion et à la colère un espace convenable pour se refroidir. C'était le droit de grâce exercé par la religion au nom

NOTES.

du Roi du ciel, avant que les rois de la terre ne songeassent à l'usurper. Cette institution était vicieuse comme tout ce qui est entre les mains des hommes; mais elle produisit de bons effets. Le Concile d'Orléans la consacra en 544 dans ses trois premiers canons. Les Capitulaires aussi établissent le droit sacré d'asile : *Reum confugientem ad ecclesiam, nemo abstrahere audeat, neque inde donare ad pœnam, vel ad mortem.* (*Capit.*, liv. V, art. 455, liv. VI, art. 54). Le fugitif devait quitter les armes en se réfugiant dans le lieu de *sauveté*, sans quoi on pouvait l'en arracher : *Quod si non deposuerint, sciant se armatorum viribus extrahendos.* (*Capit.*, liv. VI, art. 174.)

Nous lisons encore sous une autre preuve que, quelque grave que soit le crime, on ne doit pas empêcher qu'il soit pardonné, par la crainte de Dieu et le respect des saints : *Nulla sit culpa tam gravis ut vita non concedatur propter timorem Dei et reverentiam sanctorum. (Capit. tert., tit. 1, cap. 7, art. 4, 5).*

On condamnait à mort ceux qui tentaient d'arracher les fugitifs de leur asile : *Et quicunque eos de porticibus, et de atriis et de hortulis, de balneis, vel de adjacentiis ecclesiarum abstrahere præsumpserit morte puniatur. (Capitul. Karol. Mag. et Ludov. Pii, lib. 7, 174.)* Cependant, l'esclave meurtrier de son maître, la femme qui avait tué son mari, le sujet qui avait conspiré contre la vie du prince, étaient exclus du droit d'asile. (*Gloss. ad leg. Longobard*, cité par Baluze, dans les *notes* sur les capitulaires. Voir encore *Capit. Karol. Mag., etc., lib. 5.*) Saint Louis réduisit considérablement le droit d'asile, et François Ier l'abolit entièrement par son édit de 1539.

NOTE XXI (page 269).
SUR L'HOPITAL ET LA CHAPELLE DE SAINT-JACQUES (SAINT-JAMES EN ANGLAIS).

On ne sait pas exactement à quelle époque fut construit le premier hôpital qui se trouvait à l'extrémité de la rue Saint-Jâmes, dans un endroit alors appelé le *Claus-Maurum*, ou *enclos des Maures*, parce que, d'après les traditions populaires, c'était là, en dehors des murs, que les Maures, sous les ordres d'Abdérame, s'établirent en 732. Ce terrain fut donné, en 119, par Guillaume IX, duc d'Aquitaine, à Arnaud Gérard, archevêque de Bordeaux, pour y faire construire un hospice en faveur des pauvres (1). Le clos, ou *Claus-Maurum*, était très-considé-

---

(1) Eleemosinariæ domui quæ est Burdigalæ, de proprietate allodii mei terram quæ vocatur *Claus-Maurum*, quæ est ante ipsam eleemosinariam domum, in sustentationem pauperum.

rable; on en retrancha, pour les besoins de l'hospice et des pauvres, une certaine étendue, celle qui se trouve aujourd'hui entre les fossés Saint-Éloi, la rue Leyteire, la rue Causserouge et la rue du Mirail inclusivement.

Vers l'an 1135, Guillaume X, père d'Éléonore de Guienne, converti par saint Bernard, résolut d'accomplir un pèlerinage à Saint-Jacques, en Espagne. Arrivé à Bordeaux, il crut devoir pourvoir aux besoins des pauvres pèlerins qui passaient en si grand nombre dans cette ville; et dans les pieuses préoccupations de son voyage expiatoire, donna, en 1137, ses ordres, et laissa les fonds nécessaires pour la construction d'un plus grand hôpital en l'honneur de saint Jacques, dont il allait vénérer les reliques en Galice, hôpital destiné à héberger les pèlerins qui passeraient par Bordeaux. L'archevêque y établit un prieuré et des frères pour le service des pèlerins et de l'hôpital; et pour reconnaître les droits du chapitre de Saint-André, ces frères étaient tenus de payer tous les ans, audit chapitre, une redevance de 2 sous, conformément au règlement fait en 1122 par le même archevêque de Bordeaux.

En exécution des dernières volontés du duc Guillaume, on commença, en 1137, le nouvel hôpital et le prieuré de Saint-Jacques; mais ils ne furent achevés qu'en 1144. En 1152, Henry II, mari d'Éléonore, confirma par lettres-patentes les dons faits par feu son beau-père à l'hôpital et au prieuré de Saint-Jâmes. C'est alors (vers 1152) que le mot Saint-Jâmes commença à être employé à la place de celui de Saint-Jacques; on s'en sert encore, et la rue même garde ce nom *(rue Saint-Jâmes)*, non pas parce que l'hôpital s'y trouvait, mais bien parce qu'elle y conduisait directement. C'est le seul mot qui, à Bordeaux, rappelle la domination anglaise dans le pays.

Il paraît donc certain qu'il y eut un prieuré à côté de l'hôpital, en 1152; il y eut, par conséquent, des religieux, qui, en vertu des lettres-patentes de Henry, mari d'Éléonore (1152), avaient le droit de charger, dans la forêt du Bouscat, deux ânes de bois de chauffage, pour faire cuire le pain des pauvres (1), et d'y prendre encore deux charretées de bourrées, afin que, par la valeur de ce bois, ils pussent acheter des suaires pour les pauvres et les pèlerins qui viendraient à mourir à l'hospice.

Éléonore leur donna la chapelle de la Magdeleine, qui se trouvait tout près; et forts de ces nobles patrons, les religieux se permirent d'y en-

---

(1) Ad coquendum panem refectionis pauperum.

terrer les pauvres pèlerins. Plus tard, ils se firent un cimetière extérieur et essayèrent d'y faire les inhumations des pauvres morts chez eux, dans le but de s'affranchir de la redevance annuelle envers le chapitre de Saint-André et de s'en rendre indépendants. Le chapitre réclama contre cette innovation; et après de longues discussions, porta l'affaire devant le Pape, qui en chargea Géraud, archevêque d'Auch. Ce prélat, dans l'espoir de gagner la confiance des deux partis, par sa parfaite impartialité, appela en conférence, à ce sujet, en 1174, Élies, évêque d'Agen, Aymar de Saintes, Garcias de Bazas, Guillaume de Dax et Pierre de Périgueux, qui, tous, de concert avec Guillaume le Templier, archevêque de Bordeaux, décidèrent que les religieux de la chapelle de Saint-Jacques pouvaient enterrer dans leur cimetière les frères, les pèlerins et les pauvres qui seraient au service du prieuré. Quant aux autres morts que l'on voudrait y faire inhumer, le chapitre de Saint-André serait en droit de réclamer la moitié de toutes les oblations qui s'y feraient le jour de l'enterrement, et pour le service du septième et du trentième jour après le décès, comme aussi la moitié de tous les meubles et immeubles que ces morts auraient laissés à l'hôpital de Saint-Jacques.

Il fut aussi réglé que tous les ans l'un des frères irait prier le chapitre d'y envoyer un prêtre dire la messe le jour de Saint-Jacques, et qu'à l'issue de cette messe, on lui paierait la redevance de 2 sous, comme il avait été anciennement convenu. Alexandre III confirma aussi cette sentence, le 30 juin 1174. Il fut aussi arrêté que le chapitre aurait la dîme de tout ce qui relevait des frères, excepté les novales; mais on laissa aux frères le choix de payer pour tous droits, tous les ans, 5 sous bordelais, ou un cochon de pareille valeur. L'élection du prieur devait se faire par la communauté, et l'élu devait se présenter au chapitre, dont le doyen était tenu d'aller, avec les frères, chez l'archevêque, lui demander son approbation et la confirmation de l'élection.

En 1206, les Espagnols, sous la conduite d'Alphonze, roi de Castille, qui prétendait, du chef de sa femme, fille de Henry II et d'Éléonore, avoir certains droits sur la Gascogne, vinrent mettre le siège devant Bordeaux. Le maire et les jurats firent abattre l'église, l'hôpital et le prieuré de Saint-Jacques, de crainte que l'ennemi ne s'en emparât pour s'y loger. Mais deux ans après (1208), le maire, Pierre Lambert, les jurats et le conseil des notables, s'accordèrent pour indemniser ces religieux des pertes qu'ils avaient éprouvées, et leur permirent de faire construire des maisons tout le long des fossés de ville, *in fossato villæ*.

depuis la porte Saint-Jâmes à celle du Cahernan. Quelques années plus tard, ils obtinrent le droit de continuer la même ligne de maisons jusqu'à la Porte-Bouquière, au levant de la Porte-Saint-Jâmes. Ils y firent, en effet, bâtir une nouvelle chapelle, un charnier et plusieurs autres maisons ou offices. C'est alors (1208) que le pape Innocent III soumit les frères de Saint-Jacques à la règle de saint Augustin, qui était suivie à l'hôpital de Jérusalem. La Bulle dit que l'on y hébergeait les pèlerins, qu'on y recevait les enfants exposés, ainsi que les femmes pauvres au moment de faire leurs couches. En 1263, Amanieu d'Albret légua, par son testament du 16 octobre, une somme de 100 sous à ce prieuré.

Pendant le XIVe siècle et le XVe, le nombre des pèlerins de Saint-Jacques s'accrut d'une manière étonnante : les malades y séjournaient jusqu'à guérison (1). L'hôpital de Saint-Jacques ne suffisant plus, on évacuait les malades sur Notre-Dame de Bardenac, à Pessac; mais on établit par spéculation, dans la rue Saint-Jâmes, presque à l'extrémité méridionale, touchant à l'Hôtel-de-Ville, deux hôtels : l'un dit l'*Hostau de Saint-Christophe*, bâtisse immense, avec une tour, dont il est parlé dans un titre de Saint-André, de 1447 (2), et une autre hôtellerie, vis-à-vis de celle de Saint-Christophe, et appelée l'*Hôtel des Trois-Rois*. Il en est parlé dans une exporle de 1466 (3). L'abbé Baurein en parle dans les *Variétés bordelaises*, vol. 1.

Ce prieuré avait les dîmes de plusieurs paroisses : Guillaume le Templier lui donna celles d'Hosten et de Saint-Magne en 1174; Géraud de Malemort lui accorda celle de Meynac en 1236, et, en 1295, celle de Capian fut unie à cet établissement par l'archevêque Henry d'Amanieu En 1425, le prieuré jouissait de la dîme de Gujan.

(1) En 1660, il y eut à l'hôpital de Saint-Jâmes neuf cent quatre-vingt-dix-huit pèlerins malades; ils y demeurèrent tous, les uns portant les autres, sept cent trente-un jours.

En 1661, il y eut quatre-vingt-seize pèlerins malades; ils y restèrent pendant l'espace de mille deux cent quarante-un jours tout compté, les uns plus, les autres moins.

(2) Tot aquet grand hostau, ab le tor, soubs et maderas de mur, qui son de part et de tras apartenen au deyt hostau, apperat de Cristophe, en la paropia de sainct Aloy, en la grande carreyra apperada sen Jagme.

(3) Cette auberge des *Trois-Rois*, ainsi appelée probablement parce qu'elle avait pour enseigne les trois mages, ou princes, qui, pieux pèlerins, vinrent adorer Jésus-Christ dans la crèche, est ainsi désignée dans une exporle de 1466, où il est dit que la maison recensée était « *en la rua sent Jagme, devant l'hostau et diversori de » l'ensenha deux Tres-Reys.* »

NOTES.

En 1451, Charles VII prit sous sa protection, par ses lettres-patentes, du 6 septembre, l'hôpital de Saint-Jacques, et en commit la garde au sénéchal de Guienne. Cependant, certains abus s'étaient glissés dans l'administration de cet établissement, et le Parlement crut devoir y remédier par son arrêt du 31 mars 1569. Il ordonna que l'administration des revenus de cet hôpital serait à l'avenir confiée à deux hommes de bien, qui seraient chargés : 1° d'héberger un jour et une nuit les pèlerins allant à Saint-Jacques et en revenant; 2° d'accueillir et de nourrir pendant leurs couches les femmes des pauvres; 3° de nourrir et d'entretenir les enfants exposés et les orphelins. Le reste des revenus devait être réservé pour les pauvres de la ville et le service divin dans l'église du prieuré.

L'hôpital de Saint-Jacques devint célèbre dans le XIVe, le XVe et le XVIe siècle, comme nous venons de le voir ; les pèlerins du Nord y venaient en foule. En 1456, le cardinal Alain fut nommé administrateur en chef de ces établissements, et l'église de Saint-Jacques avait tous les priviléges d'une collégiale. En 1548, la chapelle de la Magdeleine, que les frères y avaient bâtie en 1208 et 1209, fut détruite par l'émeute, et le Parlement, à la demande des hospitaliers, obligea les jurats, en 1553, à rétablir aux frais de la ville tous les bâtiments que les séditieux y avaient renversés. C'est alors (1553), d'après une convention à l'amiable, qu'on fit reconstruire la chapelle à l'entrée de la rue du Mirail.

Registre du Parlement.

Bientôt après, le collége de la Magdeleine, aujourd'hui (1857) une caserne, fut construit (en 1571) et confié aux RR. PP. Jésuites pour l'éducation de la jeunesse ; mais se trouvant à l'étroit dans cet établissement, ces pères demandèrent la jouissance d'une certaine partie des bâtiments de l'aumônerie de Saint-Jacques. Charles IX accéda à leur demande, par lettres-patentes du 1er mai 1572. Les Frères hospitaliers étaient mécontents : leur zèle se relâcha, et leur maison fut enfin supprimée, en 1574, du consentement du Souverain-Pontife, et donnée plus tard, en 1605, aux Jésuites, à la charge par eux d'héberger les pèlerins, de recevoir les enfants exposés et de remplir toutes les conditions du fondateur.

Dans ce temps, les mœurs étaient généralement dépravées et la corruption de toutes les classes à son comble. Les filles séduites allaient exposer leurs nouveaux-nés à la porte du séducteur, qui, presque toujours, rejetait, non seulement la charge, mais même l'aveu de la paternité. Ces enfants se multipliaient à l'infini et devenaient un embarras pour une maison d'éducation. Les RR. PP. demandèrent d'abord, pour se décharger d'une obligation devenue trop onéreuse, et ensuite comme excellent remède contre l'immoralité, que les enfants exposés fussent laissés à la charge de celui à la porte duquel on les trouvait. Cette proposition avait ses inconvénients : les innocents, dans ce cas, se trouveraient souvent exposés, par la malice ou les vues intéressées d'une mère dénaturée, à toutes les charges d'une paternité faussement imputée. D'un autre côté, l'établissement et les revenus des Jésuites ne suffisaient plus à ces charges, qui se multipliaient tous les jours de plus en plus. En 1654, ils firent porter un de ces enfants chez le procureur-syndic, qui l'accueillit avec charité et lui fit donner une nourrice, qui fut payée par le corps de ville. Convaincus que ni les ressources ni l'institut des Jésuites ne sauraient supporter des charges si onéreuses, et qu'il fallait pourvoir d'une autre manière à la subsistance de ces pauvres êtres délaissés, les jurats déchargèrent les Jésuites des enfants trouvés, en 1662, et leur ordonnance fut approuvée par le Parlement. On mit ces pauvres victimes de la barbarie des mères inhumaines entre les mains de quelques femmes; mais on n'était pas content de leur traitement. Les jurats rendirent une ordonnance, le 17 avril 1686, par laquelle ils en chargèrent les sœurs de la Manufacture, moyennant une pension de 1,500 liv.

En 1695, M. Dumas, commissaire de la marine, laissa 4,000 liv. pour les enfants trouvés, et, l'année suivante, on retira ces enfants des mains des sœurs, pour les confier à des matrones jurées; mais leur service ne se faisait pas d'une manière satisfaisante. Les jurats obtinrent, en 1713, des lettres-patentes pour la fondation d'un nouvel hôpital des Enfants-Trouvés. L'esprit de Saint-Vincent-de-Paule gagnait peu à peu tout le monde. On acheta plus tard, de M. Audraut, conseiller au Parlement, sa maison rue Bouhaut, qui, convertie en hôpital, fut dotée par le roi, la ville et plusieurs riches propriétaires. Cette nouvelle fondation subsista jusqu'en 1775.

On trouvera d'autres détails sur les enfants trouvés dans mon *Tableau de Bordeaux au XVIIᵉ siècle*, et au *Bulletin polymathique*, t. 4.

La chapelle de Saint-Jacques, reconstruite au coin de la rue *Mirail*, fut démolie à cause d'une nouvelle distribution du terrain, et les Jésuites obtinrent la permission, en 1588, de pratiquer un passage souterrain de leur église dans leur collège ; mais le maréchal de Matignon ayant appris que les anarchistes s'y réunissaient et y tenaient des conciliabules, il le fit fermer en 1590.

La révolution arriva et ferma toutes les églises. Celle de Saint-Jacques, rebâtie par les Jésuites, fut convertie en salle de spectacle, sous

NOTES.

Registre de la Jurade, 1613, 2 janvier.

Ibid., 5 septembre 1654.

le nom de *Théâtre-Molière*. On y jouait la tragédie et le vaudeville, aussi bien que la comédie; mais les brûlantes scènes de la politique occupaient toutes les têtes en 1793 et 1794; le Grand-Théâtre suffisait aux amateurs des représentations dramatiques, et le Théâtre-Molière fut abandonné. Au mois de mars 1794 (3 germinal an II), on accorda à de jeunes citoyens de Bordeaux la permission d'y jouer quelques pièces. Sous l'Empire, ce théâtre devint une salle de danse; mais il redevint théâtre plus tard, et a été enfin racheté par une communauté religieuse, qui a rendu cette église au culte, sous le nom de *Chapelle de Saint-Jacques*.

Au mois de juillet 1855, en faisant exécuter des travaux de terrassement d'une maison en construction rue du Mirail, près de Saint-Jacques, on a trouvé plusieurs tombeaux en pierres, une grande quantité d'ossements humains et des débris de colonnettes romanes. Ce sont les restes de l'ancien cimetière de l'hospice, qui s'étendait, au nord-est de la chapelle, le long des Fossés.

Au mois de novembre 1856, en démolissant les vieilles boiseries qui masquaient le devant de la maison n. 16, rue Saint-Jâmes, appartenant à M. Bellouard, on a mis à découvert un encadrement de porte du plus haut intérêt et du style de la renaissance. Tout y est frais et admirablement conservé : les pilastres cannelés, les rinceaux de la frise, les chapiteaux, corniches et arabesques; le tout surmonté d'une statuette couronnée, représentant un roi le sceptre à la main. Au-dessus de la porte, au centre de ce bel encadrement, on voit un espace vide, un cadre dégradé au centre par quelque vandale; c'était probablement là que se trouvait l'hôtel des *Trois-Rois*. Le cadre dégradé renfermait trois figures, ou têtes royales couronnées, que nos révolutionnaires de 1793 crurent devoir faire disparaître. L'abbé Baurein semble croire que c'était là la demeure du duc d'Aquitaine; voici ce qu'il dit à ce sujet :

« Il a dû exister dans les maisons qui portent les n°s 34, 35, 36, où
» l'on voit une tour, de grandes salles à l'antique et plusieurs vestiges,
» qui annoncent un édifice public. Sur la porte d'entrée de la première
» de ces maisons, on voyait encore, en 1793, un ancien écusson sup-
» porté par des lions et timbré d'un casque, en face à beaucoup de
» grilles. Ce ne pouvait être que les armes du duc d'Aquitaine. Certains
» prétendent qu'il a habité ce lieu, d'autres que l'Hôtel-de-Ville était
» là avant le premier accroissement de la cité. » *(Variétés bordelaises*, tome 1.)

L'encadrement et les décorations sont certainement du XVIe siècle;

il est ridicule de les faire remonter au temps des ducs d'Aquitaine, et, d'ailleurs, on sait que sous les Anglais leurs princes descendaient à l'archevêché (l'ancienne abbaye) ou au palais de l'Ombrière. Ils n'avaient pas à Bordeaux une résidence particulière.

On objecte que la grande hôtellerie des *Trois–Rois* était à l'extrémité méridionale de la rue Saint-Jâmes ; oui ; mais, comme le fait remarquer Baurein, cet édifice prenait tout l'espace occupé par les maisons 34, 35, 36 ; ce qui le rapprochait de l'ancien Hôtel-de-Ville, et, par conséquent, de l'extrémité de la rue qui y aboutissait.

Le champ est ouvert à toutes les conjectures : quant à nous, nous persistons à croire que c'était là l'hôtel des *Trois–Rois*, et que le joli encadrement qu'on vient de découvrir ne date que du XVIe siècle ou, peut-être, du commencement du XVIIe, époque où cette hôtellerie était le plus en vogue.

NOTE XXIII (pages 218 et 305).

LES RÔLES D'OLÉRON, OU LES JUGEMENTS DE LA MER.

Nous reproduisons ici le fameux Code maritime d'Éléonore de Guienne, devenu si célèbre dans le moyen-âge sous le nom de *Rôles d'Oléron*, ou *Jugements de la mer*. Il fut composé vers l'an 1154. A son retour du voyage de la Terre-Sainte, où Éléonore de Guienne avait pris connaissance des *Coutumes* de la mer du Levant, elle fit dresser le premier projet de ce code en vingt-huit articles, sous le titre de *Jugements* ou *Rôles d'Oléron*, ainsi appelés de l'île d'Oléron, où elle résidait très-souvent. Son fils Richard y ajouta dix-neuf articles nouveaux. A la fin d'une copie authentique de ce document, imprimé à Rouen en 1266, on lit : *Tesmoin le scel de l'isle d'Oleron establi aux contracts de la dicte isle, le jour de mardi après la feste Sainct André, l'an mille deux cens soixante six.* Cette date n'est pas celle du code primitif ; c'est celle d'une copie collationnée par un notaire.

Selden réclame l'honneur de cette composition, pour sa nation, et Blackstone prétend, comme lui, que la gloire de ces mesures législatives appartient tout entière à Richard, roi d'Angleterre, et que la rédaction en appartient à un Anglais ; c'est une erreur : c'est l'ouvrage d'un Bordelais, et le langage de ce fameux code n'est pas celui qu'on parlait alors en Angleterre ou en Normandie, mais bien celui du pays bordelais. Tous les cas, toutes les hypothèses y sont tirés du commerce de Bordeaux et de ses produits, et jamais de ceux de l'Angleterre. Il y est

NOTES.

fait mention très-souvent des navires de Bordeaux chargés de vin et autres marchandises de nos contrées, et se rendant de la capitale de l'Aquitaine à Saint-Malo, à Caen, à Rouen, ports de France, et jamais pour les ports des Iles-Britanniques.

Clairac a fait imprimer ces *Jugements* en 1661 : on y trouve les vingt-huit articles du projet primitif d'Éléonore, et les autres dix-neuf que Richard crut devoir y ajouter. C'est le plus ancien Code maritime connu, à l'exception, toutefois, d'un Essai sur le même sujet, qui se trouve dans le corps du droit visigothique. (Voir *Collect. de Bouquet.*)

ARTICLES DU ROLE DES JUGEMENTS D'OLÉRON.

I. — Quand on fait un homme maistre d'une nef ou aultre navire et la dicte nef ou navire appartient à plusieurs compagnons, la dicte nef s'en va, et départ du pays d'où elle est, et vient à Bourdeaux ou à Rouen, ou en aultres pays et se frette d'aller en Escosse ou en aultre pays estrange. Le maistre ne peut pas vendre la nef, s'il n'a procuration ou mandement spécial des seigneurs de la dicte nef; mais s'il a mestier (besoin) d'argent pour les despens de la nef, il peut mettre aulcuns des apparaux en gage, par le conseil des mariniers de la nef.

II. — Item, si une nef est en un havre et elle demeure pour attendre son fret et son temps, quand vient à son départir, le maistre doit prendre conseil avec ses compagnons et leur dire : « *Seigneurs, que vous » haiste ce temps?* » (que vous semble de ce temps.) Aulcuns y aura qui diront, ce temps n'est pas bon, car il est nouvellement venu et le devons laisser r'asseoir, et les autres diront le temps est bel et bon. Lors le maistre est tenu de soy accorder avec la plus grande partie des opinions de ses compagnons, et s'il faisoit autrement et la nef se perdoit, il est tenu de rendre la nef, ou la somme qu'elle sera prisée, s'il a de quoy.

III. — Item, si un navire ou nef se perd par fortune en aulcunes terres, en quelque lieu que ce soit, les mariniers sont tenus de sauver le plus qu'ils pourront des biens de la dicte nef et des denrées; s'ils aydent à les sauver, le maistre est tenu de leur bailler leur coust raisonnablement à venir en leurs terres, et s'ils ont tout sauvé pourquoy le maistre ce puisse faire, lors le dict maistre peut bien engager des choses qui seröt sauvées à aulcū preud'homme pour les pourvoir. Que s'ils n'aydent à sauver les dictes choses, lors le dict maistre n'est en rien tenu à les pourvoir, ançois, il le doit mettre en sauvegarde, jusqu'à tant qu'il sache la volonté du seigneur, et le doit faire le plus loyalement qu'il pourra, et s'il faisoit autrement, il est tenu à l'amender s'il a de quoy.

IV. — Item, si une nef se départ de Bourdeaux ou d'aultre lieu chargée, il advient aulcune fois que la nef s'empire, l'on sauve le plus qu'on peut des denrées; les marchands et le maistre sont en débat, et demandent les marchands d'avoir leurs denrées au maistre? Ils les doibvent bien avoir en payant le fret, pour autant que la nef aura fait du voiage, veue par veue, cours par cours, s'il plaist au maistre. Mais si le maistre veut, il peut adouber sa nef, si tant est qu'il le puisse faire prestement, et si non, il peut louer une autre nef pour achever le voyage, et aura le maistre son fret des dictes denrées sauvées, pour estre compté le tout libre à libre, et les denrées payeront les cousts qui auront esté mis à les sauver; et si ainsi estoit que le maistre et les marchands promissent aux gens qui les ayderoient à sauver la nef et les dictes denrées qui pourroient estre sauvées, la tierce partie ou la moitié pour le péril où ils sont; la justice du pays doit bien regarder quelle peine et quel labeur ils auront mis à les sauver, et selon icelle peine les guerdonner, nonobstant la promesse que les dicts maistres ou le marchand leur auroient faite.

V. — Item, si une nef se départ d'aulcune contrée chargée ou vuide, et est arrivée en aultre port, les mariniers ne doibvent point issir hors (sortir) sans le congé du maistre, car si la nef se perdoit, ou s'empiroit par aulcune mésadventure, ils sont tenus de l'amender; mais si la nef estoit en lieu où elle seroit ancrée ou amarrée de deux ou de trois ancres, ils peuvent bien issir (sortir) sans le congé du maistre, en laissant une partie des compagnons mariniers pour garder le bord et les denrées, et eux en revenir par temps à leur nef; et s'ils estoient en demeure, ils le doibvent amender, s'ils ont de quoy.

VI. — Item, si les mariniers se louent avec leur maistre, et y en a qui issent sans congé du maistre et s'ennyvrent et font contemps, débats et meslées, lesquels y en a aulcuns qui sont navrés, le maistre n'est mie tenu à les faire guérir ny à les pourvoir en rien, ains les peut bien mettre hors la nef eux et leurs secours; et s'ils comptent, ils sont tenus à payer le plus au maistre; mais si le maistre les envoye en aulcun service, pour le profit de la nef, et ils se blessoient, ou on leur fît chose grevante, ils doivent estre guéris et pensez sur le coust de la dicte nef.

VII. — Item, quand il advient qu'aulcune maladie prend un des mariniers de la nef en faisant le service de la dicte nef, le maistre le doit mettre hors de la dicte nef et luy doit querir hostel, et luy bailler lumière, comme graisse ou chandelle, et luy doit bailler un valet de la dicte nef à le garder, ou luy donner une femme qui prenne garde de luy, et si luy doit pourveoir de telle viande comme on use en la nef ; c'est à sçavoir autant comme il prenoit quand il estoit en santé, ne rien plus, s'il ne plaist au maistre, et s'il veut avoir viandes plus délicates, le maistre n'est pas tenu les requérir si n'est à ses despens ; et si la nef estoit preste à partir, elle ne doit point demeurer pour luy, et s'il guérit, il doit avoir son loyer tout comptant, en rabattant les frais, si le maistre luy en a fait ; et s'il meurt, sa femme et ses prochains le doibvent avoir pour luy.

VIII. — Item, si une nef est chargée pour aller de Bourdeaux à Caën, ou en aultre lieu, et il advient que la tourmente la prend en mer, et qu'elle en peut eschapper sans jeter des denrées et marchandises pour faire aller la dicte nef, et pour sauver les denrées et le corps de la nef, le maistre doit dire : « *Seigneurs, il faut jeter une partie de cette marchandise.* » Et s'il n'y a nuls marchands qui répondent à leurs volontez et gréens *(ont agréable)* le jet par leur taisement, lors le maistre doit faire ce qui sera en luy et faire jet, et s'ils n'ont agréable le jet, et contredisent non pourtant, le maistre ne doit pas laisser qu'il en jette tant qu'il verra que bien soit ; jurant luy et le tiers des compagnons sur les Saints-Évangiles, que quand ils venoient à la droite route, ils ont jeté pour sauver leurs corps, et la nef et les autres denrées qui encore y sont ; et les vins ou aultre marchandise qui sera jetée doibvent être prisées au fur de ceux qui sont venus à sauveté. Et quand ils seront vendus, si les doit-on déporter libre à libre, entre les marchands, et le maistre y doit pâtir ou compter la nef ou le fret à son choix, et pour recouvrer le dommage les mariniers doivent avoir un thonneau franc et l'aultre doit partir au ject selon qu'il y aura, s'il le défend comme bon homme en la mer, et s'il ne le défend pas, il n'aura rien de franchise, et peuvent bien les marchands charger le maistre par son sarment.

IX. — Item, s'il advient que le maistre veuille couper son mast par force de gros temps, il doit appeller les marchands qui ont leurs denrées en la nef, si aulcuns y en a, et leur dire: « *Seigneurs, il convient couper le mast, pour sauver la nef et les denrées, c'est chose convenable par loyauté.* » Et plusieurs fois advient que l'on coupe cables et funins, et laisse ou calles et ancres pour sauver la nef et les denrées. Et toutes ces choses sont comptées libre à libre, comme jet ; et quand Dieu donne que la chose est venue à sa droite descharge à sauveté, les marchands doibvent payer au maistre leurs advenants et parts sans delay, ou vendre, gager, ou gagner argent, le tout autant que les denrées soient mises hors la nef, et s'il les a alloué, et le maistre y demeure pour raison de leur débat, et y voit collusion, le maistre n'y doit mie pâtir, ains doit avoir son fret, ainsi comme si les thonneaux fussent péris.

X. — Item, un maistre de navire qui frette, doit montrer aux marchands les cordages avec lesquels il guindera, et s'ils voyent qu'il y ait qu'amender, le maistre le doit faire, car si quelque tonneau se perdoit par le défaut de guindage ou cordage, le maistre est tenu le payer aux marchands entre luy et ses mariniers. Et si doit le maistre payer selon qu'il doit prendre du guindage; et doit le salaire du guindage estre mis à recouvrer le dommage, et le remanant ou surplus doit estre départy entr'eux. Mais si les cordages rompent sans que le maistre les monstrât aux marchands, il sera tenu de rendre le dommage. Que si les marchands disent le cordage estre bel et bon, et ils s'en contentent, et que les cordages néanmoins rompent, chacun doit pâtir au dommage, sçavoir est le marchand à qui sera le vin seulement et le maistre et les mariniers.

XI. — Item, si une nef est chargée à Bourdeaux ou en aultre lieu et lève la voile pour mener les vins et n'officient mie bien le maistre et ses mariniers leurs voiles comme ils deussent, et le mauvais temps les surprend en la mer, par telle manière que la futaille crole ou défonce pipe ou thonnel, et la nef arrive à sauveté à sa droite descharge; le marchand dit au maistre que par la futaille est perdu son vin. Le maistre dit que non; lors le maistre doit jurer, luy et ses mariniers, soit quatre ou six ou ceux que les marchands voudront, que les vins ne sont perdus par eux ny leur futaille, ny par leur défaut comme les marchands leur mettent sus, ils doibvent estre quittes et délivrés. Mais si ainsi est qu'ils ne veuillent jurer, sont obligés à le payer. Le maistre et les mariniers sont tenus à officier leurs voiles bien et justement avant de partir de leur charge.

XII. — Item, un maistre ayant loué ses mariniers, il les doit bien tenir en paix et offre d'estre leur juge et s'il y a aulcun qui démente l'autre, parquoy avant qu'ils ayent pain et vin à table, celuy qui démentira doit payer quatre deniers, et si aulcun des compagnons le desdit il payera huit deniers, et si ainsi est que le maistre frappe aucun de ses compagnons, le dict compagnon doit attendre le premier coup, comme de poing ou de paulme, mais si le maistre frappe plus d'un coup, le dit compagnon se peut défendre, et si le compagnon fiert le premier, il doit payer cent sols d'amende ou perdre le poing.

XIII. — Item, s'il advient qu'il y ait contemps et débat entre le mais-

NOTES.

tre d'une nef et quelqu'un des mariniers, le maistre doit oster la toüaille trois fois devant son marinier avant que le mettre hors ; et si le dict marinier s'offre à faire l'amende au regard des mariniers qui sont à sa table ; si le maistre est tel qu'il n'en veuille rien faire et le met hors, le marinier s'en peut aller servir la nef jusqu'à sa droite descharge ; et doit avoir aussi bon loyer, comme s'il estoit venu au dedans, en amendant le méfait au regard de ses compagnons : Et si ainsi est que le maistre en prenne un aussi bon compagnon en la dicte nef comme celuy qu'il met hors et si elle s'empire par aucune adventure ou fortune, le maistre est tenu à rendre la nef et la marchandise s'il a de quoy.

XIV. — Item, si une nef est en un cours liée ou amarrée et une aultre nef vient de dehors et ne se gouverne mie bien et se fiert à la nef qui en est sa voye, si que la nef est endommagée du coup que l'aultre nef lui a donné et il y a des vins défoncez et enfondrez d'une part et d'autre ; par la raison, le dommage du coup doit estre prisé et party moitié par moitié des deux nefs et les vins qui sont dedans, et partir aussi le dommage entre les marchandises, et le maistre de la nef qui a ferru et frappé l'autre est tenu à jurer sur les Saints-Évangiles, luy et ses mariniers, qu'ils ne ferrurent mie de leur gré et volonté. Et la raison pourquoy ce jugement fut fait, premièrement qu'une vieille nef ne se mette point volontiers à la voye d'une meilleure, si avant qu'elle endommage ou puisse grever aultre nef, mais quand elle sçait bien qu'elle doit partir jusques à la moitié, elle se relèvera volontiers hors de la voye.

XV. — Item, deux nefs ou plusieurs sont en un havre et y a peu d'eau et s'y asseche l'ancre de l'une des dictes nefs. Lors le maistre de l'aultre nef doit dire à l'aultre : « *Maistre, levez vostre ancre, car elle est trop près de nous, et nous pourrait faire dommage.* » Et si le dict maistre ne veut point la lever, ni ses compagnons, alors l'aultre maistre et ses compagnons qui pourroient pâtir au dommage, peuvent lever le dict ancre et l'esloigner d'eux, et si les aultres défendent au lever l'ancre, et l'ancre fait dommage, ils sont tenus l'amender tout au long ; et si ainsi estoit qu'ils eussent mis un *hoirin* ou *bonneau* et l'ancre fît dommage, ne sont tenus à rendre le dommage. C'est pourquoy estant en un havre, ils sont obligez de mettre *hoirins* et *aloignes* à leurs ancres qui puissent paroistre au plain-mer. (1)

(1) *Hoirin*, *bonneau* ou *aloigne*, était un baril ou tronc de sapin, ou autre bois léger, avec des anses, qui surnageait et désignait le lieu où il y avait une ancre en ce lieu, afin qu'on y prit garde. (CLÉRAC, *Us et Coutume de la mer*, 70.)

XVI. — Item, si une nef est arrivée avec sa charge à Bourdeaux ou ailleurs, le maistre est tenu de dire à ses compagnons : « *Seigneurs,* » *voulez-vous fretter vostre ordinaire en particulier, ou bien voulez-vous le* » *prendre sur l'entier fret de la nef?* » A quoy ils sont tenus de respondre lequel ils veulent faire, et s'ils prennent au fret, ils le doibvent faire en telle manière que la nef en soit point demeurante, et s'il advient qu'il en trouve fret, le maistre n'y a nul blasme et leur doit monstrer leur reinage, ou plassage pour mettre le pesant de leur ordinaire chacun; et s'ils veulent mettre thonnel d'eau, ils le peuvent bien mettre pour thonnel de vin, ou pour d'autres denrées libre à libre, parquoy les mariniers se puissent défendre et s'ayder à la mer; et si tant est qu'ils le frettent aux marchands, telle franchise comme le marinier aura, doit avoir le marchand.

XVII. — Item, les mariniers de Bretagne ne doibvent avoir qu'une cuisine le jour, pour autant qu'ils ont breuvage allant et venant; et ceux de Normandie doibvent avoir deux mets de cuisine le jour parce qu'ils n'ont que de l'eau à aller aux despens de la nef, et puis ou dès que la nef est à terre, au vin, les mariniers en doibvent avoir pour breuvage et doit leur requérir.

XVIII. — Item, si une nef a déchargé et les mariniers veulent avoir leur fret, aulcuns y a qui n'ont point de lict ou d'arche dans la nef, lors le maistre peut retenir de leurs loyers pour assurance de rendre la nef au lieu qu'ils l'ont prinse, s'ils ne luy donnent bonne caution de fournir tout le voyage.

XIX. — Item, le maistre d'une nef loue ses mariniers en la ville dont la nef est, les uns à marcage, les autres à deniers. Et s'il advient que la nef ne peut trouver fret à revenir en ses parties et leur convient d'aller plus loin, ceux qui sont à marcage le doibvent suivre, mais ceux qui sont à deniers le maistre doit croistre leur loyer *veue* par *veue* et *cours* par *cours*, par la raison qu'il les aura loués pour aller en certain lieu. Et s'ils vont plus près que le lieu où l'abonnement fut prins, ils doibvent avoir tous leurs loyers, mais ils doibvent rendre la nef là où ils la prindrent et la mettre à l'adventure de Dieu.

XX. — Item, il advient qu'une nef vient à Bourdeaux ou en aultre lieu, de telle cuisine qu'il y aura en la nef, deux des mariniers en peuvent porter un mets à terre, de tels mets comme ils sont tranchez en la nef, et tel pain, comme il y aura, selon ce qu'ils pourront manger à une fois et de breuvage rien, et doibvent bientost et appertement retourner, afin que le maistre ne perde l'erre de sa nef; car si le maistre la perdoit et il eust dommage, ils sont tenus l'amender; ou si un de ses compagnons se blesse pour le besoin d'ayde, ils sont tenus à le faire guérir et l'amender au dire d'un des compagnons ou de son matelot et au dire de son maistre et de ceux de sa table.

XXI — Item, si un maistre frette sa nef à un marchand et divise en certain temps ou terme loyaument, dedans quand le marchand doit charger la nef à estre preste à s'en aller, et le marchand ne le fait, ains tient le maistre et les mariniers, par l'espace de huit jours, ou de quinze ou de plus; aulcune fois, il perd sa saison et son temps par le défaut du dict marchand; le dict marchand est tenu l'amender au maistre et telle amende que le marchand aura fait au maistre, les mariniers en doibvent avoir le quart et le maistre les trois quarts pour raison qu'il trouve la despense.

XXII.— Item, un marchand frette une nef, la charge et la met en chemin, icelle nef entre en un port et y demeure tant que l'argent défaut. Lors le maistre doit envoyer bientost en son pays pour quérir de l'argent; mais il ne doit perdre son *armogan*, c'est-à-dire son temps opportun, et s'il le perd, il est tenu de rendre au marchand tout le dommage, cousts et intérêts qu'il encourra; mais le maistre peut bien prendre du vin et denrées aux dicts marchands, et en vendra pour quérir son restorement. Et quand la dicte nef sera venue à sa droite descharge, les vins que le maistre aura prins doivent estre asseurez et mis au fur que les aultres seront vendus communément, ni à plus ni à moins, et doit le maistre avoir le fret des vins qu'il aura prins

XXIII. — Item, si un *locman* (pilote) prend une nef à mener à Saint-Malo ou aultre lieu, s'il manque et la dicte nef s'empire par sa faute qu'il ne sache conduire, et par ce, les marchands reçoivent dommage, il est tenu de rendre les dicts dommages, et s'il n'a de quoy, doit avoir la teste coupée.

XXIV. —Et si le maistre ou aulcun des mariniers ou aulcun des marchands luy coupent la teste, ils ne seront pas tenus de payer l'amendement; mais toutefois l'on doit sçavoir avant le faire, s'il a de quoy.

XXV. —Item, si un navire vient en aulcun lieu et veut entrer en port ou havre et il met enseigne d'assistance, pour avoir un pilote ou un bateau pour le touer parceque le vent ou la marée est contraire; et il advient que ceux qui vont pour amener le dict navire qui ont fait marché pour le pilotage ou le thonnage. Mais parce qu'en aulcuns lieux la Coustume court et sans raison, que des navires qui se perdent, le seigneur du lieu en prend le tiers ou le quart et les sauveurs un aultre tiers ou quart et le demeurant aux maistres et marchands. Ces choses considérées, et pour estre aulcunes fois en bonne grace du seigneur et aussi pour avoir aulcuns des biens de la dicte navire, comme villains, traistres et deloyaux, mènent la dicte tant à leur escient, et de leur certaine malice font perdre le dict navire et marchandise, et feignent à secourir les pauvres gens, cependant ils sont les premiers à despecer, et rompre la navire et emporter la marchandise ; qui est une chose contre Dieu et raison, et pour estre les bien venus de la maison du seigneur, ils courent dire et annoncer la pauvre adventure des marchands ; et et ainsi vient le dict seigneur, avec ses gens, et prend sa part des biens adventurez, et les sauveurs, l'autre part et le demeurant est laissé aux marchands ; mais veu que c'est contre le commandement de Dieu omnipotent, nonobstant aulcunes Coustumes et ordonnances, il est dit et sentencié que les seigneurs, les sauveurs et autres qui prendront aucune chose des dicts biens, seront maudits, excommuniez et punis comme larrons ; mais de faux et de loyaux traistres pilotes, le jugement est tel, qu'ils doibvent souffrir martyre cruellement et l'on doit faire des gibets bien hauts sur le lieu propre où ils ont mis la dicte navire, ou bien près de là, et illec doibvent les dicts maudits pilotes finir honteusement leurs jours, et l'on doit laisser estre les dicts gibets sur le dict lieu, en mémoire perpétuelle et pour faire balises aux aultres navires qui viendront là.

XXVI. — Item, si le dict seigneur était si felon et cruel qu'il souffrit telle manière de gens, et soustint en fût participant à leurs malices pour avoir le naufrage, le dict seigneur doit estre prins, et tous ses biens vendus et confisqués en œuvres pitoyables, pour faire restitution à qui il appartiendra. Et doit estre lié à une *estape* (pilori ou carcan) au milieu de sa maison, et puis on doit mettre le feu aux quatre cornières de sa maison et faire tout brusler, et les pierres des murailles jeter par terre et là faire la place publique et le marché pour vendre les pourceaux à jamais perpétuellement.

XXVII. — Item, si une nef guinde à sa décharge et se met à sec, ou elle est si jolie, si commode et bien faite que les mariniers prennent à seur le sortir dehors, et derrière de tous costez. Lors le maistre leur doit croistre leur loyer, *veue* par *veue*, et si en guindant les vins, il advient qu'ils laissent une brosse ouverte ou thonnel que l'on guinde, ou qu'ils ne l'ont point bien amarrée aux cordes au bout de la nef, et le thonnel se défraude, chet et se pert, et en chéant il tombe sur un autre thonnel et sont tous deux perdus, lors le maistre et mariniers le doibvent rendre aux marchands, et les marchands doibvent payer le

NOTES.

fret desdits thonneaux, par raison qu'on leur doit payer au fur que les aultres seront vendus; le maistre et mariniers doibvent mettre leur salaire du guindage, premièrement à recouvrer le dommage libre à libre; les seigneurs de la nef ne doibvent rien perdre, car c'est la faute du maistre et des mariniers de n'avoir bien amarré le thonnel.

XXVIII. — Item, si deux vaisseaux ou pinasses sont compagnons pour aller à la pesche aux rets, comme les maquereaux, les harangs, ou bien mettre les cordes, comme ès partie d'Olonne, de Saint-Gilles sur vie et d'ailleurs, et doit l'un des dicts vaisseaux mettre autant d'engins l'un comme l'aultre, et ainsi seront moitié par moitié dans la gagne, par convenance faite entre eux. Et si le cas advient que Dieu fasse sa volonté d'un des dicts vaisseaux, des gens et des engins et des aultres choses et l'aultre échappe et vient à sauveté et il est ainsi que les parents ou héritiers de ceux du bateau qui est demeuré perdu, leur demandent avoir partie de la gagne qu'ils ont faite, tant aux engins, harangs, maquereaux et autres poissons et vaissel, ils auront leur partie, en la gagne des engins et des poissons, par sarment de ceux qui seront échappés, mais au vaissel ils n'auront aulcune chose.

XXIX. — Item, si un navire flutuant et feillant par la mer, tant en fait de marchandise que pescherie; si par fortune et impétuosité du temps elle se rompt, brise et périt en quelque région ou contrée que ce soit, et les mariniers ou l'un d'eux eschappe et se sauve, ou les marchands ou marchandises, le seigneur du lieu ne doit empescher la salvation du bris et marchandise du navire par ceux qui seront eschappez, et par ceux aux quels appartient la navire en marchandise; mais doit le dict seigneur ayder à secourir par luy ou ses sujets les dicts pauvres mariniers et marchands à sauver leurs biens, sans rien en perdre, sauf toutes fois à rémunérer les sauveurs selon Dieu et raison, et conscience en leur estat, et selon que justice ordonnera; combien qu'aulcune promesse auroit esté faite aux dicts sauveurs (comme dit est cy-dessus parlé au jugement quatrième), et qui en fera le contraire et prendra aulcuns des dicts biens des pauvres naufragés, perdus et destruits outre leur gré et volonté, il est excommunié de l'église et doit estre puni comme un larron, s'il n'en fait restitution en bref, et n'y a Coustume ni statuts quelconques qui puissent en garder d'encourre les dictes peines (comme dit est au jugement vingt-sixième.)

XXX. — Item, si un navire entrant en aulcun havre et par fortune elle se rompt ou périt et meurent le maistre, mariniers et marchands, et les biens vont à la coste, en demeurant en mer, sans aulcune poursuite de ceux à qui appartiennent les biens, quand ils n'en sçavent rien; en tel cas, qui est très-pitieux, le seigneur doit mestre gens pour sauver les dicts biens, et iceux biens doit le dict seigneur garder ou mettre en seureté, et puis doit faire à sçavoir aux parents des deffunts submergez à l'adventure et payer les dicts sauveurs selon le travail et peine qu'ils auront prinse, non point à ses despens, mais des dictes choses sauvées et le remanent ou demeurant, doit le dict seigneur sauver, garder et faire garder entièrement jusques à un an, si plutost ne viennent ceux à qui appartiennent ces choses; et le bout de l'an passé, ou plus s'il plaist au dict seigneur d'attendre, il doit faire vendre publiquement et au plus offrant les dictes choses, et de l'argent reçu doit distribuer aux pauvres et marier pauvres filles, et faire œuvres pitoyables selon raison et conscience et si le dict seigneur prend les choses quart ni part, il encourra la malédiction de Notre Mère, Sainte Église, et peines sus dites, sans jamais avoir rémission, s'il ne fait satisfaction.

XXXI. — Item, si un navire se perd frappant en quelque coste, et il advient que les compagnons se cuidans sauver viennent à la rive de la mer demi-noyez, pensant qu'aulcun leur ayde. Mais il advient qu'aulcune fois, en beaucoup de lieux qu'il y a de gens inhumains, plus cruels et plus filoux que les chiens et loups enragez, lesquels meurtrissent et tuent les pauvres patients, pour avoir leur argent, leurs vestements et aultres biens; icelle manière de gens doit prendre le seigneur du lieu et en faire justice et punition, tant en leurs corps qu'en leurs biens et doibvent estre mis en la mer et plongez tant ils soient à demig morts, et puis les retirer dehors et les lapider ou les assommer comme on ferait les loups ou les chiens enragez.

XXXII. — Item, si un maistre estant sur mer, ou à l'ancre en quelque rade et par grand tourmente qu'il endure, il convient faire jet pour alléger la dicte nef, et l'on jette plusieurs biens hors pour soy sauver; sçache que ces biens ainsi jetés hors, sont à celui qui premier les pourra occuper et emporter; mais il faut entendre et sçavoir si les marchands, maistres ou mariniers, ont jeté les dictes choses, sans avoir l'espérance ny volonté de jamais les retrouver et les laissent comme choses perdues et délaissées d'eux, sans jamais en faire poursuite; et ainsi le premier occupant est le seigneur des dictes choses.

XXXIII. — Item, si un navire a fait jet de plusieurs marchandises, il est à présumer que la dicte marchandise est en coffre, lesquels coffres sont fermez et bouchez, ou bien des livres, lesquels seront bien bouchez et enveloppez, de peur qu'ils n'endommagent en la mer; lors iceluy qui

NOTES.

a fait le dict jet a encores intention de recouvrer les dictes choses, et pas à ceux qui trouveront ces choses sont tenus à restitution à celuy qui en faira la poursuite, ou bien en faire des aumosnes pour Dieu, jouxte le consiel de quelque sage homme discret selon sa conscience.

XXXIV. — Item, si aulcun trouve en la mer, ou en l'arène du rivage de la mer, ou fleuves, ou rivières, aulcune chose qui ne fut jamais à quelconque personne, sçavoir est, comme pierres précieuses, poissons et herpes marines que l'on appelle gaymon, cela appartient à celuy qui l'aura premièrement trouvé.

XXXV. — Item, si aulcun va cherchant le long de la coste de la mer, pour pescher ou trouver or ou argent et il en trouve, il doit tout rendre, sans rien prendre.

XXXVI. — Item, si aulcun en allant le long de la rive de la mer pour pescher ou autrement et il advient qu'il trouve or ou argent, il est tenu à restitution; mais il se peut payer de sa journée, ou bien s'il est pauvre, il peut retenir pour luy, voire il ne sçait à qui le rendre, il doit faire sçavoir le lieu où il a trouvé le dict argent, aux lieux circonvoisins et prochains. Encores doit-il prendre conseil de ses supérieurs lesquels doivent bien regarder et considérer l'indigence et la pauvreté de celuy qui aura trouvé le dict argent, et luy conseille selon Dieu et sa conscience.

XXXVII. — Item, touchant les gros poissons à lard, qui viennent ou sont trouvés à la rive de la mer, il faut avoir égard à la coustume du pays; car le seigneur doit avoir partie, au désir de la coustume; la raison est bonne, car le sujet doit avoir obéissance et tribut à son seigneur.

XXXVIII. — Item, le seigneur doit prendre et avoir sa part des dicts poissons à lard et non en aultres poissons; réservé toutesfois la bonne coustume du pays, sur le lieu où le dict poisson aura esté trouvé. Et iceluy qui l'a trouvé n'est tenu sinon de le sauver et mettre hors du danger de la mer, et incontinent le faire sçavoir audit seigneur en le sommant et requérant qu'il vienne ou envoye quérir le droit à luy appartenant du dict poisson.

XXXIX. — Item, si le dict seigneur veut et aussi s'il est de coustume, il pourra faire apporter et amener à celuy qui a trouvé le dict poisson au lieu et à la place publique, là où l'on tient le marché ou halle, et non ailleurs, et là doit estre le dict poisson mis à prix par le dict seigneur ou son lieutenant selon la coustume; et le prix fait, celuy qui n'aura fait le prix, aura son élection de prendre ou de laisser, et si l'un d'eux *per fas aut nefas*, fait perdre à l'aultre la valeur d'un denier, il est tenu à restituer.

XL.—Item, si les frais et courts de l'amenage du dict poisson jusqu'à la dicte plasse, serait de plus grande somme que ne vaudrait le dict poisson, lors le dit seigneur est tenu de prendre sa part sur le lieu.

XLI. — Item, sur les dicts frais et mises, le dict seigneur doit s'écotier; car il ne doit pas s'enrichir de la perte ou dommage d'autruy, autrement il peche.

XLII.—Item, si d'avanture le dict poisson trouvé est dérobé ou perdu après que le dict seigneur l'a visité, ou avant; celuy qui l'a trouvé n'y est tenu en rien.

XLIII. — Et en toutes choses trouvées à la coste de la mer, lesquelles autrefois ont été possédées, comme vin, huiles et aultres marchandises, et combien qu'elles ayent esté jetées et delaissées des marchands et qu'elles doibvent estre au premier occupant; toutesfois la coustume du pays doit estre gardée comme des poissons; mais s'il y a présomption que ces choses soient d'aulcun navire qui soit péri, rompu ou summergé, lors le seigneur ou l'inventeur ne doibvent rien prendre pour le retenir, ains doivent faire comme dit est, sçavoir du bien aux pauvres nécessiteux, ou aultrement ils encourent le jugement de Dieu.

XLIV. — Item, si aulcun navire trouve en pleine mer un poisson à lard, il sera totalement à ceux qui l'ont trouvé, s'il n'y a poursuite, et nul seigneur ne doit avoir ny prendre part, combien qu'on l'apporte à sa terre.

XLV. —Item, si une nef par force de temps est contrainte de couper les cables ou filets par bout et laisse cables et ancres et s'en va au gré du vent, ses cables et ancres ne doibvent estre perdus pour la dicte nef, s'il avoit *hoirin* ou *bonneau*, et ceux qui les peschent sont tenus de les rendre s'ils sçavent à qui ils sont. Mais ils doibvent estre payez de leurs peines selon l'esgard de justice, et s'ils ne sçavent à qui les rendre, le seigneur y prend sa part comme les sauveurs et n'en font point faire raison à quoy ils sont tenus. Par ce a esté ordonné qu'un chacun maistre de navire aye à mettre et faire engraver dessus les *hoirins* ou *bonneaux* de son navire son nom ou de la dicte navire et du port ou havre dont il est; et cela en gardera beaucoup de dommages et fera grand profit à plusieurs, car tel a laissé son ancre au matin qui se pourra recouvrer le soir et ceux qui les retiendront seront larrons et pirates.

XLVI.—Item, généralement si aulcune nef par cas d'aulcune fortune se rompt et se perd; tant le bris que les aultres biens de la dicte nef doibvent estre reservez et gardez à ceux à qui ils appartiennent avant le naufrage, cessant toute coustume contraire; et tous participans, prenans ou consentans aux dicts naufrages, s'ils sont évêques, ou prélats ou clercs, ils doivent estre déposez de leurs offices et privez de leurs bénéfices, et s'ils sont laïcs, ils encourent les peines sus dictes.

XLVII. — Item, et les choses précédentes se doibvent entendre, si la dicte nef n'exerçoit le mestier de pillerie, que les gens d'icelle ne fussent point pirates ou écumeurs de mer, ou bien ennemis de notre saincte Foy catholique, chacun peut prendre sur telle manière de gens et peut-on les desrober et spolier de leurs biens.

Tesmoin le scel de l'isle d'Oléron establi aux contracts de la dicte isle le jour de mardi aprez la feste saint André, l'an mille deux cens soizante six.

Cette date, comme nous l'avons fait observer au commencement de cet article, et comme Selden le remarque fort bien, ne peut désigner ni l'époque de la composition de cet antique Code, ni celle de sa promulgation; c'est plutôt celle d'une copie imprimée à Rouën et collationnée, cette année-là, par quelque notaire.

NOTE XXIV (page 400).

SUR LES PRINCIPALES ET LES PLUS PUISSANTES FAMILLES DE BORDEAUX AU XIIIe SIÈCLE (1).

Dans le XIIIe siècle, une sorte de guerre civile éclata à Bordeaux, par suite de la rivalité de quelques riches et puissantes familles du pays : le peuple prenait fait et cause pour ses maîtres et ses seigneurs, et des factions opposées de vues et d'intérêts s'organisèrent dans la ville. L'aristocratie voulait s'élever sur les ruines de la monarchie; mais le prince anglais profita de ces fâcheuses jalousies pour absorber les libertés des bourgeois de Bordeaux. Parmi les principales familles, les Solers, ou Soley, occupaient une place distinguée; les Colomb formaient une autre famille très-respectable et très-influente à Bordeaux. Les citoyens se partagèrent, dans leurs affections, entre ces deux puissantes Maisons, qui leur offraient des guides, des chefs, comme dans les petites républiques d'Italie. C'étaient deux factions, deux implacables par-

---

(1) Beaurein a écrit une dissertation curieuse et intéressante sur ce sujet, intitulée : *Recherches sur la Maison des du Soley*. On en trouvera une autre dans le *Bulletin Polymath.*, t. 10 et 11. Nous ne faisons que les abréger.

tis sous des chefs particuliers ; on les appelait les *Colombiens* et les *Solériens*. Le gouvernement de Montfort fortifia ces dissensions, dont le germe s'était déjà développé un peu. Henry III essaya de réconcilier les *Solériens* avec les *Colombiens*; mais Édouard, en habile politique, fomenta ces dissensions, et après avoir affaibli les combattants, les enchaîna tous à ses pieds.

Rostang Solers était maire de Bordeaux en 1237; il était chargé de négocier la paix entre Henry III et le célèbre Thibaut, comte de Champagne. Le roi d'Angleterre l'estimait beaucoup, et le chargea de garder le fils du vicomte de Fronsac, laissé entre les mains de ce prince par son père, comme ôtage. Les *Solériens*, fâchés de voir la mairie entre les mains des *Colombiens* par suite des votes électoraux des bourgeois, essayèrent de gagner leurs bonnes grâces. Édouard, craignant la puissance des *Colombiens*, qu'il n'avait que trop favorisés, accueillit avec empressement les *Solériens*, dont le chef, Gaillard de Solers, était un homme de cœur et de résolution. Solers, touché des bontés du prince, et désireux d'écarter des fonctions publiques et de la confiance du roi ses adversaires, s'arrangea avec ses partisans, et sacrifia à ses haines personnelles les libertés des Bordelais, par l'écrit suivant, qu'il signa le 17 septembre 1256 :

« Moi, Gaillard de Solers (ou de Soley), citoyen de Bordeaux, pro-
» mets, non par force, par crainte ou par ruse, mais bien de ma pro-
» pre volonté, de faire tous mes efforts pour que, par moi et par les
» miens, la Mairie de Bordeaux soit mise dans la main du prince
» Édouard, de telle sorte qu'il pourra, avec le consentement de la com-
» mune et des jurats, nommer et destituer le maire à volonté.

» Je promets, en outre, d'aider le duc de Guienne à élever une for-
» teresse dans la ville de Bordeaux, de ne faire ni paix ni trêve avec
» mes ennemis, ni de marier aucun des miens à un ennemi du gouver-
» nement royal, sans son consentement. Et pour garantie de l'exécu-
» tion de mes promesses, j'engage mes biens, meubles et immeubles;
» je mets ma personne à la disposition d'Édouard, qui pourra me punir
» comme traître. » (Mˢ *de Wolf.*, 591, *Collection de Brequigny*, t. 34, 19 décembre 1259.)

Tous les amis de Solers se rendirent ses fidéjusseurs auprès d'Édouard. Seize d'entre eux, chefs des principales familles de Bordeaux, le cautionnèrent par des sommes considérables, en garantie de l'exécution de ce serment. Géraud, comte d'Armagnac et de Fezensac, s'engagea, pour 300 marcs sterlings, la veille de la Toussaint, 1256. Un peu

NOTES.

plus tard, le deuxième dimanche avant la Sainte-Catherine, d'autres seigneurs s'engagèrent aussi : Garcias-Arnaud de Navailhes, pour 200 marcs sterlings ; Guillaume Seguin, seigneur de Rions, et Pey de Bordeaux, dont nous parlerons plus bas, souscrivirent un acte semblable. Élie Rudel, seigneur de Bergerac ; Guillaume de Fargues et Gaillard de Fargues, Pierre Calhau, Arnaud Lambert, Jean Colomb, Bernard Dalhan, Pierre Lambert, Ruffat Lambert, Pierre de Brun, Guichard de Bourg, seigneur de Verteuil; Fortaner, seigneur de Fenoilhod, en Agenais, chacun pour 100 marcs sterlings. Depuis lors, les *Solériens* étaient tout-puissants ; Édouard nomma un maire de Bordeaux. Les *Colombiens* se révoltent et refusent de reconnaître l'autorité d'un magistrat *solérien*. Amanieu Colomb, Arnaud Monadey, Élie et Pierre Vigier, Rostan de Colomb, Boniface de Rousselle *(de Rocella)* (1), Willelmus-Raymond de Bourg, B. Vigerii de Ferreis, P. de Linhac, B. Dalhan, se concertent pour se soustraire à l'autorité du maire, et se placent sous la protection du sénéchal, leur ami et l'ennemi du maire et des *Solériens*. Ils donnèrent, avec beaucoup d'habileté, des prétextes très-spécieux à l'insurrection qu'ils avaient organisée, et créèrent des embarras pour l'administration, et des conflits, qui finirent par ensanglanter les rues de Bordeaux, et se perpétuèrent jusque vers la fin du XIVe siècle.

Désolé de ces désordres éternellement renaissants, le corps de ville écrivit au roi d'Angleterre, le 23 mai 1307, et lui exposa l'affligeant état du pays, par suite des haines des deux factions, des *Calhaviens* (2) et des *Solériens*. Ils lui font connaître les désordres de la ville et les efforts de ses commissaires, l'évêque de Norwich et le comte de Richemont, qui, pour les faire cesser, avaient nommé Othon de Lados maire de Bordeaux (1314), homme capable, par son zèle, ses lumières et sa prudence, de remplir cette place et d'éteindre les divisions. Othon voulut punir deux *Solériens* pour leurs crimes au dedans et au dehors de la ville; mais leur chef, Gaillard de Solers, interjeta appel au roi de France. Un grand nombre des cinquante jurats avait adhéré à cet appel ; mais les autres conduisirent l'affaire avec tant de prudence, que les appelants donnèrent leur démission, et furent remplacés par d'autres jurats plus pacifiques. La tranquillité allait se rétablir, mais le roi nomma maire

---

(1) L'hôtel des Rousselle était situé près de la Porte des Salinières ; la rue garde encore le nom de cette famille, rue de la Rousselle *(rua de Rocella)*. La famille Russell, d'Angleterre, est descendue de cette Maison.

(2) Les Calhau, parents et successeurs des Colombiens.

Amanieu de Fossat, ex-sénéchal de Gascogne. Les jurats firent observer au roi que cette nomination allait renouveler les désordres; que le nouveau maire était un des partisans de Gaillard de Solers; qu'il s'était comporté avec beaucoup de négligence dans ses fonctions de sénéchal, et avait laissé impunis un grand nombre de meurtres; et étant avec raison suspect aux Colombs, il était peu propre à conserver la paix; qu'ils n'avaient pas cru, en conséquence, devoir reconnaître ce nouveau maire, et qu'ils avaient envoyé Jean de Navet, prieur des Frères Prêcheurs, pour faire agréer à Sa Majesté leurs raisons, et la prier de maintenir en place Othon de Lados.

Le député s'acquitta de sa mission et développa les vœux des paisibles habitants, ainsi que les avantages qu'on pouvait espérer de la conduite et de la réalisation des vœux des jurats; il parla longuement des intrigues des deux partis. Édouard promit de charger le sénéchal d'arranger cette affaire, et Othon fut continué en place. Cette nouvelle irrita les partis au point que les jurats, dans la crainte d'un soulèvement général, écrivirent au comte de Richemond d'interposer son autorité; il le fit, mais ce fut en vain : la guerre civile continua toujours. En 1311, l'archevêque d'Auch et l'évêque de Comminges étant à Bordeaux, offrirent leurs bons offices entre les deux factions, qui avaient juré de ne jamais se pardonner, et agissaient comme convaincues qu'elles étaient liées par ce serment impie. Le Pape, consulté, répondit que le serment qui ordonnait le massacre de leurs concitoyens était une œuvre d'iniquité, et son observation un crime abominable.

La famille Colomb était alliée avec tout ce qu'il y avait d'illustre dans la Guienne; elle fournit des maires à Bordeaux en 1240, 1245, 1250. Par un mandement du 8 octobre 1253, le roi défendit à tout bailli du Bordelais de troubler Raymond Colomb, maire de Bordeaux, dans la jouissance des moulins qu'il possédait sur les eaux de la Bourde et de Leynan *(Liasses de la Tour de Londres.)* Cette opulente famille s'éteignit par le mariage de sa dernière héritière avec un des Calhau; dès lors, les *Colombiens* ont pris le nom de *Calhaviens (Calhavenses.)* Les Soley s'allièrent plus tard avec les Lalande, qui devinrent, par cette alliance, propriétaires de l'ancien hôtel Soley, dans la *rue Neuve*.

G. Rostanh était maire de Bordeaux en 1229. Le prince Édouard le nomma commissaire, en 1262, pour constater les *padouens*, ou les vacants, lieux de pacage appartenant à la ville; il prenait le titre de donzel, de damoiseau, ou d'écuyer. Sa seigneurie était à Talence; on voyait encore, dans le dernier siècle, une vieille tour de leur anti-

NOTES.

que manoir. En 1523, on trouva un Jean de Rostanh, ou de Rostainh, lieutenant de messire Louis de la Tremouille.

Les Dailhan étaient des plus anciens et des plus illustres bourgeois de Bordeaux. Amaubin d'Ailhan, ou de Haillan, était maire de Bordeaux en 1223. La province, accablée d'impôts, le chargea, en 1235, de porter ses doléances au roi. En 1239 et en 1276, cette famille fournit encore des maires à Bordeaux.

La noble Maison Monadey avait aussi sa seigneurie à Talence; elle était l'une des plus illustres de la province, et fournit, en 1173, le premier maire à notre cité. Le sieur Monadey était chargé de la fabrication de la monnaie à Bordeaux; de là vient son nom, *Monadey*, mot gascon, qui signifie *monnayeur (monetarius.)* Son hôtel s'étendait, à Bordeaux, depuis la grande rue Saint-Siméon jusqu'à une ruette plus au nord, qui conduisait de la rue du Petit-Cancera à celle du Pas-Saint-Georges. Arnaud Monadey fit construire un autre hôtel près de l'ancienne porte de la Rousselle, dans un emplacement qui appartenait à son beau-père, Pierre Andron; cette maison, par une grâce particulière du roi, avait une porte sur la rivière; c'était une faveur accordée à cet illustre Bordelais, en raison de ce qu'il s'était constitué ôtage pour le prince de Salerne, fils de Charles d'Anjou, roi de Naples, fait prisonnier par Roger de Laura, amiral au service de Pierre III d'Aragon. Édouard d'Angleterre fut choisi arbitre dans cette affaire en 1287. La conférence eut lieu le 25 juillet, à Oloron, en Béarn. Le roi d'Aragon donna la liberté au prince prisonnier, moyennant qu'on lui livrât, à sa place, des ôtages considérés et respectables : Arnaud Monadey eut l'honneur d'être un d'eux; les autres étaient Jean de Colomb, Raymond du Soley, ou de Solers, le vicomte de Béarn, le comte d'Armagnac, etc., etc. Comme marque de la reconnaissance de son souverain, la maison Monadey était alors la seule qui eût une porte dans le mur de la ville, donnant sur la rivière.

La famille de Pey de Bordeaux se disait héritière de saint Paulin, et faisait remonter son origine jusqu'à l'une des familles patriciennes de Rome. Elle avait des propriétés partout : le pays de Buch, la Benauge, le fief du Puy-Paulin et plusieurs autres seigneuries, sans compter les *Piliers-de-Tutelle*, lui appartenaient, d'après cette déclaration faite au roi d'Angleterre : *Petrus de Burdigala, domicellus dixit et recognovit se tenere in feudum à Domino rege..... Tudelam cum platea quæ est ante eam, et cum hominibus feodatariis suis, qui circum dictam Tudelam morantur.* (M^s. *de Wolf*, 19. *Apud Delpit.*)

En 1108, Pey de Bordeaux assista à une donation consentie par quelques seigneurs, en faveur de Sainte-Foy de Mansirot. En 1247, il fonda le couvent du *Luc* (Verdelais), dans les terres de Benauge. En 1287, son fils fit bâtir le couvent des Augustins de Bordeaux, avec une crypte funéraire pour sa famille, qui s'éteignit en la personne d'Assalhide de Bordeaux, sœur de Pey de Bordeaux, illustre bienfaitrice de Verdelais, qui épousa, en 1307, Pierre II de Grailly, et lui apporta en dot les vastes possessions de ses ancêtres : elle avait hérité de son oncle Amanieu, seigneur de l'île Saint-Georges, de Castelnau en Médoc, etc., etc.

Les Calhau étaient seigneurs de Podensac ; cette famille a fourni des maires à Bordeaux en 1235, 1244, 1259 ; leur hôtel était près de la Porte-du-Palais, dite *Porte-de-Cailhau*.

La famille d'Andron fournit à Bordeaux le quatrième maire ; la seigneurie de Lansac lui appartenait.

Les de Bourg étaient seigneurs de Verteuil ; il y avait un de Bourg maire en 1278.

Une autre famille, très-ancienne et illustre à Bordeaux, c'était les Vigerii ou Vigier, ou *Begueyre*, en gascon. Comme les Monadey, ce nom leur était donné en raison de leur position politique à Bordeaux. Le comte de Bordeaux avait l'administration de la justice ; il avait pour assesseurs des juges inférieurs : c'étaient les *vicarii*, les centeniers, les échevins. Les *vicarii*, vicaires, d'où vint plus tard le nom de viguier, en gascon, *beguers*, étaient les vicaires du comte, dont le gouvernement était divisé en *vigueries*, et celles-ci en *centuries*. Le principal viguier s'appelait vidame, *vice-domini*, et ensuite vice-comte ; il avait sous ses ordres un certain nombre de centeniers. Les viguiers jugeaient les affaires ordinaires ; les causes importantes étaient appelées au tribunal du comte, où les viguiers lui servaient d'assesseurs ; on les qualifiait de *nobiles viri*. Pierre Beguey, ou Vigier, était maire de Bordeaux en 1221 ; Bigorous Beguer ou Beguey, ou Vigier, était maire en 1232, et nous voyons encore Pierre Begueyre maire en 1224. La *Porte-Begueyre* a pris son nom de cette ancienne famille, dont la maison était tout près. (Voy. liv. 1er, ch. 4, p. 32 ; liv. II, ch. 6, p. 130, 131.)

Les Lambert, les Calhau, les Gondomer, les d'Andron, les d'Arsac, les Duras, étaient aussi très-puissants à Bordeaux au XIIIe et au XIVe siècle. L'hôtel des d'Andron était aux *padouens*, ou la place Salinières. L'hôtel d'Arsac était un peu plus haut que la *Porte-Despaus*. L'hôtel Duras se trouvait à l'extrémité du *Campaure*, près de la Porte-Dijeaux.

NOTES.

NOTES.

La famille de Lalande est une des plus anciennes de Bordeaux, et y a toujours joui d'une très-grande considération : son premier hôtel, d'après un titre authentique d'un hommage fait au roi en 1273, était dans la rue des Bahutiers, à côté de celui du sénéchal de Guienne. Cette famille occupa plus tard l'hôtel des Soley, ou Solers, rue Neuve. Suivant un titre du 20 juin 1308, Gaillard de Lalande avait des droits de haute justice sur la paroisse de Grayan (Médoc). Il est parlé aussi des Lalande dans un contrat de mariage, en date du 9 avril 1200, entre Raymond de Luc de Blanquefort avec Assalhide de Pellegrue. Cette famille de Luc était alliée avec les Fargues, dont une demoiselle Assalhide de Fargues était mariée avec messire Jean de Lalande, seigneur de La Brède, en 1358. Le comte de Périgord épousa Mlle de Lalande, fille de Guillaume de Lalande, au XIIIe siècle.

Dès l'an 1336, la seigneurie de La Brède appartenait à Arnaud de Lalande, chevalier, et resta longtemps au pouvoir de cette famille. Jean Lalande, en 1419, fit reconstruire et fortifier le château de La Brède, comme l'attestent les lettres-patentes qu'il obtint de son souverain à cet effet, et qui se trouvaient, du temps de l'abbé Baurein, dans les archives de La Brède; mais ce fut M. de Penel, grand-père maternel du président Montesquieu, qui fit revêtir les bords des fossés d'un mur épais, couronné d'un parapet. D'après un contrat de mariage entre Jean de Lalande, fils du noble et puissant seigneur et baron messire Jean de Lalande, seigneur de La Brède, et Jeanne de Foix, fille du très-noble et très-puissant seigneur messire Gaston de Foix, captal de Buch, en date du 26 janvier 1426, la dot était de 4,000 liv.; cette seigneurie de La Brède appartenait encore alors aux Lalande. Quand Talbot revint en Guienne, au XVe siècle, les Lalande embrassèrent la cause de l'Anglais; mais après la bataille de Castillon et la mort de Talbot, ils s'enfuirent en Angleterre jusqu'en 1463. Alors, à la prière du comte de Candale, oncle de Jean de Lalande, exilé, le roi de France lui accorda, à lui et à son fils, qui, selon les lettres-patentes du roi, avaient *été contraints de servir les Anglais*, la permission de rentrer en France, et leur restitua toutes leurs terres et leurs seigneuries. Cette lettre de grâce fut faite et signée le 30 avril 1463, à Saint-Jean-de-Lux. (Voir Baurein, *Variétés bordelaises*, t. IV, p. 247; t. Ier, p. 207.)

Cette famille s'était alliée avec les Colomb et les Soley de Bordeaux, les plus anciennes familles du pays après les Paulin, les Léonce et les Pey de Bordeaux; elle se fondit dans celle de l'Isle, et lui transporta la baronnie de La Brède, par le mariage de Catherine de Lalande, dame de La Brède, avec Gaston de l'Isle, vers l'an 1450. Gaston de l'Isle, issu de ce mariage, épousa Bonaventure de Lux, vicomtesse d'Uza ; la dot fut 8,000 francs bordelais. Une des demoiselles issues de ce mariage, épousa Jean de Penel, écuyer, seigneur de Bano et de Couthures, le 9 novembre 1577 ; sa dot était 10,000 liv. C'était alors que la terre de La Brède passa aux Penel. Geoffroi de Penel épousa Marie de Raymond, le 24 juin 1629. Leur fils, Geoffroi, épousa Marie de Lasserre ; leur fille, Marie-Françoise Penel, épousa messire Jacques de Secondat, second fils de Jean-Gaston de Secondat, baron de Montesquieu et président à mortier au Parlement de Bordeaux, et de Mlle Dubernet, fille du premier président du même Parlement. La baronnie de La Brède passa alors à la Maison de Secondat, qui descend, par les femmes, des anciennes maisons de Foix et de Lalande. Jacques de Secondat eut quatre enfants : deux filles, qui se firent religieuses ; Joseph de Secondat, doyen de la collégiale de Saint-Seurin, mort à Barèges en 1754 ; et Charles de Secondat, auteur de l'*Esprit des Lois*.

La famille Lalande acquit des droits à la reconnaissance des Bordelais, par la victoire d'un de ses membres sur le champion du parti espagnol, comme nous l'avons dit dans le texte. En témoignage de cette reconnaissance, la ville attacha à l'hôtel Lalande, rue Neuve, le droit d'asile, ou le privilége de *sauvetat* (page 350 et *note* 20, page 240). Tout malfaiteur qui s'y réfugiait, ou qui pouvait réussir à poser la main sur des anneaux posés sur la façade, ne pouvait être arrêté par les agents de la justice. Ceci est constaté par un titre du XVe siècle, qui porte : « Le dict seigneur de Lalande a droit de franchise en son hostel » du Soley, assiz à Bourdeaux, en rue Neuve, tel que si ung homme a » faict un cas ou crime, par quoy il doibve perdre franchise, et s'il entre » dans le dict hostel, en requerant franchise, n'est permis à nul officier » du roy ou de la ville, ne à aultres de prendre le dict malfaicteur, » ni le tirer hors du dict hostel, tant qu'il sera dans iceluy. »

Aux XIIIe et XIVe siècles, les Lalande avaient un droit de seigneurie sur le territoire compris entre la rue Lalande, à l'est, et la rue Sainte-Eulalie ; ils avaient d'autres fiefs sur d'autres points de la ville.

En 1460, au mépris du droit d'asile de cet hôtel, on arrêta un voleur qui s'y était réfugié ; le sénéchal de Guienne condamna le procureur-syndic de la ville à le réintégrer dans l'hôtel. Ce privilége, comme nous l'avons fait remarquer, s'étendit jusqu'à la façade de l'hôtel. On y suspendait au mur, à la hauteur de 10 pieds, des chaînes en fer maillé, avec des anneaux aux bouts ; le malfaiteur qui pouvait s'y accrocher,

NOTES.

Voir page 350.

NOTES.

profitait du privilége de *sauveté*. En 1789, on y voyait encore ces chaines au-dessus de la porte. Les Lalande avaient l'honneur de porter à la guerre l'étendard de la ville de Bordeaux; cet honneur était réservé à cette famille seule.

Le combat dont nous avons parlé *page 350*, eut lieu, selon l'antique tradition, en 1100, et non en 1206; c'est une erreur. Louvet se trompe aussi, quand il dit que Lalande fit vœu de bâtir un couvent de l'ordre de Mont-Carmel; il promit seulement de faire bâtir, en cas qu'il triomphât, un couvent en l'honneur de la Vierge, mais sans désigner l'ordre. Les Carmes ne furent introduits en France qu'en 1259, par saint Louis, et c'est en 1264 qu'ils vinrent à Bordeaux. Le 26 juin 1265, le chapitre de Saint-André autorisa leur prieur, Jean de Lassegue, à *bâtir l'église et à établir un cimetière en dehors des murs de la ville, dans la paroisse de Sainte-Eulalie.*

Les Carmes firent donc bâtir leur couvent là où était, dans le siècle dernier, le couvent de l'*Annonciade*; mais il était pauvre et sans ressources : les bâtiments furent dégradés au point que la famille Lalande crut devoir les restaurer en 1217; mais en 1497, ce couvent fut transféré sur les Fossés, aux frais du seigneur de l'Isle, époux de Catherine de Lalande, qui descendait en ligne directe du héros bordelais. C'est alors que fut faite cette inscription, qu'on supposait avoir existé dans le premier édifice, et qui, par conséquent, ne pouvait parler, en 1100, des religieux de Mont-Carmel, qui ne vinrent à Bordeaux qu'en 1264, et s'établirent, l'année suivante, dans l'édifice bâti par Lalande.

Voici l'inscription lapidaire; elle perpétuait, sous une fausse date, la tradition locale, et était placée entre une vieille lance et un grand collier de fer, qu'on disait avoir appartenu au Goliath d'Armagnac :

> L'an de grace environ mil et cent,
> Funda premier ung seigneur de Lalande,
> Au Carme bielh ceste église et couvent
> Pour ce qu'au lieu obtint victoire grande,
> Contre ung géant quy conduisoyt la bande,
> Des Espagnols pour Bordeaulx assaillir.
> Le dessus dict luy fist payer l'amende,
> Et il luy fist la teste en bas saillir.

> L'an onze cents avec six vingts moins trois,
> Un messire Gaillard Lalande seigneur,
> L'esdifia pour la seconde fois
> Tout de nouveau fust réédificateur

En ce lieu-cy ; outre il fust fundateur
De la messe qu'on dict de Nostre-Dame,
Un chacun journ : pryons le Créateur
Qu'il veuille avoir en paradys son ame.

Et tiercement la trez sage et bénigne
De droicte ligne et procréation
De Lalande Madame Katerine
Ouvrist les yeux de vraie compassion
Mil quatre cents de l'Incarnation
Et de Saincte Croix, l'an nonante septiesme
Fist de nouveau ceste fondation
Dedans juillet le jour vingt-deuxiesme.

En 1684, les Carmes, voulant agrandir leur couvent, empiétèrent un peu sur la rue des Fossés; les jurats leur intimèrent l'ordre de démolir ce qu'ils venaient de bâtir et de suivre l'alignement.

On voyait dans la chapelle des Grands-Carmes le tombeau de saint Simon-Stock, mort à Bordeaux en 1265.

Le droit d'asile, ou de *sauvetat*, n'est pas le seul que Bordeaux accorda aux Lalande; ils en avaient d'autres également étranges. Ils percevaient sur chaque pipe de sel débarqué à Bordeaux, un droit de 13 mailles bordelaises, ou 7 1/2 deniers tournois. Ce droit fut reconnu par les jurats, et gravé sur une pierre à la Porte-Bourgogne. Cette pierre fut brisée en 1751 lors de la démolition de la vieille Porte des Salinières; mais le droit fut encore reconnu par les jurats, le 29 octobre 1778, et gravé sur une tablette de marbre, incrustée dans le jambage méridional de la Porte-Bourgogne. Cette inscription fut enlevée en 1794.

NOTE XXV (page 431).

POÈME SUR LA TRAHISON DE LA GASCOGNE.

En 1295, les Anglais, indignés de la conduite déloyale de Philippe le Bel, formaient les plus ardents vœux pour l'heureuse issue de la guerre qu'Édouard avait entreprise contre le perfide usurpateur de la Gascogne. Un poète anglais composa un poème latin sur cette trahison ou injustifiable supercherie. Ce poème est intitulé : *De proditione Vasconiæ et de ejus conquestu*. C'est une pièce très-curieuse, que nous devons aux intelligentes recherches de MM. Martial et Jules Delpit; les neuf derniers couplets y manquent.

NOTES.

Satis novis seculu
Qualiter fit speculu
Quia per perfidia
Jam perdit Vasconia.
} M

De Lingua Galloru
Patens traditoru
Pessimam ipsoru
Princeps Anglicoru.
} M

Rex fidem adhibuit
Egit quod non debuit
Seriem composuit
Que regi transposuit,

Dictis Gallicorum ;
Nam fraus miserorum,
Quorumdam verborum,
Cetus nunciorum.

Per verba credencie
Quod magnates Francie
Quodque regi Anglie
Natam regis Gallie.

Nuncii dixerunt,
Simul tractaverunt,
Dare voluerunt,
Heu! quod hic venerunt.

Ad hæc dux Burgundie
Ait quod in flumine
Perierunt pridie
Additis hastucie.

Quidam nunciorum
Multi Northmannorum,
Per nautas Anglorum
Causis Bajonnorum.

Ut ergo concordia
Et omnis discordia
Celsitudo regia
Quod sibi Vasconia.

Pacis jam addatur
Prorsus repellatur;
Francie precatur,
Totalis reddatur.

Proponit brevissime
De terra Vasconie
Jus vestrum certissime
Si quid petit propere,

Vos tunc reseisire
Nec quid deperire
Potestis hoc scire
Placet exaudire.

Si seisinam habeat
Tunc mandare placeat
Gens Anglorum faciat,
Pars utraque deleat.

Per sex septimanas,
Quod transire lanas
Et sic causas vanas
Res collando sanas.

Ait vir, considera
Nova sunt non vetera,
Pulchram inter cætera
Prout dicit littera.

Rex que petierunt
Hæc que tibi ferunt
Tibi promiserunt
Quam Galli miserunt.

Hoc audito Langetum
Ad regem consilium
Et Lacy per sompnium
Quin ejusdem devium

Statim prosilivit,
Dedit sicut scivit,
Certe non dormivit,
Scisine nutrivit.

Puellam rex diligens
Penitus consentiens.

Vinculis amorum
Dictis consultorum,

Fieri precipiens	Litteras servorum
Proh dolor! nam nesciens.	Erat futurorum.
Demum in Vasconia	J. Laci perorexit,
Litteras ab Anglia	Secumque devexit,
Ac sub manu Gallia	Vascones contexit
Anglis inutilia.	Heu! quod tot aspexit.
Gallici Vasconiam	Sibi subjugarunt,
Et in manum Anglicam	Dare recusarunt,
Neque regis filiam	In sponsam pararunt;
Regi dare quoniam,	Ipsum subsannarunt.
Ex parte Vasconie	Foris judicarunt,
Magni pares Francie	Et exheredârunt
Regem nostrum Anglie	Parum hunc amârunt
Nam causam malicie.	Sibi demonstrârunt
Audiens perfidiam	Rex exheredatus
Quam habet per Franciam	Satis est iratus
Jurat per ecclesiam	Non erit letatus
Quousque Vasconiam.	Fuerit lucratus.
Rex vocat pontifices	Ad parliamentum
Et Anglorum comites	Flores sapientium
Quinque portus fomites (comites?)	Barones per centum
Volant ut irundines.	In mari per ventum.
Clerus et milicia	Gentis Anglicane
Vóvent cum letitia	Quod seroque mane
Parantur ad omnia	Que genti profane
Francie scit noxia.	Nam superbit vane.
Rex Anglorum nobilis	Vocatus Edwardus
Ferox est et stabilis	Tanquam leopardus
Fortis et non debilis	Velox et non tardus
Sentiet id flebilis.	Pomposus Picardus.

NOTE XXVI (page 433).

SUR LA BATAILLE DE BÈGLES ET LA MORT D'ÉDOUARD, COMTE DE LANCASTRE, A BAYONNE, EN 1297.

Anno gratiæ millesimo ducentesimo nonagesimo septimo..... Circa conversionem santi Pauli, Edmundus germanus Regis Angliæ, associato tibi Henrico comite Lincolniæ, cum exercitu valido in Wasconiam transfritavit, cui redditum est feriâ quintâ S. Cænæ Domini, Castrum de

NOTES.

Spera *(Lesparre)* et postea alia castra plura. Cum autem appropinquavit Burdigalæ ad reficiendum se cum exercitu, et posuisset in villula quâdam nomine Bekele *(Bègles)* feriâ quartâ in hebdomadâ Paschæ, Gallicorum exercitus de Burdigala egressus disposuit ex improviso, Anglicos tantum per duas leucas ab urbe distantes, celeritor occupare. Præmoniti aliqualiter Anglici de adventu hostium, ad bellum se parant, et armati prout articulus temporis permisit parti occurrerunt adversæ, consertoque gravi prælio, non sine strage multâ, Gallos cogunt ad urbem reverti; quos dum fugientes insequuntur, ingressi sunt duo milites Anglici, fratres Domini Petri de Malolam et tertius Wasco cum duobus vexilliferis Johanne de Brytanniâ et Alano La Souche, quos ceperunt Gallici portis clausis. Devastatâ vero magnâ parte suburbii Edmundus propter quasdam causas arduas revertitur in Baïona, ubi non multa post in ægritudinem decidens terminum vitæ clausit. (Thomas WALSINGHAM, *Hist. Angl.*, in Edward, 1, p. 29.)

NOTE XXVII (page 434).

LA PHILIPPINE, OU CHARTE DE PHILIPPE LE BEL, ET LES COMMUNES QUI FORMAIENT LA BANLIEUE DE BORDEAUX AU XIIIe SIÈCLE.

Philippe, par la grâce de Dieu, roi de France, savoir faisons à tous présents et à venir, que comme les maires et jurats et communautés de la ville de Bordeaux eussent et de tout temps et anciennetê, toute justice haute, moyenne et basse, sur toutes personnes demeurant tant en la dite ville que banlieue, et juridiction d'icelle selon les bornes et limites qui s'en suivent. Savoir est, puis l'embouchure de la jalle, et montant par la terre jusqu'à la jalle vieille, et de la jalle vieille au moulin de la Bigueyresse, et du dit moulin jusqu'à Jallepont, et du dit lieu de Jallepont jusqu'au lieu de Magudas; de sorte que le dit lieu de Magudas, puis la jalle tirant vers Bordeaux, demeure dans le détroit de la banlieue et juridiction de la dite ville; et du dit lieu de Magudas jusqu'au pas de las Bacques, et du dit pas de las Bacques jusqu'à la croix de Beutre, à la justice de Balgio, et du dit lieu de Balgio jusqu'à la justice de Belin, au lieu appelé Logubat, et de la justice de Belin vers les fins et limites de Leugnan, étant toute la dite paroisse de Leugnan dans la banlieue de Bordeaux; tout ainsi que l'eau appelée la Blanche descend par la dite paroisse de Leugnan à l'estey appelé de Corréjan, où le dit estey entre en la rivière de Gironde, et du dit estey de Corréjan jusqu'à

Bordeaux, et du dit Bordeaux jusqu'à l'estey de Lormont, et dudit estey joignant à Puy-Petit, qui est près de l'église du dit Lormont, jusqu'au grand Puy, tirant à la maison de Gaillard de Lormont, selon que la dite maison va droit et s'étend jusqu'à la croix de la sauveté du dit Lormont, derrière les maisons, et de la dite croix vers le bois de la Ramade, demeurant le dit bois dans la banlieue de Bordeaux, et du dit bois par le chemin qui va à Artigues, au poirier qui est à l'extrémité du dit chemin, au lieu appelé à la Loubeyre, et du dit lieu vers la fontaine de Mous, et de la dite fontaine aux ormeaux de Sainte-Gemme, et de là jusqu'aux poiriers de la paille du Puy, qui est plus haut qu'Artigues, et de là jusqu'à la fontaine de Marguerite, et de la dite fontaine jusqu'au pont de Queyron, et de là jusqu'au Puy de Merleys, et du Puy de Merleys jusqu'à Audielorte et à la fourcade de Gemme, et d'illec jusqu'à la fourcade de Ville-Longue, tout ainsi que le chemin s'étend jusqu'au grand chemin qui est entre la palu et la côte, et comme le dit grand chemin et palu durent jusqu'à l'estey de La Tresne, et dudit estey jusqu'au susdit estey de Corréjan, demeurant toute la mer dite Gironde, qui est dans les susdits détroits et limites, en la juridiction de la dite ville. Nous, ayant égard aux services et fidèle dévotion que les dits maires, jurats et communauté de Bordeaux, ont toujours pour bons effets témoigné, tant à nous qu'à nos devanciers, et couronne de France, même depuis que la Guienne a été mise sous notre main royale ; étant d'ailleurs duement informés par les patentes et avis de notre amé chevalier Jean de Burlac, grand maître des arbalétriers, et notre sénéchal en Gascogne et au duché de Guienne, que la dite justice haute, moyenne et basse, leur appartient dans la dite ville, banlieue et juridiction, selon qu'elle est ci-dessus limitée et confrontée, avons, de notre autorité royale, confirmé aux dits maires, jurats et communauté, la dite justice es tous les dits lieux.

Nous donnons ici la liste des communes qui formaient alors la banlieue de Bordeaux :

La banlieue comprenait l'espace partagé aujourd'hui entre les vingt communes dont nous donnons ici les noms : Villenave, partie de Bègles, de Martillac et de Talence, Léognan, Gradignan, Canéjan, Cestas, Pessac, Mérignac, Eyzines, Bruges, Saint-Médard, toutes sur la rive gauche ; Lormont, Cenon, Floirac, Bouillac, Tresses, Artigues, partie de Carignan, de La Tresne, sur la rive droite. Cette juridiction existait avant Philippe le Bel ; sa Charte ne fit que la reconnaître et confirmer des droits préexistants.

NOTES.

NOTE XXVIII (page 497).

PROCÈS-VERBAL DES HOMMAGES RENDUS AU PRINCE DE GALLES A SAINT-ANDRÉ (BORDEAUX), PAR LES SEIGNEURS ET LES VILLES DE LA PRINCIPAUTÉ D'AQUITAINE.

IN DEI NOMINE.

Sachent tous ceulx qui cestes presentes verrount ou orrount que le IX jour del mois de Juyl, al houre de demy-jour, en l'an de grace MCCCLXIII, en l'eglise cathedrale Saint-André, deins la cyté de Bordeux, présent et illoqs estantz en propre personne, le très puissant et mon très redoutez seignour Edward, de mon très souverain seignour Edward, par la grace de Dieux, roi d'Engleterre, eisnez fils, prince d'Aquitaine et de Galles, duc de Cornowailes et comte de Cestre, en présence de moi, Pierre de Madérac, notaire publitk, et de plusieurs tesmoynes sur ces appelez par-devant les barouns, chevaliers, esquiers sous-nommez, etc., etc. :

1. Arnaud Amanieu, seignour de Labret, baroun, disant et protestant qu'il fesoit le présent homage sauvez ses franchesez et libertees et solonc sez predecessours l'ount a coustume affaire, et auxi come il le devoit et estoit tenuz de faire.

Estent a genoils, engenoles, sans ceynture ne chaperoun, tenaunt ses mayns juyntes per entre les mayns du dit seignour, etc., etc., etc.

2. Guillem Sans, seignour de Pomers, baroun.
3. Pierre de Lamote, seignour de Roketalhada.
4. Elies de Pomers, seignour en sa partida de Siurac.
5. Arnaud Gavaret, seignour en sa partida de Langon.
6 et 7. Arnaut Guillem de Lamote, pour luymesme et come tutour a ceo qil dist de Johan, seignour de Noaillan.
8 et 9. Auger Mote, pour luymesme et auxi come usufructuarie des biens de Katerine, saffeme.
10. Bertrant de Pomers.
11. Raymond de Fargues.
12. Raymond Guillem, seignour de Castetz.
13. Bertrand de Cases.
14. Pierre de Gabarret.
15. Senebruin, seignour de Curtoun.

16. Theobaud, seignour de Budos, bailla pour esporle et devoir deux lances.
17. Bernart d'Ornon, seignour d'Audenge.
18. Johan de Montferrand.
19. Gaylard de Durefort, seignour de Blankford, en Bourdelois, et de Duras, en Agenais.
20. Jehan de Lalamde, seignour de La Brède.
(*N. B.* Jusqu'ici nous avons nommé les barons; voici les chevaliers) :
21. Gaillard Viger, chevalier.
22. Raymond de Montferrand.
23. Thomas de La Mote.
24. Milet de Bolh.
25. Guillem Amanieu Andron.
26. Gerard de Tartas, seignour de Puyan.
27. Piers d'Arroquers.
28. Bernard de Bedat.
29. Gaylhard de Puch, filz de Bernard.
30. Piers Amanieu de Moyssac.
31. Gerraud de La Mote, chevalier, et bailla pour esporle XX sous de la monnoie.
32. Isambert de Molon.
33. Gailhard de Puch, filz de Elies.
34. Gombaud de Laroqua.
35. Bernard de Laffount.
36. Geraud de Castetga.
37. Guillem Raymond de Lastastas (*aliter* Castetz).
38. Amanieu de La Cantalop, et bailla pour son devoir un lannce ove le feer enorrez.
39. Arnaud d'Anglade.
40. Guillaume Raym. Monadier.
41. Elies de Junqueires, esquiers.
(*N. B.* Ici commencent les noms des écuyers) :
42. Bos deu Torne.
43. Andrea de Loganhac.
44. Pierre Caillau de Ryuhao, borgeys de Bordeux, protestant q'il ne deportoit de sa borgessie de Bordeux, en disoit q'il devoit faire un chevalier de l'ost, quant le roi ou le prince, noz très sovereins seignours, mandant lours ost. (Nous croyons qu'à la place de *Ryuaho*, il faudrait lire Ruat, ancienne famille de Bordeaux.

NOTES.

NOTES.

45. Bernard de Mountet.
46. Piers de Casaubon.
47. Auger de Pin, *aliter* du Pih (peut-être Piis).
48. Aymar de Castaneda.
49. Aymaric de Malenginh.
50. Piers Froment.
51. Bertrand de Beuville.
52. Gaillard de Lataste.
53. Johan Reynaut.
54. Guillem Raym. de Lestatge.
55. Gombaud Centot.
56. Guillem Raym. de Birac.
57. Bernard de Mont.
58. Arnaud deu Pin, *aliter* deu Puy.

Le 15 juillet, comparurent dans le Palais archiépiscopal les chevaliers sous-nommés :

59. Guillem de Gussac.
60. Amanieu de Balhada.
61. Raymond de Montbadon.
62. Arnaud de Faya, seignour de Savinhac.
63. Guillem Eyra.

(Tous cinq chevaliers.)

Ainsi que les jurats et députés de Saint-Macaire (1), de Bazas, de La Réole, de Langon, de Monségur, de Sauveterre, du Chastel-Duleau, de Saint-Émilion, de Libourne, de Bourg, de Blaye, de Créon, et d'un grand nombre de villes de Guienne.

Pour tous ces détails, nous renvoyons à la *Collection des Documents français*, par M. Delpit, p. 89, etc., etc.

Nous avons déjà parlé des terres allodiales des bourgeois de Bordeaux et des seigneurs du pays. (Voir p. 408.) Nous croyons devoir faire observer ici que les déclarations des magistrats de Bordeaux, dans tout le moyen-âge, étaient toujours conformes à ces précieux droits, constatés par l'article 84 de l'ancienne Coutume de Bordeaux, au XIVᵉ siècle, dont voici le texte :

DEUS DREYTS QUE LO REY A SOBRE LOS ALOYS.

« Costuma es que noster senhor lo Rey d'Angleterra, duc de Guiayana

---

(1) Guiraud Aiquem porta au *Prince-Noir*, comme jurat de Saint-Macaire, l'hommage de cette ville ; c'était l'un des nombreux parents ou ancêtres de Michel Montaigne ; son bien, à Sauternes, appartient aujourd'hui au marquis de Saluces.

» a quatre dreyts sus aloys; lo primey es que si aucun hom mort sens
» testament, que no ayo feit, et sens heir de si descendent, ni autre,
» lo Rey lo deu succeder eux aloys; lo segond es que si hom a aloy
» a fei homicidi, o en altra maneyra feyfeit, perque deja mourir, o si
» es forbanit, aissi que si era trobat es mare, lo rey deu confiscar los
» aloys; lo ters es que deu connaysse de las causas deus aloys; lo
» quart es que hom feyt homest (alias host) per razon deus aloys. »
(Coutumes du ressort du Parlement de Bordeaux.)

Comme nous l'avons dit ailleurs (p. 250, 294, 296, 408), les terres des citoyens de Bordeaux étaient allodiales ; mais les terres de tous les seigneurs de la sénéchaussée de Bordeaux, qui prêtèrent le serment et rendirent hommage au prince de Galles, ne l'étaient pas. Les alleux étaient des biens-fonds concédés d'abord à temps, plus tard à vie, et qui devinrent enfin héréditaires ; ils provenaient primitivement du partage du sol conquis par les Francs entre leurs chefs. L'infatigable abbé Baurein publia, en 1776, de curieuses observations concernant les alleux et leur origine, à l'occasion d'une Charte de 1236, qui a été reproduite dans la *Statistique de la Gironde*, t. Ier, p. 198. Il est formellement dit, dans cette Charte de 1236, d'après Baurein, que nous citons ici, que lorsque le prince Charles expulsa les Sarrasins de ce pays, il avait à sa solde des chevaliers et d'autres nobles : *Cum rex Carolus acquisivit terram à Sarracenis, duxit secum milites et alios nobiles ad soldatam.*

Des personnes d'une condition inférieure servaient sous son drapeau, sans solde : *Minores autem secuti sunt exercitum ejus sine soldata.* Comme récompense, le prince donna aux premiers des terres chargées en service militaire: *Dedit possessiones sub certo servitio exercitus.* Voilà, selon Baurein, l'origine des fiefs dans l'Aquitaine : ces seigneurs étaient tenus au service militaire. A ceux de la seconde catégorie, il donna des possessions affranchies de toutes charges et prestations : *Minoribus autem qui gratis venerant et qui gaudebant de populatione, liberas tradidit possessiones et eos francos, seu liberos constituit.* La seule chose qu'il exigea d'eux, c'était de l'aider à conserver la conquête : *Hoc solum injungens quod juvarent ipsum ad tuendam terram.* Il n'y a personne, dit Baurein, qui ne reconnaisse ici l'allodialité ou la franchise des héritages.

Il reconnaît deux sortes d'alleux : le franc alleu naturel, et le franc alleu de concession, aussi ancien que la féodalité, et ayant la même origine. Il est certain, d'après le document de 1273, que les maisons, les terres et les vignes des Bordelais, étaient allodiales, en général, quoiqu'il y en eût plusieurs de la mouvance des bourgeois de Bordeaux, et même de la directité des églises : *Licet quædam moveantur à civibus et quædam ab ecclesiis.*

Voilà donc l'allodialité, ou franchise des héritages du pays bordelais depuis le temps des Sarrasins : *Ita observavit civitas ista à primis cunabulis, et etiam tempore Sarracenorum.* (BAUREIN, *Anecdotes concernant le pays bordelais.*)

Nous rappellerons au lecteur ce que nous avons dit au sujet des fiefs, aux pages 213, 221, 246, 253, 297. Quant à la nature des alleux de Bordeaux, on n'a qu'à relire ces passages, où nous en avons parlé. On comprend, après les avoir lus, la nature, les modifications de ces concessions des Francs victorieux, ainsi que la prudente réserve de nos seigneurs, au moment où ils vont rendre leurs hommages au prince de Galles, à Saint-André de Bordeaux.

NOTE XXIX (page 518).

SUR LE TRAITÉ DE BRÉTIGNY ET L'APPEL DES SEIGNEURS GASCONS AU ROI DE FRANCE.

Rymer, t. 3, IIIe part., page 126.

De quel côté se trouve le tort d'avoir violé le traité ? Cette question mérite d'être éclaircie : quelques savants affirment que ce traité fut confirmé à Calais, sans autre changement quelconque que la suppression de l'article 12, qui contenait la renonciation du roi de France à la souveraineté de la Guienne. Il a été convenu (est-il dit dans les lettres du roi Jean), après plusieurs altercations, que les renonciations réciproques ne se feraient pas à présent, mais à la Saint-André, en 1361, et à Bruges, où devaient se réunir les députés des deux rois, et après que Jean aurait mis Édouard en possession des provinces cédées. Ce dernier acte a eu lieu ; mais les députés ne se réunirent point à Bruges, car Édouard fit des réclamations à cet égard, en novembre 1362. Jean a pu mettre Édouard en possession des provinces, sans en abdiquer la souveraineté. L'affaire de Calais, en octobre 1360, était un acte de prévision et de forme ; celle de Bruges devait être définitive. Édouard, il est vrai, ne prit pas, pendant neuf ans, le titre de roi de France : la politique lui conseillait de s'en abstenir, afin d'établir et d'assurer son droit de souveraineté ; en observant, de son côté, un traité tant en sa faveur, il voulait amener Charles V à ne pas le violer, et à sanctionner un traité qu'il affectait, au moins pour cet article, de garder scrupuleusement. Il ne se qualifia donc pas de roi de France, pour ne pas nuire à ses intérêts. Jean et Charles V n'exercèrent pas, pendant ces neuf ans, leurs droits de souverains sur la Guienne; cela s'explique assez par le mauvais état de leurs affaires, les succès militaires du prince de Galles, la puissance d'Édouard; mais leur silence et leur inaction étaient pour eux de fâcheuses nécessités, et une des preuves qu'ils avaient réellement consenti à se dépouiller de leur souveraineté sur la Guienne, ou qu'ils avaient ratifié une convention qui n'avait été qu'une affaire de forme. Dans une réponse aux demandes de Charles V, le conseil d'Édouard déclara, en 1368, que « le roi Édouard ferait les renoncia- » tions à faire de sa part, pourvu que le roi Charles réparât les atten- » tats des appellations des seigneurs gascons, remettant les appelants » en vraie obéissance du roi Édouard, faisant les renonciations aux » souveraineté et ressort, et en envoyant les lettres selon la forme ac- » cordée à Calais. » Il en résulte que la ratification officielle n'avait été faite ni à Calais, ni à Bruges, et que les renonciations convenues n'avaient jamais été faites en forme de part et d'autre. Quant à la suspension de l'exercice de la souveraineté du roi de France sur la Guienne pendant neuf ans, on n'en peut rien conclure, car il ne s'en était pas présenté une seule occasion jusqu'à l'appel des Gascons. Charles V se crut si peu lié par les conventions non ratifiées de Brétigny, qu'il accueillit l'appel des Gascons, et fit valoir en Guienne son autorité.

NOTE XXX (page 535).

EXTRAIT DE L'ÉTAT DES SOMMES QUE NEVILLE PAYA AUX SEIGNEURS GASCONS EN 1378.

Le 29 septembre 1378, à Archambaud de Grailly, captal de Buch, pour soixante hommes d'armes, pour un mois, chacun prenant pour un mois 25 fr., ordonnés pour aller en la compagnie de M. le Lieutenant, pour aller recouvrer Mortagne-sur-Gironde.......... 900 fr.

A M. Duras, le même jour, pour trente hommes d'armes, semblables gages, pour cause susdite. 450

Le même jour, à M. de Rosan, pour trente hommes, id. . 450

Le même jour, au sire de Curton, pour vingt-cinq hommes, id. 375

Le 10 octobre, à Robin de Neville, pour vingt-cinq hommes, chacun avec son pillard, montés et armés, pour demeurer sur la sauvegarde et tuition de la ville de Libourne et de part les environs, pour deux mois, prenant, chaque homme et son pillard, 20 fr. par mois. 1,040

Le 20 octobre, à Géraud Prévost, pour dix hommes d'ar-

mes et dix autres, pour la même cause. . . . . 200 fr.
A Jean de Madailhan, seigneur de Pujols, en récompense
de ses bons services. 400
A Petiton de Curton, pour cause semblable. 120
Au sire de Rosan, pour dix hommes d'armes, pour quinze
jours, à raison de 15 fr. par mois, par homme. 75

On trouve, dans le même document, les dépenses faites pour le siége de la Tour de Mambert, en Médoc, aujourd'hui appelée *Château-Latour*.

NOTE XXXI (page 589).

SUR LE SCEL ET CONTRE-SCEL DU CHATEAU DE L'OMBRIÈRE AU XIIIe SIÈCLE.

Nous empruntons à un article de M. Rabanis, dans le *Compte-rendu de la Commission des Monuments historiques du département de la Gironde*, année 1846-7, la description du scel et contre-sel du château de l'Ombrière. On a été assez heureux pour trouver deux de ces sceaux en cire, fragiles monuments, qui ont échappé à la puissance dévastatrice du temps.

Le premier de ces sceaux, dit M. R. . . . ., est de cire verte; sa dimension est d'environ 0 mètre 4 centimètres. L'acte auquel il est attaché est de l'année 1312, c'est-à-dire du règne du malheureux Édouard II. Le côté du scel offre simplement les trois lions léopardés d'Angleterre et de Guienne, dans un écu accosté des trois roses (de Normandie.) L'écu lui-même est renfermé dans une bordure, ou cordelière, qui forme six demi-cercles, avec entrelas à l'intersection des festons. La légende, de ce côté, qui a quelque peu souffert, laisse lire encore EDWAR DI. REC. ANGL. DVC. AQVITAN. BVRDE. . . . . Le contre-sel, placé derrière, est d'une dimension bien plus petite que l'écusson, et l'image circulaire n'a guère que 0 mètre 2 centimètres. Le champ offre des lignes flottées, assez largement rendues, pour qu'on reconnaisse sur-le-champ que l'intention de l'artiste a été de représenter un courant d'eau. Au travers de ces lignes sont trois poissons, dont deux affrontés et le troisième au-dessous. Il est évident encore que c'est là un emblème destiné à représenter la rencontre et l'union des trois fleuves de la sénéchaussée, la Garonne, la Dordogne et la Gironde. D'ailleurs, l'allégorie est suffisamment expliquée par une inscription placée en chef au-dessus des lignes flottées, et qui portent en lettres parfaitement formées GIRODA. Cette expression, appliquée à la sénéchaussée de Bordeaux dès le moyen-âge, n'est pas un fait sans intérêt. La tradition en était perdue depuis longtemps, lorsque l'Assemblée nationale donna spontanément la même dénomination au district dont Bordeaux devait être le chef-lieu. La légende qui entoure la figure porte COTRA. S. BVRDE.

L'autre sceau est celui dont on se servit à Bordeaux pendant l'occupation de cette ville par Philippe le Bel, de 1294 à 1302; il est en cire verte et de la même dimension que l'autre. Quant aux emblèmes, on comprend qu'ils aient dû être changés en partie pendant cette éclipse de la domination anglaise. Ainsi, le revers n'offre plus l'écusson anglais, mais bien l'écu aux fleurs de lis sans nombre, accosté de trois fleurs de lis, une en pointe et une à chaque côté. La légende circulaire qui entourait l'écusson, sans cordelière interposée, a totalement disparu, du moins les traces de lettres qu'on y reconnaît encore ne sont pas assez lisibles pour donner un sens. Le contre-sel offre le même emblème que celui dont nous venons de parler, et plus reconnaissable encore. Le mot GIRONDA s'y lit cette fois sans abréviation; seulement, l'A est lié avec le D. Au-dessus de cette inscription, on remarque aussi des signes héraldiques qui ne se trouvent pas sur le contre-sel ordinaire, et qui donnent à cet écusson un chef ou une tête. C'est d'abord une fleur de lis au centre; à gauche (droite héraldique), une molette en forme d'étoile; à droite (gauche héraldique), un croissant. Ces deux derniers caractères ne sont pas à dédaigner sous le rapport historique. La molette et le croissant étaient, en effet, des attributs fort anciens de la monnaie des ducs d'Aquitaine. Les comtes de Poitiers et les comtes de Toulouse les avaient gardés comme partageant le titre de duc. Philippe le Bel, auquel le Poitou appartenait, put avoir l'intention de rappeler ses droits à la possession de l'Aquitaine tout entière, en faisant placer sur le scel de la Guienne anglaise les attributs de la portion qui était déjà sous sa main. Quant à la légende, elle porte en caractères très-lisibles COTRA. SIGLV. BVRDEGALESE.

On apposait ces sceaux et contre-sceaux aux actes du gouvernement du château de l'Ombrière à Bordeaux; cela les rendait authentiques et exécutoires. Plus tard, les notaires devaient se servir du contre-scel. Le contre-scel de Bordeaux, d'abord restreint à la juridiction de la cité, fut étendu à toute la sénéchaussée. Au XIVᵉ siècle, on établit des bureaux de contre-scel dans les petites villes, à Libourne, à Saint-Macaire, à Saint-Émilion, à Sauveterre, à Créon, etc., etc. Ces bureaux relevaient du connétable de Bordeaux. Tout sergent, sur le vu du contre-scel, pouvait mettre à exécution l'acte qui en était pourvu; mais seulement dans le ressort territorial de la juridiction à laquelle le scel appartenait.

TABLE DES MATIÈRES.

A

Abbon, son martyre, page 223.
Abdérame, 172.
Acapte (Voir Esporle), 410.
Aiguillon (le siège d'), 476.
Aire (Assemblée d'), 126.
Alaon (la Charte d'), à la préface et 169.
Alaric, 119.
Albigeois (les), 332; Croisade contre eux, 334; poursuivis, etc., etc., 360.
Albret (d'), sa puissance, 514.
Alleux, 250; les terres du Bordelais étaient allodiales, 294, 296 et 709.
Alphonse de Castille s'intitule seigneur de la Gascogne, 350 et 390.
Amandus, duc des Gascons, 167.
Andron (la famille d'), Note XXIV.
Angoulême (assemblée d'), 513.
Anglais (les) découragés, 326.
Anjou (le duc d'), 352; régent, 538.
Antoine (feu de Saint-), 227.
Aquitaine : Origine et signification de ce mot, 8 ; les dieux des Aquitains, 15; les mœurs du peuple au Ve siècle, 141; les Aquitains refusent de se soumettre à Pepin, 175 ; leurs mœurs licencieuses, 220.
Archevêque (l') de Bordeaux fait la guerre, 324, 348; négocie la paix, 385; demande le rappel de Montpesat, 387; soupçonné d'être infidèle aux Anglais, 418 ; reçoit une lettre du roi, 361.
Architecture et sculpture à Bordeaux, 134 et 366.
Armagnac (le comte d') assiége Bordeaux, 330; son discours au roi de France, 516.
Ausac (la famille d'), Note XXIV.
Astolphe, 143.
Aubaine, 324.
Auberoche (siège d'), 473.
Ausone, 134; chrétien, Note II et 135.
Austinde, natif de Bordeaux et archevêque d'Auch, 256.

B

Baillis, leur tyrannie, 365.
Bains de Burdigala, 72.
Baleine (la pêche de la), 37.
Ban et arrière-ban, 391.
Bastide (La), 95.
Batards (les), pages 464 et 469.
Bayonne : Querelle entre un Anglais et un Normand, 425.
Bazas, 114, 172; Gombaud, évêque de Bazas, 226; Concile de Bazas, 335 ; l'évêque s'oppose aux hérétiques, 360; reproches adressés aux Bazadais, 385.
Beaugency (Concile de), 275.
Bègles (bataille de), Note XXVI et 433.
Beguerie, Biguerie, ou Viguerie, 367.
Belin, 13 et 192.
Benauge (le vicomte de) établit un péage à La Réole, 262.
Berenger, condamné à Bordeaux, 246.
Bergerac (siége de), 352.
Berland (Pey-): Inscription sur son clocher, 623.
Bernard, seigneur de Benauge, 262.
Bernard (saint) : Sa conduite à l'égard de Guillaume, duc de Guienne, 267.
Bertrand de Born, 350.
Bertrand, évêque de Bordeaux, 119; sa conduite avec Gondebaud, 158; et avec Euphron, 159.
Bituriges-Vivisques, 21, 24.
Blaye, 52; station militaire, 55; plus tard, ville neutre où l'on faisait l'élection des archevêques de Bordeaux, 233; Rolland enterré à Blaye, 192.
Boggis, duc de Vasco-Aquitaine, 166.
Boiens, Note III et 33 et 34.
Bourg, 139 et Note XIV; les commissaires à Bourg, 385; Bourg refuse de recevoir les Français, 433 ; le château rendu à Arnaud de Blanquefort, etc., 392.
Bourg (la famille du), Note XXIV.
Bourgeois de Bordeaux, 442.
Brabançons, ou Cottereaux, 328.
Bracs (les) des Gaulois et des Aquitains, 46.
Bretigny (le traité de), 494 et 518.
Brunehaut, 143.
Burdigala : Bordeaux, 24; par qui fondé, 26; ses premiers habitants, 52; son étymologie, 33; son administration civile et religieuse, 49, etc. ; sous les empereurs, 54; son sénat, 56; sa description, 60 ; ses portes, 63; ses environs, 94; régime municipal, 96, 99, 104; état de la société au Ve siècle,

page 110, etc.; sous les Visigoths et les Francs, 124; devient le partage de Charibert, 144; donné en apanage à Galsuinthe, 144; le Bordelais érigé en duché, 166; Concile à Bordeaux, 167; Bordeaux brûlé par les Sarrasins, 173; les Bordelais favorisent les Vascons, 205; les Normands brûlent Bordeaux, 215; rebâti, 228; les épées de Bordeaux très-recherchées, 293; caractère, mœurs des Bordelais, 302; Bordeaux reconstruit, 335; ses environs, 338; deuxième enceinte, 338; armes de Bordeaux, 338; assemblée des notables, 341, 346; Concile à Bordeaux, 355; Bordeaux donné au comte de La Marche, 359; assemblée générale, 359, 361; une autre assemblée, 369; dissensions intestines, 379; les terres des Bordelais allodiales, 408; assemblée générale à Bordeaux, 405; les Bordelais attachés aux Anglais, 436; nouvelle enceinte, 410; présents envoyés au roi d'Angleterre, 456; impôts consentis, 460; regence à Bordeaux, 490; l'état du pays au XIVe siècle, 492; trève, 493; hommages au Prince-Noir, 497 et *Note XXVIII*; les discours des Bordelais au prince, 503; assemblée à Bordeaux, 527; les Bordelais pardonnés, 550; escadre anglaise à Bordeaux, 535; deux partis à Bordeaux, 552; diverses particularités de notre histoire, 554; nouvelle enceinte, 556; la marine bordelaise célèbre, 577.

C

CAMPARRIAN, 123.
CAMPAURE, 69.
CANTABRE, 12.
CAPTAL, 480; à la bataille de Cocheval, 499; il est fait prisonnier, 501; sa conduite à Linde, 525.
CASSINEUIL, *Note XVII* et 189.
CASTRES fondé, 54.
CATHARES, hérétiques, 552.
CAUDEROT, 412.
CHAPITRE (le) de Saint-André : Ses démêlés avec le roi Édouard, au sujet du tiers de la monnaie, 416; nourrissait les pauvres, 564.
CHARLEMAGNE, 187; fait bâtir Fronsac, 188; ses règlements, 194 et suite; érige l'Aquitaine en deux duchés, 194, 200; se fait sacrer, 201; son testament, 202; comparé à Alexandre, César et Napoléon, 204; favorisait le clergé, 282; ordonne au clergé de n'élire que les plus dignes pour évêques, 290; aimait les arts, les sciences et les lettres, 290.

CHARLES LE CHAUVE, roi d'Aquitaine, n'y est pas reconnu, page 206.
CHARLES V accueille les Vascons, 548.
CHARLES D'ANJOU et Pierre d'Aragon, 421.
CHARTREUX (les) commencent les Chartrons, 559.
CHROC repoussé par Gallien, à Bordeaux, 60.
CHEVALERIE; son origine, 242.
CHILPÉRIC, maître de Bordeaux, 144; sa politique et son portrait, 154.
CLÉMENT V fait du bien à Bordeaux, 449; sa conduite à l'égard des Templiers, 450.
CLERGÉ (le) travaille à la paix, 258 et 241.
CLOCHES (baptême des) défendu, 300.
CLOS-MAURON, *Note XXI* et 269.
CLOVIS victorieux, 120; sacré roi, *Note XV* et 123.
COCHEREL (bataille de) (*Voir* CAPTAL.)
CODE PÉNAL (*Voir* THÉODOSIEN), 126 et 300.
COLLÉGE de Bordeaux, 109.
COLOMB (la famille de), 377, 400 et *Note XXIV*.
COMMERCE (histoire du), 59, 308, 320, 338, 437, 440 et 568.
CONCILES à Bordeaux, 108, 289; à Poitiers, 260.
CONDATE fondé, 54.
CONSULES et proconsules, 194.
CORDELIERS, 564.
COUTUME sur le vin, 581.
CORPORATIONS : Leurs statuts, 261.
CROISADES, 237, 271 et 334.
CROIX (Sainte-) se relève, 245.
CUBI, *Note II*, p. 609, et 55.
CURIA : Ce que ce mot signifie, 55.
CYPRESSAT, 45 et 95.

D

DAILMAN, ou de Lilhan, *Note XXIV*.
DAGOBERT, 165.
D'ALBRET mécontent du prince de Galles, 513.
DELPHIN (saint), 108.
DERBY attaque Bergerac, 471 et suite; assiége Auberoche, 473.
DEVÈSE, 67.
DIJEAUX (Porte-), 65.
DIVONA, *Note IV*, p. 622, et 51 et 68.
DRUIDES, *Note IV* et 14, 40 et 100.
DUCS : Les ducs de Gascogne et leur généalogie, 237.
DUGUESCLIN, 499 et suite; est fait prisonnier à Bordeaux, 505; sa conduite et son langage, 507.
DUEL (*Voir* ÉPREUVES) : Duel entre deux Bordelais en Angleterre, 552.
DURAS (le château de) attaqué, 533.

— 717 —

E

EBROMAG (*Voir* BOURG), *Note XIV* et page 139.
ÉDOUARD à Bordeaux, 398; réconcilie les Colombs et les Solers, *ib.*; se fait donner le privilége de nommer le maire de Bordeaux, 398; fait réviser les statuts, et ordonne une reconnaissance de tous les droits et redevances de la Guienne, 403; rend hommage à Philippe le Bel, 406; sa lettre au maire de Bordeaux, 407; aime à Bordeaux, 416; sa lettre à Philippe de France, 419; ses hommages à Philippe, 423; ses lettres aux habitants de la Guienne, 455; cède la Guienne à son fils, 463; donne ordre d'arrêter la reine, 466; détrôné, il meurt, 466.
ÉDOUARD III: Sa lettre aux seigneurs de Guienne, 467; réclame la couronne de France, 468; vient à Bordeaux, 476; sa Charte en faveur des Gascons, 521.
ÉGLISE: Son action sur la société, 128; sans pasteurs à Bordeaux, 215.
ÉLÉONORE, 268; son mariage, 270; est calomniée, 272; est disculpée de ces infamies, 273; se brouille avec son mari, 274; son divorce, 276; épouse Henry de Plantagenet, 277; sa cour, 321; vient à Bordeaux, 323; se brouille avec Henry, 223; empoisonne Rosemonde, *ibid.*; excite ses enfants contre leur père, 326; est jetée en prison, 328; regrettée du peuple, 339; rendue à la liberté, 340; prédit les malheurs de son pays, 342; sa mort, 341.
ÉLOI (Saint-) bâti, 336.
ÉMILION (Saint-), 412.
ENTRE-DEUX-MERS (l') ravagé, 364.
ÉPAVE (*Voir* AUBAINE).
ÉPREUVES judiciaires, 304.
ESCLAVAGE aboli par l'Église, 231; esclaves à Bordeaux, 294; condamné par les Papes, 294.
ESPORLE, ou Acapte, 410.
EUDES, 168; investi de la dignité de comte de Bordeaux, à Saint-Seurin, 233.
EULALIE, chapelle de Saint-Clair, 201.
ÉVARIX, ou EURIC, 116; ce qu'en dit Sidoine-Apollinaire, 117; sa mort, 119.
ÉVÊQUES: Leurs efforts pour rétablir la paix, 258.
EYMET (bataille d'), 532.

F

FAMILLES (les anciennes) de Bordeaux, *Note XXIV* et 400.
FELTON, 528.
FIEFS, 213 et *Note XVIII*; usages féodaux, 221; origine et nature de la féodalité, 246; les fiefs divisés, pages 253 et 297.
FILLEULES (les villes), 537.
FISCALINS (ce que sont les), 129.
FLEURS DE LIS: Leur signification, 124 et 125.
FORT (saint), évêque de Bordeaux, 102.
FOUAGE (impôt), 512.
FRANCS: Leur origine, 121; leurs lois, 129; état de la société sous les Francs, 279; très-sobres, 291; ont permis aux vaincus de garder leurs lois, 297.
FRÉDÉGONDE, 145.
FRONSAC bâti, 188.
FROTHAIRE, archevêque de Bordeaux, transféré à Bourges, 215.

G

GAHELS, ou Ladres, 300 et 438.
GALLIEN à Bordeaux, 60.
GARSENDE, comtesse de Béarn, 374.
GASCOGNE: (nom de), 163; (la chronique des duc de), 221.
GASTON de Béarn, 407.
GAULE (la) primitive, 3; les Gaëls, 3.
GENIALIS, duc des Vascons, 164.
GIRONDE (le bourg de), 385.
GOMBAUD, évêque de Gascogne, 225.
GONDEBAUD, 156.
GONTRAN, 154.
GOSCELIN, archevêque de Bordeaux, relève Sainte-Croix, 243.
GRÉGOIRE (saint) de Tours, accusé, 149.
GUIENNE (ce mot est employé), 277; le pays érigé en principauté, 496; ravagé par la guerre, 525.
GUILLAUME VIII fait disperser le Concile de Poitiers, 260.
GUILLAUME IX, 257, 260; ses désordres, 263; est excommunié, 264.
GUILLAUME X lui succède, 265 et suite; sa conduite, 266; sa pénitence, 269.

H

HA (rue du), 336.
HARLOTS (*Voir* RIBAUDS).
HATTON, 179.
HENRICIENS, sectaires, condamnés à Bazas, 335.
HENRY épouse Éléonore, 270; sa malheureuse position, 352.
HENRY III, roi, 339; vient en Guienne, 369; sa fuite, 370; à Bazas et à La Réole, 373; ses folles dépenses, 374; son arrivée à Bordeaux, 395; à Bazas, 397; il quitte la Guienne, 400.
HONORIUS: Sa Constitution, 114.
HOSPITALIERS de Saint-Jean, 337.
HÔTEL-DE-VILLE, 308.
HUNOLD, duc, 177; reprend ses armes, 187.

I

IBÈRES : Leur origine, pages 17 et 18.
IMPÔTS, 284.
INGÉNUS, 129.
INSCRIPTIONS lapidaires, *Notes IX, X et XI*, et 84.
ISABELLE (la reine), 465.

J

JACQUERIE, 495.
JACQUES III, roi de Majorque, à Bordeaux, 505.
JACQUES (Saint-) (hôpital de), *Note XXI* et 269.
Jean sans Terre, 347 ; cité devant Philippe de France, 354 ; sa mort, 357.
JEAN (le roi) (*Voir* POITIERS) : Conduit à Bordeaux, 488 ; à Londres, 491.
JÉRUSALEM prise par les Croisés, 259.
JOURDAIN DE L'ILE : Sa conduite, sa mort 459.
JUIFS (les) de Verdun, 457 ; accusés et horriblement punis, 458.
JUPITER : Sa statue à Bordeaux, 86.
JURATS : Leurs démêlés avec le prévôt de l'Ombrière, 454 ; avec le clergé, 540.

L

LALANDE, son combat avec le Goliath d'Armagnac (*Voir Note XXIV*) ; fonde un couvent de Carmes à Bordeaux, 550.
LAMBERT, *Note XXIV*.
LAMPAGIE, 171.
LANCASTRE, lieutenant-général en Guienne, 526 ; prend le titre de roi de Castille, 528 ; son expédition en Guienne, 528 ; crée de nouveaux impôts, 544 ; nommé duc de Guienne, *ib.* ; arrive à Libourne, 546 ; ses démêlés avec les Bordelais, 547 ; sa mort, 549.
LANGON, 560 et suite ; hôtel des Monnaies à Langon, 446.
LANGOIRAN, 554 ; tué à Cadillac, 558.
LA RÉOLE, 189, 210 ; Richard Cœur-de-Lion, 346 ; La Réole fidèle au roi de France, 360, 365, 385 ; siège de La Réole, 394 et 474.
LÉPROSERIES du temps de Charlemagne, 196.
LESPARRE (*Voir Note Ire*, à la fin du volume).
LEUDASTE, 149.
LEYCESTER (*Voir* MONTFORT).
LIBERTÉS (*Voir* MUNICIPALES) ; la liberté ancienne, 115 et 244.
LIBOURNE : Ses libertés confirmées par saint Louis, 406 ; son commerce, 411 ; fidèle au Prince-Noir, 522.
LILIAN, paroisse de Médoc, submergée, *Note III* et 617.

LINGONES, *Note III* et page 55.
LOIS visigothes (*Voir* THÉODOSIEN) ; lois ripuaires, 298.
LONDRES (les négociants de) jaloux de ceux de Bordeaux, 574.
LORMONT, 45, 95 ; la reine d'Angleterre y accouche d'une fille, 571.
Louis associé à l'empire, 202 ; son expédition en Espagne, 205 ; Louis le Jeune, 269 ; saint Louis cède à Henry d'Angleterre une grande partie de la Guienne, 401.
LUCAGNIAC, *Note XIII* et 136.
LUNE (port de la) à Bordeaux, 44.

M

MACAIRE (Saint-) se soumet aux Anglais, 560 et 412.
MAIRIE (la) de Bordeaux commence, 354 ; on cède au roi le privilège de nommer le maire, 405 et suite ; l'élection du maire rendue aux Bordelais, 449.
MALS ou plaids, 181.
MALEMORT, archevêque, 364.
MALETÔTE, 449.
MALTE (les biens de l'ordre de), 453.
MARINS : Leur salaire, 562 ; très-estimés.
MARTEL, 168, 176 ; pille les églises, 282.
MARTHOGUE (ile de) devant Bordeaux, 58.
MARTIAL (saint) à Bordeaux, 58.
MÉDAILLES à Bordeaux, 517.
MEDULCHI, ou Meduli, 55, 59 ; leur pays ravagé par les Normands, *Note III* et 209.
MICHEL (saint), le vicaire, condamné par le Pape, 540.
MONADEY, *Note XXIV*.
MONASTÈRES du diocèse, 245.
MONDE (la fin du) crue prochaine au Xe siècle, 299.
MONTFORT (Simon de), 377 ; ravage le pays, 378 ; son ordonnance, 379 ; triste état des esprits dans le pays, 381 ; le roi ne veut pas le rappeler, 384 ; les Bordelais se plaignent de Montfort, 384 ; il revient en Guienne, 587.
MONNAIES d'Aquitaine, 309, 338, 416 et 564.
MONTPESAT (le château de) cause la guerre, 461.
MONT-DE-MARSAN, fondé, 195.
MONUMENTS et inscriptions, 84, 85.
MORGENGAB, ou don matutinal, 114.
MUCIDAN (le seigneur de) s'échappe de Paris, 557.
MUNICIPALES (libertés), 115, 124.
MUNUZA, 171.

N

NAVARRE, 206.
NOMS patronymiques, 214 et 249.
NORMANDS, 201 et suite ; leurs ravages.

207, 208; reviennent, battus et massacrés à Taleras, près d'Aire, page 224.
NOVEMPOPULANIE, 103.
NOVIOMAG, *Note III*, p. 613, et 39.

O

OLÉRON (les rôles d'), *Note XXIII* et 320, 329, 343 et 357.
OMBRIÈRE (château de l'), 229; démoli en 1800, 131 et 335.
ORIFLAMME : Eudes la prend à Saint-Seurin, 233.

P

PADOUENS (les), lieux de pacage, 438 et 354.
PALAIS-GALLIEN, 60, 75 et 77.
PALAIS de Puy-Paulin, 84.
PAPE (le) excommunie Gaston de Béarn, 392; arbitre entre Édouard et Philippe, 433.
PASTOUREAUX, 383 et 437.
PAULIN (saint), 44, 108 et 137.
PEDRO (don) à Bordeaux, 502.
PEPIN, 168, 177; roi, 181; sa lutte avec Waiffre, 180; son usurpation, 181 et *Note XVI;* il vient à Bordeaux, 184; sa mort, 186.
PERSÉCUTION à Bordeaux, 101.
PEUGUE (le), 65 et 67.
PEY DE BOURDEOU, successeur des Paulin, 254.
PHILIPPINE (la Charte dite la), *Note XXVII* et 434.
PHILIPPE LE BEL, maître de Bordeaux, 434; rend la Guienne à l'Angleterre, 436; ses rapports avec Clément V, 449; s'efforce de gagner l'affection des Bordelais, 433.
PHILIPPE DE VALOIS, 467 et 470.
PIERRE L'HERMITE, 236.
PIERRE D'ARAGON (*Voir* CHARLES D'ANJOU), 421.
PILIERS-DE-TUTELLE, 75.
PLAIDS, 184; plaids d'amour, 305 et 343.
POITIERS (bataille de), 174 et 483; (les comtes de), leur chronologie, 278.
PONS (assemblée des seigneurs à), 369.
POMMIERS : Sa conduite, 529.
PORTES de Bordeaux, 65; Porte-Basse, *Note XIX* et 228, 441 et 537.
PRÉSAGES, 307.
PRÆSIDES, 288.
PRÉVÔT de l'Ombrière, 454.
PRIMAT d'Aquitaine : Discussion sur ce titre, 215.
PRINCE-NOIR, 482; à Bordeaux, reçoit les hommages des seigneurs bordelais, 496, 497; sa conduite à l'égard de D. Pedro, 502; et de Jacques III de Majorque, 505; sa réponse à la citation du roi de France, 519; sa conduite à Limoges, 526; sa mort, page 527.
PRESCILLIEN, 106.
PROCESSION commémorative à Bordeaux, 437.
PUY-PAULIN (*Voir* PAULIN) (saint).

Q

QUESTAUX (les serfs), 339.

R

RAYMOND DE TOULOUSE à Bordeaux, 372.
RIBAUDS (roi des) ou des Harlots, 363.
RICHARD, 328; sa conduite, 333; son règne, 338; il délivre sa mère, 339; convoque le peuple et publie une ordonnance de police, 344; va à La Réole et à La Sauve, 346; sa mort, 347.
RICHARD DE BORDEAUX, 503; roi, 331; sa lettre au sujet des débats entre les jurats et le clergé, 341; une trève avec la France, 349; sa mort, 549; son assassin présumé massacré à Bordeaux, 551.
ROBERT D'ARTOIS : Son langage au roi, 469; cause de la guerre, 470.
RÔLES d'Oléron (*Voir* OLÉRON).
ROLLAND : Sa mort, 191; enterré à Blaye, 192.
RONCEVAUX (bataille de), 190.
ROSEMONDE, 323.
ROUTES dans le pays bordelais, 90, 91.
ROUTIERS (les), 351.
RUDEL DE BLAYE, troubadour, 346.

S

SACRE des rois de France, *Note XV* et 181.
SALADIN : Ses rapports avec Éléonore, 272.
SALINS : Les Salines, 440.
SALVIEN : Ce qu'il dit de l'Aquitaine, 141.
SALIQUE (la loi), 129.
SARRASINS, 171; leurs traces dans le pays, 175.
SAUVE (La), 243; Henry et Éléonore y vont, 325.
SAUVETÉS (ce que c'était que les), *Note XX* et 240.
SCEAU du château de l'Ombrière (*Voir Note XXXI*).
SCULPTURE (*Voir* ARCHITECTURE).
SCHISME dans l'Église, 559.
SEGUIN, comte de Bordeaux, 205.
SÉNÉCHAL, 358 et 563.
SERFS sous les Francs, 128, 281 et 297.
SERGE (saint) (la relique de), 159.
SEURIN (Saint-) : Son cimetière célèbre,

192; les ducs y allaient recevoir l'étendard militaire, 232 ; difficultés entre le chapitre et l'autorité civile, page 417.
SEVER (Saint-) (le monastère de) fondé, 235.
SOLERS, ou Soley, 377.
SOULAC, *Note III* et suite, et 33.
SOULDICH, ou Soudan de La Trave, 481.
SQUIRS (La Réole) (le couvent de) fondé, 189.
SUPERSTITIONS des Aquitains, 304.
SUZERAIN, 246.

T

TAILLEBOURG (bataille de), 370.
TALERAS (bataille de), 224.
TARBELLI, ou Thobelli, 5 et 17.
TEMPLIERS, 336, 430.
TERRE-NÈGRE, cimetière de Bordeaux, *Note VII* et 69.
TESTE DE BUCH, *Note III* et 33.
TÉTRICUS, empereur à Bordeaux, 97.
THÉODOSIEN (Code), 99, 126.
THERMES de Bordeaux, 71.
TOURNOIS, amusements militaires, 242 et 544.
TRANSTAMARE : Ses embarras, 502.
TRÈVE DE DIEU, pages 244 et 545.
TUTELLE (les Piliers-de-), 73.

U

URBAIN II à Bordeaux, 257.

V

VANDALES et autres Barbares à Bordeaux, 112.
VASCONS : Origine et signification de ce mot, 10; leur invasion en Aquitaine, 161; vers sur la trahison de la Vasconie, *Note XXV* et 431.
VASSAL : Sens de ce mot, 246.
VERNOMETIS, 45 et 72.
VERS latins rimés au VIIIe siècle, 174.
VÉSONE (les assises de), 523.
VIGIER, ou Beguey, 195.
VISIGOTHS, 113; leurs lois, 126, 130 et 143.
VIVISQUES (*Voir* BITURIGES et CUBI).
VOUGLÉ, ou Vouillé (bataille de), 122.

W

WAIFFRE, 180; ses revers, 181; son tombeau, 185.
WAILLAS, 116.

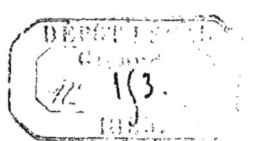

PROSPECTUS.

HISTOIRE DE BORDEAUX

DEPUIS LE TEMPS DE L'INVASION ROMAINE DANS L'AQUITAINE JUSQU'EN 1830,

Par M. l'Abbé O'REILLY,

AUTEUR DE L'HISTOIRE DE BAZAS ET DE L'HISTOIRE DE VERDELAIS, MEMBRE DE PLUSIEURS SOCIÉTÉS SAVANTES [1].

Non modo casus et eventus rerum, sed ratio etiam causæque noscantur. (TACITE.)
Historia testis temporum, lux veritates, vitæ memoria, magistra vitæ, nuntia veritatis.
(CICÉR., *de Orat.*)

Dans le mouvement intellectuel qui se fait remarquer en France et dans toute l'Europe, l'étude approfondie de l'histoire occupe une grande place ; une inquiète et louable curiosité s'est mise à fouiller dans le passé pour arracher à

---

[1] L'*Histoire de Bordeaux* se publiera, volume par volume, ou en trois livraisons par chaque volume, à 2 fr. 25 c. chaque livraison, selon les désirs de nos souscripteurs : chaque livraison aura près de 200 pages, et chaque volume se composera par conséquent de près de 600 pages grand in-8º, sur beau papier, et en caractères *cicéro*, semblables à ceux de ce *Prospectus*.

L'ouvrage se compose de trois parties : la première contiendra l'histoire de Bordeaux jusqu'en 1789 ; la seconde nous conduira depuis 1789 jusqu'à 1830, et la troisième, consacrée à l'*Histoire ecclésiastique de Bordeaux*, embrassera tous les faits, tous les événements qui intéressent l'ordre religieux, la biographie des archevêques, la fondation des églises et des monastères, etc., etc. On ne peut guère déterminer le nombre des volumes que nous pourrons fournir qu'après l'impression du premier manuscrit. On souscrit chez tous les libraires, à Bordeaux, ou chez l'auteur, à Montferrand, en lui écrivant *franco*.

1855

l'oubli les événements qui ont eu lieu sur le sol de notre patrie et les transmettre à la postérité avec les noms de nos devanciers qui se sont distingués par leur épée, leur plume ou leurs vertus. Toutes les villes ont leurs annales, toutes les provinces leur histoire; Bordeaux attend la sienne.

Dans cette antique capitale d'Aquitaine, on rencontre beaucoup d'hommes éminents que leurs incontestables mérites, leurs connaissances variées et étendues les élèvent à la hauteur de cette entreprise difficile; mais leur modestie impose silence à leurs talents, et leur savoir recule à la vue d'une œuvre si longue, si grandiose et si laborieuse. N'y a-t-il pas de la témérité à vouloir occuper une place que des talents supérieurs avaient laissé vide, et à avoir consulté sa volonté plutôt que ses lumières?

Ce sera au public éclairé qu'il appartiendra de le dire; nous nous soumettons d'avance à son jugement. Mais, dès notre début, nous nous engageons à être véridiques et impartiaux, et, après un examen consciencieux de nos manuscrits, nous croyons pouvoir affirmer que notre travail sera le plus complet qu'on ait jamais publié sur Bordeaux. Nous dirons, de plus, avec Montaigne : *Ceci est une œuvre de bonne foy.*

M. de Lacolonie fut le premier qui commençât à débrouiller nos vieilles chroniques et à revêtir d'une forme plus agréable et plus historique leurs parties substantielles, mais ce ne fut qu'un essai indigeste, incorrect et défectueux.

Les Bénédictins ont entrepris de défricher ce champ inculte et de déblayer les décombres qui jonchaient le chemin de l'historien. Les efforts de Dom Devienne furent couronnés d'un certain succès, et son ouvrage fut accueilli avec reconnaissance par les Bordelais. Mais bientôt après, on se plaignit de l'imperfection de ce travail; on y remarqua de grandes, de nombreuses et de regrettables lacunes; il promit un second volume ; mais sans valeur historique et rédigé avec précipitation, ce volume, très imparfait lui-même, ne saurait jamais suppléer aux défectuosités de sa première publication. Il faut avouer cependant que ses erreurs sont bien rares, quoi qu'en disent ses censeurs; il a un mérite incontestable, celui d'une grande clarté dans sa rédaction et beaucoup d'ordre dans l'exposition des faits, sans parler de l'immense avantage d'un plan méthodique dans son récit et dans ses recherches, imparfaites il est vrai, mais presque toujours irréprochables sous le rapport de la vérité. Il a profité des pénibles travaux de Lacolonie sans avouer à quelle source il avait puisé ses renseignements ; c'est un tort qu'on ne lui pardonne pas.

Bernadau a publié une *Histoire de Bordeaux* qui n'en a que le nom. Né chroniqueur, cet écrivain n'a jamais su s'élever plus haut ; il colligeait les vieux titres et les parchemins ; il enregistrait avec assez d'exactitude les dates, les faits, les événements ; mais le burin de l'histoire pesait trop à la main qui avait écrit les misérables lettres qu'on voit encore aux archives de l'Hôtel-de-Ville et dont nous avons des copies devant nous sur notre bureau..... Mais paix à son âme ! Il a, d'ailleurs, assez expié ses infidélités à la vérité historique sous le fouet vengeur du spirituel *Ermite de Floirac.*

Fontencil nous a laissé une histoire des *mouvements* ou des insurrections des Bordelais ; c'est un travail précieux où Dom Devienne a puisé la plupart de ses récits intéressants sur le XVIIe siècle. Nous ne parlons pas de Venuti, esprit éclairé, ni de l'abbé Xaupi, antiquaire savant et distingué; ils n'ont laissé que des ouvrages spéciaux sur certaines parties de notre histoire : on les consulte avec fruit.

L'infatigable et laborieux abbé Baurein nous a laissé de bons écrits sur Bordeaux ; c'est un trésor précieux où l'on trouve entassés pêle-mêle, dans de misérables décombres, des diamants bruts d'une valeur énorme, mais qui auraient besoin d'être polis. Une critique éclairée aurait retranché la moitié de ses détails; il manque chez lui ce vêtement de la pensée qu'on appelle *style* ; il disait bien, mais il aurait pu en dire moins et il aurait dû le dire mieux. On s'instruit en le lisant, mais sa prolixité verbeuse vous ennuie ; il ne cherche pas à plaire, mais il vous intéresse. L'historien peut ne pas aimer l'antiquaire, mais il ne peut s'empêcher de le consulter, et ce sera toujours avec fruit. La critique le censure; elle le peut. Mais quel est l'écrivain moderne qui, ayant écrit sur quelque partie de notre histoire, n'ait pas voulu savoir d'avance ce qu'en pensait le modeste abbé Baurein? Il songeait quelquefois à écrire l'*Histoire de Bordeaux*, mais il lui manquait une qualité indispensable, un esprit d'ordre, de discernement et une critique éclairée.

La *Guienne monumentale* renferme des documents précieux ; à part quelques erreurs, l'*Introduction* est un ouvrage de mérite qui émane d'une plume exercée et habile. Ses recherches sur le développement des franchises municipales de Bordeaux sont ce qu'on apprécie le plus dans ce travail; le reste n'est qu'un rajeunissement spécieux de la vieille physionomie de notre ville et de notre pays. L'auteur glisse rapidement sur les horribles scènes de 1793, qui nous font encore frémir, s'arrête peu sur l'Empire et la Restauration, et, en matièrés ecclésiastiques et politiques, ne semble pas avoir des sympathies pour l'Église ni pour la Monarchie. Nous ne voudrions pas lui enlever la liberté de sa pensée, mais nous regrettons de ne pas lui trouver toute l'impartialité de l'historien. On consulte la *Guienne monumentale* avec fruit, mais ce n'est pas là qu'il faut aller chercher les divers événements, les innombrables faits et incidents politiques, civils, religieux, littéraires et commerciaux qui constituent ce que nous appelons l'*Histoire de Bordeaux*.

M. Jouannet, ancien conservateur de la bibliothèque publique de notre ville, est un de ces hommes qu'on ne saurait passer sous silence quand il s'agit de l'histoire locale ; savant modeste, que nous avons connu, apprécié et aimé, il a laissé plusieurs écrits estimables sur Bordeaux et sur le pays, et qui décèlent en lui l'écrivain positif et réfléchi, l'amour du vrai, le mérite de l'impartialité, le respect des mœurs et de la religion, une connaissance approfondie de l'histoire et de l'archéologie du pays, le tout combiné avec un goût littéraire épuré, un style solide et qui n'est pas sans grace.

Considéré comme historien, M. Jouannet ne commande pas notre admiration ; exact et soigneux dans ses écrits, il ne l'était pas assez dans ses recherches, et de là vient l'habitude la plus constante de sa vie littéraire de modifier le lendemain les écrits de la veille. Homme de vastes connaissances, écrivain laborieux, érudit profond, il ne se souciait pas des travaux de longue haleine ; l'histoire l'effrayait, et il aimait mieux glaner dans plusieurs champs que d'en labourer un seul. Il crut ses talents flexibles, ils n'étaient que variés ; il s'exerçait sur plusieurs branches des sciences humaines, mais il ne brillait dans aucune. Sa *Statistique de la Gironde* est un bon ouvrage, considéré comme *statistique* et à l'exclusion de ses détails historiques; mais il est défectueux, et MM. Brunet et Lamothe se sont chargés d'en remplir les lacunes par un intéressant supplément reconnu alors utile, aujourd'hui nécessaire. Il faut avouer cependant que ses notices biographiques et ses écrits sur la géologie et l'histoire naturelle offrent beaucoup d'intérêt aux lecteurs; c'était sa sphère et son élément : il a su répandre sur ces sujets un certain charme qui vous attire et vous intéresse; mais ne cherchez nulle autre part l'écrivain gracieux et agréable. Il essaya quelquefois de fouler la route fleurie du Parnasse, mais sans inspiration, sans verve, sans nerf, et on peut dire presque sans grace; il n'a jamais pu s'élever bien haut; les Muses repoussaient presque toujours ses froids hommages et dédaignaient son encens et ses caresses.

On a annoncé une *Histoire de Bordeaux* par M. Rabanis; nous l'avons attendue avec impatience et nous regrettons qu'elle n'ait pas paru. En présence d'un talent si supérieur, nous nous serions condamnés au silence; mais la place est restée vide. Nous blâme-t-on d'y être entrés?

Pour répondre donc à l'attente du public et donner ce qui nous manque, une histoire complète de Bordeaux, il faut fouiller dans le passé de notre pays, réunir de nouveaux matériaux et les coordonner avec méthode et par ordre chronologique; il faut interroger les siècles, et, à l'aide des livres et des mémoires anciens et modernes, depuis Grégoire de Tours jusqu'au *Moniteur universel*, soulever le voile qui dérobe à nos regards les précieux documents qui sont restés enfouis dans les ténèbres, et compulser avec soin les

archives publiques et privées du pays ; il faut remonter, s'il est possible, à l'origine de notre cité, et demander même aux monuments comme à l'histoire écrite, les divers événements que le passé présente à nos recherches pour l'instruction de l'avenir, les révolutions qui ont bouleversé le sol de l'Aquitaine, qui ont étendu ou diminué sa population, agrandi son influence, développé son commerce, poli ses mœurs et donné à l'ancienne Burdigala une civilisation précoce avec tous les éléments d'une étonnante prospérité. Quels ont été les maîtres qui, dans la suite des siècles, ont présidé aux destinées de notre ville et lui ont donné des lois ? Quels ont été les usages, les habitudes sociales et les lois des premiers Burdigaliens, les motifs et les époques des modifications que ces lois et habitudes ont subies ? Quels furent le caractère, les mœurs, la religion, le système gouvernemental, le progrès des sciences, des lettres et des arts dans cette ancienne capitale des Bituriges-Vivisques et plus tard des ducs d'Aquitaine ? Il ne faut pas non plus perdre de vue les traditions locales, civiles ou religieuses qui peuvent, envisagées au flambeau d'une critique impartiale, nous paraître assez respectables pour mériter un certain degré de confiance ou intéresser notre curiosité. Dans ces cas, dit Tite-Live, il ne faut ni affirmer, ni réfuter ces bruits accrédités ; il faut s'en tenir à l'opinion publique et les donner pour ce qu'ils valent (1). « Les bons historiens, dit Montai-
» gne sur cette matière, tiennent registre des événements
» d'importance. Parmi les accidents publics sont aussi les

---

(1) *Hæc neque affirmare neque repellere operæ prætium est.... Famæ revum standum est.* Tit.-Liv.

Essais,
liv. 5, ch. 8.
» bruits et les opinions populaires ; c'est leur rôle de réciter
» les communes créances, non pas de les régler. »

Quant à l'*Histoire ecclésiastique*, nous en parlerons ailleurs ; elle sera, à elle seule, un ouvrage que nous publierons séparément.

Ce cadre est vaste, comme on le voit ; c'est une tâche immense, œuvre de patience, de labeur et de longues recherches ; il lui faudrait une longue vie d'homme, la persévérante activité et la profonde érudition des Bénédictins. Mille fois nous avons reculé à la vue de ce travail gigantesque ; c'était peut-être un acte de sagesse. Mille fois nous nous sommes remis au travail, qui, seul, dans son imperturbable obstination, peut surmonter, comme le dit le poète, toutes les difficultés : *Improbus labor omnia vincit*. Était-ce témérité ? Quelle que soit l'opinion du public à cet égard, nos études sur Bordeaux nous ont fourni des moments agréables ; le temps, qui pèse comme du plomb sur ceux qui ne savent l'utiliser, s'est écoulé doucement au milieu des agréables distractions, des lettres et des charmes de la solitude. « Si
» vous donnez votre temps à l'étude, dit Sénèque, vous évi-
» terez tous les dégoûts de la vie ; vous ne soupirerez pas
» après l'arrivée de la nuit pour achever les ennuis du jour ;
» vous ne serez pas à charge à vous-même, ni inutile aux
» autres (1) ». « L'étude, dit Cicéron, nourrit l'adolescence
» et fait les délices de nos vieux jours ; elle orne la pros-
» périté, sert de refuge et de consolation dans l'adversité ;

---

(1) *Si tempus in studia conferas, omne vitæ fastidium effugeris, nec noctem fieri optabis, tædio lucis, nec tibi gravis eris, nec aliis supervacuus.* SENECA *de tranquil. Cap. III.*

» elle est l'agrément du *chez soi* et ne vous embarrasse pas
» au dehors ; elle charme vos nuits, vous suit à la campa-
» gne et ne vous abandonne pas même dans l'exil (1) ». Ces
grands hommes avaient raison ! Nous l'avons éprouvé. La
riche bibliothèque de M. de Peyronnet, tous les mémoires,
toutes les chroniques qui ont été écrits depuis Grégoire de
Tours jusqu'à nos jours, les loisirs utilisés de notre sollicitude, tout cela nous a enhardis au travail et a rendu la ten-
tation victorieuse et irrésistible. Nous avons lutté avec une
persévérante volonté contre les obstacles, et, ne pouvant
pas espérer d'être parfaits, nous nous sommes efforcés d'ê-
tre complets. Plus de vingt ans de travail et de recherches
faites par nous ou pour nous dans les archives du pays, de
Pau, de Toulouse et de Limoges, et dans les bibliothèques de
Paris nous ont fourni des documents précieux. Nous avons
fait extraire quelques renseignements des vieux cartons
relatifs à la Guienne qui se trouvent entassés sur les rayons
poudreux des salles de la Tour de Londres ; nous avons
trouvé reproduits, en substance, dans les *Navy-rolls*, plusieurs actes et renseignements que nous connaissons déjà
par les précieuses recherches de M. Delpit ; nous n'avons
rien négligé, rien oublié, rien épargné, ni peine, ni temps,
ni dépense pour acquérir un droit à la confiance du public
et pour la justifier. Notre travail n'est que la confirmation
de notre baptême civique, un acte d'amour et de reconnais-

---

(1) *Studia adolescentiam alunt, senectutem oblectant, secundas res or
nant, adversis perfugium ac solatium præbent, delectant domi, non impediunt foris, pernoctant nobiscum, peregrinantur, rusticantur.*

CICER., *pro Archid.*

sance envers un pays qui, depuis bientôt quarante ans, est devenu pour nous une patrie adoptive.

Qu'on nous fasse la grâce de relever nos inexactitudes ; il peut, il doit y en avoir ; l'amour paternel, pour ce nouveau-né que nous présentons au monde, ne nous aveuglera pas sur les rides qui défigurent son front ou sur les difformités de sa taille. Il y a de la boue parmi les sables aurifères du Pactole, le beau ciel de Naples a souvent ses nuages, et la belle Garonne ne mêle-t-elle pas quelquefois ses eaux bourbeuses aux limpides courants des gaves de nos montagnes ? Nous dirons avec Pline l'historien : « Nous ne dou- » tons pas qu'il ne se soit glissé des fautes dans ce travail de » longue haleine, car, comme hommes, nous sommes su- » jets à erreur et sommes chargés d'autres affaires (1) ». Une critique impartiale et sincère ne peut jamais être trop sévère ; elle est utile et même nécessaire. Nous serons toujours heureux de nous entourer de lumières et de nous appuyer, dans notre marche, sur un bras plus fort et plus solide que le nôtre. Plus notre tâche est difficile d'exécution, dit un auteur, plus nous avons besoin des secours et des lumières d'autrui (2).

Notre plan est entièrement chronologique ; chaque siècle a sa physionomie particulière, ses révolutions, ses progrès et ses grands hommes. L'invasion de l'Aquitaine, par Crassus, est notre point de départ ; avant cette époque, l'histoire

---

(1) *Nec dubitamus multa esse quæ et nos prætericrint, homines enim sumus et occupati officiis.*   PLIN., *lib. I.*

(2) *Magna negotia magnis adjutoribus egent.*
         VELLEIUS PATERCUL., *etc.*

de l'Aquitaine n'est qu'un roman et ne nous donne que l'incertitude des conjectures.

Rome se rend maîtresse des Gaules ; les soldats de César parcourent en vainqueurs l'Aquitaine, qui reçoit le joug ; les Barbares les remplacent et se disputent les lambeaux de ce vaste empire qui avait englouti tant de nationalités, absorbé tant de peuples et couvert le monde de son ombre tutélaire. L'Aquitaine n'échappe pas à ces hordes dévastatrices, et Burdigala reçoit de nouveaux maîtres en échange de sa paix, de sa liberté et de sa prospérité. Au dessus de toutes les horreurs qui marquent le passage des Barbares, on voit planer la croix, ce signe de la liberté des peuples et d'un nouveau genre de civilisation, appuyée sur la foi et l'amour, lien mystérieux qui unit l'homme à Dieu et la terre au ciel. A la voix de saint Martial, le christianisme vient s'asseoir sur les ruines pour les ranimer de nouveau ; des vertus surhumaines éclosent à sa chaleur vivifiante, étonnent le monde et renouvellent la face de la terre. La même foi, la même espérance réunissent au siége de Rome, occupé par saint Fabien, les Burdigaliens et tous les Aquitains, assis à l'*ombre de la mort,* selon l'énergique langage de nos saintes Écritures.

Les Barbares disparaissent et une nouvelle ère s'ouvre à notre patrie ; Burdigala devient le séjour des sciences, des lettres et des arts, et doit une grande partie de sa célébrité naissante à la brillante réputation de ses littérateurs, dont Ausone a conservé les noms et célébré les talents. Les Francs arrivent sur les bords de la Garonne, et Clovis se repose à Burdigala, après ses victoires de Poitiers et de Camparrian.

Ici les événements se multiplient et se compliquent ; des querelles dynastiques s'enveniment ; le pouvoir dégénère, s'affaiblit entre les mains des princes incapables ou fainéants, assis mollement sur des trônes vermoulus ; l'anarchie règne dans les faits comme dans les esprits ; les Gascons descendent de leurs repaires pyrénéens pour multiplier et augmenter les ruines. Tout annonce la dissolution de la société. L'invasion des Sarrasins, les guerres de Waiffre, l'usurpation de Pépin et mille autres circonstances graves semblaient en être les infaillibles présages.

Mais Charlemagne paraît et l'ordre se rétablit à sa voix. Cet homme de génie commande et tout lui obéit ; il est la personnification du pouvoir ; sa volonté est une loi et la loi n'est plus un vain mot ; il éclaire les peuples, protége la religion et la pratique, encourage les lettres, assourdit le monde du bruit de ses triomphes, et, après avoir promené partout avec ses armées victorieuses le flambeau de la civilisation, il laisse à Bordeaux, par son testament, des souvenirs et des preuves de sa munificence.

Il meurt ; et, à voir alors le monde, on eût dit que la civilisation s'était éteinte avec lui. Les Normands arrivent ; ce sont d'autres barbares. Bordeaux est dévasté, incendié, détruit ; la féodalité s'étend, avec ses innombrables avantages, vu l'état social d'alors, et entraîne après elle de rares inconvénients, que l'ignorance ou la mauvaise foi ont métamorphosés en abus et en désordres criants : c'est le IXe et le Xe siècle traduits devant le XVIIIe et le XIXe. La littérature se modifie et s'élève, mais la liberté disparaît et les Bordelais ne la connaissent plus que par les conciles, ces chambres représentatives de l'Église, et par quelques rares vestiges du pouvoir municipal, restes précieux des antiques libertés du peuple franc, entées sur le droit romain.

Enfin, l'Aquitaine devient l'apanage d'une jeune fille, riche, belle et faite pour s'asseoir sur le trône de France. Elle apporte sa couronne ducale à Louis-le-Jeune; mais la jalousie du mari, plutôt que les torts avérés de l'épouse, brise ces liens mal assortis, malgré les conseils de l'archevêque de Bordeaux, et la couronne repoussée de la tête du roi de France est offerte par Éléonore au jeune héritier du trône d'Angleterre.

Jour malheureux! jour maudit dans nos annales, qui nous a légué trois cents ans de guerre, de désastres, de misère, de calamités de toutes sortes, auxquelles la bataille de Castillon mit enfin un terme! Époque néfaste qui commença avec Éléonore et finit avec Talbot! Alors seulement la Guienne, ce beau fleuron qu'une princesse jeune, légère et capricieuse avait attaché à la couronne d'Henry de Plantagenet, devient enfin, malgré les intrigues des Duras, des Montferrand, des Pommiers, une province de la France.

Depuis lors, la Guienne (les Anglais avaient corrompu son nom primitif) ne joue plus qu'un rôle secondaire dans l'histoire. Des guerres civiles alimentées par un fanatisme politique; des émeutes, des conflits comprimés, des efforts stériles et avortés pour reconquérir une indépendance désormais irréalisable, derniers vestiges d'une liberté éteinte, assombrissent parfois notre horizon. Ne pouvant pas briser leurs chaînes, les Gascons les secouaient de temps en temps, à la face de leurs nouveaux maîtres, ne fût-ce que pour leur faire peur et en souvenir de leur vieille et bien-aimée liberté.

Ici se présente un nouveau tableau. Le Protestantisme, enfant de l'orgueil et de la volupté, naît, grandit, s'étend. Peu content de ravager le sein de l'Église, il s'élance hardiment sur le théâtre de la politique. Montluc emploie le sabre, au lieu d'une persuasive charité, et avec lui on voit fondre sur la France la Saint-Barthélemy et toutes les horreurs qu'une mauvaise politique commande, mais que la religion condamne. Il serait trop long de nous arrêter à esquisser les scènes émouvantes et graves de la *Ligue*, de la *Fronde*, de l'*Ormée*, de l'arrivée du prince de Condé et de Louis XIV dans nos murs, des émeutes de Saint-Michel et de Sainte-Croix. L'administration habile de M. de Tourny, le voluptueux règne de Richelieu, ce roi de la Guienne, Louis et son incomparable théâtre, l'exil du parlement : voilà quelques-uns de ces mille épisodes historiques qui composent le prologue du grand drame qui commença à 1789. Mais nous entendons déjà le bruit des mille voix de la France, mugissements d'une mer en fureur, qui annoncent au loin 1793 !

Ici s'arrête la première partie de notre travail ; la seconde commence avec la grande révolution et finit avec celle de 1830.

Nous voici donc arrivés à une époque malheureusement trop mémorable et grosse de grands et de terribles événements. L'horizon se dilate devant nous ; c'est un nouveau monde qui se présente à nos regards, de nouvelles institutions, de nouveaux hommes, des scènes tragiques, un déluge d'erreurs, d'utopies, de crimes et de forfaits sans exemple, avec une tout autre organisation sociale. On commence avec de bonnes intentions, on finit par des méfaits; on veut réformer les abus et l'on abuse de la réforme; les Parlements veulent augmenter leur puissance aux dépens de la Royauté; leur résistance aux volontés du monarque était une révolte; ils croyaient triompher et grandir, ils ne firent que se suicider. Le trône, miné par leurs mains imprudentes, croule enfin sur eux et les écrase dans sa chute. On ne voit rien debout que le *Tiers-État;* lui seul renfermait un principe de vitalité; il avait toujours eu des droits civils; il en avait constamment joui; il était favorisé dans ses développements politiques, commerciaux et industriels par les rois de France dans leurs ordonnances, et, quoi qu'en ait dit Siéyès, il était beaucoup, mais il voulait être tout. Il le devint, en effet, et, ne voyant rien debout à côté de lui que l'Église, indéfectible et impérissable de sa nature, il va, pataugeant dans le sang des princes, des prêtres et du peuple, s'asseoir sur les ruines et dicter ses lois au monde! La raison se déifie; c'est le triomphe de la philosophie!

Bordeaux s'agite, les clubs s'organisent et démoralisent le peuple, électrisent le patriotisme, dirigent l'opinion publique et républicanisent la monarchie : c'est la fièvre de la liberté, l'enfantement de la démocratie. Le schisme survient avec ses déplorables suites : c'est la révolte des consciences; on déchire la robe sans couture du Christ. Mgr de Cicé, fidèle à sa foi, refuse le serment constitutionnel; Pacareau, et après lui Lacombe montent sur le siége de saint

Delphin et de saint Seurin, que l'hérésie ou le schisme n'avait jamais souillé (1).

Ce tableau, dans notre travail, contriste le cœur; mais nous allons en voir un autre plus noir. Une ombre funeste passe sur le beau ciel de France et annonce de mauvais jours; le torrent révolutionnaire déborde, le sang des victimes en grossit les flots, qui finissent par emporter le roi, la loi, le trône et l'autel! L'ami, le bienfaiteur du peuple, le roi, et l'un des meilleurs rois que le ciel ait jamais donnés à la terre, descend sur l'infâme sellette des coupables. Un noble bordelais le défend contre ses sujets ingrats, qui s'étaient constitués tout à la fois ses accusateurs, ses juges et ses bourreaux, et un prêtre irlandais, sans souci de sa vie, sans crainte sur l'échafaud, reste auprès de cette royale victime pour montrer à ce fils de saint Louis le chemin qui conduit au ciel.

A partir de 1789, l'histoire locale est à faire; c'est un immense champ à défricher; nous l'avons entrepris avec crainte, mais avec la ferme résolution de ne pas nous arrêter en route, de faire tout ce qui dépendrait de nous pour satisfaire aux exigences du public et pour justifier sa confiance. Nous avions colligé et réuni une grande quantité de documents imprimés; nous avions compulsé les archives et des dépôts de papiers particuliers de plusieurs familles, et

---

(1) Nous donnerons dans notre *Histoire ecclésiastique de Bordeaux*, qui formera la troisième partie de notre publication, tous les détails nécessaires sur la mort des abbés Langoiran et Dupuy; sur Pacareau, Lacombe et *consorts*; sur la noble conduite du clergé catholique, etc., etc.

enfin nous avons eu recours à M. Detcheverry, archiviste de l'Hôtel-de-Ville, savant modeste, déjà connu dans le monde littéraire par son *Histoire des Juifs,* et quelques autres écrits intéressants (1). Son obligeant concours, son intelligente activité et une persévérante volonté dans ses recherches nous ont valu des documents intéressants, des richesses historiques du plus haut intérêt, inconnues et inexplorées jusqu'à nos jours; sans lui, notre travail eût été incomplet. Avec le surcroît de ses précieux documents, nous assisterons jour par jour au développement de la crise révolutionnaire à Bordeaux; nous suivrons pas à pas nos tyrans proconsulaires, Ysabeau, Tallien, Beaudot, Jullien, etc., etc., etc. Les rassemblements des femmes patriotes, l'adresse des Bordelais, le discours de Du Vigneau, la proscription des suspects, la commission populaire, ses actes et sa dissolution; les paroles généreuses de Fonfrède, la société Franklin, le club National et leurs excès démocratiques, la protestation de la *jeunesse bordelaise* par l'organe de M. Ravez; les visites domiciliaires, les dénonciateurs sans-culottes, des notices biographiques sur nos Girondins, le livre rouge, les sans-culottes armés, portraits de Tallien et de ses collègues, Lacombe et ses boucheries, les drames sanglants de la place Dauphine, les noms et les jugements des victimes, la fête de la déesse *Raison,* Tallien et Thérésia Gabarrus, la condamnation de Lacombe, la réhabilitation de plusieurs familles, en particulier de celle de M. Mar-

---

(1) M. Delas et M. Gros nous ont facilité les recherches nécessaires à la bibliothèque publique et aux archives avec un empressement bienveillant dont nous garderons un précieux souvenir.

cellus ; les fêtes nationales, les émigrés et la vente de leurs biens, la réaction politique, des accusations et des récriminations, procès des terroristes, discours de Martignac, la cocarde blanche et le panache d'Henri IV portés au théâtre par les dames, la hardiesse des royalistes, la lassitude du peuple, les fêtes nationales et les mille et mille autres incidents et scènes émouvantes de la grande révolution à Bordeaux : voilà une partie, une très petite partie du travail que nous offrons au public, le tout appuyé sur des documents originaux, écrits ou imprimés, tous authentiques et presque tous inédits et inconnus.

Enfin, Napoléon arrive, couronné de gloire et grand comme sa renommée. Enfant de la liberté, il rétablit l'ordre ! La fortune le suit partout et lui tresse des couronnes ; consul, premier consul, consul à vie, ce sont autant d'étapes sur le chemin du trône. Il se sent la force de régner seul et impose silence au peuple souverain qui ne savait plus que ramper ; il vient visiter notre cité, y envoie des rois captifs, ordonne la construction du pont ; mais ce brillant météore s'éclipse en 1814, époque fameuse dans les annales du pays, où des hommes de cœur et de tête osèrent proclamer leurs vœux et demander à Wellington et à Beresford ce qu'ils ne voulaient pas trop nous rendre : c'était le 12 mars !

Quelques mois s'écoulent, et une barque légère rapporte en France cet homme-phénomène de l'île d'Elbe. Clausel arrive devant Bordeaux, et la fille du roi martyr, l'orpheline du Temple dit un adieu à notre cité, où elle avait trouvé de vrais amis et rencontré des ingrats. Bonaparte se fraie un chemin jusqu'à Paris ; ses aigles reprennent leur vol et vont s'abattre dans la plaine de Waterloo, où toute l'Europe se réunit, entoure et renverse ce colosse, et ce grand capitaine, désabusé de ses rêves de gloire, va, triste captif, nouveau Prométhée, gémir à Sainte-Hélène sur la trahison de ses amis, l'inconstance de la fortune et la perfidie de ses adversaires.

Voilà, esquissé à la hâte, le vaste tableau que nous nous sommes chargés de remplir ; nous l'avons fait de notre mieux. En parlant des déplorables désordres de Bordeaux pendant la terreur et toute la révolution, nous ferons paraître quelquefois des individus dont les noms et les excès ne sont malheureusement que trop connus de nos concitoyens ; mais les fautes sont personnelles, et les enfants ne sont pas responsables des erreurs de leurs pères, qui, en temps de révolution, ne sont en général que les écarts de l'inexpérience ou d'une fougueuse jeunesse, les suggestions des mauvais conseils ou l'entraînement des mauvais exemples. Que faudrait-il faire ? Cacher leurs excès ? Mais ce serait mentir à la face du monde et méconnaître notre devoir d'historien. Voudrait-on qu'on ne dévoilât pas tout ? Mais écoutons ce qu'en dit un auteur célèbre et judicieux :

« C'est une espèce de mensonge que de ne dire la vérité *Fleury,*
» qu'à demi ; personne n'est obligé d'écrire l'histoire ; mais *Discours 4.*
» quiconque l'entreprend s'engage à dire la vérité tout en-
» tière..... Si quelquefois il paraît censurer les personnes
» dont il parle, c'est la faute des coupables et non de l'his-
» torien. »

Il est permis à l'affection filiale, à l'amour conjugal, à une tendre, vieille ou forte amitié de se créer des idoles et d'en perpétuer les souvenirs ; mais sommes-nous tous obligés de leur apporter notre encens? Et le burin de l'histoire doit-il servir à accréditer et à sanctifier des réminiscences mensongères? Un éloge non mérité est comme le parfum de la rose que vous flairez avec plaisir le matin et dont il ne reste plus rien le soir. La vérité peut ne pas convenir à tous; on a beau l'entourer de ténèbres, elle les perce et les dissipe comme un éclair; elle reste toujours, et elle finit à la longue par obtenir l'approbation de tout le monde. Écoutez ce qu'en dit Pline le jeune : « Donnez des éloges, on » dira que vous n'en dites pas assez; censurez quelqu'un » avec raison, on ne manquera pas de dire que vous en » dites trop (1) ».

Quant à nous, nous ne chercherons jamais à déplaire, encore moins à offenser; nous n'avancerons rien que sur des preuves et appuyés sur une autorité; nous n'avons qu'un vœu, celui d'être justes envers tout le monde, véridiques, impartiaux et complets; nous n'avons qu'un but, celui d'être utiles à la génération qui remplace celle qui s'en va.

C'est ainsi que pensait M. Martignac père dans nos mauvais jours, le lendemain de Noël 1794, lorsqu'il s'écria en présence des dénonciateurs et des inculpés : « C'est par » notre propre histoire que nous préserverons nos enfants » de nos malheurs..... Tout ce qui s'est passé sous Néron » et Tibère a été répété précisément de nos jours. Les ac- » tions les plus simples étaient représentées comme des dé-

---

(1) *Tum si laudaveris parcus, si culpaveris nimius fuisse dicaris, quamvis illud plenissime, hoc restrictissime feceris.*

PLIN.

» lits ; l'opinion et jusqu'à la pensée étaient des crimes ; les
» talents et le mérite, l'amour de la liberté et de la vertu
» faisaient-ils distinguer quelques citoyens, ou bien se per-
» mettaient-ils la moindre plainte sur l'avilissante oppres-
» sion sous laquelle ils gémissaient, eh bien ! des délateurs
» à gages allaient les dénoncer..... Des listes de proscrip-
» tions faisaient connaître ceux qui devaient cesser de vivre,
» et leurs biens étaient confisqués. C'est en conservant de
» semblables faits qu'on utilise l'expérience des siècles !

» Écrivons donc ce que nous avons éprouvé, tout nous
» en fait un devoir sacré..... Je n'ai pas la prétention de me
» survivre, mais je veux que mon expérience serve à mes
» enfants ; je vous demande que tous les faits qui tiennent
» à la révolution soient recueillis depuis 1789 pour l'hon-
» neur de mes compatriotes et pour l'exemple de nos des-
» cendants ; je veux que, lorsqu'on parlera de 1793, on
» dise à Bordeaux qu'au nom de la république on a volé,
» vexé, immolé ses plus chers amis ; oui, je veux qu'on y
» lise qu'un Lacombe, que Martignac, officier municipal,
» avait fait mettre en prison pour cause d'escroquerie, dis-
» posait despotiquement de la fortune et de la vie des ci-
» toyens et faisait tomber leur tête en disant un seul mot ;
» oui, je veux qu'on y lise qu'un Barsac, à qui l'on disait :
» *Tu as un bel habit neuf*, répondit : *Oui, et la tête de Saige*
» *paiera cela demain !!* Écrivons donc la vérité pour la honte
» éternelle des mauvais, et que leurs noms soient traînés
» sur l'échafaud de l'histoire. »

Nous ne sommes donc que les échos de cette voix élo-
quente de M. Martignac, et nous pouvons dire aux Bordelais, avec Ausone leur compatriote :

« C'est pour que vous n'ignoriez pas le passé de Bordeaux,
» sous vos rois et sous vos pères, que nous avons écrit cette
» histoire, où se trouvent des noms dont le souvenir ne se
» perdra jamais. Mettez à profit le résultat de nos recher-
» ches, et que le fruit de nos veilles réponde à l'empresse-
» ment que vous montrez pour l'étude des annales de votre
» patrie (1) ».

L'abbé O'Reilly.

Nous voulons réunir un certain nombre de souscripteurs avant de livrer notre travail à la presse ; nous attendons les sympathies et les encouragements du public.

---

(1) *Ignota....... Ne sint tibi tempora,*
   Regibus et patrum ducta sub impiriis,
   Digessi fastos et nomina perpetis ævi,
   Sparsa jacent nostram si qua per historiam,
   Sit tuus hic fructus, vigilatas accipe noctes,
   Obsequitur studio nostra lucerna tuo.
Auson., épigr. CXLI.

BORDEAUX. — IMPRIMERIE DE BALARAC JEUNE,
7, Rue du Temple.

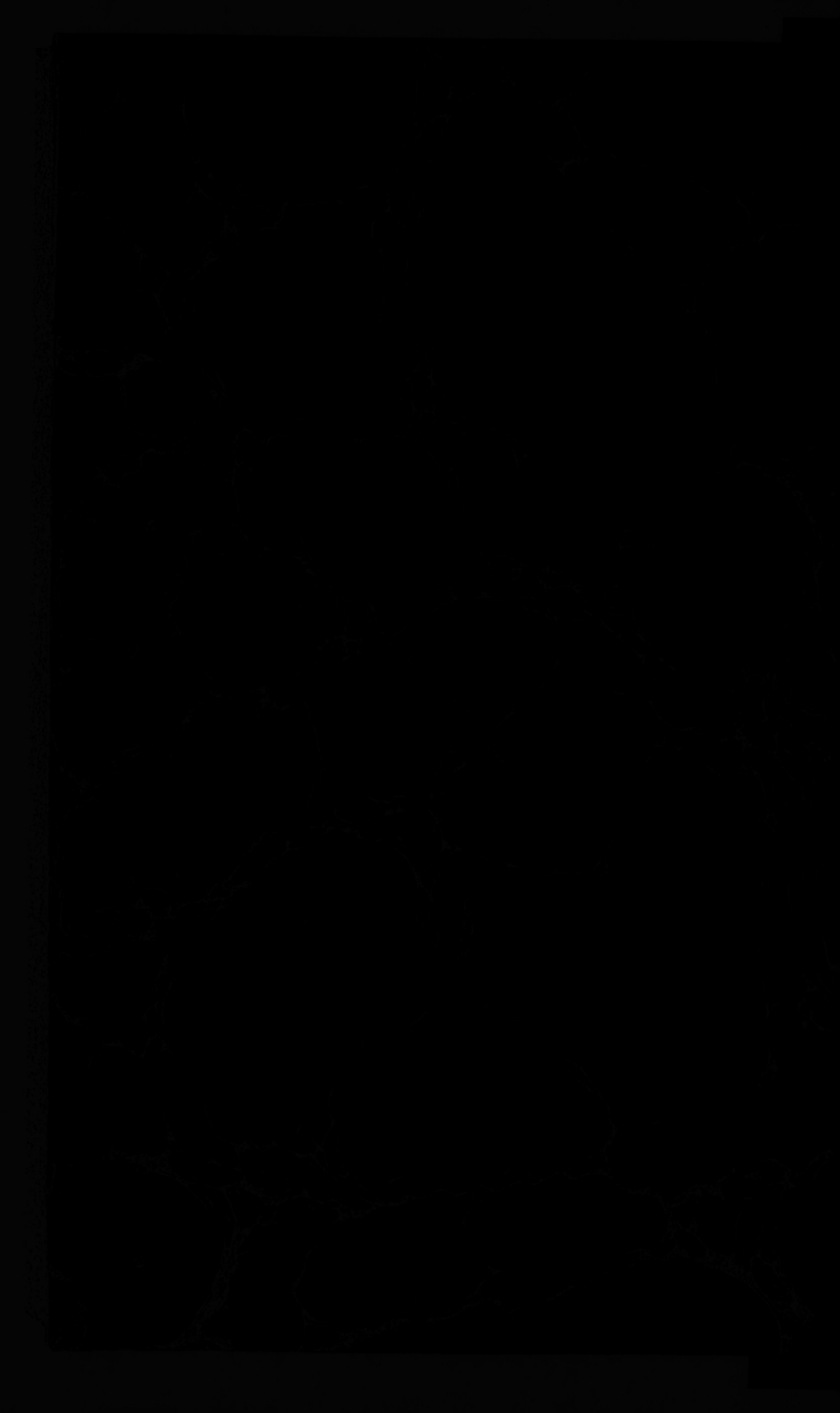

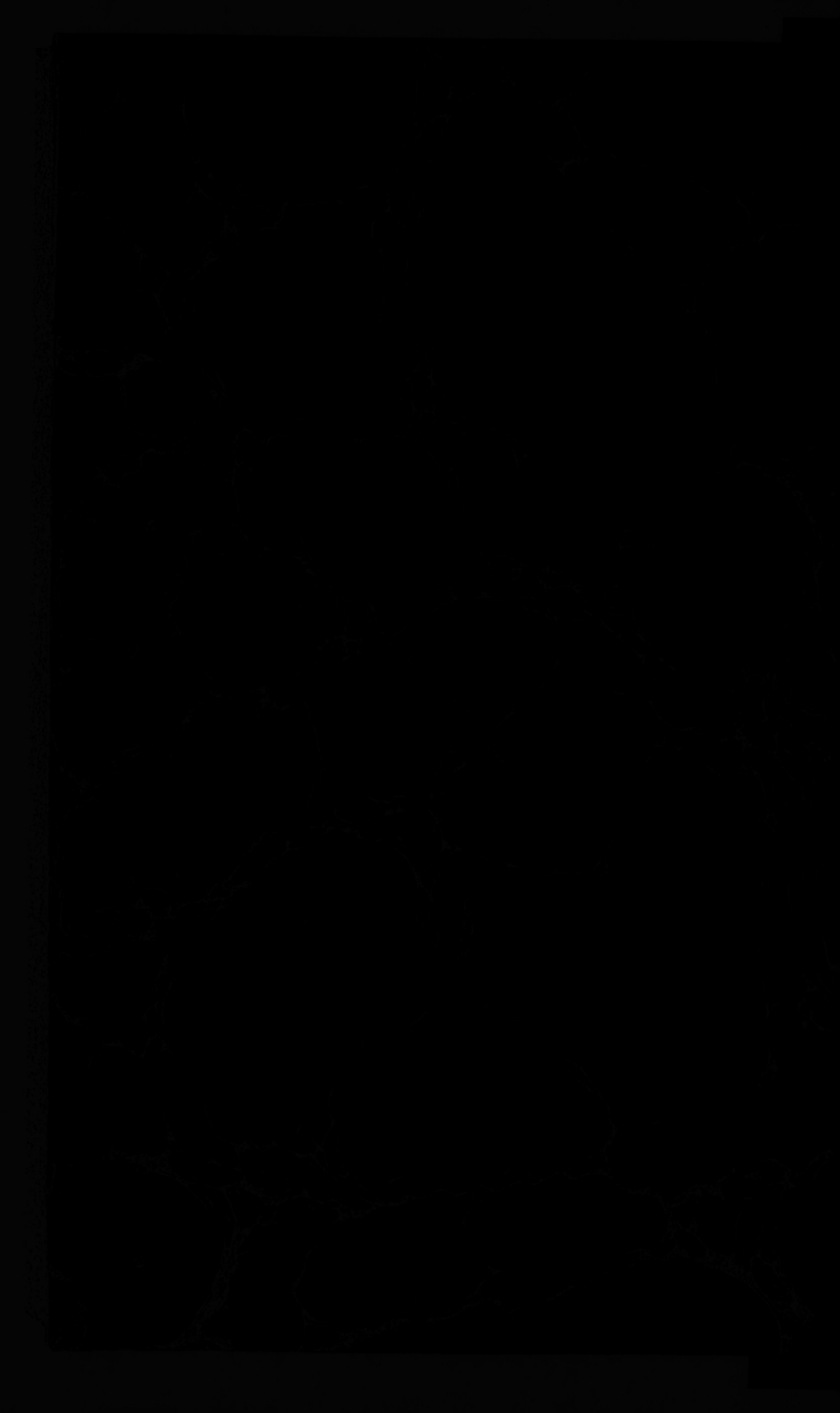

www.ingramcontent.com/pod-product-compliance
Lightning Source LLC
Chambersburg PA
CBHW061733300426
44115CB00009B/1200